婺城年鉴

(2018)

金华市婺城区地方志编纂委员会　编

方志出版社
Publishing House of Local Records

图书在版编目(CIP)数据

婺城年鉴. 2018 / 金华市婺城区地方志编纂委员会编. -- 北京 : 方志出版社，2019.12
ISBN 978-7-5144-4016-4

Ⅰ. ①婺… Ⅱ. ①金… Ⅲ. ①区(城市)-金华-2018-年鉴 Ⅳ. ①Z525.54

中国版本图书馆 CIP 数据核字(2020)第 063638 号

婺城年鉴(2018)

编　　者:金华市婺城区地方志编纂委员会
责任编辑:宁　芳

出 版 者:方志出版社
　　地址　北京市朝阳区潘家园东里 9 号(国家方志馆 4 层)
　　邮编　100021
　　网址　http://www.fzph.org
发　　行:方志出版社图书经销中心
　　电话(010)67110500
经　　销:各地新华书店
印　　刷:金华市远大印刷有限公司

开　　本:889×1194　1/16
印　　张:25.5
字　　数:682 千字
版　　次:2019 年 12 月第 1 版　2019 年 12 月第 1 次印刷
印　　数:001~300 套

ISBN 978-7-5144-4016-4　定价:200.00 元

编辑说明

一、《婺城年鉴(2018)》的编写以马克思列宁主义、毛泽东思想、邓小平理论、“三个代表”重要思想、科学发展观、习近平新时代中国特色社会主义思想为指导,坚持辩证唯物主义和历史唯物主义的立场、观点和方法,以服务婺城改革开放、经济建设、全面建成小康社会为宗旨,记述2017年婺城区贯彻落实党的各项方针政策的情况,汇集全区各系统、各部门、各行业在改革开放和社会主义现代化建设中的新成就、新经验、新情况、新矛盾,客观反映婺城的经济建设和发展。

二、《婺城年鉴》采用分类编辑法。分为类目、分目、条目3个层次,以条目为主要载体,个别内容设有子目。为方便检索,不同层次的标题用不同的字号、字体和版式。索引采用条目检索,以笔画为序,笔画相同则按音序排序。

三、本年鉴记述年限为2017年1月1日至2017年12月31日。为保持事物的完整性、连续性和可比较性,部分内容、数据作上溯处理。收录范围为婺城区(含委托婺城区管理)的机关部门、园区、乡镇、街道和企事业单位。

四、本年鉴采用的文稿由区各机关、各部门、单位指定专人负责撰写,经年鉴编辑室修改整理后,经相关领导审核后定稿;照片由各单位、部门提供。撰稿人姓名加括号列在类目、分目或条目后面。

五、本年鉴中的数据均经有关部门核实,综合性数据以区统计局提供的统计年鉴为准。

六、组织机构及负责人名录由组织部提供。

七、本年鉴的编辑出版,金华市地名委员会办公室提供了金华城区图;照片由各单位提供。金华日报社洪兵提供了封面照片;区统计局提供了大量表格、数据。

金华市婺城区地方志编纂委员会

《婺城年鉴(2018)》的编纂工作，是在中共婺城区委、区政府高度重视下，依靠广大撰稿人、摄影者共同完成。本年鉴的编辑出版，得到了全区各级领导和撰稿人的大力支持，在此谨表谢意。由于编辑水平有限，书中疏漏和不妥之处，恳请广大读者批评指正。

《婺城年鉴(2018)》编辑室

主　编：戴增贵

编　辑：朱艳萍　范升元　方素佳

金华市婺城区政区图（2012年）

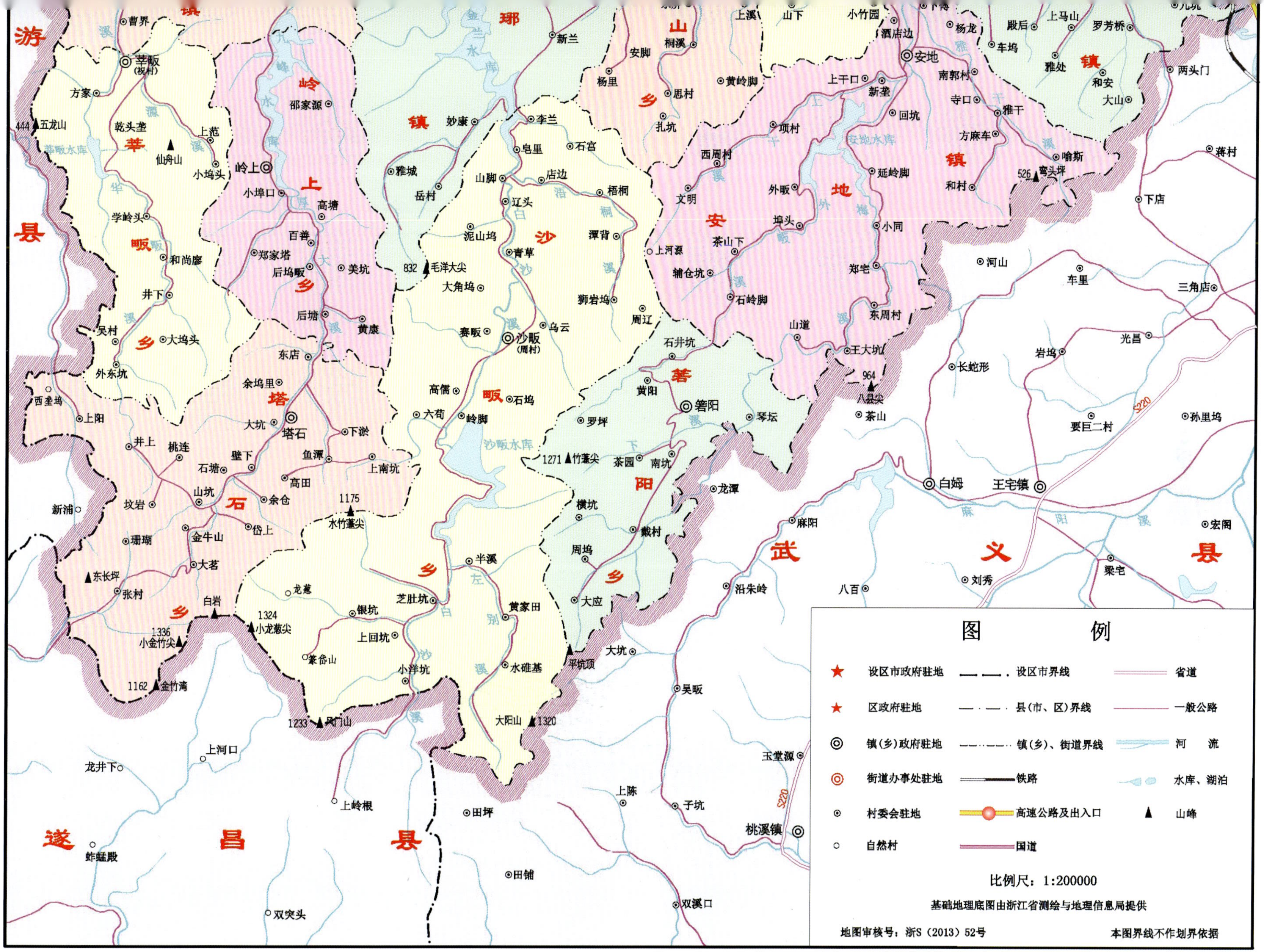

游
县
莘畈乡
岭上乡
塔石乡
沙畈乡
箬阳乡
安地镇
琊山乡
琅琊镇
武义县
遂昌县
莘畈（祝村）
岭上
塔石
沙畈（周村）
箬阳
安地
白姆
王宅镇
桃溪镇
莘畈水库
沙畈水库
安地水库
金兰水库
图例
设区市政府驻地
区政府驻地
镇(乡)政府驻地
街道办事处驻地
村委会驻地
自然村
设区市界线
县(市、区)界线
镇(乡)、街道界线
铁路
高速公路及出入口
国道
省道
一般公路
河流
水库、湖泊
山峰
比例尺：1:200000
基础地理底图由浙江省测绘与地理信息局提供
地图审核号：浙S（2013）52号
本图界线不作划界依据

3 月 2 日，省委常委、常务副省长冯飞（左二）参观调研浙中信息产业园天下谱局有限公司

（浙中信息产业园供稿）

4 月 21 日，省委常委、统战部部长冯志礼（右一）参观调研合丰、天下谱局（浙中信息产业园供稿）

2月12日，副省长熊建平（右三）在安地镇调研（安地镇政府供稿）

5月18日，副省长朱从玖（左一）到三江街道寺前皇社区调研金融风险防范网格化管理工作
（江南街道供稿）

2月3日，省军区政委王新海(前左一)在安地镇调研(安地镇政府供稿)

2月4日，省交通运输厅党组书记、厅长郭剑彪(左一)调研婺城航运开发项目并慰问一线职工(金红丹摄)

3月6日，省消防总队防火部部长周志忠(右二)一行到西关街道王村考察调研出租房消防安全标准化现场 (西关街道供稿)

3月17日，省文化馆馆长、党总支书记裘国樑(右二)一行6人到婺城区文化馆进行基层文化工作调研 (孙傲雪摄)

6 月 22 日，省文化厅副厅长叶菁（前左二）带领考核组到区文化馆验收考核公共文化服务标准化两年提升计划成果 (孙傲雪摄)

10 月 11 日，省残联副理事长高翔（左一)慰问婺城区残疾人 （区残联供稿)

5 月 23 日，市委书记赵光君(前)到避灾安置场所检查物资储备情况

(区民政局供稿)

8月8日，市委副书记、代市长尹学群（右二）到城北街道调研洪源城中村改造工作　　（城北街道供稿）

3月25日，市委副书记、市长暨军民（中）到莘畈调研　　（莘畈乡政府供稿）

6月9日，副市长陶叶萍（左三）一行调研区文化馆建设　　（孙儆雪摄）

11月15日，市委常委、宣传部部长林丹军(左三)调研婺城区文化礼堂

(区委宣传部供稿)

9月18日，莘畈乡大立元村、祝村村省AAA级景区村庄验收

(区旅游局供稿)

9月22日，“村村通客车”开通仪式

(区交通局供稿)

2 月 9 日，区委书记王健到琅琊镇毛毛涂料有限公司督查安全生产工作

（区安安监管局供稿）

7 月 31 日，开发区党工委书记张旭辉（右三）在洋埠镇调研　　（洋埠镇政府供稿）

6 月 2 日，区人大常委会主任朱利群带领区人大机关组成人员和区部分人大代表视察区行政服务中心“最多跑一次“改革工作。

（区行政服务中心供稿）

2月19日，婺城区第九届人民代表大会第一次会议（区人大供稿）

2月13日，婺城区政协四届一次会议（区政协供稿）

12 月 18 日，婺城区残联第五次代表大会代表合影(区残联供稿)

7 月 13 日，婺城区小城镇环境综合整治现场推进会在苹畈乡召开，区四套班子领导、乡镇书记、乡镇长等分管领导参加 (苹畈乡政府供稿)

7月18日，婺城区文联读书会暨文艺助推农村文化礼堂建设研讨会参会人员合影(区文联供稿)

7月28日，“歌声嘹亮跟党走”婺城区建军90周年演唱会(孙傲雪摄)

4月6日,“剿灭劣V类水源 建美丽生态廊道”婺城区百名文艺工作者巡演(孙傲雪摄)

9月2日,“喜迎十九大永远跟党走”——金华市总工会职工艺术团走进洞溪慰问演出(区总工会供稿)

9 月 29 日晚，“喜迎十九大 共筑中国梦”婺城区机关干部大合唱比赛在金华市会议中心举行

（孙傲雪摄）

6 月 30 日，婺城区安全生产应急处置技能比赛(区安监局供稿)

10月10日，市统一战线喜迎十九大演讲比赛，王岚获得二等奖

（区民革供稿）

11月9日，新狮街道“119”消防站技能大赛（区消防大队供稿）

7月20日，“喜迎十九大 共建都市区”第二届婺城百姓才艺大赛在莘畈乡大立元村文化礼堂举行（孙傲雪摄）

5月4日，区人大代表视察洪源城中村改造和酒坊巷区块征收工作

（区人大供稿）

5月25日，喜迎十九大金华市老干部摄影作品展

（区老干部局供稿）

9月1日，西关街道寺后皇社区金色年华养老服务中心开业

（西关街道供稿）

9月20日，婺城区首家民办残疾人托管机构“红石榴爱心家园”开园

（竹马乡政府供稿）

9月22日，区消防大队参加“护航十九大 我们在行动”活动启动仪式

（区消防大队供稿）

9月30日，文明城市创建志愿者服务活动启动仪式

（区委宣传部供稿）

11 月 20 日，省书协创作活动进农村暨 2017 年“浙江书法村”授牌活动（区文联供稿）

12 月 10 日，民革婺城区基层委员会成员参加民革金华市委会毅行活动

（婺城民革供稿）

10 月 19 日，婺城区国税局剪纸喜迎党的十九大

（婺城区国税局供稿）

10 月 11 日，婺城区公安分局业务用房搬迁(区公安分局供稿)

2 月 11 日，乾西乡马淤村元宵晚会舞龙表演(乾西乡政府供稿)

长湖喷泉(乾西乡供稿)

叶店廊桥(白龙桥镇政府供稿)

夕阳下的婺城航运枢纽(范康文摄)

岭边梯田稻花香(文体新局供稿)

金华市第五中学(区教育局供稿)

金华市站前小学(区教育局供稿)

目 录

特 载

专 辑

大事记

区情概览

中国共产党金华市婺城区委员会

中国共产党金华市婺城区纪律检查委员会

金华市婺城区人民代表大会常务委员会

金华市婺城区人民政府

中国人民政治协商会议
金华市婺城区委员会

民主党派

群团组织

园　区

法　治

军　事

工　业

统计　发改　物价　粮食

经济　贸易

教育　文化　体育

科学技术

民 政

财政 税务

人力资源和社会保障

城乡建设

旅 游

交通 运输

农林 水利

卫生　人口　计划生育

审　计

食品　药品　市场监管

国土资源

城乡　规划

环境保护

质量技术监督

安全生产监督

城市管理

供电　移动　电信

金融　保险

乡镇　街道

附 录

特　载

区委七届三次全体(扩大)会议暨区政府九届二次全体会议上的报告

(2017 年 12 月 11 日)

中国共产党婺城区委员会书记　王　健

同志们:

下面,我代表区委常委会向全会报告工作。

区第七次党代会以来,新一届区委常委会高举习近平新时代中国特色社会主义思想伟大旗帜,学思践悟习近平总书记对金华工作的重要指示精神,坚持以“八八战略”为总纲,全面贯彻落实省、市党代会精神,锐意进取、敢于担当,团结奋斗、砥砺前行,推动经济社会全面发展,现代化都市核心区建设迈出坚实步伐。前三季度, 实现区属生产总值211.1 亿元,同比增长 6.2%,城乡居民收入达 36094 元和 17764 元,分别增长 8.7%和 9%。1—10 月,实现财政总收入 37.1 亿元,同比增长 6.0%,限额以上社会消费品零售总额 130.5 亿元,同比增长 10.5%。

回顾近一年来的工作, 区委常委会总揽全局、协调各方,切实加强对一切工作的领导。我们始终要求政治清醒、立场坚定,牢固树立“四个意识”,坚定自觉地维护习近平总书记的核心地位,维护党中央权威;我们始终要求服从全局、服务大局,在全省、全市蓝图中找准自身定位,努力为大局发展作出积极贡献,在“走在前列、共建金华”中不缺位、多晋位;我们始终要求勇于负责,敢于担当,保持政治定力、战略定力和执行定力,以“私罪不可有,公罪不可无”的胆魄和胸襟为婺城谋一方发展、富一方百姓、保一方平安;我们始终要求身先士卒、率先垂范,坚持干着指挥,带头冲锋陷阵,在改革发展稳定第一线撸起袖子、干出样子,为全区各级党组织和广大党员干部树立起“崇尚实干”的鲜明导向。这四个“始终要求”,是区委常委会践行“不忘初心、牢记使命”要求的具体体现,也是把婺城新时代高水平建设现代化都市核心区的宏伟蓝图变为现实的必然要求。

今年以来,区委常委会围绕迎接十九大、学习宣传贯彻十九大精神,落实省、市、区党代会决策部署,科学统筹,精心谋划,集中精力抓了 6 件大事。

第一,区委常委会切实担起守土责任,顺利完成了迎接十九大、学习宣传贯彻十九大精神各项工作。我们团结带领全区上下认真学习领会习近平总书记“7·26”重要讲话精神,采取一系列稳增长、调结构、惠民生、优环境、防风险的有效措施,实现了经济平稳发展、社会和谐稳定,为十九大胜利召开营造了良好氛围。十九大胜利闭幕后,我们把学习宣传贯彻党的十九大精神作为首要政治任务,组织开展形式多样的宣讲活动,在全区兴起学习宣传贯彻十九大精神的热潮。以十九大精神为指引,结合筹备区委七届三次暨区政府九届二次全会,对婺城经济社会发展和党的建设各项工作进行再研究、再深化、再提升,以改革发展的新业绩新气象来体现学习贯彻的实际效果。

第二,区委常委会狠抓执行落实,确保了中央、省委、市委决策部署在婺城落地生根、开花结果。我们深入学习、深刻领会习近平总书记对金华发展重要指示精神,根据省委“两个高水平”宏伟目标和市委“全面小康、浙中崛起”总目标,以舍我其谁的使命担当努力扛起建设现代化都市核心区的重任,全面推动中央“五位一体”总体布局、“四个全面”战略布局和省委“六个浙江”、市委“五大战略”、“三条廊道”等重大决策部署在婺城落地生根、开花结果。

第三,区委常委会抓紧抓实搭梁架柱工作,推动了现代化都市核心区建设的顺利开局。我们提出“建设现代化都市核心区”的奋斗目标,围绕“做强新城区、做优老城区、做美大郊区”进行谋篇布局,提出“四个计划”振兴实体经济,推进“三条廊道”共建金义都市区,加快“两城联动、城乡一体”推进协调发展,建设“大花园”“大景区”提升生态文明建设水平,部署“五区同创”改善民生福祉,全面打响“八大战役”推进工作落实。一年来实践证明,这些目标设置和重要布局完全符合党的十九大精神,与省第十四次党代会、市第七次党代会作出的重大决策部署精神契合、内涵一致,有力有效地指导了婺城的改革和发展。

第四,区委常委会切实扛起改革发展大旗,激发了婺城崛起赶超的活力和动力。我们将“最多跑一次”作为撬动全方位各领域改革的突破口,“最多跑一次”事项实现率达到98.9%,“跑”出了发展加速度、群众满意度。我们把创新作为引领发展的第一动力,筑平台、树产业、聚人才,为崛起赶超积蓄强大动能。

第五,区委常委会树立大抓基层鲜明导向,不断夯实党的执政基础。我们以“严实”要求全面打赢村级组织换届收官战,重心下沉抓好基层组织和基层政权建设,用“急难险重”大熔炉锻炼干部、锤炼党性,不断增强基层党组织战斗力、凝聚力和执行力,着力锻造一支“过得硬、能带富、会服务、善治理”的基层铁军。

第六,区委常委会带头加强自身建设,积极营造良好的政治生态。我们旗帜鲜明讲政治,牢固树立“四个意识”,严守党的政治纪律和政治规矩,始终在思想上政治上行动上与以习近平同志为核心的党中央保持高度一致。坚持以习近平新时代中国特色社会主义思想武装头脑、指导实践,严格落实区委理论中心组学习制度,加强学习型班子建设,制定区委工作规则等制度,努力提高执政能力和领导水平。我们严格遵守廉洁自律各项规定,树立良好家风,自觉接受监督。我们大力弘扬红船精神,不忘初心、牢记使命,甩开膀子加油干,俯下身子抓落实,为全区党员干部做好表率。

一、2017年主要工作

今年以来,我们对标中央、省委、市委工作要求和年初各项计划,主要做了六个方面的工作。

(一)紧扣发展第一要务,提升都市核心区能级

区委常委会认为,作为核心城区,提升都市区首位度是“共建金华”的应有担当,必须把精力集中到加快经济发展上来,聚焦到提高发展能级上来,当好现代化都市区建设主力军。

我们着力共建金义科创廊道促进创新发展。围绕“一条金腰带、六大区块、八大平台”总体布局,实施金义科创廊道建设三年行动计划,打造总长13千米涵盖40平方千米的婺城科创廊道。全面深化校地战略合作,与浙江师范大学合办科创园,与浙江工商大学共建金华食品产业化研究院。深入实施创新驱动战略,新增省级企业研究院2家、高新技术研发中心8家,入围市级技术创新项目22个、战略性新兴产业重大攻关项目5个、关键共性技术(产品)攻关项目17个,均位居全市前列。加大招才引智力度,成立区海内外高层次人才联谊会,引进“千人计划”专家7人、海外院士2人,入选首批“浙江工匠”1人、省“151人才”1人、市拔尖人才4人、市“321人才”8人,创历史新高。

我们着力打破坛坛罐罐加快转型升级。打好治危拆违攻坚战,拆除违法建筑482.5万平方米,治理D级危房1760户,整治提升“低小散”、落后产能、僵尸企业169家,倒逼经济转型发展。紧抓帮困扶弱,用好企业应急周转金3亿元,守牢防风险底线。推进培优扶强,累计培育“三名”企业省级2家、市

级8家、大企业大集团14家、高成长企业11家。深化农业供给侧改革，把增加绿色、优质农产品供给放在突出位置，以特色农业强镇、美丽牧场创建为依托，大力发展生态农业、设施农业、休闲观光农业，水稻、畜禽、花卉苗木等产业实现提质增效。推进农村土地承包经营权确权颁证，深化供销社和农业生产经营管理“三位一体”改革，积极构建“农合联”新体系。

我们着力做强新城区提升综合实力。工业经济扩容增量，新建、续建工业项目18个，新签约工业项目12个。截至10月底完成工业总产值262.5亿元，同比增长6.2%，完成工业投资13.2亿元，同比增长12.9%。城市功能完善提升，公安应急指挥中心、金华银行建成投入使用，宾虹西路优化改造工程竣工通车，马海路跨白沙溪大桥等基础设施加快建设，实施中心区亮化、绿化、美化工程，环境面貌明显改善，产城融合进一步深化。

我们着力做优老城区建设精品城市。以“五改”为抓手，全面推进城市有机更新。启动城中村改造10个，完成拆迁28万平方米，改造老旧小区31个37.2万平方米、重点街区8条22万平方米，基础设施大幅改善。加快重点区块开发建设，全面完成洪源区块、酒坊巷区块房屋征收和万佛塔周边环境整治，为高铁新城、“一城一区”建设拓展了空间。加快二七区块复建，推进巨龙安置房、解放西路改造、金师附小教育集团小学等项目，打好城市滨水核心区建设基础。

我们着力共建综合交通廊道扩大对外开放。全力打造大交通，建成330国道婺城区段、衢江婺城段航运开发项目，实施S313(45省道)改建、金义东轨道交通、杭金衢拓宽二期等工程，进一步提升“内联外畅”的路网密度、覆盖广度和通达深度。全力促进大开放，主动融入全市“三大通道”，积极对接金义跨境电商园、综合保税区“借船出海”，对外贸易稳健增长，截至10月底完成进出口总额33.5亿元，同比增长10.2%；其中出口31.9亿元，同比增长11.4%。

(二)紧扣三统一，积极发展社会主义民主政治

区委常委会认为，发展社会主义民主政治，必须坚持党的领导、人民当家作主、依法治国有机统一，坚持正确政治方向，坚定不移走中国特色社会主义政治发展道路。

我们切实发挥党委统揽全局、协调各方作用。坚持党对一切工作的领导，充分发挥党委对人大、政府、政协和监察机关、审判机关、检察机关等各种组织的领导核心作用，支持和保障区人大及其常委会依法行使职权，支持和保障区政协及其常委会依章程履行职能，营造同心同德、精诚团结谋发展、促发展的生动局面。坚持巩固和发展最广泛的爱国统一战线，充分发挥各民主党派、工商联、无党派人士、港澳台侨胞凝聚人心、汇聚力量的作用。全面完成群团改革总体布局，开展网上群团组织建设，推动群团组织“强三性、去四化”。大力支持驻婺部队建设，促进军民融合发展。

我们始终坚持人民当家作主。严格对标省委、市委有关文件要求加强人大建设，健全人大讨论决定重大事项、政府重大决策出台前向人大报告制度，推行民生实事项目人大代表票决制。全面加强“两站一平台”建设，建成代表联络站实体32家、网上27家。坚持政治协商“三在前”“三在先”，加强与民主党派、人民团体、无党派人士的联系与合作，开通“民主党派直通车”，拓宽各界人士参政议政渠道。积极搭建“三进三联三促”“一村一委员”“委员联系群众”等机制平台，创设基层委员工作室16个。探索基层协商民主实践模式，重点围绕农村垃圾分类、“五水共治”、旧城改造等热点难点问题开展协商，推动百姓关注的问题妥善解决。

我们着力提升法治婺城建设水平。健全领导干部学法制度，开展公务员学法用法三年轮训，促进党员干部法治思维养成和依法办事能力提高。全面推行政府法律顾问制度，实现乡镇(街道)和具有行政执法主体资格的政府部门法律顾问全覆盖。推进执法规范化建设，健全重点工程项目依法征迁长效机制。全面深化信息公开，努力打造阳光政府。深入推进以审判为中心的刑事诉讼制度改革，落实司法责任制，全面完成大部门大警种制改革和法官、检察官员额制改革。深入实施“七五”普法，获评全国青少年普法教育示范区。

(三)紧扣提升发展软实力,促进文化繁荣发展

区委常委会认为,文化是一个城市的根,也是发展软实力的一项重要内容。必须坚持中国特色社会主义文化发展道路,坚定文化认同,增强文化自信,推动文化繁荣,为经济社会发展凝聚强大精神力量。

我们牢牢掌握意识形态领导权。全面落实意识形态工作责任制,在基层一线筑牢思想堡垒。打造全媒体矩阵,"婺城发布"影响力进入全省前列,"农村文化礼堂+德育"模式走进央视新闻,并入选"中国民生示范工程"。守好网络意识形态主阵地,网络正能量强劲充沛,网络空间更为清朗。精心组织"婺城论坛""婺城乡音"等主题宣讲,区级领导班子带头宣讲党的十九大、省第十四次党代会、市第七次党代会精神,全区干部群众矢志共同奋斗的思想基础更加牢固。大力推进文明城区创建,琅琊镇等3家单位获得国家级文明称号。以"信义婺城"为载体,促养成、提素质、易风俗,文明新风尚正悄然形成。

我们加快发展文化事业。实施文化惠民工程,推动优质文化服务全面覆盖基层。推出"双堂双进"工程,着力塑造"书香婺城",在全省率先成立农村文化礼堂大学,率先推出7条"德育精品研学线路",着力打造家门口的"文化乐园""精神家园"。乡镇(街道)文体站全部免费开放,婺星剧场、区图书馆等公共文化设施提档升级,顺利通过公共文化服务标准化两年提升省级验收。文化遗产保护稳步推进,金华酒、婺城布龙等技艺得到传承,建成全市首个非遗文化体验中心,新增2处省级文保单位。群众体育事业长足进步,推动全民健身"四提升四覆盖",获评浙江省高水平体育后备人才基地。

我们积极推进文化产业增量提质。深挖婺文化,大力推动文化优势转为发展优势,文化产业规模化、集约化、专业化水平不断提升。产业规模持续壮大,截至10月底,共培育文化企业1200家,产值达55亿元。文化园区扩容升级,全省首家文化礼堂创意产业园落户竹马。特色文化小镇夯实基础,中国婺州窑博物馆开馆运营。文旅、体旅融合发展,成功举办"莘畈毅行""南山越野跑""琅琊皮划艇巡回赛"。

(四)紧扣保障和改善民生,加快发展社会事业

区委常委会认为,保障和改善民生,必须要抓住人民最关心、最直接、最现实的利益问题,主动顺应人民期盼,让人民群众在共享改革发展成果中不断提升获得感、幸福感、安全感。

我们稳步提高基本保障水平。提升就业质量,三级劳动保障平台更为健全,城镇登记失业率保持在2.07%的较低水平。扩大社保覆盖面,被征地农民失地保险遗留问题妥善解决,户籍人口基本医保参保率超98%,城乡居民养老金水平跻身全省中游。完善多层次养老服务体系,累计建成居家养老服务照料中心279家。加快脱贫步伐,推进山区群众异地搬迁,建成蒋堂首期、乾西四期移民新村,开展"2+1"结对帮扶,消除首批36个集体经济薄弱村。

我们着力提供优质均衡公共服务。以创建教育现代化区为抓手,加快城乡教育优质均衡发展。大力整合"低小散"学校,通过"名校带弱校、名校带新校"新组建5个教育共同体,改造薄弱学校2所,新增标准化学校3所。深入实施课程改革,提升德育质量,不断满足新时代"立德树人"需要。深化医疗卫生体制改革,婺城区人民医院基本建成并全面托管,建成省级卫生乡镇8个。实现乡镇(街道)卫生院"医联体"全覆盖,责任医生规范化签约率达32.5%,分级诊疗体系逐步形成。

我们积极营造和谐稳定环境。以迎接国务院安委会安全生产大检查为抓手,强力开展生产、流通等各个环节的安全隐患排查整治,安全生产形势稳中向好。加强自然灾害防治,地质灾害隐患点搬迁基本完成。全面落实平安综治工作领导责任制,深入推进社会治安防控体系建设、社会矛盾预防化解以及社会治理创新,建设"全科网格",综治基础更加牢固。加大企业帮扶解困力度,创造性开展司法重整工作,依法妥善处理了一批涉稳问题。健全"四联三防"机制,推进合成作战,强势挤压违法犯罪活动空间,圆满完成"护航十九大"服务保障任务,荣获全省首批"平安金鼎"。

(五)紧扣生态环境整治,全方位提升美丽指数

区委常委会认为,保护环境就是保护生产力,要坚持人与自然和谐共生的基本方略，紧扣“做美大郊区”要求，进一步打响生态文明攻坚战，着力解决影响可持续发展和危害人民群众健康的突出环境问题，努力使婺城的天更蓝、山更绿、水更清。

我们推动中央环保督察全面落地见效。坚持“最高标准、最快速度、最实作风、最佳效果”，以“问题整改不过夜”的自觉抓好落实，督察组移交的信访件做到“件件有着落、事事有回音”。坚持问题导向，完善环保责任清单，开展中央环保督察后续整改、整治专项行动，着力打造“环境监管执法最严地区”。

我们持续深化生态环境治理。高标准推进“五水共治”，全面剿灭297个劣Ⅴ类小微水体、4条V?类以下河流及62个排污口。60个乡镇支流交接断面中Ⅲ类以上水质断面占比93.33%，沈村断面稳定在Ⅲ类水质。深入开展“气尘合治”八大行动，截至11月底，我区PM2.5浓度均值为39微克/立方米，同比下降13.3%。不断深化畜禽养殖污染综合整治，关停拆除养殖场1266家74万平方米，创建美丽牧场9家，正全力争夺大禹鼎。推进小城镇环境综合整治，5个乡镇全面完成“一加强三整治”，“两站三员”等创新举措反响良好。

我们切实打好生态廊道建设基础。高规格组建廊道办，形成廊道办管“总”、河长管“战”的强大合力。围绕“一轴、三域、四带”布局，规划七大廊道主题功能区，建设6条精品线，高标准打造山水相融、富有特色的“廊道核心区、生态标杆区”。实施三大美丽项目，建成美丽城防1.3千米、美丽公路35千米、美丽绿道9.1千米。开展“建设美丽乡村·做美大郊区三年行动”，全域打造美丽乡村升级版，累计建成美丽乡村40个，其中培育A级景区村庄2个、美丽宜居示范村4个。强化产业支撑，签约长山国际设计走廊等5个绿色成长型项目，以产业生态化、生态景观化、景观特色化助力“绿、富、美”。

（六）紧扣全面从严治党，大力加强党的执政能力建设

区委常委会认为，推动全面从严治党必须始终把党的政治建设摆在首位，思想建党和制度治党同向发力，不断增强管党治党的思想自觉、政治自觉和行动自觉。

我们扎实推进“两学一做”常态化制度化。全面推行“主题党日”，全区农村、社区党组织每月15日学习蔚然成风。创新推广“三端两微”学习模式，实行积分制管理，打造“掌上党校”“流动党校”，党员“在线学习”成为新常态。全领域开展“先锋五行”主题活动，深化“微系列”品牌，成立党员志愿者服务联络总站18个、分站376个，广大党员的在党意识、宗旨意识、服务意识进一步增强。

我们高标准抓好基层党建“龙头工程”。全面落实“浙江二十条”，大力实施“六大红色工程”，持续深化“整乡推进、整区提升”，党建示范带渐成靓丽风景线。全面推行“走村入户”扫码制，实现“干部联村联党建、党员联邻帮户”信息化。牢固树立城市大党建理念，率先建设一批城市党建综合体示范点，以服务功能提升带动城市基层治理创新。统筹推进机关、国企、学校、医院等党建工作，抓好新领域、新业态、新群体党的组织覆盖和工作覆盖，流动党员“十同”管理规范化成效明显。

我们持续打好干部工作“上下管育爱”组合拳。坚持好干部标准和正确用人导向，注重在改革发展的主战场、维护稳定的第一线、服务群众的最前沿锻炼、检验和发现干部，真正把事业发展需要的好干部选出来用起来，锻造绝对忠诚、勇立潮头、敢打硬仗、能打胜仗的婺城铁军。分层次分类别开展干部教育培训，助推干部成长成才。严格执行个人有关事项报告及核查制度，强化干部监督管理，完善选拔任用干部“全程纪实”，坚决防止干部“带病提拔”。

我们持续净化党风政风。压紧压实全面从严治党“两个责任”，严格落实党风廉政建设责任全程纪实制度，切实加强对中央、省委、市委和区委重大决策部署贯彻情况的检查。积极践行监督执纪“四种形态”，着力推动“第一种形态”运用制度化、常态化、规范化，让咬耳扯袖、红脸出汗成为常态。今年以来，我们扎实做好省委巡视反馈意见整改工作，开展了两轮区委巡察，正风肃纪专项检查7次，检查单位407家，追责问责53人次，立案11件，其中立案审查乡科级干部11人，形成了有力震慑。

这些工作的开展和成绩的取得,是以习近平同志为核心的党中央和省委、市委正确领导的结果,是全区广大党员、干部真抓实干的结果,是全区人民共同奋斗的结果。在此,我代表区委常委会向全区广大党员干部群众表示衷心的感谢!

在肯定成绩的同时,我们也要清醒地看到工作中存在的问题和不足:一是发展不平衡不充分问题仍然比较突出,经济发展的总量不大、速度不快、质量不高,城中村、老旧小区等城市有机更新任务量大面广,城乡二元结构明显,都市核心区建设还需进一步提速提质;二是部分改革任务刚刚破题,富有含金量的改革项目偏少,改革举措落地见效不明显,全面深化改革还需进一步加大力度;三是公共服务供给和群众期盼还有一定差距,社会治理能力有待提升,污染防治和生态建设任重道远,民生改善还需进一步加快步伐;四是抓工作推进抓而不紧、抓而不实、抓而不快,遇到矛盾绕着走的现象依然存在。五是少数党员干部纪律意识、担当意识、责任意识还不够强,工作状态欠佳,推动八项规定风化俗成还需进一步加压加力,等等。对于这些问题,我们务必要高度重视,并切实加以解决。

二、高举习近平新时代中国特色社会主义思想伟大旗帜,高水平建设现代化都市核心区

党的十九大把习近平新时代中国特色社会主义思想写入党章,成为引领中华民族坚定前行的思想火炬,在实现中华民族伟大复兴中国梦的进程中发挥领航作用。我们要将深入学习宣传贯彻党的十九大精神作为当前和今后一个时期的首要政治任务,始终高举旗帜,坚决维护习近平总书记的核心地位,坚决维护党中央权威和集中统一领导,增强“四个意识”,坚定“四个自信”。我们要深刻理解和准确把握习近平新时代中国特色社会主义思想,用伟大理论指引婺城大地社会主义现代化建设实践。婺城“两个一百年”的总目标就是要高水平全面建成现代化都市核心区,这是我们贯彻落实习近平新时代中国特色社会主义思想的实际行动,是满足全区人民日益增长的美好生活需要的目标追求,也是婺城在“强起来”的历史进程中走在前列的责任担当。

高水平建设现代化都市核心区分为两个阶段实现:

第一个阶段,从2020年到2035年,在高水平全面建成小康社会的基础上,制定实施婺城区现代化建设中期规划(2020—2035年),再奋斗15年,大幅提升经济综合实力和质量效益、各领域法治化水平、文化软实力、人民群众获得感幸福感安全感、生态环境质量、全面从严治党水平,高水平完成基本实现社会主义现代化的目标,以都市区为主体的城乡格局基本成型,核心区首位度大幅提升,基本建成现代化都市核心区。

第二个阶段,从2035年到本世纪中叶,在高水平完成基本实现现代化目标的基础上,再奋斗15年,实现经济体系现代化、城乡建设现代化、社会治理现代化,文化发展高水平、人民生活高水平、生态文明建设高水平。综合实力居全市中上游水平,全面建成辐射带动力强劲的现代化城区,全民共享物质富裕精神富有的幸福生活,高水平全面建成现代化都市核心区。

从现在到2020年,是高水平全面建成小康社会决胜期,要努力在解决发展不平衡不充分问题、满足人民日益增长的美好生活需要上取得新成效,确保与全省同步高水平全面建成小康社会。2018年是我们奋进新时代、开启新征程的开局之年,干好2018年工作至关重要。全年工作的指导思想是:认真贯彻落实党的十九大精神,高举习近平新时代中国特色社会主义思想伟大旗帜,深刻把握新时代新思想新使命新征程,统筹推进“五位一体”总体布局,协调推进“四个全面”战略布局,深化落实省委“六个浙江”和市委“五大战略”,围绕“走在前列,共建金华”目标要求,坚定不移“做强新城区、做优老城区、做美大郊区”,大力实施“十大战略工程”,为高水平建设现代化都市核心区、与全省同步实现“两个高水平”而努力奋斗。

新的一年重点抓好六方面工作:

(一)振兴实体经济,为实现经济体系现代化奠定基础

牢固树立“制造强基、实业兴区”理念,扎实推动以先进制造业为核心的实体经济提质增效、蓄能增势。

深化供给侧结构性改革。把实体经济作为发展经济的着力点，把提高供给体系质量作为主攻方向,推进腾笼换鸟、凤凰涅槃,着力提升经济发展质量。制定实施以智能化为引领的创新驱动发展战略工程,持续加大创新投入,用好创新券、科技金融贷款等政策工具,谋划布局一批物联网、云计算、大数据、人工智能等战略性新兴产业,加快培育发展新动能。以“最多跑一次”改革为突破口,推进企业投资项目承诺制等改革,打破信息孤岛、推进数据共享、重构审批流程,着力构建权责清晰、分工合理、权责一致、运转高效、法治保障的政府职责体系和组织体系。大力实施“三名”工程,开展“婺城制造进京东”行动,创建一批知名品牌,提高“婺城智造”“婺城创造”竞争力。全面落实“三去一降一补”,加大“低、小、散”行业整治力度,加快淘汰落后产能。

积极实施“四个计划”。实施平台提升计划。高标准抓好高铁新城规划设计,提升改造古子城酒坊巷区块,加速二七区块复建,推进仙源湖旅游度假区扩容,整合提升婺城新城区产业平台,做大做强浙中信息产业园,推动千亩级大平台、百亿级高能级平台和业态鲜明的特色平台齐头并进、错位发展。实施行业领军计划。开展以企业上市挂牌和并购重组为核心的“尖峰行动”,强化企业股改培育,打造一批行业发展“领头雁”。加强梯队建设,精心培育主业突出、竞争力较强、具有发展潜力的重点企业成长为细分行业的“单打冠军”“隐形冠军”,形成“头雁领航、群雁高飞”的良好局面。实施产业转型计划。制定实施以网络经济为重点的现代服务业发展战略工程,促进传统商贸业“触网”提升。推进传统制造业“机器人+”“互联网+”“标准化+”融合应用,组建产业创新服务综合体,促进纺织服装、建材、医药化工等产业“老树发新芽”。实施企业成长计划。完善“个转企”“下升上”“小升规”配套措施,做到规划一批、引导一批、培育一批、壮大一批,推动成长型企业向小微企业园集聚,让“专精特新”企业茁壮成长。

坚持不懈招大引强。坚持招商引资“一号工程”不动摇,“走出去”“引进来”两手抓,灵活运用市场化、专业化、产业化、资本化招商手段,促进浙(婺)商人才、资金、项目、技术大回归。突出招大引强选优,做好产业链强链补链延链招商文章,大力招引一批科技含量高、创税能力强、带动作用大的龙头项目和成长型项目。实施省市县长项目工程,力争引进一个20亿元以上重大项目。

(二)促进协调融合,为实现城乡建设现代化奠定基础

坚持“两城联动、城乡一体”总方向,以“三条廊道”破散促聚的强大穿透力串珠成链,提高城乡发展的协同性和整体性,加快聚成核、抱成团、联成体。

深入推进“三条廊道”建设。全方位共建综合交通廊道,推进金义东轨道交通、杭金衢拓宽二期、235国道金武快速路、S313(45省道)等项目建设,抓好农村联网公路建设和等级提升,促进城乡交通设施互联互通,打造都市区“一小时通勤圈”中心枢纽。高水平共建金义科创廊道,以浙师大婺城科创园为基础,加大招院引所、招商引才力度,积极争取省千人计划产业园,加快沿线高端要素集聚,打造区域性科创中心。高标准共建浙中生态廊道,精心实施二七区块沿江公园等样板工程,建设6条精品线,着力打造都市区最为宜居的生态廊道。

深入推进“做强新城区”。完善新城区管理体制,用好“加减乘除”四法,跑出发展加速度。重点是抓平台提升,打造千亩百亿级大平台。抓基础设施和公共服务配套,推进婺城消防站、双溪西路西延、白沙溪绿化景观等公建项目及商场、医院等配套项目建设,进一步完善城市功能。加快低小散整治、环境治理和“退二进三”步伐,优化发展环境。

深入推进“做优老城区”。坚定不移走新型城市化道路,咬定拆违、征迁、改造、建设“四个百万平方”目标,持续掀起大拆大改热潮,加快老城区大立大美。开展“百万大拆违”,去存量、防增量,争创无违建区。开展“百万大征迁”,全面完成西郊、田里、后地、鲍杨、上浮桥区块征迁,启动三联等城中村改造及重点工程征迁,以破竹之势拆出婺城崛起赶超新平台、新空间。开展“百万大改造”,优化重点区块及重要公共设施,改造老旧小区40万平方米、重点街区20万平方米、背街小巷17条,全面完成危旧房改造整治34.5万平方米,让老城重现青春活力。开展“百万大建设”,抓好重点区域城市设计,深化道路交通、教育设施、医疗卫生设施等专项规划,推进二七区块巨龙安置房、解放西路、婺江西路、沿江公园等项目建设,翻开旧城改造崭新一页。加强城市精细管理,推进“路长制”,建好用好“智慧城管”,全面提升城市人居品质。

深入推进“做美大郊区”。制定实施以农业农村现代化为目标的乡村振兴战略工程,全力争创省级美丽乡村建设示范区。深化小城镇环境综合整治,推进洁美城镇联合整治专项行动,不断改善乡容镇貌。推进“百村景区化”,加强村庄规划和农房设计,建设精品村21个、秀美村10个、宜居村4个。大力发展农村电子商务,拓展养生养老、运动健康等旅游服务新业态,做优做精猕猴桃、蓝莓、鲜花、茶叶等农业特色产业,助力农村产业兴旺和农民生活富裕。

(三)深化法治建设,为实现社会治理现代化奠定基础

“法治婺城”建设是推进治理体系和治理能力现代化的重要载体,必须把法治建设和平安建设紧密结合起来,以法治为引领和保障,打牢平安基础,促进社会公平公正、安定有序。

积极推进依法行政。全面深化法治政府建设,完善学法制度,深化综合行政执法体制改革,严格规范公正文明执法,不断提高行政质量、效率和政府公信力。推进司法体制综合配套改革,努力让人民群众在每个案件中感受到公平正义。全面落实普法执法工作责任制,建立健全以案释法制度,加大民主法治村(社区)创建和法治文化阵地建设力度,构建“大普法”工作格局。完善公共法律服务体系,促进全社会尊法学法守法用法。

大力发扬基层民主。坚持和完善人民代表制度,促进人大工作规范化,更好发挥人大代表主体作用。加强人大代表联络站建设,实现民生实事项目代表票决制乡镇全覆盖。促进基层协商民主规范化,常态化推进“一村一委员”工作,完善协商议政的内容和形式,最大限度反映社会不同阶层和不同利益群体的意见和诉求。加强基层政权建设,进一步完善基层群众自治制度。

切实强化社会治理。以“四个平台”为载体,打造大数据联动指挥中心,建强“全科网格”,推进乡村两级综治中心规范化建设,提升基层社会管理服务水平。全面升级立体化社会治安防控体系,实施“雪亮工程”,加强出租房屋智能化管理,健全企业帮扶解困机制,严厉打击各类违法犯罪活动,确保社会平安稳定。完善安全生产“1+x”责任体系、隐患排查治理体系和安全预防控制体系,坚决遏制重特大事故,确保安全生产形势持续向好。

(四)抓好传承创新,为实现文化发展高水平奠定基础

文化是激发凝聚力和创造力的重要源泉,建设“文化婺城”必须进一步坚定历史文化名城的自信,做好传承保护,推动创新创造,为提升发展软实力提供丰润文化滋养。

强化意识形态领导权。加强党对意识形态工作的领导,建设具有强大凝聚力和引领力的意识形态。围绕学习贯彻党的十九大精神,实施农村文化礼堂等“五大文化”建设工程,扩大“婺城论坛”“乡音宣讲”等活动影响力,掀起学思践悟习近平新时代中国特色社会主义思想的热潮。扎实做好网络空间治理,不断提升网上宣传、舆情引导等方面的能力。大力弘扬社会主义核心价值观,加快建设“大中小幼”一体化德育体系,塑造“双堂双进”等德育共建品牌。深入实施公民道德工程,积极培育新时代“婺城精神”。

大力发展文化事业。以历史文脉和山水资源为依托,以古城、古镇、古村等保护建设为载体,增强婺文化认同,促进传统文化推陈出新。做好历史文化村落、传统村落的保护利用,建设婺城非遗文化园、婺城工匠坊。增加公共文化服务供给,开展文化强镇、文化示范村和重大标志性文化设施建设,提升文化馆、图书馆等场馆服务水平,办好“百姓才艺大赛”“山花烂漫·美丽婺城”“民俗文化节” 等品牌活动,更好满足人民群众精神文化需求。

加快振兴文化产业。以规划为引领,以项目为支撑,健全完善文化产业体系,着力打造“文化特色小镇+文化产业园+文创基地”发展新格局。扶持“文化+制造”，为斯玛特等科技型文化企业开拓发展新空间。探索“文化+旅游”，发展婺窑小镇、白沙文化创意园等文旅综合项目，培育新的经济增长点。融合“文化+体育”，引入品牌体育赛事，打造“水韵梅溪”“体旅莘畈”等精品线路。升级“文化+互联网”，构筑天下谱局等大数据平台，用信息技术激活传统文化基因。做大做强农村文化礼堂，串起“双效双赢”生态圈。

（五）聚焦民生发展，为实现人民生活高水平奠定基础

增进民生福祉是发展的根本目的，必须始终坚持以人民为中心的发展思想，不断满足人民群众“幼有所育、学有所教、劳有所得、病有所医、老有所养、弱有所扶”新需求。

加快增收致富步伐。坚持就业优先战略和积极就业政策，做好全方位公共就业服务。实施“就业富民”行动，鼓励创业带动就业，实现更高质量和更充分就业。坚持长效扶贫，有序推进山区群众异地搬迁和移民安置，力争完成一级饮用水保护区居民搬迁任务。实施低收入农户收入倍增计划，发展光伏、电商、旅游等新兴扶贫产业，增强“造血”功能，消除集体经济薄弱村36个以上。

提升社会保障水平。实施“社保惠民”行动，统筹推进全民参保，让社保充分服务更广大人群。开展“543”行动，健全劳动保障监察和劳动争议调解机制，实现“婺城无欠薪”。提高社会救助和福利事业覆盖面，推进居家养老服务照料中心规范化，力争福利中心“公建民营”试运行。加强防灾应急保障，提前完成地质灾害“三年清零行动”，提升自然灾害预警防控水平。

切实办好民生实事。推进教育现代化区创建，擦亮婺城教育“金名片”。实施教育重点县第二阶段提升工程，建成二七区块金师附小教育集团小学，推进金华四中扩建，加快补齐义务教育硬件短板。实施课程改革、教师“县管校聘”制度改革，继续支持民办教育发展，提高公办幼儿园、普惠性幼儿园比例，努力办好人民满意教育。实施“大健康”战略，为群众提供全方位全周期健康服务。创建省级食品安全区，严格把好从农田到餐桌的每一道防线。全面建成婺城区人民医院并投入使用，深化市区医联体建设，进一步完善分级诊疗制度。创建省级卫生应急示范区，提升卫生应急能力和水平。

（六）践行两山理论，为实现生态文明建设高水平奠定基础

牢固树立“绿水青山就是金山银山”的发展理念，实施以“全域大花园”为载体的美丽婺城建设战略工程，持续推进环境治理和生态保护，积极创建生态文明建设示范区。

打响污染防治攻坚战。实施“碧水”行动，积极推进“污水零直排区”和“美丽河”创建，抓实“严防水质反弹、截污纳管、河道清淤、工业污染治理、农业面源污染治理、生态修复”等工作，继续全力争夺大禹鼎。实施大气污染防治行动，推动化工、火电等行业整治及城市扬尘治理，持续改善环境空气质量，打好蓝天保卫战。实施净土守护行动，统筹抓好治土、治固废等工作。打响垃圾治理攻坚战，开展五大专项行动，确保五年全面决胜。

构筑生态大屏障。大力开展以“一区两园”为重点的资源保护行动，加强自然保护区、湿地公园和森林公园建设。抓好植树造林和退耕还林工作，深化森林城镇和森林村庄创建，进一步厚植生态基础。坚决扛起水源生态涵养保护重任，创建安地水库、九峰水库合格规范饮用水源保护区，切实守牢生态保护红线。

加强生态文明制度建设。建立健全生态文明制度体系，实行最严格的源头保护制度、生态补偿制度、损害赔偿制度和责任追究制度，用制度保护生态环境。改革生态环境保护管理体制，全面深化河长制、河道警长制，切实提高环境监管能力。加强生态文明宣传教育，增强全民节约意识、环保意识，营造爱护生态环境的良好风气。

三、坚定不移全面从严治党，为现代化都市核心区建设提供坚强保证

认真贯彻新时代党的建设总要求，全面推进党的政治建设、思想建设、组织建设、作风建设、纪律建设，建设“清廉婺城”。

（一）锤炼党性提升政治领导力。坚持把党的政治建设放在首位，强化“四个意识”，严守政治纪律和政治规矩，在政治立场、政治方向、政治原则、政治道路上同以习近平同志为核心的党中央保持高度一致，坚决维护党中央的集中统一领导，时时刻刻做到拥护核心、维护核心、紧跟核心。严格执行新形势下党内政治生活若干准则，培育积极健康的党内政治文化，不断增强党性修养。认真落实民主集中制各项制度，充分调动各级党组织和广大党员的积极性，提高领导班子科学民主决策及驾驭全局的能力和水平。

(二)深学笃行提升思想引领力。坚定不移用习近平新时代中国特色社会主义思想武装全区党员干部，大力弘扬红船精神，扎实开展“不忘初心、牢记使命”主题教育，推动“两学一做”学习教育常态化制度化，引导全区党员干部深入理解和把握习近平新时代中国特色社会主义思想科学体系、精神实质和实践要求，学懂弄通做实，更加自觉地为实现新时代党的历史使命不懈奋斗。

(三)固本强基提升群众组织力。突出政治功能，强化战斗力建设，抓好“六大红色工程”，进一步夯实党在基层的执政基础。深化“六有六亮”红色阵地标准化建设，推广“五小五大”党建综合体，规范党群服务中心“三张清单”，推进基层党建全面过硬。做足做深智慧党建文章，通过“组织架在云上、民情扫在码上、平台连在线上”，打造具有婺城特色的红色智慧引擎，不断增强党建传播力，扩大党建影响力，提高党建透明度。

(四)正风肃纪提升执政公信力。高标准落实中央八项规定实施细则精神，坚决防止“四风”问题反弹。强化监督执纪问责，坚决查处群众身边的不正之风和腐败问题，围绕扶贫领域、违规借贷、违规持股、低价购房、一家两制等重点领域突出问题开展专项治理，持续提升群众获得感。建立干部容错免责机制，积极营造支持鼓励改革创新、宽容失败、允许试错的良好氛围。充分发挥巡察利剑作用，实现本届任期内巡察全覆盖。深化标本兼治，强化不敢腐的震慑、扎牢不能腐的笼子、增强不想腐的自觉，以坚如磐石的决心夺取反腐败斗争压倒性胜利。

为更好地学习贯彻落实党的十九大、省第十四次党代会、市第七次党代会及省委、市委全会精神，区委常委会提议本次全会作出《中共金华市婺城区委关于高举习近平新时代中国特色社会主义思想伟大旗帜，高水平建设现代化都市核心区的决定》。

区委常委会认为，《决定》既要全面贯彻落实中央和省委、市委的要求，按照既定的时间节点，不折不扣完成“两个高水平”建设目标任务；又要根据婺城发展的实际，突出现代化都市核心区建设这一主线。为此，《决定》稿提出了高水平全面建成小康社会，高水平全面建设社会主义现代化，高水平全面建设现代化都市核心区的总体要求。奋斗目标方面，按照中央、省委、市委“三步走”战略目标，对加快新时代现代化都市核心区建设“两个阶段”“三步走”作出战略安排，并结合区第七次党代会的决策部署，提出了现代化都市核心区建设十大战略工程，明确了一系列工作要求、工作载体和工作举措。

现将《决定》稿提交全会审议。希望这一《决定》审议通过后，成为我区学习宣传贯彻落实十九大精神的指导性文件，确保十九大精神在婺城落地生根、开花结果。

同志们！决胜全面小康、开启高水平建设现代化都市核心区的新征程，使命光荣，责任重大。让我们高举习近平新时代中国特色社会主义思想伟大旗帜，团结带领全区上下解放思想、开拓创新、奋发有为，为实现“两个一百年”奋斗目标和中华民族伟大复兴的中国梦作出新的更大贡献！

政府工作报告

2018 年 1 月 17 日在金华市婺城区第九届人民代表大会第二次会议上
金华市婺城区区长　郭慧强

各位代表：

现在，我代表金华市婺城区人民政府向大会作工作报告，请予审议，并请各位政协委员和其他列席人员提出意见。

一、2017 年工作回顾

过去一年，区政府在市委、市政府和区委的正确领导下，在区人大、区政协的监督支持下，认真执行区九届人大一次会议决议，以开展“八大战役”为主抓手，扎实推进经济社会全面发展，现代化都市核心区建设迈出坚实步伐。

这一年，我们撸起袖子加油干，取得了一项又一项丰硕成果。平安创建实现“十二连冠”，夺得“平安金鼎”。成功创建“全国青少年普法教育示范区”“省示范文明城区”“省软件和信息服务产业特色基地”，获评“省新农村建设优秀单位”“省农村生活垃圾治理工作优胜县”。三家单位分别荣膺全国文明单位、文明村镇和文明校园。顺利通过公共文化服务标准化两年提升省级考核验收。

这一年，我们甩开膀子拼命干，打赢了一场又一场攻坚战役。积极应对，打赢了多年未遇的抗洪抢险遭遇战，保障了人民群众生命财产安全；迎难而上，打赢了洪源、安地、酒坊巷等区块房屋征收突破战，一鼓作气啃下硬骨头；动真碰硬，打赢了环保督察问题围剿战，拆除畜禽养殖场 1266 家 115 万平方米，关停一批非法制砂场、违规排污企业，干群齐心打造“婺城蓝”；履职尽责，打赢了“治危拆违”攻坚战，拆除违建 484 万平方米，治理危房 2755 户，其中 1760 户农村 D 级危房全面拆除，着力消除安全隐患。

这一年，我们迈开步子带头干，打造了一个又一个特色品牌。入选省首批“放心粮油”示范区、省首批农村综合改革、省“四联三防”反恐建设等试点。创新“无欠薪”用工监管、农村交通“两站两员”管理等模式，有效破解领域难题，获全省推广。“双堂双进”研学活动登陆央视新闻联播，立德树人“婺城模式”荣膺“全国民生示范工程”，剿灭劣 V 类水“婺城经验”被人民日报“点赞”。

这一年，我们俯下身子务实干，办成了一件又一件民生实事。民生投入不断加大，年度十大民生实事全面完成。老农保遗留问题全面解决，城乡低保实现一体化。异地搬迁加快推进，安置移民 705 户、1656 人。区人民医院新院区基本建成，签约市中心医院全面托管，优质医疗资源进一步下沉。全面实现村村通客车。

一年来的工作，主要体现在以下八个方面：

（一）经济运行稳中向好。预计实现区属地区生产总值 280.5 亿元，增长 6.5%；财政总收入 42.7 亿元，其中区级财政收入 10.2 亿元；固定资产投资 99.5 亿元；社会消费品零售总额 342.4 亿元，增长 10%。三次产业结构比重调整为 4.6 ∶25.3 ∶70.1。

工业经济平稳增长。预计实现工业总产值 304 亿元，增长 3.3%；规上企业实现产值 157 亿元，增长 5%；完成限额以上工业投资 20 亿元。企业培育和产业扶持力度加大，完成“个转企”86 家、“小升规”15 家、企业股份制改造 5 家，新增新三板挂牌企业 2 家；吉孚汽车、航天动力等一批优质项目落户全区，以万里扬为龙头的先进装备制造产业集群进一步壮大。企业效益稳步回升，规上工业企业利润增长 35%。品牌建设深入推进，新增省级名牌产品企业 2 家，获政府质量奖 3 家。

农业效益持续提升。抓好粮食生产，完成播种面积 1 万公顷，实现总产量 6 万吨。“一区一镇”建设稳步推进，安地镇、竹马乡入围市首批特色农业强镇创建名单。农业主体不断壮大，新增农业龙头企业3家、省市示范性家庭农场6家。畜牧业转型升级步伐加快,创建省级美丽生态牧场9家,“蜂御医”获评“浙江省蜂产品十大名品”。大力实施“全面消除集体经济薄弱村三年行动计划”,消除集体经济薄弱村80个。加强农产品质量安全监管,新增无公害农产品、绿色食品32个,农产品省级抽检合格率达100%。

第三产业势头强劲。预计实现第三产业增加值188亿元,增长7%。商贸服务业功能布局不断优化,江北核心商圈、商业街区提升发展。旅游业发展形势喜人,举办“浙中生态廊道·花漫婺城”等系列活动,金华农耕文化园、十里桂花长廊通过国家3A级旅游景区景观质量评审,全区旅游人数、旅游总收入分别增长29%、28%。房地产业、建筑业保持平稳健康发展。

(二)园区建设扎实推进。婺城新城区开发建设步伐加快。推进各分区控规优化调整,空间进一步拓展。配套设施日益完善,公安应急指挥中心投入使用,婺城小学、虹路小学扩建工程加快推进,电力婺城生产基地开工建设。实施330国道、临江东路、二环西路等绿化工程,完成宾虹西路改造提升工程,开展白门线等专项整治,拆除一批道路沿线违章搭建、无证无照经营店、加工厂,园区环境秩序明显改观。在建工业项目18个,完成工业投入11.2亿元,实现工业总产值215亿元。仙源湖旅游度假区品质不断提升。完成40.57平方千米扩容总规编制。水上运动中心一期投入试运营,总投资50亿元的金恒德环球汽车文旅主题乐园项目签约。金安公路优化改造、沿线绿化景观提升、度假区牌楼及周边景观节点改造全面完工,BRT5号线全线运营,生态景观廊道加速形成。香溪玫瑰园、桂语山居等房地产项目全面复工。浙中信息产业园集聚效应凸显。入园企业达340家,交易额超70亿元。合丰服务外包产业园正式开园。“京东智汇橙云仓”开仓运营。金华电子商务创业园获评“国家级科技企业孵化器”“省4A级电子商务产业基地”。

(三)改革创新卓有成效。坚持以“最多跑一次”改革、“四个平台”建设撬动政府“放管服”。一个中心、两个分中心的政务服务办事格局初步形成,“四个平台”部门派驻、全科网格实现全覆盖,乡镇(街道)365便民(社区)服务中心全面实现“一窗受理、集成服务”。梳理规范政务服务事项791项,28个职能部门196个事项实现“零跑动”,完成“最多跑一次”事项办理19.1万件。供给侧结构性改革扎实推进,“三去一降一补”成效明显。深化资源要素市场化配置改革,开展“四无”生产经营单位专项整治,关停“低小散”企业(作坊)160家,盘活闲置低效用地31.8公顷,消化批而未供土地23.6公顷。深入推进“四换三名”“两化融合”,新增市级以上“三名”企业8家、“两化融合”企业11家。农业农村改革不断深化。332个村社土地承包经营权确权登记颁证、84000公顷林权勘界工作基本完成。开放交流更加深入。招商引资取得新进展,引进浙(婺)商回归项目21个,到位资金16亿元;内资项目38个,到位资金20亿元。实现外贸进出口总额41.2亿元。招才引智实现新突破,成立婺城海内外高层次人才联谊会,引进“千人计划”专家7人、海外院士2人,入选“浙江工匠”等省市人才13人,创历史新高。创新能力持续提升。着力共建金义科创廊道,围绕“一条金腰带、六大区块、八大平台”总体布局,启动科创廊道建设三年行动计划,打造总长13千米涵盖40平方千米的婺城科创廊道。浙师大婺城科创园建设有序推进,浙江工商大学金华食品产业化研究院揭牌运行。新增省级科技型中小企业61家、省市研发中心18家、高新技术企业28家,入围市级技术创新项目22个、战略性新兴产业重大攻关项目5个、关键共性技术攻关项目17个,均居全市前列。

(四)城乡建设协调发展。城市有机更新步伐加快。“五改”工作扎实推进,改造旧住宅182万平方米、旧厂区45万平方米、城中村31万平方米、背街小巷18条;完成新华街、通园路等八条主要道路沿街立面改造22万平方米,老城街区旧貌换新颜。二七区块开发建设纵深推进,涉铁房屋征收取得突破,巨龙安置房、解放西路改造西段基本完工,110千伏河盘变建成投运,金师附小教育集团小学加快建设,中天、美的等房产项目有序推进。基础设施更加完善。着力共建综合交通廊道,实施廊道建设项目22个,完成投资15.2亿元。铁路金华竹马货场正式启用，衢江婺城段航运开发、杭金衢高速拓改一期工程全面完工，330国道跨宾虹西路立交桥主体完工，S313(45省道)改建、235国道金武快速路、金义东城际轨道婺城段等重点工程加快推进。新建联网公路14千米，完成农村公路大中修51千米。城市管理水平提升。综合执法体制改革稳步推进，执法力量全面下沉一线，数字化、扁平化管理更加高效。城市治堵力度加大，加强交通陋习、超限超载整治，拓宽瓶颈路5条9.6千米，新增停车位231个，全省治堵现场会在我区召开。杭金衢金华出口获评“省级最美入城口”。镇村建设扎实推进。投入9.6亿元实施小城镇环境综合整治项目147个，首批4个乡镇基本完成整治，莘畈乡以全省第十率先通过考核验收。美丽乡村建设亮点纷呈，创建精品村5个、秀美村10个、美丽宜居示范村2个，秀美南山风景线不断完善。

（五）**生态建设成果丰硕**。廊道共建全面推进。高规格组建廊道办，完成《婺城区浙中生态廊道建设规划》编制，明确“一轴三域四带”总体布局。启动生态廊道建设五年行动计划，实施廊道建设项目44个，完成投资25.2亿元。金华江治理一期基本完工，婺江西路优化改造、白沙溪绿化景观等示范工程有序实施，长山国际设计走廊、乌啦乌两头乌文化产业园等重点项目签约。“五水共治”全面深化。严格执行《金华市水环境保护条例》，广泛开展宣传贯彻活动，强化政府主体责任，深化水环境综合治理。全面剿劣治污，实施剿灭劣Ⅴ类水“八大工程”，完成截污纳管11千米、河道综合整治341千米、清淤171万立方米，剿灭劣Ⅴ类小微水体297个；开展市区治污大会战，完成老旧小区雨污分流改造31个、雨污管网错接点改造211处、排污口整治62个。全区交接断面水质总体稳定，主要干流水质提升到Ⅳ类以上。加强供水节水，新增节水灌溉面积226.67公顷，完成农村饮用水安全提升改造8个村，加强工业节水技改，万元GDP用水量下降10.8%。推进防洪排涝，完成水利标准化项目17个，实施水库除险加固2座、山塘整治12座，新建、提标改造雨水管网7.9千米。治气治土全面加强。实施重点减排工程16个，整治高污染燃料锅炉376台，完成17座加油站59个地下油罐更新防渗改造，推进水泥、化工企业废气清洁排放改造，PM2.5浓度均值下降13.3%。完成植树造林250.87公顷，培育省级森林城镇2个、森林村庄4个。大力推进城镇生活垃圾分类，改造垃圾房40座；农村生活垃圾集中清运实现全覆盖，无害化处理率达100%。

（六）**社会事业全面进步**。教育事业持续发展。启动实施基础教育重点县提升计划。投入1.6亿元实施12个教育基建工程，省级标准化学校比例达96%。积极开展学校布局调整，整合成立浙师大附小、环城小学虹路校区、金华五中白沙校区和仙源湖校区。实施学前教育扩容工程，新(改)建等级幼儿园5所。大力扶持民办教育，新建民办学校2所。完善教师流动制度，城乡师资更加均衡。文体事业蓬勃发展。新建农村文化礼堂15家，全省首家文化礼堂创意产业园落户竹马乡下张家村；举办文化走亲、乡音宣讲等活动82场，送戏下乡208场，送电影下乡3300场。完成10个小康体育村提升工程，成功举办“中国皮划艇巡回赛”“中国门球挑战赛”“全国休闲气排球交流赛”等品牌赛事活动，获市九运会金牌和总分双冠，婺城籍运动员勇夺世界少年田径锦标赛跳远冠军、全国室内田径锦标赛800米、1500米冠军。医药卫生事业健康发展。深化医药卫生体制改革，高效推进分级诊疗，“医联体”建设实现全覆盖。启动5家街道社区卫生服务中心标准化建设。加强计生队伍建设，计生服务管理水平不断提升。

大力支持群团组织改革工作，推动群团组织“强三性、去四化”。人民武装、民族宗教、慈善、外事、侨务、对台以及工青妇、双拥、老龄、残疾人、红十字等各项事业都取得新的成绩。

（七）**民生保障持续改善**。预计城镇、农村居民人均可支配收入分别增长8%、9%，人民生活水平不断提高。社会保障体系进一步完善。新增被征地农民参保2533人，政策性农村住房保险、基本养老保险、基本医疗保险参保率均达98.5%以上。新建居家养老服务中心27家，完成白龙桥敬老院改造。发放各类救助款2813万元。就业服务更加精准高效。积极举办各类职业培训、招聘会和劳务集市活动，新增就业4803人,完成农村劳动力培训3200人。扶贫工程深入推进。实施山区扶贫项目20个,助力山区农民增收。大力发展来料加工,发放加工费2.7亿元。社会保持和谐稳定。圆满完成党的十九大、“一带一路”高峰论坛、第四届互联网大会以及省市党代会、各级“两会”等安保任务。平稳完成村级组织换届选举。深化领导约访接访制度,信访总量明显下降。完成区应急联动指挥中心建设。安全生产和消防安全形势稳定,安全生产事故、死亡人数实现“双下降”。食品安全治理水平持续提升,乡镇(街道)食安办规范化建设实现全覆盖,创建“放心市场”2家。药品企业视频监管系统实现全覆盖。狠抓防灾减灾,新(改扩)建避灾安置点113家,地质灾害隐患避让搬迁点拆除率达96%。

(八)行政效能不断提升。全面开展党的十九大精神学习宣传贯彻活动,努力在新时代展现新气象、新作为。法治政府建设深入推进,进一步完善政府常务会议学法等制度,实现法律顾问制度全覆盖,依法行政更加规范。健全重大决策合法性审查机制,完成省委巡视“回头看”反馈意见整改。加大政务公开力度,发布政府信息5852条,依申请公开及时答复率达100%。自觉接受人大依法监督、政协民主监督和社会监督,人大代表建议、政协委员提案解决率分别为84.1%、92.5%。认真落实全面从严治党要求,扎实推进惩防体系建设,全力打造“清廉婺城”。坚持厉行节约,“三公经费”压减30%。推进区机关办公用房腾退整合,全面实现集中办公。深入开展“双千”活动,加大企业帮扶解困力度,拨付各类奖扶资金1.6亿元,落实转贷应急周转金41家4.1亿元,企业难题办结率、满意率均达100%。

各位代表,回顾2017年,每项工作都凝聚了全区人民的智慧结晶和辛勤汗水,每个数字都体现了党员干部的务实担当和为民情怀。我们深刻体会到,一切工作都是为了人民,一切工作都要依靠人民。为人民谋福祉永无止境,按规律抓发展至关重要,敢担当抓落实不可懈怠。过去一年取得的成绩来之不易,这是市委、市政府和区委正确领导的结果,是区人大、区政协有效监督和大力支持的结果,是全区人民齐心协力、共同奋斗的结果。在此,我代表区人民政府,向辛勤工作在各行各业的全区人民,向给予政府工作大力支持的人大代表和政协委员,向关心支持婺城发展的上级领导、驻金部队和武警官兵,向金华经济技术开发区、金华山旅游经济区,向各民主党派、人民团体、工商联和社会各界人士,表示衷心的感谢并致以崇高的敬意!

在肯定成绩的同时,我们也清醒地看到,我区正处于爬坡过坎、攻坚克难的关键时期,经济社会发展还面临许多困难和挑战。具体表现在:发展不平衡不充分问题比较突出,综合实力不强,产业层次较低,发展后劲不足;土地、资金、人才等要素制约依然突出,发展动力有待激发;改革举措落地见效不明显,全面深化改革力度还需加大;财政收支平衡压力增大,政府债务风险不容忽视;城乡建设历史欠账较多,污染防治和生态建设任重道远,社会治理、安全生产还存在薄弱环节,公共服务供给和群众期盼还有一定差距;村级集体经济普遍较薄弱,发展壮大面临较多困难;少数干部纪律意识、担当意识、责任意识有待加强,履职效率和服务质量需进一步提升。对此,我们一定高度重视,积极采取措施,切实加以解决。

二、2018年目标任务和重点工作

2018年是贯彻党的十九大精神的开局之年,是改革开放40周年,是决胜全面建成小康社会、实施“十三五”规划承上启下的关键一年。做好今年工作至关重要。今年政府工作的总体要求是:认真贯彻落实党的十九大精神,高举习近平新时代中国特色社会主义思想伟大旗帜,深化落实省委“六个浙江”和市委“五大战略”,坚定不移做强新城区、做优老城区、做美大郊区,围绕区委“三步走”“十大战略工程”部署,开展“三大廊道”建设、实体经济强基、改革转型深化、精品城市建设、园区拓展提质、助力乡村振兴、民生保障提高、重大风险防范化解、低收入百姓增收、生态质量提升“十大行动”,为高水平建设现代化都市核心区、与全省同步实现“两个高水平”奠定更加坚实的基础。

综合考虑内外部各种因素,建议2018年国民经济和社会发展的主要预期目标为:地区生产总值增长7%左右；区级一般公共预算收入增长7.5%左右；城乡居民收入增长与经济增长基本同步；城镇新增就业4200人以上，城镇调查失业率和登记失业率分别控制在5%和3.5%以内；节能减排指标完成省、市下达目标。

为实现上述目标，我们将全力以赴抓好以下“十大行动”：

(一)“三大廊道”建设行动

廊道是我们的关键纽带，要共融共建共享，着力构筑聚合发展同心圆。

全方位共建综合交通廊道，打造交通“主枢纽”。实施交通项目10个，完成投资13亿元。加快推进S313(45省道)、235国道金武快速路、杭金衢高速拓改二期、金义东城际轨道、金建铁路等重点工程，莘畈至武义白姆公路建成通车，不断织密“五纵七横”交通网。深入谋划实施浙中公铁联运港等项目，完成婺城港区罗洋作业区项目前期。

高水平共建金义科创廊道，打造科创“金腰带”。积极共建金华科技城，实施廊道建设项目13个，完成投资10亿元。以浙师大婺城科创园为基础，以二环路信息经济产业带为重点，推进招院引所、招才引智，引进共建产业化研究院2家，新增省级、市级科技孵化器各1家，积极争取省千人计划产业园。实施婺城英才计划，以海内外高层次人才联谊会为纽带，统筹推进各领域高层次人才队伍建设。加强技术改造和科技创新，实施市级以上技改项目19个、科技项目25个，新增国家高新技术企业5家、科技型中小企业20家。

高标准共建浙中生态廊道，打造生态“标杆区”。以金华江、武义江、梅溪、白沙溪流域为重点，实施廊道建设项目27个，完成投资13.7亿元。完成330国道两侧绿化、衢江航运景观修复提升工程，加快推进婺江西路优化改造、白沙溪景观二期等工程，启动建设金华江治理二期、武义江芳田段治理、白沙文化主题公园等重点项目，推进生态保护、文化体验、绿色产业一体发展，对标建设好“廊道核心区、生态标杆区”。

(二)实体经济强基行动

振兴实体经济是我们的必由之路，要优化结构、转型升级，全力筑牢发展根基。

工业优先。深入实施“工业强区”战略，积极拓平台、优服务、稳增长。新建、续建工业项目45个，限额以上工业投资、规上工业产值各增长7%以上。实施行业领军计划，重点打造以万里扬为代表的“婺城汽配”高端品牌，精心培育一批主业突出、竞争力强、发展潜力大的重点企业成长为细分行业的“单打冠军”“隐形冠军”。开展以企业上市挂牌和并购重组为核心的“尖峰行动”，新增上市挂牌企业3家，完成企业股份制改造6家。实施企业成长计划，推进小微企业园建设，完成“个转企”60家、“小升规”10家。深入实施品牌战略，创市级以上名牌4只，获省政府质量奖2家。健全联系服务企业长效机制，构建“亲”“清”新型政商关系。

项目为王。发力精准招商。坚持招商引资“一号工程”不动摇，突出招大引强选优，大力推进专业招商、以商招商，以“四大百亿”产业链招商为重点，力争引进内资25亿元、浙(婺)商回归18亿元。实施省市县长项目工程，力争引进一个20亿元以上重大项目。聚力项目建设。以“十大工程项目”“十大产业项目”为抓手，实施省、市、区重点项目30个，完成投资25亿元；政府性投资项目123个，完成投资58.06亿元。给力要素保障。加大存量土地盘活力度，狠抓项目用地政策处理，推进石道畈连片土地综合开发，加强农村土地综合整治，垦造耕地93.33公顷，建设高标农田1533.33公顷。整合盘活国有资产，提高国有公司投融资能力；高效运作好转贷应急周转金。电力婺城生产基地投入运行，完成10千伏后地、西郊等线路改造。

三产繁荣。加快发展商贸服务业，鼓励业态创新、错位发展，培育消费新热点。依托城市历史文脉和商业配套，大力发展特色街区经济，优化提升江北商圈，打造全新“城市名片”。抓好市场体系建设，创建“省级放心消费示范单位”100家、“放心市场”2家。坚持融合化、全域化发展旅游，积极培育复合型旅游产品，重点打造古婺文化游、山水度假游、都市休闲游三大品牌。坚持“房子是用来住的，不是用来炒的”的定位，促进房地产业持续健康发展，支持建筑业转型升级、做大做强。

(三)改革转型深化行动

改革是我们的最大红利，要高举改革大旗、扛起改革担当,不断激发内生发展新活力。

深化“最多跑一次”改革。围绕“六个一、四个最”改革目标,按照“八统一”加快标准化和规范化进程,全面落实“减事项、减次数、减材料、减时间”要求,不断提高“最多跑一次”改革的质量和效益。深化审批制度改革，推行企业投资项目承诺制改革，全面应用企业投资项目在线审批监管平台,变“企业跑”为“政府跑、数据跑”。推进商事登记“证照联办”改革,全面应用“一窗受理”信息化系统。推进跨部门、层级和行业信息数据共享应用,加快打破信息孤岛。全面实现政务服务网镇村延伸全覆盖。

以“最多跑一次”改革撬动各领域改革。全力实施产业转型计划，以供给侧结构性改革为主线,全面落实“三去一降一补”,持续打好“四换三名三加”等转型升级系列组合拳。深化“亩均论英雄”改革,全面推行企业分类综合评价,推进“标准地”供给。加快淘汰落后产能,关停轮窑企业 5 家,整治提升“低小散”企业(作坊)100 家。深化投融资体制改革,积极推行政府与社会资本合作 PPP 模式,有效激活民间资本。抓好省智慧商圈建设、县域经济体制综合改革、“坡地村镇”等试点,努力形成一批可复制可推广的婺城经验。深化医药卫生体制改革,加快推进分级诊疗,提高“双下沉、两提升”实效。实施中小学教师“县管校聘”管理改革,推动师资合理布局、均衡配置。

(四)精品城市建设行动

城市是我们的共同家园,要完善功能、做强主城,切实提升中心城区首位度。

让城市面貌“靓起来”。抢抓“高铁时代”发展机遇,以“中心城市核心区、现代服务业主导区、高品质宜居生态区”为发展定位,高标推进“高铁新城”规划设计,全面拉开“浙中活力新门户”建设大幕。加快老城有机更新,改造城中村 40 万平方米、老旧小区 40 万平方米、沿街立面 20 万平方米、背街小巷 10 条。推进城中村改造安置房建设,勤俭一期基本建成,洪源项目主体结顶,西郊、鲍杨、五星、三联等项目加快实施。全力推进二七区块基础设施建设、招商引资等工作,结合三江六岸景观提升,高品质打造“城市阳台”。

让城市道路“畅起来”。实施“内畅”工程。启动建设东市街过江隧道，打通复兴街等一批断头路，拓宽通园路、将军路等一批瓶颈路,实施交通拥堵地段微循环改造,确保畅通有序。实施“外连”工程。加快推进双溪西路、解放西路西延工程,启动实施人民西路、婺江西路西延以及婺州北街、金竹路连接线等一批主次干路工程,进一步完善城区骨架路网。

让城市管理“精起来”。以全国文明城市创建为统领,狠抓资源整合、执法联动和信息化建设,推动城市管理由粗放向精细、静态向动态、被动向主动转变。加强“数字城管”建设,打造更加集成高效的城市管理指挥系统。打响垃圾治理攻坚战,开发应用平台,创新监管模式,以制度化、数字化推动垃圾分类智能化、规范化,创建省级、市级“高标准生活垃圾分类示范小区”各 7 个。开展城区“治乱”行动,持续抓好砂石渣土管理、非法营运整治、街面序化管控,全力突破城市管理瓶颈,不断提升城市颜值。

(五)园区拓展提质行动

园区是我们的发展平台,要全力实施平台提升计划,加快打造特色鲜明、错位发展的产业集群。

发展婺城新城区 “城市副中心”。让工业平台“强起来”。优化整合各工业分区,加快界首区块、栅川分区开发建设,推进扩容一千亩、整合一千亩、提升一千亩,打造百亿大平台。以航天六院液力变矩器等军转民产业项目为引领,谋划打造军民融合特色小镇。让新城核心“热起来”。以道路建设、城中村改造、产业融合、公交运营等为重点,推进新城主城有效对接;抓好与集镇衔接地段的“低小散”整治和“退二进三”,启动紫金南街、通江路贯通工程,推进新城老镇融合发展;着力打造环中轴景观商业核心圈,重点盘活新宇宏腾生活广场、婺州城市广场等商业综合体,加快人气商气集聚。让基础配套“优起来”。完成婺城小学、虹路小学扩建工程,启动建设荣光国际学校初中部，区消防大队新营房投入使用,加快建设马海路跨白沙溪大桥,开工建设区广播电视站、白龙桥法庭,大型超市、菜市场等商业设施建设加快推进。大力实施中心区亮化工程，营造靓丽夜景。

打造仙源湖度假区“城市后花园”。让园区发展“快起来”。完善度假区“一心一轴一环三翼”总体布局，加快扩容开发建设，投入5.2亿元实施重点项目13个。让休闲环境“美起来”。加快梅溪流域综合治理、金安公路生态景观廊道优化改造、石人山公园等工程建设，推进桂花飘香风景线提档改造，全力打造“大美花园”。让度假经济“兴起来”。水上运动中心二期投入营业，启动建设金恒德环球汽车文旅主题乐园。着力培育旅游风情小镇，重点打造以记忆老街为载体的文化游线、以梅溪长廊为依托的山水游线、以民俗体验为特色的休闲游线。积极拉长旅游产业链，打响桂花品牌，引进高端民宿，发展休闲度假经济。

提升浙中信息产业园“城市智造场”。让智慧平台“聚起来”。坚持“握拳伸臂”聚力发展，推进金华信息经济产业集聚区建设，优化浙中信息产业园“一区十园”空间布局，完成新华基地产业布局调整。让智慧产业“旺起来”。推进云安阁智慧信息产业园、合丰服务外包产业园招商引资，重点集聚云计算、数据安全等产业，培育大数据安全中心和自主平台研发基地。推进“婺城制造上京东”行动，培育3家亿元级电商卖家，打造电子商务产业中心。让智慧物流“转起来”。积极对接京东云仓和菜鸟网络，依托仓储物流、电商运营、产业发展优势，建立健全一体化市场网络服务体系。

通过十二个“起来”，全面增强城市集聚力、承载力和辐射力，加快打造浙中“品质之城”“首善之区”。

（六）助力乡村振兴行动

乡村振兴是我们的重大战略任务，要科学制定战略规划和行动计划，稳步推进农业农村现代化。

抓改革增活力。统筹推进农村土地制度和集体产权制度改革，做好土地确权登记颁证后续工作，积极引导土地规范流转，全面激发农村活力。加快林业股份制改革，着力优化林业资源配置，推进林业适度规模经营。深入实施“全面消除集体经济薄弱村三年行动计划”，设立区乡两级农村集体经济发展公司，依托资产盘活、项目开发和多元合作等模式路径，落实“一村一策”帮扶措施，增强“造血”功能，确保如期完成“消薄”任务。

抓产业强动力。深化农业供给侧结构性改革，促进农业与二、三产业融合发展，增强农业有效供给能力和市场竞争力。持续抓好稳粮增收，实现粮食播种面积9933.33公顷。推进农业“两区”“一区一镇”建设，力争入选省级现代农业园区创建。大力发展高效、绿色、循环农业，力争15家畜禽养殖场通过省级美丽生态牧场验收，争创“省级畜牧业绿色发展示范区”。加快培育蒋堂富硒米、塔石高山蔬菜、箬阳有机茶、琅琊冷水茭白、竹马茶花、雅畈杜鹃花等优质农产品基地，打响特色农业品牌。积极发展田园综合体，乌啦乌两头乌文化产业园建成营业。

抓环境添魅力。持续推进小城镇环境综合整治行动，开展洁美城镇“六乱”专项整治，不断改善镇容镇貌，确保全面达标，安地镇争创“省级示范镇”。深入实施“建设美丽乡村·做美大郊区三年行动计划”，加快建设“三个标配”，创建精品村21个、秀美村10个、宜居村4个，建设城乡绿道15千米，争创“省级美丽乡村示范区”。深入开展“党建+美丽庭院”创建活动，助力扮靓村庄、美化家园。推进“百村景区化”，创A级景区村庄20个。做好历史文化村落、传统村落的保护利用，建设婺城非遗文化园、婺城工匠坊。积极倡导现代文明理念和生活方式，塑造淳朴文明的良好乡风，努力让广大农村成为农民幸福生活的宜居家园、城镇居民休闲养生的生态乐园。

（七）民生保障提高行动

为民是我们的最大宗旨，要关注衣食住行，关切安居乐业，不断增进群众获得感。

“学在婺城”续写辉煌。扎实推进教育基本现代化区创建，不断深化教育教学改革，积极改善办学条件，着力打造一流师资队伍，以更加务实、更加有力的举措筑牢婺城教育“金名片”。优化调整中小学布局，积极推进名校集团化办学，扩大优质教育资源覆盖面。启动实施学前教育第三轮三年行动计划，乡镇公办幼儿园实现全覆盖。大力发展职业教育,探索引入民间资本合作办学。投入2.3亿元实施10个教育基建工程,完成金师附小教育集团小学、实验中学实训楼建设,开工扩建金华四中。

"文化婺城"传承发展。健全完善现代公共文化服务体系,实施公共文化"十百千"工程,启动村社综合性文化中心建设,推进文化重点镇、村建设,促进公共文化服务现代化、均衡化发展。实施"七大文化建设工程",巩固壮大文化阵地。启动建设"24小时悦读吧",推广全民阅读,打造书香婺城。继续举办"视觉婺城"等系列活动,丰富群众文化生活。

"健康婺城"高标打造。制定出台《健康婺城2030实施纲要》,全面实施"大健康"战略。实施公共体育服务惠民计划,加强公共文体设施建设,发展全民健身运动。办好全国性皮划艇、气排球、门球、越野跑等赛事活动,打造婺城体育赛事品牌。推进"省级卫生应急示范区"创建,争创"市级卫生应急示范乡镇(街道)"12个。加强医疗机构软硬件建设,完成街道社区卫生服务中心改造提升,狠抓医疗卫生人才培养,区人民医院加快引进医疗设备,提升医疗服务水平。促进生育政策和相关经济社会政策配套衔接,稳妥实施"全面二孩"。

"普惠婺城"深入人心。开展"社保惠民"行动,扎实推进全民参保、大病保险市级统筹等工作,基本养老保险、医疗保险覆盖率分别达80%、98%。实施更加积极的就业政策,重点解决好高校毕业生、退役士兵、城镇就业困难人员等人群就业问题。健全社会救助和福利体系,推进社区小型养老院建设,创建示范型居家养老服务照料中心20家。积极探索"医养结合"新模式,提升养老服务水平。全面实行残疾人两项补贴政策,完成困难残疾人生活补贴1600人、重度残疾人护理补贴3000人,实现应补尽补。

支持人民武装、民族宗教、慈善、外事、侨务、对台以及工青妇、双拥、老龄、残疾人、红十字等事业发展。

(八)重大风险防范化解行动

防控风险是我们的职责所在,要抓住主要矛盾,加强薄弱环节监管,不断增强经济安全性、社会稳定性。

守牢金融稳定底线。进一步加大去除不良贷款力度,严厉打击逃废债行为,加强"两链"风险化解,力争不良贷款余额、不良率实现"双降"。坚决整治金融乱象,全面打击非法集资、高利贷等行为,牢牢守住不发生区域性金融风险底线。实施防范化解地方政府债务风险行动,坚持明晰责任、规范举债、严控增量,逐步化解存量风险;规范财政预算管理,提升预算编制精准性,提高财政资金使用效益。

实施除险安居工程。健全公共安全体系,严格落实安全生产、消防安全责任制,坚决遏制重特大安全事故。加强食品药品监管,争创"省级食品安全示范区""省级农产品质量安全放心区"。建强区应急联动指挥中心,完善防灾减灾、应急管理机制,提升应急联动处置能力。全面完成32处地质灾害隐患点综合治理和1639户农村C级危房治理。

强化社会综合治理。深化"平安婺城"建设,健全完善立体化社会治安防控体系,不断提升群众安全感。深入开展"婺城无欠薪"行动,健全防范处置欠薪工作机制,积极构建和谐劳动关系。全面完成乡镇街道综治工作、市场监管、综合执法、便民服务"四个平台"建设,着力构建权责一致、运转高效、方便群众的基层治理体系。

(九)低收入百姓增收行动

扶贫是我们的第一责任,要保障底线民生,狠抓精准脱贫攻坚,加快打通全面小康"最后一公里"。

实施产业扶贫工程。深入实施低收入农户收入倍增计划,因地制宜发展绿色扶贫产业。大力推广"一亩山万元钱"林技创新模式,发展香榧、油茶、中草药等产业,开辟助农增收新路径;做强"三分田"农村电商园,做实农村电商服务站,辐射带动促发展;试点薄弱村光伏发电联建项目,以点带面抓推进;扩大来料加工覆盖面,力争发放加工费超3亿元。鼓励龙头企业与农户建立紧密的利益联结机制,推广"订单农业""合同农业",助力农民致富。

实施金融扶贫工程。整合涉农资金通盘考虑统筹安排,创新财政支农投入机制,撬动金融和社会资本投资农业农村。继续实施小额扶贫贴息贷款、农信担保、贫困村互助资金试点等工作,助农筹资

1.2 亿元以上。

实施异地搬迁工程。结合水源地保护和地质灾害点治理，加快下山移民搬迁，扎实推进蒋堂移民新村二期建设。妥善解决移民居住、就医、就学等问题，统筹谋划安置区产业发展与群众就业创业，确保搬得出、稳得住、能致富。

（十）生态质量提升行动

生态是我们的最大优势，要巩固深化中央环保督察成果，全面加强新形势下的环境治理和保护。

全力治污。以开展第二次全国污染源普查为驱动，以环保三大行动和十大专项整治工作为抓手，全力打好污染防治攻坚战。实施“碧水”行动。持续攻坚“五水共治”，积极推进“污水零直排区”和“美丽河”创建，抓实“严防水质反弹、截污纳管、河道清淤、工业污染治理、农业面源污染治理、生态修复”等工作，全力争夺大禹鼎。完成临江污水处理厂二期扩容工程。加强水源涵养生态功能区建设，创建安地水库、九峰水库合格规范饮用水源保护区。实施大气污染防治行动，狠抓化工、火电等行业整治及城市扬尘治理，持续改善空气环境质量，打好蓝天保卫战。实施净土守护行动，统筹抓好治土、治固废等工作。

强势拆违。持续推进“三改一拆”“治危拆违”，深入开展整村违建整治和“十大违建”拆除专项行动，实行难题包干、重点督办、挂牌销号，以典型拆违带动面上拆违。完善落实区、乡、村三级网格化动态巡查机制，对新增违建保持“零增长、零容忍”高压态势。坚持“拆用结合、拆改结合、拆转结合、拆治结合”，切实提高拆后空间利用水平。

绿色发展。推进“省级生态文明建设示范区”创建，深入开展以“一区两园”为重点的生态资源保护行动，重点抓好南山自然保护小区、莘畈乡湿地公园和塔石乡梨树园森林公园建设，进一步厚植生态基础。大力推广建设生态洗衣房、生态公厕、生态公墓，不断改善人居环境。

三、加强政府自身建设

新时代要有新气象，更要有新作为。我们将深入贯彻新发展理念，大力弘扬红船精神，以更加昂扬向上、拼搏担当的奋斗姿态，更好地扛起人民赋予的重任，努力在婺城大地上创造出不负伟大民族、无愧伟大时代的新业绩。

*要用新思想来引领新时代，提高“谋划力”。*坚持以习近平新时代中国特色社会主义思想为指引，在贯彻落实十九大精神中提高战略谋划力，善于站在全局和战略的高度谋划发展，善于从全省全市发展大局中找准定位，确保各项工作沿着正确的方向推进。要坚持以人民为中心的发展思想，把更好满足人民群众日益增长的美好生活需要作为谋划工作的一条主线，使各项工作更充分地体现上级要求、更契合当地实际、更好满足人民群众期待。

*要从新使命来开启新征程，提高“担当力”。*使命引领未来，使命呼唤担当。我们干事创业要有“闯劲”，以改革精神破解发展难题，建立健全鼓励创新、宽容失败、允许试错的机制，奋力冲破发展中的传统路径依赖、思想观念障碍；要有“干劲”，以“功成不必在我，责任必定有我”的胸怀忠诚担当、攻坚克难，想干事能干事干成事；要有“心劲”，注重抓统筹聚合力，在重要任务、复杂局面、敏感问题上稳得住、看得准、有办法，带动全区上下形成同向发力、团结奋进的良好局面。

要以新目标来把握新期待，提高“落实力”。“十大行动”是区委“三步走”“十大战略工程”在今年的具体化，我们要在实施中用实功、出实招、求实效，强化执行力，挺进新目标。要健全完善效能问责、动态督查、激励考评等机制，突出考核结果运用，树立以实绩论英雄、以效率论英雄的导向，以踏石留印、抓铁有痕的精神和“一天也不耽搁”的状态抓工作落实，善始善终，善做善成。

*要按新要求来展示新作为，提高“约束力”。*深刻领会全面从严治党新要求，坚决落实中央八项规定及实施细则，深入推进“清廉婺城”建设，不断营造政治生态上的绿水青山。深化“法治婺城”建设，严格落实政府常务会议学法、行政首长出庭应诉等制度，切实按照法定权限和法定程序行使权力、履行职责。有序推进“七五”普法，增强全民法治观念。支持公益诉讼，保障公众利益。全面贯彻落实省委《关于健全人大讨论决定重大事项制度、各级政府重大决策出台前向本级人大报告的实施办法》，不

断健全依法决策机制。全面推进政务公开,实现决策、执行、结果公开透明。强化财政支出、工程建设、政府采购等重点领域环节监管,加强审计监督,扎牢制度笼子。始终坚持“过紧日子”,严控“三公”经费支出。

各位代表,政府的一切权力来自人民,我们要永远与人民同呼吸、共命运、心连心,始终依靠人民推动历史前进。区政府将认真执行区人大及其常委会的决议决定,自觉接受人大监督和政协民主监督,及时办理人大代表建议意见和政协委员提案,广泛听取各民主党派、工商联、无党派人士、各人民团体和社会各界的建议意见,全力支持金华经济技术开发区、金华山旅游经济区工作。

各位代表,我们正处在实现“两个一百年”奋斗目标的历史交汇期,处在变革与奋进的新时代。任何困难都改变不了婺城人民创造美好生活的强烈愿望,任何挑战都阻挡不了婺城经济社会发展的坚定步伐。让我们更加紧密团结在以习近平同志为核心的党中央周围,在市委、市政府和区委的坚强领导下,不忘初心、牢记使命、永远奋斗,为实现“两个一百年”奋斗目标和中华民族伟大复兴的中国梦作出新的更大贡献!

专 辑

2017 年婺城区重点建设项目

2017 年度婺城区省重点建设项目表

表 1

单位：万元

序号	项目名称	建设规模及主要内容	总投资
	婺城区（7 项）		476268
1	330 国道金东岭下朱至兰溪沈村段改建工程（婺城段）	本项目婺城区段 22.28 千米，采用一级公路标准建设，设计速度 100 千米/小时，双向六车道，路基宽度 33.5 米	85000
2	S313（45 省道）婺城至兰溪段改建工程（婺城段）	本项目婺城区段长约 9 千米，同步建设婺城连接线长约 3.7 千米，该项目主线及连接线均按一级公路技术标准设计，设计速度 80 千米/小时，路基宽 32 米	103000
3	钱塘江中上游衢江（金华段）航运开发工程游埠枢纽及船闸工程	建设游埠枢纽 1 座（由泄洪闸、电站、船闸组成）、界河上游 5.8 千米的航道疏浚、洋港服务区 1 处、洋埠锚地 1 处及 5.8 千米航道相对应的助航与安全管理等配套设施等	120373
4	金华市水上运动中心	总用地 8.87 公顷，建设水上运动综合场馆等	51792
5	浙中信息产业园项目建设项目	市区 1.5 万平方米“新华创新基地”、城北综合区 2 公顷“北辰电商基地”、新城区 32.33 公顷“婺星产业基地”，其中科技创新大厦建筑面积 14128 平方米	70000
6	金华市婺城区金华江治理一期工程	加固二十年一遇防洪标准堤防长度 11.16 千米及改建排水涵管	21803
7	金华市婺城区第二人民医院迁建工程	按二级甲等医院规模要求建设，项目用地面积 4.67 公顷，其中一期用地面积 2.67 公顷，总建筑面积 39364.5 平方米	24300

2017 年婺城区市重点建设项目表

表 2

单位：万元

序号	项目名称	建设规模及主要内容	总投资
	婺城区（13）项		2072495
1	金华市婺城区第二人民医院迁建工程	按二级甲等医院规模要求建设，项目用地面积 4.67 公顷，其中一期用地面积 2.67 公顷，总建筑面积 39364.5 平方米	24300
2	宾虹星城	项目用地面积 40.33 公顷，总建筑面积 761670 平方米	268500

续表 2

序号	项目名称	建设规模及主要内容	总投资
3	年产 30 万平方米除尘脱硝（脱硫）环保设备大型生产基地项目	用地面积 3 公顷，年产 30 万平方米除尘脱硝(脱硫)环保设备大型生产基地项目	15000
4	年产 5000 蒸吨/年燃水煤浆有机热载体锅炉项目	用地面积 4.67 公顷，年产 5000 蒸吨/年燃水煤浆有机热载体锅炉项目	23600
5	华阳金御花园项目	项目总建筑面积 9.3 万平方米，集高层住宅、排屋和商业于一体	30000
6	金华市水上运动中心	总用地面积 8.93 公顷，总建筑面积 9 万平方米，建设水上运动综合场馆等	51792
7	金华市婺城区金华江治理一期工程	加固二十年一遇防洪标准堤防，长度 11.16 千米，排水涵管改建	21803
8	330 国道金东岭下朱至兰溪沈村段改建工程(婺城段)	本项目婺城区段 22.28 千米，采用一级公路标准建设，设计速度 100 千米/小时，双向六车道，路基宽度 33.5 米	85000
9	钱塘江中上游衢江(金华段)航运开发工程游埠枢纽及船闸工程	建设游埠枢纽 1 座(由泄洪闸、电站、船闸组成)、界河上游 5.8 千米的航道疏浚、洋港服务区 1 处、洋埠锚地 1 处及 5.8 千米航道相对应的助航与安全管理等配套设施等	114000
10	金华市二七新村棚户区改造工程	改造区块内拆迁，新建安置房、安置小区道路、绿化及公共配套设施	1251000
11	年产 150 万套搬运工具、手推车项目	项目用地面积约 2.47 公顷，年产 150 万套搬运工具、手推车项目	9500
12	金华新兴产业集聚区兰溪上华至婺城琅琊公路(婺城区段)	长约 12 千米，一级公路，设计速度 80 千米/小时，双向四车道，路基宽度 24.5 米	75000
13	S313(45 省道)婺城至兰溪段改建工程(婺城段)	本项目婺城区段长约 9 千米，同步建设婺城连接线长约 4.869 千米，该项目主线及连接线均按一级公路技术标准设计，设计速度 80 千米/小时，路基宽 32 米	103000

2017 年婺城区重点建设项目表

表 3　　单位：万元

序号	项目名称	建设规模及主要内容	项目单位	总投资
	总计(30)			2387313
	园区(23)			677237
	婺城区(22)			625445
1	金华市婺城区第二人民医院迁建工程	按二级甲等医院规模要求建设，项目用地面积 4.67 公顷，其中一期用地面积 2.67 公顷，总建筑面积 39364.5 平方米	婺城区第二人民医院	24300
2	年产 5000 吨吹塑薄膜及 2500 吨彩印复合膜生产线	年产 5000 吨吹塑薄膜及 2501 吨彩印复合膜生产线	金华市恒宇包装有限公司	10016
3	蓝湾·上林院	总建设面积 15.6 万平方米	浙江正方置业有限公司	120000

续表 3

序号	项目名称	建设规模及主要内容	项目单位	总投资
4	浙江师范大学婺州外国语学校新校建设项目	用地 8.4 公顷，建设教学楼、实验楼、办公综合楼、图书馆、体育馆、宿舍楼、多功能厅、运动场等能满足 72 个教学班级约 3000 名师生教育教学及生活所需的项目设施	浙江师范大学婺州外国语学校	15000
5	宾虹星域	项目总建筑面积 761670 平方米，用地面积 40.33 公顷	金华意谐房产开发有限公司	268500
6	巨龙紫金玉澜房产项目	用地面积 57338 平方米	金华巨龙置业有限公司	48000
7	年产 30 万平方米除尘脱硝（脱硫）环保设备大型生产基地项目	年产 30 万平方米除尘脱硝(脱硫)环保设备大型生产基地项目，用地面积 3.07 公顷	金华华东环保设备有限公司	15000
8	年产 5000 蒸吨/年燃水煤浆有机热载体锅炉项目	年产 5000 吨/年燃水煤浆有机热载体锅炉项目，用地面积 4.67 公顷	浙江明远新能源科技有限公司	21000
9	金华明月楼食品有限公司新建厂房项目	金华明月楼食品有限公司新建厂房项目，用地面积 1 公顷	金华明月楼食品有限公司	4500
10	年产 10000 套试验检测设备智能控制系统项目	项目用地面积 1.67 公顷，建成年产 10000 套试验检测设备智能控制系统	金华市正达试验检测有限公司	7800
11	年产 45 万平方米复合材料组合建筑模板生产项目	项目用地 0.72 公顷，建成达产后年产复合材料建筑模板 45 万平方米	浙江坦普莱建材有限公司	5000
12	年产 20 万头生猪定点屠宰及 500 吨肉类深加工生产线新建(搬迁)项目	年产 20 万头生猪定点屠宰及 500 吨肉类深加工生产线新建(搬迁)项目，用地面积 2 公顷	金华市白龙桥镇定点屠宰场	9000
13	华阳金御花园项目	项目总建筑面积 9.3 万平方米，集高层住宅、排屋和商业于一体	金华市华阳房地产开发有限公司	30000
14	金华银行婺城综合业务用房	总建筑面积 16900 平方米	金华银行股份有限公司	6899
15	金磐西城映象项目	总建筑面积 38049.87 平方米	金华临江置业有限公司	6000
16	时通电气环保节能型电力设备生产基地	主要生产电动汽车充电设备和 12~40.5 千伏气体绝缘设备，项目用地面积约 5.4 公顷	浙江时通电气制造有限公司	12800
17	年销售产值 2800 万元(劳动防护用品及其配件)新经营场地建设项目	项目用地面积约 0.53 公顷	金华捷科工具有限公司	2400
18	年产 150 万套搬运工具、手推车项目	项目用地面积约 2.47 公顷	金华市力扬五金制造有限公司	9500
19	年加工 5 万吨钢筋建设项目	项目用地面积约 0.4 公顷	浙江坦普莱建材有限公司	2000
20	金华市婺城区茶叶加工中心项目	项目用地面积约 0.53 公顷	浙江玉阳春农产品有限公司	2580

续表 3

序号	项目名称	建设规模及主要内容	项目单位	总投资
21	年产 1.6 万吨木薯粉及衍生产品项目	项目用地面积约 0.73 公顷	金华市兴良科技有限公司	3300
22	年产 150 万套搬运工具、手推车配件项目	项目用地面积约 0.47 公顷	金华市欧谱工具厂	1850
	仙源湖(1)			51792
23	金华市水上运动中心	总用地面积 8.87 公顷,建设水上运动综合场馆等	浙江巨龙旅游开发有限公司	51792
	二七新村指挥部(1)			**1251000**
24	金华市二七新村棚户区改造工程	改造区块内拆迁,新建安置房、安置小区道路、绿化及公共配套设施	二期建设指挥部	1251000
	部门(5)			**429076**
	水务(1)			**21803**
25	金华市婺城区金华江治理一期工程	加固二十年一遇防洪标准堤防长度 11.16 千米及改建排水涵管	金华市江河水利发展有限公司	21803
	交通(4)			**407273**
26	330 国道金东岭下朱至兰溪沈村段改建工程(婺城段)	本项目婺城区段 22.28 千米,采用一级公路标准建设,设计速度 100 千米/小时,双向六车道,路基宽度 33.5 米	330 国道婺城区段改建工程建设指挥部	85000
27	钱塘江中上游衢江(金华段)航运开发工程游埠枢纽及船闸工程	建设游埠枢纽 1 座(由泄洪闸、电站、船闸组成)、界河上游 5.8 千米的航道疏浚、洋港服务区 1 处、洋埠锚地 1 处,及 5.8 千米航道相对应的助航与安全管理等配套设施等	衢江婺城段航运开发工程建设指挥部	120373
28	金华新兴产业集聚区兰溪上华至婺城琅琊公路(婺城区段)	长约 12 千米,一级公路,设计速度 80 千米/小时,双向四车道,路基宽度 24.5 米	婺城区交通运输局	75000
29	S313(45 省道)婺城至兰溪段改建工程(婺城段)	本项目婺城区段长约 9 千米,同步建设婺城连接线长约 3.7 千米,该项目主线及连接线均按一级公路技术标准设计,设计速度 80 千米/小时,路基宽 32 米	婺城区交通运输局	126900
	乡镇—竹马乡(1)			**30000**
30	金华市大展现代物流中心	建设物流中心面积 13.33 公顷,项目总建筑面积 130000 平方米,其中仓库 90000 平方米(包括重型仓库 40000 平方米),是集货物交易、产品配送、仓储运输、结算分拨、物流金融等全业务为一体的现代物流体系	云南省勐腊大展房地产开发有限责任公司	30000

2017年婺城区十项重点惠民实事

1.实施农村公路等级提升改造工程、农村联网公路建设10千米，实施农村公路大中修工程50千米，加固改造病旧桥梁2座，实施农村公路安保工程26千米。

2.农村饮用水安全提升工程提升改造项目6个，受益人口3000人。

3.深入实施公共文化服务标准化提升工程，所有乡镇(街道)文体站实现免费开放。新增农村文化礼堂10个。

4.完成乾西移民新村安置386套1000人、蒋堂移民新村安置220套500人，启动蒋堂移民新村二期安置房建设。

5.确保消灭劣V类支流成果不反弹，主要干流水质提升到IV类以上。

6.基本消除10个地质灾害隐患点，新建10个避灾安置点，扩改建100个避灾安置点，实现地质灾害隐患点村庄避灾安置场所服务保障全覆盖。

7.实施城乡参保居民免费体检7万人次，启动适龄妇女生殖健康免费检查工作，完成检查2万人次。

8.实施基层医疗卫生机构硬件提升工程，启动5个街道社区卫生服务中心标准化建设。

9.全面完成全区剩余D级危房和涉及公共安全的C级危房改造任务。

10.全区所有中小学校开设拓展性课程教学，鼓励学校组织学生走出课堂，开展研学旅行，启动实施学前教育扩容工程，新(改)建幼儿园5所，惠及幼儿1200人。

大事记

1月

4日,市委副书记、市长暨军民到安地镇调研小城镇环境综合整治。

9日,区政府与浙江省通信服务有限公司金华分公司战略合作协议签约仪式在区会议中心举行。

10日,市委副书记、市长暨军民到婺城区调研企业发展情况。

11日,省发改委副主任、省治水办副主任李岩益一行到婺城区考核“五水共治”开展工作。

12日,婺城区与浙江师范大学全面深化校地战略合作签约仪式在浙师大行政中心举行。

13日,召开全区乡镇(街道)党(工)委书记、机关部门党委(党组)书记抓基层党建工作、落实意识形态主体责任情况述职评议会。市委组织部副部长陈迎春到会指导,区委书记王健作重要讲话。

14—20日,区委书记王健赴杭州参加浙江省十二届人大五次会议。

22日,区委书记王健带队走访慰问驻金部队、困难群众(职工)和拔尖人才。

23日,区委召开2016年度常委会专题民主生活会,市长暨军民参会指导并作重要讲话。

24日,区政府与市住房和城乡建设局联合召开专题表彰会,对双龙大桥桥下使用空间回收工作的5个先进集体、15个先进个人进行表彰。

2月

3日,省委常委、省军区政委王新海,市委书记赵光君,市委常委、军分区司令员程友敏,市委常委、秘书长陈晓集体到婺城区开展新春下基层调研活动。

4日,省交通运输厅党组书记、厅长郭剑彪一行到衢江婺城段航运船闸工程现场调研项目开展情况。

6日,浙江省召开剿灭劣V类水工作电视电话会议。四套班子领导在婺城分会场参加会议 。

7日,市委副书记、市长暨军民,副市长傅利常到婺城区新狮街道,就出租房、酒店等场所的消防安全进行检查,随后召开座谈会分析全区安全形势。

8日,中国共产党金华市婺城区第七届纪律检查委员会召开第二次全体(扩大)会议。

12日,婺城区举行2016年纳税千万元以上企业家座谈会,并通报表彰59家纳税千万元以上企业。

13-18日,区政协四届一次会议召开。

13-18日,区九届人大一次会议召开。

15日,全区召开创建省示范文明城区工作推进会。区领导王健、郭慧强、方鹰、李小庆、王国平、方锦瑞、周春然参加会议。

21日,全区召开政法工作会议。

22日,省文化馆声乐指导、男高音歌唱家刘全来到区文化馆调研。

同日，召开创建省示范文明城区调研汇报会。省文明办副主任徐晓代表省示范文明城区调研组反馈区创建省示范文明城区工作调研情况。

同日，省政协副主席陈加元带队赴婺城区调研。

24日，省政府第九次全体(扩大)会议召开。区领导在金华市分会场参加会议。

3月

1日，浙江省召开地质灾害隐患综合治理工作电视电话会议，部署开展“除险安居”三年行动。区委副书记、区长郭慧强，副区长叶林、施礼干以及各部门、各乡镇(街道)有关负责人在婺城分会场参加会议。

同日，省委常委、组织部部长任振鹤在市委原书记赵光君，市委原副书记马小秋，市委常委、组织部部长余杰，市委常委、秘书长郑余良等陪同下到区美保龙种猪育种基地视察。

同日，副市长金中梁到区调研S313(45省道)婺城至兰溪段改建工程(婺城段)、市区BRT延伸至仙源湖旅游度假区、金武快速路(婺城段)项目建设进展情况。

同日，浙江省人民防空工作部署会议召开。区委副书记、区长郭慧强，副区长叶林、施礼干，以及各有关部门负责人、人武部军事主官在婺城分会场参加会议。

2日，副省长冯飞率省平安建设考核组先后到荣光国际学校和金华天下谱局有限公司，检查指导区平安校园创建工作和企业平安文化建设工作。

3—17日，在竹马乡下张家村举办“浙中生态廊道·花漫婺城”活动第一季暨第八届茶花节(第二十五届茶花展)活动。

5日，区委书记王健带领区委办、发改、督考办、农办、交通、水务、农林、财政、规划、国土等部门负责人，到长山乡、白龙桥镇等地调研浙中生态廊道建设。

9日，区委书记王健带领区委组织部、区农办、区民政局等有关部门负责人到白龙桥镇古方二村进行走访调研，指导村级组织换届工作。

同日，区人民法院婺北人民法庭新大楼正式启用。

11日，市委副书记、市长暨军民带领市农办、财政、农业和市农科院等部门单位主要负责人，先后到竹马、蒋堂、白龙桥等地调研农业供给侧结构性改革工作情况。副市长张伟亚，市政府秘书长周剑敏，副秘书长方宪文、胡杰，区委副书记、区长郭慧强，区委副书记杨寿根，副区长赵燕华参加调研。

14日，省委政法委副书记、省综治办主任刘树枝率省委村和社区组织换届工作督导组到婺城督导村级组织换届选举工作。

16日，婺城区召开村和社区组织换届选举工作动员部署会，传达贯彻省、市村和社区组织换届工作会议精神和省委书记夏宝龙、省长车俊对换届工作的重要指示精神，研究部署村和社区组织换届有关工作。

同日，省委第四巡视组向婺城区反馈了巡视“回头看”情况。省纪委常委、省监察委委员徐鸣华到会传达省委书记夏宝龙关于巡视工作的重要讲话精神。省委第四巡视组组长龚吟怡代表巡视组向婺城区委领导班子进行反馈，徐鸣华和市委常委、纪委书记郎文荣对巡视整改工作提出要求。区委书记王健主持会议并作表态发言。

17日，省文化馆馆长裘国樑等一行6人到婺城区文化馆调研基层文化工作。

18日，浙中生态廊道建设项目集中开工誓师大会在市区婺江北岸生态廊道项目建设现场举行。

20日，市委副书记、市长暨军民到婺城区就《政府工作报告(征求意见稿)》征求意见，市中级人民法院副院长黄美园、市人民检察院副检察长郭土华就市中级人民法院工作报告、市人民检察院工作报告征求意见。

21日，国务院召开第五次廉政工作会议。会后，浙江省政府召开第五次廉政工作会议，就贯彻落实国务院会议精神、扎实推进全省政府系统勤政廉政工作作出部署。区委副书记、区长郭慧强，区委常委、常务副区长李小庆，区相关部门负责人在婺城分会场参加会议。

22 日,浙江省召开剿灭劣 V 类水誓师电视电话会议。四套班子领导在婺城分会场参加会议。

23 日,婺城区举行学习贯彻市第七次党代会精神宣讲报告会，市第七次党代会精神宣讲团成员、市社会科学联合会主席吴远龙到会作专题宣讲报告。

23 日,省政协副主席吴晶率省政协督察组到婺城区督察“剿灭劣 V 类水”工作。

23—24 日,市农业局局长吴国平率市委村社换届工作督导组到婺城区开展巡回督导,并听取婺城区村社换届工作情况汇报。

24 日,市委副书记马小秋带领市委办、市农办、市整治办等部门负责人到婺城调研。

同日，全市安全生产工作电视电话会议召开。区领导郭慧强、李小庆、范锋鑫及相关部门负责人在婺城分会场参加会议。

同日，金华市婺城区被评为 2016 年度社会主义新农村建设优秀区。

25—31 日,举办“浙中生态廊道·花漫婺城”活动第二季暨雅畈镇第二届杜鹃花节(婺州窑文化探寻活动)。

25 日,市委副书记、市长暨军民带领市农办、财政、水利、环保、铁路工程指挥部等部门单位主要负责人到婺城调研劣 V 类水剿灭工作。

30 日,铁路金华新货场整体启用暨新老货场交接仪式在铁路竹马馆货场内举行。市委副书记、市长暨军民宣布铁路新货场整体启用。上海铁路局副局长徐明，上海市交协多式联运分会会长刘建堂，沿海铁路浙江有限公司总经理何晓,市人大常委会副主任、铁路货场搬迁指挥部指挥长张荣贵,副市长祝伦根，上海铁路局货运处处长郭坚等参加仪式。常务副市长金中梁主持仪式。

30 日,金华市第二期“三百竞赛”动员电视电话会议召开。区委副书记、区长郭慧强在主会场参加会议,区委常委、副区长李小庆在婺城分会场参加会议。

31 日,全省建设“平安浙江”工作电视电话会议在杭州召开,并对“平安浙江”建设先进单位进行表彰,婺城区荣膺全省首批“平安金鼎”。区委书记、区委建设“平安婺城”领导小组组长王健在主会场参加会议并上台受奖,区领导郭慧强、朱利群、方鹰、李小庆、徐妙芳、杜建明、应跃成及各乡镇(街道)、有关部门负责人在婺城分会场参加会议。

4 月

6 日,省委、省政府“剿灭劣 V 类水”第六十五督导组到婺城区督导剿劣工作。区委书记王健、区委副书记杨寿根参加汇报会。

同日,婺城区召开“百日攻坚、百日招商、百日服务”竞赛活动暨区政府工作推进部署会。

同日,婺城区完成村(社)组织换届工作第一阶段——党组织换届任务。全区 376 个村(社)共选举产生村(社)党组织班子成员 1319 人。

8-13 日,区领导王健、郭慧强参加金华市七届人大一次会议和金华市政协七届一次会议。

17 日，市委书记赵光君到浙师大婺城科创园，调研婺城区共建金义科创廊道有关工作,

同日,省直机关工委副书记吴晓宏带领省督察组对 “五水共治”“三改一拆”“小城镇综合环境整治”三项重点工作开展督察活动并听取相关汇报。

20 日,剿灭劣 V 类水金华市文艺工作者赴基层采风巡演暨“剿劣水·建廊道”六大宣传行动启动仪式在乾西乡湖头村启动。

21 日,省委统战部部长冯志礼带队到婺城调研走访婺城区“民建之家”、天下谱局金华文化股份有限公司和合丰信息科技(金华)有限公司。

同日,市委副书记、市长暨军民带领市政府办公室、市编办等部门负责人到白龙桥调研乡镇(街道)“四个平台“建设情况。

25 日,区委书记王健到婺城公安分局、区市场监督管理局、区行政服务中心调研婺城“最多跑一次”改革工作开展情况。

27 日,婺城区浙中生态廊道建设领导小组第一次会议召开。

5 月

3 日，副市长祝伦根带领相关部门负责人到婺城区洪源区块调研城中村改造工作。

同日，副市长祝伦根带领市相关部门负责人到婺城酒坊巷区块调研该区块保护改造工作。

4 日，区委书记王健带领相关部门负责人赴城北街道洪源社区调研城中村改造进展情况，并看望慰问奋战在一线的广大征迁工作人员。

10 日，婺城区召开城中村改造动员会，区委书记王健作重要讲话。

同日，省二商局副局长方金土到婺城区莘畈乡指导工作，副区长张璞副陪同，并捐助 20 万元扶贫款。

11 日，省商务厅副厅长徐高春一行参观调研合丰、天下谱局。

18 日，市委常委、宣传部部长林丹军来婺城调研宣传思想文化工作。

同日，省党建研究会会长，省人大常委会原副主任王永昌，省委组织部调研室副主任张日向一行到区调研互联网企业集聚平台党建工作。

20—21 日，婺城区举行新一届村和社区主职干部培训。

21 日，市委副书记、市长暨军民到城北街道洪源区块征迁指挥部调研并召开座谈会。

22 日，市人大常委会主任黄锦朝到婺城区调研实体经济发展情况。

25 日，省委统战部副部长张润生一行到浙中信息产业园实地参观天下谱局金华文化股份有限公司，了解家谱文化开发利用情况，并赴合丰信息科技有限公司了解中国海外中餐馆媒体平台项目和“吃遍全球 APP 平台”建设工作。

同日，浙江师范大学附中教育集团成立暨婺州外国语学校新校区启用、附属小学授牌仪式在婺州外国语学校举行。

27 日，婺城区召开工商业联合会(总商会)第四次会员代表大会。市委统战部副部长、市工商联党组书记、常务副主席肖志光参加会议。

28 日，雅畈汉灶婺州窑博物馆开馆。

31 日，市委副书记、市长暨军民到婺城检查防汛排涝工作。副市长张伟亚，区委副书记、区长郭慧强，副区长赵燕华陪同检查。

6 月

2 日，婺城区召开“两学一做”学习教育常态化制度化工作座谈会。

同日，婺城区对“百个部门、百家企业”结对帮扶集体经济薄弱村行动进行部署，

6 日，全区召开招商引资工作汇报会。

同日，婺城区委召开巡察工作动员部署暨业务培训会。

8 日，金华投资环境推介会暨项目签约仪式在宁波举行。婺城区签约内资项目 1 个，总投资 2 亿元人民币；签约浙(婺)商回归项目 1 个，总投资 2 亿元人民币。

11 日，婺城区召开紧急视频会议，部署全区防汛工作。

6 月 12 日晚，区委副书记、区长郭慧强在防指办会议室与各防指成员单位负责人会商防汛形势，对强降雨防御工作进行了再部署。

13 日，全国深化简政放权放管结合优化服务改革电视电话会议召开。区领导及有关单位负责人在婺城分会场收听收看。

12-16 日，区委书记王健赴杭州参加中国共产党浙江省第十四次代表大会。

17 日，市委副书记、市长暨军民带队赴婺城检查防汛工作，调研扶贫结对工作。

同日，召开中欧企业家、欧华妇联总会“一带一路”金华行婺城项目推介会。区领导陈旭辉、张璞、范锋鑫参加活动。

18 日，区委书记王健主持召开全区领导干部会议，传达学习省第十四次党代会精神、省纪律工作报告的主要精神和省委书记车俊参加金华代表团审议时讲话的主要精神，研究部署区贯彻落实各项工作。

21—22 日，由省文化厅副厅长叶菁带队的考核

组到婺城区考核验收省公共文化服务标准化重点县建设工作。

24 日,省、市防汛防旱指挥部先后召开防汛紧急视频会议。视频会议结束后,婺城区对防汛工作进行了再动员、再部署。

28 日,婺城区举行浙中生态廊道产业项目集中签约仪式。市委副书记、市长暨军民,市委副书记马小秋,市人大常委会副主任张荣贵,副市长、市政府秘书长张伟亚出席签约仪式。区领导王健、郭慧强、杨寿根、陈旭辉、赵燕华、吴月华及俞孔坚、邱爱华、童星桦等知名人士共同见证一批优质项目落户婺城。

29 日,区政府与浙江省第三地质大队(浙江省核工业二六九大队)签订战略合作协议。

7 月

1 日,全区召开安全生产暨消防安全工作会议。

11 日,区政府与金华市中心医院举行战略合作签约仪式。

同日,浙江省林业厅副厅长胡侠到婺城区调研"最多跑一次"改革工作开展情况。

13 日,全区召开小城镇环境综合整治现场推进会。

19 日,全区召开城中村改造工作推进会,成立区城中村改造工作指挥部。

20 日,省交通运输厅党组成员、省公路管理局局长洪秀敏到婺城调研综合交通廊道项目。市交通运输局局长姜能,领导王健、李小庆、陈旭辉参加调研。

同日,全国召开安全生产电视电话会议。区领导郭慧强、范锋鑫在分会场参加会议。

24 日,市委副书记、市长暨军民,市领导林丹军、周剑敏、张伟亚、傅利常到 330 国道平改立施工现场,慰问工作在一线的工作者。区领导郭慧强、李小庆陪同慰问。

25 日,区委书记王健带队到金华军分区、94922 部队和区人武部走访慰问。

28 日,全区召开区委七届二次全体(扩大)会议暨区政府九届一次全体会议。

同日,婺城区举办"军歌嘹亮跟党走"纪念中国人民解放军建军 90 周年演唱会。

31 日,市委书记赵光君到城东街道酒坊巷区块改造现场调研市区重点区块改造工作进展,并看望慰问一线的工作人员。市领导尹学群,、郑余良、陶国兴、祝伦根参加调研。 区领导王健、陈旭辉、方锦瑞陪同调研。

8 月

1—2 日,省委组织部组织二处副处长王建勋率省委督导组检查区推进"两学一做"学习教育常态化制度化工作。市委组织部领导胡小荣、刘伟霞,市"两学一做" 学习教育协调小组办公室负责人何若伟,区委书记王健,区委常委、组织部部长徐妙芳参加汇报会。

4 日,全省召开"三改一拆"和小城镇综合环境整治电视电话会议。区四套班子领导在婺城分会场参加会议。

同日,全省召开安全生产电视电话会议暨省安委会全体(扩大)会议。区领导郭慧强、李小庆、叶林、范锋鑫、赵燕华、扎西在婺城分会场参加会议。会后,召开全区安全生产工作会议。

7 日, 省人大常委会副主任姒健敏到塔石乡调研集体经济发展情况。

同日, 婺城区开展区四套班子领导集中夜学(扩大学习会), 金华市审计局局长董巧娟到会作"依法审计,服务大局"专题授课。

10 日,省委组织部副部长、省委两新工委书记张学伟一行到婺城区开展互联网企业党建工作调研,先后走访调研了到浙江美保龙种猪育种有限公司和浙中信息产业园。

12 日,水利部副部长陆桂华到金华督察"河长制"工作,并调研生态廊道建设。省水利厅副厅长蒋如华,市领导尹学群,区领导王健、郭慧强、杨寿根、赵燕华参加调研。

14 日,市委副书记、代市长尹学群到婺城,就中央第二环境保护督察组转办的碎石场污染环境投诉信访件整改落实情况进行检查。

19日,常务副市长陈晓带领市督察组到婺城区调研中央环保督察组转办的信访件办理情况及迎检工作开展情况。

23日,婺城区举行反邪教斗争形势报告会,浙江省委防范办有关领导到会作报告。区委理论中心组全体成员参加会议。

24日,省人大常委会委员、环资委副主任赵玲率省人大检查组赴婺城,深入部分乡镇、街道实地检查大气污染防治情况。市人大常委会城建环保工委主任祝维伟,区领导王健、朱利群、方鹰、李小庆、钟春宏、施礼干、赵燕华等陪同检查。

28日,省编办综合处处长余苏平率省督察组到婺城调研"最多跑一次"改革和基层治理体系"四个平台"建设工作。

9月

1日,婺城区召开"无违建"创建暨"三改一拆"工作现场推进会。

12日,区委书记王健赴绍兴参加全省传统制造业改造提升工作推进会。

16日,"婺城年轻干部成长学堂"举行首期集中学习培训活动。

19日,省政府副总督学姚宏昌一行到区调研基础教育重点县提升工作。

23日,中国城市规划设计研究院院长杨保军一行到婺城区高铁新城区块和二七区块,"把脉"重点区块建设规划情况。

同日,中国皮划艇巡回赛(金华站)在琅琊开幕。

27日,婺城区召开"建设美丽乡村·做美大郊区"工作动员部署会。

30日,婺城区在金华烈士纪念碑前隆重举行烈士纪念日公祭活动。

同日,市委副书记、代市长尹学群到婺城检查消防安全工作。

29—30日,婺城区"喜迎十九大 共筑中国梦"合唱大赛在市文化中心举行。

10月

11日,市委副书记、代市长尹学群带领市有关部门负责人到婺城检查安保工作。

14日,全区召开生态廊道建设工作点评和推进会。

同日,全区召开"五水共治"、小城镇整治工作点评推进会。

16日,安地镇喻斯村、莘畈乡大立元村荣获首批"浙江省AAA级景区村庄"荣誉。

19日,诸暨市菲达集团有限公司董事局主席舒英钢一行赴塔石乡银岭村签约结对帮扶项目。

同日,全区召开2016年财政决算审计进点会。

同日,浙中信息产业园区智汇橙(浙江)电商科技园与京东物流集团达成合作,并举行全国首家云仓开仓仪式。

25-26日,市领导尹学群、荣安华,区领导王健等分别赴婺城农村居家养老照料中心、敬老院开展重阳节走访慰问活动。

27日,金华农耕文化园荣获"浙江省运动休闲旅游示范基地"荣誉。

30日,市委副书记、代市长尹学群赴安地镇岩头村调研,并向基层党员干部宣讲十九大精神。

11月

5日,全区召开海内外高层次人才联谊会成立大会,并举行千人计划专家项目签约仪式。

6日,全区召开创建省示范文明城区工作汇报会。省文明办社会处处长邬红波,市文明办主任程建金,区领导王健等参加会议。

9日,区委书记王健,区委副书记、区长郭慧强赴杭州参加省委十四届二次全体(扩大)会议。

10日,全区召开洁美城镇联合专项行动点评会。

15-16日,区委书记王健赴江山参加全省美丽乡村和农村精神文明建设现场会。

21日,市委常委、公安局局长聂展云一行到婺城区箬阳乡罗坪村、大应村调研扶贫工作，开展结对帮扶活动。市公安局党委副书记、常务副局长金盛，区领导王健等参加调研。

12月

1日，吉林省四平市铁西区人大常委会主任胡长海率党政代表团到婺城参加友好城区对接活动。

5-6日，省直机关工委副书记吴晓宏带领省督察组到婺城开展“五水共治”、“三改一拆”和小城镇环境综合整治第三轮督导工作。

8日，全省召开生活垃圾分类处理工作动员会，区四套班子领导在婺城分会场参加会议。

11日，召开区委七届三次全体(扩大)会议暨区政府九届二次全体会议。

12-14日，市委副书记马小秋到婺城区考核2017年度浙中生态廊道建设和“五水共治”工作。

14日，金恒德文旅产业项目框架协议签约仪式在区会议中心举行。区领导王健、郭慧强、朱利群、张璞，金恒德集团有限公司董事长周金法参加活动。

18日，区委书记王健参加全市“三条廊道”建设情况汇报会。

19日，区残疾人联合会召开第五次代表大会。市残联理事长肖志光到会致贺词。

同日，举行中共十九大精神宣讲报告会。省委讲师团办公室主任王均寅作宣讲报告。

21日，金华农耕文化园、金华市婺城区怡景园家庭农场荣获第三批“浙江省果蔬采摘旅游基地”荣誉。

22日，召开全区安全生产(消防安全)工作会议。

同日，召开全区政府性投资、“三条廊道”建设暨“河长”履职情况汇报会。

23日，婺城区新生代创业者商会举行第一次会员大会。

25日，区委书记王健，区委副书记、区长郭慧强赴杭州参加省委经济工作会议。

28日，区委召开婺城新城区体制调整大会。

同日，浙江工商大学金华食品产业化研究院揭牌仪式在金华CRC文化创意园内举行。

29日，召开第三次归侨侨眷代表大会暨第一次留学人员和家属代表大会。市委统战部副部长、市侨联主席蓝跃军到会祝贺。

区情概览

地　理

【位置、面积】婺城区地处浙江省中部，金华市中西部。东连金东区，南接武义县，西南与丽水市遂昌县接壤，西与衢州市龙游县毗邻，北与兰溪市交界。介于北纬28°44′~29°15′、东经119°18′~ 119°46′之间。东西长45千米，南北宽55千米。距省会杭州市135千米(径距)。土地面积1391.24平方千米，约占浙江省总面积的1.36%。婺城区是金华市辖区，金华市人民政府驻地，浙中城市群中心城市的核心区块。区人民政府驻宾虹西路2666号。

【地形地貌】婺城区地处金衢盆地中段，地势西南与东北高，中部低。婺城区地跨浙西大复向斜与浙南变质地体两个Ⅱ级构造单元。由于两个构造单元地质历史演化截然不同，因而地层、岩性也不尽相同，大致以江山—绍兴深断裂为界，以北为江南地层区，以南为华南地层区。

江南地层区　属于扬子准地台的一部分，也称浙西台皱带，在地质历史时期经过一系列凹陷与隆起而形成目前的格局。一般地说，江南地层区，在整个古生界，地壳下沉，接受沉积，有页岩、灰岩、砂岩等浅海相沉积建造，主要分布于金华山。进入中生界后，该区地壳褶皱上升，仅在局部凹陷带有陆相沉积建造，主要分布于金华山及金衢盆地北缘。中生代侏罗系后期，地壳运动加剧，形成大片火山岩覆盖和大量侵入岩。白垩系及其后期，地壳岩石经历了强烈剥蚀，在盆地北缘与南缘有红色砂岩沉积。新生界，又经燕山运动、喜马拉雅运动的影响，形成多峡谷小盆地、地面起伏较大的现代河谷地貌以及喀斯特地貌发育的特色。

华南地层区　属于华南地槽褶皱带一部分，也称浙东华夏褶皱带，在元古界有古老变质岩系和灰岩零星分布，主要出露于塔石乡一带。在中生界，该区属于稳定上升地区，整个地表都被火山岩系覆盖。侏罗系后期，地壳运动进一步加剧，有大量的岩浆活动，形成大片火山岩系覆盖和大量侵入岩，后经强烈剥蚀。这些火山碎屑岩和熔岩，主要分布于金华南山和盆地盆底南侧斜坡地带。新生界期，华南地层区在喜马拉雅运动影响下，局部地区有玄武岩喷发和覆盖，从而导致该区多浅小盆地的现代河谷地貌和火山造岩地貌的特色。

以金华江为中轴，向两侧呈阶梯式分布。地形根据绝对和相对高度、坡度可分为山脉、丘陵、平原三种不同类型。

山脉　高低起伏，坡度较缓，绝对高度在500米以下，相对高度一般在200米以下的为丘陵。绝对高度500 ~1000米的为低山。绝对高度1000 ~ 3500米的为中山。3500米以上为高山。其中丘陵面积约364.46平方千米，占全区总面积的26.20%；低山面积162.89平方千米，占全区总面积的11.71%；中山面积33.98平方千米，占全区总面积的2.44%。

金华山　金华山又称长山，俗称北山。主要绵延于区境东北部罗店、竹马两个乡镇的东北和北部。

金华山北连龙门山脉，由于墩头盆地的陷落和向东侵蚀，浦江盆地的不断向西侵蚀，遂形成龙门山脉两头隔离、中间相连的格局。

金华山南坡，自兰溪市至金东区伸展着一条长25千米、宽约1千米的石灰岩带，有大小溶洞50多个，有效面积大于10000平方米。这些溶洞洞景绮丽多姿，区境内可供旅游的有双龙、冰壶、朝真、桃源、仙瀑、二仙、讲堂等多个溶洞，其中双龙、冰壶、朝真三洞为国家级重点风景名胜区。

金华山西起兰溪市城区兰江东岸，东走经王大尖、白露尖、扁担岗，至兰溪市与婺城区界上的西坑岗。自此沿婺城区、兰溪市界东走6.5千米，经九龙山(海拔1245.2米)，至金华城北东4°，距城15千米(方位、距离均以通济桥北堍为基点。下同)、海拔1312米的大盘山。复东北走11.5千米，经武平山(亦名玉壶山)、双尖(城北东15°，距城16千米，海拔1017米)、螺蛳尖出区境入金东区与兰溪市界上，续东走至兰溪、义乌、浦江三市县界上，北与龙门山北支相连，续东走沿浦江、义乌边界，至义乌市大陈江西岸，隔江与会稽山相望。以上为金华山干脉。

南山 区境内西南及南部诸山的统称，绵亘于塔石、沙畈、箬阳、莘畈、岭上、安地诸乡镇，呈西南—东北走向。由于新构造运动上升强烈，在流水侵蚀下，西南诸山谷深坡陡，多千米以上山峰(50余座)。是白沙溪、厚大溪诸溪与瓯江水系的松阳溪、宣平溪的分水岭。向东北延伸，山势渐趋平缓，多呈块状丘陵。

南山属仙霞岭余脉，经遂昌县华表坑，至棋盘石北入区界，分支沿婺城区、遂昌县界西北延伸为鹅卵石大岗，至金鸡头隔梨树源与塔石乡东长坪(海拔1165米)相望。干脉沿婺城区、遂昌县界东北走3千米，过金竹湾，至区境内最高峰小金竹尖(海拔1336米)，复北走1千米，有龙坑尖(海拔1328米)，折东转东南走4千米，经白岩(海拔1250米)至小龙葱尖(海拔1324米)。复前走4.5千米，经风门山(海拔1233米)，出区界至遂昌县狮子岩。折东北至婺城区、武义县界上的龙潭背。自此沿婺城区、武义县界东北走，经大阳山(海拔1320米)、大坞尖(海拔1180米)、茶园头(海拔1203米)和横岗岭(海拔1048米)，于林坑尖(海拔1151米)入武义县。经龙门亭，至婺城区与武义县界上的八县尖(海拔964.2米)、鲤鱼尖、宣家岭和高塘顶，隔武义江与武义县焦岩相望。

丘陵 海拔70~500米、坡度15~25°的丘陵地364.46平方千米，占全区总面积的26.20%。主要分布于以下乡镇：

一、西起婺城区与龙游县界上，东至白沙溪左岸，南自莘畈乡、琅琊镇一线，北至浙赣铁路南北，包括汤溪镇中南部、琅琊镇北部、蒋堂镇大部、白龙桥镇西北部。地势呈南北走向，丘岗与溪谷相间。土壤以网纹红土发育而成的黄筋泥为主，面积约180平方千米，为全区最大的丘岗区。

二、西以白沙溪，北起山嘴头，东至雅畈镇西大路的三角地带，包括琅琊镇东北部、长山乡中北部、安地镇北部、雅畈镇中北部和苏孟乡及秋滨街道的中南部。多呈馒头状浑圆低丘地貌。大黄山一带为冰碛阶地，土壤以红紫色砂页岩发育而成的紫色土为主，面积约150平方千米。

三、自城北街道的洪源、杨梅山向西北，沿金兰北线，至竹马乡姜衙一线东北，包括城北街道北部、新狮街道和罗店镇南部、竹马乡东北部。多为自北而南的低岗与溪谷相间地形，其中杨梅山和洪源一带为冰碛阶地，冲沟由山顶向四周网状延伸。土壤以红沙土为主，面积约40平方千米。

平原 海拔70米以下，横向坡度一般小于10米，主要由江河冲积而成。面积约315平方千米，占全区面积22.64%。主要分布于以下三片：

一、三江冲积平原。东起东关大桥以下义乌江两岸，南自武义江左岸的雅畈镇，西至环城西路。包括城东、城中、江南、三江诸街道全部，城西、西关两街道东部，城北街道南部，雅畈、苏孟两乡镇的东北部。地势略有起伏，海拔多在45米左右，面积约90平方千米。

二、城西冲积平原。环城西路以西的金华江两岸。包括右岸的城西街道西部，乾西乡全部，竹马乡西南部。境内有乾溪、盘溪自东北向西南蜿蜒曲折流贯其间，并有西湖、下湖、长湖等金华江故道残迹湖。地势低平，海拔多在40米以下。左岸东起环城西路，西至西溪，北止于婺城区与兰溪市界。包括白龙桥镇全部，长山乡北部。地势低平，其中白龙桥镇雅苏海拔 31 米，为全区最低点。漪溪、桐溪、白沙溪、西溪自南而北流贯其间，沿溪有大小不同的溪谷平原与平畈。面积约 120 平方千米。

三、衢江冲积平原。西起婺城区与龙游县界上，东北止于婺城区与兰溪市界上，东南大致沿浙赣线和黄路溪。包括洋埠、罗埠两镇全部，汤溪和蒋堂两镇北部。有莘畈溪、厚大溪、黄路溪自南而北流贯其间。海拔多在 40 米左右。面积约 105 平方千米。

降　水

【概况】 2017 年降雨量 1607.4 毫米，略少于多年平均降雨量(1621 毫米)，比 2016 年同期(1861.8 毫米)偏少 13.66%。汛期平均降雨量 1053.5 毫米，比 2016 年同期(1287.4 毫米)偏少 18.21%。降雨主要集中在 6 月(526.7 毫米)，汛前(1 月 1 日—4 月 14 日)降雨量 367.8 毫米，主汛期(6 月 15 日—9 月 15 日)降雨量 618.3 毫米。6 月 9 日入梅，6 月 30 日出梅，梅雨期 21 天，梅雨量 506.5 毫米，是常年梅雨量(253.5 毫米)的 2 倍。

梅汛期，全区连续遭遇“6·11”和“6·21”两轮大范围强降雨。辖区内山塘、水库数次蓄满，金兰、沙畈、莘畈、安地、九峰五座中型水库开闸泄洪。金华江金华站 6 月 25 日 20 时出现洪峰，实测洪峰水位 36.40 米，超警戒 0.9 米，洪峰流量 4250 立方米/秒。婺城区防指共启动防汛Ⅲ级应急响应一次、Ⅳ级应急响应四次。

由于出梅后持续晴热高温少雨，导致水库蓄水持续减少，2017 年汛期全区 5 座中型水库蓄水总量明显减少，入汛初蓄水总量为 2.68 亿立方米，汛期末蓄水总量为 1.75 亿立方米，蓄水量减少了 0.93 亿立方米。

水　文

【概况】 结合省统一部署的山洪灾害防治非工程措施建设项目和中小河流水文项目建设，婺城区建立健全全区水雨情监测预警体系。

全区有 19 座水位自动遥测站、26 座雨量自动遥测站、31 座水位雨量自动遥测站、67 处视频监控站点。在监测信息采集及预报分析决策基础上，通过区级山洪灾害监测预警平台将预警信息及时、准确地传送到山洪灾害危险区人员，确保预警人员及时采取防范措施，最大限度减少人员伤亡。由于没有水文站和气象台，婺城区与金华市水文站签订了金华江、武义江的汛期报汛协议和洪水预报服务协议，与区气象局签订气象服务协议，及时提供气象和灾害性天气预报。通过水雨情遥测站监测和水文、气象信息互通，区防指及时掌握全区水雨情，为防汛抗旱抢险工作提供决策依据。

建置沿革

【概况】 金华市婺城区地域为禹贡扬州之地。春秋时属越国，其中原汤溪县地域属姑蔑国。战国楚威王七年(前 333)灭越为楚地。秦王政二十五年(前 222)置会稽郡乌伤、太(大)末县，其地分属两县。新莽建国元年(9)改乌伤为乌孝。东汉建武元年(25)复名乌伤，隶扬州。初平三年(192)分乌伤县西南地置长山县，为长山县县治，以境内长山而得名(长山或称常山，即金华山)。三国吴宝鼎元年(266)分会稽郡西南部置东阳郡，以地处榖水(今衢江)之东、长山之阳得名。郡治设长山县。南朝宋孝建元年(454)属东扬州。永光元年(465)仍属扬州。此后，东扬州五废五置，郡属相随。梁绍泰二年(556)就东阳郡置缙州。陈天嘉三年(562)省缙州复东阳郡，后改金华郡。隋开皇九年(589)改东扬州为吴州，废金华郡；改长山县为吴宁县；废太末县分入吴宁、信安二县。十二年(592)吴宁县改称东阳县。十三年(593)废郡改置婺州，盖因“其地于天文为婺女之分野”而得名，为州治之所。十八年(598)东阳县更名金华县。大业元年(605)改吴州为越州。三年(607)废婺州复置东阳郡。唐武德四年(621)复称婺州。同年，以太末故地复置太末县，分金华县为金华、长山二县。八年(625)废长山县复入金华县,废太末县入信安县。垂拱四年(688)改金华县为金山县。神龙元年(705)复名金华县。天宝元年(742)改婺州为东阳郡。乾元元年(758)复称婺州。五代后晋天福四年(939)改称婺州武胜军。宋淳化元年(990)改称婺州保宁军。元至元十三年(1276)置婺州路,为路治。十四年(1277)于大云乡(金华城区)置录事司。至正十八年(1358)朱元璋攻取婺州,改婺州路为宁越府。二十年(1360)改称金华府。明成化七年(1471)析金华、兰溪、龙游、遂昌四县边境之地置汤溪县,以附近有汤塘得名,属金华府。清沿明制,金华、汤溪二县仍属金华府。民国元年(1912)2月,废府,实行省、县两级制。民国3年(1914)5月,置金华道。16年(1927)4月,废道,直隶于省。民国21年(1932)6月,改设浙江省县政督察专员办事处第八区,9月改为浙江省行政督察专员办事处第六区。民国24年(1935)8月,改设兰溪区(公署兰溪)。民国25年(1936)2月,改为第四行政督察区,公署兰溪。民国36年(1947)10月,改为第五区。26年4月,移驻金华。民国32年(1943)5月,专署驻宣平县(今武义县)。民国36年(1947)10月,属第五区,专署驻衢县。民国37年(1948)4月,调整为第三行政督察区,驻金华,8月改为第八区。

1949年5月7日金华解放,8日汤溪解放,10日成立金华市军事管制委员会和汤溪县军事管制委员会,17日成立汤溪县人民政府,18日成立金华县人民政府,两县均隶属浙江省第八行政区。同年10月10日浙江省第八行政区改名金华专区,公署驻金华县。10月20日,析金华县城区建立金华市(县级)。1950年5月15日撤销金华市,并入金华县。同年9月27日,金华专区改称金华区。1951年7月20日复设金华市。辖3个镇公所,36个居委会。1953年5月21日金华市改为省辖市,仍由金华专员公署领导。1955年2月,金华区复称金华专区。1958年2月21日,撤销中共金华市委,归金华县委领导,保留市人委,市仍为一级行政机关。同年9月5日,撤销汤溪县并入金华县。1960年3月12日湖镇人民公社从衢县划归金华县。1962年12月22日,国务院批准撤销金华市,并入金华县。1968年4月,改金华专区为金华地区。1979年9月10日,国务院决定恢复金华市,未实施。1981年1月14日,国务院批准撤销金华县并入金华市,下辖3个街道,69个公社。1983年9月13日湖镇区划归龙游县管辖。

1985年5月15日,国务院批准撤销金华地区,金华市升为地级市,原县级金华市地域分设婺城区和郊区。7月26日,中共金华市委宣布将金华市城区和近郊13个乡划给婺城区。12月23日,撤销郊区复置金华县。

1994年4月6日,中共金华市委、市政府作出婺城区机关部分部门与市机关合署办公的决定,除区人大和公安局、检察院、法院、人武部外,其余机构均纳入市、区合署办公体制。

2000年12月20日,国务院批准撤销金华县,设立金华市金东区,将原金华县雅畈等14个乡镇划归婺城区,原婺城区的仙桥、多湖、东孝3个乡镇划归金东区管辖。婺城区与市机关合署办公体制也随之结束,重新按照区一级党政机构的规范工作。

2013年10月,根据市委、市政府《关于完善金华经济技术开发区和金西经济开发区管理体制的意见》,两个开发区成建制整合,管理机构实行“一块牌子、统一对外,一套班子、统筹管理”。同时,保留金华高新技术产业园区和金西经济开发区牌子。原由金华经济技术开发区、金西经济开发区托管的乡镇(街道)由整合后的金华经济技术开发区托管,包括三江街道、江南街道、西关街道、秋滨街道、苏孟乡、汤溪镇、罗埠镇、洋埠镇,面积253.86平方千米。

行政区划

【概况】 婺城区辖9个街道、9个乡、9个镇,98个社区居民委员会、571个村民委员会。区域内有国家级金华市经济技术开发区、省级婺城新城区、双龙风景区、仙源湖旅游度假区。其中,金华市经济技术开发区辖1个乡、3个镇、4个街道,49个居民委员会、195个村民委员会。全区土地总面积1391.24平方千米。

2017年末金华市婺城区行政区划及土地总面积

行政区划及土地总面积表

表4

乡镇名称	村民委员会（个）	社区居委会（个）	土地总面积（平方千米）
全区合计	571	98	1391.24
城东街道		5	2.99
城中街道		3	6.21
城西街道		5	1.66
城北街道		8	4.4
新狮街道	6	13	23.76
罗店镇	38	1	66.58
雅畈镇	37		74.33
安地镇	37		136.47
琅琊镇	30		93.07
蒋堂镇	35		54.29
竹马乡	16		19.58
长山乡	21		60.35
箬阳乡	14		60.38
沙畈乡	30		184.94
塔石乡	39		99.63
岭上乡	2		60.66
莘畈乡	11		73.04
婺城新城区小计	60	14	117.26
白龙桥镇	49	8	92.91
乾西乡	11	6	24.35
金西开发区小计	157	1	168.8
汤溪镇	72	1	106.36
罗埠镇	61		44.33
洋埠镇	24		18.11
金华市开发区小计	38	48	82.85
江南街道		7	3.03
三江街道		17	7.65
西关街道		7	4.57
秋滨街道	4	17	29.62
苏孟乡	34		37.98

人　口

【概况】 全区总人口242642户、645910人(区属户籍管理人口38.80万人)。其中男性321666人，占总人口的49.80%；女性324244人，占总人口的50.20%。金华市开发区96019户、258862人。婺城新城区33339户、87864人。

2017年，全年出生人口5168人，人口出生率为13.39‰；死亡人口2929人，死亡率为7.59‰；人口自然增长率为5.80‰。

2017年，全区有60周岁以上老年人89443人，占全区总人口的13.84%。至年底，百岁以上老人14人，年龄最大者103岁。

资　源

【水资源】 婺城区江河属钱塘水系，有钱塘江一级支流衢江、二级支流金华江及其上游义乌江和支流武义江。流入以上四江的溪河，10千米以上的有18条。诸溪下游和四江沿岸水网交织，水利称便，唯受地形和气候影响，溪河之水暴涨暴落，山丘易旱，水土流失比较严重，河床淤积，沙洲迭见。

金华江　义乌江与武义江于燕尾洲汇合后称金华江，亦称婺江、婺港。通济桥以上亦称双溪。唐严维诗“明月双溪水，清风八咏楼”，宋李清照《武陵春》“闻说双溪春尚好，也拟泛轻舟”均指此。

双溪西流，穿通济桥，过金虹桥、双龙大桥、河盘大桥，越橡皮坝至婺江大桥，转向西北流，经筱溪、石柱头，至雅苏北出境入兰溪市，至马公滩与衢江汇合后称兰江。

双溪西南别出为龙渎,穿过城南大桥,沿五百滩南缘西流,至河盘桥复入金华江。

金华江自燕尾洲至雅苏出区境,长15千米。河床宽140~300米,水深1.7~4米,比降0.43‰。沿岸地势低平,水网交织,是全区水稻主要产区。有10千米以上溪流6条汇入:

玉泉溪　发源于苏孟乡西南部石人坑,北流经朱店过清江塘入湖海塘。

出湖海塘至金华职业技术学院院区的金大塘,再入茶花公园园区的馒塘,复北流过湖海塘电站,沿磐安街北流,于西关汇入金华江。全长14.5千米。

漪溪　发源于长山乡猴岭,北流经上溪、石门,过白龙桥镇黄碧塘,于邵家埠头西北汇入金华江。长16千米。

桐溪　发源于长山、安地、沙畈三乡镇界上的太平尖,曲折北流,经桐溪、长山、邵村,过白龙桥镇龙蟠、怡村、塔水桥,于下潘家入金华江。长22千米。

乾溪　发源于罗店镇西湖,南流过鹿田水库,至前庄头,经后园、溪塍至乾西乡黄桥头,转西流经竹马乡谢村,转西南流,于坛里郑南入金华江。长20千米。

白沙溪　曾名白龙溪,发源于武义、遂昌两县界上的狮子岩,南流过门阵入沙畈乡小洋坑,续北流经芝肚坑至柿树岭入沙畈水库(中型),出沙畈水库,北流经岭脚、周村、山脚,于皂里入金兰水库,出水库经琅琊徐、高田塍,北流经新昌桥、白龙桥、临江,于后杜叉东入金华江。全长65千米,区境内长55千米。汇入白沙溪的支流有2条:银坑溪发源于沙畈乡与遂昌县界上的小龙葱尖,北转东流,经银坑,于黄坛井西入白沙溪,长10千米。左别溪发源于沙畈乡大坞头南与遂昌县界上,北转西流,经水碓基、黄家田,于半溪西入白沙溪,长14千米。

盘溪　发源于罗店镇九龙山,西南流过洞前,至西旺入双龙水库,出水库经罗店,至罗大门西南入竹马乡竹马馆,转西流入乾西乡,经栅川入兰溪市,于烟溪西入金华江。全长17.5千米,区境内约15千米。

义乌江　为金华江之上游,亦称东港、义乌港,古称乌伤溪。源出磐安县龙鸟尖,经东阳、义乌、金东三区市,过东关大桥入区境,沿清风公园西流,过宏济桥,复西流于八咏公园、婺州公园与燕尾洲之间,至通济桥东与武义江汇合。义乌江自东关大桥入境,至通济桥长2.22千米,河床宽约350米,水深1~6米,比降0.3‰,两岸公园和民居相间。区境内汇入义乌江的溪流有通元溪。

通元溪　发源于罗店镇盘前,南流经弹子下,过里宅入新狮街道山下吴水库(小型),出水库至山下曹,折东流至唐村南复南流,经沙溪、车头、道院塘,入城东街道,穿越浙赣铁路、人民东路,于清风龙头东汇入义乌江。长约17千米。

武义江　为金华江最大之支流,亦称永康江、永康溪、武义港。源出武义千丈岩,经缙云、永康复入武义县,于金东区焦岩东2千米处入区境,曲折西流,至寿溪转东北流,过国湖电站转北流,至竹园东转西流,接纳梅溪后沿苏孟乡北流,过豪乐、洪坞、丹溪、李渔、金婺诸大桥,至燕尾洲与义乌江汇合。

武义江自焦岩入境至燕尾洲,长25千米,河床宽100~300米,水深2~3米,国湖以下比降0.65‰,金东区横店以下河道几分几合,沿岸平原渐见,梅溪口以下平原连片,进入三江平原。汇入10千米以上溪流(不计右岸金东区汇入溪流)有:

寿溪　发源于雅畈镇与武义县壶山街道界上的鲤鱼尖,北流经大山、罗芳埠,于寿溪北入武义江。长28.5千米。

梓溪　发源于雅畈镇东坞南与安地镇界上,北流经下新屋、宜山,于雅畈北入武义江。长14.5千米。

梅溪　发源于箬阳、沙畈两乡与武义界上的平顶坑,东北流经瀛头至武义县龙潭,复东北流入箬阳乡,经琴坛至安地镇山道、黄泥岗转北流,经郑宅,于小同北入安地水库(中型)。出水库经安地至苏孟,沿苏孟和雅畈两个乡镇边界流至金桑园东南入武义江。长54千米。安地水库以上比降10‰,安地水库以下比降3.3‰。汇入梅溪的支流有3条:外畈溪发源于箬阳乡上罗坪,至安地镇外畈汇入安地水库，长约 14 千米。上干溪发源于安地镇与沙畈乡界上的横路山，东北流经文明、项村、上干口，于安地西南入梅溪，长 12 千米。雅干溪发源于安地镇与武义县界上的彭公尖东南麓，北流经和村、雅干、郭村，至下傅西北汇入梅溪，长 15 千米。

衢江 又称信安江，古称榖水。源出安徽省休宁县青芝埭尖。经开化、常山、衢州、龙游等县市，于洋埠西入境。沿洋埠、罗埠两镇和兰溪市游埠镇边界流至罗埠镇后张北出区界入兰溪市，区界上长 11 千米，宽 250~450 米，水深 3~6 米，比降 0.3‰，为婺城区与兰溪市之界河。沿江和汇入衢江的莘畈、厚大两溪下游有广阔的冲积平原，是全区主要水稻、棉花、甘蔗和淡水鱼产地。

莘畈溪 又名西源，亦称兰源。源出塔石乡青莲山，向北穿流于高山峡谷之中，经井上至莘畈乡井下，过学岭头注入莘畈水库（中型），出水库经姓李，至祝村北入汤溪镇，复北流，经曹界、中戴、寺平，至中祝北穿越浙赣铁路入洋埠镇，北转东流于罗埠镇黄稍与厚大溪汇合。

莘畈溪原在洋埠镇下徐，穿万年桥后分两支，一支名鹅头颈，北流 1000 米入衢江，今已堵塞。莘畈溪长 43 千米，上游水流湍急，出莘畈水库至洋埠镇盛村比降 3.3‰，盛村至黄稍比降 1.5‰。汇入莘畈溪的牛桥溪发源于汤溪镇里金坞东南，经戴家、牛桥，至萧家北入洋埠，于盛村北汇入莘畈溪，长 12 千米。

厚大溪 一名南源，又名塔石溪，源出塔石乡与遂昌县界上的白岩。曲折北流，经里大茗、山坑、塔石、东店、高塘、小埠口注入九峰水库（中型），出水库入汤溪镇，过厚大、蒋村、派溪李北入洋埠镇，于罗埠镇黄稍与莘畈溪汇合后转北流，至董家北注入衢江，全长 57 千米。自源头入九峰水库水流湍急，两岸石岩嵯峨，比降 10‰，厚大以下比降 3.3‰。

根据金华市水文及水文地质条件，婺城区地下水类型属于一般山丘区，河床切割较深，河床基流量已汇集了地下水排泄量的绝大部分。因此山丘河川基流量即作为地下水资源量。2015 年，婺城区地下水资源量 2.715 亿立方米，比常年值 2.4139 亿立方米偏多 12.5%。

【矿产资源】婺城区主要金属矿产有锡、多金属、辉钼矿、铅锌矿和金等。非金属矿产有石灰岩、建筑石料、建筑沙砾、沸石、珍珠岩、萤石、砖瓦用页岩和花岗岩。

金属矿

锡 分布于南部的安地镇和村的仁坑垄、沙畈乡黄炫、箬阳乡岭后，有 4 个矿点，均属锡石-石英脉型高温热液矿床。20 世纪 60 年代中期、80 年代早期，地质部门做过踏勘调查，规模偏小。

多金属 有安地镇和村、金岭庵，沙畈乡黄石玄、芝肚坑和塔石乡苏坑等 5 个矿（化）点。矿床成因属高中温热液及矽卡岩型，矿体呈脉状或透镜状，充填于花岗岩体节理中，个别产于岩体外接触带，规模小，品位低，无工业价值。

辉钼矿 位于沙畈乡银坑村，产于花岗斑岩中，呈细脉状充填于裂隙内，钼矿平均含钼 0.04%，品位低，未开采过。

铅锌矿 分布于沙畈乡银坑、塔石乡高田、南坑等地，有 4 处矿产地，矿床成因属高中温热液型，银坑为小型矿床，其余均为矿点或矿化点。银坑铅锌矿为一小型富铅锌矿，伴生铜钼及银，可综合利用，矿脉之主要地段已为前人采空。

金 仅有汤溪镇曹界一处，系地质部门于 20 世纪 80 年代初发现，规模小，品位低，无工业价值。

非金属矿

石灰岩 金华山南坡自兰溪市洞源至区境九龙，长 9 千米。

建筑石材 分布广，开采点多，重点分布在雅畈镇。采石层位主要为上侏罗纪西山头组熔结凝灰岩，石材质量以雅畈镇南干、铜山一带为最佳，常用于路基、房基或铁路道砟制作碎石等工程建筑。

建筑沙砾 分布甚广，主要分布在洋埠、琅琊、安地、汤溪、白龙桥镇等地的衢江、金华江、武义江、厚大溪、梅溪和白沙溪之低河漫滩或河床浅滩上，经大量开采之后，日益枯竭。

沸石、珍珠岩 分布在九峰水库（原岭上乡黄岩孔村）一带，矿区范围达 30 平方千米，含丝光沸石和斜发沸石，矿化有 5 个层位，以第二层较佳（西山头组顶部）。沸石常伴珍珠岩，但膨胀系数较低。

沸石与珍珠岩矿被小规模开发利用。

萤石 主要分布在安地镇喻斯、凤凰山,琅琊镇大岩村和汤溪镇里金坞村一带。汤溪镇里金坞萤石矿(即金华县砩矿、双峰砩矿)于70年代开始,陆续开采至2004年2月发生塌陷事故后,即予封井,结束采掘。琅琊镇大岩、安地镇凤凰山、于山垅、竹坞、荣坑、麻车、白峰、岩石背、枇杷弯、横栏下等10处小型矿山,除大岩砩矿、凤凰山砩矿超过10万吨外,其余矿点储量一般在3万~5万吨之间,安地镇所有萤石矿点于2006年结束采掘。雅畈下店、团盘岭,安地郑宅发现有萤石矿点。经多年开采,萤石资源已所剩无几。

砖瓦用页岩 分布在白龙桥、蒋堂、汤溪镇一带,储量丰富。

花岗岩 分布于南部沙畈乡、塔石乡一带,沙畈乡芝肚坑花岗岩矿于20世纪80年代做过勘查,当地曾作小规模开采。

【土地资源】婺城区山地丘陵地质构造复杂,地层岩性多样,岩石种类繁多。主要成土母质有白垩纪方岩组的暗紫砂页岩、紫红砂页岩、砾岩、砂岩、石灰岩、第四纪的红色黏土、侏罗纪的凝灰岩、流纹岩及燕山运动晚期的花岗岩、花岗斑岩等。山地土壤分成红壤、黄壤、石灰岩土、紫色土4个土类、9个亚类、18个土属、43个土种。四大土壤种类中红壤占63%,黄壤占20%,紫色土占15%,石灰岩土占2%。红壤、黄壤具有黏、酸、瘦等主要肥力特征,旱季保水性差,不适于作物高产,主要适于种植茶、竹、果等经济特产及玉米、甘薯等旱粮作物。

全区土地面积139123.92公顷,耕地面积29948.19公顷,园地7120.07公顷,林地74365.72公顷,草地561.37公顷,城镇村及工矿用地14688.80公顷,交通运输用地3459.07公顷,水域及水利设施用地7349.84公顷,其他土地1630.86公顷。

其中,全区国家所有土地17848.03公顷,集体所有土地121275.89公顷,与年初面积相比,国家所有土地增加97.92公顷,集体所有土地减少97.92公顷。

【生物资源】婺城区生物资源丰富,气候温暖,适宜各种动植物生存。

植物资源 婺城区境属亚热带常绿阔叶林植被地带,按海拔可划分四类:海拔400米以下以马尾松和常绿阔叶林为主,主要由松、杉、茶、果等人工栽培树种和次生灌丛组成;海拔400~800米,以常绿阔叶林和杉木林、竹林为主,主要树种有松、杉、青岗、木荷、白砾、苦槠、石砾、枫香、浙江楠、大叶榆、牛筋树等;海拔800~1000米,以常绿落叶混交林和落叶阔叶林为主,主要树种有黄山松、柳杉、白砾、茅栗、化香、冬青、石楠、三尖杉、红花油茶等;海拔1000米以上以灌丛、草丛为主。

全区植被类型分阔叶林、针叶林、灌丛、草丛4个植被型组;常绿阔叶林、竹林、暖性针叶林、温性针叶林、常绿混交林、落叶混交林、落叶阔叶林、灌木林、草丛9个植被型和18个群系。植物种类有161科1500多种,其中森林树种83科439种,毛竹8属34种2个变种2个变型,草本植物约70科300余种,农作物品种资源800余种。

全区植物资源丰富,不计常年栽培的粮、棉、油、茶、果和野生的藻、菌、蕨、苔藓、地衣等种类在内的主要植物有148科971种,其中,裸子植物门9科44种;被子植物门139科927种,其中双子叶植物纲113科761种,单子叶植物纲26科166种。有常见野生蔬菜39科68种。列为国家和省级重点保护的有南方红豆杉、银杏、金钱松、竹柏、福建柏、鹅掌楸、香果树、浙江楠、半枫落、榉树、花榈木、半枫荷、天竺桂、杜仲、凹叶厚朴、青檀、珙桐、短穗竹等近20种。东方红林场被列为浙江省"油桐育种程序系列研究"项目试验基地。

动物资源 区境内动物资源计92科340种。其中无脊椎动物5科35种;脊椎动物中,鱼类11科42种,两栖类6科18种,爬行类8科27种,鸟类40科137种,兽类22科81种。国家一级野生保护动物有云豹、豹、黑麂、白颈长尾雉(鸟类)4种。国家二级野生保护动物有猕猴、穿山甲、豺、水獭、小灵猫、原猫、鬣羚、鸳鸯、鸢、赤腹鹰、雀鹰、松雀鹰、红隼、领鸺鹠、斑头鸺鹠、草鸮、短耳鸮、白鹇、虎纹蛙等。列为国家三级保护动物的有虎纹蛙、鸢、苍鹰、赤腹鹰、松雀鹰、毛脚、勺鸡、灰鹤、草鸮(猴面鹰)、周鸟鸮(猫头鹰)、黑熊、大灵猫、狸猫等。省级重点保护

动物有狐、狼、貉、豹猫、鼬、獾、食蟹獴、豪猪、毛冠鹿、凤头鹇鹛、中白鹭、白鹭、夜鹭、四声杜鹃、大杜鹃、小杜鹃、姬啄木鸟、黑枕绿啄木鸟、斑啄木鸟、星头啄木鸟、三宝鸟、虎纹伯劳、牛头伯劳、红尾伯劳、棕背伯劳、红嘴蓝鹊、喜鹊、松鹊、黑枕黄鹂、眼镜蛇、五步蛇、滑鼠蛇、黑眉锦蛇、平胸龟等。省级一般保护动物在区境内普遍分布,其中兽类有32种,包括刺猬、花面狸、黄鼬、黄腹鼬、狗獾、猪獾、华南兔、野猪、小鹿及翼手目所有种(23种)。鸟类中,国家及省级重点保护以外的所有鸟类均为一般保护动物。爬行类有14种,包括王锦蛇、乌梢蛇、劲棱蛇、紫灰锦蛇、灰鼠蛇、水赤链游蛇、赤链蛇、玉斑锦蛇、银环蛇、蝮蛇、烙铁头、乌龟、黄喉水龟、缘闭壳龟。两栖类有2种,分别为棘胸蛙和大蟾蜍。列为国家二类保护动物的有大鲵(娃娃鱼)、鸳鸯、白鹇、猕猴、穿山甲、棕熊、水獭、金猫、毛冠鹿(乌獐)。畜牧业历史悠久,主要养殖种类有猪、牛、羊、兔、鸡、鸭、鹅等。金华两头乌为地方优质品种。主要经济鱼类有青鱼、草鱼、鲢鱼、鳙鱼、鲤鱼、鲫鱼、鲴鱼、鳜鱼、鳇鱼、长春鳊、三角鲂、团头鲂、泥鳅、黄鳝和鲶鱼等30多种。

【旅游资源】全区拥有国家AAAA级旅游景区1个、AAA级旅游景区2个、AA级旅游景区1个、国家级重点风景名胜区1个、省级旅游度假区1个、市级风景名胜区1个、省特色旅游村7个、省旅游特色经营点1个。区属旅行社6家星级宾馆4家。其中四星级2家(浙江金华大唐国际旅行社有限公司、浙江君悦国际旅行社有限公司),3星级1家(金华美好假期旅行社有限公司);星级饭店3家,市旅游推荐饭店1家(金华市伟达·雷迪森广场酒店);省级特色旅游村(点)6家。

全国重点文物保护单位有太平天国侍王府、天宁寺、法隆寺经幢和铁店窑遗址群4个;省级重点文物保护单位有八咏楼、汤溪城隍庙、金华府城隍庙、鹿田书院、七家厅、陈村桥、滕氏宗祠、汉灶窑址、白沙堰、石楠塘徐氏宗祠、寺平村乡土建筑、永康考寓、金华通济桥、宏济桥码头、方梅生故居、北山摩崖题记、邵飘萍旧居、台湾义勇队旧址等18个;县(市)级文物保护单位48处;市级文物保护点112处。

组织机构及负责人名单

中国共产党金华市婺城区委员会

书　记　王　健
副书记　郭慧强　杨寿根
常　委　方　鹰　丰炳春　李小庆
徐妙芳(女)
杜建明　潘国东　陈旭辉
叶青松(—2017年12月)
陶澄滨(挂职)(—2017年7月)
委　员(按姓氏笔划排序)
王志勇　朱利群(女)　刘志明
李　刚　李爱红(女)　吴国建
沈剑锋　张　璞　张永伟
张茹先(女)　陈小华　陈维良
范跃成　范锋鑫　郑松有
赵建洪　赵燕华(女)　柯建洲
施礼干　倪玉奎　倪红卫
徐建陆　徐洪彬　唐剑刚
章旭升　蒋震中　傅得樟
候补委员　张　健　倪永洪　金建成
刘寿松　洪健康　傅水林
胡霞亮

区委工作部门

办公室
主　任　陈旭辉

组织部
部　长　徐妙芳

宣传部
部　长　徐建陆

统战部

部　长　陈旭辉(2017年3月—)
　　　　　曹　斌(—2017年3月)

侨　办

主　任　汪爱春(女)

民宗局

局　长　胡　云

政法委

书　记　刘志明

编委办

主　任　雷可扬

政法委办

主　任　何　玮

综治委办

主　任　朱菊香

维稳办

主　任　张警祥

老干局

局　长　姜德进

机关党工委

主　任　钟春宏

区委、区政府信访局

局　长　龚卫东

台湾工作办公室

主　任　戴红茹(女)

区委两新工委

书　记　姜德进

《今日婺城》

副总编　张　明

党史研究室

主　任　包纯正

中国共产党金华市婺城区纪律检查委员会

书　记　潘国东

副书记　范跃成　金跃园(女)

常　委　俞玉园(女)章丹东
　　　　　徐君振
　　　　　周　航

金华市婺城区监察委员会

主　任　潘国东

副主任　范跃成(2017年2月—)
　　　　　金跃园(女)(2017年2月—)

委　员　章丹东(2017年2月—)
　　　　　徐君振(2017年2月—)
　　　　　舒淼武(2017年2月—)
　　　　　郑云汐(2017年10月—)

金华市婺城区人民代表大会常务委员会

主　任　朱利群(女)(2017年2月—)
　　　　　张菲菲(女)(—2017年2月)

副主任　贾献成(2017年2月—)
　　　　　诸晓东　王国平(女)
　　　　　王喜军　盛奇兵
　　　　　钟春宏(2017年2月—)
　　　　　许光明(—2017年2月)
　　　　　邱开祥(—2017年2月)

常　委(按姓氏笔画排序)
　　　　　丁美国　方　轶　方剑平
　　　　　吕炳祥　华金龙　李永文

李庆跃　吴国成　陈　薇(女)
邵三清　周卫中　郑以声
俞文伟　夏美丝(女)
钱　玲(女)　徐志成
郭凌燕(女)　唐　瑾
章卫平　葛炳灶　蒋春法
傅学群　董桂恒　潘　刚

办公室
主　任　丁美国(2017 年 3 月—)
　　　　　王少华(—2017 年 3 月)

法工委
主　任　吕炳祥

财经工委
主　任　唐　瑾

农经工委
主　任　郑以声

教科文卫工委
主　任　俞文伟

城建环保工委
主　任　王少华

代表工委
主　任　傅学群

婺城区人民法院
院　长　张永伟

婺城区人民检察院
检察长　徐洪彬

人武部
政　委　叶青松
部　长　杜世云

金华市婺城区人民政府

区　长　郭慧强(2017 年 2 月—)
副区长　李小庆　方锦瑞
　　　　　张　璞　叶　林(挂职)
　　　　　范锋鑫(2017 年 2 月—)
　　　　　施礼干　赵燕华(女)
　　　　　扎西(挂职,2017 年 4 月—)
　　　　　陶澄滨(挂职,—2017 年 7 月)

区政府工作部门

办公室
主　任　唐剑刚

区外事办
主　任　缪明余

区应急办
主　任　徐　彪

区流管办
主　任　金卫忠

区机关事务管理局(办)
局　长(主任)　金卫忠(2017 年 4 月—)
　　　　　　　周文虎(—2017 年 4 月)

区行政服务中心
主　任　姜雍禄

区发改局
局　长　郑松有

区经济商务局
局　长　施群毅

区教育局

局　长　　李　刚

区文体新局

局　长　　周文虎(2017年4月—)
　　　　　郭梓军　(—2017年4月)

区卫计局

局　长　　钱学华

区科技局

局　长　　陈丽萍(女)

区民政局

局　长　　邵福龙

区财政局

局　长　　傅得樟

区司法局

局　长　　盛桂华

区人劳社保局

局　长　　章旭升

区住房和城乡建设局

局　长　　吴国建(2017年4月—)
　　　　　何　宪(—2017年4月)

区交通运输局

局　长　　陈凯进

区农林局

局　长　　郭梓军(2017年4月—)
　　　　　陈维良(—2017年4月)

区水务局

局　长　　倪玉奎(2017年4月—)
　　　　　吴国建(—2017年4月)

区审计局

局　长　　傅水林

区安全生产监督管理局

局　长　　楼国伟(2017年4月—)
　　　　　石柏校(—2017年4月)

区市场监督管理局

局　长　　张　健

区综合执法局

局　长　　潘宏德(2017年4月—)
　　　　　蒋震中(—2017年4月)

区质监局

局　长　　王会星

区供销社

主　任　　韩　卫

婺城公安分局

局　长　　丰炳春
政　委　　陈劲松

垂直管理部门

市国土资源局婺城分局

局　长　　金钦帅

市规划局婺城分局

局　长　　周黎华

市环境保护局婺城分局

局　长　　马小忠

市国家税务局婺城分局

局　长　　胡红平

市地方税务局婺城分局

局　长　程晓明

市住房公积金管理中心婺城管理部

主　任　张希玲(女)

中国人民政治协商会议金华市婺城区委员会

主　席　张茹先(女)(2017年2月—)
施素珍(女)(2017年1月—2月)
副主席　楼存根　吴月华(女)
张琳鑫　应跃成(2017年2月—)
舒理成(2017年2月—)
邢水成(—2017年2月)
曹　斌(—2017年2月)
周春然(—2017年2月)
秘书长　王金宝
常　委(按姓氏笔画排序)
丁晓伟　王文明　王剑青(女)
王春燕(女)　方美玲(女)
方顺彩　孔爱华(女)
申晓卫(女)　叶　倩(女)
吕　中　孙　丹(女)　严亮奇
严振江　苏兵红　李　霞(女)
李笑银(女)　吴　晓　余志军
应堂亮　沈晓蓉(女)　张　晟
张太木　张家良　陈丽萍(女)
陈趋源　邵发明　郑池爱(女)
郑宝银　郑艳球(女)
宗红艳(女)　胡　云　胡霞亮
洪健康　唐金花(女)　童健英(女)
鲍　嵘(女)　蔡祖华　缪雪荣
藤惠芳(女)

办公室

主　任　胡霞亮(2017年2月—)
丁美国(—2017年2月)

提案与委员工委会

主　任　苏兵红

社会法治与港澳台侨委员会

主　任　方顺彩

资源环境经济科技农工委

主　任　郑艳球(女)

教育文化卫生体育与文史资料委员会

主　任　王剑青(女)

民主党派和工商联

中国国民党革命委员会金华市委员会婺城区总支

主　委　缪雪荣

中国民主同盟金华市委员会婺城区总支

主　委　郑艳球(女)

中国民主建国会金华市委员会婺城区总支

主　委　雷永金

中国民主促进会金华市委员会婺城区总支

主　委　张琳鑫

中国农工民主党金华市委员会婺城区总支

主　委　郑池爱(女)

九三学社金华市婺城区基层委员会

主　委　应堂亮

金华市婺城区工商联

主　席　吴月华(女)

群众团体

区总工会

主　席　舒理成(2017年3月—)

周春然(—2017 年 3 月)

团区委
书　记　方　铁

区妇联
主　席　郭凌燕(女)

区文联
主　席　沈根新

区残联
理事长　石柏校(2017 年 4 月—)
洪健康(—2017 年 4 月)

区红十字会
会　长　方锦瑞

园　区

婺城新城区开发建设管理委员会
主　任　范锋鑫(2017 年 12 月—)

浙江金华经济开发区党工委、管委会
书　记　张旭辉
主　任　张旭辉

金华仙源湖旅游度假区党工委、管委会
书　记　张　璞
主　任　刘寿松
浙中信息产业园管委会
主　任　张　璞

乡镇　街道

乾西乡
书　记　王志勇
乡　长　胡佩生(2017 年 11 月—)
赵建新(—2017 年 11 月)

竹马乡
书　记　姜建军(2017 年 11 月—)
陈小华(—2017 年 11 月)
乡　长　陈　波

雅畈镇
书　记　赵锡生
镇　长　陈友谊

安地镇
书　记　刘寿松
镇　长　陈成伟

白龙桥镇
书　记　倪红卫(2017 年 6 月—)
范锋鑫(—2017 年 6 月)
镇　长　洪一政

琅琊镇
书　记　吴祝芳(2017 年 11 月—)
倪永洪(—2017 年 11 月)
镇　长　吴向阳

蒋堂镇
书　记　江少华
镇　长　张秋富

汤溪镇
书　记　周晓东
镇　长　贡慧平

罗埠镇
书　记　邵天加
镇　长　吴雨澄

洋埠镇
书　记　周晓玲
镇　长　胡雪洋

长山乡
书　记　吴　靓
乡　长　孔令剑

沙畈乡
书　记　章利军
乡　长　张建华

塔石乡
书　记　沈剑峰
乡　长　沈春燕(女)

岭上乡
书　记　廖天桂
乡　长　金瑞军

莘畈乡
书　记　张时达(2017 年 11 月—)
　　　　吴祝芳(—2017 年 11 月)
乡　长　张昆仑(挂职)

箬阳乡
书　记　钱红伟(2017 年 11 月—)
　　　　方建东(—2017 年 11 月)
乡　长　钱红伟

城东街道
书　记　金敏华
主　任　江　雷

城西街道
书　记　金建成
主　任　金光明

城中街道
书　记　陈小华(2017 年 11 月—)
　　　　赵建洪(—2017 年 11 月)
主　任　陈轶材(2017 年 11 月—)
　　　　张时达(—2017 年 11 月)

城北街道
书　记　方向正
主　任　方渭根

新狮街道
书　记　蒋震中(2017 年 6 月—)
　　　　倪红卫(—2017 年 6 月)
主　任　黄晓华(2017 年 11 月—)
　　　　姜建军(—2017 年 11 月)

江南街道
书　记　马福彬
主　任　沈　南

三江街道
书　记　朱华锋
主　任　朱　明

西关街道
书　记　唐　军
主　任　陆庆丰

秋滨街道
书　记　黄彩虹
主　任　范亚平

苏孟乡
书　记　葛光庆
乡　长　叶志忠

金融　保险

中国银行金华市婺城支行
行　长　姜　军

中国工商银行金华市婺城支行
行　长　钱剑岳

中国农业银行金华市婺城支行
行　长　　斯晶虹

中国建设银行金华市婺城支行
行　长　　王国强

金华银行婺城支行
行　长　　方建平

浙江金华成泰农村合作银行婺城支行
行　长　　张明富

中国人保金华市婺城支公司
经　理　　倪　鸣

中国人寿金华分公司团体业务部
经　理　　麻军辉

万通小额贷款有限公司
总经理　　朱小昌

丰银小额贷款有限公司
总经理　　陈振岩

供电　电信　移动通信

婺城供电局客服中心
主　任　　范晓东

中国电信金华分公司婺城分局
局　长　　陈　灏

中国移动婺城分公司
总经理　　吕　中

中国共产党金华市婺城区委员会

综　述

【概况】2017年,区委高举习近平新时代中国特色社会主义思想伟大旗帜,学思践悟习近平总书记对金华工作的重要指示精神,坚持以“八八战略”为总纲,全面贯彻落实省、市党代会精神,锐意进取、敢于担当,团结奋斗、砥砺奋进,推动婺城经济社会事业全面发展,现代化都市核心区建设迈出坚实步伐。2017年实现区属地区生产总值269.99亿元,同比增长6.4%;完成规上工业产值153.79亿元,同比增长6.9%;社会消费品零售总额342.69亿元,同比增长10.1%。城镇、农村居民人均可支配收入分别达48521元、21127元,分别增长8%和9%。

【经济发展】工业经济平稳增长。完成“个转企”86家、“小升规”15家、企业股份制改造5家,新增“新三板”挂牌企业2家;吉孚汽车、航天动力等一批优质项目落户婺城区,以万里扬为龙头的先进装备制造产业集群进一步壮大。农业效益持续提升。抓好粮食生产,完成播种面积1万公顷,实现总产量6万吨。“一区一镇”建设稳步推进,安地镇、竹马乡入围市首批特色农业强镇创建名单。农业主体不断壮大,新增农业龙头企业3家、省市示范性家庭农场6家。畜牧业转型升级步伐加快,创建省级美丽生态牧场9家,“蜂御医”获评“浙江省蜂产品十大名品”。大力实施“全面消除集体经济薄弱村三年行动计划”,消除集体经济薄弱村80个。第三产业势头强劲。商贸服务业功能布局不断优化,江北核心商圈、商业街区提升发展。旅游业发展形势喜人,举办“浙中生态廊道·花漫婺城”等系列活动,金华农耕文化园、十里桂花长廊通过国家AAA级旅游景区景观质量评审,全区旅游人数、旅游总收入分别增长29%、28%。房地产业、建筑业保持平稳健康发展。

【深化改革】坚持以“最多跑一次”改革、“四个平台”建设撬动政府“放管服”。一个中心、两个分中心的政务服务办事格局初步形成,“四个平台”部门派驻、全科网格实现全覆盖,乡镇(街道)365便民(社区)服务中心全面实现“一窗受理、集成服务”。梳理规范政务服务事项791项,28个职能部门196个事项实现“零跑动”,完成“最多跑一次”事项办理19.1万件。供给侧结构性改革扎实推进,“三去一降一补”成效明显。深化资源要素市场化配置改革,开展“四无”生产经营单位专项整治,关停“低小散”企业(作坊)160家,盘活闲置低效用地31.8公顷,消化批而未供土地23.6公顷。深入推进“四换三名”“两化融合”,新增市级以上“三名”企业8家、“两化融合”企业11家。农业农村改革不断深化。332个村社土地承包经营权确权登记颁证、84000公顷林权勘界工作基本完成。

【廊道建设】围绕“一条金腰带、六大区块、八大平台”总体布局,实施金义科创廊道建设三年行动计划,打造总长13千米,涵盖40平方千米的婺城科创廊道。新增省级企业研究院2家、高新技术研发中心8家,引进“千人计划”专家7人、海外院士2人,入选首批“浙江工匠”1人、省“151人才”1人、市拔尖人才4人、市“321人才”8人。着力共建综合交通廊道,扩大对外开放。建成330国道婺城区段、衢江婺城段航运开发项目,实施S313(45省道)改建、金义东轨道交通、杭金衢拓宽二期等工程,进一步提升“内联外畅”的路网密度、覆盖广度和通达深度。围绕“一轴、三域、四带”布局,规划七大廊道主题功能区,建设6条精品线,高标准打造山水相融、富有特色的“廊道核心区、生态标杆区”。建成美丽城防1.3千米、美丽公路35千米、美丽绿道9.1千米,全面剿灭297个劣Ⅴ类小微水体、4条V?类以下河流及62个排污口。60个乡镇支流交接断面中Ⅲ类以上水质断面占比93.33%,沈村断面稳定在Ⅲ类水质。

【园区建设】 婺城新城区开发建设步伐加快。推进各分区控规优化调整,空间进一步拓展。配套设施日益完善,公安应急指挥中心投入使用,婺城小学、虹路小学扩建工程加快推进,电力婺城生产基地开工建设。实施330国道、临江东路、二环西路等绿化工程,完成宾虹西路改造提升工程,开展白门线等专项整治,拆除一批道路沿线违章搭建、无证无照经营店、加工厂,园区环境秩序明显改观。在建工业项目18个,完成工业投入11.2亿元,实现工业总产值215亿元。仙源湖旅游度假区品质不断提升。完成40.57平方千米扩容总规编制。水上运动中心一期投入试运营,总投资50亿元的金恒德环球汽车文旅主题乐园项目签约。金安公路优化改造、沿线绿化景观提升、度假区牌楼及周边景观节点改造全面完工,BRT5号线全线运营,生态景观廊道加速形成。香溪玫瑰园、桂语山居等房地产项目全面复工。浙中信息产业园集聚效应凸显。入园企业达340家,交易额超70亿元。合丰服务外包产业园正式开园。“京东智汇橙云仓”开仓运营。金华电子商务创业园获评“国家级科技企业孵化器”“省4A级电子商务产业基地”。

【城乡建设】 洪源区块征迁工作,实现了100天672户、100%签约拆除。后相继完成安地、酒坊巷、上浮桥等区块房屋征收;鲍杨,一个月内完成100%签约。全力打造大交通,建成330国道婺城区段、衢江婺城段航运开发项目,实施S313(45省道)改建、金义东轨道交通、杭金衢拓宽二期等工程,进一步提升“内联外畅”的路网密度、覆盖广度和通达深度。

【民生事业】 民生保障水平进一步提升,城镇、农村居民人均可支配收入分别达48521元、21127元,消除首批80个集体经济薄弱村。提升就业质量,三级劳动保障平台更为健全,城镇登记失业率保持在2.07%的较低水平。扩大社保覆盖面,被征地农民失地保险遗留问题妥善解决,户籍人口基本医保参保率超98%,城乡居民养老金水平跻身全省中游。完善多层次养老服务体系,累计建成居家养老服务照料中心279家。以创建教育现代化区为抓手,加快城乡教育优质均衡发展。大力整合“低小散”学校,通过“名校带弱校、名校带新校”方式新组建5个教育共同体,改造薄弱学校2所,新增标准化学校3所。

【党的建设】 扎实推进“两学一做”常态化制度化。全面推行“主题党日”,全区农村、社区党组织每月15日学习蔚然成风。创新推广“三端两微”学习模式,实行积分制管理,打造“掌上党校”“流动党校”,党员“在线学习”成为新常态。全领域开展“先锋五行”主题活动,深化“微系列”品牌,成立党员志愿者服务联络总站18个、分站376个。高标准抓好基层党建“龙头工程”。全面推行“走村入户”扫码制,实现“干部联村联党建、党员联邻帮户”信息化。牢固树立城市大党建理念,率先建设一批城市党建综合体示范点,以服务功能提升带动城市基层治理创新。持续打好干部工作“上下管育爱”组合拳。坚持好干部标准和正确用人导向,注重在改革发展的主战场、维护稳定的第一线、服务群众的最前沿锻炼、检验和发现干部,真正把事业发展需要的好干部选出来、用起来,锻造绝对忠诚、勇立潮头、敢打硬仗、能打胜仗的婺城铁军。持续净化党风政风。压紧压实全面从严治党“两个责任”,严格落实党风廉政建设责任全程纪实制度,着力推动“第一种形态”运用制度化、常态化、规范化,先后开展两轮区委巡察,正风肃纪专项检查7次,检查单位407家,追责问责53人次,立案11件,其中立案审查乡科级干

部11人，形成了有力震慑。（朱德勤）

区委办公室工作

【区委常委会议】全年召开区委常委会议26次(含扩大会议)。讨论若干议题，传达、学习中央、省委、市委有关会议或文件精神29次(1次即1个议题，下同)；研究讨论区委全会工作2次，区人大、政府、政协工作11次；研究分析经济形势4次；研究部署“两学一做”学习教育工作2次，巡视巡察工作6次，纪检监察工作8次，党建工作5次，组织人事工作13次，人才工作3次，政法和社会稳定工作5次，宣传和意识形态工作9次，统战工作4次，农业农村工作7次，生态环境保护工作3次，安全生产和防灾工作2次，民生工作5次。其主要内容有：讨论通过《婺城区违法建筑防控长效管理机制实施办法》《婺城区地质灾害三年清零行动实施方案》《金华市婺城区山区群众异地搬迁规划(2017—2020年)》《关于常态化运用“第一种形态”的实施办法(试行)》《关于推进民生实事项目代表票决制工作的实施意见》等文件；研究区人大、政协“两会”有关工作报告；部署“两学一做”学习教育有关工作；研究讨论婺城经济社会发展重大事项；讨论决定各项工作考核办法和各类先进评比；研究综合行政执法体制改革、新城区管理体制改革工作；讨论决定人事任免；研究有关案件等。

【接待工作】发扬敬业为重、无私奉献的精神，围绕区委中心工作，进一步强化服务责任意识，发挥参谋助手作用。按照主要领导和分管领导的安排部署，做好会务工作。及时向领导汇报参会情况。全年办理各种大小会务255余场，下发通知300余次。并根据具体情况与相关领导和单位联系。针对一些突发的上访事件，始终保持耐心细致的工作态度，从大局出发做好劝解安抚工作，同步汇报相关领导和单位，有效防止了矛盾的激化。准确及时地做好传真的上传下达，注重传真的时效性。处理各类批示件350余件。做好传真的分类和保存工作，填好传真办理情况登记表，以便领导查阅。全年共办理传真1000余件。

【值班工作】2017年，区委区政府总值班室在办公室的领导下，紧紧围绕区委中心工作，认真细致地做好值班室工作，牢固树立“值班室工作无小事”的思想观念，按照值班制度工作要求，做到24小时在岗在位，并认真填写好值班记录，做到上传下达，确保信息往来畅通无阻。特别是针对重大突发事件，值班人员协助领导处置紧急突发事件，第一时间掌握事件发生的时间、地点、事由、经过、造成的不良影响、当前状况等相关信息，并严格按照值班工作程序做好紧急事件的上报、传达等工作。做好区委重要会议的通知等有关会务工作。

【信息工作】信息参谋服务功能进一步提升，共编发《婺城信息》35期，其中普刊8期、增刊12期、专报15期；上报各类信息共855条，其中被市委办采用121条，被省委办采用121条，被中共中央办公厅采用5条，各级领导在婺城区信息批示23次，经市委办考核，婺城区党委信息报送工作名列全市各县(市、区)第一名。坚持实事求是、喜忧兼报的原则，杜绝紧急重大信息迟报、漏报、瞒报现象，实现信息工作由单纯反映情况向既反映情况又解决问题的跨越，进一步提升了信息工作质量。进一步健全信息工作网络，对各部门领导和信息员登记在册，并根据变动情况及时进行调整。加强与相关重点单位联系，挖掘特色信息。进一步健全岗位培训制度，定期抽调基层信息员到信息科学习锻炼，充实信息工作队伍，提高基层编报水平。

【调研工作】认真学习党的十九大及习近平新时代中国特色社会主义思想，围绕区委中心工作，紧扣“全面小康、浙中崛起”的历史机遇，以“走在前列、共建金华”的工作要求，围绕经济、政治、文化、社会、生态和党的建设等事关全区发展的战略性课题，主动对接、谋划发展，起草了一批有分量、有力度的调研报告，提出了具有指导性、可行性的对策思路，为领导科学决策发挥了参谋助手作用。全年各单位(部门)上报调研文章173篇，多篇文章得到区委、区政府主要领导批示，其中市级《金华通讯》刊登6篇，《金华政研》刊登3篇，《金华日报》理论版刊登3篇，区《调查与研究》刊发54篇。坚持以短板为突破口，突出问题导向，全力推动重点领域和关键环节改革落地见效，全区改革工作进展有序、成效显著。深入学习研究上级有关改革的新部署、新动向，研究制定2017年全面深化改革《工作计划》《工作要点》《任务分解方案》《区领导联系重点突破改革项目工作方案》《区重大改革项目督察工作计划》。全年先后召开2次领导小组会议，审议通过6份改革文件，听取11次改革工作汇报，有效推动全区各项改革项目的顺利实施。

【督察工作】围绕区委中心工作，紧扣区委、区政府的重大决策和重要工作部署，不断创新工作方法，加大督办检查力度，有效促进了区委重大决策及重点工作部署的贯彻落实。采取书面督察、现场督察、跟踪督察、突击督察、明察暗访等多种形式提高督察的针对性和实效性，全年共发出督察通知单63期，编发每月工作要点11期，刊发督察通报51期，报送《督察专报》及反馈材料8次。对区委重要会议做出的决策或决议、年度主要工作任务、月度重点工作安排、重要政策性文件精神等，认真分解工作目标任务，适时开展决策督察。对决策落实中带有普遍性、倾向性、政策性的问题及时反馈，为区委决策提供服务。对年度重点惠民实事、重点建设项目和技改项目、经济运行目标管理、克难攻坚项目、新农村建设等，及时开展专项督察，客观反映进展情况，提出督察建议和意见，促进目标任务的达成。坚持按照“批必查，查必果，果必报”的原则，共办理领导批示10件次，做到件件有着落，事事有回音。对其他经常性、随机性督察活动，发现问题及时向区委领导反馈报告，主动协调，狠抓落实，确保区委重要决策落实到位，取得实效。牵头研究制定全区机关部门、乡镇街道工作目标责任制考核办法，并组织实施。按照区委主要领导要求，对新闻媒体曝光问题进行督办，下发督察通知单7期，其中涉及《正风问效》1期、《今日婺城》6期。

【党史研究】2017年，婺城区委党史研究室在全体党员中开展“学党章党规、学系列讲话，做合格党员”学习教育活动，以“两学一做”学习教育促进党史工作，通过学习，提高党史工作理论水平，并通过学习中央党史研究室编印的《习近平论中国共产党历史》，贯彻习近平总书记系列重要讲话特别是中共历史和党史工作重要论述精神，党史干部每人撰写体会文章，在“金华党史网”上发表，提升了党史干部业务能力，进一步明确了党史工作的重要性。围绕迎接中共十九大胜利召开和学习宣传贯彻中共十九大精神，中共金华市婺城区委党史研究室主任作为十九大精神宣讲团成员，走进基层、深入群众宣讲中共十九大精神，到白龙桥镇等乡镇共宣讲二次，推动了中共十九大精神进农村、进社区。

党史宣传教育。制作“婺城微党史”6期，采用以革命历史老照片为主加上文字表述的形式在“婺城发布”和“婺城区两学一做”微信公众号上发布：第一期，带你重温发生在婺城大地上的光辉事迹之“五四运动在婺城”；第二期，重温历史之“金华第一个中共支部的成立”；第三期，1928年安地党组织的建立和发展；第四期，追寻粟裕将军在婺南山区的军事斗争足迹；第五期，抗日文化在婺城；第六期，台湾义勇队在婺城。每天点击量上千人次，起到了很好的宣传教育作用。

深入开展党史宣传教育，积极开展“党史六进”活动，党史研究成果转化。为城东街道提供党建资料和有关照片，如：金华第一支部及台湾义勇队资料等。为宣传部《婺风》杂志提供有关婺城党史老照片，通过宣传部门向农村文化礼堂赠送有关党史书籍，赠送乡镇(街道)、部门300余本党史书籍，赠送理论中心学习组成员100套党史书籍等。积极参与婺城文明城区建设，深入联系社区参加系列活动等。

党史资料征编。征集“两富两美”照片378幅，1949—1966年档案复印、翻拍党史老照片573幅，党和国家领导人在金华有关资料图片30余张。

党史资料数据库建设。相关设备购置、资料数字化。翻拍图像资料(照片)510张；未数字化的党史资料中，公开出版物有《婺州风云录》378页、《中国共产党浙江省金华县组织史资料(1925-1987)》547页，内部出版物有《金华县革命老区》245页，非严格出版物有《金华县村级组织史资料》10册有1125页。

党史资政。完成《中国共产党婺城区历次代表大会(1987.4—2016.12)》资政专题7万余字，在金华

市党史期刊《春秋》杂志上发表。（蒋　涛）

【档案工作】婺城档案局做好区机关各部门(单位)、各乡镇(街道)2016年度文件材料归档、档案数字化、档案登记备份，对全区乡镇(街道)、机关单位(部门)、临时机构进行档案业务指导监管，10年(2001—2010年)实体档案移交工作以及2017年档案年检工作。全年组织区档案工作会议1次，组织全区档案员培训1次，参加市档案局组织的各项工作协调及培训会议13次。全区71家进馆单位全部完成2016年度文书档案的实体整理工作和档案登记备份工作，完成率100%；71家单位完成2016年度文书档案的数字化工作，完成率100%(公安、检察院因各自线上的要求没有进行档案数字化)。根据市档案局2001—2010年10年档案实体移交工作安排计划，组织全区机关单位(部门)实施档案实体移交工作，截至12月底，完成移交15家。完成对全区30个单位制定的"最多跑一次"行政审批事项文件材料进行归档范围和保管期限表审核工作。年底，市档案局、婺城区、金东区组成联合检查小组，对婺城区17个进馆单位档案工作进行实地检查，对不符合档案安全监管要求的单位下发整改通知书，并对整改完成的单位进行复查。根据年检结果，评选出档案工作先进单位10家、先进个人10人。全年档案查阅利用达187人次。完成全区6个村的"千村档案"建设工作。完成省档案局2012年以来图书文献征集工作，征集到9个单位73本(册)图书文献。完成浙江省档案专业技术资格考试初、中级职称资格审查工作。

6月底，包纯正任中共金华市婺城区党史研究室(金华市婺城区档案局)主任(局长)，江荣兴任中共金华市婺城区党史研究室（金华市婺城区档案局)副主任(副局长)。

组织工作

【概况】截至2017年底，全区有党组织1040个，其中党委58个、党总支28个、党支部954个。有党员23133人，其中女党员6471人，占党员总数的27.97%；35岁以下4503人，占19.47%；36~45岁3896人，占16.84%；46~60岁6907人，占29.86%；61岁以上7827人，占33.83%。大学本科以上学历5006人，占21.64%；大专学历3428人，占14.82%；高中、中专学历5305人，占22.93%；初中及以下学历9394人，占40.61%。

全区行政机关干部1066人，其中，女干部319人，占29.92%；党员干部924人，占86.68%；35岁以下干部279人，占26.17%；36~45岁264人，占24.77%；大专以上学历1058人，占99.25%。

【"两新"党建】2017年，区委组织部坚持围绕中心、服务大局，聚焦主责主业，强化使命担当，对标中央和省市关于组织工作的部署要求，拉高标杆、主动作为，创新载体、突显特色，推动全区组织工作提档升级、守正出新。"三端两微"红色党端、村社党员干部"8+X"作为管理法、乡镇干部走村入户"扫码制"、"年轻干部成长学堂"等工作先后37次得到中央和省级媒体刊发；村社换届平稳有序，"把治水剿劣作为村社换届最大考场"；城市党建工作取得初步成效，城东街道青春路社区被列入全市现场会考察点，区委书记王健与会经验交流；"两新"党建示范集群效应逐步显现，荣光国际学校被列为第一批省民办学校党建示范基地，不断擦亮浙中信息产业园网络经济党建的金名片，接待省内外考察团63批；全年省外引进"国千"专家9人，申报入选"省千"专家1人，入选市"双龙计划"专家5人。找准党建与中心工作的契合点，着眼"项目党建、组团攻坚"，坚持"党建先抓、支部先建、党员先行、党群合力"，把临时党组织建到项目指挥部和每个一线网格，发挥党组织和党员的先锋模范作用，连续攻克了一批"老大难""硬骨头"重点项目，100天内全面完成洪源区块征迁，小城镇综合治理及危旧房整治工作强势推进，32处地质灾害全面清零。坚持把基层一线和重点工作一线作为干部培养选拔的赛马场，先后择优选派224人次参与城北街道洪源征迁、小城镇环境综合整治、生态廊道建设等重难点一线工作，在实践中培养锻炼干部。突出实干实绩导向，主动把考察干部触角延伸到前沿阵地，66名工作表现优秀、实绩突出干部被推优，营造勇于担当、激情干事的浓厚氛围。

【助力经济薄弱村“摘帽”】从区直机关部门中选派农村工作经验丰富、涉农经济方面有特长、发展潜力较大的副科级干部到集体经济薄弱村任“第一书记”,全区107个集体经济薄弱村实现选派“第一书记”全覆盖。全面推行“百个部门、百家企业联系帮扶集体经济薄弱村”行动、基层支部“双结对大走亲”活动,通过结对搭台聚资源、支部带头抓产业、党员示范创实业,加速推进集体经济薄弱村“摘帽”。

【“两学一做”学习教育】2017年,坚持马克思主义知行统一观,做好“结合”文章,把“真学实做”融入日常、抓在平常。在“学”上深化拓展。创新推广“三端两微”红色客户端,实行学习积分制管理,打造在线学习教育智慧平台。分领域、分类别列出主题党日学习清单,以“点学、点讲、点考、点评”的形式,推动党员“在线学习”成为新常态。在“做”上聚力用劲。以党员“三大先锋”行动为统领,条块联动、城乡互动,全领域开展“机关领行、乡镇并行、两新齐行、巾帼同行、青春先行”等“先锋五行”主题活动。把村社换届“8+X”履职承诺延伸到每位党员,以治水剿劣、“治危拆违”、村集体经济发展等中心工作为“考点”,突出主题党日实战化,推动全区党员实干争先。持续深入开展以“微心愿”“微公益”为主题的“微系列”组合活动,成立18个党员志愿者服务联络总站、376个服务分站,把“微系列”活动向农村延伸。在“改”上精准发力。深入开展“五看五查”“党性体检、民主评议”,坚持常规问题立马抓整改、难点问题集中攻坚改。全区1038个基层党组织2.3万名党员全部形成问题清单和整改清单两张清单,并明确整改措施、时间期限和具体责任人。

【村社换届】全区376个村社选情平稳有序,实现换届任务“零积压”、程序规范“零差错”、五种人员“零当选”、群体性事件“零发生”,信访量较往届大幅减少,73个300人以下村实现“一肩挑”,创历届新高,基层政治生态进一步优化廓清。严把人选资格,把48个“不能”、244个“不宜”、127人不支持不配合党委政府中心工作人员挡在“门外”。突出亮诺践诺,首推“8+X”作为管理法,全区3818名候选人逐一签订“8+X”履职承诺书。树立干事导向,把“治水剿劣”作为新任村社书记履职的“第一课”,组织2626名村社“两委”干部集体公开誓师,立下军令状;打出“基层连队大联考”“百日会考百日攻坚”“回炉整转不合格党员”等组合拳,推动基层跑出比学赶超加速度。2017年,村社党员干部年度承诺事项完成率达94.7%,80个集体经济薄弱村、19个软弱村先后“摘帽”,累计换下13名不称职村社干部。

【干部队伍建设】2017年,坚持正确的选人用人导向,对照“好干部”标准和“铁军16字”要求,打好干部工作“上下管育爱”组合拳,真正把干部培养好、选拔好、使用好。紧扣事业选用干部,36名素质过硬、敢于担当、能打硬仗的优秀干部得到提拔使用或调整到重要岗位,先后对10个乡镇(街道)党政主要领导进行了调整优化将9名精通业务、实绩突出的区机关部门单位班子成员调整到部门单位副职岗位工作。多维实践磨砺干部,先后选派107名科局级干部到省定经济薄弱村任“第一书记”,220多名老中青干部到洪源、酒坊巷、上浮桥、鲍杨等区块旧城改造一线集中会战,推荐3名科级副职干部到市机关业务部门挂职锻炼,输送7名年轻干部到发达地区挂职锻炼,选派3名区机关副科级干部、15名年轻干部等“三门”干部到条件艰苦的山区乡和重点工作繁重的工业重镇挂职锻炼,44名新录用干部实践体验助力攻坚,使不同层次的干部得到全面锻炼,提升综合能力素质。因需施训教育干部,全年共举办区管领导干部进修班、城乡美学研修班、科技创新专题班等各类区级培训班30余个,培训干部千余人次,选调干部参加中央、省、市有关培训班百余人次;创建市级“四星”干部现场教学基地1个、“三星”干部现场教学基地2个;开设“婺城年轻干部成长学堂”,择优推荐121名年轻中层干部,实行学员式班级化的管理模式,常态化开展业务授课、知识测试、实战比拼,促进年轻干部加快成长。从严从紧管理干部。坚持抓早抓小、抓常抓细,常态化开展提醒函询诫勉58人次,深化领导干部个人有关事项报告抽查核实工作,对110余名人选对象进行重点抽查核实,5名干部因不如实申报被相应采取组织处理；持续抓好干部出国(境)管理、企业社团兼(任)职等专项整治行动，全区569名区管干部证件做到应备尽备、应交尽交，清理规范兼职行为16人次。健全机制厚爱干部，制定出台《建立容错免责机制激励干部干事创业的实施办法(试行)》，实施“暖心、解忧、鼓励”三项关爱工程，全面落实县以下机关公务员职务和职级并行制度，加强谈心谈话，认真细致做好思想政治工作，建立干部心理健康服务机制，引导干部始终保持良好的精神状态。

【基层组织】2017年，牢固树立一切工作到支部的鲜明导向，统筹推进“六大红色工程”，逐个领域、逐个项目抓落实，推动各领域基层党建工作重要部署落地生根。做实“整”字文章，逐项对标浙江20条，编制全区基层党建规范化样本，既抓好先进示范，又抓好后进整转，全力打造智慧党建。率先推行走村入户“扫码制”，把干部联村联党建、党员联邻帮户等制度“信息化”，扫出户户见干部的“民情图”。建强红色基层连队。强化党员日常教育管理，严格落实主题党日活动“十项规定动作”，从严开展不合格党员处置工作，累计处置不合格党员136人，有序分流党员服务中心党员258人，严把党员发展入口关，成熟一个发展一个。深化党员星级评定、党员政治清单等行之有效的做法，在急难险重一线考评党员现实表现，先后选树“最美身边党员”80余人、优秀村书记11人。抓实城市基层党建。率先试行“街道大工委”，全面深化“社区大党委”，以市区联动的模式，进一步拆除不同领域、不同隶属党组织之间的“围墙”，变城市基层党建“各自抓”为“合力抓”，让“小单位”也能协调“大部门”。创新推进“两新”党建。创建宾虹西路党建示范带和浙中信息产业园区互联网业党建示范区，新增市级党建示范点5个。深入推进“红动婺城”“两新”党员志愿服务活动，形成“彩虹公益”“山山家公益”等一批优秀“两新”党员服务品牌。广泛开展“两新”党建创品牌，创建万里扬集团“红色车间”、天下谱局“周一沙龙”等区级品牌12个。扎实推进新领域新业态党建工作，实现民办中小学党组织全覆盖，荣光国际学校被评为浙江省第一批民办学校党建示范基地。

【人才工作】2017年，推进“人才新政落实年”建设，着力打造人才生态最优区。人才平台建设取得新突破。与浙师大全面深化校地战略合作，联合共建婺城科创园，实施合作项目56项，其中科技人才合作项目16项。引进浙江工商大学金华食品产业化研究院和中国工业设计研究院(上海)金华设计创新中心等院所；争创省级“千人计划”产业园落户婺城，全年签约“千人计划”专家项目10个，其中“国千”专家项目9个。加快企业创新载体建设，入选国家高新技术企业11家，重新认定3家；入选省级企业研究院2家。高端人才引育取得新进展。入围国家“千人计划”答辩人选1人，入选省“千人计划”“万人计划”各1人、市“双龙计划”项目5个，“万人计划”实现零的突破，“双龙计划”入选数创历年最好成绩。启动实施“婺城英才计划”，评选产生区第5批拔尖人才10人、首批青年拔尖人才20人。入选首批“浙江工匠”1人、省“151”人才1人、市级拔尖人才4人、市“321”人才8人。深入推动“婺星回归”工程。建立健全婺城籍在外高层次人才信息库。人才发展环境取得新提升。研究制定区人才新政，加大人才投入，全区人才投入3412万元，占全区公共财政收入的3.02%。拓宽金融支持，支持金华人才银行拓展金融服务，累计为18家科技型中小企业、人才企业发放贷款3070余万元。开展人才服务“最多跑一次”改革，当好“店小二”，制定出台区领导联系高层次人才、服务人才专项例会制度，推行“一对一”人才服务专员制度。成立海内外高层次人才联谊会，50多名婺城籍海内外高层次人才相聚家乡，共叙乡情，共谋发展。

【机关自身建设】2017年，全力打造“讲政治、重公道、业务精、作风好”的模范部门和过硬组工队伍。锻造过硬政治素养。以走在前列的标准推动部机关支部“两学一做”学习教育常态化、制度化，完成部机关支部换届，抓实“主题党日”活动，带头加强思想政治建设，带头参与重点工作，推动组工干部真学真做。注重提升专业能力，重点用好“周一夜学”“组工论坛”“好书推荐”“师徒结对”等载体，组织组工干部“人人上讲台、讲业务、谈认识”，全方位提升政策水平和业务能力。加大信息宣传力度,制定完善信息宣传工作考核办法,给每位组工干部定指标、下任务,一周一通报、一月一汇总。全年,中央和省市级信息稿件刊用34篇,宣传稿件刊用110余篇,其中中央和省级媒体刊用37篇。做精“婺城组工”微信公众号,坚持及时推送、每日发声,持续推送各类信息宣传稿件600余篇。提升组织工作满意度。制定出台《区委组织部“最多跑一次”服务项目》,开展组工干部“聚焦基层、聚力一线”活动,推动组工干部深入一线,把组织工作落到实处。

(项移娟)

宣传工作

【概况】 2017年,宣传思想文化战线围绕学习宣传贯彻中共十九大精神,以文化婺城建设为总抓手,推动习近平新时代中国特色社会主义思想深入人心。

围绕主线,强化理论学习。发放习近平新时代中国特色社会主义思想和中共十九大精神的简易读本,以征订理论公众号和“每月一赛”“微考题”等形式,加快补齐学懂弄通习近平新时代中国特色社会主义思想和中共十九大精神。邀请领导干部和专家学者开展专题讲座,通过定期推荐书目、发放理论书籍和学习资料等方式开展学习。按照区级、乡镇(街道)级、村级层面建立乡音宣讲队,开展“六进”活动。创新“乡音宣讲+”模式,按照婺城打造新时代现代都市核心区的目标要求,把宣讲工作与经济转型、创建全国文明城市、三条廊道建设等工作结合起来。2017年,开展各类宣讲活动600余场,受众6万余人次。

把握方向,加强舆论引导。发挥“两微一端一网一报一视”全媒体平台的新闻宣传作用,先后开设《婺城治水在行动》《走在前列 共建金华》《环境整治 扮靓婺城》等50多个主题报道形成推动经济社会持续健康发展的良好氛围。其中,二七棚户区改造、“双堂双进 德育共建” 等亮点被新华社、《人民日报》、中央电视台新闻联播相继报道。加快“网军”建设,发出正面声音。全区有网评员3500多人,组织力量转发微博、微信30万余次。举办三届全区骨干网评员培训班,开展全区“网军”“大考核、大练兵”活动,提升了涉婺网上舆情预警时效性和研判准确性,确保了G20峰会、中共十九大、世界互联网大会等重点时期的网络安全。

夯实基础,抓好阵地管理。《婺城发布》、婺城新闻客户端、婺城新闻网三个网络媒体平台各司其职,围绕区委、区政府的中心工作进行宣传。婺城新闻客户端以时效引领,24小时实时发布, 开设重要专题,创新网络问政形式。打好农村文化礼堂“建、管、用、育”组合拳,全区建农村文化礼堂103家,联合浙江师范大学成立省内首家农村文化礼堂大学,在全省率先推出“德育精品研学线路”7条。开展“双堂双进”德育共建活动,补足补齐中小学德育时间阵地不足,大幅提升育人实效,活动覆盖全区中小学,参与人数逾20万人。

突出重点,强化文明创建。以全国文明城市创建为抓手,深入推进以创建文明家庭、文明村镇、文明单位、文明校园为主要内容的“四大文明创建”工程。把公益广告作为培育和践行社会主义核心价值观的重要载体,突出“中国梦”、中华优秀传统文化等主题,围绕“文明城市创建”“小城镇整治”“垃圾分类”“五水共治”等重点工作,充分发挥党员干部的模范带头作用,广泛组织和发挥各类志愿者的生力军作用。全区有各级文明家庭40328户、文明村镇179个、文明单位218家。组建婺城区全国文明城市创建领导小组办公室,开展创建工作,引导广大群众大力弘扬和践行城市文化精神,不断提升群众的文明意识。

打造品牌,加强婺城文化建设。办好农村文化礼堂大学,探索区、乡、村“三位一体”同步培训模式, 全方位提升宣传文化系统各层级干部的素养。同时, 深入实施与高校共建马克思主义学院等项目。抓住党员干部、青少年等重点群体,把学习弘扬红色文化列入干部培训重要内容,开展专题培训16次,参与3000多人次。培育民间文艺队伍。扶持组建46支民间文化队伍,每年开展民间文艺活动200多场。发挥文联13个协会的优势,培养和激励乡土艺术家、农民文化骨干、民间艺人，充分发挥文化能人在活跃农村文化生活、传承发展民族民间文化方面的作用。开展新闻舆论专题培训。持续抓好新闻工作者队伍的管理和培养，建立党员先锋岗，发挥党员的带头作用；建立新闻发言人制度，组织新闻人提升班赴厦门大学、中山大学专题培训，通过“请进来”“走出去”等方式，提高业务素质。大力发展新兴文化业态。推动文化产业与科技、金融、制造、旅游、体育、教育、艺术等相关产业深入融合，大力发展网络视听、动漫游戏、数字出版等新兴文化业态。推动印刷包装、工艺美术、文化娱乐、文化制造、非遗产品等传统产业转型升级，鼓励演出、娱乐等传统业态实现线上线下融合。深入挖掘历史经典产业文化内涵，依托婺城地理优势，做大做强各类文化会展、品牌赛事等活动，充分发挥展会、赛事活动的推动作用，形成一批特色知名品牌，如乡村音乐会、村歌赛、国学大会、文化礼堂故事会等。

【区委中心组理论学习】22017 年，精心组织“婺城论坛”专题报告会，邀请领导干部和专家学者开展专题讲座，学习中共十九大精神、省第十四次党代会精神、市第七次党代会精神等理论热点。规范落实区委理论学习中心组集中夜学制度，集中学习审计、环境保护、网络安全等业务知识，加强研讨交流，提高领导干部的思想水平和应对解决问题能力。在“婺城新闻”客户端“云”平台上开设阅读、学习、考试三项积分制度，考察累计中心组成员日常自学情况。

4 月 20 日，区“推进移风易俗，树立文明新风”座谈会（区宣传部供稿）

【基层宣讲工作】围绕中央、省、市、区党代会精神，区领导干部带头到结对单位开展形势政策的宣讲，机关、农村、社区、“两新”等各领域党组织书记层层开讲，全区每个基层党组织书记人人讲党课。把宣讲工作与剿灭劣 V 类水、“最多跑一次”改革、创建全国文明城市等时事重点内容结合起来，发挥区兼职讲师团、好家风宣讲团、国学宣讲团、退教协宣讲团的作用，通过微党课宣讲、乡音宣讲、故事会等方式，做到宣讲工作深入基层、深入百姓。

【首届“浙江之心·画廊婺城”诗歌摄影大赛】2017 年，婺城区成功举办首届“浙江之心·画廊婺城”诗歌摄影大赛。大赛历时半年，分“城市之光”“工业崛起”“山水画廊”“婺水流芳”四大主题，有全国 20 多个省市 250 多人参赛，年纪最小的 12 岁，最大的 99 岁，收到来稿 2300 多份。创办以提炼婺城人文特色，生动讲好婺城故事为初衷的城市人文读本《婺风》期刊，内设《权威声音》《婺小鲜闻》《他乡婺城人》《理论锐参考》等全新专栏，为婺城发展注入了强大的思想文化力量。

【全省首个“掌上党校”】2017 年，婺城区委宣传部联合组织部门，在全区推广全省首个“两学一做”掌上红色客户端，开展党员在线学习教育。全区 2.3 万名党员下载安装“浙江新闻”“金华新闻”“婺城新闻”省、市、区三级主流媒体客户端，并将其作为党内一项重要的政治任务，进行积分考核。这一新型“掌上党校”学习阵地，让全区各级党员都能及时了解从中央到地方的重要会议精神和部署，切实补齐了党员学习教育的短板，真正实现把党的思想政治建设抓在日常、严在经常。

【文明创建工作】2017 年，顺利完成省示范文明城区的考核验收。在“区委常委联系相关乡镇（街道）创建工作制度”基础上，建立“区领导联系社区制度”。建立街道自查、部门检查、区级暗查三级检查网络。重新修订文明创建工作以奖代补考核办法，推动社区创建力度。全年，主要领导带队督察文明创建工作 5 次，下发创建督办单 14 期。大力开展“礼让斑马线 文明过马路行动”。全年新增公益墙画近 3600 平方米、灯箱广告 300 余块、大型喷绘 2300 余平方米、各类宣传海报 9000 余份。

【移风易俗】2017年,以社会主义核心价值观为引领,把反对铺张浪费、反对婚丧大操大办作为农村精神文明建设的重要内容。邀请乡镇街道和村、社区代表召开移风易俗调研座谈会,针对群众反映较为强烈的农村婚宴问题,提出以建设“喜庆之家”为抓手,以典型示范带动为重点,多部门结合,通过聚餐点建设、宣传教育、人才培育等工作,为“喜庆之家”的长足发展提供强大支持。2017年共发放移风易俗倡议书36000余份,组织策划“文明新婚”专题宣传报道6次。

【农村文化礼堂建设】2017年,建成农村文化礼堂15家,结合本土特色,拓宽礼堂内涵,做好“文化礼堂+”的文章,即文化礼堂结合德育、旅游、产业、非遗、体艺等方面内容,提升农村文化礼堂的使用率和农民群众参与率。着力打造“文化礼堂经济圈”,探索“文化搭台、经济唱戏”新型美丽乡村发展模式,走出文化下乡消灭经济薄弱村的道路。加强文化礼堂管理员队伍建设,和浙江师范大学联合成立“婺城区农村文化礼堂大学”,使农村文化礼堂管理员培训工作向常态化、专业化、职业化推进。

【“校村结对 双堂双进”德育共建工程】以农村文化礼堂建设为依托,深入挖掘优秀传统文化,立足现有资源全面盘活文化礼堂闲置资源,探索“文化礼堂+德育”的新途径,使农村文化礼堂成为青少年德育实践的第二课堂。项目实施以来,以区农村文化礼堂为轴心的“德育研学热”不断升温,省内外已有百余批次考察团超万人次赴婺城体验、考察、交流,放大效应不断显现,参与主体也呈现了由校内向校外延伸、中小学向高校和幼儿园拓展的良好态势。全国、省、市各级媒体纷纷进行报道。中央电视台新闻联播、《人民日报》、中新网、新华社、《浙江日报》、《浙江教育报》、浙江卫视、浙江新闻客户端、《金华日报》等数十家主流媒体先后播发专题内容,社会反响强烈。被人民日报社《民生周刊》评为2017年全国民生示范工程并入选全省“三贴近”优秀典型案例。

【好人选树推广】做好“最美婺城人”选树推广的机制化、常态化、品牌化建设。每月寻找“身边好人”,每月向省市推荐“身边好人”,3人入选浙江好人榜,5人入选金华好人榜。郑方等8人参加金华市第五届道德模范的评选,郑方被评为省道德模范。

【文化产业发展】10月,全省首家文化礼堂创意产业园落户婺城。产业园以“中国茶花之乡”下张家村农村文化礼堂为依托,建筑面积6000多平方米,集茶花电商、书画艺术、影视创作为一体,对接国字号书画平台《中国书画报》,成立浙中艺术中心。引进浙江锦鸿影视传媒有限公司等3家影视公司,打造创作基地,发展艺术经济。全区各企业、园区积极参评上级部门的项目20余项。其中,在2017年全市文化创意项目评选中,婺城初创型企业和成长型企业通过数占据市区总数的一半。

新闻传媒工作

【概况】婺城区新闻传媒中心(以下简称中心)以邓小平理论和“三个代表”重要思想为指导,深入贯彻落实科学发展观,全面贯彻落实中共十八大和中共十九大精神,深入贯彻习近平总书记系列重要讲话精神,围绕中心、服务大局,有力宣传全区的各项重大决策部署,为加快建设现代化都市区,实现全面小康、加快浙中崛起营造了浓厚舆论氛围。

【主题宣传】2017年,中心围绕区委、区政府的重大决策部署,精心组织、周密策划,以“婺城发布”微信公众平台为核心,报纸《今日婺城》、电视节目《婺城新闻》、婺城新闻网、婺城新闻移动客户端联动,开展十九大主题宣传、“三百”竞赛、小城镇环境综合整治、“三条廊道”、“最多跑一次”、“治危拆违”、剿灭劣V类水、洪源区块拆迁、酒坊巷拆迁、电大街拆迁、城防工程建设、“两学一做”、全国文明城区创建、美丽乡村、文化礼堂展示、安全生产、平安婺城等重大主题宣传,涉及民生、工业、教育、新农村建设、环境、卫生、交通、城建、农业等各个领域。在新闻宣传中,推出婺视频、动态播报、权威解读、人物访谈、社论、系列评论等形式多样的稿件,收到社会的好评和赞扬。

【新闻策划】2017年中心策划前移,围绕婺城区政治、经济、社会、文化方面的重大主题,进行专题策划。力求通过小切口、大主题、小故事、大道理，为落实十九大精神，建设现代化都市核心区，营造良好的舆论氛围。做好“中共十九大”的宣传报道工作。会前开设《迎接十九大·辉煌五年看婺城》栏目；会议期间，同步转载大会主题宣传内容，推出“聚焦十九大·走向新征程”“全景看婺城”系列报道；会后推出“十九大婺城回响”“十九大报告解读”“十九大百姓心语”等系列报道；开展了“贯彻十九大精神，干在实处、做在当下”大型主题采访活动，推出“贯彻十九大精神，建设都市核心区”“十九大精神在婺城”等系列报道。做好“最多跑一次”、“三条廊道”、剿灭劣Ⅴ类水、城中村改造等重点工作的专题报道。组织记者集中采访，营造积极的舆论氛围。做好村级组织换届工作的宣传报道工作，营造风清气正的换届氛围。做好文明城区创建的新闻宣传工作，针对市区小餐饮、农贸市场、车辆乱停放等不文明现象进行记者暗访，开设《读城记》专栏进行曝光。

【对外宣传】 2017年，中心先后和浙江新闻客户端、《浙江日报》、金华新闻客户端、《金华日报》进行联动，宣传婺城区的工作成果。电视栏目《婺城新闻》全年发稿700多条。其中上送浙江卫视《浙江新闻联播》8条，上送金华电视台《金华新闻联播》近百条。与金华电视台联合摄制的大型主题报道《飞跃八婺打造“三廊道”，共建都市区》，在金华电视台和“金华发布”微信公众平台播出和推送，取得了良好的宣传效果。

【媒体融合】 2017年，中心进一步推进媒体融合，打造移动传播矩阵。整合报纸、电视和新媒体的采编职能，通过深度融合，发挥各个媒体平台的优势，打好宣传组合拳。相继策划专题200余个，内容涵盖“五水共治”、“三改一拆”、小城镇环境综合整治、美丽乡村建设等，有效地宣传了婺城区，扩大了婺城的影响。婺城新闻网继续做好专题的策划与制作，从形式和内容两方面提升网站的专业水准，并继续配合区网信办做好网信工作；婺城新闻客户端以时效引领，24小时实时发布，重大主题新闻设专题，创新网络直播问政。发布图文消息4500多条，阅读人数超过600万人次，下载量达11万次；打造“红色党端”，在区纪委、区委组织部、区委宣传部的指导下合作，在婺城新闻客户端上设立“学习”板块，搭建党员学习平台。“婺城发布”微信公众平台以策划引领，每天主推重点策划。共发送图文750条，阅读人数超过80万人次，头条平均阅读数突破3000人次，阅读量最大的达到10万人次以上，平台“粉丝”达到15万人，跻身全省政务发布的第一梯队。

【改革推进】 中心依托并坚守报纸、电视传统主阵地，坚持在做深做优做精上下功夫，大刀阔斧推进新闻采编架构的改革创新。 一是持续推进《今日婺城》版面改革。倾力打造《今日关注》《今日视点》《特别报道》《婺江》《城事民生》《婺城故事》等一系列品牌版面、精品版面。二是重建采编流程。科学设置内设机构，组建全媒体工作室，整合了报纸、电视和新媒体的采编和发布职能。加强内部管理、完善考核制度。三是持续抓好采编队伍的管理和培养，注重发挥传帮带功能，充分发挥党员干部的先锋模范作用，以先进典型为榜样，激发团队的战斗力和凝聚力。 （戴建东）

统战工作

【概况】 2017年，婺城区委统战部认真贯彻落实中央及省、市、区委决策部署，开创婺城统战事业新局面，在凝心聚力、助推婺城发展上取得较好成效。

【多党合作水平提升】 党政领导、机关部门联系民主党派等联谊会工作制度得到坚持贯彻执行，15名党政领导、14个机关部门联系对接民主党、党外知识分子，多党合作实现制度化。参政议政渠道不断拓宽，区委建立直通车制度，收到直通车建议2条；民主监督接地气惠民生，2017年，有34名民主党派、无党派人士参与86个村的“五水共治”“三改一拆”等全区重点工作。民主党派服务社会积极踊跃，民进组织党外名医进农村开展“送医送药情暖村民”活动，九三学社连续多年开展植树活动。

【协助党外人士队伍建设】 在党外人士素质能力建设方面出实招，在省社会主义科学院举办为期

4天的党外人士培训班,培训班采用名师讲座、现场教学、座谈交流等多种形式,共有48名民主党派、党外知识分子参加。党外知识分子管理日趋规范,召开金华市婺城区党外知识分子联谊会二届二次理事大会,选举产生新任会长。

【完善工作保障机制】 以区委书记任组长的全区统战领导小组作用发挥明显,统战工作重要地位进一步强化。2017年,在全区岗位目标责任制考核中,统战工作对乡镇(街道)考核分值成倍增加、对机关部门考核实现从无到有,全区上下联动、部门协同协作的统战工作格局得到巩固强化。全区乡镇(街道)统战工作目标责任考核细则不断完善,推行基层统战工作例会制、统战基本情况定期报送制等制度,各项统战决策部署贯彻落实有效、重点工作推进有序,基层统战积极性进一步发挥。塔石、城东、城中等乡镇(街道)多篇统战宣传信息被省民宗委和省侨联网站采用。

【自身建设】 严格履行党风廉政建设主体责任与"一岗双责"制,严格落实中央八项规定精神,部门领导模范带头作表率,干事创业氛围不断浓厚。以强化信息调研宣传工作为切入点,进一步明确任务分工、强化责任落实、严格日常考核,统战领域有关工作成效显著,信息工作位居全区前列,民族工作得到市委领导的批示肯定。"两学一做"学习教育实现常态化制度化。制订学习教育计划,召开动员大会,学党章党规、学系列讲话,做合格党员。

(袁倩蕾)

12月30日,区召开第三次归侨侨眷代表大会暨留学人员和家属联谊会成立大会,市委统战部副部长、金华市侨联主席蓝跃军(左六),婺城区委副书记、区长郭慧强(右五),区人大常委会主任朱利群(左四),区政协主席张茹先(右四),区委常委、组织部部长徐妙芳(左五),区委常委、统战部部长陈旭辉(右三)等领导应邀出席会议 (区统战部供稿)

民族宗教工作

【概况】 2017年是重大政治活动年,中共十九大、全省第十四次党代会、全市第七次党代会相继胜利召开,中国特色社会主义进入新时代。全区民族宗教工作在区委、区政府的正确领导下,在市民宗局的精心指导下,认真贯彻落实中央、省、市有关民族、宗教工作会议精神,坚持宗教中国化方向,积极引导宗教与社会主义社会相适应,牢牢把握各民族共同团结奋斗、共同繁荣发展的主题,不断推动民族宗教工作创新发展。

婺城区是一个多民族居住的城市,有塔石乡高塘村、塔石乡大坑村、琅琊镇水竹蓬村、安地镇杨垅村4个少数民族村。2017年,全区少数民族常住人口3502人,流动人口16748人。全区少数民族流动人口总数16835人,民族主要包含苗族、布依族、土家族、侗族、黎族、维吾尔族、回族、满族、瑶族、壮族、水族、毛南族、仡佬族、仫佬族、畲族等15个。人数排位前5位的少数民族为:苗族5229人,布依族2586人,土家族2258人,侗族1405人,彝族1204人。

婺城区宗教有佛教、道教、天主教、基督教、伊斯兰教五大宗教,有宗教团体3个,经审批的宗教活动场所27处(其中酒坊巷教会因拆迁已搬离),登记备案的各类民间信仰场所115处。

婺城区民宗局牢牢贯彻党的宗教工作基本方针政策,坚持独立自主自办的原则,坚持把爱国挺在爱教的前面,坚决抵制境外宗教渗透和干扰,坚决打击非法传教,积极开展反邪教宣传,第一时间组织全体职工干部、全区基层统战委员、宗教界人士、各少数民族村对新修订《宗教事务条例》、十九大报告精神进行了学习领会,引导全区民族宗教界人士认清方位、找准定位，为宗教中国化方向、民族团结进步积极主动发挥好作用。

【安全稳定工作】2017年，结合元旦、春节、国庆等节日期间宗教活动场所的管理要求以及各级“两会”、党代会、“一带一路”高峰论坛、中共党的十九大召开等重要时期的安全稳定工作，对全区宗教活动场所、民间信仰场所开展多次安全隐患大排查、大整治活动。区民宗局充分发挥宗教工作三级管理网络作用，以乡镇(街道)统战委员、宗教活动场所负责人为切入点，下发了《关于进一步落实宗教场所和民间信仰场所安全监管责任，强化日常安全管理工作的有关通知》，落实乡镇、村两级责任，加强对属地宗教活动场所和民间信仰场所的安全检查，全力排查整治各类安全隐患。在各个宗教活动场所和民间信仰场所安装安全工作责任牌，明确负责人，落实乡镇(街道)主体责任；通过签订安全责任书，明确场所负责人职责，落实各宗教团体和场所的管理责任。

【宗教场所安全生产工作】3月下旬，区民宗局指导督促琅琊镇拆除琅琊基督教堂、石岩寺共540平方米危房；6月汛期，加大了对雅畈镇铜山寺等宗教活动场所汛期安全的检查力度，采取减少或停止宗教活动、落实安全巡查人员、封闭活动场所、督促相关人员撤离地质灾害隐患点等措施；7—8月暑期，联合乡镇街道统战委员和联村干部，对全区宗教活动场所进行了全面的消防安全大排查，做到不走过场、不留死角。排查过程中，共出动检查人员100余人次，发现电线私拉乱接、消防器材放置不规范、消防安全管理制度不健全等49处问题，均一一进行了当场交办，下发限期整改通知书。8月下旬，指导乾西乡政府拆除了西禅寺(原寺西殿)危塔及存在诸多隐患的5间老庙和附属用房，共计900多平方米。10月，区民宗局开展消防安全回头看行动，督察整改情况，杜绝安全隐患。

为切实增强宗教场所人员的消防安全技能，区民宗局于7月12日组织全区乡镇（街道）统战委员、宗教团体和宗教活动场所的负责人及安全员进行消防安全培训，邀请了婺城消防大队参谋详细讲解了宗教活动场所发生火灾的规律特点、火灾的预防措施、火灾隐患排查整治知识以及发生火灾时的应对方法，并在现场进行了逃生演练和消防器材使用练习，做到火灾隐患懂排查、面对火灾懂应对、自救逃生懂方法。

【宗教场所培训】由区民宗局带队，安排伊斯兰教活动场所教职人员参加省民宗委组织的专题培训班，进行相关法律法规和主题教育培训，强化了教职人员“去极端、反暴恐、守中道、促和谐”意识，明确了今后的工作目标和具体任务，对伊斯兰教活动场所加强了日常监管；积极指导区400余名伊斯兰教信徒安全、平稳、有序地做好开斋节、古尔邦节等活动的举办。

【宗教活动】开展社会主义核心价值观进宗教场所活动，基本完成全区25处宗教活动场所及115处民间信仰场所的社会主义核心价值观上墙工作，并在有条件的宗教场所升挂国旗，努力营造爱国爱教氛围；引导宗教界开展形式多样的公益慈善活动，努力弘扬中华优秀传统文化，2017年以来，相继有基督教白龙桥教会、佛教西禅寺等场所在春节、端午、重阳等传统节日为困难群众送上温暖。

【扶贫工作】2017年，中央、省、市各级下达了帮扶资金40万元，区民宗局在前期调研的基础上，结合民族村实际情况，落实了安地镇杨垅村自来水改造工程、琅琊镇水竹篷村特色村寨提升、塔石乡大坑村畲族特色长廊建设三个项目。同时，积极鼓励企业、民间组织与百姓参与民族工作，牵线浙江维力塑胶有限公司与琅琊镇水竹蓬村结对，为民族村发展助力；普陀山佛教协会慈善捐助20万元，帮助安地镇杨垅村开展“五水共治”工作。另一方面，依托“生态廊道”“美丽乡村”等工作，区民宗局积极引导民族村以文化旅游为切入点，因地制宜开展民族风情乡村游，以“文旅带动”促进民族村发展。指导塔石乡大坑村开办“山哈人家”特色风情民宿，以民族文化、畲族特色为卖点，带动村集体经济快速发展。

【民俗文化与旅游工作发掘】收集、整理了婺城区非物质文化遗产“叠馒头”活动相关资料，帮助雅畈镇芳田村申报浙江省“民间民俗·多彩浙江”优秀传统文化活动，弘扬优秀传统民俗文化。指导琅琊镇水竹蓬村开展特色路灯装饰、畲族文化上墙、畲字壁照、文化礼堂内增添畲族陈设等项目建设；指导塔石乡大坑村建设长18米、宽2.5米畲族特色长廊，提升畲族文化特色。通过“文化展示+体验”的模式，实现民俗文化与旅游的有机结合。2017年塔石高山梯田文化节期间，以“O2O”线上宣传到线下组团方式，将“跳竹杆、唱山歌”等少数民族族文化体验与网络运营相融合，受到游人一致好评，在微信朋友圈、微博等新媒体上转发、点赞共5000余次。

【城市民族之家创建工作】根据婺城少数民族流动人口分布实际情况，以城东街道八咏楼社区、白龙桥镇玉龙社区与浙江万里扬股份有限公司作为试点，全面开展城市民族之家创建工作，逐步打造集“沟通、服务、教育、宣传”为一体的城市民族之家。创建工作以“微组织、微窗口、微热线、微平台”为载体，着力推动建立各民族相互嵌入式的社会结构和社区(企业)环境，促进各民族的交往交流交融。2017年，投入资金10余万元，建成民族交流室、民族服务站、民族大舞台、民族宣传栏、民族图书角等平台，组织开展少数民族志愿帮扶行动、少数民族困难群众互助帮扶行动、少数民族美食节、少数民族员工技能大比武等丰富多彩的活动，进一步促进外来少数民族群众的认同感和融入感。

【“最多跑一次”改革】中共十九大报告提出，要坚持全面深化改革，不断推进国家治理体系和治理能力现代化。“最多跑一次”改革，是以人民为中心发展思想的浙江探索和实践。2017年，婺城区民宗局紧跟省、市改革步伐，坚决贯彻落实区委、区政府加强政府自身改革的新使命新要求，全力助推“最多跑一次”改革向纵深发展。区民宗局与市民宗局、省民宗委进行多次的沟通，对部分行政审批事项权限提出了修改意见。列入区民宗局“最多跑一次”的事项共有9项，其中3项为许可类事项，2项为确认类事项，4项为备案类事项。

根据“最多跑一次”工作要求，制作了民宗系统群众到政府办事指南，对列入“最多跑一次”的事项精简办事流程，去除兜底条款，明确申请材料，并及时将事项有关信息在浙江政务网上进行更新维护，切实方便群众。

由于民宗系统面向的群众普遍存在年龄较大、文化水平不高等问题，区民宗局始终以饱满的热情做好服务、解释工作，面对面、手把手指导帮助办事群众填写、准备相关申报材料，减少办事群众前来咨询的次数。2017年，区民宗局共受理行政审批、许可、备案等事项5项，通过前期耐心细致的解释，办事群众来政府次数大大减少，受到了办事群众的一致好评。

信访工作

【概况】2017年，全区群众信访总量1253件，群众来访824批3378人次（集体访127批2358人次）；群众来信及上级转办件429件（网上信访118件），其中初信212件，重复信217件。2017年，全区没有发生因信访而引发的群体性事件和恶性上访事件。

【专题研究部署】区委、区政府高度重视信访工作，2017年，区委、区政府先后就积案化解工作、依法处置进京非访、重点信访问题、省委督导组及省委巡视组转办件办理等工作，召集各乡镇(街道)、区机关有关部门(单位)“一把手”进行专题研究和部署，确保各项工作措施的落实。全区各乡镇(街道)、部门齐心协力、全力以赴守牢防线，完成了全国“两会”、“一带一路”峰会、十九大、第四届世界互联网大会等敏感期间的信访工作任务。

【领导下访约访】2017年，进一步完善各级领导坐班接访、带案下访、重点约访、包案化解等工作机制。通过领导定期牵头接访、带案督办、信访积案包案化解为抓手，进一步压实压紧事权单位的责任，整合优势资源推动信访积案化解，力争做到群众合理诉求解决到位，不合理诉求思想疏导到位，生活困难的帮扶到位，重点调处化解一批复杂疑难信访事项。区委书记亲自约访退役军人，了解思想动态和最新诉求，牵头协调城中街道东上小区信访事项；区委副书记召集相关部门召开乾西乡厚鹏化工协调会等。通过区领导身先士卒、率先垂范，带头面对群众化解难题,推动工作,提升正能量,营造良好工作氛围。

【源头防范治理】 截至2017年年底,全区排查调处矛盾纠纷1132件,调处成功1091件,成功率达96.37%。同时,以群教活动为载体,高度重视,认真办理群众初信初访反映的信访事项,对初信初访做到登记、受理、交办、快速处理,全区初信初访办结率100%。2017年,规范信访业务办理,来信、来访按期报结率均为100%,差错率和不规范率为零。

【积案专项整治】 全区各级领导干部在包案化解信访积案工作中靠前指挥,2017年,省、市、区交办调处化解类信访积案22件,已化解积案20件,成功率90.91%;省、市、区交办依法处置类信访积案5件,已依法处置5件;省、市、区交办疏导教育类信访积案63件,已疏导教育63件。

【规范信访秩序】 2017年8—9月,婺城区开展"依法信访"主题宣传月活动,设立宣传点19个,悬挂横幅57条,发放四折页宣传资料6000份,印发劝导书10000份,通过电子显示滚动屏播放宣传口号240条,针对重点信访人员"点对点"发送依法信访劝导信息,同时,区信访局牵头抽派相关人员分组对老信访户进行"面对面"宣传引导,宣传活动取得明显成效。2017年,因非法维权、闹访、非访等违法行为,刑事拘留1人次,行政拘留2人次。

【"8890"便民服务中心】 2017年,区"8890"平台共接收群众诉求17161件次,受理诉求件14210件,办结14210件,办结率100%。群众满意率和按时办结率均在99%以上。2017年年度考核位列金华市第一名。

(林晨宇　施源)

对台工作

【概况】 2017年,婺城区台办按照上级的统一部署,紧紧围绕区委、区政府中心工作,认真开展"两学一做"教育,注重涉台宣传教育,努力营造对台工作的良好氛围;加强台情调研,努力服务"三台"(台胞、台属、台企)加强基层交流交往,不断深化婺台两地友谊;着力加强自身建设,努力开创对台工作的新局面。针对区领导班子调整,部门领导人事变动,及时调整充实了区委对台工作领导小组,形成了全区对台工作主要领导负总责,分管领导具体抓,各部门各负其责,密切合作,全社会共同参与的工作体制机制,切实加强了对台工作的领导。

【涉台宣传教育】 中共十九大召开后,区台办及时组织区台联会学习传达中共十九大精神,重点学习习近平总书记新时期对台工作重要思想,深刻领会新时期对台工作新的理念、新的思想、新的举措,为今后工作指明了方向。并结合婺城实际,提出了贯彻落实意见。12月,区台办、区台联会在塔石乡开展送中共十九大精神下乡活动,深受群众好评。各乡镇(街道)利用春节、中秋节召开座谈会、茶话会、形势报告会等形式开展党的对台工作方针政策宣传教育。平时利用与台胞交流交往的机会,宣传中共十九大精神及习近平总书记对台工作重要思想,宣传九二共识、一国两制、和平统一重要思想,为推进祖国统一大业,实现中华民族伟大复兴的中国梦凝聚人心、汇聚力量。

【服务"三台"】 组织开展婺城区台胞台属台企等情况调研,对情况进行了分析汇总,建立了"三台"情况信息资料库。帮助协调处理台企与企业所在村之间的矛盾纠纷。高度重视支持台资企业发展,11月,一期总投资25亿元的中铁鹰鹏国际环保工业城项目在金华发展大会上成功签约,推进了台资企业转型升级,可持续发展。春节、中秋节前夕,区台办、台联会开展生活困难台胞台属慰问,送去党和政府的关心关怀和温暖。

【基层交流交往】 秉承两岸一家亲理念,不断推进婺台两地基层交流。2017年,台湾南投县民间参访团、基层文化交流团、民意代表参访团、名间乡中小学校长参访团等到婺城参访,分别参访了浙江美保龙种猪育种有限公司、安地镇喻斯村、金华茶花物种园、婺州外国语学校、东市街小学等。6月,配合市台办做好金华—南投邻里节活动,台湾同胞走进10户结对家庭开展交流互动,增进友谊。2017年共接待来婺城参访的台湾团组5批80余人。同时,区台办、区台联会热情接待台来婺城探亲的台胞5批30余人次。6月,组织区教育文化参访团赴台交流考察，取得较大收获。

【自身建设】深入开展“两学一做”教育活动，严格执行中央八项规定和省委“28条办法”“六项禁令”，强化正风肃纪，坚决反对“四风”，牢固树立“四个意识”，坚定“四个自信”，为推进祖国和平统一，实现中华民族伟大复兴的中国梦贡献力量。按照区委、区政府的统一部署，区台办工作人员积极参与区委、区政府重点中心工作，推进“五水共治”“三改一拆”、小城镇综合整治、环境整治、文明城市创建、基层党建等工作的落实。不断加强区台联会自身建设，健全学习、例会、片区联系、联户等制度，开展形式多样的活动，丰富台联会成员的精神文化生活，增强区台联会的凝聚力、号召力、战斗力，发挥好桥梁纽带作用。 （胡　云）

农村工作

【概况】婺城区农村工作认真贯彻落实中央、省委、市委、区委有关“三农”工作会议精神，围绕“两富”“两美”婺城建设，以“农业强、农村美、农民富”为总目标，以深化农村改革为动力，以“生态廊道建设”、“五水共治”、“四治两化”和“三改一拆”为工作抓手，全面深化美丽乡村建设，全域打造美丽乡村升级版，力促“强农”“惠农”“富农”政策落地生效，加快推进高水平小康社会建设步伐。

【农村主要工作】2017年，全年粮食播种面积达9960公顷，实现粮食总产量6万吨。创建省级晚籼稻百亩超高产示范方1个、省级优质稻良种良法配套技术示范方1个、区级水稻高产示范方34个；创建新型农作制度基地和旱粮基地15个，新增旱粮面积160公顷，推广应用新型农作制度1293.33公顷。完成农村劳动力素质提升培训3200人。完成迹地更新262公顷，平原绿化82.2公顷；珍贵彩色森林建设900公顷，珍贵树种造林21.78万株，建设“局长”示范林2块、示范点3个、示范单位3家，完成赠送珍贵树苗6.5万株。实施垦造耕地项目29个，新增耕地196.13公顷，实施高标准农田质量提升工程1533.33公顷，实施“旱改水”项目3个(17.33公顷)，实施农村宅基地(含废弃工矿用地)复垦项目2个(9.6公顷)。继续开展农村生产生活用水提质增效工程，省级工程2个(蒋堂镇下尹村、白龙桥镇董村饮水安全提升项目)，投资130万元，解决1700人饮水安全问题；市级工程4个(琅琊镇山后金村、塔石乡文头村、百善村、黄康村饮水安全提升项目)，投资284万元，解决2490人饮水安全问题；新增高效节水面积232公顷，节省人工5万工；完成全区河道、水库、山塘等清淤治理项目7个，河道清淤长度25.26千米。

【新农村建设】“桂花飘香”“秀美南山”二条美丽乡村风景线提升工作稳步推进，梅溪廊道美丽乡村精品线已初步成形，创建精品村5个、秀美村10个，完成历史文化村落保护重点村1个、一般村2个、历史建筑散落点8个，省级美丽宜居示范村2个。完成农村生活污水治理提标改造村4个，新增受益农户1602人，全区336个行政村中，除计划异地搬迁9个村外，其他327个行政村已全部完成治理，并移交第三方运维单位实施运维。开展垃圾分类优秀村创建，持续推进农村环境卫生和垃圾分类长效管理工作，全区336个行政村生活垃圾有效收集处理(户集、村收、乡运、县处理模式)，建制村覆盖率达到100%；除去5个下山移民村后的331个村中，有330个村已实施农村生活垃圾分类减量化处理工作，行政村覆盖率达到99.7%；创建农村生活垃圾分类优秀示范村123个，优秀率达37.2%。扎实开展“四治两化”工作，全区348个行政村(居)有335个行政村(居)完成整治任务的，完成率为96.3%，累计完成垃圾清运111053吨，拆除整治危房面积209260平方米，“赤膊房”整治面积455608平方米，新增种植绿化乔木323405棵，清洁池塘596口，新增加村口小景观683个，新增湿地115630平方米。全年启动村庄规划修编50个村，通过评审的16个，完成报批9个。排查农村危旧房85645户，完成7182户疑似危旧房农房鉴定，其中C级2634户、D级1760户，完成危房治理2755户，其中农村困难家庭危旧房改造32户。深入开展“小微企业三年成长计划”，新设立农民专业合作社17户。推进电子商务进万村工程，新建农村电商服务站8个，做好“小升规”的服务工作，涉农电子商务信息化得到进一步发展。竹马乡正式挂牌成立了全国首家中国茶花电商创业园。申报4家AAA级景区村庄，建成15个A、AA景区村庄。培育金华农耕文化园、雅畈向阳农场、雅畈汉灶村婺州窑博物馆(体验基地)、蒋堂七彩天宏家庭农场、蒋堂怡景园家庭农场和金华市剪纸博物馆等一批农旅、文旅结合的产业融合示范基地，以示范基地建设带动新农村旅游发展，促进农民增收致富。2017年全区乡村旅游接待游客73.8万人次，同比增长30.2%，旅游收入2465.4万元，同比增长5.5%。投资1234.2万元，提升美丽公路99.045千米，农村公路等级提升14.5千米，联网公路5.1千米；投资6693万元实施农村公路大中修工程51千米；实施农村公路安保工程13条，计23.445千米。建设港湾式停靠站32个，新增客运班车通28个行政村，公交车通车率达100%，实现了“村村通”。新建农村文化礼堂15家，新建法治宣传橱窗128个，完成“一乡一精品”法治文化阵地建设8个，创建5家省级民主法治社区、3家省级民主法治、3家市级民主法治村。塔石岱上、上阳2个村被入选为省级第一批传统村落。

【扶贫保障工作】城乡居民基本养老保险基础养老金由每月120元提高至150元，同比提高25%，城乡基本医疗保险参保率在98%以上；住院费用基本医疗保险报销实际比例从新农合时期的44%提高到55%，经过大额二次补偿及大病商业补充保险实际住院报销的比例可达65%~70%，最高达90%，社会保险待遇水平进一步提高。被征地保障政府统筹资金标准由3.53万元/人提高至3.99万元/人，转社保补贴标准由1.8万元/人提高至1.97万元/人，全区有4.2万人纳入被征地农民保障体系，其中2.8万人转入社保。推进“婺城无欠薪”行动，切实维护农民工合法权益。完成了新一轮低收入农户认定工作，出台了《婺城区山区群众异地搬迁规划(2017—2020)》。实现城乡居民最低生活保障标准一体化，标准调整为每人750元/月，低保新增对象521人，低保注销363人，低保边缘新增460人，低保边缘注销717人，确保了“应保尽保、应退尽退”，有效保障了城乡低保群众的基本生活。2017年农村居民人均可支配收入21099元，同比增长8.9%；低收入农户全年增收13%以上，增幅高于农民人均纯收入4.1个百分点。全区城乡居民收入比2.278:1，城乡差距进一步缩小。推进集体经济薄弱村三年消除行动计划，采用多种途径发展壮大村级集体经济，年内转化集体经济薄弱村36个。

【其他工作】大力推进农村工作改革创新。持续推进农村土地承包经营权确权颁证工作，全区398个村(社)，需确权村(社)332个，已进场作业332个，完成地块指界325个，完成地块测量325个，完成实测面积11600公顷，外业测绘完成率为103.81%，权证印制工作按程序进行中。努力破解农民建房难问题，全年完成无房户保障任务774户(任务数490户)，危房户724户(任务数723户)，完成村民建房审查备案355宗，审批农房面积32946平方米，设施农用地备案23宗。积极构建“三位一体”农合联组织服务体系，组建区级农合联1家、乡镇级农合联12家，吸纳农合联会员545个，其中单位会员418个、个人会员127人，组织框架基本搭建完成。

(陈志强)

老干部工作

【概况】婺城区委老干部局在区委、区政府的正确领导和上级老干部工作部门的指导下，深入学习贯彻中共十八届六中全会、十九大和习近平总书记系列重要讲话精神，认真贯彻落实中办发〔2016〕3号文件精神和省出台的实施意见，加强老干部思想政治建设和党组织建设，保障和提升老干部各项待遇。结合区委、区政府重点中心工作，引导老干部积极参与、发挥作用，同时注重加强部门自身建设，提升老干部服务管理水平。

【政治待遇落实】组织老干部学习领会十九大精神丰富内涵。以老干部主管部门为单位，组织老干部收看中共十九大开幕式，听取习近平总书记做的报告。召开专题学习会和离退休干部座谈会，组织全体老干部工作者和离退休干部深入学习领会十九大报告精神，向老干部发放《党的十九大报告辅导读本》、《中国共产党第十九次全国代表大会文件汇编》、《一图读懂党的十九大报告》折页、《十九大党章修正案学习问答》等资料。坚持把学习、宣传、贯彻落实好十九大全会精神作为一项重要任务抓紧、抓实、抓好。坚持抓好老干部日常政治理论学习。积极安排老干部参加重要会议、专题报告会及重大活动,传达党和国家的大政方针,通报区委、区政府重大决定和重要事项、重要会议精神。全年组织学习贯彻全国"双先"表彰大会、省十四次党代会、市第七次党代会精神座谈会、"畅谈十八大变化、展望十九大胜利"座谈会、十九大报告精神学习会等各类老干部会议6次。积极开展"老同志眼中的浙江十大新变化""六个一"系列活动,引导各部门单位离退休干部党支部开展"网上晒风采 网下我点赞"活动。开展送学上门活动,为全区离休干部送去《习近平讲故事》,以及适合老人养生保健的《无病到天年》等书籍资料70余套。每年为老干部征订《中国老年》《浙江老年报》,为全体离休干部党员征订《共产党员》,按时更新区老干部活动中心阅览室的各类报刊,使老干部紧跟时代,思想常新。

【生活待遇落实】坚持走访慰问制度。开展春节慰问送温暖活动。春节茶话会结束后,区四套班子主要领导带队,分组走访了9名抗日战争时期入伍和曾担任过县(处)级实职的离休干部,老干局及主管部门走访了25名长期生病住院及特殊困难的离休干部及家属、遗属,代表区委、区政府送去慰问金及新春的问候。与广福医院、文荣医院等老干部常住医院以及离休干部子女建立沟通机制,组建老干部微信群,及时掌握老干部生病住院等情况。暑期开展"送学上门暨送清凉"走访,重阳节由各主管部门上门走访慰问,全年对生病住院、有困难、异地安置在婺城区的离休干部走访慰问156人次。深化医疗保障制度。参照市局和兄弟县(市、区)的做法,3月,向区委、区政府提交《关于落实离休干部住院自费医疗补助办法的报告》,协调区财政局、区人力资源社会保障局等单位研究确定具体操作办法。5月,区委专门召开书记办公会,听取相关工作汇报,通过建议办法,老干局等3家单位联合下发了《关于明确婺城区离休干部医疗自费部分困难补助及操作办法的通知》(婺区老干联〔2017〕1号)文件,为处于"三高"期的离休干部生病住院提供了制度保障,补助离休干部9人次,金额3.78万元。提升各项服务水平。优化周四局长接待日制度,确保每个周四都有局长接待老同志。提高老干部体检费标准,重点检查老年人高发的病症,邀请专家医生进行健康讲座,传授老干部健身养生知识,全年在区老干部活动中心为离休干部提供健康咨询30余人次。增加"关爱通"话费,优化充值方式,发放话费券,确保能充到老干部在用的手机。向区财政争取资金,扩大生活困难的离休干部家属、遗属帮扶范围,将部分之前因资金短缺而未能帮扶到位的对象列入名单,2017年,走访无工作,家庭出现重大变故和生活困难的离休干部家属、遗属35人,提供帮扶资金3.2万元。

【老干部"两项建设"】不断推进离退休干部党组织建设。区委组织部、老干部局、机关工委非常重视离退休干部党建工作,针对部分老干部提出的与机关支部一起开展学习和活动路太远、不方便等问题,进行专题调研,要求有条件成立离退休干部党支部的单位,成立单独的离退休干部党支部或老干部党支部,并按照就近就便的原则为老干部党员的学习和活动提供场所,选配年纪较轻、责任心较强的老同志担任支部书记。2017年,新增离退休干部党支部(老干部党支部)5个,从2016年的18个增加为23个。加强离退休干部党员的教育管理。联合区机关工委印发了《关于推进离退休干部党员"两学一做"学习教育常态化制度化的实施方案》,按照"政治信仰更加坚定、宗旨观念更加牢固、党内政治生活更加严格"的要求,加强离退休干部党员的教育管理。开展离退休干部党支部书记、学习小组长培训,组织30余名离退休干部党支部书记、学习小组长学习《十九大精神学习》《贯彻全面从严治党完善党的制度建设》《新时期党建活动阵地建设》等内容,不断提升支部书记的政治理论水平。严格落实"三会一课"制度,不定期抽查各支部的学习和活动情况,督促各支部做好部分经常请假或在外地的老同志的补学和党费收缴等工作,帮助老同志关注"金华组工""金华两学一做""婺城组工"等微信公众号，组织老同志参加两学一做每月一赛、十九大应知应会内容测试，突出老干部党员“有所学，有所乐，有所为”，引导老同志坚定理想信念，严守政治纪律和政治规矩，做合格党员。

10月26日，组织老同志到农村基层一线开展“走基层、看变化、促发展”活动 （区老干部局供稿）

【“四大行动”等工作】深化“走基层、看变化、促发展”行动。结合省局部署的“老同志眼中的浙江十大新变化”活动，围绕三条廊道建设、小城镇环境综合整治、精品村建设、衢江航道婺城段工程等区委、区政府重点中心工作，以集中或部门单独组织的方式带领离退休干部开展“走看促”行动，广大离退休干部赴安地、琅琊、沙畈、洋埠等基层一线参观考察，畅谈区经济社会发展新变化，为各项工程科学合理建设积极建言献策，全年组织离退休干部“走看促”行动8次，采纳建议5条。积极开展“银色人才志愿”行动。围绕剿灭劣V类水、生态廊道建设、农村文化礼堂建设、全国文明城区创建等工作，结合“六个一”活动，积极倡导老干部参加志愿行动，发挥余热。在全国文明城区创建工作中，广大老干部积极参与文明劝导、志愿巡逻，在生态廊道建设方面，老干部杜顺华发挥对白沙文化研究多年的优势，为白沙溪生态廊道建设献计出力，蒋堂镇退休文化员程明芝发挥自身在农村文化礼堂建设方面经验，奔走于全区各农村，协助乡镇宣传委员指导农村文化礼堂建设。积极开展“三美”推荐评选活动。积极宣传好家风，弘扬孝老敬老传统美德，5—6月，联合各单位开展了市级第四届“最美老干部、最美老伴、最美子女”评选活动，推荐原区委老干部局局长徐瑞琴为“最美老干部”，区财政局老局长刘树喜配偶龚淑贞为“最美老伴”。邀请区新闻传媒中心对最美老干部和最美老伴的事迹进行专版宣传报道，传播婺城正能量。

11月29日，组织离退休干部党支部书记、学习小组长参观青春路社区城市党建综合体

（区老干部局供稿）

【部门自身建设】推进“两学一做”学习教育常态化制度化。严抓老干部工作队伍的教育管理，强化老干部工作者的争做合格党员意识，增强在新形势下做好老干部工作的政治责任感和历史使命感，提升老干部工作水平。优化区老干部活动中心功能配置。年初，联合区机关工委，对区老干部活动中心进行维修，会议室、老干部党员活动室、离休干部接待室等功能得到了进一步提升和完善，方便全区各单位离退休干部阅文看报、召开会议、组织支部活动等。加大对乡镇老年大学的扶持。提高部分乡镇老年大学的经费补助额度，鼓励乡镇老年大学开展提档升级改造。积极帮助白龙桥镇老年大学与区文体新局协调，利用位于叶店村的文化综合楼开设老年大学，解决了白龙桥镇老年大学没有场地的问题，拨付1万元资金用于改善教学条件。帮助联系市老年大学，指导白龙桥镇老年大学分校内部管理进一步规范化，努力使之成为婺城区辖下较具规模的乡镇老年大学分校。 （申洪广）

关心下一代工作

【青少年教育】2017年,全区各级关工委以节假日、纪念日等为契机,在爱国主义教育基地、青少年第二课堂、学校等开展教育活动。区关工委联合团区委在莘畈小学举办了“城乡手拉手 共圆微心愿”活动。蒋堂、莘畈、雅畈、新狮等乡镇、街道关工委开展迎“六一”慰问活动。白龙桥镇等5个村举办假日学校,开展暑期作业辅导、思想道德教育、文化补习、手工制作、绘画唱歌等活动。箬阳乡邀请浙大学生在琴坛村开展“红领巾相约中国梦”第六届“手拉手·心连心”夏令营暨“春泥计划”活动。琅琊镇在杨塘下村成立“青少年德育基地”,组织开展4次“双堂双进活动”,2000余人次学生受教育。教育局关工委组织参加教育部关工委主办的全国青少年五好小公民“阳光校园,我们是小伙伴”主题教育读书征文活动,收到征文2000多篇,琅琊小学等4所学校荣获示范性学校,18人获先进个人称号,146人获奖。竹马、莘畈等乡镇开展“春泥计划”暑期大学生实践活动。蒋堂镇关工委组织开展“放飞梦想”“六一”才艺表演、“我环保我分类”、“美丽乡村创建我参与”、暑期防溺水等系列活动。司法、公安、学校、妇联联合建立帮教小组,每月开展一次失足青少年帮扶活动,促使青少年遵纪守法。竹马乡开展“红石榴关爱残疾儿童”行动。各级关工委广泛开展“传家训、立家规、扬家风”宣讲活动,琅琊镇组织“五老”人员用通俗易懂的语言给孩子们讲家风家训,在琅琊小学举行“立家规、传家训”教育活动。白龙桥镇组织十多个村开展适龄儿童“开蒙启智”“重阳敬老”等教育活动,引导孩子尊敬老师、孝敬长辈、懂礼貌、明事理。乾西乡幸福村开展了国学经典水平认证、亲子读国学活动,激发青少年学国学的热情。蒋堂镇利用好全镇农村文化礼堂资源,注重与村幼儿园结合,打造下尹“孝”文化、泽口“婺剧”文化、黄碧垄“农耕”文化、直里“武术”文化等各类文化教育基地,使文化礼堂成为未成年人节假日的精神乐园。

【十九大精神宣讲】中共十九大召开后,各级关工委迅速掀起了学习宣传贯彻的热潮,区关工委在市委党校举办了关工委“五老”志愿者团队负责人培训班暨十九大精神专题学习会,引导各级关工委先学一步、深学一层。成立由58名在职干部、“五老”人员组成的十九大精神“五老”宣讲团,开展“千名万场大宣讲”,开展宣讲230场,受教育2万余人次。通过进校园、进社区、进乡村、进企业,用喜闻乐见的方式向广大青少年深入浅出地解读十九大精神,引导他们增强“四个自信”,从小听党话,坚定跟党走。

【扶贫助学】2017年,对困难青少年助学力度进一步加大。贯彻习近平总书记“决不让困难地区和困难群众掉队”和“精准帮扶”要求,积极做好“福彩暖万家”助学活动,全区贫困大学新生12人每人获得8000元的资助,合计9.6万元。在长山小学举办助学仪式,资助贫困生100人,市关工委主任黄友源、副主任何若伟和市福彩中心领导专门到长山乡扶贫慰问困难学生。在市关工委的大力支持下,开展对40名贫困生的“爱心圆梦”助学活动,共获得28万元的资助。联合区妇联开展春蕾助学活动,共结对79人,发放助学款59614元,在莘畈乡小学成立“浙商银行彩虹春蕾班”,在琅琊镇小学成立“创新科技园春蕾班”。联合区妇联帮助沙畈、莘畈等山区小学开通“亲情热线”,为500多名留守孩子架设母子“连心桥”。塔石乡以关工委的名义共资助10名贫困生,通过对困难家庭帮扶,使困难青少年树立信心,渡过难关。

【青少年法治宣传教育】区关工委联合区司法局、法制办、教育局深入开展青少年“七五”法治宣传教育。各级关工委积极参与全国“关爱明天、普法先行”——青少年普法教育活动,为创建“法治婺城”作出了积极贡献,全区荣获“全国青少年普法教育示范区”称号。2017年,全区11个学校被评为零犯罪学校,2个单位获得优秀组织奖,2个学校获得先进集体称号;48名教师获得先进个人称号,67名教师获得优秀辅导员称号;78名学生获奖。在全区青少年普法教育表彰中,全区有31个基层“五好”关工委、27个先进集体、先进个人31人、“五老”标兵10人获得表彰。中国关工委普法教育活动办副主任王平，区委常委、组织部部长徐妙芳给予了充分肯定。

【教育实践基地建设】积极推动形式多样、特色鲜明的青少年校外实践基地建设，因地制宜地对本地青少年开展“三爱”和“两史”教育，挖掘本地教育资源，拓展校外教育基地的覆盖面和辐射面，2017年新建设青少年“第二课堂”2个，在全区关工委工作会议上，沙畈乡银坑村支部书记、村关工委主任在会上专门交流介绍了创建工作过程以及成果，市关工委主任黄友源等赶赴沙畈乡进行实地调研指导工作。推广乾西乡幸福村、白龙桥镇叶店村“老少E家”建设经验，为“老少E家”不断注入新的内涵，在城东街道青春路社区建立“老少E家”，得到市关工委领导的充分肯定。将雷锋文化馆“老少E家”公益网络学吧与学雷锋、爱环保活动紧密结合，开展学雷锋讲座、环保知识大家学等活动。

【青少年活动】各级关工委紧紧围绕党委政府的中心工作，组织广大“五老”志愿者和青少年参与文明城区创建、‘五水共治’、垃圾分类、“三改一拆”等工作，展现了各级关工委良好的组织能力和高度的协助配合精神。区关工委下发《关于做好夏季预防青少年溺水工作的通知》，各级关工委积极发挥“五老”优势，协助党委政府做好青少年防溺水巡查、宣传教育劝导等工作，白龙桥镇组织“五老”人员对全镇大小池塘开展排摸，制作溺水警示牌278块。全区发动“五老”人员、志愿者600多人次，开展“争当志愿者，参与剿灭劣V类水”活动。新狮街道组织“五老”人员开展通园溪、后溪和洪源溪的环境卫生保洁工作，协助街道保护“三溪”卫生。扎实做好青少年帮教帮扶工作，乾西乡幸福村关工委连续九年开展青少年安全教育活动；莘畈乡关工委关心留守儿童生活，摸清留守儿童情况，实施“春泥计划”，联合上海财经大学浙江学院大学生开展支教活动。加强对未成年人法律援助工作，区法律援助中心共受理未成年人案件68件75人次，“青少年法律援助服务热线”接待来电、来访咨询60余人次，为未成年人维权提供了有力的法律保障。区人民检察院未检部门贯彻“宽严相济”和“教育、感化、挽救”原则，最大限度地挽救涉嫌犯罪的一名在校高中生，进行个性化帮教，使学生迷途知返、重塑自我，考取了理想的大学。区人民检察院连续六年开展“检察官牵手少年梦”活动。新狮街道关工委对3名青年矫正对象采取家庭、社区、民警、联村干部和司法所“五加一”模式进行帮教。

【关工委建设】2017年，区关工委充分利用全区村级组织换届的有利时机，调整完善乡镇（街道）、村（社区）关工委组成人员配备。全区333个行政村和49个社区已全部完成村（居）级关工委组织配套工作。响应上级关工委的号召，积极开展“五好”基层关工委的创建活动，以创“五好”持续推动基层关工委规范化建设，带动基层关心下一代工作活力。在白龙桥叶店村召开全区“五好”关工委建设现场会，全区18个乡镇、街道，50多个村、社区关工委参加。为进一步推进各级关工委规范化建设，掌握了解“五老”资源和基本数据，摸清工作队伍情况，有效夯实工作基础。对全区“五老”人员进行统计造册，引导开展好关心下一代工作。举办为期3天的全区乡镇街道、机关部门关工委专职副主任培训班，对专职人员进行轮训，在提高工作能力、培养专业素养的同时，进一步增强关工委工作人员的“四个意识”。区教育局关工委建立了区创客教育基地，搭建青少年创客教育学习、活动、竞赛、交流的平台，培养创客教育名师团队，提升学生的信息素养、创新意识和创新能力，促进学生的全面发展。

（陶新兴）

直属机关党委工作

【概况】婺城区直机关党委深入贯彻习近平总书记系列重要讲话精神，围绕“服务中心、建设队伍”核心任务，突出全面从严治党主线，以“两学一做”学习教育为载体，以高度的政治自觉、思想自觉、行动自觉，牢牢把握“走在前列、共建金华”主题，扎实做好机关党建工作。充分发挥基层党组织和党员干部在联系服务群众中的桥梁纽带作用，以群众满意为根本标准，深化长效服务，充分发挥机关职能作用，继续通过服务贴近群众、团结群众、引导群众、赢得群众。

【“两学一做”】 召开动员会议,传达学习中央、省、市、区“两学一做”学习教育任务要求,认真制定实施方案,全面安排部署“两学一做”学习教育工作。学习教育一年来,区机关党组织和全体党员在思想政治觉悟等各方面取得全面优化。各机关各党组(党委)将学习教育作为重大政治任务,经常召开专题研究部署会推进学习教育。党组(党委)书记普遍树立“党建是第一政绩”的理念,亲自抓,带头上党课。按学习教育规定的程序、方法、步骤,及时传达部署学习内容,重视利用微信公众号等新媒体开展多维度、广角度的教育宣传。通过举办主题演讲比赛、编发应知应会手册等方式,将“两学一做”的影响力延伸至每一个角落。注重形式多样地开展学习教育,通过开展专题辅导、交流研讨、送学上门等形式,深学精学,全区机关3957名党员普遍上党课、听辅导、撰心得,有力保障学习教育的全覆盖。为了让学习教育不留死角、不留盲区、不走过场,抽调24人,组成8个督导组,对包括全区机关基层党组织在内的所有党组织进行督察“全覆盖”,共开展7轮次督察,督导问题126个,并整改落实。

【结对帮扶】 “双结对双联系双服务”活动实现再突破。各党组织和党员主动作为、力求实效,按照“结对帮扶,助推两富”要求,深入开展“双结对双联系双服务”活动。全区党组织为结对联系群众提供帮扶1896人次。

【“微系列”活动】 牢树婺城机关的党建品牌意识,将“微系列”服务活动作为党群连心桥的有效抓手和机关党建的特色工作持续推动,协调各乡镇(街道)收集整理困难群众的“微心愿”,在区行政中心设置“微心愿认领墙”,组织党员认领,在区委主要领导的带头下,实现党员认领“微心愿”全覆盖,全体党员共认领3782个。

【党员志愿者服务活动】 充分发挥党员先锋志愿服务队作用,主动与“8890”平台相对接,常态化开展关心关爱、矛盾调和、结对帮扶、服务社区大走访等公益活动。主动服务中心工作,在“护航G20”行动中,组织机关党员7000余人次到联系村(社区)开展巡逻值守;在全国文明城市创建工作中,派出党员志愿者3000余人次上街开展以“礼让斑马线、文明过马路”为主要内容的文明劝导活动,“小红帽”“黄马甲”不避风雨,坚守在街头,展示区机关党员先锋形象,为营造文明礼让的和谐交通氛围发挥积极作用。

【“双推进”工作】 保质保量完成“双推进”工作。结合新形势、新常态下机关党建工作的现实需求,着眼于进一步提高机关党建工作的规范化、科学化、信息化水平,各机关基层党组织都能结合单位实际、对标工作要求,精心部署,分头开展党建阵地的创建工作。全区机关共完成13个“一类阵地”、25个“二类阵地”、160个“三类阵地”,并打造机关党员学习交流中心、机关离退休党员活动中心等2个红色阵地,区机关党员活动场所条件得到较大改善。创建红色“新型阵地”。推动“新型阵地”与党员生活无缝隙对接,合作开发“党员网上阅览室”手机APP。以“微平台”为载体,充实一批习近平总书记系列重要讲话等党建读本,引导广大机关党员在业余时间努力充实自己,掌握真才实学。为充分有效利用“党员网上阅览室”,以考核为导向,将登录次数与年终机关党建考核相挂钩,要求全区各机关基层党组织所属党员经常性登录手机APP阅读相关资料,努力提升机关党员自身思想素质。打造婺城书香驿站。继续深化党员教育,围绕打造学习型党组织,营造机关党员干部学习、阅读的氛围,并联合区委宣传部、团区委、区文体新局3家单位利用机关内部场地资源设立“书香驿站”,配置6000余册文献书籍,提供简便的借阅服务,进一步拓展和丰富服务党员体系,获得一致好评。

【自身建设】 党内法规学习持续深化。把《准则》和《条例》纳入支部日常学习。要求各机关支部结合“周一夜学”、固定党日活动,加强对党内法规的学习。通过集中辅导、个人自学等方式,深学精学。党组织换届顺利完成。充分利用各直属机关党委换届之机,对参会党代表进行考察、政审,严守党代表入口关,在资格条件上毫不含糊,充分保证党员代表的先进性和代表性。注重充实力量,配齐配强各党委专职副书记、纪委书记、党委委员,把一大批想干事、能干事的党员充实到岗位上,8个直属机关党委、126个基层党支部(党总支)顺利完成了换届工作。此外,严格规定程序,严把结构比例,推选出92名区党代表、16名市党代表。专项整治行动取得实效。以机关效能检查为抓手,查处64人次违规离岗行为,落实了从严治党的各项规定,抓早、抓小、抓日常,切实把党内日常教育管理做在纪律处分前面,为机关创造良好环境。注重发挥各支部的教育管理作用,将轻微违规人员交由所在支部进行教育批评,强化支部作为党组织机体细胞的“免疫”作用,取得理想成效。

中国共产党金华市婺城区纪律检查委员会

综　述

2017年,婺城区纪委、监委深入学习贯彻习近平新时代中国特色社会主义思想和中共十八大、十九大精神,按照中央、省、市纪委全会和区党代会的部署要求,紧紧围绕区委、区政府各项中心工作,聚焦纵深推进,全面从严治党,深入推进、国家监察体制改革、区委巡察等各项工作,忠诚履职,勇于担当,取得了较好成效。

强化监督执纪问责,护航中心工作取得明显实效。始终把严明政治纪律和政治规矩摆在首位,通过执纪问责,强化执行力建设,保障区委、区政府各项中心工作贯彻落实。通过修订完善《婺城区重点工作问责办法》、成立中心工作纪律督察组、集中开展专项督察巡察等方式,严肃查处有令不行、有禁不止等行为,倒逼责任落实。2017年,围绕"五水共治"、小城镇环境综合整治、洪源城中村改造、危旧房改造、"低小散"块状行业整治、环保问题整改、省示范文明城区创建等各类重点工作,区纪委共开展督察11次,及时将督察情况、意见建议形成督察专报上报区委、区政府主要领导,获得了区委、区政府主要领导的批示肯定。针对城西街道、乾西乡信访工作不力问题,区纪委深入调查,约谈提醒9人次,批评教育2人次,实施戒勉措施2人次,下发通报3期,通过问责进一步夯实信访工作基础,婺城区是2017年全市唯一涉纪信访零到省零进京的地区。

强化责任担当,压紧压实管党治党政治责任。紧紧抓住党委主体责任这个"牛鼻子",协助区委落实党委主抓直管机制,科学设置责任清单,制定完善《2017年党风廉政建设和反腐败工作组织领导与责任分工》,逐级夯实全面从严治党政治责任。深化实施全程纪实管理制度,进一步推进"两个责任"落实措施条目化、具体化,确保履责情况全程留痕、倒查有据。严格落实履职情况报告制度,区纪委常委会专题听取全区18个乡镇(街道)和部分机关部门落实主体责任及主要负责人履行"第一责任人"职责情况,当面反馈有关问题,并督促落实整改。严格执行党内问责条例,把检查责任落实情况作为党委巡察、监督执纪的重点,以问责倒逼责任落实。2017年,对6名"两个责任"落实不力的领导干部进行问责。

从严正风肃纪,中央八项规定精神得到坚决贯彻落实。持续释放越往后执纪越严的强烈信号,用好用足"一网一端一微"监督举报平台,紧盯惠农资金、集体"三资"、土地征收三大重点领域和关键节点,密切关注"四风"新动向、新问题,强化问题线索排查、重点问题督办、典型问题查处、责任追究及通报曝光。2017年,共开展检查督察7次,检查单位407家次,发现问题91个,下发督察整改通知书21份,约谈提醒20人次,批评教育12人次,诫勉谈话12人次,党纪处分5人次,通报曝光3人次。其中,完成了两轮落实中央八项规定精神情况"回头看",

实现全区80家单位督察全覆盖，对3家单位6名"一把手"和纪委书记(纪检监察组组长)进行诫勉谈话，对2家监管单位负责人进行提醒约谈，并责令有关单位对违规工作人员进行批评教育。开展全区办公用房清理整合专项行动，推动制定《婺城区党政机关办公用房管理暂行办法》，实现动态化长效化管理，做到有苗头早发现、有问题早提醒。

严格纪律审查，监督执纪"四种形态"运用初显成效。积极贯彻落实上级纪委关于加强和改进纪律审查工作的要求，推动监督执纪理念从"惩治极少数"向"关注大多数"转变。进一步提高组织处理措施的运用比重，让第二种形态成为大多数。对不收敛不收手，顶风违纪，多种违纪行为交织或群众反映突出问题线索，坚决运用第三、第四种形态，严惩不贷，持续保持惩治腐败高压态势。2017年，全区各级纪检监察组织共收到问题线索368件，其中反映区管干部问题线索54件，完成问题线索处置286件，处置率达78.26%。运用第一种形态开展批评教育、谈话函询762人次，占90.28%；运用第二种形态实施纪律轻处分、组织调整42人次，占4.98%；运用第三种形态实施纪律重处分、重大职务调整21人次，占2.48%；运用第四种形态开展严重违纪涉嫌违法立案审查19人次，占2.25%。

全面开展党委巡察，巡察利剑作用充分显现。将巡察工作作为当前一项重要政治任务，积极协助区委制定《婺城区2017—2021年巡察工作规划》和《2017年婺城区委巡察工作方案》，并先后制定了《探询过问区委巡察工作登记备案制度》《关于规范巡察整改报告和审核工作的意见》《被巡察党组织配合区委巡察工作的有关规定》等配套规范文件。2017年，先后成立10个巡察组，紧扣"六项纪律"，紧盯"三大问题"，分两轮对区农办、区农林局、区教育局等15家机关单位及乡镇（街道）开展集中巡察。区委、区政府分管领导切实履行党风廉政建设"一岗双责"责任，亲自参加被巡察单位巡察反馈会，督促问题整改，压实整改责任，形成了巡察报告报账、巡察反馈交账、巡察移交转账、巡察督办查账、巡察整改销账的完整实施路径。已巡察发现"三大问题"167个，交办重点问题线索38件，正在进一步核查，已问责追责11人，其中全区扶贫领域专项巡察实地检查扶贫项目193个，走访低收入农户2906户，督促立整立改有关问题44个，交办问题43件，提出意见、建议49条，诫勉谈话、通报批评8人，党纪处分2人。

严格执行监督执纪工作规则，内控机制进一步完善。按照"规范、安全、高效"的原则，进一步强化全区纪检监察系统内部权力运行的制约监督，优化各项业务的流程防控和岗位权力的风险防控。修订完善区纪委、区监委机关日常工作和内部管理共15项制度，制定执纪审查安全工作手册，健全完善办案安全目标责任制、办案主办人安全责任制和办案安全过错责任追究制，建立安全陪护员队伍，提档改造一般性谈话场所，落实全程监控，全面做到人防、物防、技防"三并重"。规范信访举报处置流程，严格落实全程留痕管理，严防信访举报件错转漏办、丢失泄密等情况。制定出台《区纪委、监委问题线索统一管理办法（试行）》《问题线索两级排查会制度》等规范性文件，建立以案管室为中心。其他科室分类分级管理的"集中管理、归口处置、集体排查、跟踪督办"的问题线索管理机制，有效规范问题线索处置程序。制定《问题线索非立案了结审批办法(试行)》，进一步细化非立案了结类问题线索处置的具体操作流程，实行"三级联审"，即审理室初审、分管副书记复审、区纪委常委会集体审议，确保有关问题线索处置初审应查尽查无漏项、复审关联证据应取尽取、处理结果经得起检验。2017年，共初审非立案了结类问题线索80件，其中退办32件，经区纪委常委会集体审议后调整处理档次7件，强化了对监督执纪环节风险点的管控。

稳步推进监察体制改革，"全融合"工作机制初显优势。顺利完成婺城区监委组建、挂牌及干部转隶等各项工作，并围绕改革后的内设机构设置、监察业务规范运作、纪检监察铁军建设等各方面工作进行了探索与思考。积极组织课题调研和岗位练兵活动，建立"每周一研讨、每月一集训"制度，切实发挥"传、帮、带"作用，进一步推动全体干部快速适应监督执纪新理念新思路新方法，提升纪检监察干部研究问题能力和监督执纪水平，促进纪检业务与检察业务优势互补。积极探索凝聚发挥派驻机构监督作用,制定《婺城区纪委派驻纪检组联组巡察工作办法》,改变以往派驻纪检组"分散监督"的监督模式,以发现问题为目标,集中派驻力量,明确时间周期,瞄准一家单位,开展全方位"体检式"监督,形成派驻机构日常监督重点突出、力量协调、成效共享的合作机制,使派驻监督由"单探头"向"聚光灯"转变,发现苗头性问题19个,已全部落实整改,体现了一定的监督实效。创新实践乡镇纪委片区协作办案模式,按照统筹指导、协作互助的思路,制定《婺城区乡镇街道纪（工）委片区协作工作办法（试行)》,将全区18个乡镇、街道划分成3个片区,分别由3个纪检监察室负责联系指导,实行互学互助、监督检查、协作办案,10月,完成协作办案13件,取得了良好的实践成果。

从严打造监督执纪铁军,队伍素质明显提升。进一步强化全区纪检监察干部政治意识,深入贯彻落实"两学一做"学习教育常态化制度化要求,在全区纪检监察系统开展以"抓融合促提升从严铸造铁军"为主题的素质提升年活动,并对照"八个短板和八个转变"要求,开展纪检监察问题查摆工作,梳理问题清单,立行立改、不等不拖。建立"廉风微课堂+月考"机制,先后围绕各级纪委全会报告、监察体制改革、谈话实务与技巧、案件审理流程与文书格式规范、纠正"四风"工作实务、党的十九大报告及十八届中央纪律检查委员会工作报告等方面开展专题讲课10余期,并将廉风微课堂有关知识要点以月考形式进行定期检测,着力提升纪检监察干部理论知识和业务技能。同时,不断强化纪检监察干部监督,建立全区纪检监察干部信息资料库及个人廉政档案,制定完善《纪检监察干部"十必须""十不准"行为规范》和纪检监察干部问题线索处置机制,对不积极履职、不适合纪检岗位的人员坚决予以调离,对反映纪检监察干部问题线索严查严办,严防"灯下黑"。

【七届区纪委二次全会】 2月8日,中共金华市婺城区第七届纪律检查委员会第二次全体会议召开,会议听取和审议了题为《强化政治责任担当 贯彻全面从严治党 扎实推进党风廉政建设和反腐败斗争》的工作报告。表彰了先进,研究部署今后一个时期全区纪检监察工作。

【巡视"回头看"整改工作】 牢固树立"四个意识",从讲政治高度,协助区委不折不扣抓好省委巡视"回头看"23条72项整改措施的落实,58件交办信访件和93件领导干部问题线索处置全部办结,挽回直接经济损失1400余万元,完善相关制度61项,追责问责93人次,其中,教育谈话46人次,诫勉31人次,警告处分11人次,严重警告处分5人次。在区委高度重视和坚强领导下,巡视"回头看"整改情况报告一次性通过省委巡视办和第四巡视组的审核。

【区委巡察工作】 2017年,先后成立10个巡察组,紧扣"六项纪律",紧盯"三大问题",分两轮对区农办、区农林局、区教育局等15家机关单位及乡镇(街道)开展集中巡察。

【基层换届纪律监督工作】 积极开展"九严禁""十不准"等换届纪律宣传教育,及时通报学习典型案例,切实发挥警示教育作用。会同区委组织部、公安等部门组建选风选纪督察组,共开展换届风气巡回督察85次,完成对区、乡两级党代表、人大代表选举,区党代会,区"两会",全区乡镇换届和村级组织换届的全程监督。严格执行违反换届纪律案件快速核查机制,共受理涉及换届信访问题76件。严肃查处违反换届纪律苗头性问题4件、8人,拉票贿选问题6件、9人,对白龙桥镇、琅琊镇违反换届纪律有关案件进行全区通报。同时,严格按照"四凡四必"要求,累计审核有关人选5899人,建议取消56人初步人选的资格,确保全区各项选举工作高标准高质量完成,从源头上净化党内政治生态。

【提升"第一种形态"运用成效】 正确认识"树木"与"森林"关系,着力提升"第一种形态"运用水平,探索制定《运用监督执纪"第一种形态"实施细则(试行)》及《谈话函询暂行办法》等多项制度,综合运用提醒谈话、警示谈话、责令检查等多种方式,推动"咬耳扯袖、红脸出汗"具体化、规范化、常态化。

【创新实践乡镇纪委片区协作】 按照统筹指导、协作互助的思路,制定《婺城区乡镇街道纪(工)委片区协作工作办法(试行)》,将全区18个乡镇、街道划分成3个片区,分别由3个纪检监察室负责联系指导,实行互学互助、监督检查、协作办案,10月,完成协作办案13件,取得了良好的实践成果。

【运用留置措施】 认真履行监察职责,用好监察手段,用留置措施取代"两规"措施,办理了婺城区首例留置案件,未采取留置措施直接移送检察机关审查起诉2件、6人。

【密切关注"四风"新表现新动向】 开展中央八项规定精神"回头看"、全区办公用房清理整合等专项行动,修订下发《贯彻落实中央八项规定精神"可为""可不为"清单》等制度,实现动态化、长效化管理。

(叶小磊)

金华市婺城区人民代表大会常务委员会

综　述

区人大常委会坚持以“八八战略”为总纲,认真贯彻区第七次党代会精神,充分发挥地方国家权力机关职能作用,共召开常委会会议8次、主任会议12次,听取和审议专项工作报告26项,作出决议、决定38项,开展执法检查2次,组织代表视察10次。

围绕中心工作,贯彻区委决策部署。常委会全面落实中央和省委、市委、区委有关加强和改进人大工作的要求,组织代表视察“最多跑一次”改革推进落实情况,开展“剿灭劣V类水、人大代表在行动”主题活动,视察调研洪源、酒坊巷、鲍杨征迁征收工作,对农村危房拆除改造、“三条廊道”建设等重点工作开展调研,在区委中心工作中充分发挥人大职能作用,用实际行动推动区委决策部署落到实处。

紧扣工作重点,加大依法监督力度。常委会坚持将依法开展监督工作作为人大的立足之本,不断加大对财政经济工作、司法执法活动、人大选任人员履职情况的监督力度。听取和审议区政府上半年计划执行情况报告、上半年财政预算执行情况报告、财政预算调整和政府重大投资项目调整报告、2017年财政预算执行和其他财政收支的审计工作等报告。听取和审议区人民法院民事执行工作报告、区人民检察院公诉工作报告。接收司法机关重点案件及重要事项报备393件,接待处理人民群众来访83人次、来信21件。对区政府及其职能部门落实《金华市水环境保护条例》情况进行督察。依法任免国家工作人员131人次,依法补选市人大代表1人、区人大代表8人。规范任命前法律知识考试、见面表态、票决通过后颁发任命书等环节,全面落实宪法宣誓制度。

着力搭建平台,发挥代表主体作用。常委会坚持把代表工作放在更加突出的位置,支持和保障代表依法履行职责,夯实代表工作基础,完善代表工作机制,提高代表活动质量。开展履职服务平台建设和使用培训,将代表联络站向管理处和村居延伸,全年共有代表1846人次参与活动,累计接待选民1137人次,督促解决问题439件。27个乡镇、街道网上代表联络站全部建成,实现代表全方位联系群众、零距离服务群众。对区九届人大一次会议受理的270件,代表建议、意见进行交办和督办,解决率达84.07%,办理质量和实效有较大的提高。开展重点建议办理情况“二次评价”,12件重点建议解决率和满意率均达100%。开展代表专题培训2次、436人。配合省、市人大做好30余名省、市人大代表的培训服务工作;指导乡级人大开展代表培训,累计参训代表930人次。编印发放《代表履职手册》,实现代表履职全记录。

推进制度建设,规范各项工作程序。常委会坚持把制度建设作为提升履职能力的有力抓手。修订规范性文件备案审查规定，健全规范性文件制定、备案审查和管理机制。制定金华市婺城区预算审查监督办法，加强对政府全口径预算审查监督，规范政府收支行为，强化预算执行、预算公开、审计监督，提升人大预算审查监督工作实效。制定推进法院民事执行工作意见。全方位督促法院破解执行难题，提高民事执行的兑现率，推动法院实现基本解决执行难的目标。

立足民生民计，提升监督工作实效。常委会坚持把群众反映强烈的民生问题作为监督的重点，坚持问题导向，注重监督实效，着力解决人民群众关心的热点、难点问题。实行民生实事项目代表票决制，把政府代民做主变为由民做主。在民生实事项目的实施过程中，组织代表进行全程跟踪和监督，确保实事项目按时高质完成。持续关注婺城区人民医院迁建工程，推动该项目顺利完成。听取和审议学前教育三年行动计划实施情况，组织对农村文化礼堂建设、畜禽养殖污染治理和美丽牧场创建进行视察，重视下山脱贫工程和地质灾害隐患治理，督促职能部门加快解决异地安置房建设中水电安装进度较慢等问题。扎实开展食品安全监督，保障人民群众“舌尖上的安全”。

注重能力提升，努力强化自身建设。常委会坚持把抓好常委会机关自身建设作为一项重要职责，加强思想政治建设、机关党建和廉政建设，强化法律知识学习，不断推进整体效能的提升。通过举办常委会读书会、党组理论中心组学习会和领导干部到联系村居开展十九大精神宣讲、党课培训等形式，进一步加强学习交流，提高思想政治水平。以“两学一做”学习教育常态化制度化为载体，认真落实“三会一课”制度，深化机关主题党日活动，加强党章学习，强化党员意识，抓好巡视组反馈问题整改，不断加强党风廉政建设。制定学法计划，每季度组织一次法律专题讲座，有计划地组织人大常委会组成人员学习宪法和《金华市水环境保护条例》，提高法律素养。按照省委、市委关于加强县乡人大工作和建设的 4 个文件要求，坚持问题导向，全面查找、系统梳理区乡两级人大在组织建设、经费预算等方面存在的问题，协调各方逐项落实。

【区九届人大一次会议】2 月 13—18 日，区九届人大一次会议在区行政中心召开。出席会议的区人大代表 276 人，列席人员 211 人，参加区政协四届一次会议的全体委员列席会议。会议听取和审查区政府代区长郭慧强所作的政府工作报告，审议金华经济技术开发区管委会工作报告、金华山旅游经济区管委会工作报告，审查金华市婺城区 2016 年国民经济和社会发展计划执行情况及 2017 年国民经济和社会发展计划草案的报告、金华市婺城区 2016 年财政预算执行情况和 2017 年财政预算草案的报告，听取和审查区人大常委会主任张菲菲所作的金华市婺城区人民代表大会常务委员会工作报告、区人民法院院长张永伟所作的金华市婺城区人民法院工作报告、区人民检察院检察长徐洪彬所作的金华市婺城区人民检察院工作报告。会议通过关于批准上述八个报告的相应决议。会议选举朱利群为区九届人大常委会主任，贾献成、诸晓东、王国平、王喜军、盛奇兵、钟春宏为副主任，丁美国等 24 人为委员；选举郭慧强为区政府区长，李小庆、方锦瑞、张璞、范锋鑫、施礼干、赵燕华为副区长；选举潘国东为区监察委员会主任，张永伟为区人民法院院长，徐洪彬为区人民检察院检察长。选举出席金华市第七届人民代表大会代表，会议设立法制内务司法委员会、财政经济委员会两个专门委会，对区政府 2017 年度重点惠民实事进行票决，表彰了 2016 年度区人大工作先进单位和先进个人。

【区人大常委会会议】2 月 18 日上午，区九届人大常委会举行第一次会议。会议以无记名投票方式表决通过区人民检察院和区监察委员会两项人事任免议案，区人大常委会主任朱利群向会议任命的区监委副主任、委员颁发任命书。会议组织被任命人员进行宪法宣誓。区人大常委会主任朱利群对新一届区人大常委会组成人员提出要自觉加强学习、扛起使命担当、保持良好形象的工作要求。

3 月 21 日上午，区九届人大常委会举行第二次会议。会议以无记名投票方式表决通过区人大常委会主任会议有关人事提请，区人大常委会主任朱利群向会议任命的区人大常委会各办委主任颁发任命书。会议组织被任命人员进行宪法宣誓。会议审议并通过区人大常委会2017年工作要点，并向常委会组成人员征求区人大常委会组成人员履职细则(修订稿)意见。

4月17日上午,区九届人大常委会举行第三次会议。会议以无记名投票方式表决通过区政府有关人事提请,决定任命扎西为区政府副区长,区人大常委会主任朱利群向会议任命的国家工作人员颁发任命书。会议组织被金华市第六届人民代表大会常委会第四十四次会议批准任命的区人民检察院检察长徐洪彬和此次会议决定任命的人员进行宪法宣誓。会议审议并通过区九届人大一次会议代表重点建议督办意见和《区人大常委会组成人员履职细则(修订稿)》。

6月29日上午,区九届人大常委会举行第四次会议。区人大常委会主任朱利群传达省第十四次党代会精神。会议以无记名投票方式通过区政府、主任会议和区人民检察院有关人事提请,朱利群向会议任命的国家工作人员颁发任命书。会议组织此次会议决定任命的人员分两批进行宪法宣誓。会议审议并通过区九届人大常委会各工作委员会组成人员名单,听取和审议区人民法院民事执行工作报告和区人民检察院公诉工作报告。

8月28日上午,区九届人大常委会举行第五次会议。会议以无记名投票方式表决通过区政府有关人事提请,决定免去陶澄滨区政府副区长职务。会议听取和审议区政府有关政府投资重大项目概算调整报告,并以无记名投票方式通过该报告。听取和审议区政府关于2017年上半年计划执行情况报告、关于2016年度财政决算和2017年上半年财政预算执行情况的报告、关于2016年度财政预算执行和其他财政收支情况的审计报告,并以举手表决方式通过区人大常委会关于批准2016年度区财政决算的决议(草案)。听取和审议区政府关于山区群众异地搬迁工作情况报告、关于剿灭劣V类水工作情况报告。审议法制内务司法工委关于规范性文件备案审查规定相关情况介绍,并以举手表决的方式通过《金华市婺城区人民代表大会常务委员会关于规范性文件备案审查的规定》。

10月30日上午，区九届人大常委会举行第六次会议。会议以无记名投票方式通过主任会议、区监委会、区人民法院和区人民检察院有关人事提请。区人大常委会主任朱利群向会议任命的国家工作人员颁发任命书。会议组织此次会议决定任命的人员分批进行宪法宣誓。会议审议并通过区九届人大常委会各街道工作委员会组成人员名单,听取和审议区政府关于区九届人大一次会议代表建议办理情况报告和关于学前教育三年行动计划实施情况报告,听取和财经工委关于《金华市婺城区预算审查监督办法(草案)》的说明,并以举手表决的方式通过《金华市婺城区预算审查监督办法》。

12月7日上午,区九届人大常委会举行第七次会议。会议听取和审议《金华市公安局婺城分局关于对婺城区人大代表陈登文采取刑事强制措施的请示》,对电子表决系统进行模拟测试,并以按表决器的方式通过相关许可决定草案。会议听取和审议区政府关于调整婺城区2017年财政预算的报告,并以按表决器的方式通过区人大常委会关于批准调整2017年财政预算的决议。审议并以按表决器的方式通过区第九届人大常委会代表资格审查委员会名单。讨论研究区九届人大代表辞职及出缺代表补选相关事宜,并以按表决器的方式通过区人大常委会关于接受赵建洪辞去金华市婺城区第九届人民代表大会代表资格的决定和区人大常委会关于补选金华市婺城区第九届人民代表大会代表的决定。讨论研究区九届人大二次会议有关事项,并以按表决器的方式通过区人大常委会关于召开区九届人大二次会议的决定。

12月29日，区九届人大常委会举行第八次会议。会议审查并以无记名投票方式通过区政府关于2018年度政府投资重大项目计划安排。听取人代会筹备处关于区九届人大二次会议的筹备情况报告。会议审议并以按表决器的方式通过区九届人大二次会议议程、主席团和秘书长名单、日程,区九届人大二次会议列席和邀请人员建议名单,出席区九届人大二次会议代表的代表资格审查报告,区人大常委会关于表彰2017年度人大工作各项先进的决定,《区人大常委会工作报告(送审稿)》。审议区政府关于2017年度民生实事项目完成情况报告,决定提交区九届人大二次会议票决的民生实事候选项目，以按表决器的方式对2017年度民生实事项目进行测评，10项民生实事项目测评结果均为满意。初审区人民政府工作报告(含区政府关于水环境保护工作情况报告)、金华经济技术开发区管委会工作报告、金华山旅游经济区管委会工作报告、区计划工作报告、区财政工作报告、区人民法院工作报告、区人民检察院工作报告。报备金华经济技术开发区管委会关于区九届人大一次会议建议办理情况报告和金华山旅游经济区管委会关于区九届人大一次会议建议办理情况报告。

【视察活动】5月4日，组织部分人大代表视察洪源城中村改造等重点工作。视察组实地察看洪源城中村改造和酒坊巷区块征收工作现场，听取区政府相关工作情况汇报。

5月26日，组织部分人大代表视察婺城区人民医院迁建工程建设情况。视察组实地察看迁建工程建设现场，听取区政府、新城区管委会及相关职能部门的情况汇报。

6月2日，组织部分人大代表视察区政府"最多跑一次"改革工作。视察组实地察看区市场监管分中心、区公安分局注册分中心和区行政服务中心，听取区政府及有关部门专项工作汇报。部分代表视察前对部分办事窗口进行明察暗访。

8月3日，组织部分人大代表视察剿灭劣V类工作情况。视察组实地察看竹马乡、新狮街道剿灭劣V类工作现场，听取区政府有关工作情况汇报。

8月3日，区人大组织部分代表视察剿灭劣V类水工作情况　　(区人大供稿)

9月1日上午，组织部分区人大代表视察美丽牧场创建工作。视察组实地察看浙江清山种畜有限公司、浙江美保龙种猪育种有限公司两个基地，听取区政府相关工作情况汇报。

9月19日，组织部分代表视察小城镇环境综合整治情况，实地察看安地镇、雅畈镇小城镇整治现场，听取区政府关于小城镇综合整治行动情况汇报。

10月12日，组织辖区部分市、区人大代表视察农村文化礼堂建设工作。视察组实地察看蒋堂镇泽口村、白龙桥镇叶店村、竹马乡下张家村等3个已建或在建的农村文化礼堂，听取区委宣传部相关工作情况汇报。

11月21日，组织部分区人大代表视察人民调解工作。视察组实地察看白龙桥镇司法所、叶店村人民调解工作现场，听取区政府关于人民调解工作汇报。

【"剿灭劣V类水、人大代表在行动"主题活动】组织代表开展"剿灭劣V类水、人大代表在行动"主题活动，制定下发实施方案，听取和审议区政府关于剿灭劣V类水工作报告，组织代表深入剿劣工作一线，发挥宣传员、讲解员、监督员、示范员、战斗员的作用，督促各级"河长"履职尽责，确保"河长制"发挥长效。全区共有代表2494人次参与活动，297处劣V类水体完成剿灭，56个交接断面平均水质达到Ⅰ~Ⅲ类，为全区剿劣行动的顺利推进发挥作用。

【修订规范性文件备案审查规定】修订区人大常委会关于规范性文件备案审查的规定，健全规范性文件制定、备案审查和管理机制，将规范性文件制定、审核、公布、报备、评估、清理等环节纳入制度化轨道，督促政府充分发挥法制机构和法律顾问的参谋作用，严格履行法制审核程序，着重从文件内容的合法性、制定程序的合规性、文件形式的规范性、制度措施的可行性四个方面进行审核把关，实现区规范性文件合法性、实效性和规范性相统一，文件施行的法律效果和社会效果相统一，未发生由规范性文件引起的行政复议和行政诉讼案件。

【推进民生实事项目代表票决制】采取政府主导、代表票决、部门承办、人大监督的工作模式,由政府提出年度民生实事初步候选项目,经人大常委会审议确定提交大会票决的候选项目,在全体会议上由全体代表一人一票无记名表决产生民生实事实施项目,把政府代民做主变为由民做主。在民生实事项目的实施过程中,组织代表进行全程跟踪和监督,确保实事项目按时高质量完成。年终由常委会对项目实施情况逐项进行满意度测评,测评结果由大会主席团向全体代表报告,并报区委纳入年度相关工作考核内容。

金华市婺城区人民政府

综　述

【概况】 截至2017年底,婺城区辖5个镇、8个乡、5个街道,总面积1073.01平方千米。据公安人口年报统计,年末全区总户数为138185户,总人口36.36万人(城镇人口18.7万人)。

2017年,全区生产总值280.5亿元,增长6.5%;财政总收入42.7亿元,其中区级财政收入10.2亿元;固定资产投资99.5亿元;社会消费品零售总额342.4亿元,增长10%。全区实现第三产业增加值188亿元,增长7%。三次产业结构比重调整为4.6:25.3:70.1。

【工业经济】 全区实现工业总产值304亿元,增长3.3%;规上企业实现产值157亿元,增长5%;完成限额以上工业投资20亿元。企业培育和产业扶持力度加大,完成"个转企"86家、"小升规"15家、企业股份制改造5家,新增"新三板"挂牌企业2家;吉孚汽车、航天动力等一批优质项目落户婺城区,以万里扬为龙头的先进装备制造产业集群进一步壮大。企业效益稳步回升,规上工业企业利润增长35%。品牌建设深入推进,新增省级名牌产品企业2家,3家获政府质量奖。深入开展"双千"活动,加大企业帮扶解困力度,拨付各类奖扶资金1.6亿元,落实转贷应急周转金41家、4.1亿元,企业难题办结率、满意率均达100%。

【农业经济】 全区粮食生产,完成播种面积1万公顷,实现总产量6万吨。"一区一镇"建设稳步推进,安地镇、竹马乡入围市首批特色农业强镇创建名单。农业主体不断壮大,新增农业龙头企业3家,省、市示范性家庭农场6家。畜牧业转型升级步伐加快,创建省级美丽生态牧场9家,"蜂御医"获评"浙江省蜂产品十大名品"。大力实施"全面消除集体经济薄弱村三年行动计划",消除集体经济薄弱村80个。加强农产品质量安全监管,新增无公害农产品、绿色食品32个,农产品省级抽检合格率达100%。

【园区建设】 婺城新城区开发建设步伐加快。推进各分区控规优化调整,空间进一步拓展。配套设施日益完善,公安应急指挥中心投入使用,婺城小学、虹路小学扩建工程加快推进,电力婺城生产基地开工建设。实施330国道、临江东路、二环西路等绿化工程,完成宾虹西路改造提升工程,园区环境秩序明显改观。在建工业项目18个,完成工业投入11.2亿元,实现工业总产值215亿元。仙源湖旅游度假区品质不断提升。完成40.57平方千米扩容总规编制。水上运动中心一期投入试运营,总投资50亿元的金恒德环球汽车文旅主题乐园项目签约。金安公路优化改造、沿线绿化景观提升、度假区牌楼及周边景观节点改造全面完工,BRT5号线全线运营,生态景观廊道加速形成。香溪玫瑰园、桂语山居等房地产项目全面复工。浙中信息产业园集聚效应凸显。入园企业达340家,交易额超70亿元。合丰服务外包产业园正式开园,"京东智汇橙云仓"开仓运营。金华电子商务创业园获评"国家级科技企业孵化器""省4A级电子商务产业基地"。 商贸服务业功能布局不断优化,江北核心商圈、商业街区提升发展。旅游业发展形势喜人,举办“浙中生态廊道·花漫婺城”等系列活动,金华农耕文化园、十里桂花长廊通过国家AAA级旅游景区景观质量评审,全区旅游人数、旅游总收入分别增长29%、28%。房地产业、建筑业保持平稳健康发展。

【改革转型】深化“最多跑一次”改革。围绕“六个一、四个最”改革目标,按照“八统一”加快标准化和规范化进程,全面落实“减事项、减次数、减材料、减时间”要求,不断提高“最多跑一次”改革的质量和效益。“四个平台”建设撬动政府“放管服”。一个中心、两个分中心的政务服务办事格局初步形成,“四个平台”部门派驻、全科网格实现全覆盖,乡镇(街道)“365”便民(社区)服务中心全面实现“一窗受理、集成服务”。梳理规范政务服务事项791项,28个职能部门196个事项实现“零跑动”,完成“最多跑一次”事项办理19.1万件。供给侧结构性改革扎实推进,“三去一降一补”成效明显。深化资源要素市场化配置改革,开展“四无”生产经营单位专项整治,关停“低小散”企业(作坊)160家,盘活闲置低效用地31.8公顷,消化批而未供土地23.6公顷。深入推进“四换三名”“两化融合”,新增市级以上“三名”企业8家、“两化融合”企业11家。农业农村改革不断深化。332个村社土地承包经营权确权登记颁证、8.4万公顷林权勘界工作基本完成。

【招才引智】招商引资取得新进展,引进浙(婺)商回归项目21个,到位资金16亿元;引进内资项目38个,到位资金20亿元。实现外贸进出口总额41.2亿元。招才引智实现新突破,成立婺城海内外高层次人才联谊会,引进“千人计划”专家7人、海外院士2人,入选“浙江工匠”等省市人才13人,创历史新高。创新能力持续提升。着力共建金义科创廊道,围绕“一条金腰带、六大区块、八大平台”总体布局,启动科创廊道建设三年行动计划,打造总长13千米、涵盖40平方千米的婺城科创廊道。浙师大婺城科创园建设有序推进,浙江工商大学金华食品产业化研究院揭牌运行。新增省级科技型中小企业61家、省市研发中心18家、高新技术企业28家,入围市级技术创新项目22个、战略性新兴产业重大攻关项目5个、关键共性技术攻关项目17个,均居全市前列。

【城乡建设】以全国文明城市创建为统领,抓资源整合、执法联动和信息化建设,推动城市管理由粗放向精细、静态向动态、被动向主动转变。城市管理水平提升。综合执法体制改革稳步推进,执法力量全面下沉一线。加强“数字城管”建设,打造更加集成高效的城市管理指挥系统。打响垃圾治理攻坚战。城乡建设协调发展,城市有机更新步伐加快。“五改”工作扎实推进,改造旧住宅182万平方米、旧厂区45万平方米、城中村31万平方米、背街小巷18条;完成新华街、通园路等8条主要道路沿街立面改造22万平方米,老城街区旧貌换新颜。二七区块开发建设纵深推进,涉铁房屋征收取得突破,巨龙安置房、解放西路改造西段基本完工,110千伏河盘变建成投运,金师附小教育集团小学加快建设,中天、美的等房产项目有序推进。基础设施更加完善。共建综合交通廊道,实施廊道建设项目22个,完成投资15.2亿元。铁路金华竹马货场正式启用,衢江婺城段航运开发、杭金衢高速拓改一期工程全面完工,330国道跨宾虹西路立交桥主体完工,S313(45省道)改建、235国道金武快速路、金义东城际轨道婺城段等重点工程加快推进。新建联网公路14千米,完成农村公路大中修51千米。城市治堵力度加大,加强交通陋习、超限超载整治,拓宽瓶颈路5条、9.6千米,新增停车位231个。全省治堵现场会在全区召开。杭金衢金华出口获评“省级最美入城口”。镇村建设扎实推进。投入9.6亿元实施小城镇环境综合整治项目147个,首批4个乡镇基本完成整治,莘畈乡以全省第十率先通过考核验收。美丽乡村建设亮点纷呈,创建精品村5个、秀美村10个、美丽宜居示范村2个,秀美南山风景线不断完善。

2017年,积极应对多年未遇的抗洪抢险,保障人民群众生命财产安全;迎难而上,完成洪源、安地、酒坊巷等区块房屋征收,处置环保督察问题,拆除畜禽养殖场1266家、115万平方米,关停一批非法制砂场、违规排污企业,干群齐心打造“婺城蓝”;履职尽责,完成“治危拆违”,拆除违建484万平方米,治理危房2755户,其中1760户农村D级危房全面拆除，着力消除安全隐患。

【生态建设】廊道共建全面推进。高规格组建廊道办，完成《婺城区浙中生态廊道建设规划》编制，明确"一轴三域四带"总体布局。启动生态廊道建设五年行动计划，实施廊道建设项目44个，完成投资25.2亿元。金华江治理一期基本完工，婺江西路优化改造、白沙溪绿化景观等示范工程有序实施，长山国际设计走廊、乌啦乌两头乌文化产业园等重点项目签约。"五水共治"全面深化。严格执行《金华市水环境保护条例》，广泛开展宣传贯彻活动，强化政府主体责任，深化水环境综合治理。全面剿劣治污，实施剿灭劣V类水"八大工程"，完成截污纳管11千米、河道综合整治34千米、清淤171万立方米，剿灭劣V类小微水体297个。开展市区治污大会战，完成老旧小区雨污分流改造31个、雨污管网错接点改造211处、排污口整治62个。全区交接断面水质总体稳定，主要干流水质提升到IV类以上。加强供水节水，新增节水灌溉面积226.6公顷，完成农村饮用水安全提升改造8个村，加强工业节水技改，万元GDP用水量下降10.8%。推进防洪排涝，完成水利标准化项目17个，实施水库除险加固2座、山塘整治12座，新建、提标改造雨水管网7.9千米。治气治土全面加强。实施重点减排工程16个，整治高污染燃料锅炉376台，完成17座加油站59个地下油罐更新防渗改造，推进水泥、化工企业废气清洁排放改造。PM2.5浓度均值下降13.3%。完成植树造林250.87公顷，培育省级森林城镇2个、森林村庄4个。大力推进城镇生活垃圾分类，改造垃圾房40座；农村生活垃圾集中清运实现全覆盖，无害化处理率达100%。

2017年，多项重点工作获上级肯定。入选省首批"放心粮油"示范区和省首批农村综合改革、省"四联三防"反恐建设等试点。创新"无欠薪"用工监管、农村交通"两站两员"管理等模式，有效破解领域难题，获全省推广。"双堂双进"研学活动登陆央视新闻联播，立德树人"婺城模式"荣膺"全国民生示范工程"，剿灭劣V类水"婺城经验"被《人民日报》"点赞"。

【教育文体计生事业】教育事业持续发展。启动实施基础教育重点县提升计划。投入1.6亿元实施12个教育基建工程，省级标准化学校比例达96%。积极开展学校布局调整，整合成立浙师大附小、环城小学虹路校区、金华五中白沙校区和仙源湖校区。实施学前教育扩容工程，新(改)建等级幼儿园5所。大力扶持民办教育，新建民办学校2所。完善教师流动制度，城乡师资更加均衡。文体事业蓬勃发展。新建农村文化礼堂15家，全省首家文化礼堂创意产业园落户竹马乡下张家村；举办文化走亲、乡音宣讲等活动82场，送戏下乡208场，送电影下乡3300场。完成10个小康体育村提升工程，成功举办中国皮划艇巡回赛、中国门球挑战赛全国休闲气排球交流赛等品牌赛事活动，获市九运会金牌和总分"双冠"，婺城籍运动员获世界少年田径锦标赛跳远冠军，全国室内田径锦标赛800米、1500米冠军。医药卫生事业健康发展。深化医药卫生体制改革，高效推进分级诊疗，"医联体"建设实现全覆盖。启动5家街道社区卫生服务中心标准化建设。加强计生队伍建设，计生服务管理水平不断提升。

【社会保障】民生保障持续改善。城镇、农村居民人均可支配收入分别增长8%、9%，人民生活水平不断提高。社会保障体系进一步完善。新增被征地农民参保2533人，政策性农村住房保险、基本养老保险、基本医疗保险参保率均在98.5%以上。新建居家养老服务中心27家，完成白龙桥敬老院改造。发放各类救助款2813万元。就业服务更加精准高效。积极举办各类职业培训、招聘会和劳务集市活动，新增就业4803人，完成农村劳动力培训3200人。扶贫工程深入推进。实施山区扶贫项目20个，助力山区农民增收。大力发展来料加工，发放加工费2.7亿元。社会保持和谐稳定。

2017年，民生投入不断加大，年度十大民生实事全面完成。老农保遗留问题全面解决，城乡低保实现一体化。异地搬迁加快推进，安置移民705户1656人。区人民医院新院区基本建成，签约市中心医院全面托管，优质医疗资源进一步下沉。全面实现村村通客车。

【平安建设】完成中共十九大、"一带一路"高峰论坛、第四届互联网大会以及省市党代会、各级“两会”等安保任务。平稳完成村级组织换届选举。深化领导约访接访制度,信访总量明显下降。完成区应急联动指挥中心建设。安全生产和消防安全形势稳定,安全生产事故、死亡人数实现“双下降”。食品安全治理水平持续提升,乡镇(街道)食安办规范化建设实现全覆盖,创建“放心市场”2家。药品企业视频监管系统实现全覆盖。狠抓防灾减灾,新(改扩)建避灾安置点113家,地质灾害隐患避让搬迁点拆除率达96%。

2017年,平安创建实现“十二连冠”,夺得“平安金鼎”。成功创建“全国青少年普法教育示范区”“省示范文明城区”“省软件和信息服务产业特色基地”,获评“省新农村建设优秀单位”“省农村生活垃圾治理工作优胜县”。三家单位分别荣膺全国文明单位、文明村镇和文明校园。顺利通过公共文化服务标准化两年提升省级考核验收。

【作风建设】 区政府不断加强自身建设,大力支持群团组织改革工作,推动群团组织“强三性、去四化”。人民武装、民族宗教、慈善、外事、侨务、对台以及工青妇、双拥、老龄、残疾人、红十字等各项事业都取得新的成绩。加大政务公开力度,发布政府信息5852条,依申请公开及时答复率达100%。自觉接受人大依法监督、政协民主监督和社会监督,人大代表建议、政协委员提案解决率分别为84.1%、92.5%。认真落实全面从严治党要求,扎实推进惩防体系建设,全力打造“清廉婺城”。坚持厉行节约,“三公经费”压减30%。推进区机关办公用房腾退整合,全面实现集中办公。

(婺城区地方志办公室)

区政府办公室工作

【概况】 2017年,区政府办公室在区委、区政府的正确领导下,紧紧围绕区委、区政府中心工作,坚持“严谨、务实、高效”的工作原则,切实转变工作作风,不断提升“三办三服务”水平,较好地发挥了参谋、协调和保障的作用,为全区各项工作顺利推进做出了积极贡献。

【组织协调工作】 坚持总揽全局、协调各方、承内联外,充分发挥政府办公室枢纽作用。保持与上级沟通联系,及时了解并紧扣上级机关工作思路和重要举措,合理安排区政府工作计划。密切关注上级重要会议、文件精神和重大决策部署,对中共十九大、省委全会、市委全会等重要会议,第一时间组织传达、学习。顺畅部门间沟通衔接,及时沟通,统一步调。对洪源城中村改造、迎接中央环保督察等重点工作,密切与相关单位沟通、协作,积极协助区委、区政府成立洪源城中村改造指挥部、迎接中央环保督察协调联络组等专门办事机构,完成领导交办的各项任务。精心组织,完成金华发展大会、四平市铁西区党政代表团来访等各项重要接待任务。积极推动对外友好交往,参与签订与四平市铁西区对口合作暨友好城区协议。

【政务督察工作】 坚持着眼重点、找准难点、强化落实,充分提高政府工作实效。坚持转变作风抓督办。制度化执行督察室列席重要会议。以项目建设为中心,深入一线,督察进展情况。对临江东路绿化项目、区人民医院建设等开展重点督办,问题高效解决,项目扎实推进。对畜牧业、危旧房整治的责任部门及乡镇(街道)进行每日通报,跟踪督办,整治取得实效。围绕领导关注的问题,突出领导交办、批办事项督察。深入洪源、鲍杨、三联等城中村改造及酒坊巷区块征收一线进行督办。重点解决“一城一区”建设问题。坚持一线工作法,积极发现问题,研究解决问题,砂石厂污染、畜牧业污染等重点问题高效处置,并稳妥推进行业转型升级。对中央环保督察重点案件后续整改、政府工作报告中重点任务、十大民生实事开展重点督察、督办220余次。抓好领导批示办理及落实,全年共发出抄告单51份,领导批示交办单454份,对领导批示件,做到件件有登记、件件有办理、件件有反馈、件件有着落。认真落实人大和政协监督视察决议、建议意见,做好重点工作报告和通报,全年办理代表建议270件、委员提案253件,解决率分别为82.6%和92.5%,满意率分别为98.1%和99.2%。

【信息调查工作】 进一步提高信息服务水平。围绕区委、区政府中心工作，抓重点，攻难点，树亮点。及时掌握和化解苗头性、倾向性问题，及时收集和上报各类信息，及时、准确、全面地为领导提供实事情况和决策依据。2017年共上报政务信息560余条，市级采用80余条，省级采用9条，特别对洪源城中村改造、无欠薪婺城、拆建育畜禽养殖优化布局、"两站两员"、水源保护区高水平建设小康社会七法等工作做了相关信息整理，获得省级领导批示5条。另外，各科室按照所服务的分管领导工作，结合区经济社会发展的热点、难点、焦点问题，深入基层和工作一线，组织开展专项调研，撰写调研文章10余篇，为区委、区政府决策提供了重要参考，较好地发挥了参谋作用。

【法治政府建设】不断强化规范性文件管理。认真做好行政规范性文件合法性审查，共提交行政规范性文件6件，扎实做好行政规范性文件清理工作。有效规范行政执法行为。全面完成对行政许可、非许可审批和备案登记事项清理审查工作。依法办理行政复议应诉案件，畅通行政复议渠道，创新行政复议工作方式，提高办案质量。全年婺城区人民政府共收到行政复议申请21件，受理17件。认真组织政府常务会议集体学法，组织学法5次。继续深化政府信息公开。全年主动公开政府信息约13764条。积极完善政府信息公开载体建设。对政府门户网站进行优化，进一步优化信息类别，完善版面设置，方便公众查阅。

【办公室日常工作】办文办会办事精益求精。会务承办勤俭高效。区政府常务会议、区长办公会等重要会议，做到会议议题重点化，上会内容规范化，会议纪要编发及时，并对会议议定重要事项进行细化分解、督促落实。全年共收办各级各类文件3000余件，制发文件450余件，收发传真1300余件，未出现误事、误时、泄密现象。组织常务会议22次、区长办公会24次，参与承办两会和以区委、区政府名义召开的各类会议外，组织落实各类省、市级会议730余次。电子政务建设扎实推进。2017年，实现区政府各部门电子公文交换，提高公文流转速度，降低办公纸张消耗与文件打印成本。继续加大"微政务"使用效率，各微信群累计发布各类政务信息9600余条，交办事项1200余条，督办事项1000余条，日常工作汇报5300余条，重要工作进程信息700余条，实现各部门，乡、镇、街道网上全程信息沟通发布。应急管理工作日益完善。整合治安监控、交警、气象、防汛、交通、森林消防、政务服务、平安建设等信息系统，初步建成全省一流的区大数据联动指挥中心（应急联动指挥中心），做到"平战结合"。积极开展各类应急演练，承办全省综合应急实战演练，进一步提高突发公共事件的应急处置能力。此外，金融工作办公室高效运转，在金融维稳、企业帮扶促进经济健康发展等方面开展了一系列行之有效的工作。

【转变工作作风】深入学习实践，提升队伍素质。认真组织学习中共十九大、习近平重要讲话精神，从思想上保持与时俱进，着力提升整体政治理论水平，真正做到学以增智、学以致用。开展经常性下基层、进企业调研活动。加强班子建设，形成工作合力。把领导班子建设成思想统一、团结奋进、步调一致、战斗力强的领导集体。推进廉政教育，筑牢思想防线。认真落实党风廉政建设责任制和中央八项规定精神，严格执行领导干部廉政自律各项规定。经常性开展廉政学习、警示教育等活动，通过身边的典型案例，提醒全办干部职工始终保持头脑清醒，提高思想认识和纪律观念，严防违法违纪行为发生。

区机关事务管理局

【概况】区机关事务管理局（以下简称管理局）在区委、区政府的坚强领导下，在市局的精心指导下，认真贯彻落实中共十九大及习近平总书记系列重要讲话精神，深入开展"两学一做"学习教育，紧紧围绕全年工作目标任务，发扬"敢挺、苦干、实拼"精神，攻坚克难、开拓创新，全力推动机关事务管理各项工作的开展，为婺城发展提供了强有力的后勤保障。

【机关党建】认真学习贯彻十九大会议精神。严格按照学习计划召开党支部会议专题学习十九大报告和党章，组织全体党员开展十九大专题考学，努力建设适应新时代中国特色社会主义法治要求的高素质机关事务管理队伍。深入开展“两学一做”学习教育。积极开展专题学习、专题培训、专题宣讲、讲党课、赴革命老区缅怀先烈、选派“第一书记”挂点贫困村等学习活动。全面加强班子队伍建设。充分发挥党支部作用,坚持民主集中制,严格执行“三重一大”集体议事制,严肃党内政治生活。坚持正确的选人用人导向,认真落实干部提拔任用“一报告三评议”。严格落实党风廉政建设责任。严格落实从严治党“两个责任”,主要领导履行“第一责任人”职责,班子成员认真履行“一岗双责”。加强廉政教育,强化廉政管理,强化监督机制。

【公务接待】严格执行中央、省、市、区公务接待制度规定,明确公务接待范围、标准,建立公务接待审批、对口接待、一事一结、接待清单、信息公开等制度,规范公务接待,认真贯彻落实中央八项规定和省委、省政府十项规定,努力提升公务接待水平。截至12月底,完成公务接待145批、1526人次,包括金华发展大会、中农联·浙中国际农产品交易中心项目签约仪式、浙江省第三地质大队战略合作协议签约仪式等大型活动的接待工作。

【后勤保障】认真做好设备维保工作。2017年完成各部门灯具、门锁、门窗、抽屉、文件柜等日常报修2472次。完成区行政中心南楼部分空调主机更新改造、南北楼亮化工程、广场音乐喷泉设施改造工程、后勤中心货梯拆旧换新及南北楼电梯加装空调等。

绿化管理水平不断提升。及时更换补植损毁、缺失树木,适时对树木进行修剪、整形和抗旱治虫,每逢节假日或重要活动期间,及时摆放花卉苗木装饰,营造喜庆节日气氛。

全面做好卫生保洁工作。严格按照创卫标准做好日常保洁,办公区卫生每日两次清扫,垃圾日产日清,每月开展一次环境卫生集中整治,彻底消除卫生死角。组织开展了垃圾分类知识培训会,进一步提升了保洁员的业务技能。

扎实做好会务服务工作。截至12月底,高质量完成党代会、人大、政协等全区性大、小型会议1185场,二七新村会议服务86场。同时,为改善会务环境，对区会议中心201、202和825会议室进行了硬件设施提升改造。

完善配套便民服务设施。为进一步维护女职工权益,为女职工工作和生活提供便利,经多次实地考察,在区行政中心原医务室的基础上改造增设了一间母婴室,为区行政中心内有需要的女职工创造了温馨、舒适、便捷的环境。

【安全保卫】严格贯彻“安全第一,预防为主”的工作方针,积极抓好安全管理,坚持出入人员、物资检查登记,做好政务活动安保及各项安全防范工作,2017年共登记来访人员93110人次，接待上访150批、2029人次，其中个人上访84批、238人次，集体上访66批、1791人次。加强机关大院行停车管理,着力改善大院停车秩序,办理新增机关大院车辆出入证1800多张,疏导指引违规停放(含行驶)车辆3000多辆次。邀请婺城公安分局和白龙桥派出所干警指导全体保安队员进行反恐防爆应急处突演练,进一步提升队员处突能力。对区行政中心消防隐患进行专项排查整改,全力提升机关大楼消防安全管理水平。完成区行政中心监控系统建设项目,新增及替换高清摄像头275只,实现区行政中心无死角全覆盖，同时采用红外对射报警系统,实现红外对射与摄像头联动报警,基本满足机关安防工作需求，有效提升行政中心安防能力和管理水平。

【公务用车管理】婺城区公务用车智能化管理平台于2017年6月正式启用，按时完成了公务用车管理平台建设工作任务。在智能化管理手段的基础上,管理局以队伍建设促安全服务,高度重视提升司勤人员的职业道德水准和服务意识。以科学调度,促运行便捷,严格执行车辆调度操作规范,做到不迟派、不误派、不漏派,做到任务全过程追踪和信息反馈,确保公务车辆使用合理高效、调配有力。以统一管理促集约节约，平台运行实行定点停放、定点维修、定点加油、定点保险、定点洗车“五统一”。以标识规范促监督公开,按照省、市、区车改办确定的公车标识化管理标准和要求,全面落实党政机关定向化保障车辆的标识化管理,提高公务车使用透明度,主动接受社会监督。

【公共机构节能】切实发挥全区公共机构节能主管部门的职能作用，扎实推进公共机构节能工作,全区公共机构节能工作取得明显成效,顺利通过省局对区的考核检查。引领带动,积极开展示范单位创建工作。发挥公共机构节约能源资源的示范引领作用，启动区公共机构节水型单位创建工作。科学规划,建立完善考核体系。做好节能减排统计工作,加强研究,逐步建立和完善节能减排统计制度。多方宣教,增强节能意识。通过发放节能倡议书、张贴宣传画、LED显示屏播放节能宣传片和节能宣传标语等方式开展了节能宣传。突出重点,推进节能改造。大力推广应用新能源和节能新技术、新产品,重点抓好空调、照明、电开水器、机房等耗能设施设备的节能改造工作。做好全区公共机构的LED照明灯具的改造工作,2017年年底，区行政中心LED节能改造率达到100%。多措并举,落实垃圾分类。做好垃圾分类宣传教育,在机关食堂专门设立餐厨垃圾桶、纸巾回收桶,在行政大楼内添置专业分类垃圾桶,同时对大楼内原有垃圾桶进行升级改造,统一粘贴垃圾分类专用标识。

【办公用房清理整合】2017年3月,管理局精心组织,深入调研,做好全区行政事业单位办公用房清理整合工作。组织领导“长效化”,确保工作取得实效。及时成立婺城区办公用房清理整合工作领导小组,为全区办公用房清理整合工作提供强有力的组织保障。过程“有序化”,实行分时段稳步推进。明确时间节点,稳步推进各部门单位办公用房整合工作。数据“精准化”,实现动态化信息管理。管理局会同区编办对各部门上报的房号、面积、实有人数、职务等数据进行审核,确保数据真实准确。调配“科学化”,促进国有资产集约利用。管理局按照“集中、优化、便民”的思路,严格标准把控,坚持面积“双控”原则、按片腾空原则、“小移大稳”原则、工作性质相近原则对行政中心办公用房进行合理调配整合,推进办公用房统一集中管理,办公用房资源得到有效配置。

【一卡通】为认真贯彻落实中央八项规定,进一步推进党风廉政建设,彻底解决机关干部下乡同城接待工作餐问题,管理局积极转变思路,创新管理方式,在区行政中心及各乡镇、街道食堂全面推行就餐“一卡通”,促使全区机关干部仅持一卡即可在各联网单位食堂刷卡就餐,逐步实现“全区机关食堂大流通”,成功破解同城接待难题。

【后勤保障服务管理监督委员会】为不断提升机关后勤保障能力及服务质量,深入推进区机关后勤精细化服务,管理局成立了婺城区机关后勤保障服务管理监督委员会,由区行政中心内各部门代表组成,具体负责对区机关事务管理局后勤保障服务工作的监督管理和考评,及时收集机关干部职工的意见、建议和服务需求,定期召开会议协调和解决相关问题,督促区机关后勤保障改进工作,提高后勤保障服务质量。

【食堂管理】在拓展就餐空间上做文章。为优化机关食堂用餐环境，改善机关干部用餐体验,同时进一步丰富餐饮服务内容,满足机关干部多元化的就餐需求，管理局经与瑞堂国际等单位协商,增设了位于区行政中心机关食堂东侧的瑞唐国际第二食府及区交通局食堂就餐点,机关干部可持食堂就餐卡前往刷卡就餐,就餐空间得以拓展,机关食堂就餐排长队的拥挤现象有了明显改善。拉近食堂员工与干部职工距离。自11月起,机关食堂将每个月的第一个星期三定为“快乐星期三”,开展“你学我教”课程教学活动,与广大干部职工一起分享美食制作心得。

【其他工作】配合做好各拆迁指挥部的后勤保障工作。抽调人员常驻洪二七指挥部、源拆迁及上浮桥拆迁一线，确保第一时间安排好交通用车、饮食服务、场地布置等工作。配合做好中央环保督察组到婺的后勤保障工作。全方位做好区行政中心路面整修、停车位改造、绿化整修整治等工程。

(陈璐莹)

行政审批与服务中心

【概况】金华市婺城区行政服务中心及金华市婺城区公共资源交易管理委员会办公室坐落于婺

城区紫金南街369号瑞唐国际附楼,实行两块牌子、一套班子的运行管理模式。内设办公室、督查科、业务科、投资代办中心、金华市公共资源交易中心婺城区分中心。中心办公大楼共四层,一、二层为行政审批服务办事大厅,三层为公共资源交易场所。四层为中心机关办公区。2017年,区行政服务中心大厅集中办事的部门22个,窗口工作人员80人。中心紧紧围绕区委、区政府中心工作,全面贯彻落实中共十八大、十九大会议精神,深入开展"两学一做"常态化制度化学习教育活动,扎实推进"最多跑一次"改革和公共资源交易平台建设。

【梳理公布事项清单】 按照省里关于"最多跑一次"事项的界定标准,分别在2月底和3月底在《今日婺城》报刊上刊登各职能部门"最多跑一次"事项,之后作动态调整公布。2017年,通过梳理比对,全区28个部门实现"最多跑一次"事项达797项,占应列入事项806项的98.88%。

【"一窗受理、集成服务"】 设置投资项目审批、商事登记、不动产登记、其他综合受理等4个综合窗口和社会事务、经济发展、社会保障等7个受理区。群众办事由跑多个窗口改为跑一个窗口。

【商事登记制度改革】 7月19日,商事登记全程电子化登记管理系统上线运行。金华市成全训练器材有限公司的企业负责人现场通过二维码扫描领取了电子营业执照,标志区商事登记走在全省前列,迈入"无纸化、无介质、无费用、零见面"的新阶段。推行企业名称和住所申报承诺制,方便企业办理工商注册登记。商事登记"五证合一""一照一码""先照后证"已全面实施,证照联办事项按上级"一窗受理"的要求,重新整合办事流程和办事指南,维护联办事项权力库信息,并在政务网上展示,部分事项已实现联办。

【投资项目承诺审批制度改革】 由区发改局与行政服务中心联合牵头组织实施,按年底完成企业投资项目承诺制不少于备案项目的20%,在2018年年底企业自愿选择承诺制审批项目100%的目标。对企业投资项目审批环节进行流程重构,探索"政府定标准、企业作承诺、过程强监管、失信有惩戒、提速优服务"的新型企业投资项目审批模式,一次承诺、全程代办,变企业跑为政府全程跑。制定下发《婺城区企业投资项目承诺制改革实施方案》,确保有章可循、按制度实施。

【推进"最多跑一次"改革向基层延伸】 结合区乡镇(街道)不同特点,采用试点先行、以点带面、分类指导、整体推进的方法。18个乡镇(街道)"365"便民服务中心按平原乡镇、山区乡和城区街道三种类型,分类设置(5个、4个、3个)综合受理窗口。378个村(社区)便民服务中心根据村(社区)规模大小、经济发展水平高低和办公条件差异,分为示范型、标准型和普通型三种标准建设完善。

3月1日,召开中心2016年度工作先进表彰暨2017年度工作部署会,中心主任姜雍禄、副主任陈险峰、陈强参加会议　　(区行政服务中心供稿)

【公共资源全流程电子交易综合系统上线运行】 7月12日,公共资源全流程电子交易综合系统在区级平台上线运行,实现省、市、区三级公共资源交易平台数据自动对接。保障招投标过程公开透明,实现"数据网络跑"代替"人员资料跑",减少招标代理机构的工作量,方便投标人办理投标手续,降低交易成本。同时,系统全面记录各市场主体、代理机构、监管机构信息,形成来源可溯、去向可查、监督留痕、责任可究的完整信息链条。10月,新系统实现投标人投标保证金连本带息退还机制。

【公共资源交易平台规范化建设】 按照金华市公共资源交易平台的规范化建设标准,对开、评标区进行扩容,设立候标区、监控室、2个评标室、2个询标室、2个开标室（其中309开标室可容纳200人，310开标室可容纳80人）等，在评标区启用门禁装置、专家储物柜，增设独立卫生间和餐厅，不断完善交易平台建设。实现同时段2个项目同时开标，一个工作日可完成开评标4~6个，运行效率得到很大提升，为更好保障区重点工程项目顺利推进打下基础。

侨务工作

【概况】 2017年，婺城区侨办围绕区委、区政府中心工作，认真学习贯彻中共十九大精神，坚持“以侨为本”原则，做好为侨服务工作，有序推进各项侨务工作，在凝聚侨心、发挥侨力、集中侨智方面取得较好成效。

【招商引资】 主动对接“一带一路”倡议，融入“大侨联”格局。6月17日，中欧女企业家、欧洲华人华侨妇女联合总会“一带一路”金华行婺城区项目推介会在缤虹星城举行，陈旭辉部长致欢迎辞。介绍印尼侨商徐祖茂、台湾新竹罗姓宗亲会参访团与天下谱局文化有限公司进行对接，接待香港香江聚贤经贸考察团和日本金华总商会经济文化考察团到婺城考察，增进婺城与各地的经济文化交流。

【引才引智】 举行各类联谊活动4次，接待海外华人华侨和香港同乡会成员共计53人次。邀请婺城籍海外和海归高端人才参加婺城区海内外高层次人才联谊会，推荐邀请4名海外高端人才参加金华发展大会。组织海外名校学子参加走进古村落活动，开展香港青年金华游泳交流等活动。对接走访多名侨界高层次人才。努力促成人才回归、项目合作。

【侨情核查】 在2013年全区全面侨情调查的基础上开展侨情核对更新，重点登记新增留学人员，汇总统计各乡镇（街道）华人华侨及留学人员369人、机关部门104人。下一步将逐步推动侨情调查成为周期性工作，以侨情年报的形式做到每年更新完善，为今后更好开展侨务工作夯实基础。

【为侨服务】 热情接待前来办理各项业务和咨询涉侨政策法规的侨胞、侨眷。积极推进“最多跑一次”改革。2017年为6名华侨办理身份认定，为4名学生办理“三侨生”认定，为2名华侨办理华侨回国定居手续，得到侨界群众好评。（袁倩蕾）

住房公积金婺城管理

【概况】 2017年，金华市住房公积金管理中心婺城管理部，围绕年度工作总目标，以“最多跑一次”改革为契机，以服务促发展为落脚点，公积金管理工作成效显著，并在全市公积金系统工作岗位目标考评中获优秀。

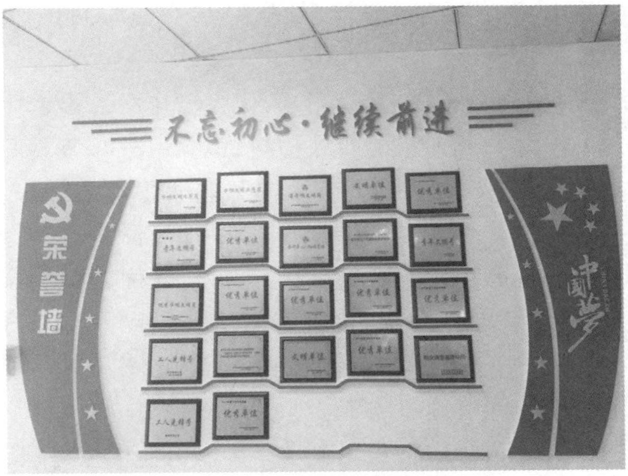

荣誉墙（区公积金管理中心供稿）

【住房公积金归集】 2017年，归集住房公积金1.98亿元，累计归集住房公积金13.1亿元，完成年度目标任务1.7亿元的116.5%。

【住房公积金缴存】 2017年，全区住房公积金缴存单位416个，缴存职工10326人（其中区域调整市中心3个单位、172人，调整到金东1个单位、45人），新增人数2056人，净增人数1036人，实缴住房公积金人数比上年底增长11.15%，超考核责任目标3.15个百分点。

【住房公积金提取】 2017年，提取住房公积金1.62亿元，同比增长1.95%，办理提取业务14556人次，占当年归集额的81.8%，其中住房消费类提取1.36亿元，退休、终止劳动合同户口迁移等销户提取 0.256 亿元。累计提取住房公积金 9.43 亿元。

【住房公积金贷款】2017 年,发放住房公积金贷款 1.3 亿元,发放户 348 数户,存贷比 96%,放贷额同比增长 21.5 %,累计发放住房公积金贷款 4431 户、10.4 亿元。2017 年,住房公积金个贷逾期率为 0,已连续 6 年保持零逾期。

【住房公积金增值收益】2017 年,住房公积金业务收入 1768.2 万元,业务支出 866.3 万元,实现增值收益 901.9 万元。

【数据上传】住房公积金缴存、提取、贷款等主要业务基础数据按省、市监管信息系统要求的数据标准,及时、准确、完整、真实地上传到市中心。

【信息报送】向省建设厅《建设信息港》投稿并采用 6 篇。"最多跑一次"改革在《今日婺城》的专版刊载 2 次。

【梳理公布权力清单】简化大量住房公积金转移、提取、贷款业务的收件材料、单位审核环节及相关办理程序,更大程度方便职工办理业务;公积金缴存信息实现金华各县(市、区)共享,省去职工为异地开具缴存证明而奔波;接入全国住房公积金异地转移接续平台,从此避免职工工作调动需要转移公积金时在转入地和转出地往返奔波,实现"账随人走";全面梳理权力事项和公共服务事项,在政务服务网公布含住房公积金缴存、住房公积金提取、住房公积金贷款 3 项权利事项主项及其 28 项子项,住房公积金缴存证明、住房公积金个人账户信息查询 2 项公共服务事项,所有事项的申请条件、申请材料、办理流程、法定依据等均清楚罗列,并全部开通了网上预审、直接查询功能。根据政策的调整同步修改办事服务指南,实现线上线下服务指南一致。

【委托下放,"最多跑一次"】2017 年,公积金管理中心多次召开委托银行业务的负责人和经办人参加的贷款业务研讨会,与受托银行签订委托协议,决定将贷款收件环节前置银行办理,形成"一窗受理、两家办事、一次办结"的公积金贷款新模式。4 月正式委托到年底,各银行总计受理住房公积金贷款 329 户 1.14 亿元,实现了职工办理贷款"最多跑一次"的历史性跨越。经过前期业务研讨和培训,10 月 31 日起,将部分提取业务下放到银行办理。缴存职工办理购买期房、现房、二手房提取公积金,商业性住房贷款及公积金贷款一年一次还贷提取公积金,可就近就便自主选择办理网点。

【公积金政策调整】2017 年,为促进房地产市场平稳发展,于 2 月、3 月两次调整贷款额度;自 6 月 6 日起,使用公积金贷款购买二星级以上绿色建筑的,在可贷比例之内公积金贷款额度可上浮 10%;根据市中心统一要求,及时简化转移、提取等业务的审核环节和办理程序;8 月 21 日起,享受最低生活保障且当前无住房公积金贷款的职工可提取本人及配偶的公积金;8 月 30 日,我部开展住房公积金贷款部分提前还款业务;9 月 15 日起,使用住房公积金贷款购买第二套住房,贷款利率按基准利率的 1.1 倍执行。

按时开展基数调整工作,严格落实"控高保低"政策,按照规定标准调整公积金缴存基数及月缴存额限值。

【严格执法】2017 年,认真审核业务材料,对骗提骗贷行为零容忍。11 月,发现虚假不动产权证书,对骗提人员进行了严肃处理;运用 G 系统将近三年内骗提骗贷人员和法院查封人员的公积金账户在查封期内直接冻结,替代以往人工记录的方式,更为科学有效。

【政务公开】2017 年,政策调整等公告及时通过婺城政府网、阳光工程网、门户网等多个途径同时发布,构成立体信息网络;每周通过门户网站发布工作最新动态和文明创建情况,共计发布通知公告 22 条、工作动态 50 条、行业信息 47 条。9 月,应国务院统一要求部署,关停了婺城住房公积金网,将信息发布功能统一整合迁移到婺城政府网,服务指南功能迁移到浙江政务服务网。耐心处理信访投诉、"8890"便民热线咨询投诉,共收到意见和问题 6 件,经过工作人员的耐心解答,回复满意度达 100%。

【规范资金运行】2017 年,开展银行账户清理工作和"小金库"专项检查工作,和各受托银行签订《住房公积金支付结算业务合作协议》《住房公积金金融业务委托合同》,保障业务开展规范化;为提高住房公积金资金增值效益，和金融部门签订 50 万元以上《协定存款协议书》;对已到期的增值收益定期存款,采用竞争性招投标方式转存,3 月顺利完成了 5000 余万元的定期存款招标工作; 区审计局对 2016 年度住房公积金运行情况进行了审计,并于 3 月 27 日在《今日婺城》进行公告,接受社会监督。

【G 系统平稳过渡】 2017 年 1 月,由于新系统上线业务暂停及操作系统不稳定等多种原因,业务材料积压,工作人员利用晚上和周末休息时间加班加点,最终完成新老系统的平稳过渡。9 月,G 系统版本升级。前期,人员积极参加市中心的三轮培训。升级最后阶段,时间紧,任务重。为确保周一正常对外服务,全体工作人员周末两天加班待命,完成角色重新分配和操作,在试运行当天运用真实案例操作成功。

【提升效率】 提高认识,把控进度,不断规范数据库表设计和基数数据采集， 及时清理历史数据、精简银行账户、优化业务流程。提高财务效率,通过业务办理明细、资金结算明细和财务核算明细三者匹配,实现财务对账和记账自动化,确保财务精准核算。做到每日账户平衡,专户对账平衡,做到日清日结。每日终将财务平衡检查拍照上报。

【扩面工作】 调动银行共同参与,将银行助力扩面工作的实效直接纳入竞争性存放的考核,明确归集任务到各银行。

送政策上企业。对在摸排过程中有建缴公积金意向的规上企业主动送政策上门。鼓励企业从骨干层开始,从低基数低比例开始,逐步实现全体职工建缴公积金。1 月,婺城公安分局将在分局服务 1 年以上的 410 名聘用人员由金盾公司代为建缴公积金。4 月， 山山烘焙公司在原来的基础上新增建缴 48 人,巩固了原有工作成效,让更多企业职工获益。

【党风廉政建设】 3 月,区公积金管理中心和市公积金中心签订 2017 年的党风廉政风险责任书,结合管理部实际,做好 2017 年党建活动开展计划。深入开展理想信念教育、宗旨教育和党性党风党纪教育,深化示范、警示教育和岗位廉政教育。着力整治“四风”问题,以良好的党风带政风、行风促家风,防止四风反弹,贯彻“报告制度”和“谈话制度”,每季度按时上交廉政风险总结。9 月,在市公积金中心组织下,党员干部参观胡公廉政文化基地,学习《胡氏家训》中“为官心存君国”“为官当以家国为重,以忠孝仁义为上”的理念。

全力做好迎接中共十九大召开工作和全面贯彻落实十九大精神。大力弘扬红船精神,推进“两学一做”学习教育常态化制度化,组织全体干部职工参与十九大应知应会知识测试, 学习习近平新时代中国特色社会主义思想。

【工会活动】 为全体职工缴纳了职工互助医疗保障金并安排职工体检;在新招聘两名办事厅工作人员后,全体人员开展了踏青活动,增进同事间的友谊;对退休职工和住院职工,进行了探望慰问;对工会经费使用管理情况进行了自查并上报区总工会。

【公益事业】 为营造人人参与慈善的氛围,推进公益事业的发展,11 月， 区公积金管理中心组织了“慈善一日捐”活动,共募得善款 620 元,交由区民政局统一上交;继续开展结对帮扶活动,走访结对村雅畈镇汪家村续写“十年结对情”,为村庄“三改一拆”“五水共治”等方面工作建言献策,在重阳节给全村 60 岁以上老人统一发放了慰问品。

(倪　谦)

中国人民政治协商会议金华市婺城区委员会

综 述

2017年，婺城区政协在中共婺城区委的领导下，认真学习贯彻中共十九大会议精神、习近平总书记关于加强和改进人民政协工作的重要思想和省、市政协会议精神，牢牢把握团结和民主两大主题，紧紧围绕中心、服务大局，认真履行政治协商、民主监督、参政议政职能，较好地完成了区政协四届一次会议确定的目标任务，广泛凝聚力量，服务改革发展，助推民生改善，为婺城现代化都市核心区建设做出了积极贡献。

坚持维护核心，在凝聚共识中巩固政治基础。坚持把思想政治建设摆在首要位置，强化理论引领，增进政治共识，增强政治定力，坚定政治方向，不断巩固团结奋斗的共同思想政治基础。以中共十九大精神引领方向。把学习贯彻中共十九大精神作为首要政治任务，形成《关于学习贯彻中共十九大精神和区委七届三次全会精神的决议》。主席会议成员积极参加省、市委十九大精神轮训，区委理论中心组学习；多次召开主席会议、常委会会议、机关干部会议认真学习十九大报告；通过举办报告会、专题讲座、座谈交流等多种形式，组织委员深入学习贯彻中共十九大精神，深刻理解习近平新时代中国特色社会主义思想，牢固树立政治意识、大局意识、核心意识、看齐意识，不断提高政治站位和政治觉悟，坚定不移在思想上政治上行动上同以习近平同志为核心的中共中央保持高度一致。以新时代新思想聚合同心。主席会议成员、各民主党派负责人主动到联系党派(团体)、联系企业、联系乡镇、联系村(社区)为基层党员干部群众、民主党派人士上党课，宣讲中共十九大精神。广大委员利用“一村一委员”、“委员联系群众”工作平台，广泛宣传十九大精神，以习近平新时代中国特色社会主义新思想新使命新目标新要求凝聚共识，引导各党派团体、各族各界群众，坚定“四个自信”，增强中国特色社会主义的思想认同、政治认同、情感认同，画好新时代发展的政治同心圆。以区委决策部署统一思想。紧密结合政协工作实际，扎实贯彻落实区第七次党代会精神，把政协工作置于党委的坚强领导之下，自觉做到党政工作推进到哪里，政协工作就跟进到哪里，切实与区委、区政府思想上同心、目标上同向、行动上同步、工作上同拍。充分发挥政协大团结大联合的优势，引导政协各参加单位和广大委员积极参与到“三条廊道”建设、“五水共治”、“三改一拆”、城中村改造、“最多跑一次”改革等中心工作之中，为区委重大决策部署凝聚广泛共识，营造心往一处想、智往一处聚、力往一处使的生动局面，牢牢把握政协工作的正确方向。

坚持紧扣中心，在服务发展中主动作为。坚持把促进改革发展作为政协履职的第一要务，紧扣建廊道、拓平台、稳增长、促改革、惠民生五大主线，深入协商议政，积极建言献策。整体协商扎实推进。积极拓展协商平台和协商渠道，充分发挥政协民主协商作用。四届一次全体会议期间，组织委员围绕区委、区政府重大决策部署、政府工作、两院工作及国民经济和社会发展计划等进行集中协商。组织召开5次常委会议、10次主席会议，专题听取全区经济社会发展和区政府提案办理情况通报；对财政预算、党风廉政建设、新城区发展、“三条廊道”建设、“最多跑一次”改革、社会治理等重要工作、重要事项进行重点协商，有力推进了区委、区政府的科学决策。各专委会及时了解掌握对口联系部门工作动向，主动交流沟通，为部门工作出谋划策，取得良好效果。专题议政切中关键。主动加强政协协商与党委政府工作的有效衔接，重点关注区经济社会发展中带有全局性、战略性、前瞻性的重要问题，深入调查研究，开展专题议政，为区改革发展建言献策。规范完善协商议题提出、会商和计划制定机制，区委、区政府、区政协共同协商确定季度专题协商议题，区委、区政府主要领导参加协商成为常态化、制度化。如常委会会议就“小城镇环境综合整治”进行专题协商，并提出“小城镇整治方案要接地气、突出个性元素，与危旧房治理等工作相结合，发挥四个平台作用”等有参考价值的建议、意见。主席(扩大)会议围绕“加快基础教育发展，积极创建教育现代化区”开展专题协商，提出“培育优秀教师队伍、提升学校发展空间、发展优质民办教育”等建议、意见，得到区委、区政府领导和有关部门高度重视。专题调研成果显著。围绕区发展的热点问题，有针对性地开展做强新城区产业平台、消除集体经济薄弱村、招商引资、水电十二局金华基地建设、茶叶产业发展、塔石全域化旅游、文化产业发展等7项专题调研，得到区委、区政府充分肯定和多项批示，提出的意见、建议为推动区相关工作提供了重要的参考。如在新城区管理体制改革中充分吸纳了调研报告中的对策建议；在《婺城区全面消除集体经济薄弱村三年行动计划》制定中，也充分采纳了政协调研的建议，调研成果转化为促进区省定107个集体经济薄弱村发展的具体行动。提案工作注重实效。坚持提案交办协商，深化视察督办、重点督办、考评督办，推行提案办理全程协商，探索提案跨届(年)追办机制，落实二次办理，推动提案办理由重答复向重落实转变。四届一次全会共收到以提案形式提出的意见、建议282件，经并案处理后正式交办253件，其他作为社情民意参考21件。提案所涉问题已经解决或基本解决146件，占57.71%；委员反馈表示满意或基本满意251件，满意率为99.60%。其中关于促进工业经济转型升级、加快生态廊道建设、完善城乡基础设施、提升学前教育水平等方面的提案，相关建议得到采纳落实，委员参政议政作用有效发挥。

坚持履职为民，在服务民生中务实有为。常委会坚持履职为民的工作理念，将其贯穿于政协各项工作和各个环节，切实体察民情、反映民意、集中民智、为民谋利，推动民生政策措施落到实处。聚焦重点强化监督。结合“三进三联三促”活动，聚焦全面剿灭劣V类水、决战治污水、大战防洪水排涝水，深化开展“三级政协联动、万名委员同行、助推‘五水共治’专项集体民主监督和“干、查、督”大行动，设立监督调研组23个，对区域内的所有河流、297个劣V类小微水体实行全覆盖监督，并形成民主监督报告。区委、区政府高度重视，认真吸纳政协提出的意见、建议，有力促进了“五水共治”工作的深入开展。继续开展农村垃圾分类“百千行”专项民主监督，组织委员围绕地质灾害清零行动、“三改一拆”、危旧房改造、城乡环境综合整治提升等重点任务、重点工程、重点项目推进情况开展民主监督，助推区委、区政府重要政策措施和相关工作得到落实。围绕热点组织视察。抓住群众关心的热点、难点问题，以常委会视察、委组视察为主体，关注民生保障，开展专题视察。组织委员就开发区经济社会发展、“三条廊道”建设、“最多跑一次”改革、金华山危旧房改造、地质灾害隐患综合治理、酒坊巷改造房屋征收、扶贫、饮食卫生管理、医疗卫生机构硬件提升、文化建设等开展了22项专题视察。视察前发放资料让委员了解情况，视察中针对问题提出建议，视察后做好跟踪推动工作，促进了相关工作开展和政策措施落实。如在“护航十九大——交通安全管理”视察中，委员提出的“在重点地段整修配置交通安全硬件设施，把交通安全建设纳入‘四个平台’建设中”等建议得到了较好的落实,区政府将生命防护工程列入 2018 年民生实事项目。关注社情畅达民意。充分发挥委员联系界别群众的优势,悉心倾听民声,传递民意,及时收集和反映社情民意信息 126 件。其中《教育部 2015 年全国教育事业发展情况数据疑有误,建议予以核对》被全国政协采用并转送教育部;《对“最多跑一次”改革的意见建议》等 3 条信息被省政协采用并得到省委、省政府领导的批示,《落实生活垃圾分类制度实施方案系列之二:标准复杂、专业不统一成垃圾分类落地拦路虎,建议重新修订生活垃圾分类强制标准》被省政协专报全国政协、转报全国人大。另有《新安江移民后代或集结维权,建议给予重视》等多条信息被市政协采用,并得到市委、市政府主要领导的批示,为促进党政决策的科学化民主化和社会稳定做出了努力。走进基层服务民生。发挥政协资源优势和委员专业专长,积极担当社会责任。牵头做好塔石银岭、雅畈南干等 6 个村的扶贫工作,帮助壮大村级集体经济。建立一委组一乡镇联系制度,5 个专门委员会分别联系 5 个山区乡,开展“一对一”结对帮扶。组织医卫、教育、科技、科协等界别委员赴蒋堂、雅畈、白龙桥等乡镇开展“五送五服务”“名医进基层”等活动,为当地群众提供义诊、科普、科技、法律咨询等便民服务。组织开展扶贫、帮困、敬老、助学等爱心慈善活动,为经济薄弱村、困难群众、敬老院等捐款捐物 890 余万元,为增进民生福祉尽其所能做好事、干实事,充分展示了委员们服务群众、回报社会的良好形象。

坚持交流合作,在联络各方中汇聚力量。常委会充分发挥政协联系广泛、包容性强的优势,强化团结联谊工作,为全区改革发展广泛凝聚智慧和力量,画大画好团结的同心圆。推进合作共事。支持各民主党派、人民团体通过政协的平台履行职责,邀请他们共同参与政协组织的重要协商议政、专题调研、专题视察、民主监督等活动,为他们知情明政创造条件,鼓励和支持建诤言、献良策。主动联系走访民主党派、工商联,不断加强与各民主党派、人民团体和无党派人士代表的联系。建立民主党派“直通车”制度,发挥党派优势。区委主要领导对民盟通过“直通车”报送的建议给予了肯定,并作出“希望各民主党派通过‘直通车’为区委、区政府建言献策”的重要批示。深化联谊交流。落实主席会议成员联系常委、常委联系委员、委员联系群众制度,畅通政协机关与委员、委员与群众之间的联系渠道。充分发挥各专委会、乡镇工作委员会、街道联络组的作用,开展形式多样的履职和联谊活动,相互交流,增进友谊。加强与上级政协、兄弟县(市、区)政协联系和交流。配合省、市政协到婺开展地质灾害防治、畜禽养殖转型升级、农业面源污染整治、美丽城镇建设等课题调研活动。与兰溪市政协联合开展剿灭劣Ⅴ类水、生态廊道建设监督视察,促进跨区域问题及时解决。

坚持探索实践,在创新发展中增强活力。常委会坚持把创新作为推动政协工作深入发展的动力源泉,提出新思路,展现新姿态,实现新作为,不断推动政协工作实践创新。建立委员履职量化考核新机制。出台委员履职管理办法及实施细则,对委员履职进行量化计分,做到考核有依据、量化有标准,推动委员履职常态化,履职实效明显提高,逐步形成“不能闲”和“不想闲”的新常态。探索“一村一委员”工作新实践。创新委员履职方式,建立“一村一委员”工作机制,推进政协工作向基层延伸。274 名区政协委员联系 433 个行政村,发现并向当地党委政府及有关部门反馈问题 179 个,提出意见、建议、125 条,反映社情民意 75 条、金点子 86 个,所有上交的问题全部整改到位。在委员的努力下,助推 6 个改田造地项目、2 个地质灾害点搬迁以及多个村的“四治两化”、治危拆违等工作顺利完成。一年的实践表明,委员关注民生、了解民情、反映民意、维护民利的渠道更宽,委员发挥自身特长参政议政的机会更多,并且在改善民生、维护民权等方面直接给予群众帮助、引导和服务,积极助推党委政府重大决策、重点工作、重点项目,更好地发挥了政协在协调关系、汇聚力量,化解矛盾、凝聚人心等方面的作用。拓展委员履职新阵地。深化开展“三进三联三促”活动,引导和组织委员发挥桥梁纽带作用。委员工作室实现全覆盖,接待群众来访,广泛收集社情民意,帮助群众解决实际困难。邀请委员列席区政府常务会议，广泛听取委员对相关议题的意见、建议。开展委员参与信访接待活动，挑选律师身份或熟悉政策法规的委员定期到信访局接待来访群众，参与矛盾纠纷调处。开辟政协交流新平台。开启政协履职综合服务平台，开通政协企业微信号，实时上传工作信息、委员履职动态、工作安排，发布文件资料、会议通知及活动新闻，促进信息资源的开放和共享。开设政协大讲堂、微课堂。常委会邀请有关专家学者开展政策法规、国学经典等专题讲座，并尽可能吸收委员参加，提高讲座受益面。微课堂在履职平台上每星期推送1~2篇政协业务知识，党委政府政策举措、工作重点等，方便委员及时学习时政及业务知识。

坚持夯实基础，在加强自身建设中提升效能。常委会始终坚持把加强自身建设作为政协履行职责、提高效能的重要工作来抓，切实加强思想作风建设、队伍建设和制度建设，为政协履职提供有力保障。从严抓好党风廉政建设。认真学习贯彻新党章，落实全面从严治党要求，发挥政协党组的领导核心作用，按照中央和省、市、区委统一部署，推进"两学一做"学习教育常态化，抓好专题学习和廉政教育，始终把纪律和规矩挺在前面，严格落实中央八项规定精神和省、市、区委有关规定要求，确保党风廉政建设"两个责任"落到实处。支持区纪委派驻政协机关纪检组履行监督执纪问责职责。委员队伍建设得到加强。加强委员学习培训，致力提升委员履职能力和水平，努力打造一支懂政协、会协商、善议政的委员队伍。加强委员履职管理，修订《委员管理办法》，明确委员履职"六个一"要求。建立委员退出机制，制定《健全区政协委员退出机制的若干规定》，委员退出做到有章可循。建立委员履职提醒制度，做到一事一督促、一季一提醒、半年一小结，全年一通报，确保委员履职落到实处。机关工作效能得到提升。组织机关干部参加各级政协和有关部门举办的政治理论学习和业务培训，学习借鉴兄弟县(市、区)政协工作的好经验、好做法，进一步提升机关人员综合素质和服务能力。修订完善政协机关承办会议、公务接待、财务管理、考察等制度，切实做到用制度管人、管事，营造积极向上、风清气正的氛围，提升机关干部服务大局、服务委员的能力和水平，机关服务保障能力显著增强。

【区政协四届一次会议】2017年2月13日至2月17日，区政协四届一次会议在婺城召开。会议期间，中共金华市婺城区委书记王健，区委副书记、代区长郭慧强等区领导和金华经济技术开发区、金华山旅游经济区的领导出席大会和参加分组讨论，与委员们共商婺城改革发展稳定大计。全体委员以高度的政治责任感和饱满的政治热情，认真履行职责，深入协商议政，积极建言献策。会议听取中共金华市婺城区委书记讲话；听取和审议主席施素珍代表第三届区政协常务委员会所作的工作报告和副主席邢水成代表第三届区政协常务委员会所作的提案工作报告；列席金华市婺城区第九届人民代表大会第一次会议，听取并协商讨论代区长郭慧强所作的《政府工作报告》和其他报告。会议在民主协商基础上，选举产生政协第四届金华市婺城区委员会主席、副主席、秘书长、常务委员。

6月21日，区政协举办"五水共治"暨"一村一委员"推进会　　（区政协供稿）

【区政协常委会会议】1月13日，区政协召开三届三十次常委会会议。会议审议通过了关于召开区政协四届一次会议的决定、议程、日程及有关事项；审议通过了2016年度政协工作先进集体、优秀委员、优秀提案、承办提案先进单位名单。

2月17日，区政协召开四届一次常委会会议。会议审议通过了各专门委员会、工作委员会、联络组设置决定和分组原则意见、组成人员名单等，审议通过了有关人事任免事宜。

6月9日,区政协召开四届二次常委会会议。会议传达学习了省政协十一届二十五次常委会会议精神;听取了国学讲座;听取了区纪委、监察委员会关于党风廉政建设情况的通报;审议通过了区政协相关工作制度;审议通过了《关于加快新城区发展的调研报告》等。

8月25日,区政协召开四届三次常委会会议。会议传达学习了习近平总书记在7月26日省部级主要领导干部专题研讨开班式上的重要讲话精神;听取了区政府关于2017年上半年经济社会发展运行情况通报;听取了区政法委关于2017年上半年维护社会稳定工作情况通报;举行了法律知识讲座;研究通过了有关人事任免事宜。

10月31日,区政协召开四届四次常委会会议。会议举行了第三期政协讲堂,邀请市委党校副校长朱建春作《学习贯彻十九大精神》辅导报告;听取了区政府关于区政协四届一次会议提案办理情况的通报,开展了职能部门(教育局、交通局)提案办理工作民主评议。

12月22日,区政协召开四届五次常委会会议。会议传达学习了中共十九大和区委七届三次全会精神,审议通过了《关于学习贯彻中国共产党第十九次全国代表大会精神和中共金华市婺城区委七届三次全体会议精神的决议》;听取了区政府关于2017年经济社会发展运行情况的通报,开展了《政府工作报告》协商;审议通过了区政协四届二次会议有关事宜;审议通过了委员增辞和人事任免事项。

【提案工作】四届一次会议以来,广大政协委员、政协各参加单位着眼全区发展大局,关注社会热点、难点问题,积极运用提案履行职能,共提出意见建议282件。经审查,立为提案261件,并案处理后正式交办253件,其他作为社情民意参考21件。所有提案已办复,其中提案所涉问题已经解决或基本解决的146件,占57.71%;正在解决的88件,占34.78%;计划解决的12件,因受条件限制暂不能解决的7件。委员反馈表示满意的248件,基本满意的4件,满意率达到99.60%。总体来看,提案内容丰富,针对性强,通过认真办理,许多意见、建议被采纳和落实,为推动区经济社会发展、促进民生持续改善发挥了积极作用。

紧扣第一要务,为经济发展建睿智之言。委员们围绕全区经济发展中的重大问题积极建言,为经济转型升级谋求良策。关于抓好工业主导产业培育、支持中小企业发展方面的提案,区委、区政府高度重视,坚持“工业强区”战略,出台了《推进工业企业转型升级加快实体经济健康发展的若干意见》和《全面推进传统制造业改造提升工作方案》等文件,开辟项目审批“绿色通道”,完善中小企业税收优惠政策,设立转贷应急周转金,切实解决企业难题。关于加快信息产业发展方面的建议,相关部门创新举措,加快推动互联网与传统产业融合发展,安云小镇、阿里巴巴创业园、智汇橙(浙江)电商科技园等项目有序推进。关于发展乡村旅游和民宿产业方面的提案,部分建议被吸纳到《做美大郊区三年行动计划》中,九峰山旅游特色小镇加快建设。关于招商引资、发展光伏产业、精准农业、林下经济等方面的提案,相关建议被采纳,较好地发挥了参政议政作用。

关注城乡统筹,为生态宜居行助推之力。广大委员关注生态廊道和基础设施建设等方面工作,为助推全区城乡统筹、生态宜居建言履职。关于生态廊道建设方面的提案,区委、区政府充分采纳并制定《浙中生态廊道建设规划》,以美丽城防、美丽公路、美丽乡村为重点,结合“五水共治”、小城镇综合治理等工作,全面推进生态廊道精品线建设。关于加强土壤污染防治的建议,被区政府制定《土壤污染防治工作实施方案》时采纳。关于优化城乡道路交通方面的提案,区政府和有关部门积极回应,南山大道完成项目建议书及工可文件招标,兰溪上华至婺城琅琊公路规划选址及用地预审意见已批复,宾虹西路府前段精品街区改造成效明显。关于园区基础设施建设、城乡交通治堵、山塘整治加固、农村危旧房改造等方面的提案,经相关部门认真办理,促进了有关工作的推进和实际问题的解决。

聚焦群众需求,为社会进步谋务实之策。委员们聚焦科技创新、教育公平、文体需求、医疗健康等领域，反映社会各界新诉求。关于推动学前教育发展的提案，区政府和有关部门积极采纳，《学前教育第三轮三年行动计划》正在制订。关于加强文化遗产保护和传承方面的建议，与区委、区政府决策部署不谋而合、同频共振，金婺非遗文化体验中心成功创建，婺窑小镇建设、历史文化村落保护等工作扎实推进。关于科创廊道建设方面的建议，区委、区政府认真研究，与浙师大签订《全面深化校地战略合作框架协议》，浙师大婺城科创园加快建设。关于校园硬件提升、公共健身设施管理、文化事业发展、医技人员培养、科技人才建设等方面的提案，既有针对性，又有可操作性，为区委、区政府决策提供重要参考。

情系民生民本，为和谐稳定出创新之招。广大委员着眼深化改革、法治建设、社会管理、民生保障等方面出现的新问题，提出了创新举措。关于深化推进"互联网+政务服务"的提案，在区制定《全面推进"最多跑一次"改革工作实施方案》时得到充分采纳，政务网便民应用有100余项。关于完善律师参与涉法涉诉信访法律服务制度的建议，被吸收到《关于开展律师参与信访工作的实施意见》中。关于消费安全保障方面的提案，有关部门认真办理，出台了《放心消费在婺城行动实施方案》。关于加强基层综合治理方面的建议，在各乡镇(街道)推进"四个平台"建设中得到较好落实，基层治理网格化迈上新台阶。关于安全生产、医养结合、殡葬改革、残疾人事业、倡导乡风文明等方面的一些建议，被区政府及职能部门采纳，有的列入实施计划，有的转化为实际措施，为促进社会和谐稳定做出积极贡献。

【重点课题调研】 上半年，根据区委主要领导意见，区政协组织开展了"加快新城区建设发展"专题调研，调研期间走访了婺城新城区管委会、白龙桥镇和市、区有关部门、领导，召开了相关座谈会，并先后赴金东新城区、义乌经济开发区和高新区、嘉兴秀洲高新区、苏州昆山经济开发区和高新区学习考察，最终形成《关于理顺婺城新城区管理体制问题的调研建议》《创新驱动，错位发展，做强宜业宜居城市副中心》两个调研报告，经区政协四届二次常委会会议审议通过后报送区委、区政府作决策参考，相关建议方案被区委、区政府采纳并实施。5月，区政协专题调研组对塔石乡全域旅游发展开展了细致调研，形成了《推进塔石乡全域旅游发展的十条建议》，经区政协四届五次主席会议审议通过后报送区委、区政府供决策参考。6月，区政协专题调研组就"水电十二局金华基地有关情况"组织人员多次赴十二局金华基地及华核社区开展调研，通过座谈与走访，对基地的基本情况、资产分布情况及"三供一业"现状进行初步了解，并对该地块的综合开发利用提出了建议，形成了《关于水电十二局金华基地有关情况调研》，经区政协四届五次主席会议审议通过后报送区委、区政府供决策参考。6月，区政协专题调研组对"全面消除集体经济薄弱村"这一个课题开展深入的调研，形成了《关于全面消除集体经济薄弱村的建议案》，经区政协四届六次主席(扩大)会议审议通过后报送区委、区政府供决策参考。7月初，区政协专题调研组就"推进我区茶叶产业发展"这一课题开展深入的调研，形成了《大力发展茶叶产业 促进西南山区农业增收农民增富农村增美的建议案》，报送区委、区政府供决策参考。7月，区政协会同区委宣传部、区文体新局，组织人员开展了"加快文化产业发展"专题调研，通过走访有关部门、乡镇，到东阳、磐安等地学习考察，

4月20日，区政协部分委员生态廊道建设情况视察 (区政协供稿)

征集各方面意见和建议，形成《重视文化融合性，打造重要增长极，为婺城发展增添持续动力》调研报

告,报送区委、区政府,提供领导决策参考和部门工作鉴阅。7个调研报告中的有关建议已纳入相关决策和工作部署,为党委政府推进工作提供了有效的智力支持。

【文史工作】 10月,由区政协、区委宣传部、区文联共同主办,区文化馆、区书协、区美协联合承办"喜迎十九大,迈向新辉煌"书画作品展,共展出60余幅书画作品,有市、区老领导和老艺术家的丹青墨宝,有区政协委员和社会人士的精品力作,通过书画作品的形式讴歌党领导中国全面发展的伟大成就,展示"两富""两美"婺城建设的丰硕成果,表达区广大干部群众和社会各界人士对党、对祖国、对婺城的真挚情感,喜迎中共十九大的胜利召开。

(金　琛)

民主党派

中国国民党革命委员会
金华市婺城区基层委员会

【概况】 2017年，中国国民党革命委员会金华市婺城区基层委员会（以下简称民革婺城区基层委）有党员62人，发展新党员5人，外地转入1人。下设3个支部，其中，教育支部18人，机关支部19人，企事业支部25人。担任市人大代表1人、区人大代表4人（其中常委1人）、市政协委员3人、区政协委员12人（其中常委4人）。2017年，基层委按照"奋力推进现代化都市区建设"的新要求，围绕打造"五大"民革，认真履行参政党职能，不断加强自身建设，积极开展社会服务。与下属3个支部组织了17次活动，其中学习教育活动9次、其他外出活动4次、参与剿灭劣Ⅴ类水行动3次、社会服务活动1次。基层委市区人大代表、政协委员共提交提案议案28件。有11名党员获得荣誉与奖励，邵红艳被评为2017年金华市维稳先进个人；缪雪荣获评金华市政协2017年度"一村一委员"工作优秀政协委员、2017年度婺城区"一村一委员"先进个人；陈立平获评婺城区优秀企业科技人才；杨杰锋获评婺城区首批青年拔尖人才；王岚获评2017年度婺城区优秀政协委员，荣获民革金华市委会"喜迎十九大共建大金华"演讲比赛一等奖、金华市统一战线喜迎十九大演讲比赛二等奖；张岳获得民革金华市委会"喜迎十九大共建大金华"演讲比赛三等奖；马钢锋获评金华市市政行业优秀职业经理。

【参政议政】 民革婺城区基层委围绕党委政府中心工作，关注市、区经济社会发展和民生民情民意，充分发挥自身的特色和优势，深入开展调查研究，通过各种参政议政的平台途径积极反映社情民意和建言献策，为党委和政府了解民情、体察民意、集中民智、科学决策发挥了一定的作用。党员中，市、区人大代表、政协委员共提交提案、议案28件，其中，朱国勇《关于保护非公经济依法及时解除超标的查封保全的建议》、王岚《关于推进区域化"互联网+智教育"的建议》和陈丽萍《关于加快推进城市垃圾分类的建议》等建议提案受到区人大和政协的重视，朱国勇在金华市第七届人民代表大会第一次会议期间，为助推金华市建筑企业转型升级提交了《关于扶持我市建筑企业参与金义东城际轨道建设的建议》等4项建议，缪雪荣《政府要高度重视独生子女养老问题》和王岚《用"互联网+" 推进教育均衡化》提案主要内容在《今日婺城》上刊登。

【民主监督】 全面贯彻落实浙江省剿灭劣Ⅴ类水誓师大会精神，响应民革金华市委会"剿劣行动·民革同行"的号召，投入市区打赢剿灭劣Ⅴ类水攻坚战，助推"浙中生态廊道"建设。基层委缪雪荣、马钢锋被聘请为金华市民主党派"最多跑一次"改革专项民主监督工作监督员，戴爱红被聘为区重点工作综合督导员。4月22日，基层委组织党员到金华山南麓的大岭、里宅、弹子下、羊甲山、白望山等村庄，检查水体水质、垃圾分类实施情况和了解山体滑坡的详情；5月，民革党员分别到莘畈乡大立元村、安地镇安地村和琅琊镇上盛村调研参与剿灭劣Ⅴ类水和新农村建设工作；6月7日，婺城民革市人大代表和政协委员组成剿劣行动督察组到长山乡杨里村、上溪村实地查看剿灭劣 V 类水、垃圾分类、山体滑坡等情况;7 月 5 日,到金华山旅游经济区开展剿劣督察行动。

【社会服务】开展“献爱心送温暖活动”。1 月 23 日,民革婺城区基层委党员代表一行 5 人在主委缪雪荣的带领下到婺城区莘畈乡祝村、汤溪镇横山头村开展春节走访慰问困难户活动,送去由缪雪荣、马钢锋、朱国勇、陈永桥和滕雁娜等民革党员共同捐赠的 1.3 万元慰问金。党员马钢锋主动和长山乡上溪村联系,帮助村民解决花卉苗木销售难题。7 月 26 日,“携手圆梦　勇立潮头”——金华市司法局、市台办联合开展工作座谈,强化台企台商法律服务,企事业支部主委王根武为台企台商做“企业在生产运行过程中可能遇到的法律风险”专题讲座,并担任金华市台企台商法律服务小组副组长。

1 月 23 日,民革党员在莘畈乡祝村、汤溪镇横山头村送温暖活动　(婺城民革供稿)

【自身建设】民革婺城区基层委以十九大精神、习近平总书记重要讲话精神、时事政策教育以及民革中央、省委会、市委会有关会议和文件精神为重点开展学习,通过会议学习、网络学习、参观爱国主义教育基地、组织参加报告会等方式,基层委与各支部开展 9 次学习教育活动。8 月 14—18 日,教育支部组织党员到湖南韶山参观学习;9 月 28 日,基层委组织暑期读书会;10 月 18 日,组织收看十九大电视直播;10 月 27—28 日,三个支部开展“学习十九大精神、欢度重阳节活动”;同时基层委选派骨干党员、党派新成员参加婺城党外人士培训班、民革基层骨干培训班等。关心关爱党员工作与生活,平时党员生病住院必访;对于在本职工作中取得成绩、获得荣誉的党员,送去组织的祝贺;尊重关爱老党员,重阳节和春节对 70 岁以上老党员进行专项慰问。继续推行轮值制度,由主委、副主委、委员轮流担任执行主委,每 1 个季度为一个轮值期。轮值主委在轮值期内主持基层委或支部日常工作,轮值制度发挥基层委和支部领导班子的主观能动性和工作积极性,各班子成员在担任执行主委时都展示工作能力和工作水平,组织开展“内外结合、动静结合”多样化的活动,为党员营造良好的组织氛围,党派活力和凝聚力得到加强。

9 月 23 日,民革金华市委会喜迎十九大共建大金华演讲比赛　(婺城民革供稿)

(孔爱华)

中国民主同盟
金华市婺城区总支部委员会

【概况】2017 年,中国民主同盟金华市婺城区总支部委员会(以下简称民盟婺城区总支)下辖 3 个支部,共有盟员 77 人,年内发展盟员 8 人。有市政协委员2人、区政协委员8人,其中区政协常委2人。总支被民盟金华市委会授予2017年度反映社情民意信息工作先进集体、参政议政工作先进集体、坚持和发展中国特色社会主义学习实践活动先进集体等荣誉称号。

【参政议政】民盟婺城总支围绕区委、区政府的中心工作,组织动员所有盟员结合工作实际开展工作调研,积极履行参政议政职能。盟员中,市、区政协委员向区"两会"递交提案11件,向市"两会"递交提案8件,共19件,其中《关于加强基层法律援助的建议》被市政协评为优秀提案。27篇信息被盟省委、民盟中央等采用。吴晓代表盟市委作大会发言。盟员郑艳球和吴晓在市"两会"期间分别走进市"两会"直播间,就剿灭劣V类水和小城镇环境综合整治进行现场节目访谈直播。总支完成了《关于推进农村生活污水治理设施长效运维管理的对策建议》的调研,形成调研报告,并赴衢州市开化县参加盟省委举办的盟声议政——剿灭劣V类水论坛。盟员郑艳球应"浙江在线"邀请,赴杭州参加了《委员话治水》访谈节目。组织部分盟员开展"五水共治"、剿灭劣V类水、农村垃圾分类处理等民主监督活动,并就检查结果提出意见、建议。盟员施亚夫、陈凯瑜、吴晓担任区重点工作综合督导员,重点督导了安地镇、蒋堂镇、箬阳乡的危旧房改造、"五水共治""三改一拆"、小城镇环境综合整治、三个廊道建设等重点工作。

【社会服务】在盟员中大力提倡无私奉献精神,总支组织和动员盟员在做好本职工作的基础上,采取多种形式开展面向社会,为建设幸福婺城服务的活动。1月17日,总支与民盟华夏书法协会联合赴岭上乡九峰移民村开展送春联下乡活动。3月4日,总支开展植树活动。4月,开展剿灭劣V类水启动活动,盟员8人与6个乡镇、1个街道的16个村、1个社区建立一对一的联系,把全面剿灭劣V类水作为党派民主监督的聚焦点,全力服务助推。5月31日,为蒋堂小学捐赠3D打印机一台。盟员陈长征出资700万元开展精准扶贫劳动力培训,为磐安县公益培训农村劳动力6000人。9月16日,"喜迎十九大——民盟同心 八婺同行"暨"党盟共建 同心美美"青少年培训基地揭牌,文艺公益培训班正式开班,首期培训少儿36人。为深入学习贯彻中共十九大精神及习近平总书记在南湖发表的重要讲话精神,11月26日组织全体盟员赴沙畈乡银坑村开展"重走红军路、不忘初心、继续前行"主题实践教育活动,并向银坑村居家养老中心捐赠大米250千克和食用油40箱。在乾西小学开展了书法进校园活动。

【自身建设】先后两次组织盟员学习中共十九大会议精神、中国民主同盟章程、中国民主同盟发展历史等内容,广大盟员通过学习,进一步认识了盟的地位和作用,正确认识我国的多党合作制度的历史必然性和优越性,对本党派的政治主张、政治理念从理论上有更深刻的认识,班子成员和广大盟员的思想建设得到加强。围绕"做合格盟员,创活力总支",积极开展学习、参观、联谊等组织活动。春节前开展了老盟员走访慰问活动;选送的戏曲联唱文艺节目入选民盟金华地方组织成立60周年纪念大会文艺演出;开办"同心美美"书法、古琴、舞蹈等文化艺术沙龙,盟员们积极参加,文化艺术沙龙活动极大地增强了盟员的凝聚力,总支活力得到激发。

(郑艳球)

中国民主建国会婺城区基层委员会

【概况】中国民主建国会婺城区基层委员会(以下简称民建婺城基层委)下辖7个支部,有会员116人。有省人大代表1人、区人大代表2人,其中区人大常委1人;市政协委员4人、区政协委员8人,其中市政协常委1人、区政协常委2人;民建省委会委员1人、市委会委员2人。一年来,广大会员立足本职,热心会务,在各自岗位上做出了不平凡的业绩,涌现出了一批典型。副主委周国忠任市水利局副局长。周卫忠获选金华市第一届"科技婺商"。金华市捷特包装有限公司被评为"2017年度托盘行业突出贡献企业""中国十大明星托盘企业""中国包装百强企业""全国守合同重信用企业""单元化物流企业国际战略联盟创始单位""商贸物流标准化专项行动第二批重点推进企业”“浙江省企业技术标准创新基地”。童健英、郑建华被评委优秀政协委员。2017 年,获国际音乐教育研究会授权科研合作基地,中国古筝网教学基地,中国音乐学院优秀考级单位,预备会员马琳玥个人获得百花奖中国艺术特长生浙江省优秀指导教师。

【参政议政】民建婺城基层委围绕区委、区政府中心工作,组织动员所有会员认真履行职责。紧紧围绕“最多跑一次”改革等重点工作开展调研,积极参加全省剿灭劣V类水活动,并在“一村一委员”活动中,下村入户,履行监督职能。主委雷永金在省人代会上作了《留住蓝天白云　共享青山绿水》的发言,受到了广泛的关注;向省人代会提交的《关于加强农村生活垃圾分类减量工作的几点建议》《关于进一步深化“五水共治”工作的建议》《关于要求调整或废除〈浙江省发展新型墙体材料条例〉的建议》《关于要求废除〈浙江省促进散装水泥发展和应用条例〉的建议》等提案被采用;向市人代会提交的《关于加强农村生活垃圾分类减量工作的几点建议》《关于进一步深化“五水共治”工作的建议》等提案,受到各部门的重视;支部会员蒋琰向区人大提交了《要求进一步对马路里路段停车管理的建议》受到相关部门重视。在区政协提案工作中,支部成员周国忠向市政协提交的《关于全面推进我市地质灾害避让搬迁的建议》提案和向区政协提交的《关于有效推进我区地质灾害隐患“三年清零”综合治理行动的建议》都被采用并受到相关部门的重视。区人大常委周卫中《关于加大对实体经济鼓励扶持力度的建议》被评为区人大重点议案。市政协委员张洁心 11 月在民建组织的参政议政工作座谈会上,作了《强质量创名牌,提升金华产业品质》发言。会员谢迎春在婺城区人代会上提出了《关于进一步提高职业教师待遇,推动职业学校建设的建议》的议案,得到有关部门领导批示。会员方美玲在市政协会议中提出了《关于加强小型微型企业分级服务与管理建议》《关于设立政府特别岗位解决特殊人才紧缺的建议》《关于婺城区传统产业的改造路径与创新发展的建议》3 项提案。赴市人劳局调研“最多跑一次”改革情况,提出了一些建议和意见,开展“十大民生实事”专项民主监督活动,对婺城新城区发展开展调研等。各支部确定专人担任信息员,明确分工,落实责任,加强信息报送,共有 10 余篇信息被市委会采用。

【自身建设】民建婺城基层委始终把学习放在首位,把加强思想建设作为发挥参政党职能的首要工作。3 月初,民建婺城基层委召开扩大会议,组织学习贯彻中共金华市第七届党代会精神,婺城区人大、政协会议精神。4 月 5 日,基层委部分会员在雷永金主委的带领下,祭扫施复亮墓,参观施复亮故居。7 月 20 日下午,在民建婺城基层委“会员之家”,基层委委员、各支部主委、新会员在主委雷永金的带领下,举行新会员入会宣誓仪式。11 月 4 日,基层委召开会员大会,专题学习贯彻中共十九大报告精神。4 月底,民建建德市委会二支部一行 17 人参观基层委“会员之家”,基层委委员卢森军介绍了婺城社会发展情况、“会员之家”建设情况、拥军联谊和参政议政等工作情况,民建建德市委会二支部主委雷建祥介绍了会员履职年度考核制度。5 月底,江西上饶市委常委、统战部部长陈洪生一行参观了“会员之家”,对婺城民建的规范化党派建设、强化会员参政意识和履职责任感产生了浓厚的兴趣。2017 年,有 3 名会员赴西安社会科学院和省委党校进行培训,10 名会员赴省社会主义学院参加婺城区民主党派和无党派人士培训,1 名会员参加省基层委主委培训,50 余名会员赴重庆参加民建成立 72 周年纪念活动。参加市委会组织的演讲比赛、十九大知识竞赛等活动。4 月下旬,中共浙江省委统战部部长冯志礼走访民建婺城基层委“会员之家”,对民建婺城基层委的做法给予了充分肯定。

【社会服务】民建婺城基层委基层委历来非常重视鼓励会员积极参与社会服务活动和各项社会公益事业。主委雷永金创设的“民建·金宇”奖学金,用于资助浙师大家庭经济困难、品学兼优的研究生,每年资助 30 人,每人 3000 元,受资助的研究生考取博士还可以申请 5000 元奖励;向寺前皇社区、龙游马报桥捐款 9.3 万元,用于社区、新农村建设;出资 5 万元用于其他公益事业。副主委周卫中每年给蒋堂初中捐款 5 万元。6 月下旬,连续强降雨使兰溪遭遇了特大洪水，明家装饰董事长卢森军了解到汛情后，组织服务队10余人火速采购物资奔赴一线。四支部为金华市西苑小学患病老师提供3000元医疗费捐助；与莘畈乡糊涂口村贫困女孩结对，捐助学习用品及钱物价值3000余元。会员蒋敏参与组织成立非公募公益基金会——金华小脚丫公益基金会，原始基金数额200万元，基金会在市范围内积极开展劝学、助困公益活动宣传、交流，关爱弱势群体，关爱抗战老兵等慈善活动。会员王慧积极参加狮子会金华服务队的社会活动。会员张北鹰对市区500个公共自行车站点的万余辆公共自行进行监管。4月，老主任王瑞日因眼疾失明，基层委关心老主任的身体健康和生活情况，专门组织探望。9月24日，看望做过手术的郑建华和叶文耀，给他们送去了民建大家庭的温暖和亲情。（童健英）

中国民主促进会
金华婺城区基层委员会

【概况】中国民主促进会金华婺城区基层委员会（简称民进婺城基层委）原名民进婺城区总支，2005年10月，以民进汤溪支部为基础成立，2016年9月换届并更为现名。民进婺城基层委下设6个支部，共有会员79人。有11名会员担任市、区两级人大代表和政协委员，其中市人大代表1人、市政协委员2人、区政协委员8人。

【思想建设】民进婺城基层委紧紧围绕会中央坚持和发展中国特色社会主义学习实践活动经验交流会、理论与实践研讨会的工作部署，结合“不忘合作初心，继续携手前进”专题教育，深入学习贯彻中共十九大精神，巩固多党合作思想共识。把深入开展坚持和发展中国特色社会主义学习实践活动作为增进政治共识的核心内容和贯穿各项工作的主线，通过开展形式多样的学习实践，统一思想认识、继承优良传统，深化政治交接、巩固思想基础。通过基层委领导班子示范带头作用，引导广大会员在学习中进一步提高认识、巩固共识，深刻认识坚持接受中国共产党的领导是民进事业持续健康发展的精神支柱和动力源泉，始终不忘跟着中国共产党走才是在正道上行的合作初心，继续在中国特色社会主义道路上携手前进。

【组织建设】民进婺城基层委深入学习借鉴执政党建设的宝贵经验，研究参政党建设的内在规律，不断加强自身建设。班子成员带头贯彻民主集中制，规范会内组织生活，强化组织观念，切实增强政治意识、大局意识、核心意识、看齐意识，提高政治把握能力、参政议政能力、组织领导能力、合作共事能力和解决自身问题能力。加强会员培养力度，选派8名会员参加中共婺城区委统战部组织的婺城区党外骨干人士培训。牢牢把握“坚持标准、保证质量、改善结构、慎重发展”原则，严格把关新会员发展，吸纳2名年轻优秀会员入会。

【参政议政】民进婺城基层委坚持围绕婺城区

2月16日，区四届政协委员民进会员合影
（婺城民进基层委员会供稿）

11月28日，组织部分民进会员外出学习考察
（婺城民进基层委员会供稿）

委、区政府的中心工作,服务改革发展大局,带领广大会员,深入调查研究,积极建言献策。筑牢政协全会这一主战场,以政协提案方式积极参政议政,在市区两级政协全会上,基层委会员共提出提案26件,其中,张琳鑫主委的《建立医联体或集团,助推分级诊疗实施》获评市政协优秀提案。坚定社情民意这一主阵地,向省、市民进和各级政协组织报送社情民意30余件,其中,《〈新华字典〉中"婺"字解释有失偏颇,建议再版时予以修订》《标准复杂、专业、不统一成垃圾分类落地拦路虎,建议重新修订生活垃圾分类强制标准》等2篇被全国政协采用,《应明确大型商业活动的安保主体是主办人而非警察》《教育部〈2015年全国教育事业发展情况〉数据疑有误,建议予以核对》2篇被民进中央采用,《建议让"交强险"覆盖所有交通工具》等13篇被省政协、民进省委会采用,其中3篇获省委、省政府领导批示。唱响"党委府直通车"这一民进"好声音",通过直通车向党委政府主要领导直接报送《新安江移民后代或集结维权,建议予以重视》等信息2篇。

【社会服务】社会服务工作是民进履行参政党职能的一项重要工作。民进婺城基层委本着"发挥优势,突出重点;量力而行,尽力而为;持之以恒,务求实效"的工作思路,既注重发挥广大会员专业优势和支部活力,又讲究活动的方式内容;既注重社会服务的有效性,也注重开展社会服务活动的社会影响力,努力为当地的经济发展作出积极贡献,在社会上树立民进良好的参政党形象和社会影响,增强民进会员的自豪感。2017年,联合市民进医卫支部组织30余名医务人员赴沙畈银坑、汤溪上镜等地义诊200余人次。组织会员中的书法爱好者开展送春联下乡活动20余场,免费撰写春联近万幅;开展农民书法爱好者免费培训近50场。同时,教育界会员也发挥自身优势,赴沙畈小学开展支教活动。

【文史资料】为详细记录民进婺城基层委的发展历程,2017年,基层委组织精干力量,在大量征集史料、走访老会员的基础上,历时八个月编撰民进历史文献《婺城民进(1983—2017)》。文献从婺城民进创立初期历史回忆、组织发展记事和会员参政议政记录三个方面梳理民进婺城基层委的发展历程,全书共50万字,500多页,起到了存史、资政、育人的作用。

(吴耀峰)

中国农工民主党
婺城区基层委员会

【概况】中国农工党婺城区基层委员会(以下简称婺城农工)下设5个支部,有党员87人。郑池爱(女)任主任委员,李笑银、杜伟亮任副主任委员,龚琴丹、吕建伟、吴章秋、陈卫军、陆卫红、唐金寿任委员。有11人次担任金华市、婺城区人大代表、政协委员。

【思想组织建设】组织党员深入学习中共十八大、十八届三中、四中、五中、六中全会和农工民主党十四大、十五大精神,突出把中共十九大精神、习近平新时代中国特色社会主义思想的学习贯彻作为首要政治任务抓紧抓好,在大是大非面前始终与中共保持高度一致。认真组织政治理论、多党合作、统战理论等的学习;选派7名党员参加金华市委统战部组织、省社会主义学院举办的基层骨干党员培训、农工党县(市、区)基层组织负责人培训等,党员政治素质有新提高。考察婺江两岸新貌、新农村建设、新农村建设垃圾分类工作等;组织参加市"不忘合作初心,继续携手前进"主题书画赛、市红歌赛等活动;参加农工党全市趣味运动会,获得团体第一;开展登山比赛和庆祝教师节、"三八"节等多项活动,走访慰问百岁老党员施明德等,组织凝聚力不断增强。

【参政议政】聚焦区委、区政府中心工作,组织市、区两级人大代表、政协委员深入调研,关注科学发展,关注民生,积极参政议政,提交了15个有质量的提案议案,内容涉及物流中心建设、市民素质提升、学前教育、老街老巷改造、安全生产、山区教师待遇、公共卫生、返乡农民工职业技能再培训等,其中,黄杰伟《化解企业"担保链"风险的措施和建议》经农工党省委会修改作为省政协大会口头发言,《关于"最多跑一次"特殊事项办理的提案》被并案列为重点提案。杜伟亮代表婺城农工作了题为

《用好文化软实力,提升区域竞争力》的政协大会发言。通过参加民主协商会、政协常委会及专题视察调研活动等,积极反映党派心声,切实履行参政议政、民主监督职能。作为金华市级人民监督员,钱育华、郑池爱认真做好市、区两级检察院相关案件的监督。作为金华市人大常委会地方立法咨询委员,郑池爱参加了《金华市农村生活垃圾分类减量管理条例》《金华市电梯安全条例》等的立法调研与条例修订工作。

【社情民意】组织党员深入基层,多渠道收集、上报社情民意超过15篇,积极反映基层声音,内容涉及市区道路整治、学校闲置资产综合利用、农村道路设施建设,其中,黄杰伟、杜伟亮、吴章秋等上报的社情民意分别被农工党中央、省、市委和婺城区委统战部等采用。黄杰伟、吴章秋等被农工党中央、农工党省委会、金华市政协评为反映社情民意信息工作先进个人。杜伟亮课题《为婺城农村主要道路添加太阳能LED路灯照明的建议》在农工党金华市委会立项。

【社会服务】聚力“送教结对”,助力“扶弱扶智”,发挥婺城农工“名师”、优秀教师多的优势,组织所属支部党员“名师”杜伟亮、张旭东、祝巧珍、杨俊等到蒋堂初中等农村学校“送教”,促进了优质教育资源共享,凸显农工担当。积极整合优势卫生资源,多次组织送医送药下乡,开展社区用药咨询活动。组织服务进社区、进敬老(福利)院、进贫困家庭等活动。委员吴章秋出资慰问金东区双门村吴红英家庭。

【其他工作】广大在职党员岗位创优取得新成效,张旭东获全国青少年“普法教育”优秀辅导员;龚琴丹通过浙江省高级专业技术资格考试取得了副主任中药师资格;杜伟亮《Digital Lattice 技术支持下互动智慧课堂特征研究》获省论文二等奖;王武明、龚琴丹等的论文《生命成长的精神驿站》《中药饮片鉴定的方法研究》分别在《中华活页文选》等刊出。

(郑池爱)

九三学社婺城区基层委员会

【概况】九三学社婺城区基层委员会秉承九三“爱国、民主、科学”的优良传统,自觉接受中共婺城区委和九三学社金华市委员会的领导,“建真言、谋良策、出实招”,认真履行参政议政、民主监督职能,积极开展社会服务活动,为婺城经济社会发展做出了积极贡献。2017年底,九三学社婺城区基层委员会有社员33人,主委应堂亮,副主委葛爱莉、诸葛华、季美珍,委员罗霞、吴立新、张天锡。

【参政议政】以“两会”为平台,履行政治协商、民主监督、参政议政职能。 2017年,九三学社社员向区政协提交了《关于在小城镇环境综合整治行动中重视绿化规划的建议》《关于维护居民光伏市场健康发展的建议》等提案7件。

【社会服务】2017年4月18日,组织社员到金华市水源地琅琊妙康村开展了义务植树, 种植榉树、红豆树等珍贵树500多株。5月14日,九三学社婺城区基层委员会和金东区基层委员会联合在金东开展了“剿灭劣V类水,九三在行动”,并沿途取水样送市环境监测中心分析。“传承五四精神、凝聚共建合力”,5月20日,组织全体社员参加九三学社市委会组织的首届青年运动会,获优秀组织奖。7月22日,组织社员到武义考察美丽乡村建设,并与当地乡政府座谈交流。10月10日,配合九三学社市委会组织名医到白龙桥镇临江村老年协会,开展“喜迎十九大,送医送药活动”,受益群众300余人。配合九三学社省委会、市委会做好塔石乡3个结对村(东岭村、下塔石村、金牛山村)帮扶工作, 东岭村叶氏古祠堂翻修一新,老年人有了活动场所,在九三学社帮扶下建成的下塔石村廊桥已成为塔石乡小城镇建设的一道亮丽风景。

【自身建设】2017年12月15日,九三学社婺城区基层委员会组织全体社员学习中共十九大会议精神, 要求社员坚决拥护中国共产党的领导,把民主与科学作为切入点,以“八个明确”为主线,结合各自工作特点, 贯彻落实好中共十九大精神,积极参政议政,为建设幸福美丽的婺城区履行好党派职责。倡导九三学社社员增强社会责任感,在各自岗位上建功立业。加强领导班子建设,提高“五种能力”, 2017 年选派季美珍参加了金华市委统战部组织的民主党派骨干培训班,选派叶丹、罗霞、鲍旭勇、施芬、林凯丰参加婺城区委统战部组织的民主党派、党外知识分子骨干培训班。结合茶话会、联谊等活动组织学习,交流生活、工作体会,社员之间做到互相关爱和帮助,提升社员的幸福指数,提高党派凝聚力。

(季美珍)

群团组织

总工会

【概况】 2017年,全区有乡镇、街道总工会13个,机关工委9个(包括教育工会),机关事业单位工会206个,非公企业单建工会253个,联合工会15个,工会会员36923人。

【"两学一做"】 2017年,认真开展"两学一做"学习教育,并开设"两学一做"学习园地,为党员干部输送精神食粮,进一步加强党组织建设工作。通过集中学习、专题研讨等形式,联系实际学习悟透、融会贯通,不断提高党员干部政治思想觉悟,始终保持政治上的清醒和坚定,切实增强政治意识、中心意识和全局意识,坚定不移走中国特色社会主义工会发展道路,在思想上政治上行动上紧密团结在以习近平为核心的党中央周围。

【党的群团工作】 深入贯彻落实省、市、区党的群团工作会议精神,加强工会组织建设,提高各级工会组织服务意识,进一步在职工群众中树立组织地位。面向基层工会干部和广大职工群众,广泛深入学习习近平总书记系列重要讲话精神,切实把党中央治国理政新理念新思想新战略全面贯彻落实到全区工会工作的各个方面,把党的领导通过工会组织深入地落实到职工群众中去,切实承担起引导职工群众听党话、跟党走的政治责任。

【完善组织建设】 努力加强工会制度建设,规范工会工作,提高工会服务水平,增强工会维权能力,发挥工会桥梁纽带作用,开创工会工作新局面。

加强工会制度建设。严格贯彻执行中央八项规定和省委"28条办法""六项禁令",严格执行"三公经费"使用标准,坚决杜绝"公款消费""人情消费"。认真贯彻执行党风廉政建设,修订完善《财务开支制度》《机关干部理论学习制度》《工会经费审查制度》等规章制度,使各项工作进一步走向规范化、制度化和科学化。

开展基层工会调查工作。2017年,因婺城区区域划分和企业经营情况等多种原因,部分企业已归属其他区域。为确保数据库管理和进一步加强基层工会建设工作,9—10月,在全区范围开展基层工会普查,对全区基层工会工作进行摸底调查,为全省基层工会数据库申报和基层工会管理奠定了良好的基础。

加强基层工会组建工作。5月,召开组织乡镇、街道工会干部工作会议,将基层工会组建任务、职工之家、开展"六有"建设标准和工作任务分解到各乡镇、街道。2017年,向市总工会推荐白龙桥镇、乾西乡、琅琊镇、新狮街道申报乡镇工会规范化建设,促进基层工会工作的规范、有序开展。

抓特色工会建设。充分发挥党建带工建优势,着力在园区工会、楼宇工会、行业工会组建上下功夫,强力推进特色联合工会组织建设。已成功组建全区第一个园区工会,即金华电子商务创业园联合工会;楼宇工会——浙中信息产业园新华基地工会委员会;行业工会——婺城区法律服务行业联合工会委员会。

加强工会干部培训和配备。为提高乡镇、街道工会职能和组织力量,举办全区乡镇、街道,区直各系统工会分管领导和工会干部进行工作培训，提高工会干部的工作能力。培养和选拔优秀青年干部，增强干部队伍活力，根据“三定”方案，区总工会新增1名事业编制人员，实现干部队伍结构合理、精干高效。新招2名职业化工会工作者，充实乡镇(街道)工会力量。

深化厂务公开民主管理。积极组织企业开展《浙江省企业民主管理条例》学习，对已开展民主管理企业进行厂务公开民主管理工作指导，进一步推动《浙江省企业民主管理条例》的落实，推进和规范企业民主管理工作，提高职代会建制率。组织乡镇工会干部和部分新成立工会企业的工会主席参加企业民主管理培训，提高工会干部业务能力，积极带领和提高职工参与企业管理，为企业经济稳步发展出谋划策。

【服务职工活动】 为进一步提高广大职工参加文体活动的热情，丰富职工业余文化生活，开展多项服务职工活动。

读书征文活动。为进一步激励广大职工放下手机、视频，养成静下心来读书、读好书的良好阅读习惯。2—5月，区总工会在全区女职工中开展以“注重家教家风·培育家国情怀”为主题的第五届“书香三八”读书活动，全区女职工积极参加，共收到征文200多篇。

职工文化艺术活动。3月，组织举办“中国梦、校园美”——婺城区首届教职工摄影比赛；7月，积极组织参与由全国职工文体协会、中国书法家协会主办，浙江省总工会承办的“中国梦 劳动美”第四届全国职工书画、摄影比赛。9月，区总工会积极和市总工会一起，联合白龙桥镇洞溪村，开展“喜迎十九大 永远跟党走”送文艺到企业活动；9月开始，利用金华四中、五中、东市街小学、婺城小学等学校场地给全区职工开展免费瑜伽培训；11月，开展全区教职工气排球比赛。

12月2日，区企业“双爱”活动暨趣味技能竞赛在万里杨集团举行　　(区总工会供稿)

建立“心灵港湾工作室”和“妈咪暖心小屋”。2017年新增金华市北苑小学、金华市婺城区东市街小学、金华市婺城区乾西乡中心小学、金华市环城小学、金华市婺城区白龙桥镇中心小学、金华市婺城区仙源湖实验学校、金华市德仁假肢矫形康复器材有限公司等7家“心灵港湾工作室”。全区共建有11家“心灵港湾工作室”和23家“妈咪暖心小屋”。

打造模范职工之家。6月，通过严格考察审定，确定推荐金华市新桥五金厂、金华市正当红红木家具有限公司为市级模范职工之家，推荐浙江万里扬集团锻造车间为市级模范职工小家，推荐白龙桥镇总工会专职副主席张金红为市级优秀工会工作者，推荐浙江巨龙商品混凝土有限公司工会主席季宗备、新狮街道总工会副主席孔向洪为优秀工会积极分子。

推进职工活动基地和区域职工活动中心建设。积极引导基层工会互联共建职工阵地，让基层工会的场地和设施共享，服务于全区广大职工。5月，浙江美保龙种猪育种有限公司职工活动基地器材安装到位；10月，安地镇喻斯生态游览区、蒋堂镇七彩天宏家庭农场、莘畈乡大立元村、金华农耕文化园等4家职工活动基地正式挂牌成立；白龙桥区域职工活动中心、金华A18健身活动中心、乾西乡区域职工活动中心正在论证建设中。每个区域职工活动中心既是工人文化宫，又是职工学校，也是职工服务中心，变过去的“坐等职工上门”为“送到职工身边”，实现了工会与职工的“零距离”。

开展女职工维权保护月活动。3月，在全区企事业单位开展一系列女职工专项维权月活动，为女职工提供“四期”保护的有关知识，开展法律知识竞赛，发放资料，开展问卷调查，进行女职工思想状况调查，提高女职工对自身职业保护意识。

【推进维权帮扶】 加强工会维权服务工作、维护和发展职工利益，是工会组织的基础职能。在经济发展新常态下，工会从维护劳动者的根本利益出发，丰富维权工作新内容，拓展维权工作新方式，建立维权工作新机制，构建和谐社会劳动关系。

认真开展企业职工法律宣传活动。参加“平安综治宣传进企业”和职工普法活动。通过宣传专栏、标语、举办法律培训班和印发宣传手册等形式进行大力宣传，引导广大职工“爱国、敬业、诚信、守法、贡献”精神，教育广大职工进一步树立以权利义务相统一为核心的公民法律意识，在维护自身合法权利的同时，自觉履行法律义务，依法规范自身行为。

加强企业安全生产。坚持“安全第一、预防为主、群防群治、依法监督”原则，积极参与安全生产监督和管理，协助企业抓好安全生产工作。以“安康杯”竞赛活动和签订职业病防治专项集体合同为抓手，推动职工健康安全工作纳入政府安全生产考核体系。全面开展“安全生产月”活动，以深入开展“安全生产年”活动为主线，以强化安全意识、提高安全素质为重点，为促进全区安全生产形势的持续稳定和好转，建设“平安婺城”，提供强有力的精神动力、思想保证和舆论支持。

推进全区职工医疗互助工作。2017 年，金华市总工会下达全区参保职工人数为 16200 人，2017 年实际参保职工人数为 20346 人，同比 2016 年增加了 4288 人。参保单位 393 家，同比 2016 年增加 37 家，超出市总工会下达任务数的 25.6%，创历史新高。

做好信访接待和企业矛盾排查调处工作。指导、帮助企业依法建立劳动争议调解委员会，引导职工通过工会、调解组织机构或司法途径等解决矛盾纠纷。在企业成立了综治组织，配备专职人员定期开展排查，及时掌握企业内部与周边企业、村的矛盾纠纷，共同开展矛盾排查调处。做到小纠纷不出车间、班组，大纠纷不出企业，把矛盾纠纷化解在萌芽状态。2017 年，共接待来信来访人员 37 起，答复率 100%，答复满意率 100%。

做好共建帮扶工作。2017 年，区总工会多次对省定集体经济薄弱村琅琊镇琅琊塍村、共建单位河盘桥社区进行走访调研，了解他们在新农村和社区建设过程中遇到的困难和问题，并提出意见和建议。安排一名区总工会党组成员、副主席担任集体经济薄弱村琅琊镇琅琊塍村“第一书记”，持续开展帮扶工作。在下半年争创文明城市过程中，区总工会全体工作人员深入河盘桥社区打扫卫生、指挥交通、巡逻社区，尽全力做好争创工作。2017 年，区总工会的党员给河盘桥社区的 7 人送去了他们的心愿物品，帮助群众实现“微心愿”，进一步密切了党群干群关系。

全面推进、指导企业开展工资集体协商工作。以“集体协商”为抓手，大力推进工资集体协商工作，强化劳动保护。2017 年，全区共签订集体合同(工资集体协议)245 份(其中企业单建工会签订 230 份，区域性集体合同 15 份)，已单建工会规模企业签订率 100%；签订女职工专项集体合同 245 家，涉及女职工 1.09 万余人。

开展困难职工帮扶工作。1 月，给 5 名困难职工送温暖，金额 2 万元；7 月，到勤俭 1 期工程、巨龙安置房 2 期工程、330 国道改建工程等 16 家婺城区重点工程慰问一线职工，合计金额 33490 元；9 月，开展“金秋助学”活动，帮扶 5 名困难职工子女，补助共 2 万元；10 月，帮扶 3 名患尿毒症职工透析，金额 13500 元。全区共建档困难职工 65 户，帮扶资金 25 万元。

(郑宏晟)

团区委

【概况】2017 年，团婺城区委在区委、区政府的正确领导和团市委的关心指导下，坚持围绕中心、服务大局，深入推进共青团改革，紧扣“团的基层组织网络覆盖全体青年和团的活动影响全体青年”目标，着力“增三性去四化”，充分发挥共青团引领青年、凝聚青年、服务青年、团结青年职能作用，各项团工作取得新进展。截至 2017 年年底，婺城区共有基层团委 30 个，团工委 7 个，团总支 2 个，团支部 679 个，待接转团支部 5 个。

【夯实共青团工作】在区委组织部统一部署下，结合团省、市委关于村级团组织换届工作要求，制定下发了《婺城区村级团组织换届工作实施方案》，通过严把“两关”确保村级团组织换届换出战斗力、换出凝聚力，全面完成乡镇、街道团(工)委换届调整工作。换届调整后，乡镇、街道团(工)委共选配委员180人，其中书记17人，编内副书记8人，编外副书记46人。并且，按照青年在哪里，共青团组织就应建在哪里的要求，加快推进青年集聚的文化创意园、社会公益组织、电商创业园等的团建工作，努力扩大共青团基层组织网络覆盖面。强化思想引领，坚定团员青年信念。在团市委动员部署“学总书记讲话、做合格共青团员”主题教育实践活动后，团区委就成立了教育实践活动领导小组，并制定了区主题实践活动方案。按照突出政治性、先进性、让团员更像团员的要求，在团区委机关及各乡镇街道、学校及建有团组织的青工部门、“两新”组织大力开展主题教育实践活动。面向村、社基层团支部团员青年集中开展“怎样做一名合格团干”的主题团课。并集中开展“学习十九大精神——不忘初心，牢记使命，永远跟党走”主题团日活动20余场。引导全体团干部和团员青年坚定“四个自信”，增进对党的政治认同、思想认同和情感认同，增强团组织的凝聚力。主动作为，积极参与党政中心工作。团区委始终抓牢围绕中心、服务大局这条工作主线，积极引导广大团员青年在党政中心工作中主动参与，发挥好青年生力军和突击队作用。团区委立足共青团职能，广泛动员全区团员青年积极投身志愿行动。围绕全国文明城市创建、“五水共治”、小城镇环境综合整治、平安婺城建设等党政中心工作，大力推进平安巡逻、文明劝导、环境卫生保洁等各类志愿服务工作。

【青少年思想引领行动】团区委通过开展“学总书记讲话、做合格共青团员”主题教育实践活动，团员青年、少先队员喜迎十九大系列活动，全团宣传学习十九大精神等活动不断强化思想引领工作，不断提升团组织的政治性、先进性。深入开展“学总书记讲话、做合格共青团员”主题教育实践活动。团区委在各乡镇、街道、学校及建有团组织的青工部门、“两新”组织大力开展主题教育实践活动。深入宣传贯彻中共十九大精神。中共十九大胜利召开后，团婺城区委迅速行动，全面部署，在全区共青团系统和广大团员青年中广泛掀起学习宣传热潮。团区委机关第一时间组织召开会议，专题学习大会精神并研究部署相关贯彻学习工作，下属各级团组织集中开展“学习十九大精神——不忘初心，牢记使命，永远跟党走”主题团日活动20余场。管好队伍从严治团。引导全体团干部和团员青年坚定“四个自信”，增进对党的政治认同、思想认同和情感认同，增强团组织的凝聚力。从严抓好团区委机关和专职团干部这一“关键少数”，完成团中央青年之友团干部工作积分要求。从严把好团员发展关，积极探索管理关，严格控制初中阶段团青比例要求。加强考评，严明团干部队伍纪律意识，切实做到党有号召，团即行动。

【青年志愿服务队】经探索与实践，婺城区形成了以文明劝导、平安巡逻、助老扶残、生态环保、结对帮扶等为主要内容的志愿服务工作体系，不断加强组织与制度建设，不断提升规范化水平，努力夯实志愿服务工作基础。全区志愿汇APP平台共有注册志愿者2万多人，学雷锋志愿者服务站点70多个，志愿服务队200余支，累计已有4万人次参与了各类志愿服务，创造了大量的社会经济价值。志愿服务组织网络基本覆盖。构建起区、乡镇(街道)、社区(村)三级志愿服务体系，建立了18个乡镇(街道)志愿服务站、90个社区(村)志愿驿站的服务组织网络，基本做到横向到边、纵向到底。全区各行业系统深入推进志愿服务工作，形成了党员志愿者、8890志愿者、青年志愿者、巾帼志愿者、平安志愿者、助残志愿者、文明劝导志愿者等一大批特色志愿服务队伍。各类志愿服务蓬勃开展。围绕全国文明城市创建、“五水共治”、小城镇环境综合整治、平安婺城建设等党政中心工作，大力推进平安巡逻、文明劝导、环境卫生保洁等各类志愿服务工作，团区委及下属团组织开展各类志愿活动800余次。社会参与面不断扩大。“以就近就便就生活”为目标，发动市民广泛参与，畅通参与渠道，提高参与志愿服务的便捷化和常态化。努力发挥社会组织作用，提供各类特色化志愿服务工作52次。同时加强校地合作，借助高校学生志愿者力量，与婺城乡镇街道及社区组建26支联合志愿服务队，周末常态化开展志愿服务活动。

(胡　钰)

区妇联

【概况】截至2017年年底,全区有女性18.91万人,其中,女性中共党员6471人。有乡镇妇联13个、街道妇联5个、区、乡镇(街道)专(兼)职妇联干部50人。有村(社区)妇联382个。

【主要工作】围绕中心,创新载体,推进美丽婺城建设。组建385支巾帼志愿服务队,发放“美丽婺城 巾帼同行”倡议书36000余份,发放“剿灭劣V类水 争当护水巾帼铁军”倡议书5000余份。开展志愿服务行动400余次。在长山乡举办“巾帼治水美家园”专项行动启动仪式。在每个村组织成立生活垃圾分类指导组和督导组,每周至少开展一天巡查和指导工作。继续开展“垃圾分类巾帼流动红旗赛”,评比表彰第四批农村生活垃圾分类“巾帼流动红旗赛”优秀村妇代会22个。开展“最美街巷”、“美丽家园”、“巾帼最美环保人”三十佳评选表彰活动。开展传播好家风好家训——“迎新春送春联”活动,开展“好家风”家庭、最美家庭、“五好家庭”等评选活动,全区共评选出“好家风”家庭18户、“五好家庭”14486户、“五好家庭示范户”1484户、金华十大“女匠”1人、优秀女匠2人、市级“最美家庭”2户、全国“最美家庭”1户。精心组织,搭建平台,推进来料加工业转型升级。精心制作来料加工宣传册,发放2000册。召开来料加工总结表彰会。表彰先进集体10个、优秀经纪人10人,发放奖金10.8万元。组织集体经济薄弱村的“第一书记”、村书记、村妇女主任、来料加工经纪人及部分畜禽养殖关停户到义乌小商品城学习考察,组织赴义乌考察来料加工产业,拓展创业就业渠道。举办来料加工经纪人素质提升培训班,聘请浙师大教授授课,带领经纪人到东阳市具有代表性的几处来料加工点参观学习。全区有经纪人476人,月加工人数1.4万人,年发放加工费27723.95万元,比2016年同期增长0.31%。深入挖掘,树立典型,推进巾帼最美风采展示。举办“环境整治 巾帼同行”表彰会暨庆“三八”舞蹈大赛,评比表彰舞蹈大赛一、二、三等奖及组织奖13名、第四批农村生活垃圾分类“巾帼流动红旗赛”优秀村妇代会及区双十佳“美丽家园”和“巾帼最美环保人”。举办庆“三八”趣味运动会。组织区机关妇委会委员、女企业家协会理事、乡镇村(居)妇联主席100余人开展了以“我运动、我健康、我快乐”为主题的趣味运动会。邀请优秀女性开展“进企业、进机关、进学校、进社区、进农村”好家风巡回宣讲,共发放倡议书1000余份。

【关爱妇女儿童】规范婚姻家庭纠纷调解场所。成立区婚姻家庭纠纷人民调解委员会,聘请专职法律顾问。加大基层妇女维权阵地拓展,各乡镇(街道)、村(社区)全力打造好示范妇女之家、婚姻家庭纠纷调解窗口,推进婚姻家庭矛盾纠纷调解工作关口前移。开展“三八”维权周活动。开展“建设法治中国 巾帼在行动”系列活动,开展法律宣传咨询和“关爱明天”普法宣传活动,发放倡议书800余份、好家风小册子500余册。做好来信来访工作。接待来信来访11起,办结率100%。“和姐”工作室接待200多人次,参与调解60多起,有力地促进家庭和睦和社会稳定。开展暖冬关爱计划。慰问退位村妇代会主任79人、“两癌”贫困母亲5人、贫困家庭儿童8人、创业创新女性4人,共发放慰问金、慰问品和补助金总价值近10万元。开展春蕾助学活动,共结对311人,发放助学款217014元。在莘畈乡小学、琅琊镇中心小学成立了“浙商银行彩虹春蕾班”“创新科技园春蕾班”。在“六一”期间慰问9名困难家庭儿童,送去价值近7000元的慰问品和慰问金。

【基层妇女组织建设】村级妇代会改建妇联。成立领导小组,制定实施方案,在蒋堂镇李塘下村召开“会改联”试点观摩会的基础上,以点带面,5月底全面完成了全区“会改联”工作,共选举产生村级妇联组织353个,其中村妇女代表5877人,妇联执委2137人,妇联主席353人,妇联副主席358人。为帮助新上任的妇联主席尽快了解形势、熟悉业务、提升能力,推动各项工作实现良好开局,举办“打造美丽家园 助力文明创建”暨婺城区新一届村(居)妇联主席培训会。乡镇(街道)妇联换届选举。10月14日在蒋堂镇召开换届选举工作现场观摩会,各乡镇(街道)妇联干部全程学习换届选举工作流程。试点会后,全区全面铺开,区妇联主要领导分赴每个乡镇

(街道)指导换届工作。到年底,全区18个乡镇(街道)已有16个完成妇联换届选举工作,共选举产生主席16人、副主席31人、执委242人。完善基层妇联的“群”组织。利用网络空间开展妇女工作,建立不同类型的联系妇女群众QQ群和微信群,实时传达工作信息,开展网上组织、宣传、服务、引导妇女群众的工作。全区已组建妇联干部群、来料加工群、巾帼志愿群、妇女群众群等200余个。(郎凌燕)

金华市婺城区归国华侨联合会

【概况】2017年,婺城区侨联围绕中心、服务大局,认真学习贯彻中共十九大精神,坚持以侨为本原则,发挥“甘于奉献、乐于相助、善于创新、勇于争先”的浙江侨联精神,做好为侨服务工作,进一步凝聚侨心、汇聚侨智、发挥侨力,维护侨益。

【服务侨企】为纵深推进“万家海外中餐馆·同讲中国好故事”项目,多次走访合丰信息科技(金华)有限公司,陪同省委统战部部长冯志礼等领导进行参观考察,动态跟踪,积极配合,探索打造民间外宣平台新途径。当好“店小二”,为侨企做好服务工作,走访多家侨企,了解侨企发展情况,并听取侨企需求,帮助解决实际困难和问题。对于企业遇到的问题,及时沟通协调,解决困难,如帮助缤虹星城处理电力配套设施、学区房规划等问题。

【对外宣传】挖掘婺城文化,向海外侨胞讲好婺城故事。充分利用雅畈镇汉灶村婺州窑博物馆,挖掘婺城传统文化,配合市留联会组织留学生进行文化之旅考察,协助市侨联接待日本金华总商会经济文化考察团参观考察,助力弘扬传承中国传统文化,打造婺城文化名片。2017年,重视涉侨活动的宣传,在省侨联网站刊发信息16条,并在今日婺城、婺城新闻网等媒体平台多次发布宣传相关内容。

【“网上侨联”建设】通过海外留学等微信群了解掌握婺城籍留学人员信息,“婺城区侨界之家”新增多位婺籍海外博士,通过“相约大金衢”等多个平台,加强与婺城籍出国及归国华侨的联络,扩大区涉侨工作的影响力和覆盖面。乡镇街道基层侨联也建起了微信群,方便了与侨界群众的沟通联络。

【侨联组织建设】12月29日召开全区第三次归侨侨眷代表大会,选举产生婺城区侨联第三届委员会,并成立婺城区留学人员和家属联谊会,选出一批高素质侨界人士,壮大侨联领导班子,切实增强侨联的影响力、凝聚力,把侨联建设成为归侨侨眷和海外侨胞之家。同时积极发挥基层侨联积极作用,指导协助条件成熟的乡镇、街道建立基层侨联。2017年,蒋堂和新狮2个乡镇、街道新成立基层侨联。全区已有乡镇、街道基层侨联10个。

【为侨服务】连续第6年开展传统节日走访慰问,坚持利用春节、中秋等传统佳节走访侨界重点人士和生活困难的侨界群众,2017年共走访30余户,帮助他们解决工作生活上遇到的问题和困难,送去党和政府的关心和温暖。

(袁倩蕾)

婺城区工商业联合会

【概况】婺城区工商联有基层(行业、异地)商会18个,会员1560人,会员中有省人大代表1人、市人大代表8人、市政协委员5人、区人大代表35人、区政协委员59人。

【理想教育】以“五个结合”提升理想信念教育实践活动的实效。平时学习、培训相结合,争做守法诚信实践者。与“廊道建设”和“千企结千村、消灭薄弱村”专项行动相结合,展示非公经济人士的社会责任。与党建工作“两学一做”相结合,由企业党组织承担“学党章、学讲话,做合格党员”责任,发挥党组织堡垒作用。与“三严三实”主题教育实践活动相结合,真正发挥党员的先锋模范作用。与宣传先进典型相结合,使广大非公经济人士与党同心同行,自觉践行社会主义核心价值观,争做中国特色社会主义事业的建设者、守法诚信的社会实践者。工商联党组切实担负起学习教育管理党员的直接责任,发挥党组织核心作用,确保企业党员学习到位、管理到位、工作到位。

【商会建设】 5月27日，召开婺城区工商联(总商会)第四次会员代表大会，选举产生了新一届婺城区工商联执委会，率先在全市各县(市、区)完成工商联换届，选出了77名执委，22名正、副主席(会长、副会长)，10名副会长、1名秘书长，在执委、班子候选人推荐中，新老交替，部分是婺城区新生代创业者商会主要骨干，90后出生有7人，总体人员结构、年龄结构、知识结构更加合理，整体素质明显提高。11个乡镇、街道基层商会换届完成7个，一批年富力强的企业家进入商会班子，完善商会制度建设，有效发挥商会作用。12月23日，区新生代创业者商会成立，非公经济建设后继有人，增强了企业发展后劲。

【参政议政】竭力协助做好区重点工作，增强责任意识，走访企业，深入调研，掌握非公经济人士基本情况，引导非公经济人士积极参政议政，做好非公有制经济人士人大代表、政协委员履行职责工作，在区“两会”期间，又积极引导工商界人大代表、政协委员撰写高质量的议案、提案，为全区建设出谋划策。

【扶贫结对】区工商联积极响应省提出的“千企结千村　消灭薄弱村”号召，形成乡镇(街道)商会主动参与，各企业主动联系结对村。着力培育支持可壮大集体经济项目，带领村民致富，实现“实施一个龙头项目，收纳一批空余劳动力，帮扶一批低收入农户”目标，不断改善农村生产生活条件，鼓励会员企业积极参加区“百家企业结对帮扶经济薄弱村”行动，取得较好效果。各商会引导会员企业积极参与垃圾分类，开展企业环境卫生整治，倡议会员争当环境卫生保洁员、争当环境卫生监督员、争当文明行为宣传员。区工商联积极做好结对村和结对社区各项工作，并为塔石乡苏坑村和乾西移民小康社区各资助2万元，为做强新城区、做优老城区和推动婺城经济社会持续健康发展出力。

【服务经济】继续开展“千名干部进企业　千方百计解难题”活动，领导带队开展蹲点调研和走访活动，通过走访、座谈，听取企业对发展工业经济的建议，掌握了解当前企业发展现状，摸清企业生产经营中遇到的困难。召开部门协调会，将问题逐个解决。帮助中小企业解决融资难问题，工商联主动牵线搭桥，解决小额融资、还贷周转金等20多亿元。帮助企业对接资本市场，为企业降低法律风险；各基层商会组织非公经济人士外出学习考察，学习先进地区商会建设经验，考察企业和项目，联络在外婺商，实现双向交流。提升工商联、基层商会的管理服务水平，将工商联会员企业纳入微信平台统一管理。为会员提供经济法律咨询、融资、维权、科技、信息、新闻舆论、管理等信息，积极推行“互联网+企业”和“互联网+商会”的服务新模式，进一步扩大会员企业的社会影响力。配合市政府做好金华发展大会的服务工作，引荐在外婺商按时参加11月25—26日举行的金华发展大会，并组织重点工商界人士非正式座谈，向他们介绍婺城的发展，宣传婺城的招商政策和未来婺城将要实施的惠民实事大事，请他们为家乡婺城出谋划策，提供可行性的建议等，为招商引资牵线搭桥，完成了招商任务。

【回报社会】引导非公有制经济人士回报社会活动，开展“同心·送温暖”惠民活动，结合非公有制企业“双强争先”活动、“义行天下、婺商感恩”行动，引导非公经济人士履行社会责任活动，扩大送温暖活动的社会影响力和感召力，营造社会各方面积极参与、人人奉献爱心的良好氛围，体现送温暖活动是一项“暖人心工程”。开展关爱帮扶“三老两户”走访慰问活动。2017年，由区工商联牵头会员企业，慰问走访“三老两户”等100多户，慰问金及慰问品达5多万元；支持新农村建设，消灭薄弱村等，捐款捐物价值800多万元。

【学习交流】举办各类培训6期，参加人员650多人，内容涉及多层次资本市场对接、企业法律风险防范、现代企业管理制度、新常态下企业的转型升级等，学习先进地区工商联、商会建设经验，考察企业和项目，联络在外婺商，实现双向交流。联合区工会、社保局举办婺城区“双爱”知识竞赛和企业职工乒乓球赛，丰富了企业文化生活，增进会员的相互了解，营造良好的尊法、守法、学法氛围，促进构建和谐劳动关系。

(张建红)

区文学艺术界联合会

【概况】2017年,婺城区文联有团体会员11个,会员1000余人。区文联深入学习贯彻习总书记在文艺工作座谈会和中国文联十大、中国作协九大开幕式上的两个重要讲话精神,重点学习了十九大的讲话精神,深刻领会习总书记的文艺思想,密切结合文艺工作实践,自觉履行各项职能,引导文艺工作者自觉践行社会主义核心价值观,深入生活、扎根人民,紧密配合区委、区政府的中心工作,加大文艺惠民的力度,加强文艺队伍的思想建设和组织建设,激发创作活力,打造文艺精品,大力推动婺城文艺事业的繁荣发展。

【组织建设】组织专题学习会,学习习总书记在文艺工作座谈会和中国文联十大、中国作协九大开幕式上的两个重要讲话,并对中共十九大讲话精神进行深入解读;组织国学和文艺宣讲团师资培训,国学和文艺巡回宣讲进农村文化礼堂;规范协会管理,完善协会运作程序,重视协会换届工作,指导区音乐家协会完成换届,完成区诗联协会人员调整;走访调研各协会,为协会开展工作谋思路、出点子,创造宽松的工作环境和创作环境;指导各协会做好年检工作。

【协会活动】精心组织编排节目,组织百名文艺工作者参与以“剿劣水,建廊道”为主题的基层文艺巡演,先后走进琅琊、长山、乾西、蒋堂等地,共组织了9场巡演;组织文艺工作者积极投身剿灭劣V类水活动主题的相关采风创作活动,开展以“水之梦”为主题的文艺采风活动,以“婺水流芳”为主题的剿灭劣V类水专题摄影比赛活动,积极参与“浙水千秋”采风展览活动等;组织开展“喜迎十九大”文艺宣传主题实践活动,承办竹马“喜迎十九大、翰墨浸花乡”书画展,与永康文联联合举办以“喜迎十九大”为政治背景的“同饮一江水,共建都市区”婺城永康知名书画家联展;对接浙江书协学习贯彻中共十九大精神主题创作活动进农村暨2017年“浙江书法村”授牌活动;不定期组织文艺志愿者深入农村文化礼堂创作采风,先后到南郭村、沙畈银坑、方下店村、下张家进行书画创作及生态廊道安地段文化走读活动;组织金华市知名作家开展“视觉长山行”第一季采风创作活动;区诗词楹联协会在对雅畈汉灶村婺窑历史进行挖掘的基础上,结合当前的新农村建设,为汉灶村打造“印象汉灶”名片;组织老干部摄影协会开展以”孝道文化”为主题进行“老人拍摄老人”活动;组织书法家奔赴农村文化礼堂为群众巡回写春联、送春联活动,配合市文联文艺志愿者在竹马金店开展“到人民中去”文艺惠民活动;组织各协会会员深入“洪源区块”“酒坊巷”等地开展采风活动,创作系列文学、艺术作品;举办首届“匠心杯”非遗征文活动,进一步推进婺城区非遗进校园工作深入开展。组织文艺志愿者走访慰问困难党员、困难群众及残疾人,在重阳节举办敬老礼仪活动,组织志愿者为老人捐赠物品、提供理发等服务,走访慰问文联退休老干部及协会会员。

【文艺培训】2017年组织文艺骨干举办肚皮舞、广场舞、民族舞、模特形体等培训班,参加培训人数3000多人次;组织文化礼堂和第九届排舞师资培训班,共培训600多人次;组织书法家协会、戏曲家协会、舞蹈家协会、摄影家协会等会员参与文化馆免费开放活动,安排书法课、道情课、舞蹈课、摄影课等,课程结束后进行学习成果参演;组织协会会员走进校园开设文艺课,书法家协会在罗埠小学开设教学创作基地,戏曲家协会走进柳湖小学和金师傅小,将文艺内容作为课外拓展课程。免费的摄影开放活动、书法公益讲座活动、各类舞蹈器乐公益课程等高达百余场,受益的群众近上千人。

【创作成果】知名作家李英的作品《一位角膜劝捐志愿者的日记》发表在《北京日报》上,报告文学《感动之城》立足金华这座城市发生的真人真事,用近似笔记式的表达,对感动金华的一系列人物倾注了一往情深的描述;90后新生代作家汪胜在省级报刊发表文章有:《家乡的春天》(《散文选刊》2017.2)、《老骥未伏枥》(《散文选刊》2017.4)、《我们村里的年轻人》(《北京日报》2017.4.11),在国家刊物发表的文章有《一颗童心到永远》(《中华读书报》2017.2.22)、《儿童文学重镇金华透视》(《中华读书报》2017.3.3)、《填补学术空白的玩具论》(《中华读书报》2017.5.3)。李英与汪胜携手创作的《花蕾绽放的季节》由吉林文史出版社出版。　(邵玉婷)

【区作家协会】2017年,婺城区作家协会在区文联的指导下,积极联系会员,策划活动,提升创作水平,围绕区委、区政府的中心思想,用丰厚的创作成果,为婺城区的文化事业做出了贡献。

在诗歌创作方面,南蛮玉的《二十四节气》组诗被《金华发布》全年分24期推出,成为金华诗歌城市的一道亮丽的风景。南蛮玉受聘担任浦江诗歌小镇的秘书长。许中华出版个人诗集《倒影碑》,在《诗歌月刊》发表《寄黄贞父》等7首,获得了德清首届莫干山诗歌大赛银奖。李英昌、苏洪生、李俏红、陈美云的作品也经常见诸报刊。

在散文创作方面,李俏红在《散文百家》《中国文化报》《文汇报》等报刊发表了一批优秀的散文,获得"中国梦·劳动美"全国职工散文大赛一等奖、"运河书香,诗意香河"征文三等奖等奖项。汪胜的散文作品在《散文选刊》《中华读书报》等期刊发表,荣获2017中国散文年会二等奖,首聘浙江师范大学人文学院现当代文学学科特聘作家、语文教育研究员。李英、柏兰、沈治林、潘丽仙等人作品也经常见诸报刊。

在小说创作方面,雅畈的网络小说创作是亮点。她的《天降奇缘》《戒爱》《王者倾城》等小说得到了读者的热追。汪胜的《蒋风传》列入浙江教育出版社2018年度出版任务。

在报告文学创作方面,李英的长篇报告文学《感动之城》《第三种权力》正式出版后,引起了广泛的关注。中国报告文学学会常务副会长、著名报告文学理论家李炳银在序言中写道:"《感动之城》是对金华现实社会生活一种及时的'拥抱',也是对金华历史存在的一个很好的文学保存,富有现实意义和历史珍藏价值。"中国作家协会创研部副主任、著名评论家李朝全在《文汇报》上撰文,称赞《第三种权力》是一部有时代体感温度和思考深度的作品。

在翻译方面,陈锦章深耕翻译事业,他的翻译作品不断在《译林》等国内权威的刊物上发表。

2017年,举办"走读婺城"系列文化采风活动,先后组织会员到长山、上阳、南郭等地采风,会员扎根基层为村庄建设发展献计献策,助推新农村建设,并创作了一大批反映新时代精神的文学作品。

2017年,婺城区作家协会在区文联的指导下,编印两期《婺江文艺》,刊发了一批文学水平高、唱响主旋律的作品。区作家协会副主席南蛮玉还筹集资金,创办纯公益文学微信平台"婺江文学",吸引一大批金华市内外优秀作家参与创作交流。

(李英昌)

【区美术家协会】2017年,婺城区美术家协会在区文联的领导下,深入贯彻习总书记文艺讲话精神,紧紧围绕中心工作开展美术创作活动,推进各项工作的顺利进行。

组织会员参与"浙水千秋"采风写生创作活动。协会主席吴广明、常务副主席郑红建亲自带队指导,创作出一批反映"五水共治"成果,歌颂婺城山清水秀的优秀作品。吴广明、郑红建、胡建文等7人作品在浙江省美术展金华展区展出,其中胡建文作品《一溪清泉过家门》选送省美术作品展总展。郑红建组织"婺城区田园油画公社",开展"剿灭劣V类水"采风写生活动,并承办"醉美白沙溪"写生采风活动作品展,展出作品40余幅。

组织开展"喜迎十九大"美术展。承办以"喜迎十九大"为政治背景的"同饮一江水,共建都市区"婺城永康知名书画家联展,协会主席吴广明对作品的尺度、创作水准、内容严格要求,在创作、装裱、展板制作上精心策划、全程跟踪,并亲自参与布展,整个画展反响强烈。承办"喜迎十九大迈向新兴辉煌"婺城区书画作品展,为中共十九大召开献礼。

组织开展文艺走亲交流。配合文化部门写意婺城书画走亲活动,先后到长兴、武义、龙游等地巡展,并多次组织会员骨干到衢州、永康、浦江、杭州等地交流、采风、参观画展。

组织开展文化下乡、文化进校园等活动。组织骨干会员参加婺城小学十周年校庆笔会,组织人员到安地南郭村为村文化礼堂建设挥毫泼墨。

据不完全统计,郑红建、周济果、夏立作品入选省纪念"八一"建军展、省花鸟画展并获奖;郑红建粉画《圆梦》入选中国美协举办的中国体育美术作

品展。 （池 清）

【区书法家协会】2017年，婺城区书法家协会在区文联的领导下，深入贯彻习近平总书记在文艺座谈会上的讲话精神，以推进区书法艺术的繁荣发展为己任，打基础，上台阶，通过政治学习、技能培训、活动开展等激发广大书法家及书法爱好者的学习创作积极性，营造积极健康向上的学书氛围，提升区书法艺术的影响力。

围绕中心工作，积极发挥艺术特长。组织40名会员精心创作40件书法作品，参加"喜迎十九大，迈向新辉煌"书画作品展；安排会员春节期间下乡为群众写春联、送春联；为领导赴台交流创作书画扇面近50幅；参加婺城小学十周年校庆，为学校书写了几十幅书法作品；会员在罗埠小学开设教学创作基地，成效显著。

协会会员收获颇丰。多名骨干成员被金华市书画院聘为第四届特聘画师，并参加了画师作品展。王琼瑶被选为浙江省青年书法家协会篆刻委员会副秘书长。张雄华书法作品入展全国第四届草书展，并参加由中国书法家协会主办的第四届草书展——名家邀请展。朱长虹、张艺枫获金华市第三届"黄宾虹艺术奖"。5人参加金华市赴杭书画展。

（章国新）

11月20日，省书协学习贯彻党的十九大精神主题创作活动进农村暨2017年"浙江书法村"授牌活动 （区文联供稿）

11月30日，区美术协会到安地镇南郭村进行书画创作 （区文联供稿）

【区戏曲家协会】2017年，婺城区戏曲家协会始终坚持"二为"方向和"双百"方针，积极探索，勇于创新，创作出了一批群众喜闻乐见的戏剧、曲艺作品。

围绕中心工作，组织策划多次演出活动。春节期间，"永远跟党走 迎接十九大 庆新春 乐佳节"文化大拜年婺剧专场走进白龙桥大德垄村、莘畈大立元村文化礼堂及省第五监狱；配合"剿灭劣V类水 建美丽生态廊道"工作，及时编排、组织相应节目，百名文艺工作者先后走进琅琊、乾西、蒋堂、长山等11个地方开展巡演；喜迎十九大、庆祝十九大、学习十九大系列文艺巡演小分队以快板、说唱、道情等曲艺形式，走在各村文化礼堂和村广场；参加"争当文明人 共创文明城"金华市第12届邻居节活动，参演了6个节目。

参加婺城区中小学婺剧创作研讨会，讨论中小学婺剧表演作品的特点、中小学婺剧表演呈现的方式、传统唱腔在中小学婺剧作品中的运用、中小学婺剧作品主题、题材的选择以及小戏剧本的写作等，并在区婺星剧场举行中小学婺剧演唱比赛；邀请省级专家老师授课培训，对所征集的原创小戏、曲艺作品进行作品解剖、点评、加工活动。

结合区文化馆免费开放，开设了一个学期的金华道情培训课程，有近20名来自各乡镇街道的学员参加，课程结束后进行学习成果参演。金华道情走进柳湖小学和金师附小，作为课外拓展课程，一周2课时。少儿道情《图书馆里有故事》参加了金华市小戏、曲艺比赛，以第3名的成绩获得银奖。少儿道情《田鸡飞上天》获金华市委宣传部2017年优秀作品奖。（章晓华）

【区舞蹈家协会】婺城区舞蹈家协会在区文联的领导下，以会员为本，召开理事会，围绕协会发展，充分发挥每位会员的积极性，以学校、社区、乡镇等培训基地为活动、辅导、培训点，在原有的基础上不断进取，使培训、辅导、创作、比赛不断有新的突破。

舞蹈培训遍地开花。2017年组织舞蹈骨干举办肚皮舞、广场舞、民族舞、模特形体培训班，参加培训人数达3192人次；组织了文化礼堂和第九届排舞师资培训班，进行了2周的培训，共培训600多人次。

文化下乡精彩纷呈。协会召开年会的同时进行展演，并组织文艺志愿者参加慰问一线工人演出；舞蹈会员胡凌组队的鱼悦舞蹈队共计参与30场的文化下乡演出，如："文化暖冬"三送服务活动，文化大过年活动及"喜庆十九大 共建美丽婺城"婺城百名文化工作者走基层巡演等活动，其中编排的音乐快板《劳动托起中国梦》《争当最美治水人》《十九大领航新征程》以及歌舞《共圆中国梦》《不忘初心》等一些紧跟时代主旋律的作品，深受百姓喜爱。

会员作品硕果累累。毛毳舞蹈艺术中心、晓萍舞蹈艺术中心、米粒舞蹈艺术中心、惠之舞舞蹈馆、舞彤艺术等培训中心，个人刘学刚、丁小婧等都取得了不俗的成绩，喜报频频。副秘书长方秀娟带领的舞蹈会员，舞蹈作品参加省市中小学艺术节获一等奖4个、二等奖3个，获省级奖项二等奖1个、三等奖2个。（郑慧娜）

【区音乐家协会】2017年，组织全体理事会员对理事以上的协会班子进行换届改选，选出新一届理事与领导班子，完成换届改选工作。换届后大大优化会员所处行业阶层的结构比例，增强协会的组织能力与工作活力。召开常务理事会，商议谋划2017年度重点工作与活动，确定以参与中共十九大宣传及服务农村文化礼堂等活动为协会重点工作。

2017年，协会组织开展8项活动，工作有声有色，积极发挥社会音乐工作者的文化艺术服务功能。承办区2017年青年歌手比赛；参加"剿灭劣V水"宣传动员大会；组织骨干会员参加区文化志愿者成立大会，并参加成立大会的义演；组织会员参加驻金某部队"中国人民解放军建军90周年庆祝文艺晚会"；参加区文联组织的"新建农村文化礼堂采风与文化需求对接的活动"；参与区委宣传部组织的"喜迎党的十九大"全区合唱大赛的相关工作；组织会员在筱溪文化礼堂开展文艺义演，服务当地老人；四次组织笛葫重奏乐团参加文艺志愿者义务下乡巡演服务。（孟展麟）

【区摄影家协会】协会在区文联的领导下，积极调动全体会员的创作热情，紧紧围绕区委、区政府中心工作，积极开展文艺活动。

2017年召开协会理事会3次。年初召开2016年总结及2017年规划会议。

组织会员参加学术交流2次，一次是《中国摄影报》走进金华影友联谊会，一次是永康市摄影家协会21人摄影展分享会。

组织会员在本地区及外地采风创作活动近20次。3月，承办"婺水流芳"主题摄影大赛；4月7日，参加婺城区剿灭劣V类水工作推进会，4月21日，参加"老少共携手，共剿劣V水"活动，4月23日，组织会员30余人赴汤溪、岱上、大茗、塔石等乡村采风；6月10日。组织所有会员参加"塔石高山梯田文化节"，6月19日，组织骨干参加市社会福利中心举办的"休养员象棋比赛暨书画作品展"；7月8日，组织会员赴下张村茶花园采风创作，7月14日，组织会员参加作家协会赴上阳古村采风活动，7月19日，组织骨干赴上张家、筱溪、临江、蒋堂开化等村级文化礼堂采风，积极为文化礼堂建设献上摄影作品；7月28日，指派协会骨干参加"军歌嘹亮跟党走"婺城区纪念中国人民解放军建军90周年演唱会活动；8月9日，组织10余名摄影骨干赴临江村采风，对该村的文化礼堂、菜场、农田、劳作、生活及村容村貌全部分工记录；9月26日，协会派骨干参加文联组织的浙江大学文联系统文艺骨干提升培训班学习；10月16日，组织20余名会员赴下张家村参加并记录了该村的茶花文化园活动；11月，多次组织协会骨干赴学岭头、白鹤殿口、下郘及上傅等村庄摄影采风;12 月 10 日，派员参加永康摄影家协会举办的永康会员入选全国 26 届摄影艺术展作品分享会;12 月下旬，将收到的 300 余幅(组)“婺水流芳”摄影大赛的参赛作品整理后,交给市摄影家协会专家评审,并遴选出近百幅摄影作品制作成展板。 (叶爱莲)

【区老干部摄影协会】婺城区老干部摄影协会自 2013 年 7 月 16 日换届以来，在区文联、区老干局、区民政局的等部门的领导下,以习近平新时代中国特色社会主义思想为指导,不忘初心、牢记使命,始终围绕区委、区政府的中心工作,开展摄影采风活动,用影像讲好婺城故事,展现婺城发展成就。

围绕区委、区政府的中心工作,认真组织采风创作活动。1 月 15 日,举办“寿星风采”摄影作品展,反映婺城区 18 个乡、镇、街道的 131 位 95 岁以上高龄老寿星的和谐、幸福生活,作品在区府二楼大厅展出;3 月 10 日,组织会员 20 余人去竹马乡下张家参加“浙中生态廊道 花漫婺城”——第八届茶花节(第 25 届茶花展) 开幕式采风活动;4 月 1 日，组织 16 名会员参加区委宣传部在八咏楼广场召开“婺城区剿灭劣 V 类水宣传工作‘六大行动’暨‘浙江之心画廊婺城’诗歌摄影创作大赛”启动仪式,会后分 3 组分赴长山乡、竹马乡和雅畈镇的治水现场采风;4 月 6 日,区文联组织协会派出 10 人去琅琊,为文艺下乡演出拍照片;4 月 14 日,组织 28 人去沙畈乡东山村,参加“浙中生态廊道 花漫婺城”——沙畈乡第四届竹笋节采风活动;5 月 2 日,组织 30 余人去金华山观景台拍照和参观新建的智者古寺;6 月 10 日,组织 44 人参加 “浙中生态廊道花漫婺城”——2017 年塔石高山梯田文化节的活动;9 月 8 日,组织 22 人去汤溪镇上境村开展“海外名校学子走进金华古村落——上境村”采风活动;9 月 26—27 日,组织 34 人到丽水古堰画乡采风;10 月 27 日,组织去白龙桥镇筱溪村,参加“重阳敬老活动暨筱溪村农村文化礼堂启用仪式” 活动;10 月 28 日，组织协会 16 人,去汤溪镇上境村参加在刘氏宗祠举行的重阳节千人宴活动采风;11 月 14 日，组织 33 人到磐安县云山旅游度假区银杏林拍摄银杏。

定期召开月会(摄影沙龙),活动内容为:传达、学习上级有关文件、通报协会近况、交流思想、月赛获奖作品点评、布置下月的月赛主题和有关工作。2017 年共召开 7 次,计评出佳作奖 21 人,优秀奖 42 人。年终又从获奖作品中评出二等奖 2 人、三等奖 4 人、优秀奖 10 人,颁发奖状、奖金以资鼓励。管理好协会 QQ 群和微信群,为大家开辟交流和展示的平台。据不完全统计,2017 年协会会员参赛人数 27 人,获国家级奖项 8 项、省级奖项 5 项,市级奖项 31 项、区级奖项 49 项、广众网上奖项 10 项。

完成党支部举行换届选举，选举产生倪庚耀、喻金柏、潘志昇 3 名支委。发挥党员在协会中的先锋模范作用,每季度召开一次支委会,分析协会情况,提议工作意见,每半年开展一次党员活动。发展新会员 6 人。增补陈兆刚为协会副主席。

(倪庚耀)

【区诗词楹联学会】学会在婺城区委宣传部、区文联的领导下,在省、市学会的指导下,在学会全体会员的积极支持、配合下,2017 年的工作有序而顺利地展开,并取得了丰硕的成果。

组织学习习近平总书记的重要讲话及十九大报告,及时向全体会员传达学习上级文件精神。利用例会组织学习诗词理论、诗词鉴赏。2017 年,共计开展讲座 7 场。每月 10 日例会都安排一至二节课的时间,由学会资深会员担任主讲,就有关诗词方面的专业内容进行培训,全年有近 360 人次参加听课,学习效果明显。举办第六届迎春诗会,有 43 人参加。诗会内容为会长杜时通作迎春诗会献词，区宣传部长沈根新即兴祝贺,会员展示个人才艺,如诗歌朗诵、独唱、合唱、器乐演奏、道情、书画作品展示等。召开重阳老前辈座谈会。九九重阳前夕，学会特邀请了 80 周岁以上的老前辈共 18 位,在江南农家乐举行重阳座谈会。2017 年,学会发展年轻会员 5 人。

组织到婺城区高新农牧业示范园区——美保龙种猪育种基地和九峰牧场参访，组织会员分期分批参访雅畈古街、小窑上村、罗店西吴村以及汤溪寺平村和上镜村,感受农村的新气象、新风貌,为诗词创作收集了大量的素材。积极参与新农村建设和校园文化建设。5 月,应白鹤殿口村两委邀请,配合村新农村建设和开发特色乡村游，为村里创作了一批诗词联，得到了村里的赞赏；7月，应金华市技师学院邀请，配合学校申报国家级“文明校园”，为学院创作了一批校园诗词作品，得到了学院领导的肯定。积极参与政府中心工作，在文明城市创建及剿劣V类水整治活动中主动作为，努力做好宣传、倡导工作，并亲力亲为。参与“画廊婺城”诗歌摄影征文大赛活动，报送《望海潮·剿劣》《美丽燕尾洲》等5幅作品。

积极开展诗词联创作，《婺城古村行》由婺城具有代表性的12个村组成，入选诗词联143篇、赋等9篇、村庄简介和出行指南各12篇。2017《婺城诗联》投稿会员有57人，共收稿件诗489首、词88阕、联72副、赋4篇、文1篇。学会公众号——《风雅婺城》已发表12期，96首，着重发表会员作品。分别为白鹤殿口村和金华市技师学院创作诗词联作品40余件。黄成侠会员的回忆录《征程》正式发行，段华富会员《诗痴墨缘》正式发行，陈时中会员《夕阳吟草》出版发行，徐荣庭会员《三乐老人诗联集》正式出版发行，曹益良会员的歌颂十九大组诗分别被婺城区人社局、婺城组工、金华组工等公众号采用、会员徐荣庭《美丽燕尾洲》、曹益良《望海潮·剿劣》、董攀峰《鹧鸪天·咏塔石山水与村庄》分别获由婺城区宣传部联合浙江日报报业集团金华分社开展的“浙江之心·画廊婺城”诗歌大赛优秀奖。 （阮 华）

【区宾虹书画艺术研究院】2017年，宾虹书画艺术研究院在广大会员的支持和努力下开展了丰富多彩的活动，取得了可喜的成绩，主要有服务农村文化礼堂等29次，安排会员写生采风活动6次，开展画展活动1次，出版画集2本。

1月7日，8名会员到寨春农庄开展写春联；1月18日，在金华保集半岛文化中心写春联；2月16日，在澧浦镇文化中心采风；2月10日，参加东阳消防大队笔会活动；2月28日，到武义璟园参加企业家联谊会；3月3日，参加金东区政协笔会活动；3月20日，到金华市城东派出所开展慰问活动；2月20日，到交通银行武义分行开展笔会；4月15日，8名会员到衢州电力局开展采风，为一线电力员工创作书画作品；5月10日，出版会员书画作品集《遇见》；5月15日，组织会员16人前往金东区白溪水库采风写生，为当地文化礼堂创作书画作品100余幅并开展座谈会；5月17日，到金华婺城区公安局开展笔会活动，为婺城区公安大楼落成创作69作品，其中丈二作品13幅；5月29日，在满堂书院举办会员书画展，400余人参加了活动；5月30日，6名会员受邀前往衢州市委党校开展笔会活动；6月5日，与北京、上海、山东等地书画名家于磐安举办研讨会，并现场开展书画交流；6月27日在曹宅文化站开展笔会活动，并为曹宅文化站开展书画培训活动；7月6日，武义宣平采风、写生；7月10日，到丽水松阳中国摄影基地采风、写生；7月15日，到武义梁家山采风写生；7月16日，6名会员参加金华蒋堂监狱医院笔会活动；7月18日，会员为塔石上塘村创作书画作品40余幅；10月4日，到兰溪游埠开展书画笔会；11月1日，到安地南郭村礼堂开展笔会活动；11月9日，到诸暨铁路段开展笔会；11月14日，到杭州建德书画院开展笔会；11月19日，到衢州铁路营运公司笔会；12月3日，到江苏邳州工商联合会开展笔会；12月6日，到江苏民生重工集团开展笔会；12月10日，到浙江华阳建设集团开展书画笔会。 （孔江宁）

【区民间文艺家协会】协会在上级有关部门的领导下，在协会会员的共同努力下，各项工作有序开展。

组织会员根据自己的民间文艺特长，积极投身到各自的生活领域进行民间文艺活动，特别是凭借传统节假日以及农村文化礼堂活动、节会等平台，发挥民协会员的社会文化作用。协会副主席苏建芬平时积极收集整理民间山歌，在民间文化活动中进行民间山歌的表演和传唱，2017年11月走进汤溪小学，进行民间山歌教唱活动。

参与农村文化礼堂建设，配合“双堂双进”活动。组织协会会员积极协助塔石、莘畈、沙畈、安地、蒋堂、白龙桥以及汤溪等乡镇新建文化礼堂的村搜集历史人文资料，整理民间传说故事，传承、弘扬民间传统文化。在协会众多会员的努力下，蒋堂镇被命名为“浙江省民间文化艺术之乡”，泽口婺剧园成为全省首个农村婺剧文化园，两次上央视戏曲频道，同时会员们还走进蒋堂镇中心小学、蒋堂初中教唱教学婺剧。

参与传统村落的保护、开发和古婺文化的传承发展。注重发挥骨干会员的引领作用,协会副主席戴维平是汤溪镇寺平村党支部书记,多年来致力于古村落文化的保护开发和研究工作,将寺平村的古村落旅游文化做得风生水起,同时带动周边上境、节义、上堰头、鸽坞塔等村的古村落保护开发工作的开展。2017年,上境村已成为新的海外名校学子研学基地,节义村评为全国环境整治示范村,上堰头和鸽坞塔村都被列入浙江省传统村落名录,寺平一带形成一个古村落文化群。协会副主席、陶瓷工艺大师陈新华,在2016年建起婺州窑陶瓷制作传承基地的基础上,5月,建成并开放中国汉灶婺州窑博物馆,2017年参加各种展览及博览会,获得国家级金奖6个、银、铜奖12个。

努力进行民间文艺作品创作、整理活动。组织会员到沙畈乡、塔石乡银岭村、塘头村、安地镇下傅村,以及汤溪镇部分村采风,整理出民间传统故事30多篇。配合文化部门到安地镇岩头村开展生态廊道建设采风活动,采写出部分民间故事及演唱作品。会员洪增贵创作的反映白沙文化的历史故事婺剧《白沙将军》已由金华市青年婺剧团进行彩排。

(程明芝)(邵玉婷)

金华市婺城区残疾人联合会

【概况】 婺城区残疾人联合会(简称残联),下设金华市婺城区残疾人劳动就业服务所。区残联主要承担代表、服务、管理的职能:承担区政府残疾人工作委员会的日常工作,负责对各类残疾人专门协会和团体进行指导、监督和管理。2017年年底,区残联辖19个乡镇(街道)残联、413个村(社区)残协。2017年年底,全区持证残疾人8538人,其中视力残疾822人、听力残疾1392人、言语残疾170人、肢体残疾3642人、智力残疾971人、精神残疾1273人、多重残疾268人。

【组织建设】 2017年,根据《中国残疾人联合会章程》和《浙江省残疾人联合会关于全省市、县(市、区)、乡镇(街道)残疾人联合会换届工作的实施意见》要求,以竹马乡残联换届为试点,在11月底前,指导督察全区14个乡镇残联完成换届工作,12月,召开婺城区残联第五次代表大会,完成区残联换届工作。9月,经区政府第十四次常务会议研究决定,明确以合同工形式招聘乡镇、街道残联专职委员18人,12月完成笔试。

12月18日,婺城区残联第五次代表大会投票现场

(区残联供稿)

【两项补贴】 实施困难残疾人生活补贴和重度残疾人护理补贴,两项补贴列入政府工作报告重点工作。完善两项补贴管理平台及进退机制,规范审批程序,2017年审核发放困难残疾人生活补贴1761人,补助资金320万元;审核发放重度残疾人护理补贴3319人,补助资金915万元。

【康复工作】 2017年,出台《金华市婺城区残疾人精准康复服务行动实施方案》。实施助听助明助行工程,完成白内障复明1例、助视器助听器验配30例、假肢安装10条;审核发放39名残疾儿童康复训练补助95万元;发放轮椅、拐杖等辅助器具300例;完成无障碍设施进家庭104例,创建全省无障碍社区1个(新狮街道柳湖花园社区);发放精神残疾人医疗救助卡420张、50万元,审核发放精神残疾人免费服药医疗救助45万元;完成3018名残疾儿童及重度、贫困残疾人与责任医生签约服务。

【教育就业】 2017年,为351名残疾学生和贫困残疾人子女发放教育补助36.35万元,全年完成残疾人各类技能培训160多人,创建婺城区残疾人电商培训中心,完成电商培训80人。残疾人钟伟在

2017 年全国残疾人岗位精英职业技能竞赛计算机程序项目中获第二名。2017 年完成新增就业再就业 25 人。2017 年,出台《金华市婺城区残疾人就业创业补助办法》,审核发放 16 户新增规模以上种养户扶持资金 12.80 万元,为 35 名残疾人 510 万元个体创业贷款发放贴息补助资金 30.60 万元;审核发放 14 家省、市级扶贫基地,扶持资金 31 万元;复核 1 家市级爱心家园,培育 3 家民办爱心家园,为 40 多名精神、智力残疾人提供日间照料和辅助性就业;为 279 名个体就业和灵活就业残疾人发放职工养老保险补助 90 万元;为 63 名下肢残疾人发放机动轮椅车燃油补贴 1.64 万元。

【扶贫救助】 2017 年,完成贫困残疾人安居工程 18 户,补助资金 14.26 万元。春节期间,发放贫困残疾人慰问金 36.5 万元、慰问物资 500 份,及时对因灾因病致贫的残疾人进行走访慰问。“六一”走访慰问金华特教学校,送去 3 万元慰问金及 100 份慰问物资。

【社会保障】 2017 年,按每人每年 100 元标准为就业年龄段重度残疾人缴纳城乡居民养老保险,按每人每年 600 元标准为 3000 多名重度、低保及精神残疾人缴纳城乡居民医疗保险及 1 份大额医保,为全区 8700 多名残疾人缴纳意外伤害保险。

【文体活动】 2017 年,选送残疾人优秀文艺节目参加省、市残疾人艺术会演并有 2 个节目获得全省艺术会演声乐类银奖和舞蹈类金奖;开展“送戏下乡彰文化,残健融合促两美”文化活动,全年送出婺剧 6 场。举办婺城区第三届残疾人运动会,200 多名残疾人运动员参加了 5 个大项 37 个小项的比赛。筛选 7 名残疾人参加省残疾人运动员选拔,运动员陈柏平备战全国残奥会。

【维权工作】 利用全国助残日、国际残疾人日等,通过微信群、网站、新闻客户端、报纸等媒介宣传报道残疾人工作相关信息,通过横幅、电子屏、大型户外广告等宣传扶残助残各项政策,提升残疾人各项政策及工作的知晓率和覆盖率。加强残疾人信访维权。优化残疾人权益保障环境,深化残疾人法律援助平台建设。加强不安定因素隐患排查,做好省、市、区两会、‘党代会”、十九大期间信访信息上报,全年共接待来信来访 6 件,处理盲人与公交公司突发冲突 1 起,办结率达 100%。

【残疾人专项调查】 开展 2017 年全区残疾人基本服务状况和需求信息数据动态更新工作,召开全区动态更新工作部署会,承办全市动态更新工作现场会,19 个乡镇、街道残联逐门逐户核实全区 8700 多名残疾人基本状况及动态更新情况并录入系统。与此同时,根据省残联 2017 年残疾人家庭收入状况监测工作部署,按照同步部署、同步实施的原则,完成抽样的 207 个残疾人家庭收入状况监测工作。

(金　婷)

金华市婺城区红十字会

【概况】 2017 年,区红十字会党组积极发挥领导核心作用,凝心聚力谋发展,风清气正干事业,区红十字会秉承“人道、博爱、奉献”精神,积极服务经济发展大局,稳步开展红十字“三救”“三献”工作,充分发挥在人道领域联系群众的桥梁和纽带作用。

【基层组织】 2017 年,全区 48 所中小学校建立学校红十字会,设会长 1 人,由校长或书记担任;设副会长兼秘书长 1 人,由分管副校长兼任;理事由各校班主任和全校 1~2 名优秀学生组成。建立了微 QQ 工作群,畅通工作机制。加强区红十字志愿者队伍建设,建立完善区红十字志愿服务委员会和区红十字志愿者服务队。

【救护培训】 2017 年,开展救护培训工作。重点围绕公职人员和实验中学毕业班学生开展救护员培训,合计救护员发证 1200 余人,共普及 7700 余人。自查自改,使培训工作更上新台阶。根据《中国红十字应急救护培训标准化工作手册》的要求进行自我督察、自我整改;统一使用总会教材,采用“自学+面授”的形式,实现救护员培训从 10 学时到 16 学时的教学转变;每期培训有计划、有总结。

【人道救助】 开展各类救助活动。开展重阳节“永和”爱心基金助老活动,发放助老金 33 万元,受益老人 376 人;开展“红十字博爱送万家”活动,发放助困金 0.8 万元,受益人员 10 人;捐助婺城区内贫困群众3人,发放助困助学金7.4万元;捐赠金师附小AED1台,价值1.75万元;实施“8890——红十字爱心桥”项目,为贫困求助者和爱心人士搭建解难帮困的桥梁;分别在双龙社区、中山路社区和杨思岭社区居委会设立了“红十字博爱超市”,前期装修工作已完成。

【应急救援和生命关爱】 培育红十字达标学校和示范学校,金华市实验中学教育集团已经被评为浙江省“红十字达标校”,金华市荣光国际学校成为区生命安全健康教育体验馆的实验基地和示范基地,开展全方位的生命安全健康教育和体验,把学生的安全健康成长纳入到生活学习的全过程。不断健全红十字应急救援体系。建立了金华市婺城区红十字应急救援队,救援队主要承担区内野外救援、小型突发事件救援、志愿者当值服务、户外活动保障、户外安全培训与应急救护知识宣传等任务;认真实施红十字关爱生命行动。开展无偿献血的宣传推动和造血干细胞、人体器官(组织)捐献等工作。

(邱苗涵)

金华市婺城区科学技术协会

【概况】 2017年是全面深化落实群团改革关键之年,婺城区科协在区委、区政府的领导和市科协的指导支持下,紧紧围绕中心工作任务,着力增强“四个意识”,按照“增三性”“去四化”要求,坚持“四服务一加强”的工作定位,积极开展科普宣传、科技示范及科技服务工作,取得较好的成绩。

【群团改革】 2017年11月,婺城区委下发了《婺城区科协改革实施方案》。方案从加强自身建设出发,牢牢把握群团改革的正确方向和关键要素,从6个方面15部分,按照扁平化、强服务、高效能原则,突出服务科技工作者、服务创新驱动发展战略、服务公民科学素质提高、服务党委政府科学决策的“四服务”定位。12月,由区编办下文,增设内设机构科协业务工作部,核增内设机构领导职数1人,核增区科协挂职副主席1人、兼职副主席1人。

【基层科协组织】 2017年9月,区科协下发了《关于进一步加强全区基层科协组织建设工作的实施意见》(婺区科〔2017〕5号),明确形成以区级科协为枢纽,乡镇(街道)科协为重点,村(社区)科普协会(科普服务站)为基础的科协基层组织网络体系,着力推进基层科协组织建设,实现了基层科协全覆盖。截至2017年年底,全区13个乡镇、5个街道、45个社区、335个村均成立了科协组织。

【院士专家工作站】 2017年11月,金华市望山投资管理有限公司引进美国艺术与科学院院士、教育部长江学者特聘教授俞孔坚,合作金华市婺城区长山国际设计走廊项目。项目总投资5亿元,计划于2020年建成。这也是继采云间院士专家工作站之后,婺城区的第二家院士专家工作站。

【科普宣传】 2017年5月科技活动周期间,分别组织科普志愿者到湖头、长山、塔石等乡镇开展科普下乡活动。共发放科普资料10000余份,展出科普展板70余块,接受义诊、技术咨询600多人次。

【全国首个科技工作者日座谈会】 2017年6月,组织召开全国首个科技工作者日座谈会。区委常委、副区长陶澄滨出席会议并讲话,全区科技企业、科技特派员及科研院所科技工作者代表17人参加了会议。

【青少年科普教育】 2017年9月11日,开展“老科学家校园行”活动,邀请中科院3位老科学家分别走进环城小学、金师附小、育才小学、雅畈初中、雅畈小学等5所学校,给1200多名师生带来一场场科技头脑风暴。“老科学家校园行”活动为越来越多的少年儿童种下了信科学、爱科学,学科学、用科学的“科学心”。

【地震应急演练活动】 2017年5月12日,全国第九个防灾减灾日期间,由区科技局(科协)、区教育局、区应急办共同组织,在荣光国际学校开展地震应急疏散演练活动。全校有895名师生参加此次演练活动。通过地震应急演练增强在校师生的防震减灾意识,此次演练活动提高学校应对地震灾害的紧急反应能力。

【市级科普教育基地】 2017年,金华市环城小学创建“市级科普教育基地”并通过验收,这是区第二家也是首个学校申报的市级科普教育基地。金华市环城小学把青少年科普教育摆到学校工作的重要位置，科普氛围浓厚。学校建有创新教育实践基地、动漫工作室、创客实验室、3D打印创客实验室、多媒体教室等基础设施。少年科学院内的植物园和蝴蝶标本室，将学习与生活相结合，拓展了科普宣传内容。

【科普基础设施建设】为了构建线上线下相结合的科普信息化服务阵地，提高基层科普服务能力水平，实现科普服务精心分类、精准推送，2017年，全区新建14个“科普e站”。年初，对全区列入市区二级管理的标准科普宣传栏使用及维护情况进行了全面清查，对使用情况良好的明确了管理员，对堪用及破损不严重的进行修复，对破损严重无法使用的进行拆除。截至2017年年底，全区共有10米标准科普宣传栏69条。

【惠农服务】开展金桥工程和农村科普示范基地创建工作。发挥金桥工程和农村科普示范基地在普及推广农业新品种、新技术、新成果中的重要作用。2017年，全区科协申报了4项“金桥工程”和4个“科普示范基地”，项目涉及蜜蜂高效繁殖、错季蓝莓引种、茶花地栽套种、无公害无花果等内容均已通过验收。这些项目不仅取得了良好的经济效益、社会效益和生态效益，同时也为提高农村种植、养殖技术，提供科技支持。（翁利平）

金华市婺城区戏曲家协会

【概况】2017年，婺城区戏曲家协会始终坚持“二为”方向和“双百”方针，积极探索，勇于创新，创作出了一批群众喜闻乐见的戏剧、曲艺作品。围绕公民道德建设、剿灭劣V类水、“三改一拆”、小城镇建设等中心工作组织策划多次演出活动。青年婺剧团、越剧之友社，春晓越剧团、春晖婺剧团等还开展了送戏下乡，既有效地满足了广大群众对先进文化的需求，又有力地配合支持了中心工作的开展，也促进了区戏剧、曲艺的繁荣发展，发现培育了一批人才。

【传承金华道情】金华道情走进柳湖小学和金师傅小，作为课外拓展课程，一周两课时，让孩子们从不知道道情为何物，到学会敲打简板和情筒，学会演唱道情，最终抱着情筒上台表演道情节目。柳湖小学的孩子们在副校长叶惠的省级课题“金华本土音乐教学实践与应用研究”成果推广活动中，引起了老师和家长的关注和赞许。而在金师附小，孩子们利用周末的时间，每周进行2小时道情演唱学习，在校园文化艺术节上一炮打响。在金华市第12届邻居节中，少儿道情的表演受到记者们赞许，于6月16日被《金华晚报》报道。

【戏曲节目演出频繁】2017春节期间，“永远跟党走、迎接十九大 庆新春 乐佳节”文化大拜年走进了千家万户，除了戏曲、曲艺节目在综合节目中穿插外，还在白龙桥大德垄村、莘畈大立元村文化礼堂，省第五监狱举办婺剧专场演出。

响应浙宣〔2017〕10号文件《全省剿灭劣V类水宣传工作“六大行动”及任务分解方案》的通知，根据婺城区委宣传部和区文联的要求，及时编排、组织相对应节目，开展“剿灭劣V类水 建美丽生态廊道”婺城区百名文化工作者巡演琅琊、乾西、蒋堂、长山等群众较多的广场等11个地方。艺术地展现全省上下齐心协力、铁腕治水的壮丽景象和山清水秀、水美人和的治水成就。

喜迎十九大、庆祝十九大、学习十九大系列文艺巡演小分队，对十九大前五年的宣讲到十九大内容学习的宣讲，以快板、说唱、道情等曲艺形式，走在各村文化礼堂和村广场开展活动，深受百姓的喜爱。如：6月16日由金华市文明办、金华市文广新局等单位主办，的“争当文明人 共创文明城”金华市第12届邻居节活动中，共9个节目，其中有6个节目是戏曲家协会的婺剧和曲艺，有音乐说唱《垃圾分类很重要》、音乐快板《劳动托起中国梦》、小品《邻里情》、少儿道情《图书馆里有故事》等。10月，少儿道情《图书馆里有故事》参加了金华市小戏、曲艺比赛，以第三名的成绩获得银奖。12月，少儿道情《田鸡飞上天》获金华市委宣传部2017优秀作品奖。

青年婺剧团完成了2017年的各项演出任务，2017年共演出566场，其中商演446场，足迹遍布金华、杭州、丽水、温州、衢州、台州等地区，让婺剧唱响了全省各地；送戏下乡120场，为全区各乡镇、街道的百姓送去了婺剧艺术的精神食粮和欢笑，极大地丰富了全区广大人民群众的文化生活。

2017年，青年婺剧团也得到了区婺剧促进会的大力支持，开展“文化走亲”活动，进一步加强地区间的文化交流与合作。以歌颂汉代将军卢文台治水有功、造福一方的新剧目《白沙将军》正在加紧编排。10月30日，在东阳横店举行的第四届金华市传统戏剧民间剧团表演赛中，该团参赛的历史剧《大義夫人》以恢宏的阵容、精湛的演技、传统而优美的唱腔一举夺得大赛金奖。

【业务培训】 婺城是婺剧的核心繁育地，“婺剧进校园活动”让婺城的孩子了解婺剧，吟唱婺剧，吸收婺剧传统文化。为了进一步推动婺剧在学生中的影响力，让婺剧融入于学生的文化生活。1月5—6日，婺城区文体新局、婺城区教育局、婺城区婺剧促进会在天宁宾馆联合举行了婺城区中小学婺剧创作研讨会。参会成员主要为19个婺剧传承基地音乐老师及民间婺剧、曲艺创作人员。会议还邀请了婺剧专家朱元昊、王维龙、王亦平、周跃英及许光明、郭梓军、李刚、李英等领导。

会议讨论了中小学婺剧表演作品的特点，中小学婺剧表演呈现的方式，传统唱腔在中小学婺剧作品中的运用，中小学婺剧作品主题、题材的选择以及小戏剧本的写作等。经过近一年时间的准备和创作、排练，于12月15日在区婺星剧场举行中小学婺剧演唱比赛。

为了全面贯彻落实习近平总书记在文艺工作座谈会上的重要讲话精神，进一步促进区群众文化艺术繁荣发展，发现和培养创作人才，提高区群文戏剧、曲艺的创作水平。6月21—22日，所有此次作品创作者，部分创作、表演爱好者在婺城区文化馆三楼综合教室举行了省级专家老师授课培训，以及对所征集的原创小戏、曲艺作品进行作品解剖、点评、加工活动。参会人员对作品进行了交流、讨论。部分表演爱好者现场向一些作者预定所需主题内容的剧本。活动期间，对作品进行了评选，选出2个一等奖、5个二等奖、8个三等奖，并发放奖金进行鼓励。

结合区文化馆免费开放，开设了一个学期的金华道情培训课程，有近20名来自各乡镇、街道的学员参加，12月20日在区婺星剧场进行学习成果参演。

（戴建东）

园 区

金华经济技术开发区

【概况】 金华经济技术开发区成立于1992年，1993年成为省级开发区，2010年晋升为国家级经济技术开发区。2013年，与原金西经济开发区成建制整合，实行“一块牌子、统一对外，一套班子、统筹管理”。开发区现托管“一乡三镇四街道”(苏孟乡、汤溪镇、罗埠镇、洋埠镇、秋滨街道、三江街道、西关街道、江南街道)，行政管辖面积251.65平方千米，建成区面积48.3平方千米，下辖195个行政村、46个社区，集聚人口近50万人，其中户籍人口25.9万人。

经过二十多年的艰苦创业，开发区走出了一条“依托老城、商贸起步”，“开辟园区、工业集聚”，“成功晋升、二次创业”，“两区整合、再创辉煌”之路，形成了产城互动、城乡共融、经济社会统筹发展的开发模式。先后获评“两化融合”国家级示范区、国家级知识产权试点园区、浙江省外商投资新能源汽车产业示范基地、浙江省首批“生态化建设与改造”示范园区、浙江省循环化示范园区、浙江省产城融合示范开发区、浙江省金融风险防范网格化管理试点、浙江省首批供给侧结构性改革试点等荣誉。

2017年实现地区生产总值287.1亿元，同比增长6.7%。一般公共预算总收入、税收收入分别完成54.1亿元、51.5亿元，同比增长13.2%和12.3%。居民人均可支配收入达45798元，同比增8.7%，其中城镇、农村居民可支配收入分别达到51716元、28231元，均居全市第二。

【重抓实体发展主业】 成功入选第三批“浙江制造”品牌培育试点县市区，经济运行平稳向好。工业生产企稳回升，完成规上工业增加值101.2亿元，同比增长14.3%，增速居全市第一；完成规上工业总产值504.8亿元，同比增长15.1%，增速居全市第二，其中完成新产品产值173.1亿元，同比增长25.9%；完成进出口91.2亿元，其中出口86.8亿元，同比增长9.4%。省“411”、省重点、市重点、扩大有效投资项目分别完成投资60.3亿元、30亿元、50.5亿元、91.7亿元。支柱产业高速增长。汽车制造业完成规上产值114.7亿元，同比增长46.4%；文化影视时尚产业、健康生物医药产业、信息产业的营收(产值)分别达到94.7亿元、77.2亿元、77.5亿元，均保持双位数高速增长。新能源汽车小镇入选首批省级高新技术特色小镇，吉利动力电池项目投产，华科汽车新车型下线，领跑科技项目列入省级重大产业龙头项目。新增信息经济企业232家，以“乐乐小镇”为主体，成功获批浙江(金华)数字创意产业试验区。健康生物产业园华鑫涂层科技、迪耳化工已试生产。农旅融合步伐加快。创建3个晚稻千亩高产示范片，粮食生产面积超过8000公顷；创建美丽牧场6家，佳乐九峰牧场成为全省样板。蒙牛乳业成功创建“浙江省工业旅游示范基地”，万象花卉通过国家级AAAA景区景观质量评审。成功举办海外名校学子走进金华古村落研学第六季活动，上境村入选“浙江省休闲旅游示范村”及省AAA级景区村庄，3条线路入选全市最美旅游线路。全年接待游客755万人次，同比增长27.8%；旅游总收入75.4亿元，同比增长32.7%。苏孟汽车运动休闲小镇入选全国运动休闲特色小镇名单(浙江仅入选3个)。经济活力逐渐增强。登记在册市场主体突破4万户,其中内资企业1.27万户，同比增长19%；新设立注册资本(金)5000万元以上企业52家,同比增长44%。完成股份改制企业1家,上市挂牌5家,培育“小升规”企业37家。完成全社会消费品零售总额128.9亿元,完成批零贸易销售额407.5亿元,分别增长10%和10.6%,消费市场保持繁荣增长态势。

【八大平台建设】八大平台初步构建。沿着“三条廊道”谋篇布局,构建“四区三园一廊”,形成“行政商贸区、湖海塘新区、金西新区、金西文旅康养区、新能源汽车产业园、健康生物产业园、转型升级示范园、信息科创走廊等八大平台,勾画了7个10平方千米产业新城和152平方千米的金西文旅康养区的蓝图。生态廊道初见成果,生态文明纵深推进。实施浙中生态廊道项目32个,完成投资13.18亿元;湖海塘公园和苏孟小城镇综合整治入选生态廊道市示范段,以“乐创江南、慢享金西”为主题的生态廊道规划初具成果。“五水共治”完成投资4.38亿元,完成清淤107万立方米、河道综合治理8千米，新建改造雨污管网33千米，关停拆除养殖场128家,19个主要交接断面平均水质达到Ⅲ类以上,81处劣Ⅴ类小微水体治理通过省市验收。推进气尘合治,保持执法高压态势,环境专项治理立案查处39家,查办环境污染违法案件8件,刑事拘留9人；全年PM2.5平均浓度为42微克/立方米,比2013年同期(67微克/立方米)下降37.3%,全年空气优良天数达到276天。科创廊道有序推进,创新驱动成效显现。实施科创廊道建设重点项目6项,总投资超44亿元。培育省级企业研究院4家,新增国家级高新技术企业18家，创建省市工业设计中心14家，专利授权量达到1188件，申请发明专利708件,参与制(修)订国标行标9项,新增省名牌8个。全国首个《互联网娱乐创业园区建设与管理规范》地方标准在金华开发区发布。中科院金华科技园入选省级科技企业孵化器;中加国际科技创业园正式开园,14家企业获国家或省级行业示范企业。交通廊道难中求进,城乡面貌日新月异。7个市综合交通廊道项目完成投资11.1亿元,衢江(金华段)航运开发工程具备通航条件,金义东轨道交通建设开发区段顺利推进。投资25.5亿元,启动城市建设项目90项,新建改建道路24.3千米,新建绿道15.8千米,新增城镇公园绿地面积近200万平方米。投资7.6亿元的湖海塘公园全面建成开放；海棠路照明景观工程被评为全国市政金杯示范工程,4个项目捧回 “双龙杯”。全年完成土地出让金收入18.8亿元,实施土地整治项目33个,共计2666.67公顷。

【招商引智】始终把招商引资作为“一号工程”,坚持项目为王,完善招商机制,大招商、招大商、引大才,为开发区发展引入源头活水。深化招商体制改革。成立招商委,下设“三部五局”;建立招商项目“全生命周期”管理系统,推进全员招商,实施招商洽谈、落地服务、项目推进等“一条龙”招商。实际引进内资51.7亿元,引进浙商回归资金29.6亿元,合同利用外资10.8亿美元。强化重大项目招商。签约众泰福特、花园生物、中房交建、荣盛康旅、蓝城建设等重大产业项目19个,签约总金额 373亿元。聚焦高端人才引进。开展“百日集中招才”专项行动,入围答辩国家“千人计划”2人、省“千人计划”3人,入选“双龙计划”项目6个。出台开发区“人才新政”,成功举办“智汇浙中”千人峰会,现场与13人“国千”专家签订13个项目合作协议。开发区共集聚“千人计划”专家20人。

【改革创新】在大部制改革、战略智库组建、干部培养选拔、体制机制改革等方面大胆探索,“创客通”服务新模式等三条改革经验入选省供给侧结构性改革试点可复制推广经验;全省率先上线浙江省工商全程电子化平台,“最多跑一次”改革事迹三次在浙江卫视及《浙江日报》报道。省供给侧结构性改革试点初具成果。围绕“降成本”主线,累计为企业减负约21亿元，兑现企业各类补助资金共计4.08亿元;淘汰落后产能8家,整治“低小散企业”102家,腾出用能2080吨,万元产值综合能源消费量同比下降8.6%。金融风险网格化试点破冰前行,全面开展“天罗地网”专项排查,发现查办经营不正常企业108家、超范围经营企业34家。“最多跑一次”改革加快落地。改造提升金西办事大厅,创建科技企业服务中心，积极探索“最多跑一次”事项上“云”平台，实现“云”服务，企业登记迈入“零跑动”时代。试行个体工商户口头申报、“一窗受理、证照集成服务”、容缺（补缺）受理、企业简易注销等制度，办结服务事项32.28万件，实现“最多跑一次”占比达99.17%。体制机制改革迈出新步伐。成立改革办、宣传部、决咨委等机构。推出国家级开发区考察、改革创新征文、改革创新金点子征集等改革系列活动，梳理30个部门（单位）改革创新条目清单140余项，2017年完成99项。企业帮扶工作效果凸显。创建涉险预警、债权人委员会、担保贷款追偿化解、金融机构帮扶网络联系、主办银行牵头帮扶等工作机制，全年办理203笔共计8.6亿元财政应急周转金，帮助77家企业降低了财务成本。

【民生工作】2017年，一般公共预算八项民生支出14.75亿元，同比增长20.6%。美丽乡村建设扎实推进。寺平等4个村入选美丽宜居浙江样板双百村名单，新增省级历史文化村落保护利用村2个、省级传统村落重点村4个，创建市精品村、秀美村14个。68个集体经济薄弱村完成“摘帽”。“三改一拆”成效显著。完成“三改”265.8万平方米，其中旧住宅改造74.8万平方米，拆除违法建筑75.3万平方米，创建“无违建乡镇（街道）”。完成C、D级危旧房治理改造1270户，全面完成对家地、西埠头整村拆迁，马鞍山城中村改造创造了14天342户99.7%签约的新速度。安置房建设发力提速，开建公寓式安置房386套，基本建成1397套，新竣工741套，交付使用1043套。基础教育均衡发展。高端民办教育实现破冰，成功引进总投资5亿元的新东方金华国际学校；城乡教育均衡推进，洋埠中小学迁建项目主体完工，乡镇公办中心幼儿园创建率达100%，新增24所普惠性幼儿园。教育成果丰硕，开发区学校金华一中及重点中学录取比例市区领先，足球、艺术、科技等特色教育省内甚至国内知名，“非洲文化活力园”受到国新办推介点赞，8所学校获全国、省级先进荣誉。医疗卫生事业亮点纷呈。婺城区第一人民医院逐步实现从总院“输血”到自身“造血”转变，全年门诊量、总收入均保持两位数增长；分级诊疗有序推进，三江街道社区卫生服务中心成功创建浙江省百强社区卫生服务中心；市级卫生乡镇和市级五星卫生街道创建实现全覆盖；丹溪小学成功入选国家级流动人口健康促进示范点。民生实事稳步推进。城镇新增就业7904人，新增被征地农民保险5103人；新建成居家养老服务照料中心46家、残疾人康复站14家，改扩新建避灾安置场所20家；建成全市首家嵌入式、公建民营的寺后皇社区微型养老院；新建农村文化礼堂5家，改造新建农贸市场7家；苏孟汽车运动休闲特色小镇入选全国首批运动休闲特色小镇试点名单。社会治理多管齐下。坚持“经济”报表、“平安”报表两手抓、两手硬，扎实推进“四个平台”建设，深化平安建设信息系统与网格化管理“两网融合”，完善矛盾纠纷大调解机制，全面构建“大平安”格局；建立7支企业安全生产应急救援队伍，238家企业开展托管和安全生产标准化创建；加强消防安全和食品安全管理，2017年安全生产形势总体稳定。人民武装、文物保护、民族宗教、慈善、科协、商会及工青妇、双拥、老龄、残疾人、红十字会等各项工作都取得新成绩。

【党建工作】坚持党建引领，抓好队伍建设，夯实基层基础。坚持全面从严治党。完善党建工作体系，落实党建工作责任，将全面从严治党贯穿于干部队伍管理的始终。深化“两学一做”学习教育常态化、制度化，全面学习贯彻落实十九大精神，教育广大党员干部不忘初心、牢记使命；深入推进党风廉政建设和反腐败工作，狠抓“全程记实管理”，建立党风廉政建设监督员制度。筑牢基层党建堡垒。全面完成村社组织换届工作，对1600余名新任村社干部进行全员培训，出台开发区村干部底线管理办法、村干部廉洁履职负责清单、开发区党员管理十条红线等规章制度，将从严治党延伸到基层，筑牢基层党建堡垒，厚植执政之基。启动机关部门党风廉政建设巡察，开展扶贫领域、征地拆迁、违规发放津补贴等8个专项整治行动，有效净化基层政治生态。打造党建特色亮点。深入推进基层党建标准化、规范化、特色化建设，特色小镇党建综合体建设有序推进；南苑社区“幸福里”成为城市基层党建样本；创建车间党建8条标准、互联网企业党建10条标准，得到省、市领导充分肯定；成功培育“5173”、金华北大科技园等一批省市互联网业党建示范点。作风建设常抓不懈。以落实中央八项规定、纠“四风”等为重点,持之以恒抓好干部队伍作风建设,打造廉洁铁军,营造出风清气正的干事创业环境。

(裴吉圭)

婺城新城区

【概况】婺城新城区自2003年3月28日正式挂牌成立,经过15年的春秋寒暑,发挥自身的区位、交通优势,坚持、加大开发、建设、管理,加快新城区行政中心综合区等区块建设,努力发展房地产、商贸流通、中介服务等产业,时至今日,婺城新城区已建设成为大金华中心城市的副中心,建成金华市区重要的工业新城、教育新城、人居新城。

婺城新城区是婺城的政治经济文化中心,更是婺城区经济社会发展的主阵地、主平台,规划面积89平方千米,下辖白龙桥镇、乾西乡和城北综合园区,是金华市区“一中两翼两三角”战略规划布局中的西翼。按工业新城、商贸新城、人居生态新城理念布局,分中心综合区、乾西生活区、白龙桥生活区、洞溪工业区块、临江工业区块、郭蓉休闲区、清潭休闲区等七大功能区。婺城新城区经十五年的开发建设,累计投入建设资金22亿元,基础设施建设进一步完善,拉开道路框架15平方千米,建成区11平方千米,绿化面积50万平方千米。临江、洞溪、栅川等三大工业分区集聚工业企业550余家,初步形成汽摩配、五金工量具、医药食品等主导产业。区行政办公大楼、区行政服务中心、区人才市场、婺城中学、区疾控中心、婺城小学,区人民医院(金华中心医院婺城分院)、公安应急指挥中心、金华银行等25个公建项目投入使用,汽车客运站等11个公建项目正在建设。环中轴景观商业核心圈已经聚集浙中信息产业园、婺州城市广场、伟达雷迪森酒店、尚格酒店等十多个商业服务业项目;中心综合区新建、续建精品楼盘20多家,累计结顶120万平方米。婺城新城区已经成为大金华中心城市的副中心。

2017年,新城区围绕以“做强新城区”为目标,继续实施“产城联动、城镇共荣、宜业宜居、突出生态”发展战略,大力推进“东接南联西扩北拓”开发思路,充分发挥新城区工业经济的主战场、主平台的作用,重点在增强经济实力、提升新城形象、强化工作保障等方面下功夫,强化招商引资、拓展发展空间、完善基础配套,做强新城区,推进新城区建设,不断提升新城区开发建设水平,建设成为市区行政、商业副中心和工业发展的主平台。

【经济指标】2017年,实现工业总产值21.54亿元,同比增长10.79%;其中规上产值完成107.18亿元,同比增长9.25%;工业投入完成15.35亿元,同比下降11.16%;利用内资为5.42亿元,同比下降16.78%;浙商回归为1.43亿元。完成规模以上利税总额7.04亿元,同比增长24.24%;规上新产品50.66亿元,同比增长4.57%;进出口累计完成3.7亿美元,同比增长10.30%;实现财政收入12.34万元,同比增长33.76%;实缴税金4.91万元,同比增长8.90%。

【招商引资】2017年,新城区紧跟新世纪建材、万里扬等一批大项目、好项目,部分项目洽谈进入项目落地阶段。新签约项目12个,分别是捷科工具、兴良科技、同元土特产、常鑫机械、欧宝厨业、上窑墙材、孔氏炒货、华业工量具、永强车辆、科维思工业、永威工具和赛美工贸,共计总投资7.69亿元,总用地面积为16.59公顷,达产后可新增产值12.47亿元。

【工业项目】2017年,新建、续建工业项目18个,计划总投资13.783亿元。其中力扬五金、欧谱工具等8个新建项目,总投资4.86亿元,2017年计划投资为1.39亿元。时通电器、华东环保等10个续建项目,总投资8.92亿元,2017年计划投资2.58亿元。欧谱工具已基本完成建设,坦普莱建材二期钢结构厂房已结顶,白龙桥屠宰场一期建设基本完工。

【有效投资】2017年,省重点项目1个(婺城区第二人民医院迁建工程),计划总投资2.4亿元,2017年计划投资0.82亿元,实际完成0.78亿元。市重点项目6个,计划总投资37.09亿元,2017年计划投资2.92亿元,实际完成8.84亿元。区重点项目22

个，计划总投资 68.18 亿元，2017 年计划投资 6.58 亿元，实际完成投资 20.89 亿元。

【公建项目】2017 年，新城区安排政府性投资项目 27 个，其中续建项目 11 个，新建项目有 16 个（所有项目已完工 6 个，2017 年新建项目已开工 13 个），当年计划投资 4.6 亿元，全年完成投资 3.5 亿元。双溪西路下穿公铁立交工程涉铁土地和代建谈判基本完成；婺城区第二人民医院迁建一期已完成主体和室外附属工程，正在改进完善；婺城区消防项目正在内外墙粉刷；婺城小学北扩工程三期已经进场施工；虹路小学二期工程正在基础施工。公安应急指挥中心投入使用；金华银行即将投入使用。

【基础设施】2017 年，继续加强基础设施建设，进一步提升城市形象。一方面抓城市的美化。三联村沿街店铺完成拆迁，并完成绿化造坡工程；二环西路巨龙腾达湾、合丰科技段绿化景观工程、临江分区三条路人行道和绿化、中干渠绿化完成建设；白沙溪绿化景观一期已完成 95%工程量；城北九真公园已基本完工。另一方面，抓亮化工程。积极协调 6 家商业地产项目实施亮化工程，委托市亮化办完成宾虹西路两侧中心城区亮化方案设计和评审工作。同时做好城中村改造前期准备工作，准备启动三联村城中村改造工程。2017 年，与乡镇一道做好白沙溪城防工程、广兴路、桑田街北延、宾虹路拓宽、西二环绿化、马海路延伸段、后童西路坟墓搬迁、临江东路绿化、330 国道绿化等地块政策处理工作，合计完成政策处理面积 51.2 公顷，坟墓搬迁 450 穴，政策处理得到加强。

【土地利用】2017 年，土地开发利用进一步加强。抓好在建项目服务。续建商业房地产项目 8 个。紫金玉澜、白沙春晓、城北九龙玉府一期已交付，城北凤凰一品、怡景聚贤庭三期正在销售。做好低效土地整治工作。信阳实业等 10 个项目相继进入司法处置程序，合计用地约 53.33 公顷，现已完成信阳实业等 7 宗约 20.67 公顷土地拍卖，并加大闲置土地依法收回的力度，已完成三环公司 11.13 公顷土地收回。

【项目解困】2017 年，新城区辖区存在或出现风险隐患的商业房产项目有九龙玉府、新宇宏腾生活广场、婺州城市广场 4 个。新城区克服人手少、项目多、情况复杂、难度大等困难，制定了“一企一策”解困方案，积极开展解困工作。聚贤庭重整有明显进展，婺州城市广场已破产立案，新宇宏腾生活广场即将破产立案，已经进入重整程序的九龙玉府、白沙春晓项目总体顺利。（付晓生）

仙源湖旅游度假区

【概况】金华仙源湖旅游度假区是于 2002 年 1 月经浙江省人民政府批准设立的第 12 个省级旅游度假区。度假区总规划面积 9.8 平方千米。2015 年 11 月，《金华仙源湖省级旅游度假区扩建可行性研究报告》获省政府批复，度假区规划面积扩容到 40.57 平方千米。

【经济运行态势】2017 年，度假区累计接待游客 92.04 万人次，实现旅游经营收入 2.51 亿元；“金华市水上运动中心”累计接待游客 9.54 万人次，营业收入 919.20 万元；金华动物园累计接待游客 38.44 万人次，营业收入 1063.32 万元；由于上半年房产业大环境有所回暖，度假区内房产项目去库存率达 80%。

【度假区扩容总规编制】根据区委、区政府“加快扩容步伐，增强度假区综合实力”要求，仙源湖旅游度假区总体规划扩容按照“一心、一轴、一环、三翼”的总体布局，计划通过 38 个旅游项目的打造，彻底突破度假区发展瓶颈，描绘宏伟发展蓝图，省政府的报批工作已完成，总规上报省政府待批复，配套规划环评已经抓紧编制及报批中。

【项目建设】水上运动中心项目总投资 5.28 亿元，总用地 4.84 公顷，配套停车场 65 亩，由温泉养生、水上运动、配套休闲度假三大功能区块组成。截至 2017 年 12 月，累计完成投资 3.80 亿元。一期部分于 2017 年 7 月对外营业；二期温泉项目占地 72.66 亩，规划建设室内室外水上娱乐、温泉养生、康体健身综合场馆，计划 2018 年春节前试营业，预计年接待游客 100 万人次以上，整体年营业收入 2.50 亿元以上，配套生态停车场已建设完成并投入使用。

【招商引资】 加强项目考察，以度假区扩容为契机，积极选商、招商，外出考察了一批竞争力强、富有特色的旅游项目。同时，做好金恒德等建设项目的跟踪服务，努力争取用地指标，促进项目早日落地。根据省旅游局要求，2017 年 7 月，赴杭开展了度假区 2016 年工作书面汇报和口头汇报，顺利完成省旅游局对度假区 2016 年度考核。

【基础设施】 根据仙源湖度假区 2017 年政府性投资项目建设计划，完成仙源湖消防站等项目前期手续报批、工程建设工作，度假区配套设施得到落实。安地小城镇环境综合整治工程有序推进中，其中金安公路交通优化提升整治项目（牌楼—动物园，约 2 千米，涉及 3 个村土地面积 4.91 公顷）“白改黑”工程已完工，该段公路两侧 20 米范围内绿化景观提升已完成 95%，计划 12 月中旬全面完成；牌楼及周边景观节点改造，先行景观提升已完成，节点和牌楼主体改造已完成 25%，计划 2017 年年底完工；安地卫生院景观节点改造已完成；新建消防站项目目前主体已结顶，计划 12 月底完成外立面粉刷并拆除外架；垃圾中转站项目，已通过初步设计评审，工程建设在加快推进中，计划年底前完工；BRT5 号仙源湖度假区首末站规划用地 1 公顷，已完成土地报批手续，境内车站已全面开工，已完成项目进度的 80%；喻斯村累计完成投资 3500 万元，已完成凤凰山滑道及游步道建设，游客中心等配套设施正在建设中，完成 AAA 村庄创建，指导培育创建为省级农家乐特色村；十里桂花长廊已完成国家 AAA 景区景观评审，配套建设项目有序推进中；和村村九九湾生态旅游景区提档改造有序推进中，计划指导培育为国家 A 级景区。

【综合管理】 度假区部分房产项目出现了一定困难，管委会尽最大努力帮助他们渡过难关，维护社会稳定。通过大量工作，协调解决“枫丹丽舍”项目由于资金不够，班组进度未及时跟进，导致延期交房问题，做好上访业主思想工作，“香溪玫瑰园”项目停工以来，积极做好购房业主、债权人等人员的思想工作，在上级政府组织下，启动了“香溪玫瑰园”破产重整程序，对二期未完成工程项目进行公开招投标。

（汪 烨）

浙中信息产业园管理委员会(婺城区网络经济发展局)

【概况】 2017 年是“十三五”的关键之年，浙中信息产业园管理委员会（婺城区网络经济发展局）按照市、区两级政府“走在前列、共建金华”要求，以项目开发建设为抓手，积极主动深化省级电子商务示范县建设，着力推动全区信息经济发展。

【招商引资】 2017 年，园区着力推进招商引资工作，一把手主抓，多次赴北京、重庆、上海、杭州等地进行招商考察。与杭州般豆网络科技有限公司、中农联控股有限公司、壹点灵心理咨询平台、中联达盛生命产业园等多个优质项目进行洽谈。成功引进中农联·浙中国际农产品交易中心、浙江聚合汇付信息科技有限公司、吉利集团曹操专车等项目入驻。同时，根据金华市京东农村电商生态中心建设标准要求，落实京东农村电商生态中心“四个一”建设，签订京东特产金华馆合作协议，优选区内龙头农业产品上京东平台。截至 12 月底，浙中信息产业园区入园企业达 342 家，交易额 70 亿元。园区招商引进内资 1000 万元，浙(婺)商回归累计到位资金 700 万元。

【项目推进】 合丰服务外包产业园、云安阁智慧信息产业园两个项目正在进行开园准备工作。合丰服务外包产业园已引进金华鸿业医药服务产业园、浙江斯玛特信息科技有限公司等项目，并与上海永沪股权投资管理中心在金义科创廊道建设动员大会上签约，引进北京电影学院专科学院金华继续教育项目，占地约 5000 平方米。同时，京东集团众创空间及线下体验店项目已达成初步合作意向。云安阁智慧信息产业园引进第三方园区运营管理机构浙江鑫联信息科技有限公司的专业团队进行招商。通过自身在网络信息安全、大数据领域的优势，集聚了浙江云安达物联信息技术有限公司、金华市利民环卫清洁服务有限公司等智慧产业项目。

【园区建设】 三分田农村电商创业园于 2017年

6 月中标金华市总工会微信项目，开展全市 160 万工会会员实名制工作，寻找金华购电商平台新模式，同时积极与阿里云对接，达成合作意向，计划成立“金报浙中云”阿里云区域合作中心，已完成阿里云合作平台的开通，接下来将组建团队开展相关业务。CRC 文化创意园与市科技局合作，引进浙江工商大学食品研究院项目，实现园区专业技术人才与企业的资源对接与共享；2017 年 11 月 9 日，金华电子商务创业园被认定为浙江省 AAAA 级电子商务产业基地，园区创客空间已被认定为浙江省级众创空间，2017 年获金华市优秀创业环境营造奖并获得“国家级科技孵化器”荣誉。智汇橙(浙江)电商科技园于 2017 年 1 月与众泰集团旗下的汉腾汽车达成全国线上平台独家销售的合作，7 月与京东物流集团达成全国首家云仓的合作，同时园区加快开发建设步伐，2017 年 9 月，园区二期工程开发建设。新华基地“腾笼换鸟”工作稳步推进。

【组织申报】 2017 年，网络零售额目标 34 亿元，1—12 月已达 35.75 亿元，超额完成了全年任务；社区投递终端任务数 25 个，市本级统筹已完成；农村电商服务站任务数 8 个，已完成服务站点验收；提升电商专业村任务数 5 个，省商务厅标准较难完成；基础人才培训数任务数 160 个，已全面完成。同时，经企业自行申报、项目初审、答辩，共有社会治理大数据中心平台研发项目(浙江数米科技有限公司)、海外中成药和中药材跨境电商平台研发(浙江合丰云商电子商务有限公司)等 4 个项目入选为浙江省软件和信息服务产业特色基地重点项目；根据省、市要求完成电子商务产业基地等级评定工作，其中金华电子商务创业园被省里评为 4A 级电子商务产业基地。

【完善服务体系】 金华电子商务创业园在不断夯实“521 服务体系”的同时积极探索服务新途径，2017 年 6 月，与金华市婺城区市场监管局合作成立金华首家商事登记改革创新试点，真正实现了把服务从工商登记窗口嫁娶到企业办公地点，实现办证“零门槛”，“最多跑一次”的原则，免除了企业的后顾之忧；CRC 文创园通过与浙江科贸学职业技术学院开展校企合作，一方面，帮助入园企业招募学生就业见习，另一方面。提供学校教师及学生入园创业，实现资源共享；三分田农村电商创业园于 2017 年 3 月设立婺城区青少年服务中心，4 月被市网络局评为金华市电子商务公共服务联络点、入选市农办培训机构，2017 年拓展承办各类普及性培训、电商创业主题沙龙活动 10 次，培训人数 2000 余人。

【人才招引】 2017 年，成功推荐席璟彤、吕祎伟两位信息网络经济领域优秀人才入围区拔尖人才。浙江云安达物联信息技术有限公司总经理郑益财，浙江三米教育科技有限公司李伟教授，浙江嗨乐科技有限公司总经理朱俊成功入园 2017 年度金华市双龙计划。引进专家刘华平在园区创办浙江奥新智能科技有限公司。为市、区百日集中招才专项行动贡献力量。争取浙江千人计划金华产业园落户园区。协调推进合丰海创园项目，为海归人才提供创业空间和优质服务。助力各类招才引智活动，包括海外高层次人才金华行、金华市留学生联谊会婺城行、区海内外高层次人才联谊会成立大会，努力营造引才氛围。引进京东集团农村电商生态中心授权培训机构与金华市第一中等职业学校合作，共建全国职业院校京东电商产教联盟成员校，为全区电子商务产业提升储备人才。

【党建工作】 浙中信息产业园区党委按照省、市、区委有关要求，始终把“依托产业抓党建，抓好党建促发展”作为抓好党建工作的出发点，不断探索在新兴产业集聚区域发挥党组织作用的办法与途径，针对园区信息经济企业集群、产业集聚、行业集中的特点，通过巩固红色阵地、规范组织生活、搭建云党建服务平台，在拓展园区服务功能的同时，使党旗在互联网企业高高飘扬，为园区企业的快速、健康发展提供了坚实的组织和政治保障。2017 年，开展各类党务活动、企业交流、业务培训等主题沙龙、会议 50 余场，公益服务、无偿献血、慈善一日捐、文体竞赛等活动 20 余次，2017 年被金华市委“两新”工委评为“员工最满意党群服务中心”，组织开展的“强化引领发展　喜迎盛会召开”纪念建党 96 周年主题党日活动、认真学习宣传贯彻中共十九大精神“三个先锋作用”主题实践活动等均受到党员群众的积极响应。

（胡群慧）

法　治

政法委及平安综治工作

【概况】2017年,中共金华市婺城区委政法委员会在区委、区政府的坚强领导下,紧紧围绕党的十九大维稳安保这条主轴主线,克服人少事多、任务急难险重等压力,始终围绕中心、服务大局,扎实推进政法平安、综治维稳、国安等各项工作,荣膺全省首批"平安金鼎"县(市、区),全面打赢中共十九大维稳安保攻坚战,多项工作走在省、市前列,受到省、市领导肯定。

【维稳安保】把做好中共十九大维稳安保工作作为"高于一切、重于一切、压倒一切"的最大政治任务,定格实现各项维稳安保举措,全面筑牢护航盛会铜墙铁壁,实现了"婺城不出事,婺城人不惹事"的庄严承诺。围绕重要节点抓维稳。在各级"两会""一带一路"高峰论坛、省党代会、香港回归20周年、中共十九大等重要节点,全委上下不辞辛劳,连续作战,牵头抓总,全面落实化解、稳控、劝返、惩处四个责任机制,切实把责任落实到部门,细化到岗位,量化到人员,实现了大会期间婺城"三个不发生"(不发生重大政治事件、不发生暴恐事件、不发生重大案事件)的工作目标,围绕重点问题抓维稳。动态化、常态化查找突出问题,组织开展多轮次重大涉稳问题及风险隐患排查,对26件风险隐患全部采取"问题清单化、清单责任化、责任具体化"的形式进行交办,其中,省、市挂牌的9件重大矛盾纠纷,采取挂牌督办、专项整治、分类治理的方式,全部完成化解销号。积极开展矛盾纠纷排查化解,排查发现815起各类矛盾纠纷,成功调处813起,调处率99.7%。主动介入洪源区块征迁、酒坊巷区块提升改造、金武公路建设等一批重点工作的风险排查、预测预警,完成32个重点项目的社会稳定风险评估工作。以关心关爱为抓手,常态开展拥军优属和帮扶解困,成功转化部分转业士官,妥善解决部分进藏兵提出的困难问题,在涉军群体中产生积极影响。以党员管理为切入点,规范言行、实施惩戒,形成了"党建促稳定"的良好态势。

9月7日,召开平安护航十九大大会战部署推进会

(区政法委供稿)

【综合治理】紧抓村级组织换届契机,将综治基层基础建设融入村级组织换届全过程,作为加强基层社会治理能力的着力点,实施夯实基层基础的固本工程,切实提升全区综治基层基础建设水平。全面推进全科网格建设。按照先试先行与面上整体推进相结合的方式,在新狮街道、蒋堂镇开展先期试点,多次召开现场会,全面提速全科网格建设进

程。现全区划分网格541个,按照“1+1+1+X”的模式,配备网格指导员541人、网格长 541人、专兼职网格员1373人。下发《婺城区网格员工作清单》《婺城区加强全科网格员队伍建设考核细则》《婺城区网格员岗位补贴及相关经费发放管理办法》等系列文件,为全区网格长、专职网格员配备“平安通”手机,专职网格员“平安通”上报各类信息15万余条,网格“千里眼”“顺风耳”作用进一步凸显。做实做强综治工作平台。按照综治中心标准化建设要求,着力推进白龙桥镇综治中心标准化建设试点各项工作,以点带面推动全区乡镇(街道)、村(社区)综治中心建设,承担起社会治安综合治理、维护稳定、平安建设等功能。大力开展平安宣传。在充分发挥报社、电视台、电台等传统媒体平台的主阵地作用的同时,积极发挥微信、微博等新媒体平台宣传的倍增效应,开展了平安宣传主题月活动,发放平安宣传手册、平安宣传海报等资料31.3万份,不断拓宽平安宣传渠道,努力营造平安共建共享的氛围。四是健全平安综治责任机制。制定下发《婺城区平安建设和社会治安综合治理领导责任制实施细则》,明确进行责任督导和追究的通报、约谈、挂牌督办、一票否决制等机制,明确问责主体、执行机关、追责程序,增强了制度、程序的操作性。

【公共安全防范】以开展 “平安护航十九大大会战”为抓手,紧紧围绕影响平安稳定的重点、难点问题,推动社会治安防控体系建设取得更大进展。加强重点行业安全管控。深化以实名制为重点的行业监管机制,严格落实旅馆、寄递、瓶装燃气等23项社会治理要素100%管控措施,最大限度堵塞漏洞。组织开展三轮平安集中暗访,对发现的问题实时交办,督促整改。深刻吸取玉环“9·25”重大火灾事故教训,积极防范,坚决遏制重特大火灾事故,组织开展消防安全专项行动,发现整改火灾隐患5714处,责令“三停”单位7家,罚款19.68万元,对49家单位予以查封。切实加强重点人员管理。推动落实严重精神障碍患者监护责任以奖代补工作,对全区1597名精神障碍患者逐一落实管控措施,坚决防止严重精神障碍患者肇事肇祸案(事)件发生。统筹推进社区矫正工作,整合公检法司及属地乡镇各方资源,全力做好329人在册社区服刑人员教育转化工作,严防脱管失控。健全立体化社会治安防控体系。组织开展社会治安重点区域和突出治安问题专项整治行动,一批治安突出问题得到有效化解。加快推进“雪亮工程”建设,改造提升车站、广场、宗教场所等重点场所和单位视频监控硬件系统,全区共建成联网治安监控视频1859路,公共区域视频监控覆盖率100%。

【执法监督】以化解社会矛盾、维护社会稳定为主线,先后组织开展了涉法涉诉信访重点人员排查化解稳控专项活动、涉法涉诉信访积案集中清理、案件质量评查、办案安全防范检查等一系列活动,化解终结了一批涉法涉诉信访案件,进一步规范了执法行为,提高了办案质量和执法公信力。开展“百案攻坚”活动。实行“逐级负责、一包到底”的领导责任制,落实“四定一包”工作措施(定包案领导、定承办责任人、定化解方案、定处理期限,包案件得到有效处理),指导、督察、调度案件的化解工作,对案件办理情况实行定期通报,推进疑难复杂案件得到有效化解。截至6月底,“百案攻坚”活动交办案件全部化解。扎实开展涉法涉诉信访积案清理。组织开展涉法涉诉信访积案集中清理专项行动,积极督办、定期通报政法各部门工作开展情况,终结了一批涉法涉诉信访积案,实现了“案件100%办结,息访率达90%以上”的目标任务。善用司法武器,服务稳定大局。认真落实省委政法委《关于做好涉法涉诉信访案件终结和稳控工作的若干意见》的文件精神,对生活上确有困难的涉法涉诉信访人员,积极协调有关部门妥善解决其实际困难,运用专项救助资金化解涉法涉诉信访案件31件、36人次;采用司法重组的方式,解决了白沙春晓楼盘因开发商资金链断裂导致无法交房的问题。

【队伍建设】按照新时代政法队伍建设的总要求,坚持“五个过硬”标准,积极推进政法队伍正规化、专业化、职业化建设,内强素质,外树形象,下发《关于全力打造婺城政法铁军的实施意见》,努力打造一支既政治过硬又本领高强的新时代婺城政法铁军。稳步推进司法体制改革。根据中央和省委的部署要求,稳步推进法官、检察官员额制改革,严格法官、检察官入额标准,确保优秀司法资源集中司法一线。推进以审判为中心的刑事诉讼制度改革,充分发挥庭审在查明事实、认定证据、保护诉权、公正裁判中的决定性作用,以程序公正保障实体公正。深入开展正风肃纪督察行动。持之以恒抓好中央八项规定精神、省委“8条办法”和市委“5条意见”的贯彻落实。加大政法干警思想教育力度,常态化开展“两学一做”主题教育活动。扎实开展文化建设工作。积极打造政法文化建设平台,不断浓厚政法文化氛围。组队参加全区机关部门“喜迎十九大、共筑中国梦”合唱比赛和全区机关运动会,获得合唱比赛组织奖、集体三等奖和运动会集体二等奖;选派干警参加全市政法系统“中国梦、政法情”演讲比赛,并夺得第一名。 (周玉南)

公 安

金华市公安局婺城分局

【概况】 婺城公安分局为金华市公安局下属分局,内设政治处、警令指挥处行政管理科等职能科室、大队19个,派出机构12个。2017年,实有民警455人(其中,女民警52人,派出所民警290人),协辅警681人。2017年,婺城公安分局紧紧围绕党委政府中心工作,践行“对党忠诚、服务人民、执法公正、纪律严明”总要求,坚定“打造一流队伍、保持一流干劲、创造一流业绩”的信心,锚定“树标杆、夺旗帜、争进阶、当旗手”目标,完成十九大安保各项任务,在“党委认可、群众满意、走在前列”的征程上又有新进步。在全市公安工作综合考评中分局位列第二,队伍建设、基础防范等工作位列第一,执法质量位列第二,争创全省执法质量优秀单位实现“十四连胜”,信访等工作实现考核进位。分局被评为全国青少年普法工作优秀单位,被区政府荣记集体三等功;4个专案组荣立集体二等功;6人被授予全国、全省、全市优秀人民警察称号,1人荣立一等功,3人荣立二等功,19人荣立三等功。辖区接报有效警情同比下降4%,侵财、黄赌毒、矛盾纠纷等3类主要警情分别下降29%、6%、6%,刑事案件破案率上升3.2%,行政处罚人数上升29.6%。惩治侵财犯罪,移送起诉犯罪嫌疑人511人,抓获逃犯33人,追赃返赃406万元;惩治黑恶势力,捣毁团伙16个,惩治犯罪嫌疑人115人;开展“毒战”系列行动,打掉团伙8个,打处涉毒犯罪嫌疑人48人,强制隔离戒毒27人,查处吸毒人员121人;开展“2017净水1号”统一行动,破获白龙桥、琅琊一带的非法盗采砂石案,摧毁团伙4个,抓获嫌疑人116人,采取刑事强制措施32人,破案18起;侦办网络赌博犯罪刑事案件6起,打掉犯罪团伙2个,刑事查处24人,行政查处4人。

【护航党政中心】 中共十九大安保作为重中之重的政治任务,牢守“四个不发生”底线,固化G20杭州峰会安保经验,“一办十组”顺畅运行,各派出所严防死守,与区反恐办、平安办、综治办密切协助,压实部门主管责任、乡镇(街道)属地责任、社会单位主体责任,1688家“4+X”重点单位、1033人“9+X”重点人员全部在控,加强大型活动安全监管,全面开展出租房、高层建筑、人员密集场所消防隐患整治,各派出所检查单位1.34万家,督促整改火灾隐患9409处,行政拘留68人,罚款65.01万元,全区没有发生重大火灾事故,扎实开展十九大安保工作,确保“婺城不出事、婺城人不惹事”。坚持“中心工作推进到哪里,警务保障就跟进到哪里”,完成各级“两会”和党代会、“一带一路”高峰论坛、世界互联网大会等重要活动安保任务。做好村级组织换届选举保卫工作,审查候选人5746人次,查处干扰破坏选举案件2起,行政处罚2人、训诫11人。保障“三条廊道”建设、小城镇环境综合整治、城中村改造,排查矛盾纠纷1600起、不安定因素230起,化解率分别达91%和93%,稳妥处置群体性事件65起。

【完成大部门大警种制改革】 在上级公安机关的指导下,经过充分准备和酝酿,于8月10—15日,完成大部门大警种制改革和民警双向选择,分局机关内设机构整合为政治处、警令指挥处、警务监督处、警务保障处和国保反恐中心、治安管理中心、刑事侦查中心、经济犯罪侦查大队,局领导兼任“四处、三中心、一大队”负责人;机关部门精简民警

37人加强到派出所，派出所警力占比提升到63.4%，民警329人全部落实岗位。出台机关部门实战化运行、派出所侦查队等配套机制，做精机关、做专警种、做强基层向前迈出坚实一步。

【基层基础和治安防控三年攻坚行动】坚持“党委抓总、警种负责、全警发力”，成立分局主要领导负责的领导小组，深入研究“如何做”“如何抓”“如何融”“如何评”等课题，制定《分局基层基础和治安防控三年攻坚行动方案》，明确5个工作目标、28项具体任务。由分管局领导牵头，抽调骨干组成8个专班，对第一批10个创新突破项目以及2个市局试点项目展开攻坚，并取得积极进展。践行“防控优先”理念，出台“七个一律”的基础管理履职问题刚性问责措施，完成电动车物联网登记备案9.79万辆，深入推进“一标三实”基础信息大采集，启动出租房屋智能化和境外人员管理试点工作。落实农村警务工作指导员制度，开展全警进村入户大走访和“无案件、无纠纷、无信访”村居创建活动，截至2017年年底，全区“三无村”从上半年的61个增加到了94个，同比增长54%。其中“无案件村”从183个增加到224个，增长22%；“无纠纷村”从64个增加到99个，增长55%。加强社会治安防控体系建设，拉紧黄赌问题、侵财案件警戒线，严密巡逻查控，视频监控完成选点1640处，新增社会面监控1212个，完成安防体验馆建设，12个派出所设置了安防体验区。

【派出所勤务机制改革】经过持续探索和实践，派出所勤务机制不断完善，结合“最多跑一次”改革，升级为“1351”模式，5月在全局推开。即：建立以警务区责任制为核心的勤务运行模式，强化刑事打击、治安管理、基础防控3项职能，发挥国保反恐室、案件管理室、综合勤务指挥室、驻所调解室、办事窗口等5个功能区作用，加强以中层履职为重点的全面从严治警。完善专业警种为主、派出所为辅的打击架构，各派出所组建侦查队，对全所刑事案件负总责，捏紧打击拳头。通过运行新模式，做到警务区内“人人有田、个个有责、层层落地”，警务区之间相互协作、互补联动，使基层基础工作回归到“守土尽责、守土尽责”的本位，结合创建“三无”村居和小区，以网格、警务区的平安保证全所、全局辖区范围内的大平安。

【党风廉政建设层级管理】围绕全面从严治党、从严治警主线，对照中央八项规定、“三项纪律”和上级有关规章制度，深入推进“严纪律、正作风、补短板、树形象”集中教育整顿活动，制定《婺城公安分局落实党风廉政建设层级管理制度工作方案（试行）》，经白龙桥派出所试点，于3月17日召开现场会，全面推行党委书记—党委副书记及党委委员—党支部书记(中层正职)—党支部成员(中层副职)—党员民警(非党员民警)—辅警“六层五级”责任体系，健全“约谈提醒+刚性问责”“真督实查+挑刺曝光”“工作日志+表扬告诫”“履职纪实+可视管理”等机制，固化实行责任“签字背书”、定期研究分析、三级廉政约谈、重点帮扶等10项制度，出台《十条铁律》《挑刺工作规范》《执法责任追究规定》《财务管理规定》《中层领导值班履职工作规定》《民警违规记分办法》等新措施，从细节和关键环节抓起，真管真严、敢管敢严、常管常严，全面打造明责履职、分层监督、容错纠错、严格问责的党风廉政建设责任闭环链条。

【完成全省反恐防暴“四联三防”机制试点建设】为积极应对严峻复杂的反恐防暴形势，在人员密集场所和重点部位，设置由公安专业力量守护的“1·3·5”分钟应急防暴控制圈，由社会力量参与的联防联控自卫圈，将社会单位、沿街店面、个体工商户组织起来，相邻3~5户编成单元，配置防护器材，组织专业培训，开展以群众性自卫单元为主的反恐防暴人民战争，得到市委副书记、政法委书记马小秋，市委常委、公安局长聂展云以及省公安厅反恐总队领导的充分肯定。2017年5月，婺城区被确定为全省人员密集场所反恐怖“四联三防”建设试点，分局进一步加大投入、完善机制，形成“联建、联防、联控、联保，防车辆冲撞、防刀斧砍杀、防爆炸”的反恐防暴新体系。8月29日，市局党委委员、区委常委、分局局长丰炳春在全省反恐办主任会议暨全省人员密集场所反恐怖“四联三防”建设现场会上介绍经验；11月6—7日，全市十九大安保反恐工作总结暨全市人员密集场所反恐怖“四联三防”建设现场推进会在分局召开。截至2017年年底，全区组建自卫单元484个、应急点587个,发放钢叉659支、滕棍342根、盾牌339块,构建了警民共建、干群齐心的反恐防暴新防线。

【推广"我爱我家""阳光座席"惠警利民经验】 2017年,城中派出所在继承和弘扬公安机关优良传统的基础上,坚持"小家立警,大家利民"思路,推行"我爱我家"打造凝警心聚警力家园文化,设立"阳光座席"塑造亲民利民为民公安形象,赢得了队伍的普遍支持和群众的广泛赞誉,为践行"立警为公、执法为民"宗旨注入了新的元素和内涵。2017年3月2日,分局在城中派出所召开现场会,学习推广"我爱我家""阳光座席"经验,作为"最多跑一次"改革由办证向办事延伸的惠民之举。2017年,各派出所通过监控查询绿色通道等途径,破获小案103起,化解纠纷178起,服务群众527次,及时追回遗失、被盗物品162件,挽回经济损失60余万元,收到锦旗219面,央视对此作了专题报道。公安部党委委员、副部长孟庆丰到城中派出所走访慰问时,充分肯定"阳光座席"等做法,要求强化"群众是主人"的执法理念,加强正规化建设规范化管理,为了群众利益做好每一件小事,再接再厉、不懈奋斗,服务发展、造福人民。

【深入推进"最多跑一次"改革】 坚持"以人民为中心"的发展思想,根据上级部署,2017年2月下旬,分局启动"最多跑一次"改革,依据省政府公布的行政权力和公共服务事项,做好"八统一"标准化梳理,公布"一次办结"事项54项 ,修订了操作规程、办事指南,20项业务实现"淘宝式"服务,精简了

"最多跑一次"(区公安分局供稿)

13个事项中的15个工作流程,减少23个事项的申报材料共56件,缩短36个事项的办理时限累计达122.5天。建立申报材料"容缺"机制,实现可"容缺受理"事项14个。9月21日,分局新城区行政服务中心投入运行,积极探索和完善"一站受理、集成服务"的工作模式,进一步优化"综合窗口""特服窗口""365服务""网上预约"等服务。2017年,各窗口单位办理、受理、代办"最多跑一次"服务事项12.3万件。

【构建"三位一体"执法管理新机制建设】 认真贯彻落实《中办 国办关于深化公安执法规范化建设的意见》,强化"全国公安机关执法示范单位"标杆意识,围绕"全省一流、全国领先"目标,按照执法队伍专业化、执法行为标准化、执法管理系统化、执法流程信息化的要求,利用科技手段,统一规划设计受案信访中心、案件管理中心、执法办案中心、物证管理中心,深化"四位一体"执法工作机制。受案信访中心实行法制与信访部门合署办公,由法制大队(信访科)民警坐堂值班、统一受案,专职负责受立案监督管理工作和信访接待,根据接报的案情分流到各业务大队以及各派出所办理。案件管理中心内设置法制审核区、案件保管区、案件办理区、值班局领导审批区、案件会商室、律师接见室,实行集中办案、统一管理,通过"四位一体"执法管理,实现从接处警、受案、执法办案过程中"人员、案件、物证"全要素的全流程管控。

【分局新业务用房搬迁使用】 严格把控分局新业务用房工程建设质量,顺利通过消防验收、规划验收、人防竣工验收、档案验收等专项验收,完成网络接割、服务器机房迁移,确保了如期投入使用,并获得"双龙杯"及"钱江杯"优质工程。10月11日,机关各部门正式进驻新业务用房,各类设施设备投入使用。启动老大楼改造工程,为改善巡特警大队、办证中心、出入境管理大厅办公环境创造条件。

【快侦快破彤鼎公司非法吸收公众存款案】 2017年3月,经侦大队为防止辖区企业发生涉非涉众型案件,净化投资环境和保护金融秩序,积极对接工商部门,及时掌握、分析、研判辖区金融类公司的经

营情况。按照排摸建档、跟踪走访、打早快收的工作思路，成功侦破了仅运行20余日的浙江彤鼎电子商务有限公司涉嫌非法集资案件，共涉及150余人，涉案金额3600余万元。因为查处及时，既成功惩处处理主要犯罪嫌疑人4人，还追回赃款100余万现金以及价值3000余万元的物品，此案快侦快破，将非法集资毒瘤扼杀在萌芽状态，受到了公安部和省厅的高度肯定。

【侦破范氏兄弟跨省杀人隐案】2016年6月，分局刑侦大队从一起范氏兄弟简单的非法拘禁案入手，认真分析前科劣迹以及桐庐警方传递的失踪人员线索，层层推进，攻心为上，专门成立专案组，充分发挥预审优势，破获了桐庐杀人抛尸案。但专案组并未就案论案，而是继续针对范式兄弟的生活轨迹，仔细分析与他们近年来接触过的失踪人员，通过审查深挖，又破获1997年福建松溪杀人抛尸案及2014年金华江南杀人抛尸案。2017年刑侦大队被评为集体二等功，徐兵荣立个人一等功。

【侦破系列性非法采矿案】2017年初，分局治安大队侦查发现，白龙桥镇辖区非法采矿砂石情况严重，随即成立专案组进行专案侦查。5月，组织10个派出所30余名警力进行收网，抓获俞某、郑某等犯罪嫌疑人20余人，最终深挖扩大查处范围至35人。在侦破过程中，因客观原因导致传统手段已失效，分局迅速转变侦破思路，从资金流入手，迅速查清盗、挖、销整条利益链，彻底将全部案犯纳入网中。该案的侦破，有力地惩处了非法盗采砂石违法犯罪行为，保护了生态环境，辖区曾经猖獗的非法盗挖沙石的情况基本消失。同时也突破传统的侦破手段限制，为其他案件的侦办提供了新的侦破思路，形成了新的技战法。案件侦办得到区委、区政府的高度肯定，分局被记集体三等功一次，该案被市局评为年度十大精品案例。

【摧毁一特大武装贩毒团伙】2017年8月，刑侦二大队在调查吸毒人员毒品来源过程中，充分运用技侦、网侦等综合技术手段，发现毒品来自于湖南。为实现全链条打击，专案组先后奔赴邵阳、长沙、永州三市五县侦查，克服当地基础信息薄弱、科技手段落后的不利局面，历时110天，基本查清从源头制毒到末端吸毒人员的整个违法犯罪网络。12月在湖南长沙、永州、邵阳等地相继收网，成功抓获以武装贩毒团伙人员53人，捣毁制毒窝点1处，查扣涉案车辆1台、毒资2万余元，查获各类毒品5.8千克、枪支5支、子弹19发。

【侦破部督渝忠火锅生产销售有毒有害食品案】2017年1月，治安大队在市局食药环支队、区市场监管局等部门的大力支持下，开展了专门针对涉嫌使用“地沟油”火锅店的2017食药打假“利剑一号”集中统一行动，查获涉嫌使用“地沟油”的火锅店1家，抓获涉案嫌疑人4人，查扣成品“口水油”100余千克，收缴部分作案工具。后通过2个月的专案经营，扩线抓获5名嫌疑人，包括3名重庆渝宗老火锅连锁总部管理层人员。由于该案在全国的重大影响，被公安部列为督办案件并发起2017年全省唯食品类全国集群战役。根据全市传递线索，全国又相继采取刑事强制措施470余人，严厉打击了火锅行业使用“地沟油”的潜规则。该案被公安部通令嘉奖（公奖字〔2017〕101号），市委常委聂展云和常务副局长金盛先后对该案进行批示肯定。该案的技战法在全国食药环相关研讨会上获得了行业专家的高度认可，并进一步推动国家层面下发了《国务院办公厅关于进一步加强“地沟油”治理工作的意见（国办发〔2017〕30号）》的通知。

【侦破六省七地系列麻醉抢劫案】2016年12月30日，刑侦一大队经过缜密侦查，在广西、湖南两地双线出击，成功抓获抢劫罪嫌疑人谷某等4人，破获白龙桥辖区一起灌服迷药，银行卡提现盗刷的恶性抢劫案，并深挖余罪，破获广西、四川、广东、湖北、福建等地同类抢劫案6起，涉案价值40余万元，摧毁该跨省流窜抢劫的犯罪团伙，有效震慑了犯罪，维护了辖区稳定。该案专案组立集体二等功。

【摧毁一贵州松桃籍全国性流窜入户盗窃团伙】2017年1月，刑侦一大队依托合成作战机制，多手段运用，摧毁一贵州松桃籍盗窃团伙，获上海、福建、浙江杭州、绍兴、金华武义、永康等省内外多地盗窃高档别墅区案件百余起，抓获犯罪嫌疑人13

人,追回赃物价值150余万元,充分展现了分局侦破盗抢骗大要案攻坚能力,完美实现案件快侦快破、深挖余罪的效果,有效地震慑了犯罪。该案被市局评为年度十大精品案例。

【侦破部督职业黑客DDOS攻击网络服务器案】 2017年3月,刑侦三大队发现辖区内恒玖网络科技有限公司服务器在2017年2月25日至3月6日期间,遭受持续多日的DDOS攻击和CC攻击。当即对服务器进行细致勘验后,发现网络攻击来源无序且来自全球各地。因公司服务器为非开放式,专案组大胆假设,细致摸索,小心求证,在梳理了近5万个账号后,发现了黑客在服务器内预留的用于发动网络攻击的切入点。专案组顺藤摸瓜,充分运用多种现代侦查手段,结合传统网络情报工作,确定了一个层级分明的职业黑客攻击团伙,掌握了团伙内部软件制作、层级代理、操盘攻击的人员分工,于2017年4月在山东淄博抓获主要犯罪嫌疑人刘某某,随后在江苏、广东、福建等地抓获其余7名主要成员,从而实现针对攻击信息服务器获利的职业黑客团伙的全利益链条打击,为今后对同类网络黑客攻击案件的侦查破案积累了宝贵的经验。

【侦破特大冒充公检法诈骗案件】 2017年4月份,刑侦一大队对辖区通讯(网络)诈骗案的涉案手机号码的VOS服务器进行大数据分析,串并同类案件30余起,涉及1600余万元,组织人员赶赴湖南、深圳两地抓获姜某某等3名嫌疑人,后经过一个多月的专案审查,层层推进,深挖出此团伙的另外10余名嫌疑人,追回赃款500多万元,该案被列为省督案件。

【侦破部督销售伪劣产品(假烟)案】 2017年2月,治安大队通过侦控,组织塔石等派出所优势警力,在近两个多月的专案经营侦查中,先后对天津、福建等地多个生产、销售伪劣产品(假烟)团伙进行了统一收网行动,抓获万某某、张某某、张某某等3名销售伪劣产品犯罪嫌疑人,涉案金额达数百万元。该案是全市范围延伸打击至"假烟之乡"云霄的第一案,该被列为公安部督办案件,为全局侦破系列重大销售假烟案件提供了范本。该案的成功侦破有力地维护了烟草市场秩序的正常运行。

(徐德亮)

金华市公安局交通管理分局开发区大队

【概况】 金华市公安局交通管理分局开发区大队在2017年7月前为交警支队直属一大队,下设综合室、处罚中心、事故中队、一中队、二中队、三中队和安地中队。8月起,更名为金华市公安局交通管理分局开发区大队,下设综合处罚中心、智能勤务室、事故中队、江南中队、湖海塘中队、秋滨中队、汤溪中队(原交警支队直属三大队管辖的汤溪中队划给该大队管辖;原大队管辖的安地中队同时划给婺城交警大队管辖)。2017年年底,大队有在职民警53人,职工4人。

2017年,湖海塘中队、秋滨中队被评为全市警务规范化先进中队;民警孔国良和章文正被评为2017年全省公安机关"千名好民警(辅警)";民警李智被评为金华市2017年度治理城市交通拥堵工作先进个人。

2017年,大队共查处交通违法行为17.4万起,其中现场查处各类违法行为8.1万起。辖区内全年发生上报道路交通事故80起,死亡32人,受伤76人,直接经济损失303912元,分别比上年下降13.04%、上升23.08%、下降17.31%和下降11.33%,未发生一次死亡2人以上的交通事故。

【"四力"建设】 大队领导班子坚持把突出"四力建设"作为发挥战斗堡垒作用的政治保证,真正使大队党总支班子成为坚强的领导核心和高效的指挥集体。抓战斗力,大队党总支在抓工作任务的落实上团结一致;抓决策力,把完善民主集中议事制度作为实现民主决策的制度保证;抓号召力,对集体布置工作任务的完成情况指定专人负责督察;抓凝聚力,每周召开工作例会,分析布置工作。

【队伍建设】 大队紧盯交警支队年初制定的队伍建设15条措施,开展以"严纪律、正作风、补短板、树形象"为主题的集中教育整顿,加强制度建设,见微知著抓队伍,认真关注重点人和事,堵塞管理漏洞,防范队伍风险。大队对有关重点人实行部门领导包办，日常跟进谈心的方式，对排摸出的重点人，根据其反应事项、类别、性质的不同，制定个人档案，加强后续谈心谈话，及时掌握相关情况，适时开展家访。对重点岗位防微杜渐。在易出现廉政问题的交通逃逸事故处理上，做到一案一查，一案一档，既要查清事故事实，又要及时公正处理，强调执法的严肃性，减少权力寻租空间。对处罚中心的违法处罚工作，经常性地落实大队督察员抽查，同时加强多岗位交流，防止出现内外勾连问题。对路面执勤，大队从严要求民警和协警，认真督察执法记录仪的规范使用，经常通过执法记录仪上传的音频视频资料抽查全过程的执法行为，发现问题及时通报。

9月4日，开发区交警大队交警走访璐通客运公司
（开发区交警大队供稿）

【效能建设】在抓提高工作效能建设上，落实主体责任和层级管理制度。从大队主官到分管大队领导，从分管大队领导到中队领导，从中队领导到民警，从民警到管辖警区协警，建立多层级的考核机制；实行任务分解制，各中队采取每月、每周任务完成情况达标排名模式，促进工作任务完成落到实处；协警采取警组捆绑模式进行考核，一人犯错，集体受影响；一人受奖，集体获益。培养互相监督、互相促进的工作氛围。

【网格化布警】在交通管理上，实行网格化分块布警、就近处警。编制调整后，对中队警区进行重新调整，进一步织密了管控的网络，切实将人定在了路上，将事管在了路上。无论是路面巡查还是应急接处警，勤务效能都有较大程度的提高。警区划分后，中队辖区实行中队长负总责，主要管民警；中队副职负责管协警，副中队长是协警管理第一责任人；中队民警管警区，是警区管理第一责任人，负责本警区各项警务活动以及与相关的标志标线、信号灯、路口渠化等工作。协警队伍则采取捆绑式管理，因工作不到位被大队督察的，每组协警相互承担连带责任，成为一个工作共同体，形成相互配合又相互监督的工作关系。

【事故隐患滚动排查】大队重视全面、滚动排查辖区内的交通安全隐患。每个路面中队分别对树枝遮挡、信号灯配时、标志标线完善、隐患排查整治、交通设施整改等方面一天一排查，对排查出的问题进行专项工作督察，确保隐患在规定时间内会同相关部门进行挂图销号。完成了330国道金衢路交叉口的市级隐患和新排查出的18处安全隐患点进行了整改。

【源头管理责任制】大队会同交通运管部门对运输企业进行了源头管理责任落实检查。对公交公司、客运公司、旅游车队等客运单位进行重点监督落实；对客运车辆实行跟踪管理；对客运驾驶人实行“户籍化”管理，召开客运单位负责人、车主、客运驾驶人会议，签订安全责任状，对不适应驾驶客运车辆的驾驶员予以清理；全面排查整顿“两客一危”重点车辆，对逾期未年审车辆、违法未处理的车辆落实停驶整顿措施，向客运企业发出整改通知书7份。

【“一创一治”】开展“一创一治”行动。根据辖区事故分析，对酒驾、毒驾、超速、超员、逆向、闯红灯、无证驾驶、随意横穿以及违法载人、变道、占道、装载等易引发交通事故的严重违法行为进行严查，并充分发挥现场查处中当场记分、扣车的威慑作用；充分发挥路面监控作用，加大闯红灯、超速等严重交通违法行为的抓拍力度，及时录入系统，及时督促处理。利用机动车查缉布控系统等科技手段，每周开展智能卡口整治行动，精确查处5次以上违法未处理、未年检、套牌、报废等隐患车辆，加大重点车辆的路面检查力度。

【“小微车辆”整治】大队根据支队的统一布置，对小微车辆的交通违法进行专项整治。根据各中队管辖区域功能划分和“小微车辆”交通违法在不同区域的违法重点,各中队相互协作,在共同查处电动自行车擅自加装遮阳伞(篷)违法行为的同时,对其他违法行为的查处各有侧重。江南中队主抓城区交通管理,以查处电动自行车违法行为为主;湖海塘中队主抓外围交通管理,以查处残疾人机动轮椅车违法行为为主;秋滨中队以查处两轮、三轮、摩托车为主;汤溪中队主抓农村道路交通管理,以查处老年代步车、燃油助力车违法行为为主。

【不礼让斑马线违法整治】大队通过合理安排警力,最大限度地把警力投入到辖区各个重要路段、路口。在提高路面见警率的同时,采取智能勤务系统抓拍与路面查纠相结合的方式,强化重点时段、重点区域的机动车“礼让斑马线”及“乱行车”的交通秩序管控力度。在查处机动车不礼让斑马线违法行为的过程中,执勤民警充分利用执法记录仪、摄像机等执法设备对违法驾驶人进行全程取证并予以处罚。同时加强对违法驾驶人的安全教育,争取做到处罚一起、教育一起,有效净化了辖区的路面环境。大队共查处不礼让斑马线违法行为 9900 余起,其中现场查处 2000 余起,非现场查处 7900 起。

【十九大交通安保】大队根据上级的部署要求,突出重点,紧盯十九大交通安保任务,全警动员,全面发力,凝心聚力落实 G20 安保阶段各项交通管理工作。从 10 月 9 日开始进入二级勤务,从 10 月 18 日开始进入一级勤务,全体人员一律取消休假,全部在岗在位,并制订了完善应急处置预案,组建了处突小分队,保证随时有人应急、随时有效处置。在高速路口交通流分流落实工作中,实现了大队指定高速分流点零闯入、较大事故零发生、不良隐患零出现、涉信涉访人零出访。

【小城镇“车乱开”专项整治】根据市委、市政府《金华市小城镇环境综合整治行动实施方案》(金委办发〔2016〕53 号)的要求,大队 2017 年度继续推进从 2016 年起的汤溪镇、罗埠镇、洋埠镇、苏孟乡小城镇交通秩序整治。主动推进道路隐患精细化、动态化的排查治理,及时消除“边边角角”的细小隐患,定期检查和整改辖区的交通设施,在努力创造良好交通环境的基础上,重点整治十类道路交通违法行为:有交通信号灯、停车线、人行横道线齐全的交叉路口,车辆和行人不按交通信号灯规定通行;有中央隔离护栏或施划有黄色双实线的路段,机动车逆向行驶;机动车违法占用非机动车道行驶;车辆违法载人;酒后驾驶机动车;无证驾驶机动车;驾驶无牌无证机动车;骑乘摩托车不按规定戴头盔;乡镇(街道)政府驻地建成区内主干道路上机动车不按规定停放;燃油助力车上路行驶。 (邓先辉)

金华市公安局交警支队直属三大队

【概况】2017 年,金华市公安局交警支队直属三大队接报各类事故警情 17409 起,立案 6362 起,其中,简易事故 6327 起,上报交通事故 95 起,死亡 44 人,受伤 32 人,直接经济损失 17.49 万元。

【事故防控】2017 年,三大队以“控大”为主线,紧跟上级部署要求,思想重视,积极行动,多举并措,致力于辖区道路交通安全隐患排查治理工作,采用路面管控与源头管控等多项措施,深入交通隐患排查治理。仔细摸排,务实到位,大队对交通隐患排查治理工作高度重视,要求各路面中队对辖区各类道路交通安全隐患进行拉网式、地毯式排查。各中队有条不紊地开展此项工作,经排查,大队辖区共排查出交通隐患点位 94 处,属于婺城区的 77 处,大队第一时间与当地政府及职能部门沟通协商,积极采取有力措施与计划,本着先重点、后一般的原则,积极推进治理工作,把每项工作逐一落实到位。采取措施,设计到位。依据排查出隐患路段与点,大队联合交通局相关部门合理设计,逐点逐条制定有效措施。对于辖区金龙路段、330 国道等重点交通“黑点”隐患路段,大队第一时间向相关职能部门汇报并沟通,并严格按照《中华人民共和国道路交通安全法》及实施条例、相关技术标准,进行工程改造,形成以政府为主导、交管部门协作的工作途径,达到切实整改、规范设置的目标,提高道路通行率,维护并营造良好的道路交通环境。结合日常,监管到位。大队积极发动婺城区村干部以及所属地的道路交通安全管理员与劝导员,明确的工作职责,采用定期巡查与特定巡查相结合的方式进行日常巡查。对发现的道路交通安全隐患采取临时处置措施并立即上报大队或相关责任部门，并对排查出的隐患点，逐一登记，建立档案。大队采用日常巡查制度，严格落实路面执勤制度，及时消除道路安全交通隐患，确保人民群众平安出行。

【队伍建设】直属三大队领导狠抓队伍建设，建立健全了一系列内部管理机制，强化纪律作风与内部监督考核，提高整个队伍的形象与素质。抓班子，强组织促成效。大队长郑国洪、教导员项旭彪要求全体中层干部积极发挥领导带头作用，建立一支“讲党性、讲政治、讲规矩”的领导班子。各中队要充分发挥部门优秀党员干部与老同志的作用，以强抓队伍业务能手的方式促进队伍的建设。抓教育，强队伍提能力。根据分局《关于开展每周一政治学习》的文件通知精神，大队把“两学一做”学习教育融入每人的日常生活中，通过深入学习党章党规、习近平总书记系列重要讲话精神、上级重要会议、重大部署、重要文件等精神、理论、政策和文章多方面内容，常态化、制度化地开展日常工作，提高整个队伍的业务能力。抓作风，强素质树新风。严格管理是抓纪律作风的主要抓手，大队加强警容风纪管理，如保持处罚大厅、办公室、寝室等内部整洁，窗口工作人员保持良好的服务形象，规范着装要求，言行举止文明，有礼貌。大队制定了明确的规章制度，要求值班备勤人员严格遵守，要有责任感、使命感，严格落实24小时值班备勤和领导带班期间的工作职责，做到有紧急情况，能随叫随到并且快速进入工作状态。执勤人员在路面执勤或接处警时，按要求统一佩戴相关证件，着统一执勤服装，并且在执勤过程中使用文明礼貌的语言查处交通违法行为，以良好的形象展现交警的风采和精神面貌。四是丰富警营文化建设，浓厚警营文化氛围。大队通过科学规划，进一步优化园林与办公环境，实施大院绿化改造、处罚中心改造、党建活动室工程等，全面提升警队生态与办公环境，给基层民警、协警创造一个良好、舒适的工作、学习和休息环境。另一方面，大队为了激发广大民协警的工作、生活热情，成功举办了首届“交”相辉映，“婺”必成功厨艺大赛，营造了浓厚的警营文化氛围。

【“最多跑一次”改革工作】全面增强“为民第一”意识，推进“最多跑一次”改革工作。梳理开展“最多跑一次”改革工作。大队对“最多跑一次”改革工作极为重视，明确岗位职责，积极开展抓落实。深入研究梳理查找“最多跑一次”改革工作中存在的问题和困难（包括硬件、软件、工作程序方面等），大队明确秉着“便民、高效、规范、廉洁”的服务宗旨，切实加强队伍管理力度，提升服务质量，提高群众满意率，真正实现“最多跑一次”，而不是停留在口号上。结合业务提高服务水平。召开专题会议，加强素质修养，规范业务办理，提高服务质量，努力做到让群众少跑一段路，少排一次队，少等一分钟。开设午间便民服务窗口，安排人员中午值班，方便群众，实现白天时间无缝对接。在处罚大厅悬挂宣传口号。

【积极推进“一创一治”工作】根据市局关于《全市“创文明交通、治秩序乱象”系列行动工作方案》通知精神，以及支队的工作部署，大队结合工作实际专门召开队务会，分析辖区道路交通特点与交通现状，研究系列行动工作举措，制定“一创一治”行动方案，细化每个阶段波次具体措施，并要求每个民警在思想上统一认识，提升认识高度，拉高标杆，自我加压，打实思想保障，全身心投入到“一创一治”系列行动中去。宣传先行，。为提升“一创一治”系列行动的知晓率，提高系列行动声势，扎实行动效果，大队在宣传上下功夫。开展传统宣传，借用广播电台、报纸等媒体进行宣传。同时，大队利用劝导站、交管站开展宣传工作，刷新宣传形式，并利用“支队—大队—重点企业负责人—驾驶员”等微信群及时发送系列活动信息，制作推送微信扩大影响范围。严查严处，形成态势。大队在全面整治各类道路交通违法行为的基础上，重点查处“三乱两驾一牌证”等6类交通违法行为，做到发现一起查处一起，形成高压态势。确定严管道路范围，以各集镇及单位、学校医院、车站码头、旅游景点等为重点开展整治行动。文明规范，提升形象。工作中，民警严格按照路面执勤执法规范，配备安全防护装备，落实安全防护措施，严格执法记录仪的使用规定，做好现场执法取证。执勤中民警做到严格执法、热情服务。全体执勤人员警容严整,规范文明执勤,使用文明用语和指挥手势，树立人民警察良好的执法形象。

【事故快处】大队扎实做好交通事故“快处快撤”工作,并取得明显的成效。随着城区交通流量不断提高,城区道路“小事故大拥堵”现象日益严峻。基于现行交通事故处理模式存在的问题:事故现场“多头等”、车辆定损“多头跑”、事故认定“多次跑”等诸多“痛点”,大队有效借助了交通事故“快处快撤”平台,有机整合公安交警、保险公司、调解理赔等资源优势,最大限度地实现了车损事故“最多跑一次”。自推出以来,大大减少了以往较为普遍的因轻微交通事故处理不及时导致交通堵塞的现象,实现了事故处理处警快、撤离快、结案快的目标,做到了街面屯警更多、执法质量更好、群众满意度更高,深受广大老百姓认可与欢迎。

【推进“两站两员”创新模式】深入推进“两站两员”创新模式,努力打造全省样板示范单位。2017年,大队根据实际,扎实推进“小城镇”治理,加快“两站两员”建设工作。在区委、区政府高度重视支持下,以婺城区蒋堂镇为试点,全区逐步铺开,各项工作已经走在全市前列，有关工作经验已经得到省、市以及区主要领导充分肯定。公安交警部门又专门召开现场会,全面总结推广婺城区做法,省厅交管局有关领导也专程到婺城区对接有关平台建设工作,争取把婺城区作为全省农村道路综合管理试点单位。《人民日报》、浙江法制网等对该项工作进行了报道和宣传。（李行星)

金华市婺城区公安消防大队

【概况】2017年,婺城消防大队(以下简称大队)，完成了以灭火救援和防火监督为中心的各项工作任务。全区接警出动407起，出动车辆 1360辆,出动警力 6610 人,抢救被困人员 18人,疏散被困人员 58人,抢救财产价值 3408万元,全区未发生亡人火灾事故,确保区火灾形势和队伍形势的稳定。

【党建工作】大队强化党委领导,突出战斗堡垒作用。坚持团结协作,提升班子领导核心作用。大队班子成员以争创“好班子”和争当“好主官”活动为载体，始终将班子团结摆在党委建设的重要位置,坚持做到“正副书记”思想上通气商量,搞好协调,工作上相互帮助,共同提高,生活上严于律己、以身作则,为广大官兵作好了表率,保证了党委较强的凝聚力和向心力。坚持贯彻民主集中制,提高了部队完成各项目标任务的能力。大队党委始终坚持“议大事、抓大事”,统揽部队建设全局,坚决贯彻落实党委统一领导下的首长分工负责制。在遇有重大事项和工作决策时,党委一班人都能坚持先调查研究,后发言表态,先集体讨论,后表决决定的工作思路。对集体决定的事项,班子成员都能不折不扣地贯彻落实,在班子内形成顾大局,团结一致干事业的良好氛围。2017年,大队共召开党委会32次,讨论重大议题192余个,都形成决议并按照分工严格贯彻执行。下属站前中队被支队评为党的十九大消防安保工作先进中队。

【思想政治教育】大队围绕当前部队建设的新形势、新特点,大力开展思想政治教育。加强思想认识,扎实开展“维护核心、听从指挥”主题教育和“两学一做”常态化学习教育活动,大队党委和两个战时党支部分别召开了“攻坚当先锋、忠诚保平安”组织生活会,统一了官兵思想认识。在大队营区建设宣传阵地,集中宣传“安保之星”风采,引导官兵向先进学习,最大限度激发官兵的工作热情。在补兵退伍的关键时期开展补兵退伍和士官选取等专题思想教育工作,对老兵的思想状况进行调查摸底和综合分析,准确把握他们的思想脉搏,及时发现思想上存在的各种问题，有针对性地进行教育引导,缓解压力,疏导情绪,帮助临退老兵和其他官兵树立正确的人生观、价值观、利益观。2017年,大队党委认真落实议教制度,大中队政治干部积极开展备课授课,大队共开展思想政治教育100余次,心理教育和心理拓展训练10余次。

【警营建设】大队围绕“环境优美、秩序正规、官兵和谐”的建设目标,以思想引导为抓手,硬件建设为基础,婺城文化为支撑,三管齐下,扎实开展“温馨警营”建设。全程服务暖警激励。大队成立了战时官兵服务小组，专门负责帮助官兵解决急难问题。给官兵家属寄送慰问信、发送慰问短信，争取官兵家属支持。思想引导方面，大队以开展“向印春荣同志学习”活动为契机，始终坚持正面引导，注重树立典型，开展“学习身边典型”活动，组织官兵学身边优秀同志，特别是在十九大期间，大队建立每日研判制度，分析官兵思想动态和队伍形势，第一时间采取针对性措施，第一时间解决发现的问题。两个战时党支部严格执行考评制度，将官兵战时工作表现作为评优评先的主要依据，积极向上级推选先进典型。2017 年，大队 6 人被评为安保工作先进个人，1 人荣记个人三等功，1 人荣获 A 级“安保之星”，8 人荣获 B 级“安保之星”，同时推进部队、社会、家庭三位一体的共育模式，让官兵在部队的管理教育下也能感受到亲人的关怀。营区环境方面，大队全面升级营区整体环境，已完成走廊文化更新、会议室改造、图书阅览室建设和红门网咖建设等工程。

【夯实战训基础】对重点单位、人员密集场所和中队灭火作战预案进行了修(制)订，共修订和制作灭火预案 90 份，作战信息卡 265 份(农村作战信息卡共 121 份，小区作战信息卡 21 份，重点单位作战信息卡 123 份)，重点单位“六熟悉卡”123 份，并对辖区 563 个消火栓开展维护保养。深入开展实战化练兵工作，强化体技能训练，激发训练热情，促进练兵成效。2017 年，中队共开展实战化训练 329 余次，重点单位演练 216 次。2017 年，全区共接警出动 407 起，出动车辆 1360 辆，出动警力 6610 人，抢救被困人员 18 人，疏散被困人员 58 人，抢救财产价值 3408 万元。

【队伍管理】大队以抓好正规化建设为重点，狠抓“安全”这一根本不动摇，规范“四个秩序”，努力做到执勤规范化、管理精细化，警务信息化。开展学习教育，坚持全面贯彻条令条例，把条令条例作为从严治警的基本依据，加强部队纪律作风建设，确保部队高度集中统一和安全稳定，解决了执纪不严、作风不实、防范不细、形象不佳四个方面的问题，使全体官兵法规条令意识得到强化，安全意识得到加强，进而巩固部队正规化建设成果。明确工作管理责任，大队以正规化建设为契机，全力推动部队全面建设，在规范“四个秩序”的基础上，从规范监督执法、灭火救援、部队管理和内务设置入手，将岗位任务进行细化，明确责任人和完成时限，从日常管理工作中消除安全隐患。抓好部队的正规化管理，有效优化营区设置，规范官兵行为，强化人车管控，丰富警营文化，增强了部队的凝聚力和向心力。

【十九大消防安保】大力加强十九大期间的熟悉演练和实战训练工作。根据“一熟悉、二演练、三宣传”总目标，安保期间，大队共修订预案 40 个，熟悉重点单位 70 余家，一般单位演练 106 家，拉动微型消防站 150 余家，指导培训微型消防站、乡镇专职队 16 次。在十九大召开期间，夜间安排 1 辆车 7 人巡逻执勤，确保第一时间处置灾情。

6 月 22 日，消防大队开展反恐演练

(区消防大队供稿)

【社会消防力量建设】2017 年，大队深入贯彻建设专职队的相关文件，定期对专职队进行业务指导，提高专职队战斗力，实现城郊接合部、乡镇消防力量全覆盖。在火灾扑救和应急处置任务方面，发挥明显作用，成为公安现役消防力量的有力补充。大队结合辖区火灾防控实际，积极开展专职消防队建设试点工作。安地镇专职消防站投入 900 万余元开展消防站建设工作，雅畈镇完成建设用地审批工作，琅琊镇完成消防站改造选址工作。通过大队党委不懈努力，婺城区财政局专项拨款专职队经费 22.1 万元，用于补助奖励乡镇志愿消防队伍的建设。婺城区已建成12支乡镇志愿消防队,46个社区和93个消防安全重点单位建有微型消防站。乡镇(街道)消防工作站、消防安全网格化管理运行基本正常。

【消防安全责任制】 2017年年初,提请召开消防工作会议,与部门、街道签订消防安全管理目标责任书,明确部门、街道消防工作的目标任务和工作责任,将出租房整治、十九大消防安保以及农村(社区)消防等重点工作列入政府工作考评内容。十九大期间,大队军政主官多次向区委、区政府有关领导做消防工作专题汇报,陪同区领导开展消防安全专项检查。安保工作开展以来,区政府主要领导组织召开各类消防安保工作会议13次, 区委副书记、区政法委书记朱利群每日组织召开十九大安保研判会,听取每日消防安全形势分析研判。

【火灾隐患排查治理】 大队紧紧围绕全国“两会”、金砖会晤、中共十九大、全国学生运动会消防安保工作, 以夏季消防检查和冬春火灾防控两大专项为抓手,以前所未有的排查力度和治理强度,力保火灾形势持续稳定。2017年,大队共检查单位7888家,发现火灾隐患14023处, 督促整改火灾隐患13979处,下发责令整改通知书6279份,依法实施行政处罚471起,罚没款75.87万元,临时查封176家,责令“三停”62家,行政拘留87人。十九大安保期间,大队提请区政府对美泉宫休闲浴场、卫星宾馆、五星电器、乐天网吧、永乐娱乐厅等5家存在重大火灾隐患

3月6日,支队检查组在全国“两会”期间开展消防安全检查 (消防大队供稿)

的单位予以挂牌督办,督促农行婺城支行、爱斯曼老厂区等两家历史遗留的重大火灾隐患单位完成整改。区委、区政府主要领导,先后带队深入城西老化肥厂、蒋堂木材加工市场、西市街商业中心等11个“不放心区域”,425个“不放心单位”开展消防安全检查19次;副区长范锋鑫约谈前期工作开展不力的蒋堂镇、白龙桥镇等党政领导,推动基层消防工作有力开展。

【健全保障机制】 加大力度,不断提高经费保障能力。通过与地方政府、相关部门主动汇报,积极协调,多方争取财政支持及经费来源。2017年,大队共争取消防业务经费649.2万元, 其中正常业务经费379.5万元,合同制经费269.7万元。科学谋划,稳步推进消防事业发展步伐。2017年是“十三五”规划的第一年,大队按照支队和区政府的新定位、新要求,锐意改革、大胆创新,积极做好消防事业发展“十三五”规划工作,多次向区委、区政府领导做“十三五”规划专题汇报,按照婺城区消防事业“十三五”规划的要求,结合婺城区经济发展实际,本着经济科学合理和急需急配的原则, 为了确保2018年上半年白龙桥消防站顺利投入使用, 解决车辆、装备器材购置预算经费1160万余元。稳步推进“十三五”期间新站建设、车辆装备、器材配备、合同制经费以及正常业务经费保障等事宜。

【新营房建设改造】 做到了新老营房建设两不误,努力营造拴心留人好环境,对大、中队进行部分改造,对中队营房翻修。大队推动新营房建设工作。白龙桥消防站项目占地面积1.33公顷,共有大队部综合楼、中队部综合楼、训练塔、体训馆、周转用房等建筑,总投资4174万元。为做好项目建设追踪工作,迅速跟进项目建设进度,大队主官亲自负责与区公建中心及发改、规划部门、白龙桥镇,新城区管委会以及施工、监理单位进行协调对接,严格把控项目进度。婺城大队营房建设项目大队部综合楼、中队部综合楼、体训馆综合楼、周转用房已主体竣工并进入装修阶段。训练塔因占用进村道路,已协商解决并挖土开工。预计2018年年初可建成。

【物资管理工作】 大队每季度对固定资产进行清查并及时报废一批资产,严格把控公用物资出入

库手续，落实出库审批程序，对大队调动人员做好移交手续，大队物资管理得到明显改善。

【消防宣传】大队抓住各类专项行动有利时机，深入开展农村火灾防控、电动车专项整治、夏季消防检查、《浙江省消防条例》宣贯、青少年教育实践、宣传“七进”、今冬明春火灾防控及安全生产月、消防宣传月等宣传活动；同时围绕地方平安建设中心工作，联合政法委开展了婺城区乡镇平安巡回宣传，并在两会、、金砖会晤、全国学生运动会、中共十九大等重大活动和春节、“五一”、国庆等节假日期间发动基层力量开展隐患排查和标语、通告宣传，动员社会单位参与宣传，共开展各类宣传活动200余次，发放宣传资料10万余份，营造了浓厚氛围，收效良好。大队继续与广播电视台、通信运营商签订宣传工作协议，每日播放消防宣传片和防火提醒；手机短信平台截至2017年底发送消防提醒短信2000余条；全区KTV、影院开机播放消防公益广告，重点单位LED屏幕滚动播放消防标语，乡镇、农村重点区段张贴消防标语。大队微博、微信每日发布消防动态和贴近生活的消防常识，官方微信平台已完成关注用户任务数，注册率达91%。消防站、消防安全联合教育基地面向社会开放，2017年开放30余次，参观体验人数2000余人次。共开展消防培训89批次，涉及5320余人。大部分社区已确立宣传大使并深入开展“四个一”活动，其中。大队同时与区委志愿者紧密联系，将消防安全宣传与贫困帮扶等公益活动相结合，广泛开展消防知识普及宣传，有效提升民众消防安全意识。

（袁　也）

检　察

【概况】2017年，婺城区人民检察院落实国家监察体制改革、司法责任制改革、以审判为中心的刑事诉讼制度“三亘改革”任务，顺利完成反贪反渎预防职能划转和人员转隶工作，如期完成检察人员分类管理、检察官遴选、内设机构改革等工作，依法批准逮捕各类刑事案件822件1170人，提起公诉1299件1904人，开展侦查活动监督37人次\审判活动监督4件次\刑罚执行活动监督6件次，1名干警被省院记个人三等功，10名干警在省、市、区业务竞赛、评比中获得“业务能手”等称号，3项工作在全省业务工作条线交流，院集体被评为2017年度省级先进基层检察院、浙江省优秀“青少年维权岗”。

【服务保障中心工作】增强服务经济发展实效，立足司法办案，落实服务保障“三条廊道”建设和区委打好“八大战役”等重点工作，依法批准逮捕破坏生态环境、暴力阻挠施工、扰乱交通秩序等犯罪20件33人，提起公诉16件36人。持续推进服务非公经济专项工作，批准逮捕非法集资、金融诈骗等危害经济安全犯罪12件15人，提起公诉15件23人。举办服务非公经济座谈会，区委书记及四套班子领导、相关职能部门、在婺重点企业代表参会，工作成效在全省检察机关推广。全力保障社会和谐稳定，将护航中共十九大召开作为重中之重，健全完善“六位一体”重大疑难敏感案件办理机制，以此作为保障党委政府中心工作，推进“平安婺城”建设的重要抓手，依法批准逮捕严重暴力、涉恶团伙、涉枪涉毒等严重刑事犯罪138件162人，提起公诉139件168人。依法批准逮捕电信网络诈骗、食品药品安全等群众反映强烈的犯罪52件115人，提起公诉46件91人。妥善办理社会影响恶劣的非法采矿系列案、“善心汇”组织领导传销案等重大案件，全力守护人民的司法安全感、获得感。“六位一体”办案机制创新获评全市检察机关“一院一品”一等奖。提升检察环节社会治理成效，落实宽严相济刑事政策，对轻微刑事案件当事人，依法不逮捕272人，不起诉369人。成立未成年人检察部，办理涉未成年人审查逮捕案件53件64人，审查起诉案件69件98人，决定对48人不捕不诉。针对引发舆论关注的幼儿园虐童事件，主动采取防范措施，联合区教育局等部门开展幼儿园规范办园专项督察，相关工作被国家、省、市级媒体报道，院集体被授予浙江省优秀“青少年维权岗”称号。

【检察改革攻坚】坚决落实国家监察体制改革，不折不扣落实改革试点要求，做好案件线索清理、结案与移交,顺利完成相关职能划转和人员转隶工作。加强与区监察委工作衔接,明确由公诉部门统一办理监察委移送案件,规范提前介入程序,妥善办理区监察委移送的职务犯罪案件,对3名被告人依法提起公诉。全面推进司法责任制改革,如期完成检察人员分类管理、检察官遴选、内设机构改革等工作任务,改革后,一线业务部门人员数量增加30%,检察官、检察辅助人员占比89.8%,检察长及院领导以检察官身份直接办理案件。建立独任检察官办案组织,赋予检察官在职权范围内独立对案件作出决定的权力,改革后,由检察官直接决定的批捕、公诉案件数量分别占比94.5%和82.4%。将原有12个内设机构整合为8个,实现资源优化配置。完善内部监督管理配套措施,出台"一月一查"、案件报备等工作规定,相关制度创新在全省推广。推动以审判为中心的刑事诉讼制度改革,健全完善重大案件提前介入、瑕疵案件定期通报等工作制度,在全省率先建立证据不足不捕案件跟踪监督机制。提前介入重大案件51件,建档跟踪证据不足不捕95人,启动非法证据排除程序2件,防止案件"带病起诉"。适应庭审实质化要求,重视运用庭前会议解决程序性争议,开展证人、鉴定人、侦查人员出庭15人次。进一步加强律师执业权利保障,完善律师接待工作规范,实现检律良性互动。

【依法履职强化监督】 加强诉讼监督,认真落实省检察院"三降一补"工作要求,提升逮捕、起诉案件质量,对审查认为证据不足的案件,不批准逮捕95人,不起诉35人,开展羁押必要性审查65件,建议后变更强制措施28人。加强侦查活动监督,监督公安机关立案21人,纠正漏捕漏诉犯罪嫌疑人16人,2人被判处十年以上有期徒刑。突出查办民事虚假诉讼,经提请抗诉、检察建议改判4件,切实维护诉讼秩序。强化刑罚执行监督,同步审查监外执行罪犯1100余件,监督纠正6件。开展破坏环境资源和危害食品药品犯罪专项监督活动,建议行政机关移送和监督公安机关立案13件、15人,工作成效被省人民检察院记功表彰。推进公益诉讼促进依法行政,根据新修订的民事诉讼法和行政诉讼法,开展检察机关提起公益诉讼工作,依法办理全市首例行政公益诉讼案件。继续加强行政执法检察,两件案件被评为全省检察机关优秀监督案件,办案经验在全市检察机关交流。完善检务公开,全面落实"最多跑一次"改革,优化整合"一站式"检察服务大厅,2017年接待来信、来访170余件次,公开案件程序性信息2315条,诉讼文书958份,微信阅卷预约平台加入律师近400人,免费提供阅卷光盘500余份。主动接受人大、政协和社会监督,成立检察新媒体工作室,以"婺检察"微信公众号为阵地,实现检察动态、案件信息公开常态化,取得良好社会效果。

【队伍建设】 加强党建品牌引领,深入学习贯彻中共十九大重要精神,强化机关党组织建设,创建"公诉+孵化器"党支部品牌,主题党日活动入选全市十佳微视频。开展全员季度性廉政教育活动,通过组织检察官宣誓、开展"剿灭劣V类水党员志愿者活动"、检察长上党风廉政教育课、团队素质拓展训练等,不断增强干警"四个意识",树立"四个自信"。完善检务督察制度,驰而不息纠治"四风",推动全面从严治检向纵深发展。建设专业化检察队伍,设立"诉能加油站"等学习平台,开展检察"微课"评比,组织法律法规集中学习,开展法律辩论赛等活动,营造浓厚学习氛围。建立常态化案件评查机制,评查结果纳入检察官考评,通过以评促学,提升干警的司法办案能力。10名干警在省、市、区业务竞赛、评比中获得"业务能手"等称号。建设"智慧检察"工程,在全面运行检察机关统一业务应用系统的基础上,大力推行案件质量控制、智能语音识别等办案辅助系统。推进办案工作区整体改造,建设智能化、专业化办案场所,集办案指挥中心、远程提审、远程开庭、未成年人帮教等多功能于一体,提升硬件保障水平。

(张倩文)

法　院

【概况】 2017年,区人民法院在区委、区人大及其常委会和上级人民法院的领导、监督、指导下,在区政府、区政协和社会各界的关心支持下,认真学习贯彻中共十八大、十九大精神,紧紧围绕工作大局，坚持司法为民、公正司法，忠实履行宪法和法律赋予的职责，2017年收案32705件，结案31477件，法官人均结案385件，同比分别上升31.4%、43.3%、53.3%，主要办案质量、效率、效果指标，居全省人民法院前列，荣获全省人民法院执行工作先进集体、全市人民法院“三大机制”建设先进集体、全市人民法院信访维稳先进集体、区集体三等功等荣誉。

【审执工作】依法惩治刑事犯罪，增强平安建设实效。2017年，受理刑事案件1297件，审结1260件，同比分别上升5.9%和5%，判处罪犯1703人。严惩危害社会公共安全和人民群众生命财产安全的犯罪，审结杀人、抢劫、绑架、强奸等犯罪案件69件87人。严惩多发性侵财犯罪，审结盗窃、诈骗、敲诈勒索等犯罪案件513件692人。严厉惩治危害人民群众健康安全犯罪，坚决对主犯不适用缓刑，审结危害食品药品安全犯罪案件13件47人。依法严惩贪污贿赂犯罪，审结国家工作人员职务犯罪案件8件14人。坚持宽严相济、罚当其罪，判处五年以上有期徒刑134人，适用缓刑465人。积极参与社区矫正工作，促使非监禁刑人员改过自新、早日回归社会。

妥善化解民事纠纷，维护群众合法权益。2017年，受理民商事案件18342件，审结18357件，结案标的额84亿元。注重发挥调解在化解民事纠纷中的重要作用，民事案件调解撤诉率53.4%。妥善审理与群众切身利益密切相关的案件，审结婚姻家庭、损害赔偿、医疗纠纷、住房、民间借贷等案件8866件，结案标的额43.5亿元。加大劳动者合法权益的保护力度，审结劳动争议、劳动报酬案件1246件，结案标的额1626万元。维护市场交易秩序，保护诚实守信，审结买卖、承揽、租赁、保险纠纷等案件6804件，结案标的额6.5亿元。保障和推动创新驱动发展，有效规制不正当竞争行为，审结知识产权民事案件256件。充分发挥人民法庭化解纠纷前沿作用，推动完善人民调解、行政调解、司法调解联动联调机制，增强共同化解社会矛盾纠纷的实效，依法确认各类调解协议931件。

依法履行行政审判职责，有效推进依法行政。2017年，受理行政诉讼案件201件，审结191件，同比分别上升31.4%和11.7%。健全协调化解机制，经协调后和解撤诉案件38件，占审结行政案件的19.9%。强化对被诉行政行为的司法审查，依法撤销行政机关行政行为、确认违法、责令履行法定职责案件22件，行政机关败诉占判决案件的27.8%。认真办理规范性文件司法审查，及时将发现的问题向人大、法制办报备，受理4件，审结2件。审结案件中，行政首长出庭109人次，出庭应诉率94%。发送行政审判白皮书和司法建议7份，向金华市卫计委发送的《关于加强美容行业医疗行为监督管理的司法建议》，推动全市组织开展惩治非法医疗美容的“蓝盾”专项行动回头看。

2017年，受理执行案件11332件，办结10127件，同比分别上升57.3%、67.9%；执行到位标的额22.9亿元，实际执行率63.3%，同比分别上升87.7%、24.9%；人均执结375件，同比人均增加124件。倾全院之力，开展“春雷”“飓风”行动，集中强制腾退了一批房屋，执结了一批金融、民生案件，制裁了一批“老赖”，破解了186件难案，48名代表委员现场监督、视察执行，电视、广播、报刊等传统媒体全程跟踪报道，并同步开展浙视频、微信、微博等网络媒体直播，点击量近百万人次，打造解决执行难强势氛围。穷尽查找财产措施，依托网络查控系统全面查控被执行人存款、房产、车辆等财产44万人次，案均查控财产43人次。坚持网络司法拍卖，网拍率100%，成功拍卖550件，成交金额20.2亿元，节省佣金4549万元。落实24小时执行出警备勤制度，上网协助控制2694人，控制到位513人，执行到位标的额3880万元，司法拘留720人次，持续领跑全省法院。加大刑事处罚力度，依法以涉嫌拒不执行判决、裁定罪移送公安机关立案侦查9件，已追究刑事责任4人。院执行局被省高院授予“全省先进集体”称号。

【服务大局】强化司法责任担当，平安护航十九大。弘扬护航G20精神，将护航十九大作为首要政治任务，层层落实安保责任，严格筑牢司法防线，确保涉诉案件无一起发生非正常访。加强风险防控处置，严格重大敏感案件报备制度，使每一起重大案件得到妥善处置。全面排查涉稳风险案件，落实

“一案一策”，责任到人，切实有效化解。严格执行信访终结制度，终结信访案件5件，全力做好移交后的协助工作。

有序推进破产审判，推动经济转型升级。受理婺州城市广场、香溪玫瑰园等破产案件28件，审结15件。全市首例龙湾置业有限公司“白沙春晓”房产项目司法重整成功，513套房屋全部交付，房屋销售率98%以上，保障了已预付房款2亿多元的234户购房户合法权益。浙江三联集团有限公司“桂语山居”房产项目一期318套房屋顺利交付。注重加强府院联系沟通，建立联席处置“僵尸企业”工作协调机制，共同搭建破产处置平台、设立破产审判专项资金，建立全国首家破产管理人联络办公室，有效推进破产审判工作，为推进供给侧结构性改革提供了有力的司法保障。

【司法改革】实行随机分案制度，有效避免办关系案、人情案，确保案件处理公平公正。落实院、庭长一线办案制度，带头办理疑难复杂案件，院、庭长共审执结案件13252件，占全部审执结案件的42.1%。注重刑事诉讼改革，强化以审判为中心，完善证人、鉴定人出庭制度，通知侦查人员、证人、鉴定人出庭15人次。为231名被告人提供法律援助，对可能判处三年以上有期徒刑被告人的指定辩护率达99.3%。建立刑事案件繁简分流机制，对事实无异议、认罪认罚的轻微刑事案件，实行集中审理制度，共办结595件，占同期结案数的50.3%，实现简案快办、疑案精审。

【“智慧法院”建设】加强智慧法院建设，提档升级司法服务。推进“大立案、大服务、大调解”三大机制建设，改造扩建诉讼服务中心，为当事人诉讼、律师办案提供综合性、全方位的诉讼服务，实行告知一次性、办事一站式、服务一条龙，全面落实立案服务“最多跑一次”改革。开创“一次不用跑”立案服务，诉讼服务线上线下一体运行，实现网上收退诉讼费、发放执行款，网上立案11750件，法院间跨域立案83件，占民商事案件的60.8%。全省率先设立调解速裁中心，组建3个调解速裁团队，各团队月均结案180余件，同时与金华保险业协会衔接，实现道交纠纷“网上数据一体化处理”和“一键理赔”功能。

【司法公开】主动公开应当公开的司法信息，裁判文书上网处理率100%，庭审全程录音录像100%，网上直播庭审1172件，提供网上查询案件信息、网上公开选定鉴定评估机构，实现查档阅卷电子化，异地电子查档。依托“12368”短信平台，向当事人自动发送立案、开庭等18个审判流程节点和22个执行案件节点信息。

【队伍建设】注重思想教育，保持政治坚定，扎实开展党的群众路线教育实践活动“两学一做”等主题教育活动、通过学习十九大精神、上党课、固定党日、主题党日、“三会一课”、演讲比赛、升国旗和宪法宣誓等活动，进一步提升干警的党性修养、政治规矩、职业尊荣感。强化作风建设，确保公正廉洁，层层签订党风廉政建设责任书、“七个严禁”等承诺书，向责任主体发送任务告知书。坚持开展“廉政警示教育”活动，院长、纪检组组长为全院干警上廉政教育课，其他班子成员以多种形式在分管部门分别开展廉政教育，切实加强廉洁司法教育和风险防控。

加强素质培养，提升司法能力。认真组织开展办案竞赛、案件评查、疑案讨论、学术辩论等活动，既提升了办案质效，又增强了创先争优意识。通过组织法官进电台直播间、进校园、进培训课堂等形式，既开展了法治宣传，又提升了自身素养。丰富法院文化生活，开展各类文体比赛，组织开展“精准发力再出发”“红色故事，点燃青春梦想”等系列活动，增强干警的凝聚力和战斗力。

（赵　晨）

司法行政

【概况】2017年，全区社区服刑人员刑释解矫人员1100人，安置率达100%，帮教率达100%，重点人员接回率100%。全区各级人民调解委员会和调解组织参与调解一般民间纠纷案件4164起，成功调处3971起，成功率95.36%，涉案金额达7058.60万元；疑难纠纷案件1218起，成功调处1218起，调处成功率100%,经司法确认的案件423件。区法律援助中心办理各类援助案件395件，其中民事207件,刑事188件.接待来访、来电咨询1155人次。全区创建市级民主法治村3个,完成省级民主法治村亮牌提升3个。在市司法局对县(市、区)司法局的年度考核中区司法局为优秀,被区委、区政府评为2017年度平安创建先进集体和信访工作先进集体。

【普法宣传】2017年,全区普法经费从人均0.6元提升到人均1元。由区两办印发《关于建立重点单位法治宣传教育责任清单制度的意见》,“谁执法谁普法”普法责任制进一步落实。围绕宪法开展法治宣传教育活动,指导各责任部门开展集中宣传活动9场,发放宣传资料5万多份。围绕迎接十九大胜利召开、城中村改造、村和社区组织换届选举等重点工作,发放宣传资料1.3万多份,开展文艺演出10场,播放公益片25次。推动法律服务惠企便民活动,开展“送法入企”活动56场,“送法下乡”活动63场。开拓普法阵地,建设法治宣传阵地224个,区级以上媒体普法栏目3个。开通“婺城普法”微信公众号,发布普法推送42期,浏览量10万多人次。推动以案释法制度落地,编印《身边的法》案例读本1.6万册。推动基层依法实践，创建市级民主法治村3个,完成省级民主法治村亮牌提升3个。

【矛盾化解工作】以村级组织换届为契机,选好配强基层人民调解委员会成员，依程序选出1402人为人民调解员,充实到全区384个基层调解委员会。全区乡镇(街道)、村(社区)、行业性、专业性以及派驻调解工作室等400多个人民调解委员会印章按照全国统一规格、式样进行备案、刻制、公告,并于2017年10月1日正式启用。首次开展全区人民调解员等级评定工作，共评定一级人民调解员3人、二级人民调解员13人、三级人民调解员5人。分别采取专家授课、以案释法、参观学习、业务考核等多种手段，开展全区人民调解员分级分类培训。在白龙桥、长山、琅琊等8个司法所安装了调解音频视频监控室。抽调调解员入驻洪源社区、酒坊巷拆迁指挥部，及时化解拆迁工作中发生的问题,防止矛盾激化。与区财政局联合印发《金华市婺城区人民调解补助经费管理实施意见》，对矛盾纠纷调处的补助对象、适用范围、补助标准、矛盾纠纷范围进行界定,进一步完善和规范补助经费发放。

【特殊人群管控帮扶】总结提炼G20杭州峰会维稳安保工作经验,建立并完善社区矫正维稳安保新机制,具体包括重点人员排摸管控机制、每日区乡两级视频研判会商机制、每日情况通报制、领导带队联点包干制、24小时值班备勤制、每日信息化核查制、日报告日见面制度、应急处置机制等,完成2017年全国“两会”、全区村和社区组织换届选举、第十四次党代会、厦门金砖会晤、中共十九大和第四届世界互联网大会期间的社区矫正维稳安保任务。注重教育矫正,组建“三项”教育师资队伍,开展入矫、警示、解矫教育活动。与区委宣传部联合组建社区矫正明德讲师团，围绕社会主义核心价值观、传统优秀文化等内容,提供点单式授课。组织社区服刑人员参与剿灭劣V类水、文明城市创建、小城镇综合治理、文明交通劝导等志愿公益活动,让社区服刑人员通过主动服务社会、服务大局实现自我改造。发挥社工组织在开展社会帮教方面的专业优势,与金华市悦欣社会组织合作,将全区9个司法所的教育、劳动等非执法类活动委托社会组织。与省司法厅和省关心桥公益基金会共同创建“关心桥驿站”，将全区首批24名年龄在35周岁以下的青少年社区服刑人员纳入“关心桥驿站”,开展非执法类个案矫正工作。

【法律服务】积极跟踪服务区政府重点工作,组织律师为城中村改造拆迁居民开展法律咨询,提交法律建议5条,与区生态廊道办对接,为其提供全程公益法律服务保障。扎实推进惠企便民法律服务工作,组织律师积极配合区政府,对重大工程项目运用法律评估进行风险防范,与4家涉外企业形成法律顾问聘用关系,并成立“一带一路”服务团队。主动与区经济商务局对接,对区属企业进行摸底调查，区138家规上企业全部设立企业法律顾问,参与企业经营管理、重大法律事务审查、法律把关,增强企业经营风险防范能力。2017年组织律师为企业送服务，共走访企业762家，提供法律咨询203人次,举办法律讲座31场次,为企业提供法律意见、建议121条,解决企业法律问题74个,处理其他法律事务46件。北京盈科(金华)律师事务所成立金华首家律师调解工作室。法律援助事项按照“最多跑一次”的要求,规范办事流程并上墙公示,组织律师学习“最多跑一次”和“容缺受理”的内容及要求,确保“最多跑一次”落到实处。

【其他工作】推进“两学一做”常态化制度化。机关党支部发展预备党员1人,确定入党积极分子1人。全年开展文明城区创建、“礼让斑马线,文明过马路”交通劝导、剿灭劣V类水活动,做到每周都有党员干部进村进社区参与志愿服务活动。与浙江尖峰通讯电缆有限公司党支部联合到集体经济薄弱村莘畈乡外东坑村调研摸底,制订帮扶计划。开展党员红色教育,组织支部党员到沙畈乡银坑村,在粟裕将军铜像前重温入党誓词。2017年新招录公务员6人,新任命1人名司法所副所长,新推荐4人任司法所所长。（章杨倩）

军 事

【概况】2017 年，在金华军分区党委和婺城区委、区政府的正确领导下，坚持以习近平新时代强军思想为指导，以迎接和学习贯彻中共十九大为主线，着眼有效履行“五部”职能，坚持问题导向，坚持创新驱动，全面建设继续保持健康向上良好势头。

【主题教育】思想政治建设在举旗铸魂中不断坚强。坚持把举旗铸魂作为固本工程紧抓不放，深入抓好党的创新理论武装。扎实开展“两学一做”常态化制度化活动和“赞颂新成就、喜迎十九大”主题教育活动，着力从实践起点、思想源头和发展脉络上把握内涵、领悟实质，打牢全体干部职工和专武干部对党绝对忠诚、绝对纯洁、绝对可靠的思想根基。

【队伍建设】遂行任务能力在摔打锤炼中不断提升。围绕“能打战、打胜仗”目标，突出首长机关、专武干部和民兵营连三个重点，加强应急应战能力建设。通过补充完善战备物资器材库、结合民兵整组点验修订完善作战方案、组织专武干部和村级民兵营连长基本理论和基础技能训练、组织民兵应急连抢险救灾训练等一系列动作，首长机关组织指挥能力得到加强，专武干部业务素质得到提升，民兵分队遂行任务能力得到提高。

国防动员和后备力量建设在创新驱动中不断深化。着眼动态中建设、融合中发展，注重健全机构，完善机制，扎实推进国防动员和后备力量各项建设。通过扎实开展“军属大走访”、“八一光荣榜”和退役士兵返乡欢迎仪式等活动，并结合民兵整组、学生军训和征兵等时机举办形式多样、内容丰富的国防教育活动，全民国防意识进一步增强。

【党风廉政建设】在从严从紧中不断加强。坚持整纲肃纪、明规严矩，严下先严上、正风必正气，大力加强风气建设，部队作风进一步转改。扎实开展全面彻底肃清郭伯雄、徐才厚流毒影响工作和“回头看”，持续推动问题整改，革除积弊，清朗新风正气，纯净政治生态。严密组织十八大以来经费使用情况清查、全面停止有偿服务、办公用房和公寓住房清理整治、地方政府发放各类奖金补助清退以及“四个行业”集中专项整治，坚持边查边改、划账销账，确保问题彻底查清、及时归零。

【战备规范化建设】2017 年，区人武部依据军分区战备规范化建设要求，按照硬件实用、软件管用，制度完备、管理规范，反应灵敏、指挥高效，平战结合、突出战时的总体要求，扎实开展战备规范化建设。针对辖区重要目标和民兵组织结构调整变化，结合民兵组织整顿，按照实战化、实用化的要求，重新修订完善处置突发事件 1 个总案和 9 个子案。先后投入经费 20 余万元，购置指挥通信、山林灭火、安保警戒等三大类 32 个品种的战备物资器材。建立健全战备值班值勤制度，强化各级各类人员职责，规范处置突发情况的工作流程和要点，严格落实战备教育、战备检查和请示报告等制度，并加强与地方应急办、维稳办等部门的沟联与协作，建立信息互通机制。开展战备训练和演练，提高部机关和民兵战备值班分队遂行任务的能力。（刘 勇）

【民兵预备役部队组织整顿】2017 年，区人武部紧紧围绕“三个转变”总目标和“三时一体”总要求，认真贯彻落实上级整组工作会议精神和指示要求，按照军分区统一部署，区分筹划设计、部署任务、全面展开、巩固提高四个阶段,突出重点队伍编建和基层基础建设重点,坚持早筹划、早部署,早宣传、早发动,通过进一步优化结构布局,理顺体制机制,健全规章制度,完善各项保障,着力夯实民兵力量基础,推动后备力量建设发展,不断提高遂行支前保障任务能力和服务经济社会发展水平。通过组织整顿,为提高民兵预备役部队快速动员和遂行多样化军事任务能力打下坚实的组织基础。(宋友余)

【征兵工作】2017年,人武部坚决执行上级征兵工作有关指示要求,认真贯彻落实省、市征兵工作电视电话会议和业务会议精神,2017年紧紧围绕人武部党委研究提出的"送好兵、不退兵"目标,严格按照征兵量化考评要求,创新举措对策,狠抓工作落实,完成市政府、军分区赋予的新兵征集任务。

(刘　勇)

【抗洪抢险工作】为提前做好抢险救灾各项准备,确保遇有情况能够随时拉得出、用得上、起作用,5月底至6月中旬,区人武部先后组织民兵应急连和民兵水上救援分队进行水上课目训练,着力提高遂行任务行动能力。6月下旬,金华地区普降暴雨,险情灾情比较严重。6月25—29日,根据军分区命令,区人武部紧急出动民兵水上救援分队跨区支援兰溪市兰江流域抢险救灾,先后解救围困群众20人,转移群众200人,转移物资1吨,受到兰溪市委、市政府和人民群众的高度赞誉。6月25—26日,区人武部紧急出动民兵应急连奔赴白沙溪白龙桥段抢险救灾,先后解救围困群众60人,转移群众600人,转移物资3吨,完成区委、区政府赋予的救灾任务。

(宋友余)

工 业

【概况】 2017年，区工业经济应对挑战，保运行、稳增长。全年实现工业总产值310.47亿元，其中，规模以上企业实现产值157.13亿元。汽摩配等七大支柱产业保持稳定，实现规模以上产值113.81亿元，占规模以上工业总产值的75.26%。

2017年，婺城区努力克服体制调整、要素制约、市场低迷等不利影响，全年完成限额以上工业投资20亿元，其中工业技术改造累计完成投资13.9亿元，占工业投资比重69.5%。

2017年，婺城区推进经济结构转型升级。“四破”专项整治取得成效，完成旧厂房改造32.86万平方米，完成年度计划的365.20%。整治提升“低小散”企业160家。全区自有土地万亩以上工业企业评价A类企业43家、B类企业332家、C类企业235家、D类企业61家。创新能力不断增强，全年入围市级技术创新项目22个，项目入围数居全市第二。其中，战略性新兴产业重大攻关（五大千亿）项目5个，入围数居全市第一；关键共性技术（产品）攻关项目17个，入围数居全市第二。入围市“两化融合”重点项目11个，完成目标任务的183%。培育省“三名”企业2家、市“三名”企业8家、大企业大集团14家、高成长企业11家、“两化融合”企业3家、“专精特新”入库企业90家。“小升规”申报入库20家。节能降耗成效明显，电镀、造纸、印染、化工等行业整治基本完成。

2017年，婺城区持续优化经济发展环境。深入开展“走亲连心”“双千”“工业竞赛”等活动，完善区级领导联系强优骨干企业和重点技改项目制度，强化对企业的综合协调服务，帮助企业破解生产经营中、项目推进中遇到的难题120件。开展有针对性的银企对接活动，建立企业转贷应急周转金制度，为企业解决转贷资金3.4206亿元。严格落实税费减免、专项扶持、奖励补助等政策，扶持产业发展。深化行政审批制度改革，简化环节，提高效率，有效提高服务质量和水平。

【汽摩配行业】 2017年，全区汽摩配行业有规模以上企业17家，实现产值36.17亿元，同比下降5.7%；实现利税总额5.63亿元，同比增长38.9%；实现利润总额4.54亿元，同比增长67.3%。

【五金工量具产业】 2017年，婺城区五金工量具产业有规模以上企业19家，实现产值25.54亿元，同比增长14.7%；实现利税总额0.72亿元，同比增长6.4%；实现利润总额0.4亿元，同比增长0.9%。

【纺织服装产业】 2017年，婺城区纺织服装产业有规模以上企业11家，实现产值8.72亿元，同比下降12.6%；实现利税总额1.93亿元，同比增长22.3%；实现利润总额1.34亿元，同比增长46.9%。

【新型建材产业】 2017年，婺城区建材产业规模以上企业有15家，实现产值19.31亿元，同比下降9.3%；实现利税总额1.54亿元，同比增长189.4%；实现利润总额0.71亿元，同比增长621.4%。

【医药化工产业】 2017年，婺城区医药化工产业有规模以上企业12家，实现产值10.47亿元，同比增长12.3%；实现利税总额0.52亿元，同比增长296.3%；利润总额0.22亿元，同比增长312.7%。

【食品加工产业】 2017年，婺城区食品加工产业有规模以上企业7家，实现产值8.58亿元，同比下降10.6%；实现利税总额0.3亿元，同比下降

55.9%;实现利润总额 0.15 亿元,同比增长 184.8%。

【包装彩印产业】2017 年,婺城区包装彩印产业有规模以上企业 8 家,实现产值 5.02 亿元,同比增长 39.8%;实现利税总额 0.2 亿元,同比下降 30.5%;实现利润总额 0.07 亿元,同比下降 54.9%。

(黄慧华)

统计 发改 物价 粮食

统计数据

【概况】 2017年是“十三五”发展规划的关键之年，全区上下全面贯彻落实中共十九大和历次全会精神，认真落实市委、市政府和区委、区政府的决策部署，以开展“经济发展、城乡建设、民生保障”三大提质赶超行动为载体，全面落实好“去产能、去库存、去杠杆、降成本、补短板”五大任务，聚精会神抓发展，全力以赴促转型，克服了各种困难，实现了经济平稳发展的态势，社会保持和谐稳定，人民生活不断改善。

【全区主要经济指标】 2017年，全区实现生产总值(GDP)564.89亿元(含金华市经济技术开发区)，比2016年增长6.3%。其中第一产业增加值19.07亿元，增长0.6%；第二产业增加值185.77亿元，增长6.1%；第三产业增加值360.06亿元，增长6.7%。在第三产业中，交通运输、仓储和邮政业增长7.3%，批发零售业增长6.3%，住宿餐饮业增长6.2%，金融业增长8.3%，房地产业增长9.7%，其他营利性服务业增长11%，非营利性服务业增长3.2%。土地总面积1391.24平方千米，年末户籍总人口64.6万人，人均生产总值(户籍人口)86633元，比上年增长5.7%。第一、二、三产业增加值占地区生产总值的比重由上年的3.7:33.6:62.7调整为3.4:32.9:63.7。

【区属主要经济指标】 2017年，实现区属生产总值(GDP)269.99亿元(不含金华市经济技术开发区)比2016年增长6.4%。其中第一产业增加值13亿元，增长0.9%；第二产业增加值59.09亿元，增长2%；第三产业增加值197亿元，增长8.4%。在第三产业中，交通运输、仓储和邮政业增长12.3%，批发零售业增长7.3%，住宿餐饮业增长6.6%，金融业增长8.4%，房地产业增长11.7%，其他营利性服务业增长16.3%，非营利性服务业增长3.4%。土地总面积1139.6平方公里，年末户籍总人口38.7万人，人均生产总值(户籍人口)69765元，比上年增长6.0%。第一、二、三产业增加值占地区生产总值的比重由上年的5.1:25.2:69.7调整为4.8:21.9:73.3。

【农业统计】 2017年完成农林牧渔业总产值23亿元，同比下降0.8%；完成农林牧渔业增加值13.7亿元，同比增长0.3%。根据粮食监测统计，全年粮食作物播种面积4933.33公顷，同比下降24.2%；粮食总产量3万吨，同比下降22%。花卉苗木种植面积6800公顷，同比增长31%。全区油菜籽产量2946吨，同比下降1.5%；蔬菜产量7.2万吨，同比下降1.6%；水果产量3.7万吨，同比增长5.2%。全年生猪出栏31.6万头，同比下降4.6%，年末生猪存栏10.6万头，同比下降21.6%；家禽出栏76.7万只，同比下降16.1%；奶牛存栏数6692头，同比下降9.7%；牛奶产量22598吨，同比下降25.4%；水产品产量7048.5吨，同比下降5.7%。全年完成造林面积215公顷，迹地更新面积251公顷，低产林改造面积77公顷，封山育林面积47578公顷。

【工业和建筑业】 2017年，全区完成工业增加值45.27亿元，同比增长4.7%，工业增加值占GDP的比重为16.8%。其中规模以上工业企业完成总产值153.8亿元，同比增长6.9%；完成销售产值153.3

亿元,同比增长10.9%,工业品产销率为99.7%。规模以上工业企业完成出口交货值24.9亿元,同比增长16.4%,占销售产值比重为16.2%。全年规模以上工业企业实现主营业务收入147.1亿元,同比下降6.8%;实现利税总额12.4亿元,同比增长32.7%;其中利润总额8亿元,同比增长63.9%。

2017年完成建筑业总产值118.2亿元。全区50个三级及三级以上建筑施工企业全年房屋建筑施工面积1198.1万平方米,竣工房屋面积277.3万平方米。

【固定资产投资】全年完成限额以上固定资产投资99.5亿元,同比增长2.8%。其中投资项目投资70.8亿元,同比下降4.6%;房地产开发投资28.7亿元,同比增长27.5%。投资项目中,工业投资20.0亿元,同比增长6.2%。限额以上固定资产投资按产业分,第二产业完成投资20.0亿元,同比增长6.2%;第三产业完成投资79.5亿元,同比增长2%。

【国内贸易和对外经济】全年完成社会消费品零售总额342.7亿元,同比增长10.1%。其中商品零售326亿元,同比增长9.4%;餐饮收入16.7亿元,同比增长24%。2017年实现外贸进出口总额6.29亿美元,同比增长8.91%。其中外贸出口额5.98亿美元,同比增长9.91%;合同利用外资-647万美元,同比下降133.7%;实际利用外资0万美元,同比下降100%。

【财政】2017年,全区财政总收入42.4亿元,同比下降0.2%;区级收入10.5亿元,同比增长0.2%;全区财政总支出22.5亿元,同比增长10.9%。

【科学技术】2017年,获省、市各类科技立项61项(省36项,市25项),其中省重点研发计划项目1项、省级新产品试制计划项目28项、省科技特派员项目7项;市科技项目11项(工业8项、农业3项)、市科技特派员项目10项、市农业科技成果转化项目4项;省科学技术奖1项。培育创新主体能力加强。全年累计认定高新技术企业29家(国家级11家、市级18家)、省级创新型领军企业1家、省科技型中小企业61家、市级创新型企业1家、市农业科技企业3家。平台建设创新高。新增国家级科技企业孵化器1家、国家级星创天地1家、省级星创天地1家、市级科技企业孵化器1家、市级众创空间2家、省级企业研究院2家、高新技术研发中心17家(省级6家、市级11家)、市农业科技研发中心2家。全区专利申请量1717件,其中发明专利申请量555件,列市本级第二。发明专利申请占比32.32%,列全市第二;全区专利授权量988件,其中发明专利授权量190件,列市本级第一;发明专利授权占比19.23%,列全市第一。

【教育、文化和体育】通过了"全国义务教育均衡区"国家级评估,学校办学条件得到较大提升,实现教育资源的优化配置,使教育教学质量稳步持续发展。启动第二轮"学前教育三年行动计划",努力发展小学"特色教育",切实推广初中"高效课堂",积极推进职业教育精品化,创新实施"警校家"联动护校。全区小学入学率、小学毕业升初中比例均为100%。年末全区有职业高中1所,专任教师217人,在校学生4206人;普通初中16所,专任教师1071人,在校学生13498人;小学32所,专任教师1797人,在校学生28112人;幼儿园129所,专任教师1193人(其中包括幼儿园园长147人),入园儿童16400人。

文化体育事业持续繁荣。深入实施重点文化惠民工程,大力推进公共文化服务体系建设,顺利通过公共文化服务标准化两年提升计划省级验收;积极探索公共文化供需对接机制,超额完成惠民实事任务。全年送戏下乡208场,送电影下乡3300次,文化走亲10场。举办"迎接十九大,机关、乡镇(街道)干部大合唱"等大型文化活动34场,完成6个主题文化下乡演出48场;积极打造书香婺城。开展全民阅读系列活动7场,举办阅读推广活动92场;完成公益性讲座19场、展览17场、受益群众达10万人次。全年开展56项大型赛事活动,承办5个国字号赛事、2个省级赛事、3个市级赛事活动。截至2017年年底,区体育运动学校被评为浙江省高水平体育人才后备基地,金华农耕文化园被评为省级运动休闲旅游示范基地、莘畈乡和金华艾斯健身有限责任公司被评为市级体育产业(运动休闲)示范基地,塔石乡下塔石村被评为市级"体育+"特色村。

【卫生事业】全区共有医疗卫生机构335家,其中政府举办医疗卫生计生单位 22 家，包括综合性公立医院 1 家(区人民医院)，基层医疗机构 18 家(13 家乡镇卫生院、5 家街道社区卫生服务中心)，公共卫生计生机构 3 家(卫生监督所、疾病预防控制中心、妇幼保健计划生育服务中心)；另有延伸(一体化管理)的社区卫生服务站 28 家。民营医疗机构 33 家，其中医院 7 家、门诊部 26 家。核定医疗床位 608 张，其中属政府举办的 348 张，属社会力量举办的 260 张。

【人口、人民生活和社会保障】 据公安人口年报统计，年末全区户籍管理人口为 38.7 万人，其中男性 19.35 万人，女性 19.35 万人；全年出生人口 5168 人，人口出生率为 13.39‰，死亡人口 2929 人，死亡率为 7.59‰，人口自然增长率为 5.8‰。

据抽样调查，2017 年城镇居民人均可支配收入 48521 元，同比增长 9.0%；人均消费性支出 29037 元，同比增长 4.2%，其中食品烟酒消费支出 8171 元，同比增长 3.1%。农村居民人均可支配收入 21127 元，同比增长 9.1%；人均生活消费支出 14289 元，同比增长 4.7%，其中食品烟酒消费支出 5140 元，同比增长 3.1%。

2017 年 12 月，城乡低保标准调整到每人每月 750 元。截至 2017 年年底，全区共有 2501 户、3499 人城乡低保对象、420 名特困对象，944 户、2360 名低保边缘困难群众享受相应救助。累计发放低保、低保边缘、特困供养、医疗等各类救助款 2645 万元；发放自然灾害生活补助 375 万元，主要用于 2000 余户因灾受困群众的生产自救。新增 27 家城乡社区居家养老服务照料中心，全区 8000 多名老人享受到居家养老政府购买服务政策，养老福利补助 1363 万元。开展“2017 年慈善温暖行动”、慈善助学系列活动，发放慈善救助金 90.7 万元；做好慈善总会筹备前期基础工作，宣传发动并开展募捐，2017 年共收到善款（物)120 万元（其中定向捐款 35.3 万元)。按政策落实全区符合条件的孤儿(或困境儿童)基本生活费的发放，发放孤儿基本生活费 93 万元。

劳动部门积极做好就业服务工作。2017 年，新增就业岗位 5672 个，失业人员实现再就业 2451 人，其中就业困难人员再就业 208 人，登记失业率 2.13%。

（王云天）

发改工作

【概况】 2017 年是“十三五”规划的关键之年，在区委、区政府的正确领导下，区发改局继续紧抓“引领新常态、共建都市区”战略主线，深入实施“工业强区、科创兴区、生态立区、城乡统筹”四大战略，主动适应新形势、新任务、新要求，全面当好经济社会发展中参谋助手角色，全力保障发展改革各项工作顺利推进。

【经济体制】 推进公务用车制度改革，制定《婺城区公车改革后续阶段工作方案》，协调好封存公务用车的处置和保留公务用车的统一标识喷涂并于 6 月底基本完成机关公车改革。落实信用建设基本工作，按计划指导区经济商务局、市场监管局、卫计局、安监局等部门开通信用浙江客户端查询功能。深入推进现代服务业改革，完成省级服务业集聚示范区综合评价。确定 2017 年重大改革项目的督察项目。不断推进区中心镇培育，其中白龙桥镇收到省级补助资金 150 万元、市级补助资金 103 万元；蒋堂镇收到市级补助资金 77 万元；深入推进“四大百亿”产业发展，根据区“四大百亿”产业发展三年行动计划实施方案，指导区经济商务局、旅游局、网络经济局有序推进各项工作，1—9 月，全区共完成“四大百亿”规上产值 408.1 亿。

【经济与社会发展状态】 2017 年，实现区属地区生产总值 269.99 亿元，同比增长 6.4%。区级财政收入 10.52 亿元，完成年度计划目标。自营出口 41.58 亿元，同比增长 12.99%。固定资产投资 99.5 亿元，比上年增长 2.8%。社会消费品零售总额 342.7 亿元，同比增长 10.1%。城镇居民人均可支配收入 48521 元，同比增长 9%。农村居民人均可支配收入 21127 元，同比增长 9.1%。城镇登记失业率 2.13%，完成年度目标。单位生产总值能耗下降和主要污染物总量减排均能全面完成。着力推进项目建设，各类项目进展顺利。2017 年,争列省“411”重大项目 2 个、省重点项目 7 个、市重点项目 13 个。编制 2017 年政府性投资项目计划，共安排政府性投资项目 175 个，总投资约 297.49 亿元,2017 年计划投资 63.41 亿元,同比增长 24.07%。其中实施类项目 139 个(续建项目 42 个,新建项目 97 个),比 2016 年增加 30 个,总投资约 194.02 亿元,年度计划投资创历史新高,达到 61.98 亿元,同比增长 29.13%。前期预备类项目 36 个,总投资 103.47 亿元,年度计划投资 1.42 亿元,同比减少 54.34%。认真做好各类项目库的建设及项目计划的申报工作。完成国家重大建设项目库调度任务，积极申报省 PPP 项目进入储备库。全力争取上级资金要素,为佳乐乳业上盛奶牛养殖小区标准化规模改建项目争取中央资金 170 万元(总投资 345 万元),为二七区块金师附小教育集团小学及实验幼儿园项目(总投资 1.775 亿元)争取中央资金 5000 万元。

【计划发展管理】完成计划报告的编写。完成《金华市婺城区 2016 年国民经济和社会发展计划执行情况及 2017 年国民经济和社会发展计划》《婺城区 2017 年上半年国民经济和社会发展计划执行情况的报告》。分析经济发展动态,充分发挥综合协调职能，认真搞好经济形势的季度分析和监测预测,注重对全区经济运行特点的研究,及时提出解决问题的对策和建议。落实市委、市政府关于开展经济督察的有关要求,成立区经济运行调研分析专业组,召开全体会议,撰写工作专报。对照金华市 39 项经济社会发展指标,梳理区对应各项指标执行情况。开展企业运行监测。全区有在监测的企业 66 家,其中工业企业 28 家,服务业企业 38 家,各季度上报率均为 100%。 (邓　磊)

物价工作

【概况】婺城区物价局认真宣传贯彻国家、省、市有关物价管理的方针、政策和法律、法规,组织实施上级价格改革和价格调整方案,组织实施行政事业性收费许可证的核发、管理和定期验审;会同有关部门开展清费治乱减负工作;组织开展价格监测工作,协助上级业务主管部门做好价格监督检查等工作。

【定价机制】完成金华市金西自来水有限公司水价调整工作。根据市物价局市区污水处理收费调价方案,经市政府同意,调整蒋堂镇、琅琊镇污水处理厂污水处理收费标准,并出台对有条件的工业企业推行分类分档及多因子计收工业污水处理费的办法政策;批复尚格康桥别院、金御花园、紫金花园住宅小区前期物业服务收费标准;区水务局要求核定新建金华市双溪口电站上网电价,上报市物价局进行批复,确定金华市双溪口电站上网电价;调整金华市荣光国际学校学费、住宿费收费标准。

【收费机制】实施行政事业性收费单位公示报告制度,全国动态监管系统网上受理 21 家单位。

【价格监管】做好粮食零售价格监测,每月 5日、15 日、25 日监测 3 次,25 号监测数据及粮食零售价格季度分析报市物价局。完成油菜籽成本调查,做好网上新系统输入数据。上报市物价局调查分析报告。联合区卫计局、区人力社保局贯彻落实金华市社区卫生医疗服务价格。贯彻《浙江省物价局关于取消和降低部分涉企经营服务性收费的通知》(浙价服〔2017〕102 号)文件精神,减轻企业负担。

【收费管理】依法做好价格管理、收费管理工作,及时疏导价格矛盾。审批、核定停车场、医院等场所的服务收费标准。调整儿童医疗服务项目价格 2800 多项。对 62 家民办幼儿园收费标准进行备案,规范成本等报送资料。按照省、市部署开展污水、自来水、学校等收费调查。

【价格认证】2017 年 1—11 月共办理各类价格认定案件 337 件,其中,协助金华市公安局婺城分局认定案件 332 件, 协助金华市公安局金华山分局认定案件 4 件, 协助区纪检委认定案件 1 件。有力地配合司法机关的工作,为婺城区惩治刑事犯罪和维护社会稳定做出贡献。高效、高标准完成涉案物品价格认定,实现“价格认定零复议、零投诉”。组织价格认定工作人员深入学习《价格认定规定》、《价格认定行为规范》《价格认定文书格式规范》等规定,通过学习,使价格认定人员在办理案件时有法可依、有章可循，避免不作为、乱作为。

粮食工作

【粮食购销】抓好订单粮食的收购工作。在2017年早稻订单收购中，认真执行《粮食流通管理条例》和“五要五不准”的粮食收购守则，做到“四上墙、五公开”，让农民卖“明白粮”。严格执行收购价格政策和“订单粮食”奖励政策，及时支付售粮款和奖励款。采取“事前、事中、事后”三项措施进行严格控制，为严防外地粮、陈粮流入。连续投入大量资金购置机械入库设备，投入资金21万元，添置6台(套)除杂机等机械。同时安排30个大户边收边调6333吨。2017年夏粮收购共设立收购点10个、农户休息室10个，配备收购用电脑10台、地磅3台、手秤19支、除杂机4台、输送机21台、转向机3台；投入夏粮入库人员116人(其中临时人员75人)。收购开秤前，各收购点统一对助收人员进行培训，明确各自职责。根据省、市粮食局的精神，积极开展“五好一满意”活动和“争先创优”、“党员示范岗”活动，通过对大户上门服务、帮助劳动力短缺的大户解决直调等难题，各收购点悬挂欢迎农民售粮横幅，准备好售粮农民休息室，备好防暑药品、脸盆、毛巾、开水等，为售粮农民创造一个良好的售粮环境，得到群众的一致好评。在收购服务质量满意率调查的100户农户中，对工作人员服务态度满意率为100%，计价计量准确性满意率为100%。2017年夏粮累计入库早稻谷14453吨(其中边收边调6333吨)，占订单计划的86.1%，同比增加121吨。完成7000吨晚籼谷和“早翻早”(其中“早翻早”约1500吨)订单收购工作。

【粮储管理与中心库建设】做好储粮保管基础工作，确保粮食安全。按照《粮食入库工作流程》《粮食保管工作流程》《粮食出库工作流程》《粮情检查工作流程》等仓储管理工作流程，做到规范化管理，使储备粮食达到储粮标准，确保储粮安全无事故。积极做好仓储功能提升，逐步推进信息化建设，实现“四散化”作业。对2个仓库进行气密性改造，改造后半衰期达到370多秒。古方、开化、汤溪3个库区安装安防监控设施。2017年，公司投资20万元分批购置，卸粮机1台、除杂机1台，输送机5台，提高粮食进出库能力，逐步实现“四散化”作业。2017年，公司订单粮收购入库的粮食和出库粮食全部采用散装散运方式外调，粮食出库散装散运比例达100%，大大提高工作效率。

(邓　磊)

经济 贸易

对外经贸

【概况】2017 年，婺城区实现外贸进出口总额 43.65 亿元，同比增长 11.98%，其中出口贸易 41.58 亿元，同比增长 12.99%。

【对外贸易】2017 年，婺城区结合商务发展实际，调整现行外经贸政策，保证政策的稳定性、连续性。为鼓励外贸企业成长，婺城区加大了对具有一定出口规模、成长性较好生产型企业的支持力度，鼓励企业加大科技创新投入，加强品牌建设，增强市场竞争力。在防范贸易风险方面，婺城区运用进出口政策性信用保险机制，扩大小微企业信用保险覆盖面，凡与中信保险公司已签订保险合同的上年度出口额在 300 万美元以下企业以及当年新增企业所产生的信用保险费由区财政统一支付。婺城区引导企业参加各种境外国际性展会，开拓新兴市场，2017 年，共组织企业参加各类境内外展会 130 家次，展位数量 230 个，布展面积达 2100 平方米。

【利用外资】面对日益加剧的引进外资困境，婺城区拓展引资渠道，充分利用网络平台优势和境外客商信息优势，通过收购、兼并、资产重组等方式扩大投资规模，增加有效投入。鼓励企业通过跨境人民币投资、融资租赁、股权出资、股东境外借款等多种方式利用外资。简化外资项目的审批环节和程序，加强各审批部门之间的协作配合，做好项目落地前期的各项服务。

【对外经济技术合作】婺城区支持企业设立境外营销网点，对现存外贸企业进行全面排摸，对于具备“走出去”条件的企业，进行“一对一”政策辅导，充分利用政策保险机制，帮助企业有效防范化解贸易风险。2017 年共有 70 多家企业 80 余人参加培训。组织并指导企业积极申报 2017 年度中小开市场开拓资金项目。2017 年，共组织企业申报资金项目 36 个，申报奖励资金 51.22 万元。同时，对合丰、诚毅、八达、莱德、天裕 5 家有服务外包业务的企业，积极为他们争取服务外包业务执行额奖励，为企业减负。 （黄慧华）

商贸流通

【概况】2017 年，规模以上工业增加值完成 22 亿元；规模以上工业产值完成 157.13 亿元；限额以上工业投资完成 20 亿元；旧厂房改造完成 32.86 万平方米，完成年度计划的 365.20%；完成标准厂房建设 6.48 万平方米，完成率 162%；“小升规”完成申报入库 20 家。

【经济运行预测】建立工业经济运行督察机制。年初，根据调查摸底情况，结合市、区政府的目标任务，研究制定全区工业经济发展目标考核体系，对全区各园区、乡镇（街道）的指标安排作科学的分解。密切关注工业重点行业发展趋势。通过走访调研，加强与重点企业的沟通与联系。做好运行分析。完善经济运行月报制度，加强工业经济运行监测预警机制建设，在全区范围内建立工业企业重大情况旬报制度，加强对经济环境变化特别是潜在风险因素的分析监测。

【转型升级】加大科技创新投入。2017 年,全区入围 2017 年市级技术创新项目 22 个,项目入围数居全市第二。其中,战略性新兴产业重大攻关("五大千亿")项目 5 个,入围数居全市第一;关键共性技术(产品)攻关项目 17 个,入围数居全市第二。推进"两化"深度融合。2017 年入围市"两化融合"重点项目 11 个,完成目标任务的 183%。淘汰落后产能。整治提升"低小散"企业(作坊)160 家;完成淘汰落后产能涉及企业 8 家,列入清洁生产企业 5 家,完成目标任务的 167%。推进亩产效益综合评价。全区自有土地 3 亩以上企业评价结果为 A 类企业 43 家,B 类企业 332 家,C 类企业 235 家,D 类企业 61 家。加快培育"三名"企业,共培育省"三名"企业 2 家、市"三名"企业 8 家,大企业大集团 14 家、高成长企业 11 家、"两化融合"企业 3 家,"专精特新"入库企业 90 家。

【企业服务】破解企业难题。深入做好企业难题收集,协助企业攻克难题。收集到企业难题 120 件,办结 93 件。化解企业"两链"风险。在协调企业银行关系,防范和化解"两链"风险的同时,共为 35 家企业办理了 39 笔周转金,约 3.42 亿元。

(黄慧华)

招商引资

【概况】2017 年,我区上报浙(婺)商回归项目 21 个,实际到位资金 12.91 亿元,完成市下达考核指标任务(16 亿元)的 80.69%。完成省级重点盯引项目签约 1 个,完成省级重点签约项目开工 1 个,完成全年目标任务。

2017 年,全区引进内资项目 39 个,实际到位资金 20.21 亿元,完成市下达考核指标任务(20 亿元)的 101.05%。

【重大招商活动】在区委、区政府领导的高度重视下,区经合办(招商局)精心准备,组织开展一系列重大招商活动,取得了一定成果。2017 年,局加大赴外地招商力度,先后组织、参与了赴北京、上海、深圳、杭州、赣州、芜湖、贵阳、遵义、岳阳、成都、佛山、苏州等地招商考察推介活动。全年共计赴外地招商 41 次,考察项目 46 个,区主要领导也带领相关部门奔赴上海华信集团等地开展招商推介活动。

【经济技术协作】加强交流对接,力促经济合作交流工作。根据省、市"山海协作工程"发达地区与欠发达地区的对口协作安排,义乌市对口协作婺城区,每年安排专项资金用于扶持欠发达地区发展公益事业。区相关部门一方面与义乌市积极开展项目对接活动,加快婺城区欠发达区域发展;另一方面,帮助山区欠发达地区挖掘包装项目,促进当地经济发展。

【建立健全招商引资机制】一是建立项目联审机制。成立招商引资项目推进工作领导小组,由区领导、重点职能部门通过项目例会形式对引进的重大产业项目严格实行联审,把好项目源头管控。二是建立签约项目推进工作机制。建立招商引资签约项目推进工作办公室,全面负责招商引资签约项目推进工作的日常调度,负责编制项目调度工作,半月、月报报表。定期向区委、区政府报送招商引资项目进展情况。三是健全考核督察机制。充分发挥考核在招商引资工作中的导向作用,加大对引进大项目的考核奖惩。

(林　可)

供销社

【概况】2017 年,婺城区供销合作社联合社全系统实现商品销售额 11.55 亿元,同比增长 31.25%。区供销社荣获浙江省供销社系统 2016 年度综合业绩考核优秀奖。

【"三位一体"供销社综合改革深化】完善农合联框架体系,实现全区 12 个乡镇农合联组织全覆盖,落实新"三定方案",做好民政注册登记、"两项制度"资金注入等事宜,不断推动农合联实体化运行;收集整理会员档案,形成农合联会员信息档案库系统,开展基层走访调研,区供销社(农合联执委会)由领导带队,对辖区内 12 个乡镇农合联 60 余家会员单位开展走访调研，密切同农民专业合作社、家庭农场和农业龙头企业等农民合作经济组织的联系；推进农村金融合作，区农合联主动同金华成泰农商银行、中国人寿财产保险股份有限公司开展沟通对接，成立农村信用服务体系建设试点工作领导小组；推进农业综合人才体系建设，针对性开展农合联会员培训及农业实用技术培训，2017 年共培训 200 人次。

【农信担保业务】继续坚持务实、创新、规范、发展的经营理念，对涉农行业及有较好发展前景的中小微企业进行资金担保倾斜，竭力为涉农群体提供优质、高效的贷款担保服务，加大对担保业务风险稳控力度，2017 年制定并下发了《担保业务责任追究制度》，建立并完善业务讨论会，用制度规范业务流程，进一步排除业务风险隐患点，筑牢担保风险防控体系。截至 12 月底，提供贷款担保总计 96 笔，担保总额 10237 万元，其中为涉农组织、农民专业合作社、农民种养殖大户提供担保 64 笔、6508 万元，为中小微企业等其他行业提供担保 46 笔、5870 万元，税后利润 40.5 余万元，在保余额 1.05 亿元。

【农资供应服务体系建设】积极组织货源，确保农资供应，开展“春耕双夏支农送服务”活动，不断提高农资市场占有率，市场占有率始终保持 70%左右，及时满足了春耕及“双夏”生产需求，农资销售额 6500 万元；构建“智慧农资”服务平台，开展庄稼医院、农资示范店创建，不断提升农资服务质量与水平，累计建设农资供应网点 38 个庄稼医院 2 家、农资示范店 6 家，培养中级“庄稼医生”2 人；稳定农资流通秩序，联合工商、农业等部门，严厉打击农资制假售假，规范农资市场行为。

【社有资产】抓好社有资产的经营管理，按时完成社有资产租赁费征缴工作，2017 年租金收入 249 万余元，同时开展社有资产登记清理，逐宗造册归档，健全完善社有资产管理制度，逐步优化社有资产结构；抓好社有资产的改造提升工作，为确保社有资产保值增值，对白龙桥、虹路部分房屋进行了改造提升，并对存在安全隐患的房屋进行针对性维修，总计投入 50 余万元，用于虹路的外墙面翻新、铝合金窗户改造，白龙桥双桥路房产屋顶和墙体改造及琅琊日杂房屋顶改造工作。

【安全生产工作】系统稳定、安全生产工作取得实效。2017 年，办结“8890”诉求 115 件，排查化解矛盾 13 起，慰问改制企业退休人员 583 人，发放慰问品 6.8 万元，兑现基层社改制遗留职工住房补贴 10 万余元；抓好出租房及社有资产安全隐患的排查和整改，重点抓好烟花爆竹仓库、老旧房产的消防安全工作，全年联社安全生产(消防)小组共组织检查 49 次，其中常规检查 21 次，专项检查 20 次，危旧房专项安全检查 8 次，共检查出安全隐患 10 处，下发整改通知书 7 份，并出资为各承租户配备消防灭火器 80 余只，建立安全档案，实行分类管理，有效缓解安全生产管理压力，根据《金华市人民政府关于市区禁限燃放烟花爆竹的通告》要求，确保烟花爆竹库存清零；做好防汛防台各项工作，成立防汛防台工作领导小组，严格落实应急预案和 24 小时领导带班制度，及时拨付代储资金 18 万元用于代储单位二土公司防汛麻袋的更新与维护，全年共开展防汛检查 3 次。

【党建工作】建立健全党建工作责任制，按时完成基层党组织换届工作，恢复成立二土公司党总支，严格党内组织生活各项制度，推进“两学一做”常态化制度化，巩固学习教育成果；探索党建品牌创建，发挥“党建+”作用，以农信担保为切入点，积极探索“党建助推农信担保为农服务”品牌创建工作；强化党员队伍建设，加强信息宣传工作。2017 年共发展入党积极分子 3 人，党员参与志愿服务 120 余人次，认领微心愿 13 个，提供帮扶资金 8 万元，报送党建调研文章 1 篇、党建信息 21 篇、党建工作动态 90 余条。

（王　欢）

教育　文化　体育

教　育

【概况】婺城教育深入实施素质教育，加强教师队伍建设，促进教育事业的跨越发展，是省级课程改革实验区、浙江省教育强区、省中小学生课外文体活动工程示范区，顺利通过全国义务教育发展均衡区省级评估验收。

2017学年初（2017年9月），婺城区有中小学51所，其中初中18所（九年一贯制4所）、小学32所、职高1所，在校学生共46923人，教职工3440人。幼儿园141所（含15所教学点），其中公办幼儿园14所，在园幼儿16987人，教职工2035人，其中，专任教师1296人。婺城教育在教育改革浪潮下群策群力，满足婺城人民日益增长的教育需求。

为贯彻落实素质教育，婺城区全面实施“新课程改革行动计划”，在初中推进“高效课堂”、在小学打造“特色教育”，形成了轻负高质的良好态势。实施教师梯队培养，设置区杰出教师、区名师、区教学能手、区教坛新秀、区教坛新苗5个梯队，分层培养。顺利完成职称过渡工作，共有正高级教师2人、高级教师419人、一级教师1518人、二级教师1040人、三级教师68人。全区拥有在职省特级教师10人、省教坛新秀9人、市名师名校长11人、名师名校长培养人选93人。优质的师资资源形成极具优势的人才高地。打造人文校园，努力培育“一校一品”“一校一特”的校园文化，全区有省市级体育、艺术特色学校34所，在教育文化建设领域形成独有的特色。

婺城职业教育全省闻名，金华实验中学教育集团自2008年起，连续8年4届获金华市中职学校师生技能比武冠军，为浙江省首批现代学徒制试点学校，领衔金华职教发展。学前教育深入推进，拥有省等级幼儿园112所，等级幼儿园招生覆盖面达93%，乡镇公办中心幼儿园建园率达92%。成人教育完成成人双证制教育培训420人，完成扫盲脱盲任务645人。婺城区被中国成人教育协会评为“全民终身学习活动周成功组织单位”，雅畈镇成技校被评为浙江省现代化成技校。

教育人事管理

【概况】婺城区有公办中小学校41所，其中职业高中1所、九年一贯制学校1所，初级中学11所、小学27所、幼儿园1所。长山初中布局调整人员分流至金华十中和琅琊初中，山区塔石小学、莘畈小学布局调整后人员合并入蒋堂小学，城西小学布局调整人员分流至乾西小学，原白龙桥小学下属虹路小学单独设立为独立法人学校。全区教育系统共有事业人员3022人，退休教师1636人。

【教师梯队培养】婺城区中小学骨干教师梯队培养方案推出之后，得到了政府领导部门、各中小学校、一线教师的高度认可，使婺城区教师队伍素养不断得到提升，使教育人才呈现金字塔式聚集。在几年的梯队培养考核中，全区教师共有109人获得相应鼓励，其中婺城区杰出教师5人、婺城区名校长5人，婺城区名师33人、婺城区教学能手66人。根据不同级别评比周期,稳步推进梯队人才培养,成效显著。2017年有10多位教师获得省级教坛新秀及市、区级拔尖人才荣誉称号。

【职称评审】 全局根据省、市主管部门的要求，稳步进行中小学教师职称制度改革工作。认真落实在义务教育段推行的正高级教师职称评比推荐,做到认真、规范、公平开展相关推荐与评比,2017年，金师附小校长俞正强获得了正高级教师职称。对中级职称评审权限下放,完善相关评价制度,严格落实评聘结合要求,从严把握各校参评指标,依据《婺城区教育局关于教师专业技术职务评审量化考核实施办法》进行量化考核,客观、公平、公开操作流程,增加职评工作的可信度和透明度。

【人才储备】 在招聘中严把入口关,提前储备优秀教育人才。根据用人单位反馈,逐步提高素质优秀的提前批应届优秀毕业生招录用比例。2017年共录用新教师68人，其中提前批录用2017届应届优秀毕业生38人，应届优秀毕业生都具有院校级以上优秀毕业生荣誉,其中211院校、985院校对象所占比例达到40%,2017年3—6月面向社会招聘新教师30人。严格在招聘过程中实施公开、公平、公正的政策,所有录用考生,按照招聘成绩排名,实行选岗制度。

义务教育

【概况】 义务教育阶段学生43666人,其中小学29043人、初中14623人;班级1113个,其中小学773个、初中340个。学龄人口入学率100%,巩固率100%。

【课程改革】 为了进一步加快推进全区课程改革,切实加强过程督察,让课程改革工作落到实处，上半年采取了初期课改调研、对具体负责人培训、顶层设计方案评比、统一使用《婺城区推进课程改革工作台账》等一系列措施,下半年开展基于现代教育技术和网络教育资源的新型教学模式研讨,学校进一步提高了认识,进一步开展研究,进一步完善方案,进一步加快推进,进一步细化考核,推进效果明显。

2月16日—3月7日,到环城小学、柳湖小学、站前小学、环城二小、红湖路小学、荣光国际学校，金华五中、婺州外国语学校、仙源湖实验学校、金华九中十所学校开展了深化义务教育课程改革专项调研活动。调研组认真听取了各学校深化义务教育课程改革工作汇报,学校课程规划顶层设计方案说明,仔细翻阅了学校推进课程改革的视频、图片、作品等实际相关材料,历时10天,共召开教师座谈会7个，参加座谈教师100余人，召开学生座谈会8个,参加座谈会学生150余人,并撰写调研报告。

3月28日上午,分三个组分别进行评比,初中组14所,小学一组(城区小学)15所,小学二组(农村小学)15所。共评出一等奖11所,农村小学组是婺城小学、荣光国际、白龙桥小学、蒋堂小学;城区小学组是东市街小学、站前小学、环城小学、上浮桥小学;初中组是金华四中、金华五中、婺城中学。

10月26日在荣光国际学校报告厅召开婺城区深化义务教育课程改革现场推进会,会议主题是基于现代教育技术和网络教育资源的新型教学模式研讨,全区各中小学校长、分管副校长、教务主任、教研室中层以上干部、学科教研员、婺城区“8+X”移动学习终端应用联盟学校代表（信息中心主任、上课教师、5名家长代表)200余人参加会议，会议伊始,婺城区“8+X”移动学习终端应用联盟学校奉献了15节基于PAD教学展示课。婺城中学、环城二小、荣光国际学校校长围绕如何利用信息化手段有效推进课程改革进行经验介绍,表彰初中教学质量优胜单位,浙江省教育技术中心资源部莫世荣主任作《智慧教育与未来学习》,最后区教育局副局长钱胜军作了《准确把握发展节点,提升婺城教育品质》主题讲话。

【婺城区中小学德育工作会议】 1月11日,在仙源湖实验学校召开2017学年全区中小学德育工作会议,学校校长或分管德育校长、政教主任、区教育学会德育分会理事、学校心理辅导室负责人参加会议。会上请浙江师范大学教授、心理学博士任俊题为《幸福快乐的核心—提高乐商》的讲座,仙源湖实验学校、实验中学、四中、琅琊初中、环城小学、青春小学、红湖路小学、乾西小学、白龙桥实验小学等9所学校在国防教育、家校合作、网络家长评价、研学旅行、校园文化、双堂双进、始业、毕业课程等方面进行学校德育工作交流。区教育局局长李刚讲话要求学校围绕立德树人,以学生为中心,社会主义核心价值观要落实落小落细，要研究社会实践创新,重视学生身心健康,加强校园文化建设。

【婺城区"校村结对、双堂双进"德育共建工作推进会】3月22日由区委宣传部牵头,组织全区校长参加"校村结对、双堂双进"德育共建工作推进会。用好文化礼堂这块德育基地,既能让"一乡一品"和"一校一品"完成有机融合,还能将原来的春秋游升级为研学游。先后五次召开省级课题"基于'双堂双进'的中小学生德育新实践研究"(立项文件浙教规办〔2018〕3号)研究会议。

【婺城区中小学生"浙江好家风"主题演讲比赛】11月1日,在婺城小学举行了婺城区中小学生"浙江好家风"主题演讲比赛。此次活动根据金市宣办〔2017〕10号文件《关于组织开展金华市中小学生"浙江好家风"主题演讲活动的通知》的要求,旨在寻找身边的最美家风家训,讲述自己家庭的家风家训故事,讲述身边"最美家庭"和传承好家风的感人故事,讲述浙江古今名人家风、家训的故事对自己的启发。活动共有38人报名参加，其中小学组25人,初中组13人。经过评选,确定小学组一等奖7人、二等奖8人、三等奖10人;初中组一等奖3人、二等奖4人、三等奖6人。小学组金师附小王慧捷,初中组金华五中郭珂阅代表婺城区参加市级比赛,均获第一名;代表金华市参加省级比赛,均获第一名。

【心理健康教育和特殊教育】新建心理健康辅导室20个和资源教室5个。心理健康辅导室20个,示范点有实验中学、环城二小、仙源湖实验学校、婺城中学;标准化有站前小学、金华五中、金华九中、琅琊小学、柳湖小学、金华十中、雅畈小学、乾西小学、竹马小学、婺州外国语学校、白龙桥小学、东市街小学、雅畈初中、环城小学、长山小学、蒋堂小学、虹路小学。资源教室5个:东市街小学、站前小学、琅琊小学、虹路小学、蒋堂小学。

9月25日,在仙源湖实验学校召开全区心理健康辅导室建设推进会,会上实验中学、仙源湖实验学校做了经验介绍,厂家对软件系统使用进行了业务培训，实地参观仙源湖实验学校心理健康活动室。区教研室传达了省会议精神,解读了示范点、标准化建设验收要求,以及具体任务布置;区教育局要求学校抓紧建设好心理辅导室,规范心理辅导室地使用,重视心理辅导教师队伍建设,正常开展中小学心理健康教育课活动。

10月10日，在环城二小报告厅召开婺城区特殊教育工作会议,先由环城二小、仙源湖实验学校作典型发言,特别谈到以科研引领,负责教师要肯钻研学习、特别有爱心、资源共享等;童健英老师就资源教师建设与使用、随班就读、学籍变动等方面工作作了具体布置,金华市特殊教育指导中心副主任蒋元美老师对资源教室建设与运作、随班就读、送教上门三方面工作进行具体指导。

【区级第五批体育艺术特色学校评估】根据教育现代化区创建的要求和《婺城区教育局关于体育艺术特色学校创建工作的实施意见》(金婺教〔2012〕96号)及《关于开展2017年区级体育艺术特色学校申报工作的通知》(金婺教〔2017〕67号)文件精神,1月17—18日，对新世纪学校、荣光国际学校、中圣学校、琅琊初中、古方小学、虹路小学、临江小学6所学校进行评估。评估组从特色创建要求、方案规划、普及与提高、活动内容、管理考核、科研、校园文化建设等方面提出了建设性意见。

【"雏英杯"婺城区第十七届中小学艺术展演】12月27日,"雏英杯" 婺城区第十七届中小学生艺术展演在金职院实验剧场举行,此次艺术展演主题为"乐声飞扬·展望明天",37所学校学生1045人参与表演,教师80多人全程指导,2000多名观众观看表演。

此次中小学生艺术展演为器乐类专场表演,是历年艺术展演活动中器乐种类最为多样、表现形式最为丰富的一场视听盛宴。此届艺术展演让每个学校自行组织小主持人进行报幕是活动的一大亮点,也给孩子们提供了更多、更丰富的展示机会。37个节目的策划和表演,体现了各学校对艺术类学术教育的深入研究、探讨和实践,为以后能组织更多样、更优秀的节目奠定了坚实的基础。

【推进校园足球工作】 2月23日,专门召开校园足球座谈会,婺城小学、九中、东市街小学、婺城中学、北苑小学、站前小学、安地小学等学校校长先后发言,陈晖、俞国伟科长先后发言,最后局长李刚强调要提高认识,加强重视,体制机制创新,建设教师足球队。1月16日,在永康召开市体育工作年会,全区校园足球典型先进总结汇报发言。4月5日,市区小学生2017主客制校园足球在婺城小学等学校开赛。5月4日,校园足球试点学校申报批准,九中、东市街小学、北苑小学申报全国级,婺州外国语学校、站前小学、白龙桥小学、蒋堂小学申报省级。5月6日,组织婺城小学等学校参加市春季校园足球联赛。8月19日,由全国亿万学生阳光体育运动领导小组办公室主办、少儿果汁饮料品牌果倍爽全力支持的"2017'绿茵星生代"全国校园阳光体育足球班级联赛发展研讨会"在婺城小学举行。研讨会上,专家们纷纷为果倍爽"绿茵星生代"校园阳光体育足球班级联赛的发展献计献策,从推广足球文化、开展特色教学、升级竞赛体系、打通培训成长通道等多方面进行了深入的研究和讨论,希望通过二者的紧密合作,将"绿茵星生代"打造成为中小学校园足球的第一平台,切实有效地推动校园足球的普及和发展。

【婺城区第九届中小学生乒乓球联赛】 5月22—25日,完成婺城区第九届中小学生乒乓球联赛,初中男子组前三名分别为五中、四中、十七中,初中女子组前三名分别为五中、琅琊初中、十七中,小学男子组前三名分别为育才小学、乾西小学、华电小学,小学女子组前三名分别为,附小、北苑小学、琅琊小学。初中参赛情况不够理想,男队只有四中、五中、十中、十七中等4支队伍,女队只有五中、九中、十七中、琅玡等4支队伍,小学男队有21支队伍,女队有17支队伍,为完成报名任务而非为比赛的现象仍然存在。

【婺城区第十二届初中篮球比赛】 10月23—27日,完成婺城区第十二届初中篮球比赛、篮球城乡同组比赛,初中男子组有7支球队,初中女子组有4支球队。此届初中篮球赛最大的变化是裁判队伍,执法水平、工作态度明显好于往年。

【婺城区中小学生美术作品大赛】 2017年4—5月,举行全区中小学生美术作品比赛,在5月8日举行作品评选暨专家现场解析作品活动,共收到各学校送评的书法篆刻、绘画、平面设计、立体造型、动漫、摄影等作品400件,经过专家评委认真评审,最后评选出各类项目一、二、三等奖作品200多件,送市里参赛有130多件作品。

【婺城区青少年科技节】 为举办好科技节,2017年6月15日,区假日活动中心举行全区科技辅导员培训,邀请市科技教育专家现场授课指导,为科技辅导员带来两场专题讲座。进一步提升各学校科技辅导员的科技素养,促进学校科技教育的发展。

"雏英杯"2017婺城区青少年科技节在11月18日隆重开幕,300多名学生参加四大项19个小项目的现场比赛,200多件科技作品进行现场评比。

【县域居民普通话普及情况调查】 县域居民普通话普及情况调查工作,做好三表一录音。派出24个学校228名普通话等级二甲以上的语文老师,调查了710名居民普通话使用情况。同时也调查了1324名机关公务员普通话达标情况。

10月11日上午9时,再次在婺城小学报告厅召开婺城区普通话普及情况调查布置会议,要求重新调查710人,涉及公务员,事业单位、国有企业、私营企业、个体户、退休、无业等人员及农民等对象,具体分配到全区各小学,叶音在会上作了具体布置,包括名额分配、调查方案及内容、调查表填写说明、数据上传要求等,每个小学派2~3名普通话二甲以上的语文老师参加,要求参与老师必须保质保量完成。

特殊教育

【特殊教育工作】 2017年秋,全区义务教育段共有残疾儿童163人,其中上门帮教7人,随班就读85人,特教学校就读48人,其他23人。2017年,新增东市街小学、站前小学、虹路小学、蒋堂小学、琅琊小学5个资源教室,资源教室总数达到9个。

根据省特殊教育"十三五"发展规划要求,做好持证儿童少年排查工作,并且向两头延伸。据统计,全区持证儿童入学率学前段54%,义务教育段96.7%,高中段50%,合计79.2%。迎接合格资源教室的验收。完成浙江省特殊教育系列评估工具量表的发放、填写、收集工作。根据省教育厅的要求,在6所小学、6所初中、6所幼儿园中抽取500余人,对6张量表进行抽查填写。

民办教育

【概况】全区共有各级各类民办教育机构178个,其中民办中小学6所,九年一贯制学校3所,初中1所,小学2所,新增学校为主要面向外来务工人员子女服务的九年一贯制学校——金华市婺城区求是学校、金华市婺城区尚雅实验学校;民办幼儿园112所,其中省一级幼儿园5所、省二级幼儿园17所、省三级幼儿园90所;民办培训机构45所。民办学校在校学生人数19242人,其中民办幼儿园在园幼儿14476人,占全区在园幼儿的85%;民办义务教育阶段在校学生4766人,占全区义务教育阶段在校学生的11%。

幼儿教育

【概况】2017年,全区有各级各类幼儿园141所(含15所教学点),其中公办幼儿园14所。在园幼儿16987人,学前三年幼儿入园率为99.7%。省等级幼儿园共有112所,等级幼儿园占比为89%,等级幼儿园招生覆盖面为93%。全区有专任教师1296人,大专以上毕业专任教师比例为86%,教师持证上岗率89%。乡镇公办中心幼儿园建园率92%。

【扩容工程】新建雅畈镇中心幼儿园、新杰思幼儿园、尚学堂幼儿园、乾西乡朵拉幼儿园、岭上乡九峰村幼儿园5所幼儿园,改(扩)建白龙桥镇滨江幼儿园等7所幼儿园,撤并城北小家家等5所薄弱幼儿园。

中等职业教育

【概况】婺城区现有中等职业学校1所,金华实验中学是国家级重点职校,首批浙江省中职教育改革发展示范学校。学校开设13个专业,有中央财政支持的实训基地1个(数控),省级示范性专业2个(学前教育、电子)、省级实训基地1个(电子)、省骨干专业1个(汽美)。另有金华市财政支持的公共实训基地1个(学前教育)和2个重点专业(电子、学前教育)。

【项目建设】区政府重大建设项目金华实验中学产教融合工程——实训大楼项目建设主体工程动工。

【特色活动】5月,金华实验中学举办了第二届良工360技能节,开展了技能节进社区活动。

成人教育

【概况】婺城区建有社区学院1所、乡镇成技校13所、街道社区学校5所。2017年,完成成人双证制教育培训420人,完成扫盲脱盲任务645人。

【创建工作】婺城区被中国成人教育协会评为"全民终身学习活动周成功组织单位",雅畈镇成技校被评为浙江省现代化成技校。(邢均林)

教育科研

【概况】2017年,根据"立足教育教学过程真研究;注重过程的记录有得失;体现研究成果能推广"的指导思想,按照"全面覆盖立项课题管理,全程监管课题研究过程,全员提升科研队伍"的教科研管理办法,区完善课题过程管理,深化教育教学实践研究与指导,推动教育科研提质增效。浙师大附小叶惠主持的课题“金华本土音乐在教学中的实践与应用研究——以柳湖小学为例》”,金华五中张震雷主持的课题“基于‘青研班’的青年教师校本成长路径研究”获得浙江省教科研成果评比二等奖。在2017年金华市教科研优秀成果评比中,婺城区共获得一等奖7项、二等奖12项、三等奖17项。2017年,金华市第十一届教研课题成果评比中,获一等奖2项、二等奖4项、三等奖5项。2017年省未来课堂学习设计与特色资源评比,环城二小团队获一等奖。婺城小学教科室主任江美华被评为浙江省特级教师,金华市荣光学校获评浙江省重视教科研先进集体,金华市环城二小张文杰、金华实验中学徐建军、金华市红湖路小学徐美菊获评浙江省教科研先进个人。丰硕的教科研成果,为教育行政决策、为学校顶层设计及特色办学发展、为教师专业发展提供了服务。

【课题申报】2017年,申报立项省教科规划课题5项,市重点课题4项,市规划空调30项,市教师小课题36项,区级规划课题142项,区级教师小课题42项。教学研究课题有省教研课题3项,市级教研课题28项。申报市教育科研精品培育工程4项。

【心理健康教育工作】2017年,组织817人参加C级资格培训和面试,组织33人参加B证培训及面试,2人参加A证培训及面试。组织骨干教师参加金华市心理健康教育正念培训,组织部分示范点和标准化建设学校的辅导室主任赴北京参加心理危机干预培训班学习。组织教师90多人参加省里和教育学院的沙盘培训。开展“ 浙江省300 个中小学心理健康教育示范点及50% 中小学心理咨询与健康教育机构标准化”项目建设。全区共有3个示范点和16个标准化学校参与创建,都按时顺利通过了省里的验收。组织开展婺城区小学心理健康优质课评比,评出优质课一等奖3堂、二等奖5堂、三等奖9堂。其中获得第一名的张芳芳老师、获第二名的徐燕老师参加市优质课评比,张芳芳老师获一等奖、徐燕获二等奖。在全区范围内组织开展对危机学生的筛查、评估和上报工作,并组织开展区心理危机学生的识别与干预专题研讨会。组织开展新生心理普查,并给一年级新生建立学生心理档案。继续开展心理辅导室等级评估,2017年金华九中由原来的三级辅导室升级为二级辅导室,青春中学心理辅导室被评为二级辅导室,虹路小学心理辅导室被评为三级辅导室。 (胡崇禄 洪丹 方潇)

学校简介

【金华实验中学】(婺城区职业中等专业学校)坐落于金华市婺城区行政中心,近邻白沙溪。学校总占地面积11.67公顷,在校生3900人,教师242人,其中聘用教师21人。

学校创办于1956年8月,原名金华县第六初级中学,后因社会历史发展需要多次更名,1984年学校开始走上职业教育发展道路,到了1990年,改名为金华实验中学。学校从1993年开始提速发展,办学规模和知名度不断扩大。1994年6月,被评为浙江省示范性职业学校;1995年11月,被评为浙江省重点职业中学;2001年3月,被评为国家级重点职业学校;2002年4月,被评为国家级德育实验学校。在随后的几年,学校进入了爆炸式增长阶段,成为外界眼中的“万人大校”,为了进一步提升办学质量,实现从数量到质量、从规模到内涵的转变,学校于2009年开始实行“限分数、限人数、限班额”的限额招生政策,现在每年学生总数保持在4000人左右,2012年10月被评为浙江省一级中等职业学校,2016年5月通过首批浙江省改革发展示范学校的评估,同月被确定为首批浙江省现代学徒制试点学校。2017年5月,学校成为浙江省新一届中职电子电工、学前教育、烹饪、旅游四大类专业教研大组理事学校。

学校现设有四大专业群:学前教育专业群、旅游服务专业群、信息商贸专业群、机电专业群,共有13个专业,包含药剂、电子商务、会计、计算机应用、旅游服务管理、电子技术应用、学前教育、工艺美术、汽车美容与装潢、数字媒体技术应用、空中乘务、烹饪、数控技术应用专业。有中央财政支持的数控实训基地1个、浙江省示范专业2个(分别是学前教育与电子专业)、浙江省电子电器应用与维修实训基地1个、浙江省骨干专业汽车美容专业1个、金华市财政支持的学前教育公共实训基地1个、金华市重点专业2个(分别是学前教育与电子专业)。

近几年,学校在"质量提升、内涵发展"的办学思路引领下,推进管理革新、教学改革、项目主导,教育教学质量得到不断提升。2017年年底,在浙江省中职教育质量提升行动计划项目建设方面,学前教育专业获得省中职品牌专业建设项目立项,永康宾馆王志勇获得浙江省中职大师及大师工作室建设项目立项,"3+X"德育模式获得省中职学校德育品牌建设项目立项。学前教育专业招生规模、品牌建设、人才培养质量走在金华市中职学校的前列;高职考成绩逐年提升,上线人数与本科线不断取得突破,该校学生连续两年获得浙江省药学类高职考的第一名;学校教科研以及创新创业成绩屡在省内夺魁;学校的德育管理,包含开创了22年的值星班制度,已成为学校管理的一张金名片。

30多年的职业教育办学历程,已为社会培养培训了大量的各类高素质应用型专业技能人才,以及向高职院校输送了大批优质的生源,许多毕业生已成为企业技术骨干和中坚力量,学校的办学成绩得到了社会各界的充分肯定,先后荣获国家级省级以上荣誉30多项。

近三年,在各类技能、创新创业、普法教育及文明风采等大赛中,共获1个国家级三等奖、1个国家级优秀组织奖、4个省一等奖、8个省二等奖、27个省三等奖、53个市一等奖、61个市二等奖、10个区一等奖以及涌现出一批普法先进个人。

教学质量不断提升,高职考成绩取得突破。高职考升学率平均80%以上。2017年高职考有5名学生上本科线,其中药剂专业学生刘雅慧以535分的成绩夺得全省第一名。

生源质量不断提升,新生入学平均分逐年提高。2015年,新生入学平均分为322分,上普高线新生占比22.1%;2016年新生入学平均分为367分,上普高线新生占比21.1%;2017年入学平均分为382分,上普高线新生占比19.2%。

顶层设计得到加强,质量提升行动计划项目建设有效推进。2017年年底,在浙江省中职教育质量提升行动计划项目建设方面,学前教育专业获得省中职品牌专业建设项目立项,永康宾馆王志勇获得浙江省中职大师及大师工作室建设项目立项,"3+X"德育模式获得省中职学校德育品牌建设项目立项。

教师发展理念得到确立,师资队伍建设质量不断发展。学校建立了教师分层培养机制,积极推进"五支队伍"(行政管理队伍、党员干部队伍、教学骨干队伍、青年教师队伍、班主任队伍)建设,每位校级领导负责一支队伍的建设;从2017年年初,成立教师发展学校,至今已进行了24场培训。主要通过引进校外专家和组建校内讲师团的方式来促进教师专业化成长。教师职业素养的提升明显,工作更加积极主动,自我学习意识增强,参加各种竞赛比武实力得到增强。2017年,2名教师获得市级教坛新秀称号,1人获得区级教坛新秀称号、4人获得区级教坛新苗称号。

科研强校的意识不断增强,教科研成绩取得跨越。2016年课题"良工360人才培养模式的构建与研究"获得浙江省教科研成果一等奖,学校实现了省级教科研成果一等奖零的突破;副校长徐建军被评为2017年浙江省教科研先进个人。

创新创业教育得到加强,教学取得良好成效。2011年学校成为浙江省首批创新创业课程试点学校,2017年专门成立了翼创空间,为师生提供良好的创新创业平台。2016年浙江省创新创业大赛中,《急救精灵》获得省一等奖

2017年5月,全校成为浙江省新一届中职电子电工、学前教育、烹饪、旅游四大类专业教研大组理事学校;徐凤丹被选为浙江省新一届中职文化课德育学科教研大组理事。

白沙文化传承于卢文台治理白沙溪的精神,结合学校办学特点,培育了"德技融通,情智并重"的文化内涵。

在白沙文化的引领下,构建起"良工360人才培养体系"。"良工360人才培养体系"概况为:一个中心、两条主线、三个层面、四大载体"、八种素养。在教育教学过程中,要求大家牢牢地瞄准一个中

心,良工;抓住两条主线,崇德与精技;领会三个层面,德方面的智德(价值观)、美德(明礼修身)、善德(服务社会),技方面的乐技(激发兴趣)、修技(实践操练)、长技(卓越技能);搭建四大载体,课堂、活动、环境、实习;发展八种素养,责任、守正、敬业、解决、学习、创新、达礼、沟通。

积极发挥校园文化的凝心聚力功能,通过多种校园子文化的建设来实现“心往一块想,劲往一处使”的目标。

●以人为本的育心文化

一方面关注学生心理健康,另一方面关注教师心理健康。积极为师生营造良好的教学、生活环境。

●以技弘德的教学文化

通过技能节、体艺活动、技能教学来加强技能的提升,形成积极上进、努力拼搏、奋勇争先的职业追求。

●以德促技的环境文化

通过环境的熏陶和浸染,促使形成正确的人生观、价值观,从而端正学习态度,形成自主学习的意识。

●以趣为导的社团文化

积极发挥社团的育人功能,实现学生的个性与特色化发展。

学校要发展,教师是关键。教师专业发展理念得到确立,建立了教师分层培养机制,积极推进“五支队伍”(行政管理队伍、党员干部队伍、教学骨干队伍、青年教师队伍、班主任队伍)建设,每位校级领导负责一支队伍的建设。2017 年初成立教师发展学校,已进行了 30 场培训。主要通过引进校外专家和组建校内讲师团的方式来促进教师专业化成长。教师职业素养的提升明显,工作更加积极主动,自我学习意识增强,参加各种竞赛比武实力得到增强。2017 年,教师 2 人获得市级教坛新秀称号,1 人获得区级教坛新秀、4 人获得区级教坛新苗称号。

学校积极推进人本管理制度,实现了从“人心不齐”到“上下一心”的转变,校园生态呈现和谐欢愉的氛围,师生精神面貌发生了改变,促进了教育教学的良性发展。

在办公制度方面,推行人性化管理,实行“舒心假”制度,方便教师兼顾工作与生活。

工会积极发挥暖心职能:教师生日,及时送上生日蛋糕;教师生病住院,及时送去关怀与慰问等。

解决教师子女的上学问题:关心教师子女的上学问题,积极主动为教师子女的入学问题排忧解难。

积极调动教师参与学校民主管理的意识,每年开展教师征文活动,由教师向学校建言献策,共谋学校发展。每次都能获得老师的积极响应与广泛参与,由此学校获得了老师大量的宝贵意见和建议,促进了学校事业的发展。

为鼓励教师争先创优,形成一种拼搏进取、奋勇向前的氛围,学校积极搭建教师发展平台,每年进行各类评优。包含年度教师、智慧班主任、最美教师、我心目中的好老师。

为促进教师的专业成长,学校积极营造教师学习、交流的氛围,每年给教师发放相关书籍,以及相关节日书券福利,并举办读书交流会。

为形成教学研讨的常态化机制,在排课时要求同个教研组的老师一周内有相同半天时间不安排课务,以方便集中开展教学研讨活动,听课、评课和研讨。

在白沙文化引领下,构建四大课程,发展中职学生核心素养。

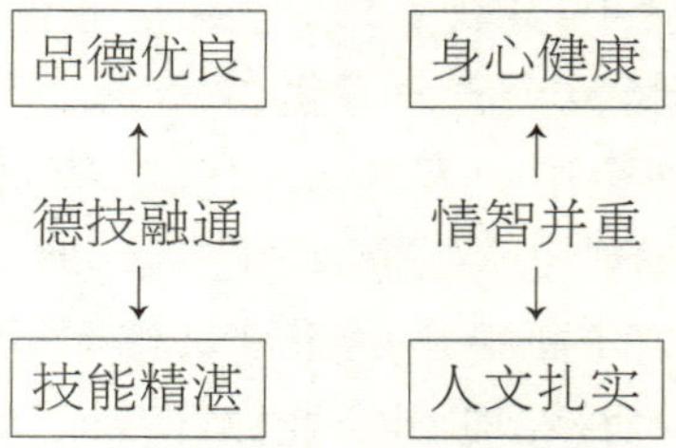

德课程:包含必修、校本必修

技课程:包含必修、校本必修

情课程:包含校本必修、校本选修

智课程:包含校本必修、校本选修

必修基础课程——开齐开足各学科必修基础课程。

校本必修基础课程——涉及德、技、情、智课程,有各专业校本技能课,主题常规类课程,有值星班、校运会、毕业典礼、离校"礼物"、始业教育、入学仪式、致三年后的自己、国防教育、白沙毅行、技能月活动、应急救护培训。

校本选修课程——涉及德、技、情、智课程，有拓展型选修课程，还有主题拓展类课程，有文台精英班、学生会、社联会、寝室自治委员会、毕业展演、毕业作品展、元旦会演、主题社团。

自治管理

苏霍姆林斯基："只有能够激发学生去自我教育的教育，才是真正的教育。"为提升学生的自我教育、自我管理、自我服务能力，学校一直推行学生自治管理模式，已建成"两班三会"自主发展队伍。

值星班(面向全体学生)

值星制度建立于 1996 年，至今已有 22 个年头，形成了完善的值星班管理体系。这是我校在金华地区首创特色学生自我成长模式。

值星就是学生每一学年停课一周，参与学校各项事务的管理与服务的一项教育实践活动。学生在值星期间主要负责礼仪示范、来宾接待、校园环境维持、学生行为规范管理、学风教风监督等工作。值星以"在体验中感悟、在感悟中约束、在约束中规范"为指导思想，它的功能主要体现为示范、管理、服务等三大功能。

值星上岗时间虽为一周，但整个值星活动时间跨度有六周。整个值星过程分为三大体系十个环节，三大体系具体为培训、值星、评价体系，十个环节分为班级动员、学习考试、培训见习、指导期、激励期、磨炼期、值星评价、考核奖励、明星评比、跟踪管理。三大体系，十个环节，环环相扣，处处育人。

文台精英班(面向精英学生)

2015 年，学校组建了文台精英班。

文台精英班的成员由全校每个班的班长组成，目的就是培养一支高素质的学生干部队伍，发挥班长的榜样、示范、管理、监督功能。

文台精英班的班主任由德育副校长兼任，政教处负责管理。开设完整的课程体系，每周由专职老师进行授课，内容包含工作职责、工作意义与方法、沟通协作、演讲与口才、公民意识、公益思想、团队精神、集体荣誉感等。同时，也通过系列活动来提升学员的能力与素养，比如定期的校园公益活动、校园巡查管理，每学年的外出拓展训练活动等。

学生会(面向骨干学生)

学生会在校团委的领导下，主要负责管理业余党校、团校、班级团支书队伍、团务活动，组织开展各类公益活动、志愿者服务活动。

学生会成员首先通过一学期一次的会内纳新，进入见习期，合格成为正式会员，经过不断成长与提升，升格为干事以及部长，最后进入主席团。

学生会成员的履历是很好的自我成长之路。比如主席团成员必须要完成的要求，完成一次国旗下讲话、完成正常换届、所属部门被评为优秀部门、参加一学期五次的大型志愿活动、一学年内策划组织四次大型活动等等。

学生在参与系列活动中一方面教育引导了其他人，另一方面也促进了自我的成长。

社联会(面向骨干学生)

社团联合会(社联会)的成立是为了组织、运营学生社团，让学生社团充分发挥健康向上、示范引导、团队凝聚以及思想教育的功能。

全校有 33 个学生社团，各具特色，活动丰富，很好地发挥着活动育人的功能。比如有侣行导游社、霖姿摆台社、smile 礼仪社学生，利用专业技能很好地为来宾接待、宣传学校进行服务，同时也积极地展示自我；还有荣耀田径社、blood 热血男足社、飒爽排球社的学生积极开展各类体育活动与竞赛；飘逸轮滑社、街舞社的学生发展自己的兴趣爱好，丰富课余生活，陶冶心情。

寝室自治委员会(面向骨干学生)

寝室自治委员会的成立是为了壮大学生自治管理队伍，利用好学生资源，充实学生自治管理力量。成员主要通过自愿报名，竞聘上岗的方式产生，男女生自治委员会成员各有 30 名。

寝室自治委员会的功能主要体现在：规范公寓内的学生行为、监督寝室内务卫生、监督就寝纪律、检查寝室文化建设、组织寝室间的文体活动等。

当前，每周开展文明示范寝室的评比，最美寝室的美篇大赛。

学校充分利用好每一个育人环节，在每年的毕业学生离校之际,努力打造“最美毕业季”,学生留下的不仅有“专业成才”的风华,更有“精神成人”的光华,一方面为自己饯行,另一方面把最好留给母校、留给学弟学妹。

●毕业展演

●毕业作品展

●毕业典礼

●离校“礼物”

离校前夕,把教室、寝室、公共场地打扫干净,留下最美的环境、最温馨的祝福、最好的样子给下一届的学生。

同时,学校“小红帽”志愿者给予离校的毕业生们热心的帮助,无论刮风下雨,温暖如初,成为实中靓丽的一道风景线。

开学第一课

教妇初来,教儿婴孩。开学第一课有着非同寻常的意义,学校在这方面有了如下尝试:

●始业教育

各专业结合专业特点各显神通,深挖资源,搭建平台开展始业教育,帮助学生培养专业情感,树立专业理想,引导学生积极进行职业生涯规划,促进专业学习。

●入学仪式

通过穿越“崇德门”与“精技门”的仪式,来熏染学生,感受学校的白沙文化,树立崇德精技的意识。

●致三年后的自己

新生入学初,通过“写给三年后自己的一封信活动”来引导学生确立目标,找准方向,积极行动,期待三年后的收获。

●应急救护培训

金华实验中学在2008年首先成立了婺城区第一家学校红十字会,现在是婺城区仅有的两所红十字应急救护培训基地学校之一。学校将红十字的“人道、博爱、奉献”精神融入学校德育的全过程,使两者“无缝对接”,努力做到人道主义原则与生命教育活动相结合,形成了学校德育的新作为,在培养学生核心素养上亮出了自己的特色,应急救护能力作为一项生命技能,丰富了实验中学“德技融通、情智并重”的育人内涵。

1、成长+活动

●军训暨国防教育活动

通过军训,达到强身健体,锻炼意志,学到基本的军事知识和技能的目的,同时,可以培养学生严明的组织纪律和吃苦耐劳、团结拼搏、敢于进取、永不言败的精神;也可以让学生学会整理内务,学会独立生存,学会更好地融入集体,养成令行禁止、步调一致的作风和集体荣誉感,同时还可以学习到教官们艰苦奋斗、勇敢顽强、坚忍不拔的优良作风,培养学生的国防意识、爱国情感。

●元旦会演

利用所学专业,展现个人的专业风采与综合素养。

●白沙毅行

每年的3月份,定期举行一年级学生的研学毅行活动,探寻白沙文化的源头,同时走进文化礼堂,接受传统文化的教育,以及瞻仰烈士纪念碑,接受爱国主义革命主义的教育。

●技能活动月

借每年5月第2周的职业教育活动周的东风,学校把5月定为“技能活动月”,全校师生广泛参与,有技能展示、技能竞赛、进社区活动等等。

●社团活动

全校有33个学生社团,各具特色,活动丰富,很好地发挥着活动育人的功能。

物质文化建设是办学特色的基础。没有基本的办学条件,没有良好的育人环境,谈学校特色就是一句空话。学校在上级财政相对困难的条件下,积极争取,集中力量改善了学校的办学硬件环境。

我们的目标是将产教融合工程项目打造成“一平台两中心两基地”项目,即学生素养提升平台、企业技术研发中心、学生职业体验中心、学生研学基地、职工技能培训基地。

生命安全教育是学校教育活动中不可或缺的内容。为了实现教育的实效性,金华实验中学首先采用借助虚拟现实(VR)技术对学生进行身临其境的生命安全教育,使得平时只能限于图片、视频的安全教育活动有了仿真的环境,更能对学生产生心灵的触动和深刻的影响,在虚拟现实中习得保护生命安全的技能。

翼创空间是为师生提供服务的创新创业综合实践平台,由骨干教师和有志于创业创新学生共同组成。通过整合校内外教育与服务资源,以实战项目为载体,以导师指导学生兴趣小组的形式,培育创新创业项目、组织创新创业大赛、策划开展各种创业实践等,引导学生与市场共舞,体验创新创业乐趣,自发将课堂学习与社会实践有效结合,从而增强创业意识和创业能力。

党建活动中心将结合学生专业进行布置,充分利用学校各专业资源,给学生提供实践动手机会,促进学生的专业成长。比如,烹饪利用泡沫雕刻党建活动的一些元素,工美专业可以进行党建元素的绘画,数控专业可以精雕党徽等元素。

金华实验中学校园俯瞰(金华实验中学供稿)

金华实验中学校园广场(金华实验中学供稿)

【琅琊初中】金华市婺城区琅琊镇初级中学是一所全日制寄宿学校。创办于1958年,曾是金华县琅琊区教育办公室、金华县教育局琅琊辅导区所在地,先后通过撤并原琅琊辅导区所管辖的7所初中及沙畈初中合并为现在的一所琅琊初中,2010年8月学校集体搬迁至现址。新建食堂于2013年投入使用,新建塑胶操场于2014年9月启动使用。学校占地面积30015平方米,建筑面积7632平方米,校园内绿树成荫,绿化面积达17900平方米。学校现拥有标准教室16个,化学实验室、图书室、录播教室、心理辅导室各1个。2017学年,琅琊初中有3个年级、16个教学班,在校学生726人,来自琅琊、沙畈和长山3个乡镇;专任教师51人,其中区教坛新秀2人,高级教师8人。

琅琊镇初级中学大门(琅琊镇初级中学供稿)

【金华市荣光国际学校】金华市荣光国际学校位于婺城新城区,是纯民办全寄宿制国际学校。学校占地面积6.2公顷,总建筑面积72000平方米,总投资达3.8亿元。新校区于2015年9月投入使用。学校拥有数字天象馆、陶艺馆、黄文虎少年科技馆、室内游泳馆、射击馆、乒乓球训练馆、棋类、茶艺、机器人等特色场馆、专用教室70多个。学科设置齐全,教育资源配置符合省级规范化标准。为中外籍学生系统地提供九年一贯制的国际化教育。

办学规模:幼儿园12个、小学60个、初中18个教学班。

荣光国际学校有7个年级,51个教学班;在校学生1520人;教职工251人,专任教师143人,其中省特级教师1人,市教坛新秀、优质课一等奖获得者45人。

荣光国际学校(荣光国际学校供稿)

荣光国际学校大门(荣光国际学校供稿)

【金华四中】金华四中由著名经济学家千家驹、著名革命烈士钱兆鹏、同盟会会员大律师金品黄(担任首任校长)等在1925年10月创办,坐落于风景秀丽的市中心——景观公园的西侧,占地面积3.36公顷,教学用房面积20000余平方米。学校现有教学班42个,学生2374人,教职员工168人。金华四中已培育出特级教师8人,在职高级教师59人,省市区级教坛新秀60多人,省市区级优质课一等奖90多人。省市级名师(含培养人选)8人,硕士研究生8人。学校拥有一支结构合理、素质优良、业务过硬、学生爱戴、家长满意的优秀教师群体。

四中走出的人才遍布四方,足迹各地,分布各领域:校友华宁曾任外交部新闻司发布处处长、中国驻印尼使馆政务参赞,现任外交部办公厅参赞;校友倪捷现任浙江绿源电动车有限公司董事长,金华市政协常委,曾获"2005年度风云浙商"等荣誉;校友黄河教授是国家973项目负责人,授权发明专利15项,创建了有中国特色的无关供者造血干细胞移植技术体系,疗效达国际领先水平;校友童进浙江大学博士后,在世界上首次成功解决了旋转机械升降速过程的故障诊断问题,完成多项国家863计划;校友陈美兰国家一级演员、全国劳动模范、国家级非物质文化遗产项目"婺剧"代表性传承人,享受国务院特殊津贴。"桃李不言,下自成蹊",金华四中谱写了基层教改的绚丽篇章……

学校实施"以德治校、科研兴校、名师强校"战略,坚持走"学生和谐发展、教师专业发展、学校特色发展"之路。形成了"不断追求、不断创新、不断完善"的办学风格,以"为学生发展服务,办人民满意教育"为办学宗旨。近百年的办学历程,形成了"勤教、善教、因材施教"的教风,"爱学、会学、主动好学"的学风,在"砺志、厚德、博学、笃行"的校训指导下,学校十分重视教师的专业成长,积极开展校本教研,注重自我反思和同伴互助,努力开发新课程资源,实现了学校的可持续发展。学校重视教育科研,倡导科研兴校,与浙师大联合办学,共同开展教育科研活动,形成浓厚的教育科研氛围。近几年,教师在省市级刊物上发表或获奖的论文多达500多篇。浙江省"九五"规划重点课题《学校知心教育模式研究》获2004年度省基础教育科研优秀成果二等奖,浙江省规划课题《星级教师校本认证制的实践与探索》获2008年度省教育科研优秀成果二等奖。

学校走科学育人之路,形成体育特色;开展体育竞赛,打造活力校园。学校以"健康第一"为指导思想,保障学生锻炼时间;坚持专业训练与文化学习并重,发挥学生特长。学校为省重点中学乃至省体工大队输送优秀运动员。学校篮球队、田径队等体育专业队的设置与训练规范化,近几年连续代表金华市参加省比赛并获得优异成绩。学校是金华市体育特色学校、金华市篮球特色学校;2009年4月,省教育厅授予"第二批浙江省体育特色学校(田径)"、"第二批浙江省体育特色学校(篮球)";2015年10月,教育部授予金华四中"首批全国学校体育工作示范学校"荣誉称号。

学校坚持全面质量观,着眼于学生的和谐发展,学校以优质的教育回报社会,赢得了广泛赞誉。在全国初中数学竞赛、浙江省初中科学竞赛、信息学奥赛中学校频获佳绩。学校先后荣获全国国防教育特色学校、全国学校体育工作示范学校、全国"双合格"优秀(示范)家长学校、全国青少年普法教育先进单位、全国"零犯罪"学校、浙江省文明单位、浙江省文明学校、浙江省禁毒工作先进学校、浙江省示范性教师发展学校建设学校、浙江省体育特色学校、浙江省治安安全单位、G20杭州峰会安保治安保卫重点单位先进集体、浙江省巾帼文明岗、浙江省教育科研先进集体、浙江省现代教育技术实验学校、浙江省先进家长学校、浙江省校本教研示范学校、浙江省自然科学竞赛优胜单位、浙江省治安先进(示范)单位、浙江省教育创新优秀示范学校、浙江省卫生先进单位、浙江省

“青年文明号”、浙江省国防教育先进单位、全国劳技教育创新作品邀请赛浙江赛区一等奖、“浙江省农村教师领雁工程”教师培育先进单位等称号。学校在教育教学上既面向全体学生,也注意特长培养。学校连续十多年获婺城区教育教学质量优胜单位,优秀率、合格率、平均分均名列市区前茅。2010 年安晓雯、2012 年周松涛、2013 年陈翀、2014 年张心怡,2016 徐夏妍与徐子钰、2017 年张若琳与周航、学校屡夺金华大市中考“状元”。

金华四中注重开放性办学,把握时代脉搏,密切校际交流。与浙师大联姻,利用其高校教育资源优势,指导我校教育实践和研究;响应婺城区区委、区府号召,充分发挥“名校效应”,与其他学校结对,建立教育共同体,经常性地开展送教支教活动,为婺城区教育的均衡发展和教育强区的争创作出重要贡献。向下,与金师附小、环城小学等学校建立战略结盟,向“小升初”对接迈进;向上,与金华二中建立战略协作,调整教改之路。对内,请进外教,推进教学多元化;对外,走出去,增进国际交流,弘扬儒家文化。

根据学校发展趋势和需求,经专家分析论证项目建设的必要性和可行性,金华四中扩建项目得到市区两级政府的高度重视,征迁工作已收尾,扩建工程箭上弦。我们相信,历史悠久的金华四中借着校园北扩的东风,将登上新的台阶、焕发蓬勃生机……

金华四中校园俯瞰(金华四中供稿)

【**金华市第十七中学**】金华市第十七中学的前身是乾西乡初中,始建于 1970 年,原坐落于婺城区乾西乡湖头村,占地面积 0.64 公顷,1997 年搬迁到杨村并改为现在的金华市第十七中学。现校园环境和办学条件与老校相比有了很大的改善,校园基础建设得到了一定的发展。校园面积近 2.87 公顷,占地面积 28681 平方米,建筑面积 5283 平方米;2010 学年在上级有关部门的大力支持下,完成实验综合楼建造工程,同时把教学楼的单通道楼梯改为双通道;2011 年完成校园景观绿化工程,营造良好育人环境。目前学校有四层教学楼、学生宿舍楼和实验综合楼各一幢,配备普通教室 20 个;现有 12 个班级,所有班级都配备电子白板和一体机教学系统;有音乐教室、美术教室、电脑教室、生物、物理、化学实验室及相应的仪器室等专用教室,有图书室、心理保健室、会议室、教职工室内活动场地等;2014 年建有 6 道 250 米环形塑胶跑道,2 个篮球场,2 个羽毛球场,1 个排球场,2017 年 3 月完成录播教室的安装。

学校现有教师 44 人,门卫 1 人,保安 3 人,其中专任教师 44 人。教师中本科学历 39 人,研究生学历 3 人,专科学历 2 人,其中高级教师 9 人,一级教师 26 人,二级教师 9 人。有金华市“1155 工程”名校长培养对象 1 人、名师培养对象 1 人、浙江省“五一巾帼标兵”1 人、市优秀教育工作者 1 人,婺城区名师 1 人、教坛新秀 1 人、婺城区优秀教师 7 人、婺城区优秀班主任 7 人等。在校学生 523 人,学生主体来自乾西乡,部分生源来自外地民工子女。

学校努力秉承“仰望星空、脚踏实地”的校训,大力弘扬“自强不息、守正出奇、善学善教、达人达己”的学校精神,坚持构建“低起点、小步子、勤反馈、高质量”的“原生态”课程体系,积极建设“美丽校园、精神家园”,全力培养“和谐于心、美丽于行”的“美丽少年”。学校多次被评为婺城区教育教学质量优胜单位,还先后获得浙江省义务教育标准化学校、金华市卫生先进单位、金华市绿色学校、金华市平安校园等荣誉称号。

金华第十七中学校门(金华第十七中学供稿)

金华第十七中学校园一角(金华第十七中学供稿)

【金华师范学校附属小学】 金华师范学校附属小学创办于1916年,又名艾青小学,系金华市实验小学,公办全日制小学。金师附小荣获了百余项国家级、省、市、区级荣誉,其中省级以上荣誉有中国名校、全国文明单位、全国文明校园、全国少年儿童先进单位、少先队全国红旗大队、全国语言文字工作先进单位、全国教育科学"十一五"规划课题单位、省级体育传统项目学校、省少先队红领巾示范学校、省德育先进学校、省文明单位、省级治安安全单位、省中小学少先队信息化工作先进集体、省教育科研先进集体、省小学思想品德课教学研究分会研究基地、省绿色学校、省华文教育基地、省健康促进学校金奖、省首批艺术教育特色学校、省现代教育技术实验学校、省义务教育标准化学校等。

学校曾先后走出20位特级教师,数十位校长,学校现有教职员工132人,大专以上学历占100%,其中省特级教师1人、省教坛新秀2人,省、市、区教坛新秀和省、市、区名师及培养对象70多人。获省级以上荣誉的有80多人次,优质课评比获全国、省、市级以上奖励的有200多人次,各种教学基本功比武获省、市级奖的有200多项。

金师附小现有49个班级,学生1995人,下辖中山校区和凤山校区两个校区。百年来,金师附小培养出3万多名学子,其中不乏出类拔萃的知名校友。如世界著名诗人、中国"诗坛泰斗"艾青,著名儿童文学家鲁兵,人民出版社社长马樟根,儿童文学理论家蒋风,诗人圣野,书法家王景芬,画家高清,企业家杜自弘等。1992年学校被中国教育学会、中央教科所编入《中国名校大辞典》。

学校还积极参与国际文化与交流。1988年与日本静冈市立宫竹小学结为姐妹学校,1991年与日本枥木市市立第三小学建立友好关系。2002年来,双方校长和学生曾多次互访。2008年,省侨办确定该校为"华文教育基地"。 2010年,和英国诺丁汉郡考特格雷伍坎道白巷小学结为友好学校。2012年,和美国密歇根州斯特林茨市杰斐逊小学建立姐妹学校关系。2013年3月,组织19人的师生访问团出访加拿大温哥华素里市的好友学校玛莎珂丽小学。2013年5月,组织23人的师生访问团出访美国缅因州HDS小学,并签订协议,结为友好学校。随后,多次组织师生赴美国等地进行研学活动。

学校精神:保持善良　保持努力

校　　训:诚恳做人,踏实做事

学　　风:勤学、守纪、活泼、健康

教　　风:勤研善思,教学相长

金华师范学校附属小学校门

(金华师范学校附属小学供稿)

【金华市红湖路小学】 红湖路小学是一所有着悠久办学历史的校园,有着深厚的文化积淀。学校现有26个班,学生1064人;在编教职员工74人,其中国家级荣誉获得者5人,省级荣誉获得者8人,市级荣誉获得者12人,区级荣誉获得者44人。3年来学校以"为学生幸福人生奠基"为办学宗旨。

学校构建了多渠道、立体式、网络化、科研化的"绿色学校"创建模式。环境教育成为学校提高学生素质、优化育人环境的有效载体。

学校打造了汉字校园的物质环境,创立了"以字激趣”“以字启智”“以字达意”“以字溢美”“以字育德”的新型汉字学习模式，开发了汉字教育读本，实践“让汉字本身吸引学生”的思想。

学校开展了“我们十岁了”露营、“野地生存大作战”农耕研学体验等活动，让学生在活动中、感受集体的温暖、创造的价值、成功的快乐。

学校坚持办好家长学校，坚持开好家长会，坚持全员家访，坚持举办“红粉会”，坚持“红小孩子王”微信交流，坚持“聊吧”网络学校，整合教育力量，引领孩子成长，实现家校共赢。

学校先后被评为全国环境教育示范学校、全国首所汉字校园、国家级绿色学校、中国手拉手地球村、全国文明雏鹰假日小队、浙江省绿色学校、浙江省标准化学校、浙江省雏鹰红旗大队、金华市文明单位、金华市教育质量AAA学校、金华市中小学行为规范达标学校、金华市卫生先进单位、金华市示范性家长学校、国家级零犯罪学校等。

金华市红湖路小学俯瞰(金华市红湖路小学供稿)

【环城小学】金华市环城小学又名金华市第一实验小学，创办于1954年，有40个教学班，学生1699人，是金华市政府首批对外开放学校。学校为中央教科所实验学校，被教育部等授予全国课程改革联盟发起学校等27项省级以上荣誉、称号。

学校拥有市内最先进的录播室，实现了校内直播和互动教学远程的同步进行。学校拥有塑胶操场、游泳池、音乐大厅、动漫工作室等专用教室及场地，并为各普通教室均配备空调、电子白板等现代化教学设施，2016年，学校开辟雷锋纪念馆，开发雷锋主题学习手册，并成功托管明月园，新增校园面积近5000平方米。

学校现有教师111人，特级教师1人，高校兼职导师2人。自办学来，学校共计培养特级教师8人，全国优秀教师、省劳模等37人，省、市、区名师名校长培养对象16人，省、市、区教坛新秀50余人。教师出版教育专著18部，3个课题获全国一等奖，2个课题获省政府一等奖。

学校坚持德育为先，每年开展戏剧节、科创节、“金色童年”系列活动、“爱心义卖”、经典诵读、“新三好评价”、儿童主题式学习、拓展性课程改、温暖中国年、校园篮球节等实践活动，寓教于乐，为学生成长搭建宽阔的舞台，使他们成长为全面发展的阳光少年。

学校的少先队工作成效卓越，涌现出大量优秀辅导员、少先队员代表，是金华市最早的全国红旗大队。5人获全国荣誉(全国优秀辅导员少先队员和集体)，20余人获省级荣誉(省级优秀辅导员、省双鹰比武金奖等)。在历届“走美”“华杯赛”“信息奥赛”中，学校获奖人数与等次均居金华市前列；音乐节目连续6年获区第一名，舞蹈节目曾12次获市区一等奖；学校田径队、游泳队在市区比赛稳居前茅，其中获游泳比赛冠军名次有30人；男篮获得省赛第二，历年毕业生被各级优质初中录取的人数一直居于全市前茅。2017年，学校引进柔道、剑道等课程。

全校教师在特级教师王伟文的引领下，致力于温暖校园的建设：开展温暖学子、温暖教师、温暖团队的评选活动，让温暖交流互动；首创暖爸论坛活动，焕发家校联盟新天地；开设了机器人、3D打印、动漫工作室等拓展性课程，打响创客教育环小品牌，学校教师自主开发的“儿童动漫”和“机器人”两个课程被评为浙江省精品课程；通过举办科技、戏剧文化节，提升学生综合素养，营造校园文化。学校形成了现代与人文互相渗透，环境与活动有机融合的管理特色。

学校荣誉：全国少先队红旗大队、全国课程改革联盟发起学校、中国少年科学院科普基地 、全国现代小学数学教学示范学校、中央教科所健康教育实验学校、全国现代教育技术实验学校、全国网络道德教育先进学校、全国语言文字工作先进集体、国家外语实验学校、全国注音教改实验先进单位、浙江省文明单位、浙江省绿色学校、浙江省数字校园建设示范学校、浙江省教育创新示范学校、浙江省校本教研示范学校、浙江省教育科研先进集体、浙江省教育科研百强学校、浙江省教育科研百强学校、浙江省教育科研百强学校、浙江省适合学生发展学校、浙江省标准化学校、浙江省少先队改革示范学校、浙江省能力提升工程示范校。

环城小学校园一角(金华市环城小学供稿)

环城小学校门(金华市环城小学供稿)

【竹马小学】竹马小学位于婺城区竹马乡东宅村和西宅村交界处,创办于1912年,占地面积13157平方米,建筑面积5716平方米,学校拥有现代化多媒体教学系统及完善的校园信息网络;建有塑胶运动场和体育设施;配有计算机室、多媒体室、图书室、科学实验室、音乐室、美术、舞蹈室、乒乓球室等多个专用教室,班级多媒体设施齐全。

学校现有16个教学班,学生550人,教职工41人,拥有一支具有金华市名师培养人选、金华市优秀班主任、金华市教改之星、婺城区优秀教师的教师团队。学校秉承“教孩子六年,想孩子一生,为孩子幸福成长奠基”的办学理念,培养学生“家国情怀、身心健康、乐于学习、审美情趣、学会创新”五方面的核心素养;以“特色鲜明、内涵丰富、质量上乘、办学规范的农村示范性小学”为办学目标。

近年来,师生多次在区、市、省乃至全国获奖,学校先后获得全国青少年“五好小公民”主题教育示范学校、全国零犯罪学校、全国成教工作先进单位、浙江省示范性小学、浙江省标准化学校、金华市文明单位、金华市绿色学校、金华市茶花文化艺术特色学校、金华市非物质文化遗产(山歌)传承教学基地、婺城区和谐校园、婺城区园林式单位等多项荣誉。学校被评为农村示范性小学。

竹马小学学校大门(竹马小学供稿)

【白龙桥小学】白龙桥实验小学建于1998年,位于白沙溪畔,玉山脚麓,学校占地面积24508平方米,建有育英楼、培贤楼、行政楼和综合楼。设有音乐、美术、书法、电脑、多媒体、图书、阅览、舞蹈、实验等专用教室以及250米标准环行塑胶跑道等田径场,各班配足配齐现代化教学设施。

白龙桥小学坚持以规范管理、特色办学为引领,以重基础、重实效为发展理念,

学校以德育为先导,以科研为抓手,以学生为根本,以特色促发展,向着建设“精品校园”“精英学生”“金牌教师”的办学目标,打造具有白小特色的课程体系,培育具有白小特质的教师队伍,营造具有白小风格的校园环境,不断推进素质教育向纵深发展,提升学校的办学内涵,形成了以“五润”为核

心理念的学校文化和管理风格。

学校现有中心校 1 所，完小 3 所，分别是白龙桥镇实验小学、白龙桥第二小学、古方小学和天姆山小学。全镇 4 所小学共有 62 个教学班，2487 名学生，148 名教师(其中外借 7 人)。教师中有大专以上(含大专)学历 144 人，占教师总数的 97.3%、中高级教师 4 人、一级教师 86 人、市级教坛新秀 2 人，市名师名校长培养对象 6 人，市优秀班主任 3 人，区级教坛新秀 9 人，区级名校长培养对象 3 人，区优秀教师 14 人，区优秀班主任 7 人，区教坛新苗 5 人。该校教师在各级各类比赛中获奖率逐年提高，还善夺大奖，学生获奖每年 600 多人次。

学校先后被授予国家级《尝试教育理论研究》先进单位、中国教育学会教育研究发展中心尝试教育理论研究会实践基地；全国青少年文明礼仪教育示范基地、浙江省巾帼建功和双学双比活动协调小组、浙江省绿色学校、浙江省优秀大队(红旗大队)、浙江省第二轮中小学示范性图书馆(室)、浙江省示范小学、浙江省"平安校园"、浙江省健康促进学校、浙江省珠心算教学特色学校、浙江省珠心算创新教学百强先进学校、浙江省书法教育实践基地、金华市教科研先进集体、金华市中小学家校合作实验基地、金华市"模范离退休教工之家"、金华市文明单位等 60 多项荣誉。

2017 学年，全校先后承办了婺城区平安校园建设现场推进会暨防溺水教育活动启动仪式、婺城区教育系统创建文明城市现场会、婺城区语文学时培训等活动，先后接待了来自兰溪、杭州、安徽的学校考参团，得到了与会领导、嘉宾的一致称赞。学校被评为浙江省足球特色学校、浙江省教育学会优秀学校、婺城区"校村结对双堂双进"德育共建先进单位、获得金华市教育学会儿童海报征集活动优秀组织奖、婺城区第四届"荣光杯"经典阅读大赛优秀组织奖，婺城区少先队工作先进单位、被评为婺城区模范离退休之家，获得婺城区第八届"温暖的旅程"亲子阅读大赛优秀组织奖、婺城区趣味运动会优秀组织奖、金华市空竹比赛团体二等奖、婺城区艺术展演一等奖、婺城区气排球比赛一等奖等多项荣誉。

白龙桥实验小学门口全景(白龙桥实验小学供稿)

文　化

【概况】 2017 年，区文体新局深入学习贯彻中共十九大精神和省委、市委、区委关于文化建设决策部署，坚定文化自信，服务大局、服务群众，抓建设、抓管理、抓落实，各项文化体育工作取得良好成效。

公共文化服务标准化两年提升工作达标。完成公共文化服务标准化两年提升计划省级考核验收。婺星剧场对外免费开放，举办活动 52 场次，参与 41600 人次。区图书馆提供全年免费开放服务，功能齐全，设施完善，2017 年借阅 20.15 万人次，移动图书馆平均月访问 23.54 万人次，歌德电子书下载量 3264 册。完成全国公共图书馆第六次评估定级工作，接受国家二级馆的评估检查。各类文化惠民活动丰富多彩。积极探索公共文化工序对接机制，超额完成惠民实事任务，2017 年送戏下乡 208 场，送电影下乡 3300 次　文化走亲 10 场。举办"喜迎十九大，共筑中国梦"机关、乡镇(街道)干部大合唱等大型文化活动 34 场，开展"剿灭劣Ⅴ类水"百名文艺工作者下基层活动，完成 6 个主题文化下乡演出 48 场。参观人数 10 万余人次，打造"书香婺城"，全年完成全民阅读活动 167 场，其中有大型活动 7 场、公益讲座 12 场、培训 34 场、展览 11 场，阅读推广 103 场。文化服务送到基层一线。成立婺城区志愿者大队，共吸收志愿者 600 多人，2017 年开展免费开放培训项目 29 期，参加培训人员达到 11450 人次,其中各类艺术普及培训25期;参与人数10560人次;举办了2期村级文艺骨干排舞培训,参与人数330人次,举办了一期中小学婺剧进校园创作研讨班,参与160人次。举办了全区农家书屋管理员及阅读推广人培训班,参与350人次。

文物保护工作稳步推进。新增了2处省级文物保护单位和12处市级文物保护单位;完成了2处省级文保单位和14处市(县)级文保单位的保护范围和建设控制地带的划定工作;核实公布了581处婺城区第一批三普登录点;实施了上范红军标语等7处文保单位(点)的维修及日常养护工作;审核批复了古方朱氏宗祠等4处不可移动文物修缮设计方案。做好文物安全执法工作,共出动执法检查66人次,检查不可移动文物91家次。非遗保护工作扎实开展。申报市级第四批非遗代表性传承人,婺州窑(陈珩)、金华酒(陈顺财)、婺城布龙(叶增福)、公盛酱油(徐利民)四人通过评审;推荐金华剪纸(詹东明)申报省级第五批代表性传承人;完成婺城美丽非遗进文化礼堂10场,婺城美丽非遗进社区7场,开展非遗进校园活动(培训传承人)3场。评审认定区级第五批非遗代表性名录14项,评审认定区级传承人12人、非遗传承基地5个。积极协助金婺陶瓷有限公司创建婺城非遗场馆。

文化市场更加平稳健康,做好最多跑一次改革工作。实现审批事项"最多跑一次"达到100%。在此基础上,进行微政务创新,逐步实现"一次都不跑"。许可事项办理的承诺期均不超过5个工作日,90%的事项比法定期限提速75%及以上。2017年共办件244件,其中承诺件52件、即办件180件、上报件12件。完成了全区印刷、音像、出版物行业年度核验和换证工作,共检116家印刷企业;文化经营单位(网吧、娱乐场所、表演团体)换证97件。加强文化市场监管力度。对检查中发现的各类违规案件给予严肃查究办理,以对违规行为的零容忍,强势推进安全管理的高压态势,全面督促文化市场经营户依法经营、安全生产。在节假日、"两会"、"两考"、十九大期间、重点加强对网吧、出版物市场、音像制品、歌舞娱乐场所、印刷复制企业和网络科技公司开展专项整治,"扫黄打非"工作全面落实,大队共出动执法检查人数1047人(次),检查文化经营单位1429家(次),受理群众举报5起,立案查处违规经营单位16家,取缔无证经营场所2家,执行罚没款19000元,市场良好率达98%。

加强体育设施建设。制定出台了《婺城区全民健身设施建设与管理实施办法》,推动"四提升四覆盖"工程在全区范围内全面实施,完成10个"小康体育村提升工程",婺城区被评为浙江省高水平体育后备人才基地。群众体育蓬勃开展。全年共举办了区机关运动会等56项体育活动。首次举办了体育品牌赛事2017浙江省毅行系列活动——毅行金华·体旅莘畈、中国"山水四项"——金华南山越野跑、中国"山水四项"——中国皮划艇巡回赛(金华站)、塔石全国休闲气排球邀请赛等。加强科学体育指导,已先后开展了戏曲广播体操培训、兜球培训、可乐球健身操和门球项目的培训,接培训人数300余人。与婺城区人民医院联合开展体质测试与医疗体检相结合试点工作,共组织1368人进行国民体质监测。

竞技体育水平不断提高,婺城区代表队在市九运会上取得团体总分和金牌总数双冠王;输送到省队、国家队的运动员大赛成绩突出。2017年输送到省队国家队的婺城籍运动员获得了世界级冠军1个、亚洲级冠军1个、亚军3个,国家级冠军7个、亚军3个、季军1个,省级冠军33个、亚军18个、季军24个,有2名运动员(游泳)直接从区少体校选拔到国家水球队参加集训。全局被评为2017年浙江省竞技体育突出贡献单位。婺城区体育运动学校获得2017年度浙江省积极体育突出贡献奖。

群众文化工作

【概况】婺城区文化馆2017年开展6个主题的文化下乡演出活动共计48场,参与人数45400人次;完成送展览9场,送讲座10场,参与人数5800人次。完成大型活动35场,参与人数50100人次。开展免费开放培训项目29期,参加培训人员12050人次，婺星剧场对外免费举办活动52场，参与人数42200人次。其中各类艺术普及培训25期,参与人数10560人次；举办了2期村级文艺骨干排舞培训,参与人数330人次；举办了一期中小学婺剧进校园创作研讨班,参与人数160人次;举办1期村级文艺骨干培训班,参与人数400人次;举办了1期省级音乐干部提升班,参与人数600人次;完成对外走亲10场,其中文艺演出7场、书画展览走亲3场。组建18个文化志愿者中队和12支文化志愿者分队共计500多名志愿者将活跃在婺城区的广大乡镇（街道），实现区级公益文化岗位全覆盖。加强硬件设施,增添对外宣传的LED屏、婺星剧场灯箱。完善婺城区文化馆网站建设;加强与媒体的联系。对外宣传中，金华电视台、《浙江日报》、《金华日报》、婺城新闻、浙江省艺术网、《金华晚报》等共有14家新闻媒体报道新闻115条,美篇共计80余篇,很好地宣传了婺城文化。

【免费培训期末汇报展演】1月4日下午,近200人免费开放培训学员参加由区文化馆举办的婺城区文化馆免费培训期末汇报展演活动。向家人、观众展示自己的学习成果。表演类学员展示了群舞、器乐合奏、独唱、合唱、瑜伽等十几个节目,视觉类农民油画班、书法初级班、摄影提高班也遴选出优秀作品40余幅现场展示。节目种类齐全、作品质量过硬,艺术水平有较大提升。

【中小学婺剧创作研讨会】1月5—6日,2017年婺城区中小学婺剧创作研讨会在金华市天宁宾馆结束。此次活动由区文体新局、区婺剧促进会、区教育局联合主办,区文化馆承办。邀请婺剧专家、市、区婺剧促进会领导、区文体新局、区教育局领导及民间婺剧、曲艺创作人员和18所中小学音乐老师共50余人参加。

【“送政策、送文化、送服务”进农村文化礼堂活动】1月13日,由区委宣传部、区文体新局、区文联、区卫计局等部门联合主办;区文化馆承办的“送政策、送文化、送服务”进农村文化礼堂活动首站走进箬阳乡沙坑村文化礼堂。之后分别走进白龙桥镇、莘畈乡、岭上乡、乾西乡,在春节来临之际,用一场精彩纷呈的文艺演出为当地群众提前送上新春的祝福。

6月20日,区文化大队志愿者成立启动仪式

【“迎新春、庆佳节、文化大过年”迎新系列活动启动仪式】1月14—15日，由区文体新局主办,区文化馆、区图书馆、区非遗中心、各乡镇(街道)承办的为期两天的区“迎新春、庆佳节、文化大过年”迎新系列活动启动仪式在市人民广场举行。活动形式多样,内容精彩纷呈,有各乡镇街道的百姓才艺大赛优秀节目文艺演出、区各团队优秀节目文艺演出、“群文风华”文化活动剪影展览、猜灯谜、送春联、非遗剪纸、“浓浓中国年·幸福中国梦”全家福现场拍摄等活动。

【“永远跟党走　迎接十九大”】1月15日晚,由区文体新局主办,区文化馆、区白龙桥叶店村承办“永远跟党走　迎接十九大”婺城区“迎新春　庆佳节文化大过年”暨叶店村春晚演出在叶店村文化礼堂倾情上演。19个精心编排的精彩节目展示叶店村美丽乡村建设取得的丰硕成果。

1月18日上午,由区文体新局主办,区文化馆、区图书馆、区非遗中心、城中街道党工委　文化站承办的“永远跟党走　迎接十九大”婺城区“迎新春、庆佳节、文化大过年”迎新活动在城中街道西市街社区银泰天地AB广场举行,表演13个节目。

1月22日,由区文体新局主办,区文化馆、蒋堂镇开化村党委、政府承办“永远跟党走　迎接十九大”婺城区“迎新春、庆佳节、文化大过年”演出暨开化村村晚在蒋堂镇开化村文化礼堂举行。

2月6—15日,由区文体新局主办,区文化馆、沙畈乡周村文化站承办的“永远跟党走 迎接十九大”婺城区“庆新春、乐佳节、城乡文化大联欢”文艺演出、图片展分别在沙畈乡周村、安地山道村文化礼堂举行,为当地村民送去新年祝福并祝贺区“两会”的胜利召开。

2月7日下午,由区文体新局主办,区文化馆、莘畈乡党委政府承办的“永远跟党走 迎接十九大”婺城区“庆新春、乐佳节、城乡文化大联欢”婺剧专场演出在莘畈乡方家村篮球场鸣锣开场,后续在第五监狱、白龙桥也进行了婺剧专场演出。

2月9—16日,由区文体新局主办,区文化馆、城西街道办事处、文化站承办“永远跟党走 迎接十九大”婺城区“庆新春、乐佳节、城乡文化大联欢”文艺演出分别在城西街道西郊社区、城东街道、蒋堂镇、岭上乡、塔石乡举行。

2月9日晚,由区文体新局主办,区文化馆、长山乡党委政府承办的“永远跟党走 迎接十九大”婺城区“庆新春、乐佳节、城乡文化大联欢暨长山乡2017年喜庆元宵文艺晚会”在长山乡新改建的集镇文化礼堂举行。

2月10日下午,由区文体新局主办,区文化馆、城北街道党工委 文化站承办的“永远跟党走 迎接十九大”婺城区“庆新春、乐佳节、城乡文化大联欢”文艺巡演、图片巡展暨城北洪湖路社区喜迎元宵文艺演出在城北洪湖路社区举行。

2月11日晚,由区文体新局主办,区文化馆、蒋堂泽口村党支部 村委会承办的“永远跟党走 迎接十九大”“庆新春、乐佳节、城乡文化大联欢”文艺巡演暨蒋堂泽口村2017年元宵晚会在蒋堂泽口村文化礼堂精彩亮相,大家欢聚一堂,共庆元宵佳节。

【“浓浓幸福年、托起中国梦”随手拍摄影比赛】 3月9日下午,婺城区文化馆邀请资深摄影专家对婺城区“浓浓幸福年、托起中国梦”随手拍摄影比赛作品进行公平、公正、严谨地评选,评出专业作品组一、二、三等奖和手机作品组一、二、三等奖。

【“剿灭劣V类水源 建美丽生态廊道”婺城区百名文艺工作者巡演】 4月6—28日,由区委宣传部、区文体新局、区文联主办,区文化馆、琅琊镇党委政府承办“剿灭劣V类水源 建美丽生态廊道”婺城区百名文艺工作者巡演活动分别在琅琊镇、汤溪镇、长山乡等乡镇举行了9场精彩纷呈的宣讲治水节目。

【排舞师资培训班】 4月12—14日,由区文体新局主办,区文化馆承办的2017婺城区排舞师资培训班在婺城中学体育馆开班。来自全区各乡镇(街道)文化站文化员、排舞骨干、排舞爱好者60余人参训。

【“剿灭劣V类水 保护水资源”婺城区“农民油画”巡回写生创作活动】 4月12—20日,由区文体新局主办,婺城区文化馆承办的“剿灭劣V类水 保护水资源”婺城区“农民油画”巡回写生创作活动,组织田园油画公社油画农民画队伍成立“剿灭劣V类水 保护水资源”文艺创作小分队,到琅琊镇、白龙桥镇周边写生创作,围绕水的主题,以写生采风的行动宣传“剿灭劣V类水,保护水资源”,宣传建设婺城生态廊道。

【第四届文化礼堂排舞培训班】 4月19—21日,由区文体新局主办,区文化馆承办的2017婺城区第四届文化礼堂排舞培训班在婺城区文化馆“婺星剧场”开班。来自全区排舞团队推广负责人60余人参加。通过培训班的学习,进一步推动了全民健身事业的发展,让更多排舞爱好者积极参与到健身行列中来。

【婺城少儿声乐比赛】 5月6—7日,由区文体新局、区教育局主办;区文化馆承办2017婺城少儿声乐比赛在区文化馆婺星剧场举办,全区有少儿226人参加。比赛分为幼儿组、儿童A组、儿童B组、少年组4个组别,年龄段设在4周岁至15周岁之间,形式以独唱、组合为主。按各组别的10%至40%评出金、银、铜奖等奖项。

【未成年人朗诵大赛】 5月12日,由区文体新局、区教育局主办;区文化馆、区图书馆承办的2017婺城区未成年人朗诵大赛在婺星剧场举办,全区28个小学、12个中学的40个节目、700余名选手参加,分小学组和中学组两个组别进行。最终,评委们遵循公开、透明的原则,评出小学组和中学组各个奖项。

5月12日，区未成年人读书节朗诵大赛

【“剿灭劣Ⅴ类水 建美丽家园”婺城区第二届青年歌手大赛】5月20日，由区委宣传部、区文体新局主办；区文化馆、区音乐家协会承办“剿灭劣Ⅴ类水 建美丽家园”婺城区第二届青年歌手大赛在婺星剧场举行，全区有41人报名参赛，比赛设民族组、美声组、流行组三个组别，每个组别分别按10%、20%、30%比例设置金、银、铜奖。每组前三名优秀选手选送参加市青歌赛。

【“醉美白沙溪”婺城区“田园油画公社”油画写生作品展】6月1日上午，“醉美白沙溪”婺城区“田园油画公社”油画写生作品展在婺城区府大厅展出，60幅由婺城农民画笔呈现白沙水治理成就、治水成果面貌，作品风格各异、朴实生动，吸引了众多爱好者驻足观赏。此展由区委宣传部、区文体新局、区文联主办；区文化馆、区美术家协会承办。

【“剿灭劣Ⅴ类水 建设美好家园”婺城区小学生现场创作绘画大赛和“剿灭劣Ⅴ类水 建设美好家园”倡议书现场签名活动】6月5日上午，由区委宣传部、区文体新局、区教育局主办，区文化馆、区教研室承办“剿灭劣Ⅴ类水 建设美好家园”婺城区小学生现场创作绘画大赛和“剿灭劣Ⅴ类水 建设美好家园”倡议书现场签名活动在金华市人民广场举办，区16所城区小学选拔了60人参加了此次比赛。最终评出2个一等奖、5个二等奖、9个三等奖和2个优胜宣传组织奖。

【文化志愿者大队成立启动仪式】6月20日上午，区文体新局、区文联、共青团区委员会主办，区文化馆承办的婺城区文化志愿者大队成立启动仪式在婺城区文化馆婺星剧场启动，拉开了区新一轮文化志愿服务活动的序幕。

【优秀原创小戏、曲艺作品加工会】6月21—22日，婺城区优秀原创小戏、曲艺作品加工会在区文化馆书法指导室举行。会议召集全区曲艺家协会会员、创作骨干近30人参加，还特别邀请国家一级演员、浙江省文化馆研究馆员周子清老师和国家级编剧、浙江省文化馆研究馆员施莉萌老师讲课并对作品进行指导。

【2017年浙江省群文声乐培训班】7月1—5日，由省文化馆主办，区文体新局承办，区文化馆执行承办的2017年浙江省群文声乐培训班在区文化馆婺星剧场开幕。百余名来自全省各市、县(市、区)文化馆声乐干部、浙江省艺术院校教师、学生以及其他业余声乐爱好者现场聆听了国内著名声乐专家的授课。

【“喜迎十九大 共建都市区”第二届婺城百姓才艺大赛】7月13—8月31日，由区委宣传部、金华广播电视总台、区文体新局主办，区文化馆、金华电视文艺节目中心等单位承办的“喜迎十九大 共建都市区”第二届婺城百姓才艺大赛初赛分别在城西街道西郊社区、莘畈乡大立元村、白龙桥镇临江工业区、安地镇郑二村竹马乡郭店村等11个乡镇(街道)举行，各个参赛队伍选手纷纷展示了自己不同形式的精彩才艺，营造出百姓文化我参与、享受文化我快乐的文化氛围。

【“践行八八战略 共建法制婺城 迎接十九大胜利召开”法制文艺巡演】7月17日—9月20日，由区文体新局、区司法局主办，区文化馆、各乡党委政府承办的“践行八八战略 共建法制婺城 迎接十九大胜利召开”法制文艺巡演分别在竹马乡姜衙村、塔石乡上塔石村、竹马乡东宅村、雅畈镇琅琊徐村等12个乡镇文化礼堂为现场群众献上了一台通俗易懂、喜闻乐见的法制教育视听大餐。期间还穿插了与群众互动的法律知识有奖竞答，旨在通过文艺巡演和有奖问答形式开展好法治文化宣传活动，进一步促进婺城区法治宣传工作的深入开展。

【衢江婺城段建筑工地慰问一线职工开展巡演

活动】7月26日,由区文体新局、共青团区委员会主办,区文化馆承办,组织区文艺小分队深入到衢江婺城段建筑工地慰问一线职工开展巡演活动,向冒着高温酷暑战斗在一线的职工献上主体性、思想性、艺术性和感染性兼备的文化大餐。

【“军歌嘹亮跟党走”婺城区纪念中国人民解放军建军90周年演唱会】7月28日下午,由区委宣传部、区文体新局、区民政局、区文联主办,区文化馆、浙江金华臻乐艺术团承办,市爱国拥军协会、市音乐家协会协办“军歌嘹亮跟党走”婺城区纪念中国人民解放军建军90周年演唱会在金华市婺城区文化馆婺星剧场举行。

【金华治堵文化走进社区、走进文化礼堂启动仪式暨首场文艺演出】8月9日晚,由市治堵办主办,市交通运输局、区治堵办承办,市文化馆、婺城区文化馆、金东区文化馆、金华电台金华之声、《交通旅游导报》文化传媒中心协办的“金华治堵文化走进社区、走进文化礼堂”启动仪式暨首场文艺演出在区文化馆婺星剧场举行。参加全省治堵现场会的领导、代表、市有关领导、婺城区治堵办组织群众代表及区文化馆组织社区文艺爱好者等近700人出席了此活动。

【村级文艺骨干、文化礼堂、公共文化设施管理人员素质提升工程培训】8月15—16日,由区文体新局主办,区文化馆承办的婺城区村级文艺骨干、文化礼堂、公共文化设施管理人员素质提升工程培训在区文化馆婺星剧场开班。区各乡镇(街道)200余人村级文艺骨干及文化礼堂、公共文化设施管理员参加培训。

【“美丽婺城”走进金东文化走亲文艺演出(婺城专场)】9月26日晚,由金东区委宣传部、市教育(文化体育)局、婺城区文体新局主办;金东区文化馆、婺城区文化馆承办;以“喜迎十九大 欢乐庆国庆”为主题,“美丽婺城”走进金东文化走亲文艺演出(婺城专场)在金东区施光南音乐广场举行,此次走亲演出精彩纷呈、韵味无穷,加强了婺城与金东的地域文化交流。

【“喜迎十九大 共筑中国梦”婺城区机关干部、乡镇(街道)干部大合唱比赛】9月29—30日晚,由区委宣传部、区直属机关工委会、区总工会、区文体新局主办,区文化馆承办的“喜迎十九大 共筑中国梦”婺城区机关干部、乡镇(街道)干部大合唱比赛在市会议中心举行,全区34支代表队2000多名党员干部参加,最终区教育局直属机关党委、市场监管局直属机关党委、宣传文化系统3支代表队获得区机关干部合唱大赛一等奖,琅琊镇党委政府、城东街道党工委办事处、长山乡党委政府3支代表队获得区乡镇(街道)合唱大赛一等奖。

【“喜迎十九大 迈向新辉煌”书画作品展】10月13日上午,由区政协、区委宣传部、区文联主办;区文化馆、区美协、区书协承办的婺城区“喜迎十九大 迈向新辉煌”书画作品展开幕式在区政府大厅举行。展出区书法家、美术家及书法、美术爱好者创作的书画作品60幅,这些作品紧紧围绕主题,以多种形式,从不同角度,以精品展示“两富两美”婺城建设的丰硕成果。

【“喜庆十九大 共建美丽婺城”婺城百名文化工作者走基层巡演】10月20日,由区文体新局主办,区文化馆、区各乡镇党委政府承办的“喜庆十九大 共建美丽婺城”婺城百名文化工作者走基层巡演活动在安地镇上傅村、白龙桥新昌桥村、安地镇岩头村等5地进行,区文化馆组织文艺骨干以文艺表演和有奖知识问答相结合的形式开展活动。

【“学习十九大精神 共建美丽都市区”婺城区第二届百姓才艺大赛复赛】11月4日,由区委宣传部,金华广播电视总台和区文体新局联合主办,区文化馆承办的“学习十九大精神 共建美丽都市区”婺城区第二届百姓才艺大赛复赛在区文化馆婺星剧场举行。

【“写意婺城”文化走亲作品展】11月,为加强婺城和长兴、武义、龙游的艺术交流,“写意婺城”文化走亲作品展分别在长兴、武义、龙游开展,40幅书画作品,展示了婺城的自然地貌、风土人情。

【“共建三廊道,共绘同心圆”金华市喜庆“十九大”文艺巡回演出活动】11月10日,由市文广新局主办,市文化馆承办,区文化馆执行承办的“共建三廊道,共绘同心圆”金华市喜庆“十九大”文艺巡回演出活动在乾西乡湖头村举行。

【"宣传十九大，走亲贺盛会"婺城·庆元文化走亲文艺晚会】11月15日，由区文体新局、庆元县文广新局主办；区文化馆、庆元县文化馆承办的"宣传十九大，走亲贺盛会"婺城·庆元文化走亲文艺晚会在庆元市民广场举行。区文化馆精选12个有特色节目呈现给庆元观众，增进了两地文化交流。

【"美丽婺城 有缘新昌"婺城区赴新昌文化走亲文艺演出】11月17日，由区文体新局、新昌县文广新局主办，区文化馆、新昌县文化馆承办的"美丽婺城 有缘新昌"婺城区赴新昌文化走亲文艺演出在新昌县孟家塘文化礼堂举行。

【"喜庆十九大 共筑中国梦"婺城·开化文化走亲文艺演出】11月20日，由区文体新局、衢州市开化县文广新局主办，区文化馆、开化县文化馆承办的"喜庆十九大 共筑中国梦"婺城·开化文化走亲文艺演出在开化县音坑乡城畈村文化礼堂举行。

【"学习十九大 共建都市区"美丽婺城走进魅力遂昌——婺城·遂昌文化走亲文艺演出】11月21日晚，由区文体新局、遂昌县文广新局主办，区文化馆、遂昌县文化馆承办的"学习十九大 共建都市区"美丽婺城走进魅力遂昌——婺城·遂昌文化走亲文艺演出丽水遂昌县影剧院举行。

【"喜庆十九大 文化心连心"婺城·兰溪文化走亲演出】11月28日晚，由区文体新局、兰溪市文广新局主办，区文化馆、兰溪市文化馆承办的"喜庆十九大 文化心连心"婺城·兰溪文化走亲在兰溪市游埠镇东莞村文化礼堂举行。

【第五届中小学婺剧演唱大赛】12月15日下午，由区委宣传部、区婺剧促进会、区文体新局、区教育局主办，区文化馆承办2017年婺城区第五届中小学婺剧演唱大赛在婺星剧场举行。全区有13所中小学和幼儿园参加，14个参赛节目依次评出一等奖3个、二等奖6个、三等奖4个。

【"喜迎十九大 共建都市区"婺城区第二届百姓才艺大赛决赛】12月16日晚，由区委宣传部、金华广电总台、区文体新局主办，区文化馆承办的"喜迎十九大 共建都市区"婺城区第二届百姓才艺大赛决赛在区文化馆婺星剧场开赛，区文化馆和各个乡镇(街道)经过前期5个月海选、复赛，选出14组优秀节目参加决赛，评出10个"十佳百姓才艺之星"、10个"十佳优秀节目"、1个"山山家才艺形象大使"。

【免费送讲座】自10月23日开始，区文化馆通过提供讲座内容菜单，各乡镇、街道文化站根据辖区群众文化需求点单，再由区文化馆组织送讲座。区文化馆先后走进新师街道、塔石乡、白龙桥镇、安地镇岩头村、蒋堂镇、长山乡等文化站，送摄影、美术、书法、舞蹈、写作等项目10个讲座，并安排文化馆专职文化干部及社会优秀文化人才担任主讲人，通过通俗易懂、现场互动等形式，把基本内容与掌握方法生动地传递给庭众，获得听众们的热烈欢迎。

2017年婺城区文化馆业务干部辅导、获奖一览表

表5

辅导老师/作者	时间	内容	奖项	奖级
郑红建	2017年7月19日	粉画作品《圆梦》	第九届中国体育美术作品展获最高奖(中国美术家协会)	国家级
郑红建	2017年6月6日	粉画作品《景·殇系列一》	入选浙江省第二届优秀粉画作品展(省水彩画家协会)	省级
郑红建	2017年6日	油画风景《水渠》	入选浙江省"剿灭劣V类水"写生作品展(文化厅)	省级
郑红建	2017年5月20日	油画作品《逝去的风景》	入选金华市美术书法作品赴杭州展(市美协)	市级

续表 5

辅导老师/作者	时间	内容	奖项	奖级
郑红建	2017 年 6 月 13 日	粉画作品《潺潺溪水》	入选“剿灭劣Ⅴ类水”浙江省美术作品展(省美协)	省级
郑红建	2017 年 6 月 6 日	油画风景《绿》	入选金华市“剿灭劣Ⅴ类水”油画作品展(市文化馆)	市级
郑红建	2017 年 7 月 21 日	油画作品《战友情》	入选金华市“庆祝建军九十周年”美术作品展(市文化局)	市级
郑红建	2017 年 8 月 1 日	油画作品《战友情》	入选浙江省“庆祝建军九十周年”美术作品展(文化厅)	省级
郑红建	2017 年 8 月 25 日	油画作品《赴》、粉画作品《潺潺溪水》	入选金华市群星奖油画、水彩、粉画作品展(市文化局)	市级
郑红建	2017 年 9 月 1 日	粉画作品《潺潺溪水》	入选浙江省第五届“群星”视觉艺术展(文化厅)	省级
郑惠元	2017 年 6 月 18 日	民族歌曲《问春》	获金华市第十一届青年歌手大赛银奖	市级
郑惠元	2017 年 9 月 6 日	民族歌曲《青春舞曲》	“美丽浙江”浙江省第三届群众声乐大赛民族组银奖	省级
郑惠元	2017 年 8 月 27 日	《少儿声乐》	金华市第四届少儿声乐大赛	市级
章晓华	2017 年 10 月	《图书馆故事》	2017 浙江省道情大赛优秀奖	省级

(孙傲雪)

文化市场管理工作

【概况】2017 年共出动执法检查人数 1047 人(次),检查文化经营单位 1462 家(次),受理群众举报 6 起,取缔无证网吧 1 家,取缔无证歌舞娱乐场所 1 起,立案查处违规案件 16 起(其中一般程序 15 起,简易处罚 1 起),办结 15 起。共办理网吧违规案件 9 起,印刷企业 3 起,音像制品销售 2 起,取缔无证歌舞娱乐场所 1 起,查处网络科技公司宣扬赌博立案 1 起,全年罚没款 19000 元。受理群众匿名举报 4 起,其中受理网吧举报 2 起,文物举报 2 起、市场良好率达 98%。撰写上报文化市场信息 60 篇,利用微信平台制作、传播宣传短篇 18 篇,其中省文化市场 OA 系统刊用 56 篇,包括理论研讨文章 4 篇,婺城区《调查与研究专刊》刊用 1 篇。2017 年年底,获得金华市“扫黄打非”工作综合考评第 2 名。

【落实双随机】根据《国务院关于“先照后证”改革后加强事中事后监管的意见》中提及“普遍推广随机抽取检查对象、随机选派执法检查人员的“双随机”抽查机制的要求。大队在网吧、歌舞娱乐场所、出版物经营单位、印刷复制企业、电影院场所、音像制品销售场所实施“双随机、一公开”检查机制,随机检查量达到日常检查总量的 80%以上。歌舞娱乐场所和出版物经营单位的检查量也已达到日常检查总量的 20%以上。

建立“一单、两库”,制定婺城区文化市场随机抽查事项清单。根据“双随机、一公开”工作要求,制定了《婺城区文化市场行政执法大队双随机抽查事项清单》。建立检查对象名录库,建立执法检查人员名录库。大队现有 4 名在编执法人员,有执法证人员 3 人,人员信息全部录入平台,在平台中随机抽取检查人员。完善清单管理 对“双随机”进行清单管理。建立检查人员权责清单，建立抽查经营单位诚信清单。对列入“黑名单”的经营单位进行公开曝光，及时向社会公布。落实权责统一 。为确保“双随机”落实到位，确保公平、有效、透明地进行事中事后监管，切实履行法定监管职责。

【推进软件正版化】 完成正版办公软件采购工作，2017年党委政府机关办公软件全部正版化，采购正版电脑操作系统软件80套；结合婺城区电子政务应用工程做好国产通用办公套件的嵌入和使用培训工作；针对办公软件在实际应用中暴露出的一些技术问题，与厂商衔接，及时解决，在今后的升级版本中进一步完善工作。

【十九大“百日攻坚”工作】 根据文化部和省、市关于文化市场保障十九大“百日攻坚”工作的通知精神，大队从8月16日开始至十九大闭幕后10天，全面展开了百日攻坚行动，每天保持一组人员在市场上开展检查，重点加强网吧、歌舞娱乐场所以及各类临时演出场所、出版物经营场所的消防安全隐患排查和依法经营情况的日常检查。其间，区委常委先后带队检查2次，局领导带队检查6次（含开发区社发局），执法大队共计出动172次，检查289家次，整治问题21处，立案查处违规案件4起，取缔无证歌舞娱乐场所2家。

【“扫黄打非”】 在2017年的“扫黄打非”工作中，主要围绕认真落实市、区“扫黄打非”领导小组部署的各项任务展开。扎实推进“扫黄打非”进基层工作，根据区委常委、宣传部部长方鹰主持召开的婺城区“扫黄打非”进基层工作推进会的会议要求，在成立的由宣传部部长方鹰任组长、副区长方锦瑞为副组长的区“扫黄打非”领导工作小组领导下，重点加强“扫黄打非”工作纳入基层网格化综治管理平台的建设和相关理论培训工作，有效确保了基层“扫黄打非”工作有人抓、有人管、见成效。全区18个乡镇(街道)均已建立“扫黄打非”工作领导小组，全区所有村(社区)均已成立“扫黄打非”工作网格员、网格长、网格指导员。同时，区“扫黄打非”办公室向各乡镇(街道)制作下发了“扫黄打非”工作领导小组工作职责、村(社区)“扫黄打非”网格员工作职责等工作制度牌共计436块，下发“扫黄打非”宣传手册共计1000份。根据时间节点，重点抓实“秋风”“清源”“护苗”等专项行动，2017年，共办理“扫黄打非”类案件4起，其中音像制品类1起、印刷企业未落实印刷五项制度3起，现场处罚无证音像经营点1起。收缴各类盗版音像光碟262张，非法出版物52册，收缴“黑网吧”的调制解调器6个和电脑主板4块。开展印刷企业专项整治。根据省、市、区“扫黄打非”办的要求，大队在5月中旬，组织开展印刷经营活动专项检查，主要核查印刷企业经营证照是否齐全，检查印刷活动五项制度落实是否到位，各类消防设施要求是否规范。专项行动共计检查乡镇印刷企业34家，立案查处违规企业2家。

【印刷复制发行监管】 9月，组织开展印刷企业、出版物发行及网络文化传播为主的专项整治行动。此次检查，执法大队共出动40余次，检查印刷企业85家次、出版物经营场所14家次（含网络发行场所），校园周边经营场所23家，共收缴不健康的游戏卡片612张，对校园周边2家文具店从事出版物销售的行为给予立即停止销售并责令整改。

【校园周边环境整治】 针对开学前后、“两考”时期、暑假等期间，大队组织召开校园周边环境整治部署会，制定校园周边环境整治方案，明确校园周边环境整治内容及目标。开展以校园周边环境为重点的文化市场专项整治，主要是对学校附近的网吧、出版物市场和歌舞娱乐场所进行突击检查。在“两考”期间，大队在检查时向经营单位提出护考要求，要求网吧和娱乐场所禁止未成年学生进入，要求歌舞娱乐场所和KTV厅降低声音分贝，为“两考”学生提供一个安静良好的考试环境。“12318”举报电话24小时开通。6月、9月，大队对全区学校周边的网吧、书店、音像制品店进行了地毯式的检查。专项整治全年共开展5次，共计出动52人次，检查网吧68家次、歌舞娱乐场所16家次、校园周边各类出版物商店40家次，检查中对2起网吧违规接纳未成年人进行立案查处，对1家无证音像地摊进行取缔，有效地净化了校园周边环境，为全区中小学生创造良好的学习环境。

【安全生产】 为了贯彻落实7月12日区安全管理工作会议精神，认真吸取杭州西湖区发生的爆炸事故教训，执法大队从7月15日开始对所属网吧、娱乐场所及营业性演出、部分印刷企业开展安全大排查工作，重点围绕安全生产责任制度落实情况、安全生产规章制度建立情况，各类消防设施完善情况、工作人员的安全技能培训情况以及各类安全隐患整改情况等内容进行了检查。在检查中，执法人员认真对照《消防安全隐患集中排查整治记录表》的有关内容逐条检查，此次安全专项排查工作检查场所105家次，并签订《消防安全隐患监督责任书》，通过检查发现了各类隐患15处，对3处场所下发责令改正通知书。8月，为了更好地将暑期安全管理工作持续深入地推进，从8月12日开始，开展为期一周的以安全管理制度落实和文化市场经营秩序整治为主要内容的暑期安全生产专项检查，实现保持安全检查的高压态势，提高经营业主暑期安全经营意识，自觉加强安全制度的落实，以此实现婺城区文化市场经营场所安全有序规范。此次专项检查共出动检查人员4人，检查各类经营场所56家，发现各类安全隐患10起，现场整改8起，发给责令改正通知书2起，立案查处违规网吧2起，收缴非法盗版书刊32册。7月17日上午，婺城区文体新局在金华市婺城区蒋堂镇文化礼堂组织召开了全区网吧、歌舞娱乐场所、电影场所安全管理生产工作会议，全区50余家经营业主参加了会议。要求各业主要始终树牢“安全生产就是经济效益”的经营理念，要始终树牢“安全监管就是为民服务”的思想认识。要始终树牢“依法经营就是为民负责”的责任意识。会后根据安全责任管理的要求，执法大队与各经营业主还签订了《安全管理责任书》和《守法经营责任书》，为暑期安全生产经营管理工作细化了内容，明确了安全责任，提高安全意识。暑假期间每周出动两次进行夜间检查，时间为18:30—22:00，双休日或节假日必须有一组执法人员在市场巡查，坚决维护未成年人利益，确保全区文化市场安全有序。在日常巡察中将检查发现的各种安全隐患、问题进行现场拍照取证建档并填写安全管理责任清单，根据隐患性质将各类隐患问题区分为立即整改、限期整改，加强监督，暑假期间共发现各类隐患21处，现场纠正16处，限期改正5处。暑假期间立案查处各类违规案件3起，其中网吧违规案件2起、印刷复制企业1起。取缔流动无证经营商贩2起。对违规经营场所进行现场处罚2起。通过严格的执法，有效保持了文化经营环境的良好的氛围。

【网吧管理】为贯彻落实《国务院关于促进市场公平竞争维护市场正常秩序的若干意见》(国发〔2014〕20号)、《国务院关于印发社会信用体系建设规划纲要(2014—2020年)的通知(国发〔2014〕21号)等有关规定》，加强文化市场内容监管，加大对严重违法经营主体的惩戒力度，保护未成年人合法权益，促进行业诚心自律，净化市场环境，参照文化部《文化市场黑名单管理办法(试行)》及我国文化市场有关法规规章，制定了《婺城区互联网上网营业服务场所黑名单管理办法》。并出台了美丽网吧的评选方案。2017年根据《金华市网吧星级化管理办法》，有2家被评选为五星级网吧，7家网吧被评选为四星级网吧。

【消防安全】大队在日常检查中始终贯穿把安全防事故排在首要位置，时刻关注安全生产，时刻重视消防安全。在平时检查中，执法人员不厌其烦地给业主讲安全生产道理，使其始终绷紧安全这根弦，对发现的问题或安全隐患坚决当场责令整改和限期整改，过后复查过关。2017年大队召开3次安全生产专题会议，举办2次消防安全教育授课，参会人员184人。8月1日，联合金华市文广新局、婺城区消防大队组成消防安全联合检查小组，对位于市区的3家影院进行了一次消防安全专项检查。

【文物监管】区文物监察大队与文物办配合开展文物安全执法监察工作。2017年，共出动执法检查106人次，检查不可移动文物138家次，处理了2起举报拆毁三普登录点和盗掘明代古墓事件。“元旦”“春节”期间，本着“安全第一、预防为主”的原则，针对燃放烟花爆竹等火灾隐患较突出的情况，由局长亲自带队，在全区开展文物消防安全大检查。3月，根据金华市文物安全工作紧急视频会议精神，婺城区开展了文物安全隐患大排查，共排查了11个乡镇的文物保护单位(文保点)安全隐患情况，共出动66人次，检查38家文物保护单位（文保点)，排查出隐患28处，当场完成整改6处，需整改

22处。14个乡镇街道共200多人参加了排查工作，共排查了“三普’登录点356处。根据省文物局的部署，5月开始在全区范围内开展了文物安全状况大排查工作。6月，联合开展了汛期检查工作。根据《浙江省文物局关于组织开展“双随机”抽查监管工作的通知》(浙文物发〔2016〕332号)文件精神，婺城区监察大队随机抽取检查对象、随机选派执法人员对辖区内文物保护单位进行执法检查。12月，联合开展了冬季消防安全检查。根据国家文物局关于开展全国文物安全状况大排查的通知精神，按照省、市、区的部署要求，大队联合局文物办及乡镇文化站工作人员在5月中旬前对全区各级文保单位（点)开展了专项安全状况普查。检查人员先后检查各级文物保护场所50家次，其中检查省级文物保护单位2家、市(县)级文保单位15家、市级文保点33家，排查各类安全隐患13处，同时按照要求将检查中发现的问题明确了整改责任清单、整改责任单位、整改责任人、整改期限、整改措施。各类隐患已整改到位8处，12月底前能够整改到位1处（诸葛宗祠白蚁防治)，因缺少技术和资金需上级协调整改的有3处(乌云石拱桥、交椅山红军标语、徐村节孝坊)。按照“随机抽取检查对象、随机选派执法人员”的原则对辖区内文物保护单位进行执法检查。建立了“双随机”抽查名录库。把婺城区管辖范围的所有文物保护单位和文物保护点纳入抽查名录库；制定文物保护随机抽查事项清单；制定文物监察大队的“双随机”抽查监管办法；制定随机“摇号”程序，邀请区文体新局分管领导到场监督“摇号”抽查程序。12月26日，金华市婺城区文体新局文物监察大队、文物办邀请了婺城区消防大队教员在金华市天宁宾馆组织了文物消防安全培训会，婺城区各乡镇(街道)分管负责人及相关工作人员、各文物保护单位(点)场所管理使用人员共计30余人参加了培训学习。培训会上，消防大队教员首先向参训人员发放了《消防安全手册》，并结合近期重大火灾案例，从古建筑的特点介绍了火灾防范基本常识、常见火灾起因及预防、常见消防设备的配置及正确使用方法等方面内容，还对文保单位建筑场所内的突发火灾及逃生自救方法进行了现场演示，通过消防安全培训活动，提高文物管理人员的安全意识和预防、处理火灾的能力，增强了乡镇政府对加强文物保护的责任意识和危机意识，为促进婺城区文物保护场所安全管理工作的整体水平的提升提供了有力的保障。

【主题宣传】开展主题宣传活动，提升群众依法消费维权的法制意识。大队抓住几个关键时间节点，积极开展文化市场法制宣传活动，分别在“3·15”消费者权益保护日、“4·26”世界知识产权宣传周期间，“12·4”宪法宣传日配合市场监督管理局、司法局等部门分别举办了“网络诚信，消费无忧”和“保护知识产权”为主题的现场咨询、知识问答活动，向群众讲解普及网络信息安全、保护知识产权常识和非法出版物的鉴别知识等，通过活动日专题教育，使广大群众加深了对网络信息相关产业的了解，对预防各类网络不良行为带来的危害有了进一步的认识，提升了群众自觉依法运用网络，拒绝盗版的法制意识。

【市场管理】“三步骤”提高新批场所依法经营能力。大队针对新增文化市场经营单位多的实际，坚持“三步骤”有效提高新经营业主的依法经营能力。坚持对新经营业主进行约谈。按照营业前期先学法规的要求，由大队组织对新经营业主进行法规培训学习。加强对新批场所现场指导，大队坚持按照营业前先验收的要求，对新增场所的经营制度落实情况进行验收，对发现的问题及时指导纠正，确保“不带病”营业。对新经营场所加大监督力度。在日常巡察中，大队坚持将新增营业场所的经营情况巡查作为检查的重点区域，并将检查情况建立新的依法诚信经营档案，提高新业主依法经营的意识。

（盛华君）

图书事业工作

【概况】区图书馆免费开放成人报刊室、少儿借阅室、电子阅览室、地方文献、自习室、培训室等场所，坚持每周固定开放80.5小时。按上级业务规定提供夜间、节假日、双休日全年开放服务。2017年服务人次20.15万人，文献外借还册次8万余册，办理读者证3822张，其中新证926张。新增图书40658册，价值124万余元。入藏地方文献931种、1760册，还征集了1424种本地内部资料。自建金华农耕文化数据库，已完成验收。与市馆、少儿馆流转图书约40次、1万余册。移动图书馆平均月访问23.54万次，歌德电子书下载量3264册。建立婺图志愿者QQ群、微信悦读群，微信公众号平台全年推送信息212篇，关注粉丝1587人，全年网站点击数1万次以上。

【农家书屋】完成了9个乡镇（街道）文化站公共电子阅览室建设并纳入全省公共电子阅览室管理平台，新建3家图书流通站，图书流通走进社区、学校、部队、监狱等社会群体，全年流通图书8172册。完成2017年农家书屋刊物征订和配送工作。通过第三方公开问卷系统调查，满意率在99.67%以上。

【图书流通】新建城北街道、天亿影城图书分馆，书香驿站、婺城公安分局、洪湖路社区、蒋堂监狱、婺城党群连心桥总部中心、市社会福利院等9家图书流通站，流转图书1万多册。将服务触角延伸至各行业基层。利用文化信息资源共享工程服务点，线上利用浙江省网络图书馆、婺城区移动图书馆服务平台，为市民指导并提供资源的检索和获取服务，还有图书馆网站和微信公众号服务平台的功能拓展，所有读者都可以通过公众号服务平台实时查询自己的借阅信息，进行读者证绑定、解绑和馆藏图书的查询等功能操作，积极打造一个功能健全、服务统一的婺城区公共图书馆线上线下文献共享服务平台。

【阅读推广】2017年，进行阅读推广活动167场，其中大型活动7场，益智工坊、亲子课堂、婺图悦读、少儿剧场等四大品牌活动共计103场，公益讲座12场、展览11场、培训34场次。参加活动人数5万人次以上。

开展全民阅读系列活动。4月23日是世界阅读日，全省公共图书馆首届"阅读马拉松"挑战赛同步在婺城区图书馆里举行。挑战赛分成人组和儿童组两个组别，婺城站有100人参赛。开展阅读推广人、阅读之星评选，"图书馆之夜" 及"阅读马拉松""21天阅读计划""网络书香过大年""公共文化保障法知识竞赛"、"数字阅读大闯关"等活动，形式多样，内容丰富。

开展第十三届未成年人读书节。成功举办全区中小学校参加的"我读书、我快乐、我智慧"第十三届婺城区未城年人读书节暨未成年人朗诵大赛。倡导未成年人文明阅读、绿色阅读、快乐阅读。同时开展"世界读书日"宣传、儿童文学作做家进校园讲座、未成年人优秀电影展播等一系列活动。

【成绩与荣誉】全馆坚持以评促建、以评促管、以评促优作为参评的指导思想，历时3个月全力以赴地完成四年一次的全国公共图书馆的评估定级工作；婺城区图书馆选送的作品《我的心》在2017年浙江省未成年人朗诵大赛决赛中获二等奖，"益智工坊" 阅读品牌在2017金华市第三届全民阅读节中被评为"优秀阅读推广品牌"；张嫣获得国家新闻出版广电总局颁发的"农家书屋全面建设十周年先进个人"荣誉称号；朱翠柳在2017金华市第三届全民阅读节中荣获"优秀阅读推广人"荣誉称号。

（朱翠柳）

非物质文化遗产保护工作

【概况】2017年度的非物质文化遗产保护工作从普查入手，采取普查和名录申报相结合的工作方法进行，对普查工作中获得的非物质文化遗产项目进行了认真评审和科学认定，公布婺城民谣等15个项目为婺城区第五批非遗代表作。区四级非物质文化遗产名录体系已完善，有国家级非物质文化遗产项目"婺州窑传统烧制技艺"，有省级非物质文化遗产项目 "金华剪纸""抢头杵""城隍庙摆胜" 等3项，有19个项目被列为市级非物质文化遗产项目，有81个项目被列为区级非物质文化遗产项目。

【非遗保护项目、保护基地、传承人的申报和认定】通过申报程序，"婺城传统建筑砖雕""一把三弦闹花台""糖古传统糕点"等3个项目列入市级第七批非遗保护代表性名录，陈珩、陈顺财、叶增福、徐利民等 4 人被认定为金华市第四批非物质文化遗产项目代表性传承人，詹东明为浙江省第五批非物质文化遗产项目代表性传承人，陈新华为第四批国家级非物质文化遗产项目代表性传承人，白沙文化小镇为市级第二批非遗旅游小镇。

【非遗保护多种平台创建】创建以体验为主的婺城非遗馆(民办)一个。把非遗保护和婺城非遗文化产业发展相融合，创建"金华好物"非遗产品网购平台。与琅琊高益果蔬合作社合作，创建婺城非遗园；整合非遗资源，以非遗体验中心和小蜜蜂非遗志愿队为核心，成立了 50 余人的婺城非遗保护志愿队，积极主动开展非遗保护传承工作。

【非遗宣传和保护】举办婺城美丽非遗进文化礼堂活动 10 场、婺城美丽非遗进社区活动 10 场，开展非遗进校园活动(培训传承人)3 场。

积极进行非遗保护课题研究工作，非遗活动创新案例《非遗赶大集》获市级二等奖，论文《婺窑小镇创建模式探索》获省级二等奖，《金华剪纸》获省百优图书。组织非遗项目参加展示比赛活动，金华剪纸参加省工艺美术品展，获金奖；黄蜡石雕刻参加厦门海峡两岸工艺品展获得两个银奖；婺城青年婺剧团参加金华市传统戏剧民间剧团表演赛，获金奖。

(朱明升)

文物保护工作

【概况】2017 年，婺城区文物办认真贯彻落实"保护为主、抢救第一、合理利用、加强管理"的文物工作方针，稳步推进各项文物工作。加强了文物保护基础工作。通过推荐申报工作，婺城区新增了 2 处省级文物保护单位和 12 处市级文物保护单位。确定了 2 处省级文保单位和 14 处市(县)级文保单位的保护范围和建设控制地带。完成了上阳存义堂、琅琊徐全院、高儒李氏宗祠的修缮工作。开展了古方朱氏宗祠、安地信成堂、何宝新住宅、上范红军标语修缮设计方案评审及修缮工作。配合基本建设，做好考古调查工作。配合省考古所开展了西气东输、金华至建德铁路沿线婺城区段前期考古调查工作。配合行政许可开展了城北综合园区住宅土地、上陈地块土地出让前置审批考古调查工作。配合区规划部门对涉及文保单位长山朱大典读书处、文保点何炳松墓的建设工程规划审批进行调查工作。先后实地调查了雅畈镇罗芳桥摩崖石刻、雅桑园董氏宗祠，莘畈乡祝村西坞口周功成民居，沙畈乡青草村摩崖石刻，乾西乡鲍杨村吴建新民居等。与区文物监察大队配合，做好文物执法及文物安全工作。与各文保单位的业余文保员签订了文物安全责任书，落实文物保护工作的责任。平时有计划开展日常巡查工作。节假日、夏冬等干旱季节开展消防安全专项检查工作。3 月，根据金华市政府部署在全区开展了文物安全隐患大排查工作。5 月，根据省文物局的部署在全区范围开展了文物安全状况大排查工作。

【新增 2 处省级文物保护单位和 12 处市级文物保护单位】2017 年 1 月 13 日，浙江省人民政府下文公布了第七批省级文物保护单位，婺城区现辖区域内的两处古建筑古方洞山塔和叶店叶氏宗祠名列其中。2017 年 11 月 10 日，金华市人民政府公布了第四批市级文物保护单位，婺城区有 12 处市文保点(三普登录点)升级为市级文物保护单位。婺城区文物保护单位的数量是 29 处，其中省级文保单位 2 处、市(县)级文物保护单位 27 处。

【调研婺城区文物工作】2017 年 11 月 10 日，副区长方锦瑞调研婺城区文物工作。区文体新局局长周文虎、副局长吴旭涌及区规划分局、文物办、测绘单位有关人员陪同调研。

【"两划"工作】婺城区于 2016 年启动了"两划"工作。经征求各乡镇人民政府(街道办事处)、相关管理部门和当地村委会(所有权人、相邻利害关系人)意见的基础上，区文体新局会同区规划分局划定了辖区 2 处省级、14 处市(县)级文物保护单位"两划"方案，将方案向社会公示后报区政府审核。收到"两划"方案报告后，副区长方锦瑞组织有关人员到各文保单位所在的村、镇进行调研，现场分析各文物保护单位的实际情况和管理需要，对"两划"工作中存在的一些问题提出了修改和完善。完善后的方案经区政府审查同意后报市政府批准公布。

【古方一村朱氏宗祠修缮工程设计方案评审会召开】 古方朱氏宗祠位于婺城区白龙桥镇古方一村,始建于明代,占地面积2400多平方米,原格局保存基本完整,规模宏大,结构简练、用材粗大,具有极高的文物价值,2017年升级为市级文物保护单位。因年久失修,该建筑岌岌可危,急需修缮。2016年白龙桥镇政府、古方一村委托浙江安地建筑规划设计有限公司编制修缮设计方案。2017年4月修缮设计方案编制完成后,区文物部门召集有关专家对设计方案进行了评审,经修改完善后通过区文体新局的审核批准,整个修缮工程预计需维修资金400余万元。

【安地信成堂、何宝新住宅开展修缮工作】 市级文保单位安地信成堂为明代建筑、市文保点何宝新住宅为清代建筑,两处建筑用材粗大、制作规整、木构件雕刻精美,具有较高的历史、艺术价值。建筑因年久失修,屋面漏雨,木构架糟朽、脱落,存在较大的安全隐患,急需修缮。鉴于维修资金短缺,上报金华市传统村落办争取抢救性保护专项资金。安地镇政府、安地村委托金华久汇建筑设计有限公司编制抢险加固方案,报区文物行政部门审批后开展了修缮工作。

【上范红军标语开展抢险加固工程】 上范红军标语位于莘畈乡上范村枫坞里自然村,是市级文物保护单位。书写在傅竹堂等4户居民所有的建筑内。标语基本都写在建筑东厢房楼上的隔板上,主要有"红军是工农自己的军队"、"农民起来打土豪分田地"等8条。建筑因住户外迁,闲置不用,导致屋面漏雨、墙体倾斜开裂,急需抢救性修缮。莘畈乡政府、上范村委会委托金华市元泰建筑设计有限公司编制了抢险加固设计方案,报区文物行政部门审批后开展了修缮工作。

【西气东输天然气管道、金华建德高铁沿线考古调查工作顺利开展】 3月29日,婺城区文物部门配合浙江省考古研究所对西气东输工程天然气管道沿线、金华至建德高铁沿线婺城区段进行前期考古调查工作。西气东输工程在婺城区境内涉及白龙桥镇、罗埠镇、汤溪镇等地。金华至建德铁路自金华站引出,经婺城区、兰溪,在建德东路接入杭黄铁路,在婺城区境内涉及竹马乡、乾西乡等地。调查人员首先召开会议,结合"三普"调查结果,对沿线的地区进行逐一排查,确定有文物的地点。然后赴现场开展实地调查,采集有价值的文物标本,登记记录现场调查的结果,拍摄调查地的情况。

【区文物部门配合规划部门开展历史建筑确定工作】 为贯彻落实《中共中央、国务院关于进一步加强城市规划建设管理工作的若干意见》(中发〔2016〕6号)提出的"用五年左右时间,完成所有城市历史文化街区划定和历史建筑确定工作"。婺城区的历史文化街区划定和历史建筑的确定工作由区规划部门主导、区文物部门配合,于2017年8月底完成了所辖区域现场调查工作。 (郎亚红)

体育工作

【概况】 2017年,婺城区文体新局以"健康中国"和"健康浙江"建设为引领,以围绕区委、区政府中心工作和落实婺城区体育工作"十三五"规划为目标,进一步扎实举措,推进体育工作新发展,婺城区荣获浙江省体育强县(市、区)称号、2017年度体育工作先进县(市、区)称号。

【体育场地设施建设】 制定出台《婺城区全民健身设施建设与管理实施办法》,推动"四提升四覆盖"工程在全区范围内全面实施,新增体育场地面积42万平方米,人均体育场地面积达到2.04平方米。完成1个笼式足球、1个拆装式游泳池、10个"小康体育村提升工程"建设。完成浙江省高水平体育后备人才基地创建工作。

【体育活动】 统筹推进社会体育指导员队伍建设,广泛开展以传授运动技能为内容的继续培训,先后开展了戏曲广播体操培训、兜球培训、可乐球健身操和门球项目的培训,直接培训人数达400余人,通过复制教学已逾千人掌握相关内容。加强科学健身指导,组织1424人进行了国民体质监测。全民健身主题系列活动形成传统,积极开展"全民健身日"系列活动。2017年共举办了区机关运动会等56项大型体育活动,涉及棋类、武术、轮滑、冬泳、毅行、皮划艇、体育舞蹈、气排球、自行车、青少年竞技等项目。承办了5个国字号大型赛事、2个省级赛事、3个市级赛事活动。健身活动深入全区城乡，贯穿一年四季，进一步掀起了全民健身的热潮。

【竞技体育】婺城区代表队在金华市第九届运动会上共夺得191.5枚金牌，获得3605分，蝉联团体总分第一名和总金牌第一名。输送到省队、国家队运动员大赛成绩优异，2017年共获得世界级冠军1个、亚洲级冠军1个、亚军3个，国家级冠军7个、亚军3个、季军1个；省级冠军33个、亚军18个、季军24个。金华市婺城区文化体育新闻出版局、金华市婺城区体育运动学校分获2017年度浙江省竞技体育突出贡献单位。

【体育产业】进一步落实《婺城区体育产业发展资金补助操作细则》，重点打造莘畈、塔石、安地、琅琊上盛村“体育+”，努力搭建“自主经营，合作发展，优化产业环境”的共赢平台。农耕文化园获批省级运动休闲旅游示范基地，莘畈乡、金华艾斯健身有限责任公司获市级体育产业运动休闲示范基地、塔石乡下塔石村评为市级“体育+”特色村。深化与乐视体育、昆仑体育等大型体育集团的合作，举办“浙中生态廊道花漫婺城”浙江省毅行系列活动——“毅行金华 体旅莘畈”、“中国山水四项”——金华南山越野赛”、中国皮划艇巡回赛（金华站）、塔石全国老年休闲气排球交流赛等有影响力的大型体育赛事，振兴乡村经济发展。

【多元宣传】采取传统媒体和自媒体相结合的宣传方式，引领健身潮流，塑造品牌形象。通过局、市局、省局官方微信、网站等渠道及时报道赛事活动，并做好市级以上媒体的深入宣传，全年刊发、播出200条，上榜央视新闻5套、浙江卫视《1818黄金眼》、《中国体育报》、《体坛报》、乐视体育、新浪、腾讯等国家级、省级媒体及主流网站，从赛前预热，赛事直播至赛后各大媒体、自媒体的后续宣传，影响至全省乃至全国。 （徐 斌）

群众体育

【概况】2017年，婺城区通过形式多样、内容丰富的比赛活动吸引广大群众走出家门，投身到喜闻乐见、健康有益的健身运动之中，引导广大市民通过体育锻炼强身健体，愉悦身心，全年共举办了区机关运动会等56项大型体育活动，涉及棋类、武术、轮滑、冬泳、毅行、皮划艇、体育舞蹈、气排球、自行车、青少年竞技等项目。承办了5个国字号大型赛事、2个省级赛事、3个市级赛事活动。

【婺州冬泳协会十周年庆活动】第十二个全国冬泳日来临之际，婺州冬泳人诚邀地区八县市兄弟协会、冬泳爱好者齐聚白沙溪共庆盛典，近300人参加活动，年龄最大的有74岁。此畅游白沙溪活动是婺州冬泳十年发展成果的一次展示，也是金华全民健身运动的一个缩影，是和谐金华、健康金华、人文金华的一次团队展现。

【首届金华市区围棋定级升段赛】2017年婺城区围棋定级升段赛在浙江科贸职业技术学院举行，赛事为期两天，共有来自婺城区及周边各大围棋培训机构的学员700人参加比赛，这是近年来婺城区乃至金华市规模最大的一次少儿围棋赛事。

【毅行系列活动】3月17日下午，在市文化中心举行了“浙中生态廊道 花漫婺城”浙江省毅行系列活动——金华莘畈站首站赛事新闻发布会，近30家省内及地方的专业媒体记者参加新闻发布会，。发布会就浙江省毅行活动概况、金华站特色亮点、筹备工作等情况进行介绍，婺城区文体新局和浙江恒昆体育发展有限公司在会议现场举行了签约仪式。

4月3日，“中国山水四项”——金华南山越野赛”在安地动物园门口拉开序幕。此次赛事以“走进桂花之乡 体验梦幻仙源”为主题，设有15千米体验组、36千米越野组、50千米挑战组，220多名参赛选手中有全国各类马拉松、越野长跑赛事的获奖者和爱好者，还有来自沙特、科威特、印度、日本的国际越野长跑爱好者。金华之声对赛事盛况进行实时全程播报，另有省市区各级媒体同步报道。

4月8日上午，“浙中生态廊道·花漫婺城”2017浙江省毅行系列活动——金华莘畈站在莘畈乡中心小学操场正式启幕。活动吸引了全省各地近两千名毅行爱好者报名参加，汇集了机关干部、社会群体、学生、亲子家庭、运动爱好者,是一次辐射面广、参与度高、影响力空前的群体活动。活动旨在促进全民健身,发展社会体育运动;倡导“公益、环保、健康”的出行方式;倡议“互助、信任、挑战”的社会正能量。活动分5千米体验组和25千米专业组。《钱江晚报》、《杭州日报》、新浪、网易、腾讯、中国新闻网、金华电视台、《金华晚报》等近30家省、市媒体参与宣传,乐视体育的全程直播,影响至全省乃至全国。活动期间,农家乐、民宿创收近5万元,农产品销售达10万元。“毅行金华 体旅莘畈”是2017浙江省毅行系列活动的第一站，它的成功落户,表明了省、市体育局对婺城体育工作的支持与重视,对婺城山水人文环境的高度肯定。

4月9日下午，青山绿水环抱的莘畈乡热热闹闹地迎来了“浙中生态廊道 花漫婺城”——家庭趣味运动趴活动,吸引了来自金华博奥轮滑、孙盈舞蹈、志扬现代音乐和奇思乐高4家机构共50户家庭近150人参与。

【组队参加省市区级赛事】 4月22—23日,“江阴周庄”杯2017中国体育彩票全国象棋业余棋王赛浙江赛区金华分站赛暨“银泰杯”金华市第三十三届象棋棋王赛、全运会选拔赛在江北银泰顺利举行。参赛选手分为成人组、儿童组,少年组,共121人展开较量。河北盲棋吉尼斯世界纪录保持者党斐1对12的盲棋表演、金华籍少年象棋大师王家瑞车轮战表演博人眼球,精湛的棋艺令人叹为观止。

5月10—11日，举办了婺城区少儿围棋级位赛,来自婺城区各所小学和幼儿园115名小选手参加了十级以下级位赛，小选手在欢笑与泪水中,棋力得到了历练和成长。

5月18日,婺城区第三届残疾人运动会在婺城中学体育场隆重举行。此次运动会由婺城区残疾人联合会、婺城区教育局、婺城区文化体育新闻出版局主办,婺城中学协办。婺城区残疾人运动会每四年举办一次,是全区残疾人的一场盛会。此届运动会共设有田径、乒乓球、定点投篮、飞镖、团体接力等5个大项37个小项。来自全区19个乡镇街道的200多名残疾人运动员在“为生命喝彩 向极限挑战”的主题下,参与37项竞赛。

5月22—25日,与教育局共同主办了婺城区第九届中小学生乒乓球比赛，共有27所学校234人参赛,最终决出初中、小学4个组别的前四强。

5月28日,举办2017年金华市第二届“金华棋王”争霸赛暨金华市区围棋定级定段赛，共有430名选手参加比赛。

6月3日,金华市第四届青少年(儿童)轮滑锦标赛暨婺城区首届短道轮滑锦标赛在金华市荣光国际学校开幕。此届锦标赛吸引了金华各县市区17支队伍近300名轮滑运动员参与,其中亲子轮滑障碍赛是此次锦标赛的一个亮点。

6月3日,2017年浙江.金华体育舞蹈公开赛暨友好城市少儿拉丁舞大奖赛在金华一中体育馆举行。大赛共吸引了来自省内外、各县市区、大中专院校及各大培训机构的28支代表队,1000余人参加。浙江金华体育舞蹈公开赛自2011年开始，至2017年已连续举办7届,选手从最初的300多人到1000余人,影响力不断扩大,从周边城市一直辐射到北京、上海以及省内外各大城市。赛事活动有效推动了婺城区青少年拉丁舞事业的发展,提高了广大教师和青少年的舞蹈艺术修养和能力,发现并培养了一大批青少年拉丁舞人才。

6月10—11日,婺城区文体新局、婺城区老年体协在区老年体协培训基地——莘畈乡大立元村举行了送文体下乡活动。活动惠民利民,进一步活跃了山区乡镇文体生活,让山区群众乐享婺城文体发展成果。

7月9—14日，中国山水四项首届夏令营暨春泥计划走进婺城山区,共有来自市区各小学的小记者及塔石留守儿童等70余人参加。夏令营分3期,每期6天。

7月23—27日,金华塔石首届全国休闲气排球交流赛在婺城区塔石乡气排球馆开赛,来自全国各地32支代表队共300多人参加，婺城区近年来举办规模最大、规格最高的休闲气排球比赛。

8月8日全民健身日,婺城区各乡镇、街道、区退教协会老年体协,因地制宜,就地就近,以不同形式组织老年朋友健步走、广场舞、戏剧广播体操、柔力球操、健身球操、可乐球健身操、太极拳等活动,内容丰富多彩。据不完全统计，参加活动人数有5000余人。

8月19日，在市体育馆举行2017年“东成杯”全国武术邀请赛暨婺城区第五届传统武术比赛，来自山东、贵州、福建、江西以及浙江绍兴、宁波、衢州、丽水等省市共33个代表队430余名运动员参赛。

8月27—29日，在金华四中举行婺城区第十届游泳比赛暨市九运会游泳比赛选拔赛，共有19个学校，259名运动员参加比赛，是近十年来参与学校最多、人数最多的一次比赛。

9月16日，2017“东成杯”首届全国绝技功力邀请赛顺利开幕，来自天津、重庆、四川、浙江等省市地区8支代表队60余名身怀绝技武术精英登台献技，这次盛会还迎来了第一支国际友人代表队——柬埔寨铁砂掌分会代表队。

9月23日，2017中国皮划艇巡回赛（金华站）在琅峰山下举行，来自黑龙江、福建、江苏、江西、安徽等十多个省市的300多名皮划艇运动员参赛。此次巡回赛以“山水金华 水墨琅琊”为主题，依托婺城区美丽生态廊道建设、“五水共治”成果，是婺城区首次主办国家级皮划艇赛事。此次赛事设有公开水域男单200米，男双、女双200米、亲子趣味200米以及公开水域男单1000米，男、女混双1000米6个竞速项目。

10月5—7日，在金华市体育馆举行“东成杯”金华市青少年散打比赛暨第二届全国青少儿散打精英邀请赛，共有来自上海、江西、江苏、贵州、安徽、浙江等省市的36支队伍，380多名运动员参加。各路散打精英汇聚婺城，为金华市、婺城区庆祝国庆增添了光彩和欢乐。

11月4日，为期3天的婺城区机关运动会在婺城中学田径场顺利开幕，区四套班子主要领导到场祝贺。开幕式上婺城区老年体协670人进行了大型文体展示活动，健身球操、可乐球操、戏曲广播体操等表演节目新颖。此次运动会设有扔九宫格、飞镖、乒乓球、定点投篮、跳绳、羽毛球、气排球、8×50米、拔河9个项目，来自区机关部门各党群系统的14支队伍800余人参加比赛。

11月15日，婺城区第17届中小学生田径运动会在婺城中学运动场开幕，赛事为期3天，来自全区中小学校的40支男女代表队690名中小学生运动员参赛。

11月下旬，婺城区第七届中小学生足球联赛（初中组）在金华实验中学结束赛程，9支男、女球队经过3天激战，决出男子组和女子组的名次。

在金华国际武术节上，婺城区岳家武术代表队精彩亮相，共获奖牌93块，其中个人项目金牌44块、银牌34块、铜牌5块，集体项目获得第二名（银牌10块）。

在天津举行的第十三届全运会群众项目健身气功比赛中，婺城运动员为浙江省代表队获得气舞第3名，易筋经、五禽戏两项第6的成绩。

浙江省第十四届少年儿童田径冠军赛，经过5天激烈的拼搏，婺城代表队共获得一金四银三铜。

在2017年全国国际象棋青少年锦标赛（个人）暨第25届“李成智杯”全国少年儿童冠军赛中，婺城区吕思祺在青年女子组中获第9名，实现了赛前晋级国家一级运动员的目标，成为市区第一个晋级国际象棋国家一级运动员的棋手。

在2017金华市青少年网球比赛（永康站），婺城区代表队战绩辉煌，获得男子短网单打、双打冠军，女子U14单打、双打冠军，男子U14双打亚军、单打亚军；女子U12单打第三；男子U12双打第三的优异成绩。

【承办市级赛事】承办金华市第九届运动会篮球甲组比赛和网球比赛。赛事承办工作得到了各级领导的充分重视，从赛事接待、工作会议、熟悉场地到具体比赛的开展，各个环节组织有序，落实到位，后勤保障有力。

【“武术六进”公益培训】“武术六进”之王西安大师养生八式太极拳公益培训班在婺城区武术协会的精心筹备下，4月17日—5月13日在东成武馆举行。此次培训特邀王西安大师入室弟子、陈式太极拳第十二代传人—任代和职晶晶两位老师进行八式教学，来自婺城区老年体协、婺城区文联以及各健身辅导站点的负责人、骨干精英共50余人参加培训。

【体育政务服务】根据市、区相关文件要求,积极推进体育政务服务事项标准化改革工作,对照省、市标准,修正、优化和完善浙江政务服务网事项库信息,做好流程图、空白表格、示范文本的补充更新,整理汇总婺城区体育部门“最多跑一次”清单。

【发展体育产业】体育产业扶持能力不断壮大。通过赛事活动推进乡镇“体育+”建设,中国山水四项首届夏令营暨春泥计划和首届全国休闲气排球交流赛相继走进塔石。浙江省毅行系列活动、“城乡手拉手,互助共成长”夏令营活动、首届绝技功力邀请赛等活动,吸引了来自天津、重庆、四川、浙江等省市地区朋友,更有来自柬埔寨的代表走进莘畈。2017中国皮划艇巡回赛(金华站)在琅琊镇举行,吸引了来自黑龙江、福建、江苏、江西、安徽等十多个省市的300多名皮划艇运动员。赛事现场吸引了上万观众驻足观看。CCTV5《世界体育》栏目、乐视体育、金华电视台多个频道以及《体坛报》、《金华晚报》、《金华日报》头版等众多媒体以报道。“体育搭台,旅游唱戏”。体育赛事的举办不仅宣传了婺城,推动了婺城全民健身运动的发展。通过活动,提高了当地民宿、农家乐、农产品的销售,振兴乡村经济发展,取得了良好的经济效益和社会效益。

(徐　斌)

老年体育

【概况】2017年,婺城区老年体协在区委、区政府的领导下,在上级老年体协的指导下,在区文体新局和有关部门的大力支持下,开展了形式多样、丰富多彩的老年体育工作。2017年,加强培训基地和基层健身辅导站建设,开展健身辅导站站长(骨干)业务培训,推广体育健身新项目,积极组织老年人参加省、市老年体协组织的各项竞赛、展演活动,加强对基层老年体协工作指导,开展送文体下乡,组织老年人旅游,为全区老年人开展健身活动营造良好氛围。

2017年9月14日,婺城区12个部门联合签发金婺文体新〔2017〕54号《关于进一步加强新形势下老年体育工作的意见》,要求各乡镇、街道、相关部门贯彻执行。

【基层健身辅导站和健身骨干队伍建设】4月12日下午,婺城区老年体协培训基地授牌仪式在莘畈乡大立园文化礼堂顺利举行,特邀市老年体协主席贾若忠、顾问金芳城、副主席徐树荣、秘书长毛成基,原婺城区人大常委会主任、区老年体协顾问张菲菲参加授牌仪式。

3月13—15日,区老年体协在莘畈乡大立元村举办了全区老年人体育健身辅导站站长(骨干)业务培训班。来自全区各个乡镇、街道、区直机关、区退休教师协会老年体协80余名辅导站站长(骨干)参加了业务培训。

4月12—14日,婺城区老年人兜球培训入驻莘畈,来自各乡镇(街道)、区直机关、区退教协会老年体协的70余名健身骨干参加培训。培训由区老年体协主席朱汝韩、副主席胡兆年担任主讲。

5月9—12日,区老年体协在塔石乡体育馆举办了可乐球培训班。来自全区各乡镇、街道、区直机关、区退教协会老年体协选送的50余名体育健身骨干参加了培训班。

5月18—20日,区老年体协在市老年体育中心举办老年人门球健身项目培训班。来自全区各乡镇、街道、区直机关、区退教协会老年体协选派50多名门球爱好者参加了培训,金华市老年体协门球分会会长李承善亲临指导。

【大型展演活动】10月23日上午,金华市九运会体育社团千人健身球操展演在市体育中心举行,婺城区代表队200余人参加活动,并选派《中国美》舞蹈节目进行表演。

11月4日,区老年体协组织了近千名老年参加婺城区机关运动会。开幕式上,进行健身球操、可乐球操、戏曲广播体操3个项目的大型展演,节目受到区四套班子领导和市老年体协领导的一致赞赏。

【组队参加各级比赛】区老年体协积极组织全区老年人参加全国、省、市老年体协组织的竞赛、展演活动,以此为契机,提高我区健身项目竞技水平和健身骨干素质。2017年共组织80余名运动员参加全国、省、市展演和竞赛活动,7个健身项目均取得了较好成绩。

3月15—16日,金华市老年体协在市老年体育活动中心举行老年人太极拳(剑)团体、个人多个项目比赛,全市有10个代表队参加。区选派的10名运动员通过两天的激烈角逐,荣获团体项目第三名、个人项目第三名的成绩。

5月2—4日,金华市老年体协在市老年人体育中心举行门球比赛,婺城区老年体协选派了5名选手,获得优秀奖。

5月13日,婺城区老年体协承办了2017年金华市老年人气排球邀请赛,比赛在金华市老年人体育活动中心举行,来自婺城区、金东区、市开发区、浙师大、市教育系统、十二局、金华第五监狱、金华市人民医院、婺城移动、金东移动、金华铁路男女共18支代表队,180余人参加。经过一天的紧张比赛,婺城区女队获得第一名,男队获得第四名。

5月15—16日,由金华市老年体协举办的全市老年人乒乓球比赛在市老年人体育中心举行,全市共有9支代表队参赛。婺城区代表队派出了8名运动(教练)员参加,通过分小组循环赛和团体决赛,婺城区代表队荣获团体第四名。

6月19—20日,金华市老年体协在市老年人体育活动中心举行健身球操比赛,全市有7个代表队参加。婺城区老年体协派出14名运动员参加比赛,经过两天的比赛,获得了优秀奖。

9月19—22日,婺城区老年人健身秧歌代表队参加在山东枣庄举行的全国第三届老年人健身大会秧歌比赛,全国共有35支代表队参赛,区代表队在规定和自编套路两个项目比赛中均获得优胜奖。

9月23—24日,浙江省体育局举办的首届体育嘉年华健身秧歌、腰鼓展示大会在东阳横店举行,区代表队在秧歌比赛中获得第一名。陈瑛获得省体育竞赛“优秀教练员”和“体育道德风尚运动员”荣誉称号。

9月26日,参加金华市健身秋歌比赛,婺城区代表队在规定动作和自编动作获得两个项目第一名;并代表金华市参加浙江省第七届老年人运动会健身秧歌比赛,获得第一名。同时,参加省第七届老年人运动会闭幕式展演,受到领导和观众的一致好评。

9月21日,在金华市老年人体育活动中心承办2017年市直单位老年人门球邀请赛,来自金东区、开发区、婺城区、浙师大、市教育系统、军干所、邮政、地质、电信、电业、汤溪镇、乾西乡12支代表队,100余人运动员参加比赛。邀请赛采取循环赛,各队之间循环进行。

10月13—16日,浙江省第七届老年人运动会气排球比赛在衢州市体育馆举行,共有来自全省的14支代表队参赛,区女子气排球队代表金华市参加比赛,获全省第四名。

【基层老年体协工作】着力普及老年健身项目,提升老年体育人口,加强对基层老年体协工作指导,支持基层开展丰富多彩的文体展示、比赛活动。

白龙桥镇老年体协在元旦、春节来临之际,组织开展2017文体展示活动,来自全镇4个社区、8个行政村老年人以及镇退休教师共16个节目,150余名老年人参加了演出,展示节目既有传统的太极拳,也有现代时尚广场舞、排舞、歌伴舞,还有提倡文明行为“垃圾分类”等。

雅畈镇老年体协、雅畈镇老年大学、雅畈镇中心小学教师退休协会共同举办新年踩街活动,彩旗队、太极拳队、军鼓队共132人参加活动。

长山乡老年体协年初在长山乡石门村举行第四届村春晚,演职人员达200多人,节目70余个,观众近千人。农民春晚生动地展示了当代新农村新面貌。

城西街道老年体协组织西郊、河盘桥两个社区于2017年1月17日在七里殿社区开展“邻里和谐、共进餐、同享美好幸福生活、迎新年”活动,共有90多户120多名居民参加。

婺城区退教协会老年体协举办了两期戏曲广播体操培训班,有39个单位200余人参加培训。

【庆祝“三八”节活动】3月8日来临之际,全区各乡镇、街道老年体协组织老年人开展丰富多彩的文体展示活动庆祝“三八”妇女节,活动有门球邀请赛、妇女卫生保健讲座、排舞比赛、春季养生讲座、插花培训活动、趣味游园活动、助力小城镇环境综合整治活动、趣味运动会、健步走等。

【老年人运动会】2017年,全区各乡镇、街道、区退教协会16个老年体协举办了5年一届的老年人运动会,共有5546人参加,开展了乒乓球、兜球、定点投篮、老年保龄球、足球进门、拔河比赛、田径接力赛、棋王争霸赛等丰富多彩的比赛项目。具体举办单位有乾西乡、竹马乡、雅畈镇、白龙桥镇、琅琊镇、蒋堂镇、长山乡、沙畈乡、塔石乡、莘畈乡、箬阳乡、城东街道、城西街道、城北街道、新狮街道、区退休教师协会。

【信息工作】为反映全区老年体协开展工作情况,做到互通信息,加强经验交流,区老年体协每季度至少刊出一期简报。2017年投稿4篇以上的单位有区退休教师协会16篇、雅畈镇7篇、琅琊镇7篇、长山乡6篇、新狮街道6篇、乾西乡5篇、竹马乡5篇、城西街道5篇、白龙桥镇4篇、城北街道4篇。

【老年人旅游】2月17日,区老年体协在嘉恒宾馆召开旅游工作会议后,各单位组织老年人开展外出旅游。全区共组织4918人外出旅游。区老年体协于11月底、12月初组织175人参加第一届香港国际文化艺术节第77阶段演出,是一次"旅游+文体"的交流活动,共有来自黑龙江、河北、湖北、山东江苏、江西、浙江、广西等省、市、自治区的39个代表队参加。婺城区派出了5个代表团,展演6个文体节目(《舞动中国》《中国美》《军歌嘹亮》《广场舞》《旗袍秀》《排舞》),荣获金奖特等奖1个、金奖二等奖3个、金奖三等奖1个、最佳台风奖1个,其中舞蹈《中国美》荣获最高荣誉奖——金奖特等奖。

(覃亚萍)

竞技体育

【概况】牢固树立以人为本的理念和科学发展观,认真贯彻可持续发展战略,以提高婺城竞技体育水平为目标,以参加金华市第九届运动会、浙江省锦标赛和创建浙江省高水平体育后备人才基地为抓手,坚持求真务实,开拓创新,区竞技体育工作迈出了坚实的步伐,取得了可喜的成绩。

【竞技体育成绩】婺城区组队参加金华市第九届运动会,共取得摔跤,篮球男子甲组和乙组,足球男子甲、乙、丙3个组别,网球,跆拳道,田径,游泳10个单项赛事的团体冠军。共夺得191.5枚金牌,获得3605分。蝉联团体总分第一名和总金牌第一名。

区游泳队参加第37届"迎春杯"浙江省青少年(儿童)游泳锦标赛婺城队获得两金一铜的成绩。参加浙江省游泳锦标赛系列分站赛,10余人次达标,获得参加省锦标赛资格。区游泳队运动员马依依。获得2017年第37届"迎春杯"浙江省青少年(儿童)游泳锦标赛女子14岁以上组50米仰泳冠军、50米自由泳冠军、2017年浙江省青少年(儿童)游泳锦标赛女子14~18岁组50米仰泳冠军、100米仰泳冠军,2017年"英发杯"全国少儿游泳锦标赛(大年龄组)50米自由泳冠军、100米自由泳亚军、200米自由泳季军、400米自由泳季军。

婺城区足球队参加浙江省青少年男子足球(甲组)锦标赛,获得第六名;参加浙江省青少年男子足球(乙组)锦标赛,获得第九名;参加浙江省青少年男子足球(丙组)锦标赛,获得第二名。

【运动员输送】区少体校始终坚持把优秀运动员输送到市体校和浙江省各专业队。田径队运动员龚璐颖获得2017年全国少年(U18)田径锦标赛暨世少赛选拔赛女子跳远冠军,女子100米亚军、女子4×100亚军,2017亚洲田径大奖赛女子4×100米季军,2017年亚洲少年田径锦标赛女子跳远冠军、女子100米季军,2017年世界少年田径锦标赛女子跳远冠军,2017年第十三届全国运动会田径青少年组女子跳远冠军,女子4×100冠军(破全国记录)。2017年第十三届全国运动会女子跳远第五名。新秀占琦获得2017全国少年田径锦标赛男子800米季军、1500米第四名,2017年亚洲少年田径锦标赛男子800米季军,2017年第十三届全国运动会男子1500米第七名。"金华小鹿"郑小倩继续保持良好的竞技状态,参加2017年全国室内田径锦标赛,获得女子1500米冠军、800米冠军;参加2017年第十三届全国运动会获女子800米第五名。

学校体育

【五项中小学生体育竞赛】在积极参加省、市级比赛的同时，认真组织区赛。按照竞赛计划，联合区教育局举办了婺城区第九届中小学生乒乓球联赛、婺城区第七届中小学生游泳比赛、婺城区第十七届中小学生田径运动会、婺城区第十二届中小学生篮球联赛、婺城区第七届中小学生足球联赛。以赛促练，通过举办比赛，让优秀的体育苗子凸显出来，既能更好的发掘体育人才，又检验了各中、小学校的业余体育训练成果。

（范志俊）

科学技术

【概况】2017年,婺城区的科技创新奖励资金兑付额逐年提高,2017年兑付475.28万元,比上年增长255.26%。推进技术创新工程,申报并认定市级以上创新主体、创新机构98家,比2016年增长18.07%。2017年新列入市级以上科技项目49项,其中省级24项、市级25项。获省科学技术奖1项,浙江万里扬股份有限公司获评省创新型领军企业,金华捷特包装有限公司总经理周卫中获得首届科技新婺商称号。

接轨金义科创廊道建设,婺城科创廊道以师大创业园(现用名)为中心,向东延伸至金华电子商务创业园,向西延伸至婺城新城区,全长约13千米,沿途覆盖方永根杜鹃花培育基地、国际山茶物种园、浙中信息产业园,以及省级重点企业研究院、省级高新技术研发中心、国家高新技术企业,涵盖面积40平方千米,以二环北路为主轴,形成一条集研发、转化、孵化、产业化于一体的科技创新产业带。

知识产权工作取得新进展。2017年新增市级以上专利示范企业3家(其中国家知识产权优势企业考核1家)。获市级专利实施奖4家。开展知识产权管理规范标准认证企业逐渐增多。专利质押贷款额实现大幅提升。2017年,婺城区专利申请和授权量质齐升,专利创造实施水平进一步加强。

科技计划

【科研项目】新列省级项目35项、市级项目18项、区级项目19项。项目包括先进装备制造业、电子信息、新能源、新材料、新能源汽车、生物医药、节能环保七大新兴产业以及农业、食品加工等传统产业。通过项目的组织实施,加快科技成果的转化和产业化。以项目带动企业自主创新能力的提高。

2017年省级立项科技计划项目情况表

表6

项目名称	承担单位	计划类别
汽车关键零部件——车用智能节能动力总成研发及产业化	浙江中科正方电子技术有限公司	2018年省重点研发项目
轻型手摇式移动升降车	浙江海蜜机械有限公司	省级新产品试制计划
新型重载升降平台车	浙江海蜜机械有限公司	省级新产品试制计划
空气能热泵高温烘干机组	浙江豪瓦特节能科技有限公司	省级新产品试制计划
空气能热泵热水器	浙江豪瓦特节能科技有限公司	省级新产品试制计划
具高性能皮带的斜切机(1207)	浙江精深实业有限公司	省级新产品试制计划

续表 6

项目名称	承担单位	计划类别
具锯片定位夹紧与吸尘功能的安全性型斜切机(190A2)	浙江精深实业有限公司	省级新产品试制计划
HDPE 易成型顶管	金华市华宇管业有限公司	省级新产品试制计划
抗压型燃气用埋地聚乙烯 PE 管材	浙江高峰控股集团有限公司	省级新产品试制计划
倒挂全身式安全带	金华捷科工具有限公司	省级新产品试制计划
6%双氟磺草胺唑草酮可湿性粉剂	浙江天丰生物科学有限公司	省级新产品试制计划
15%双氟磺草胺氯氟吡氧乙酸异辛酯悬浮剂	浙江天丰生物科学有限公司	省级新产品试制计划
染料电池车整车控制器	浙江中科正方电子技术有限公司	省级新产品试制计划
高精度行星齿轮	金华市东联汽车变速箱厂(普通合伙)	省级新产品试制计划
新能源电动汽车高、低二档式高精度齿轮组	金华市东联汽车变速箱厂(普通合伙)	省级新产品试制计划
圆角型易开启复合材料井盖	金华市华发新型建材有限公司	省级新产品试制计划
双开孔排废型拉环式复合材料井盖	金华市华发新型建材有限公司	省级新产品试制计划
支持远程监控的汽车智能低压配电箱 ZF-MK224EPM	浙江中科正方电子技术有限公司	省级新产品试制计划
云安达智慧电梯大数据分析系统软件 V1.0	浙江云安达物联信息技术有限公司	省级新产品试制计划
云安达电梯风险预警系统软件 V1.0	浙江云安达物联信息技术有限公司	省级新产品试制计划
云安达智慧电梯物联监测软件 V1.0	浙江云安达物联信息技术有限公司	省级新产品试制计划
云安达维保记录无纸化系统软件 V1.0	浙江云安达物联信息技术有限公司	省级新产品试制计划
云安达电梯救援信息智能推送系统软件 V1.0	浙江云安达物联信息技术有限公司	省级新产品试制计划
云安达电梯应急指挥系统软件 V1.0	浙江云安达物联信息技术有限公司	省级新产品试制计划
高精度环保喷绘布	金华华硕同盟广告传媒有限公司	省级新产品试制计划
智能驱动抗风高亮广告牌	金华华硕同盟广告传媒有限公司	省级新产品试制计划
耐腐蚀抗老化户外灯箱布	金华华硕同盟广告传媒有限公司	省级新产品试制计划
高清阻燃广告布	金华华硕同盟广告传媒有限公司	省级新产品试制计划
长寿命 3D 立体灯箱布	金华华硕同盟广告传媒有限公司	省级新产品试制计划

2017 年省科技特派员项目情况表

表 7

项目名称	负责人	派出单位
蓝莓提质增效栽培关键技术示范	程建徽	浙江省农业科学院
香葱新品种及高效栽培技术示范	徐志豪	浙江省农业科学院

续表 7

项目名称	负责人	派出单位
中华蜜蜂高效养殖技术应用推广	周　圻	浙江农林大学
沙畈乡油茶栽培技术示范	杨　华	浙江省林科院
蓝莓优质生产技术开发及示范	刘冬峰	浙江省农业科学院
无花果的田间种植技术与推广示范	蒋海瑛	浙江省医学科学院
山茶花地栽培育技术优化与示范推广	徐云敏	浙江农林大学

2017 年市级立项科技计划项目情况表

表 8

项目名称	承担单位	计划类别
自动变速器 CVT23 技术产品的研发及产业化	浙江吉孚汽车传动系统有限公司	重大
带智能监控汽车配电系统的研发及产业化	浙江中科正方电子技术有限公司	重点
全自动双模双腔异步浇铸工作站的研发及产业化	金华市宝琳工贸有限公司	重点
XGN-12 型环保气体绝缘环网柜的研发及产业化	浙江时通电气制造有限公司	重点
基于北斗系统的电动车人车安全智能管理系统的研究与应用	浙江金开电子科技有限公司	重点
一种裸眼 3D 虚拟服务机器人的研发及产业化	浙江斯玛特信息科技有限公司	重点
高端智能电子产品近净成型精密零部件研发及产业化	浙江一火科技股份有限公司	重点
高性能多层不锈钢材料热轧复合技术的研究与应用	浙江赤诚工贸有限公司	重点
莲藕田专用除草剂的研究与开发	浙江天丰生物科学有限公司	农业类重大项目
金佛手精油的开发及应用研究	浙江金手宝生物科技有限公司	农业类重大项目
全封闭式循环水养殖及鱼菜共生系统开发与示范	金华市加宝丽生态渔业有限公司	农业类重大项目

2017 年市农业科技成果转化项目情况表

表 9

项目名称	承担单位
葡萄设施栽培的温湿度省力化控制技术中试与应用	金华市汇鑫特色农业发展有限公司
特优茶梅高效繁育技术中试与产业化示范	金华世轩园林工程有限公司
生态高值型立体种植模式中试与示范	金华市暖田农业有限公司
石蛙高效生态养殖技术示范与推广	金华市山洲家庭农场有限公司

科技创新

【创新主体培育】2017年,新增国家级高新技术企业14家,分别是浙江万里扬股份有限公司、金华欧仑催化科技有限公司、金华市德仁假肢矫形康复器材有限公司、浙江精深实业有限公司、金华双宏化工有限公司、浙江赤诚工贸有限公司、金华乐嘉厨具有限公司、浙江安盛机械有限公司、金华市恒宇包装有限公司、浙江豪瓦特节能科技有限公司、浙江润华机电有限公司、浙江红牌智能电器有限公司、金华新华齿轮有限公司、金华中燃爱思开汇能城市燃气发展有限公司,新增省级科技型中小企业61家,其中省农业科技企业3家、市级高新技术企业18家、市创新型企业1家、市农业科技企业1家。

【研发机构】组建省级企业研究院2家,分别是浙江省欧仑汽车尾气净化排放控制技术研究院、浙江省时通智能开关设备研究院;省级高新技术企业研究开发中心6家,分别是新华齿轮传动部件省级高新技术企业研究开发中心、润华绞盘省级高新技术企业研究开发中心、精工工具箱柜省级高新技术企业研究开发中心、赤诚不锈钢复合材料省级高新技术企业研究开发中心、六环高阻燃低烟环保电缆省级高新技术企业研究开发中心、精深高效电动工具省级高新技术企业研究开发中心;市级高新技术研究开发中心12家,分别是金华市华宇埋地管道高新技术研究开发中心、金华市禾为园林机械高新技术研究开发中心、金华市宝琳全自动浇注机高新技术研究开发中心、金华市赤诚不锈钢复合材料高新技术研究开发中心、金华市力扬小型搬运车高新技术研究开发中心、金华市安可环保废气综合处理装置高新技术研究开发中心、金华市大冶矿山机械高新技术研究开发中心、金华市正方机械公路施工工艺和设备高新技术研究开发中心、金华市巨能焊接设备高新技术研究开发中心、金华市方正传媒高新技术研究开发中心、金华市鸿正科技智能选举系统研究开发中心、金华市开创电气手持式电动工具高新技术研究开发中心;省级农业科技研发中心1家,即浙江省一枝秀大米研究开发中心;市级农业科技研发中心1家,即浙江金手宝农业科技研发中心。

【科技平台建设培育】获批认定6家科创平台,收获了4个"首家":首家国家级科技企业孵化器(浙江电商信息科技有限公司),也是金华市第二家且由民营资本投资运营的国家级孵化器;首家与高校联合共建的研究院(浙江工商大学金华食品产业化研究院)正式落地;首家国家级星创天地、省级星创天地(金华市三分田农特产星创天地);四是首家浙江省创新型领军企业(浙江万里扬股份有限公司)。

科创廊道建设

【共建科创园】婺城区和浙江师范大学于2017年1月12日签订《全面深化校地战略合作框架协议》,就决策咨询服务、科学技术、文化教育、人才培养、合作机制等五大方面达成了初步合作意向。根据浙江师范大学与婺城区双方洽谈,科创园建设计划分为三期,预计总建筑面积7万多平方米,总投资预算为1.56亿元。科创园一期(原浙师网络经济创业园)招商已完成,入驻企业有47家。

【规划编制】委托浙江师范大学浙中发展研究院编制《金义科创廊道婺城区块建设规划》。8月,区政府分管领导组织召集金义科创廊道婺城区块规划对接会,联合相关单位为做好规划工作出谋划策。规划主要依据金义科创廊道建设规划,结合婺城区实际以"一条金腰带,六大区块,八大平台"的建设框架,以浙江师范大学婺城科创园为中心,向东延伸至金华电子商务创业园,向西延伸至婺城新城区,全长约13千米,形成一条集研发、转化、孵化、产业化于一体的科技创新产业带,接轨金义科创廊道。

【建设启动】6月28日,市委、市政府召开金义科创廊道建设动员大会。会上,市政府与婺城区政府签订了共建金华科技城责任书,婺城区有3个项目在大会上签约,分别是浙江工商大学金华食品产业化研究院、基于大数据的跨境互联网分众传播、中国工业设计研究院与婺城区政府战略合作框架协议。金义科创廊道三年行动计划,首批婺城区上报项目 13 项,计划总投资 85.27 亿元(其中 2017 年计划投资 13 亿元,完成投资 14.135 亿元,完成率 108%),招商项目 3 项,计划投资 0.9 亿元;科创平台项目 4 项,计划投资 12.23 亿元;重大高新技术产业化项目 2 项,计划投资 65 亿元;配套设施项目 4 项,计划投资 7.14 亿元。

【项目成效】区政府与浙江工商大学联合共建浙江工商大学金华食品产业化研究院,落户在 CRC 文创园,于 12 月 28 日揭牌运营。拟依托中国工业设计研究院的国家级工业设计集成创新和产业服务平台,引进中国工业设计研究院浙中分院,洽谈落地合作框架方案。招商引资及产业化项目方面,年产 50 万台自动变速器项目开工建设,航天动力年产 200 万套液力变矩器项目签约引进。

科技合作

【工科会】2017 年,协助金华市政府举办了第 16 届中国金华工业合作洽谈会,组织并承办了环境保护技术专场对接,包括前往上海理工大学、同济大学、上海大学、南京航空航天大学、南京农业大学的"走出去"对接以及在 11 月 8 日举行的"请进来"环境保护技术对接专场。此次环保技术对接活动共征集到全市企业技术难题 33 项,并邀请到来自北京大学、浙江大学、中国科学技术大学、西安交通大学、东南大学、中科院等 25 所高校研究所的专家 56 人,参会企业 128 家,现场达成初步合作意向 8 项。此次工科会上,有 "智能共享包装"等 8 项婺城区企业技术合作项目与高校签订合作协议。

【科技人才引进与校企合作】开展"百博入企"考核工作,共有 4 名专家获得优秀,9 名专家获得合格认定。深入实施重大引才工程。入围"国千"答辩人选 1 人,入选"省千"建议人选 1 人,入选"双龙计划"建议人选 5 人。启动实施"婺城英才计划"。评选产生区第 5 批拔尖人才 10 人、首批青年拔尖人才 20 人。入选首批"浙江工匠"1 人、省"151"人才 1 人、市级拔尖人才 4 人、市 321 人才 8 人。大力实施"婺星回归"工程。建立健全婺城籍在外高层次人才信息库,引进婺城籍专家俞孔坚,开展投资 5 亿元的长山国际设计走廊项目建设。积极争创省"千人计划"产业园。截至 2017 年年底,已引进签约专家项目 7 个。建立海内外高层次人才联谊会,50 多名婺城籍海内外高层次人才相聚家乡,共叙乡情,共谋发展。

知识产权工作

【知识产权示范区工作】2017 年,全区的知识产权工作取得了长足的发展,2015 年被认定为省级知识产权示范区。区域专利申请和授权量逐年成倍增长。2017 年,全区专利申请量 1717 件,其中发明专利申请量 555 件,数量列市本级第二。发明专利申请占比 32.32%,列全市第二。全区专利授权量 988 件,其中发明专利授权量 190 件,数量列市本级第一;发明专利授权占比 19.23%,列全市第一。

【培育知识产权优势企业】全年共申报发明专利补助 45 项;专利示范企业 6 家(市级 3 家、区级 3 家)。国家知识产权优势企业考核 1 家。启动知识产权贯标工作 2 家,通过认证 1 家。2 家获市级专利实施奖三等奖。推进专利知识产权的转化和运用,加强与银行的对接沟通,共向金华银行、农业银行推荐具有专利权的科技型企业 50 家,择优选择专利技术创新含量高的企业开展专利权质押融资贷款工作,贷款额达到 8020.46 万元,完成任务率达 123.39%。

科技帮扶企业

【创新券推广应用】加强创新券政策宣传,提高公众知晓率,让企业真正得到实惠。同时加强对创新券的申请、发放、审核、兑现等工作的监管,保障创新券使用绩效。2017 年创新券发放 80 万元。

【科技金融工作】 2017 年，召开 4 次领导小组会议，推荐给银行及保险公司相关的科技型中小企业总计 151 家。已获得贷款的企业 18 家，累计贷款金额 3070 万元。同时，市区财政共同对上浮利率贴息 2/3，担保费补贴 2/3，总计兑现贴息 18.88 万元，担保费补助 38.21 万元。

【科技创新奖励】 落实研发投入奖励政策，鼓励企业加大研发投入，2017 年共有 18 家企业获得 2016 年市级第二批研发经费补助款，累计金额 422.67 万元。同时，2016 年度区级研发投入 100 万~300 万元的经费补助已落实，共兑现 95.18 万元。对 2016 年度获得主体培育认定、研发中心认定、孵化器建设、省级项目申报、产学研合作等多个项目进行奖励补助，总计补助 475.28 万元。并依据省市要求，对新认定的浙江万里扬股份有限公司的省级重点企业研究院给予 150 万元的配套资金奖励。

地震工作

【地震防控监测】 2017 年 2 月中旬，琅琊镇后金村有人向市“8890”平台反映房间和窗户有震感。区科技局立即会同省地震局、市地震测报中心、区应急办等部门前往现场实地勘察，设立临时监测点，连续实时监测 3 天。根据实地勘察和仪器监测结果排除引起震动原因，并对群众进行引导宣传，避免不必要的恐慌，维护社会稳定。

【地震应急桌面推演】 11 月 28 日，区科技局牵头组织全区 30 个部门举行 2017 年度婺城区地震应急演练(桌面推演)活动，由区分管领导任总指挥。活动模拟琅琊镇后金村发生 4.9 级地震，在省、市地震部门指导下，婺城区政府负责区域内的抗震救灾指挥工作，按照《婺城区地震应急预案》要求，决策、协调、调度和指挥抢险救灾，区、乡镇、村联动，各部门协同应对地震灾害。 (宋　佳)

民　政

【概况】2017年，区民政局在区委、区政府的正确领导，上级民政部门的具体指导下，认真贯彻落实中共十八届三中、四中、五中、六中全会精神，紧紧围绕区委、区政府中心工作，坚持“民政为民、民政爱民”的工作理念，严格对照目标任务，夯实工作基础，注重措施落实，稳步推进民政各项工作开展。

【养老服务体系建设】推进居家养老服务照料中心规范化建设，完善多层次养老服务体系。以委托第三方开展核查考核为抓手，促进照料中心健康发展、长效运行，2017年新建居家养老服务照料中心27家，截至12月，全区已建成居家养老服务照料中心279家。开展养老服务质量大整治行动，多次联合区消防、安监、卫计等部门对全区养老机构、照料中心开展大检查，明确整改方案，促进养老服务质量大提升。积极开展白龙桥敬老院提升改造工程，不断提升养老服务水平。

【老龄工作】2017年，制发老年优待证9952张，其中绿卡6034张、红卡3918张，历年累计做证177033张。老人节组织慰问了15位百岁老人、部分困难老人以及2家敬老院的孤寡老人，发放慰问金计10万余元。

【城乡低保】规范社会救助工作，实现城乡居民最低生活保障标准一体化，标准调整为每人750元/月。截至12月，全区在册低保对象2506户3611人(城市508户630人，农村1998户2981人)，全年共发放低保救助金1840万元。加快完善居民家庭经济状况核对工作，共对2300人次申请社会救助对象开展家庭经济状况核对，积极推进精准救助。

【防灾救灾】做好汛期的防灾救灾工作。2017年，将避灾安置场所建设纳入区政府重点惠民实事，推进避灾安置场所规范化建设，进一步充实物资储备，完善管理制度。截至12月，全区新建避灾安置场所13个，改扩建避灾安置场所100个，全区累计建成避灾安置场所247家，及时下拨自然灾害生活救助金375万元，切实保障了灾民和困难群众的基本生活。

【医疗、临时救助】加大医疗救助力度，全区按人均15元筹集落实医疗救助资金，2017年实施医疗救助23600余人次，发放医疗救助金560余万元；完善临时救助制度建设，2017年救助困难群众1500余人次，共发放临时救助资金180余万元。

【孤儿、困境儿童救助】开展留守儿童建档关爱工作，将市区父母双方不能完全履行抚养和监护责任的事实无人抚养困境儿童(父母双方均存在失踪、死亡、服刑、重残或长期患重病情况)和困难家庭中的重病残儿童纳入了儿童福利保障范围，2017年新增困境儿童7人。全区有孤儿和困境儿童78人，全年发放补助88万元。

【慈善救助】2017年元旦、春节期间开展走访慰问活动，给特困户和患大病、重病的困难群众发放慈善救助金48.9万元；开展慈善助学活动，救助贫困生106人，发放救助金27.6万元。

【社会组织管理】深化“放、管、服”改革，激发社会组织内生动力，不断简化办事流程，优化服务质量。2017年，共办理社会团体成立登记3家，变更登记19家，注销3家；民办非企业单位成立登记30家，变更登记12家，注销登记6家。

【殡葬管理】积极宣传节地生态安葬，深化殡葬改革。积极贯彻落实《金华市婺城区节地生态安葬奖补实施办法》,加快公益性生态公墓建设力度,全面深化殡葬改革。

【收养登记】 做好收养登记工作,认真贯彻执行收养、婚姻登记法律法规,杜绝违规和不合法的收养要求,保护当事人合法权益,2017 年办理收养登记 44 件。

【婚姻登记】 2017 年,办理结婚登记 4688 对、离婚登记 2449 对,补发结婚登记证 1361 对,补发离婚登记证 183 本,出具无婚姻登记记录证明 4 份。

【水库移民后期扶持】 下达 2017 年水库移民后期扶持项目 54 个,共安排水库移民专项资金 2639 万元;完成 2017 年度大中型水库移民直补人口信息复核工作,截至 12 月底,全区在册大中型水库移民直补人口为 16773 人,合计发放直补资金 1011 万余元,全区约 1.68 万名移民受益。

【地名区划管理】 积极开展规范路门牌清理整治工作,2017 年共编制路门牌 29 次,发放门牌证或证明 120 份。配合做好村规模调整调研工作,形成村规模调整调研报告,积极完成平安边界创建和地名普查成果转换工作。

【双拥共建】 春节期间,区领导牵头慰问驻婺部队 11 家,发放慰问金 72.5 万元;下拨春节座谈会经费 2.85 万元;做好烈士日公祭活动,走访烈士遗属,发放慰问金 1.6 万元。

【优抚优恤】 严格落实各类优抚政策,做好重点优抚对象补助款发放工作。2017 年共发放定补款 3067 人次,计 1432.09 万元;下拨"三难"补助款 59.3 万元;在春节和"八一"建军节期间走访慰问市区重点优抚对象和农村年满 60 周岁退伍军人,下拨慰问金计 2748 人次计 82.44 万元;做好 2017 年度一至六级残疾军人医疗保险参保及缴费工作,共为 17 人参保缴费 82.82 万元;首次启动优抚对象大病医疗救助工作,开展优抚对象因病造成家庭经济困难专项救助工作,对全区符合救助条件的 91 人发放救助金,计 39.4 万元。

【退伍安置】 做好 2016 年秋、冬季退役士兵报到及职业技能培训工作,共接收退役士兵 168 人,发放自主就业生活补助金 453.39 万元;组织 72 名退役士兵参加培训,支付培训费 457275 元;联合区人武部和区人劳局组织婺城区 2017 年度退役士兵返乡欢迎仪式暨就业专场招聘会,拓宽退役士兵就业渠道。

【村(居)民自治和民主管理】 依法指导完成村社换届选举及后续工作。376 个村社全面完成了村(居)民委员会换届选举工作,产生新一届村委会成员 1114 人,参选率 95.28%;产生新一届居委会成员 197 人,参选率 86.99%;产生新一届村(居)监委会成员 1135 人。同时,指导村社做好建章立制工作,完善修订村规民约(社区公约),完成全区 384 个村(社)组织机构代码赋码工作,进一步加强民主管理。

【城市社区建设】 加强社区专职工作者队伍建设,面向社会招聘社区专职工作者 20 人,进一步壮大社区工作者队伍。出台了《婺城区城市社区专职工作者管理细则》,进一步保障了社区工作者的基本工资福利待遇,规范了社区专职工作者的管理。切实做好精品社区创建工作,完成 7 个精品社区创建,下拨补助资金 70 万元。

(雷盛强)

2017 年婺城区百岁寿星表

表 10

姓名	居住地	出生日期	性别	年龄(岁)
罗珠香	竹马乡东宅村	1915 年 4 月 18 日	女	102
王秀英	新狮街道柳湖花园社区	1915 年 6 月 30 日	女	102
于奶奶	城东街道游园街 8 幢 3 单元 101	1916 年 5 月 30 日	女	101
俞作铭	城中街道八一北街 397 弄 4-302	1916 年 9 月 4 日	男	101
虞奶奶	塔石乡东店村	1916 年 9 月 14 日	女	101
郝辉毕	白龙桥镇华电新村	1916 年 9 月 21 日	男	101
刘汝惠	城东街道胜利北街 529-2-202	1916 年 9 月 24 日	女	101
杨介福	雅畈镇雅处村	1916 年 12 月 3 日	男	101
许树良	新狮街道高村高节街	1916 年 12 月 18 日	男	101
来德森	城西街道二七路 151 号	1917 年 1 月 18 日	男	100
陆小芬	雅畈镇汉灶村	1917 年 2 月 7 日	男	100
胡　秀	城北街道站前社区	1917 年 2 月 9 日	女	100
徐春梅	琅琊镇棠坑源村	1917 年 3 月 5 日	女	100
李汝英	新狮街道	1917 年 3 月 21 日	男	100

财政　税务

财　政

【概况】2017 年，金华市婺城区实现生产总值 269.99 亿元，比上年增长 6.4%。其中第一产业增加值 13 亿元，增长 0.9%；第二产业增加值 59.09 亿元，增长 2.0%；第三产业增加值 197.90 亿元，增长 8.4%。三次产业结构比为 4.8:21.9:73.3。全区人均生产总值 69949 元，增长 6.0%。城镇居民人均可支配收入 48521 元，增长 9.0%；农村居民人均可支配收入 21127 元，增长 9.1%。全区财政总收入 42.41 亿元，降低 0.2%。区本级一般公共预算收入 10.52 亿元，增长 0.2%，占财政总收入的 25%。税收收入一般公共预算支出 22.50 亿元，下降 7.6%。其中区级一般公共预算支出 13.00 亿元，增长 10.9%。当年财政收支平衡。

【依法组织收入】强化税收管理。密切与税务部门联系，加强对重点税源、重点企业的调查和分析，发现并协助解决组织收入中存在的问题。全年组织税收收入 8.97 亿元，占一般公共预算收入的 85.3%。完善乡镇财政管理体制。制定第五轮乡镇财政体制意见，通过调整收入范围、支出基数、增收分成等，加大乡镇增收激励力度。强化非税收入征缴。与市本级同步推进非税电子化征缴改革，所有收费项目均实现电子化征缴。全年组织非税收入 2.35 亿元，增长 14.63%，其中纳入一般公共预算的非税收入 1.55 亿元。

【改善社会民生】全区民生支出 18.12 亿元，占一般公共预算支出比重为 80.6%。健全社会保障体系。提高城乡居民最低生活保障标准，老农保遗留问题全面解决，城乡低保实现一体化；安排资金 1000 万元助力农村居家养老工程；拨付资金 2319 万元落实残疾人共享小康工程。完善教育文化经费保障机制。启动实施基础教育重点县提升计划，投入 2.86 亿元改善学校基础设施建设，省级标准化学校比例达 96%；落实 5.80 亿元保障区域内中小学义务教育运转；筹措 3922 万元支持中等职业学校发展，提高中等职业技术学校免学费补助标准至 2500 元/每人·每年，增长 25%；安排资金 2112 万元用于农村普惠制幼儿园建设，实施学前教育扩容工程，新(改)建等级幼儿园 5 所。支持医疗卫生服务体制改革。推进城区社区公共卫生服务中心规范化建设，落实资金确保区人民医院建成使用，签约市中心医院全面托管；推进分级诊疗，“医联体”建设实现全覆盖。统筹推进城乡发展。安排新农村建设专项资金 1.64 亿元支持美丽村庄和村庄整治、农村生活污水治理等项目；申报 2017 年度一事一议省级财政奖补资金 2333 万元，争取 2017 年度“农村扶持村级集体经济发展”省级试点项目 11 个，总投资 2378 万元；投入 9.60 亿元实施小城镇环境综合整治项目 147 个。推进生态建设。启动生态廊道建设五年行动计划，实施廊道建设项目 44 个，完成投资 25.20 亿元。

【服务经济发展】开设科技金融风险池，全区获得贷款企业 18 家，累计金额 3070 万元。兑付各类扶持企业专项资金 2.22 亿元，兑付中央、省、市奖补资金 2397 万元。持续运作企业应急周转金，审批办理103笔,办理金额4.19亿元,直接受惠企业41家。助力企业降税减负,减轻企业各类负担累计5241万元。探索政府收购企业资产返租企业生产的帮扶新模式,取得阶段性成果。出台《婺城区产业引导基金运作管理实施意见》《婺城区产业引导基金管理办法》,产业基金运作进入可实质运行阶段。扶持强优企业,引领区域产业集聚发展,新增纳税千万元以上企业6家。重点扶持浙江万里扬股份有限公司年产200万台自动变速箱生产项目,完成首次融资贴息奖励和技改补助。

【财政改革】 加强预算管理。将区属所有国有企业列入国有资本经营预算编列范围,完善修订财政专项资金管理办法,制定临时机构资金和财务管理办法。探索政府融资新途径。完善PPP模式政策体系,签订313省道按照PPP模式建设运行协议。推进政府向社会力量购买服务工作。部门预算安排政府购买服务项目27个,年度预算583万元。推广政府采购云平台系统,共58个项目进入线上操作,完成项目采购交易额1964万元。优化国库集中支付流程,推行网上支付审核。

【财政监督】 加大财政监督力度。开展小金库、行政事业单位开支标准及津贴补贴发放情况、预决算公开、非税收入收缴情况等专项检查,维护财经纪律。加强债务管理。组织政府性债务情况自查并整改,开展地方政府性债务投资项目资产清查登记工作,摸清地方政府债务投资项目资产家底,制定隐性债务消化计划。推进预算绩效管理。实现支出绩效目标自评项目全覆盖,开展15个项目的绩效重点评价工作,涉及资金2.06亿元,对28个项目实施绩效监控。加强政府投资项目监管。完成预算审核项目401个,净核减金额1.96亿元,核减率10.4%。

【队伍建设】 深化党组织建设。推进“两学一做”学习教育常态化制度化,以主题党日活动为抓手,巩固党的群众路线教育和“三严三实”专题教育活动阶段性成果;扶持薄弱经济村发展,配备“第一书记”2人;开展剿灭劣Ⅴ类水、文明城区创建、禁燃劝导等志愿服务;落实“扶贫帮困”,走访慰问困难户20户。加强效能建设。针对省委巡视组提出的问题,落实整改措施;开展“上门服务至少一次”活动,对所有预算单位实施上门走访,改进工作作风;打造“胡伟财政工作”党建品牌,实行“个人领衔+团组服务+全线运作”的服务模式,为服务对象提供个性化财政服务。提升干部业务素养。发挥党员骨干在政策业务方面的专长,通过“传帮带”方式加强干部队伍建设;开展全员培训、公务员三年轮训,提升干部综合素质;提拔任用中层干部2人,新录用人员3人。婺城区财政局连续六年获得区级岗位目标责任制考核先进单位称号。

(杨秀清)

税　务

国税

【概况】 2017年,婺城区局共完成国税收入35.68亿元,同比增长7.65%。其中,增值税收入23.3亿元,同比增长32%;消费税入7.41亿元,同比下降24.4%;企业所得税入库4.97亿元,同比下降12.63%。在中央减税让利的大环境下,中央和地方收入稳步增长,保证了收入计划与实有税源基本匹配,市局任务与地方财政收入任务同步落实。

【优惠政策落地】 婺城区局充分发挥税收职能作用,不折不扣地落实各项税收优惠政策,支持企业发展,减轻企业负担。在增值税优惠政策方面,2017年共办理资源综合利用即征即退10户、1087.29万元,办理福利企业退税21户、3651.57万元,办理软件企业优惠6户、259.04万元。所得税优惠政策方面,认定高新技术企业6户,优惠税款2853万元;享受加计扣除企业30户,优惠8306万元;享受小微企业所得税优惠1524户,减免税额1243万元;软件企业5户享受优惠212万元。

【出口退税】 全面推行“互联网+便捷退税系统”系统,实现自动采集导入出口企业的海关报关单、增值税发票等数据,取代手工录入,大幅缩减出口企业退税资金到账时间,降低企业资金成本。2017年累计办理出口退(免)税4.34亿元,出口退

(免)税指标完成率100%,达到预期指标。

【夯实征管基础】 婺城区局积极开展非居民税收统计分析和反避税监控管理,同时采取加强税收政策宣传,多方信息收集掌握非居民动态的措施堵漏增收,努力挖掘相关税源。按照省、市局工作布置,积极推行纳税人实名办税工作,共办理12000余户次纳税人的实名认证。积极推动纳税人办理"五证合一",全年共完成10624户纳税人的"五证合一"。2017年共处理和及时办结纳税人6530户次违法违章案件信息。加大关联申报辅导和宣传力度,加强关联申报和同期资料数据审核,夯实基础数据,扎实推进反避税监控管理。全面推进纳税信用管理。做好2016年度纳税信用等级评定工作,联合地税部门评定13378户纳税人,其中A级纳税人792户,B级纳税人5210户。

【税源管理】 根据企业主营业务核定应税所得率,严格按照规定的范围、标准确定企业所得税的征收方式,坚持审批"一把尺"。积极引导纳税人建账建制,改善经营管理,逐步向查账征收方式过渡,并取得良好效果,共计完成1048户。完成所得税重点审核57户,调整应纳税所得额8992.58万元,弥补以前年度亏损3332.31万元,减少2017年度亏损1312.61万元,补缴企业所得税1391.79万元。针对定期定额双定户的核定工作,全年共核定17524户次双定户。全年完成失控发票核查415份,涉税金额263.33万元,进项转出增加税额20.72万元,收取滞纳金8.23万元。

【完善防控机制】 做实自查自纠工作。根据省市局的工作布置,积极开展2017年日常执法督察、税收执法大督察、省局巡视等自查工作。加强内控制度建设。根据区局实际,制定岗责体系,落实工作职责。按月报送内控信息,组织完成"我为内控献一策"征文活动。继续严格执行《区局工作纪律和请销假制度管理办法》,不定期对干部在岗情况开展突击检查,持续强化正风肃纪,提升干部作风效能。强化对各科室履行日常监管职责情况的监督检查,继续执行对进户服务、进户执法内部审批权限和审批流程的监督,加强对人员下户服务、进户执法情况的监督,规范税收执法行为,维护纳税人的合法权益,整顿税收秩序。继续抓好税收专项检查、发票风险核查、案件评估等工作,保持对税收违法行为的高压态势,落实"税收黑名单"制度,营造公平公正的税收法治环境。

【优化办税服务】 坚持"简政放权、放管结合、优化服务"理念,深化"最多跑一次"改革,针对日常重难点业务,事前分类整理,在各时间节点前通过短信、电话、税企微信群等方式一次性告知纳税人办税注意事项。严格落实"首问责任制",实行"容缺办理制",实现办税"最多跑一次"。充分利用传真、QQ、微信等平台进行办税,对于购买发票等特定事项,逐步实现"网上申请、在线服务、快递送达"。

3月14日,"最多跑一次"改革送进茶园

(区国税局供稿)

【加强文化精神引领】 提炼形成"和乐"税务文化,统筹布置文化展厅和走廊,围绕区局文化开展丰富活动,使得"和乐"文化内化于心、外化于行。全

9月18日,婺城国税进行宪法宣誓(区国税局供稿)

面开展“立家训、树家风”主题活动。累计收到干部家训家规58条,并在公告栏进行学习展示。同时,把家规家训、优秀文化全面融入干部教育、监督、管理各个方面,营造良好的廉政文化氛围。举办“讲述税月故事 传承优良税风”活动,挖掘和树立身边的先进典型,增强普通税务干部的荣誉感,凝聚向上力量。 (王佳杰)

婺城税务

【概况】2017年,婺城税务分局紧扣“两学一做走前列 聚财惠民勇担当”主题,围绕组织收入中心工作,全力以赴挖潜增收,1—12月,累计组织收入38.11亿元,同比增长30.27%。其中税收收入12.61亿元,同比增长6.30%;社保基金23.56亿元,同比增长27.77%.

【税务工作】分局“一盘棋”抓收入,“一股绳”治欠税,将争创“无欠税片区”由原先的管理科扩大到整个分局,管理科负责日常欠税清理,风险科负责推进破产重组,其他科室参与“地税小微”、李平地税工作室的清欠宣传辅导。自争创“无欠税片区”以来,清理欠税1983.71万元,争创“无欠税片区”的先进做法和经验介绍在市财税系统的“三创”大赛中获得二等奖。持续加压开展清欠竞赛。实行企业欠税管理定期通报的挂图作战模式,分局领导率先垂范,4位局长每人负责5户欠税大户的清欠,分局领导负责的金德管业欠税长达八年之久,2017年成功入库200余万元;问题楼盘的破产重整和多年难以处置的项目通过积极推进,开始启动拍卖。根据清欠数据进行综合排名,分局干部上下同心,想方设法,争做清欠的突击手和排头兵。采取微信清欠让纳税人“一次不用跑”、依托相关部门联合寻找失联纳税人、特殊困难企业“一企一策”等办法各个击破,争创活动效果明显,无欠税片区由最初的管理员片区向整个分局推进。积极主动破僵盘活。分局对问题楼盘企业、僵尸企业欠税进行专门管理、对症下药。有重整价值的向区政府汇报具体情况,推动政府对企业开展破产重整;已在破产重整的企业,由风险管理科建立破产企业一对一欠税管理制度,分户建立台账,按月了解掌握破产进展情况,杜绝新欠;没有重整价值的,一律采取税收保全,查封企业的房产土地和银行账号,并向法院申报债权;对没有资产可供执行的欠税企业,尝试与法院推进企业破产。与法院建立合作机制,企业有房产土地被拍卖的,第一时间将信息反馈给分局。针对辖区内36家“僵尸企业”抵押土地一再流拍、税源一再流失的难题,分局建议区政府融资平台参与土地拍卖,在分局与多部门联动下,部分土地成功拍卖。在晟泰工贸破产处置中,该地块前两次全部流拍,通过分局介入协调,第三次拍出了2605万元,同时分局积极争取欠税清偿的优先权,共清缴欠税116万元。龙湾置业白沙春晓项目已重整成功,实现复工并销售,共缴纳税款165万元;开源置业的香溪玫瑰园、中奥置业的中奥邑墅、新宇置业的宏腾生活广场项目、信阳实业都在实质的破产重整策划中。“一企一策”提升征管质效。在前期“地税小微”交流群服务的基础上,按照企业服务的需求不同,对欠税企业建立“一对一”微信精准服务群,为欠税企业提供集辅导、答疑、宣传于一体的“私人定制”服务,积极为企业解疑释惑、排忧解难。对企业提出的股权转让等涉税疑难问题,则由线下的李平地税工作室提供帮助,采取预约服务、上门服务等形式来予以解决,从欠税企业立场出发,讲透道理,讲足理由,讲清政策,既算大账,又算细账,用“和风细雨”式的工作方法,打消纳税人心中的抵触和误解,做好做细税收宣传辅导,保证税收优惠政策在清欠过程中“稳稳落地”。

【减税工作】开展房产税、土地使用税减免审核工作。2017年,申请减免土地使用税企业399户,符合减免条件326户,减免税款2197.7万元;申请减免房产税企业80户,符合减免条件51户,减免税款518.20万元。针对区融资平台城镇土地使用税减免工作进行审核,涉及融资平台13家。已将初审结果报区财政,初步拟减免金额614万元,待区财政、区国土资源局审核确认后开展后续退税工作。完成水利建设基金减免结算工作。共完成减免结算278户,减免金额861.43万元。做好企业日常退税费的审核工作。将退税费办理时间控制在20个工作日,共办理118笔退税费,金额400.25万元,把为企业降成本、减负担落到了实处。

【队伍建设】分局在抓好主业的同时，注重党建思想建设、文化建设、制度建设，进一步增强了分局的凝聚力和战斗力，基层队伍建设工作取得了一定的成绩，分局苏啸获得全省财政地税系统《准则》《条例》征文一等奖，章文有获得金华市财税系统“书香税务”读书征文一等奖，徐欣获得全省地税系统十佳“好师徒”、市级优秀团员，林雪通获得金华市机关羽毛球比赛男单第一名，吴昊获得市财税系统微型党课大赛中二等奖。（王圣昕）

人力资源和社会保障

【概况】2017年,婺城区人力社保局紧扣年度目标任务,以保障民生为统揽,以"最多跑一次"改革为抓手,坚持就业创业、社会保障、人事人才、劳动关系"四位一体"同步推进,全区人力资源和社会保障工作取得长足进步。

【人事招考】2017年,招录公务员40人(含选调生村官2人),事业单位公开招聘123人,中小学教师招聘68人,卫生系统招聘21人,安置营职及以下军队转业干部29人。事业单位岗位设置实施认定371次。启动"公务员学法用法三年轮训行动",分两期对全区441名公务员(含参公人员)进行了培训。

【人才招引培养】扎实开展各层次人才引进推荐申报,入选浙江省"151"人才1人,入选首批"浙江工匠"1人,市"321"人才8人。成功举办"菁英婺城"首届中高级人才封闭式洽谈会和人力资源高峰论坛,吸引本地人才回归,拓宽人才发展空间。

【促进就业】举办各类公益性招聘会,为企业和求职者搭建交流平台。以充分就业社区为抓手,健全完善区、街道、社区(村)三级劳动保障平台建设,重点抓好村级平台示范点建设,开展精准就业帮扶,开发公益性岗位进村,实现就业更充分、质量更高。杨思岭社区获评国家级充分就业社区。2017年新增就业岗位5672人,失业人员实现再就业2451人,其中就业困难人员再就业208人,登记失业率2.13%。

【创业带动就业】指导"三分田"农村电商平台在竹马乡建中国茶花电商创业园,提供免费办公场所,开展创业培训、创业贴息贷款等政策咨询服务。农村电商培训人数1473人,扶持农村电商创业人数144人,农村电商创业带动就业人数698人,帮扶残疾人创业就业48人,残疾人电商培训人数109人。

【城乡居民社会保障】2017年,城乡居民基本养老保险基础养老金标准由每人每月120元上调至150元,首次高于全省最低标准(135元),达到全省80余个县(市、区)中等水平,惠及3.4万名参保人员。累计发放城乡居民基本养老保险金34.78万人次,各类金额6856.54万元。被征地农民历史遗留问题得到全面解决,新增2431人纳入被征地保障体系。通过"并、转、退"全面完成老农保年底清零。医保改革"三突破"成果显著,全区城乡居民医疗保险参保人数20.83万人,参保率达98.62%,基本实现全面参保、应保尽保。2017年度大额医保购买人数3.7万人,购买率22.1%。

【"婺城无欠薪"行动】重点把好"源头预防""日常监管""联合惩戒"三道关口,按照省厅、市局要求,结合区实际,出台《开展"婺城无欠薪"行动实施方案》。召开全区"婺城无欠薪"行动部署会,提出到2018年年底达到"无欠薪"区建设标准。专报信息《创新用工监管模式 夯实"无欠薪"基础》获副省长熊建平批示肯定。受理接待举报投诉各类案件232起,涉及职工843人,涉案金额947.17万余元。处理突发事件26起,参与"110"联动处理案件20起,无一起重大群体性事件发生。

【劳动争议调处】充分发挥联调中心的联合调处作用,提升调解质效。共受理案件823件,涉及劳动者901人。劳动仲裁立案322件,涉及411人,结案309件，结案率96%。为符合条件的劳动者提供法律援助53件。积极开展基层劳动争议调解组织建设。2017年，乡镇、街道调解组织共受理案件213件，企业调解组织共受理案件208件，调解率均在82%以上。组织开展劳动关系和谐指数采集测评，对企业法律法规执行情况、政府部门工作情况以及劳动者满意度三个方面进行了综合测评，2017年，全区劳动关系和谐指数在全市位列第2名。

（李冬娇）

城乡建设

建筑业

【概况】婺城区有各类建筑业企业92家,区住建局积极走访企业,做好帮扶工作,组织申报建筑业企业扶持政策奖励资金。完善建设工程质量安全监督检查制度,开展建设工程质量治理两年行动、“区级标化工地、优质工程”创建活动,区141个报建工程项目质量、安全受监率100%,没有发生质量、安全事故。每季度开展建筑工地质量安全综合大检查,同时加强日常巡查,全年进行质量监督交底54次、安全监督交底54次,发出《质量监督意见书》、432份《安全监督意见书587份。结合创建文明城区、迎接十九大等活动,对工地现场严格管理,加强扬尘治理。组织召开两次“学标杆、树标杆”现场观摩会,助推文明规范施工再上新台阶。

城市建设

【背街小巷改造】2017年,完成18条道路的雨污分流改造,分两个标段实施:Ⅱ期二标,包括杨塘里、禹王弄等共9条,投资约984万元;Ⅱ期三标,包括倍熙街、湘江街等共9条,投资约995万元。

【重点街区沿街店面整治】完成杨思岭路、通园路、新华街等8条重要街区立面整治,改造151幢沿街建筑,改造面积约22万平方米,投资额4200万元,街区面貌获得极大改善。

【市政管网错接改造】顺利完成婺城区错接、漏接点改造共211处,其中洪源溪流域78处、通园溪流域133处。

【市政设施管养】继续加强市政公用设施巡查和养护工作。汛期保障15~20人/天突击清理易涝积水点。完成管线清淤85千米,更换井盖550个,临江大桥桥梁伸缩缝维修4次。

村镇建设管理

【农村危旧房排查治理】各乡镇、街道排查并完成对疑似危旧房的鉴定,并采取“腾、拆、修、控”等有效措施,已完成全部D级危房和涉及公共安全C级危房的治理任务,累计治理D级1760户,涉及公共安全的C级危房61户。

【传统村落保护】加强传统村落保护,全区列入市级第一批传统村落名录的有8个,其中重点村为雅畈三村、塔石上阳村;一般村为雅畈二村、雅畈石楠塘、塔石塘头、塔石岱上、沙畈高儒、箬阳琴坛,列入省级传统村落名录的有2个,分别是塔石上阳村、塔石岱上村,两村正在积极申报第五批中国传统村落;雅畈罗芳桥村正积极申报市区第二批传统村落;市级第一批传统村落发展保护资金市财政配套资金已落实到区财政。

公用事业

【污水处理】2017 年，全区累计建设污水管网 10.3 千米。全区已建成的农村生活污水治理设施终端，两家运维单位已落实人员全面开展运维工作。加强对辖区内污水厂的服务指导和监督管理，强化落实排水许可制度。不断完善污水收集配套管网，实施竹马货场站西路污水干管南延工程，总投资 499.39 万元，完成货场至马淤溪 D400、D500 的 800 米污水干管建设。

【环境环卫】狠抓新城区道路保洁工作，针对砂石、渣土和建筑垃圾运输不规范问题，对洒落地面的砂石灵活机动清理，加强了对新区路面的清扫效率，对清扫人员的管理制度及考核标准进一步明确化和细致化，并加强巡逻，对于重点区块进行重点清理，对新城区道路环卫继续实行网格化管理。除白天正常清扫外，还安排人员夜晚突击清扫，日均垃圾处理量达到了 75 吨左右。每天定期对新城区道路两侧的建筑垃圾和废土进行全方位的清理，同时，加强道路洒水力度，昼夜不间断，有效抑制了道路扬尘。

园林绿化

【概况】坚持规范化、标准化原则，完成辖区范围内道路绿化的春季修剪、除草、防虫治虫、施肥等工作。对中轴景观公园进行了绿化改造以及对公园设施的修缮工作，其中宾虹西路华棕移入 56 棵，灌木球移入百余棵，种植麦冬草 1250 平方米，并对局部破损铺装进行了修缮，还对公园内的喷泉水池进行了清理，并完成了池塘打捞垃圾和更换清洁水源的工作。

（倪锦俊）

旅 游

【概况】2017年,婺城区按照市委打造“浙中生态廊道”的要求,深入实施婺城区四大百亿产业发展计划,以旅游全域化发展为目标,积极推动旅游项目建设,完善旅游基础配套设施,积极培育农旅、文旅、体旅产业融合新业态。全年全区接待游客351.93万人次,同比增长28.51%,实现旅游收入32.26亿元,同比增长28.55%。

婺城区有省级旅游度假区1个,国家AAA级旅游景区2个,市级风景名胜区1个;区属旅行社6家,其中四星级2家(浙江金华大唐国际旅行社有限公司、浙江君悦国际旅行社有限公司)、3星级1家(金华美好假期旅行社有限公司)、星级饭店3家,市旅游推荐饭店1家(金华市伟达·雷迪森广场酒店)。

【入境旅游】2017年,接待入境游客3.69万人次,同比增长69.81%,旅游收入398.41万美元,同比下降24.6%。

【国内旅游】2017年,接待国内游客348.24万人次,同比增长27.94%,旅游收入31.9亿元,同比增长27.96%。

【假日旅游】婺城区假日旅游呈现较好发展态势。2017年元旦,接待游客3.45万人次,实现旅游收入55.69万元;春节黄金周接待游客8.36万人次,同比增长30%,实现旅游收入7659.87万元,同比增长30%;“五一”节假日接待游客15.67万人次,同比增长26%,实现旅游收入1.43亿元,同比增长26%;“十一”黄金周接待游客26.19万人次,同比增长17.66%,实现旅游收入2.4亿元,同比增长17.66%。

【旅行社】区属旅行社6家(浙江金华大唐国际旅行社有限公司、浙江君悦国际旅行社有限公司、金华美好假期旅行社有限公司、金华市欢乐假期旅行社有限责任公司、金华市仙源湖旅行社有限公司、金华市山海印象旅行社有限公司)。浙江君悦国际旅行社有限公司于11月被评为浙江省四星级品质旅行社。6月12日,组织大唐旅行社参加全市导游技能大赛,获得优秀组织奖。

【旅游饭店】6月和11月,嘉恒宾馆举办了消防安全知识培训和应急演练,提高员工的消防安全意识。

【旅游安全】2017年年初,区旅游局与各旅游企业签订了《旅游行业安全生产管理目标责任书》《消防安全监管工作责任书》《社会管理综合治理和维护社会稳定目标管理责任书》。

区旅游局等部门每季度组织开展安全隐患及矛盾纠纷排查活动,在重要节假日、十九大等特殊时间节点加强安全监管工作力度。区旅游局全年联合消防、质监等部门对金华动物园等景区(点)、星级宾馆、旅行社开展了12次安全隐患排查,重点检查消防器材、警示标识、特种设备及安全生产台账,对各旅游企业的安全生产管理情况和市场经营情况进行检查监督。

通过组织各旅游企业参加全区旅游行业安全工作会议、职工培训、安全应急演练等方式做好安全生产及相关宣传工作,确保旅游接待安全有序。组织区属旅行社、星级宾馆、景区参加全市旅游投诉处理与危机应对培训会。依法规范、处理旅游投诉9件。2017年,未发生重大旅游安全事故。

【旅游规划】根据区委、区政府“加快扩容步伐，增强度假区综合实力”的要求，仙源湖旅游度假区总体规划扩容按照“一心、一轴、一环、三翼”的总体布局，计划打造38个旅游项目。仙源湖旅游度假区总体规划已上报省政府待批复，控制性详细规划正在编制过程中。白沙溪流域旅游专项规划上报区政府批复。长山乡旅游综合开发项目规划方案召开评审会。

【景区建设】仙源湖旅游度假区投资40余万元完善“南山郡”房产项目电力管网建设。完成消防站工程、金安公路交通优化提升整治及绿化景观提升工程、牌楼及周边景观节点改造工程、安地卫生院景观节点改造工程等。安置房外立面完成粉刷。BRT5号线在仙源湖度假区设立首末站，于2017年12月26日开通运营。

金华市水上运动中心项目总体投资5.28亿元，总用地8.93公顷，配套停车场4.33公顷，由温泉养生、水上运动、配套休闲度假三大功能区组成。2017年投资7832万元，接待中心2~3层进行精装修，酒店区进行室内精装修。一期部分于7月对外营业。

浙中乐园增加土灶自烧、骑马、室外婚礼等项目，在9月30—10月8日期间推出“金华市（浙中）乐梦幻光影秀”，以错位竞争提高市场竞争力。2017年接待游客21.12万人次。

金华农耕文化园建成滑草场、卡丁车赛场和笼式足球场等游乐区块。10月被评为浙江省运动休闲旅游示范基地。12月荣获第三批“浙江省果蔬采摘旅游基地”荣誉。2017年接待游客48.88万人次，同比增长618.29%。

白鹭园生态文化园完成投资1200万元，建成梅花鹿观赏园、铁皮石斛采摘园、火龙果基地、樱桃基地、水上钓鱼场等生态养生娱乐场所，景区入口、游步道、停车场、景区标识牌基本建成。

喻斯生态游览区完成凤凰山滑道、游步道建设、游客中心及配套生态停车场等建设，开展凤凰山漂流前期工作。

婺窑小镇在5月28日雅畈镇汉灶村举行中国婺州窑博物馆开馆仪式，婺城新增一家古婺文化旅游体验基地。地面积2公顷，建成展览区、生产区、体验区和古窑址保护区，馆内珍藏了一批古陶瓷精品，是集展示、生产、体验和保护于一体的婺州窑传承教学基地。

梦幻白沙琅琊镇建设白沙溪绿道和景观标志；9月19日，举办了2017中国皮划艇巡回赛（金华站）。琅琊白沙文化小镇被列入第二批金华市非物质文化遗产旅游景区。

【基础设施】完善景区软硬件建设，推动景区提档升级。指导金华农耕文化园、雅畈向阳农场、蒋堂七彩天宏家庭农场、金华市水上运动中心5处旅游厕所建设，建成雅畈镇旅游交通标识牌，方便游客出行。

【乡村旅游】2017年，乡村旅游接待游客76.25万人次，同比增长34.51%；实现旅游收入2367.63万元，同比增长1.69%。蓬勃发展的乡村旅游因市区饮用水源保护区政策限制，根据《安地水库九峰水库创建合格规范饮用水源保护区工作方案》（金饮涵领〔2017〕1号）和《婺城区安地水库九峰水库创建合格规范饮用水源保护工作实施方案》（婺区政办〔2017〕46号）等要求，沙畈、塔石、箬阳、安地等南部山区不同程度被禁止或限制发展乡村旅游。

【A级景区村庄建设】20个行政村创建A级景区村庄，其中创建A级景区村庄12个、AA级景区村庄3个。10月16日安地镇喻斯村和莘畈乡大立元村被评为首批浙江省AAA级景区村庄。

【旅游业务培训】3月，联合区红十字会组织举办旅游系统应急救护培训，对58名从业人员进行理论和实操培训；5月，组织开展“送教下乡”乡村旅游人才培训，对民宿主进行餐饮服务、客房管理、消防安全等方面的专业技能培训。组织安地镇喻斯村、莘畈乡祝村村和大立元村参加全省A级景区村庄示范村培训班。

【宣传促销】带领旅游企业赴广东、昆明、贵州、上海、杭州、苏州、无锡、横店等地参与各项旅游推介会和旅交会等，为婺城旅游引入客源，向全国各地群众展示婺城旅游资源。

依托“婺城旅游”官方微信策划开展了4期旅游惠民活动。组织区内58家旅游单位参与婺城旅游惠民活动。“5·19”中国旅游日期间，在区政府大厅举办“浙中生态廊道·婺城旅游”主题展览，通过图文并茂的方式全面展示婺城旅游发展的美好画卷。

【节会活动】婺城区委、区政府依托丰富的茶花、杜鹃花、桂花等花卉产业资源,以“浙中生态廊道.花漫婺城”为活动主题,相继举办了婺城区第八届茶花节、婺城区第九届桂花节、雅畈镇第二届杜鹃花节,推动旅游业的融合发展。

(范雯思)

交通 运输

【概况】 2017年，婺城区交通运输局认真谋划大项目建设，推进工程建设，规范运输行业管理，加强交通队伍建设，以铁军要求筑拱全区社会经济的增长。按照市委、区委对“三条廊道”建设总体布局，婺城区交通运输局把综合交通廊道建设作为全区交通项目工作的重中之重来谋划推进。2017年，婺城区交通局共承担政府性投资项目19个，全年计划投资约13.3亿元，力争完成15亿元，同比增加17%，重大前期项目3个，投资规模和投资金额再创历史新高。

【重点工程建设】 衢江婺城段航运开发工程于12月12日14时开始下闸蓄水。前期，婺城航运指挥部积极做好蓄水前的各项准备工作和船闸调试方案，船闸有水调试完毕后，衢江婺城段航运开发项目将具备通航条件。

S313(45省道)改建工程全面开工。该项目是婺城区首个PPP项目，又是交通综合廊道重要项目，主线全长8.72千米，总投资13.48亿元。项目前期推进较快，已进入施工阶段。

G235国道金华至武义公路(婺城区段)项目涉及雅畈、安地等乡镇，基本完成征迁工作，年内投入1.2亿元，项目已进场施工。

330国道婺城区段改建工程基本完工。平改立项目正在加快推进，主体工程有望在春节前贯通，该项目是婺城构筑立体交通示范工程，也是治堵的交通示范项目。

汤溪至莘畈公路通车。公路建成后就像一条线，串联起金西区块的核心景点和农业观光园，对完善婺城西部交通路网，极大地方便沿线百姓出行条件。该公路是一条山区群众致力绿色发展的生态路、富裕路。

婺城莘畈至武义白姆公路（白门线至湖大线段）建设工程全长约14.43千米，路基完成形象进度74%。该公路是带动婺城区西部山区旅游开发的一条重要大通道，也是一条带动沿线老百姓的致富路。

金华新兴产业集聚区兰溪上华至婺城琅琊公路(婺城区段)初步设计和施工图设计招投标文件已评审，工可批复资料已上报省发改委，省发改委已组织评审，等待批复。

杭金衢高速拓宽一期主线通车，主线外“三改”工程进入扫尾工作；二期工程已完成工可编制，正在进行初步设计，预计2017年年内节点开工建设。

南山大道(规划S314省道)项目建议书和工可招标文本已编制完成，已上招标平台。

金义东市域轨道交通项目婺城国土分局办公楼征收已基本完成，站前广场地块征收由于需履行国有土地收回程序，相关文件已向区政府报送。

【美丽公路建设】 宾虹西路(婺城新区)改建工程总投资增加到1.2亿元，已完工。金安路生态景观廊道优化改建工程于4月13日开工，已完成投资2480万元，总体进度51.6% 。同时，开展“两路两侧”环境专项整治，靓化公路环境。对两高沿线开展“回头看”专项整治，完成省市区交办的任务共46处，整治蓝色屋面95.16平方米，并对辖区内公路沿线建控区内的建筑物、堆积物、非标等进行排查摸底，共排查出528处问题点位，并移交给两路两侧办整治。

农村公路大中修工程51千米，其中，实施县道7条、乡道3条、村道2条，9月1日进场施工，年底前完工。国省道大中修工程投资4489万元开展国省道白改黑7.9千米、路面大中修4.3千米，年底前完工。农村公路安全保障工程投资440万元，实施6条乡村道3.445千米钢质护栏、5条线路14个整治点的边坡处治和2条线路20千米的自发光设施，基本完成。婺城区2018年农村公路安全生命防护工程计划已上报。

【交通行业管理】 完成了春运、清明节、“十一”黄金周、护航“十九大”等节假日和重要活动期间的交通运输保障工作，同时，出色完成抗击重大自然灾害任务。进入汛期以后，婺城多次遭受暴雨袭击，辖区公路多次发生塌方、积水事故。6月，就发生公路塌方112处、6961.05立方米，婺城交通系统人员多次加班加点，多次连夜抢通山区道路。2017年共执行各类抢险任务149次，共投入队伍163支、人力1439人次、机械540余台，累计清理塌方8202.05立方米，处理公路淹水12处、42307平方米，共投入资金约179.472万元。

交通行业管理进一步加强。全局两个治超站作为全市试点，在每个治超站安排4名交警入驻治超站，进行全天候24小时的超限超载治理。路警联合治超以来，共查获违法超限超载车辆225辆，卸载率100%，卸载吨位9849.45吨。并积极配合交警部门、婺城新城区在各主干道交叉口设置卡点，做好有关路段货运车辆限行工作。共出动2931人次、657车次，检查车辆2636辆，联合治超查获违法超限超载车辆46辆，查获货物脱落、扬撒车249辆，处理事故50起。婺城区交通运输局公路运输管理所在虹戴公路和S315省道开展专项稽查行动，对客运车辆进行检查，重点查处客运车辆站外揽客、租客等违法违规行为，通过专项整治行为，全面规范客运车辆营运行为，切实维护道路客运市场秩序。在此次行动中，出动运政执法人员342人次，检查客运车辆183辆次，共查处站外组客案件14件。

交通安全形势平稳有序。强化隐患排查和专项整治，2017年排查安全隐患186起，整改179起，整改率达到96.2%，加快推进企业安全生产标准化建设，对辖区4家危化运输企业、家客运企业开展安全生产大检查，出动人次60 人次，逐项进行检查，发现一般性安全隐患10项，已整改10项。督促企业落实安全生产主体责任。

路政许可机制进一步完善。落实“最多跑一次”改革，严格许可监管，创新工作机制，改进工作方法，做好许可项目的事前、事中、事后监督。2017年对本部门权力事项进行了认真的梳理，及时上报公布“最多跑一次”的事项。现部门涉路施工活动许可等9项行政许可事项(含5个子项)及路政宣传月1项公共服务事项全部列入“最多跑一次”。提升了窗口工作效能，提高了窗口服务质量，让企业和群众享受到了更简捷、更方便的服务。共办理行政许可23件。

“村村通”工作跃上新高点。“村村通客车”工作是2017年省委、省政府的重要民生工程，为了确保婺城区辖区范围内19个建制村“村村通客车”顺利完成，制定“一村一策”于9月前提前完成。

治堵民生工程扎实推进。2017年是治堵5年行动计划收官之年，是民生工程。已完成常乐小区新增停车位80个；完成婺江西路与中山西路交叉口处新建一个公共停车场，新增停车位71个；完成新建10个港湾式停靠站。 (李竞然)

农林 水利

农 村

【农村集体经济】 农村集体资产拥有量增势平稳。全区农村集体拥有资产总额 20.63 亿元，增加 1.79 亿元，同比增长 9.5%；村均拥有资产 518.23 万元，同比增加 44.95 万元。资产拥有量主要集中在少数经济较发达的乡镇（街道）。全区有 398 个村（社），总收入在 1 万元以下的村（社）2 个，占总村（社）数的 0.5%；年总收入在 1 万~10 万元的村（社）36 个，占总村（社）数的 9.05%；年总收入在 11 万~50 万元的村（社）有 266 个，占总村（社）数的 66.83%；年总收入在 51 万~500 万元的村（社）87 个，占总村（社）数的 21.86%；年总收入在 500 万元以上的村（社）7 个，占总村（社）数的 1.76%。（贾玉珍）

加速推进农村改革。开展农村土地承包经营权确权颁证工作，全区 398 个村（社），需确权村 332 个，完成调查摸底 325 个，完成地块指界 326 个，完成地块测量 326 个，完成审核公示 315 个，共计完成实测面积 11706.67 公顷，顺利通过浙江省测绘质量监督检验站的承包地块测绘成果专项监督检查，检测得分 83.1 分；基本完成了农村股份制改革。

【薄弱村经济扶持】 全区共消除 98 个省定经济薄弱村，返薄 18 个村，净消除 80 个村，净消除率 74.77%，还剩余 27 个经济薄弱村。完成年经营性收入达 5 万元以上行政村 125 个，完成率为 37.65%，达到年度薄弱村消除考核比例要求。箬阳、安地、沙畈、塔石 4 个市级饮用水源涵养功能区乡镇共 19 个村完成光伏进农村试点项目，总装机容量 533.29 千瓦。（吴天昊）

农 业

【概况】 2017 年，面对人民群众对农业农村工作不断提高的要求，面对新形势下对农业供给侧改革不断加快的步伐，面对“两山”理论在全省面上不断推进，农林工作承受了前所未有的压力。面对这一形势，通过稳步发展粮油、推进绿色生产、畜牧转型升级，深化农村改革等确保了全区农林形势稳定。

【家庭农场】 2017 年年底，全区经工商部门注册的家庭农场有 489 家，与上年同比增加 96 家。其中种植业 9 家，畜牧业 9 家，渔业 26 家，种养结合 28 家，其他行业 57 家。家庭农场经营土地面积为 2489.67 公顷，劳动力数量 1746 个。通过培训、项目申报、建立观测点等多种形式，引导家庭农场向规范化方向发展。婺城区共有 19 家家庭农场被评为市级示范性家庭农场，43 家家庭农场被认定为规范化家庭农场。年销售农产品总值 16208.7 万元，其中 10 万元以下 198 家，10 万~50 万元 196 家，51 万~100 万元 65 家，100 万元以上 30 家。拥有注册商标的家庭农场有 20 家，通过农产品质量认证的有 13 家。规范全区家庭农场，使全区规范化家庭农场朝着经营规模化、成员知识化、产品安全化、农业设施化、产业生态化、销售品牌化的“六化”方向发展。

【农民负担监管】 农民负担监督管理长效机制

有效运行,惠农补贴政策落实及时到位,无重大农民负担案件发生。“一事一议”奖补政策加强规范化运作,落实有序。全区“一事一议”奖补项目 66 个,涉及人口 55417 人,承担筹资人口 31864 人,承担筹劳 23553 人,总投入 5132 万元,其中村筹资 879 万元,村集体投入 1438 万元,社会捐助 255 万元。确定全区 2017 年度村民“一事一议”筹资筹劳以资代劳工价标准每工 100 元。 (李思锋)

【土地承包及流转管理】 2017 年,全区耕地总面积为 12101.07 公顷,家庭承包经营的耕地面积 11302.87 公顷,家庭承包经营的农户数 66270 户,家庭承包合同 65464 份,颁发土地承包经营权证 62959 份。家庭承包耕地流转面积 4292.87 公顷,占家庭承包经营耕地面积的 37.98%,占耕地面积的 35.48%。通过各级土地流转服务组织流转面积 461.67 公顷。流转后用于种植粮食作物土地面积 1166.6 公顷,农业“两区”内土地流转面积 544.6 公顷,签订耕地流转合同份数 14905 份。 (杨朝洋)

【农业“两区”建设】 农业“两区”建设持续推进。全区 2017 年整合各类资金 3303.6 万元(现代农业园区 1827.3 万元,粮食生产功能区 1476.3 万元)用于农业“两区”建设,成效明显。

2017 年,全区共投入现代农业园区建设资金 1827.3 万元,新建玻璃温室 7731 平方米、钢架连栋大棚 5000 平方米、喷滴灌 51 公顷、蓄水池 2000 立方米、标准鱼塘 4 公顷,新建、改建畜禽舍 6447 平方米,新增养殖设备 670 台/套,地力提升 12.67 公顷。安地镇、竹马乡被列入第一批金华市特色农业强镇创建名单。 (戴爱红)

【质监工作】 农产品质量安全监管到位。与 12 个乡镇签订农产品质量安全监管责任书。加强农产品检测,2017 年累计监测抽样数量 443 批次,合格率 99.1%。全区新增通过认证的无公害农产品 30 个、绿色食品 2 个,全区农业标准化生产程度 66.8%。

健全监管体系,区、乡镇建立监管机构。强化落实生产主体是质量安全第一责任人意识,完善生产记录台账,加强农业投入品的使用监管。完善农产品追溯体系建设。全区开展农产品质量安全专项整治,出动 1211 人次,对 485 家生产经营企业进行检查,检查生产主体、收储运、屠宰企业等 820 家次。发放宣传资料 7600 份。牲畜交易市场肉牛检疫 7.63 万头,生猪屠宰检疫 20.86 万头,生猪产地检疫 29.26 万头,家禽检疫 21.33 万羽,生猪“瘦肉精”抽测 20233 头次,牛“瘦肉精”监督抽检 2278 头次。

加强农产品监测。2017 年全区农产品定量检测 433 批次,其中蔬菜 218 批次、水果 35 批次、茶叶 19 批次、稻谷 77 批次、春笋 23 批次、猪肝 16 批次、猪肉 30 批次、鸡蛋 9 批次、生鲜乳 5 批次,蜂蜜 2 批次,抽检的农产品送中国水稻所和浙江省农科院检测,合格率 99.1%;定性检测 6214 批次,合格率 100%;配合部、省、市例行监测、监督抽检、风险评估,抽检产品 98 批次。

加快农产品质量安全追溯体系建设,建成区级追溯平台一个,285 家生产主体纳入信息库,80 家农产品生产主体建成二维码追溯体系,各类信息记录完整,建成有效追溯链。 (李玮峰)

【“三品”认证】 2017 年新增绿色食品 2 个、无公害农产品 30 个。累计通过无公害认证的产地 83 个、无公害农产品 98 个,绿色食品 15 个,面积 500 公顷。无公害产地整体认定 656.93 公顷,全区主要食用农产品“三品”认证比率 56.5%。 (王 艳)

【农业执法】 开展农业投入品市场执法检查与质量监督抽检。“绿剑”执法行动共出动 328 人次,检查企业 236 家次。完成监督抽检 55 个批次。查处农业违法案件 19 个,收缴罚没款 6.9987 万元。受理并妥善处理了农民投诉 9 起,诉值 15.1 万元。

建立了全区 179 家企业“双随机”抽查事项清单和检查对象名录库,“双随机”执法检查 86 家次。

兽药、饲料执法检查 152 家次。推行兽药经营二维码追溯体系建设,开通了微信群。

在 2016 年回收和处置 64.46 吨农药废弃包装物的基础上,2017 年继续回收和处置了 40.76 吨,超额完成省下达的任务。

【种子管理】 对 15 家种子经营部进行了检查。发放了 2017 年度的订单水稻良种奖励资金。对 2017—2018 年度的储备种子进行了实地检查。

(黄净轩 刘国强)

【农民信箱】年末全区用户注册数42847户，启用数42418户，启用率99%。通过农民信箱发布农产品买卖信息42条，“每日一助”信息67条，群发短信 100余万条，成交额超过220万元。开展全区农民信箱和万村联网培训，培训镇、村信息员100余人。 （傅丁帅）

粮油生产

【粮食生产】2017年，全区粮食播种面积4926公顷，总产30470吨。粮食播种面积同比减少2319公顷，减幅32.01%；总产减14957吨，减幅32.93%。全区水稻播种面积3157公顷，同比减少43.07%。总产22573吨，同比减少41.19%。新品种、新技术推广到位，水稻单产水平提高，达7152千克/公顷，同比增长3.32%。其中，早稻播种面积1235公顷，同比减少9.26%；单产6750千克/公顷，同比增加9.76%；总产8336吨，同比减少0.41%。单季晚稻播种面积900公顷，单产8400千克/公顷，总产7555吨，同比面积下降62.78%，总产下降58.50%，单产增长11.58%。连作晚稻播种面积1022公顷，单产6540千克/公顷，总产6682吨，同比面积、单产、总产分别减少42.13%、2.20%、43.42%。

【油料生产】2017年，全区油料播种面积1846公顷，单产1819千克/公顷，总产3355吨，同比面积、单产、总产分别增加61.93%、2.40%、65.68%。其中油菜播种面积1690公顷，单产1743千克/公顷，总产2946吨，同比面积、单产、总产分别增加72.80%、5.62%、82.53%。2017年全区油菜播种面积、总产分别占全区油料播种面积、总产的91.55%和87.81%。 （祁 雪）

经济特产

【蔬菜生产】2017年，全区蔬菜播种面积3241公顷，比2016年3194公顷增加47公顷，增幅1.47%；产量72174吨，比2016年68114吨增加4060吨，增幅5.96%。果用瓜播种面积1135公顷，比2016年1021公顷减少114公顷，减幅11.16%；产量21876吨，比2016年26009吨减少4133吨，减幅15.89%。

完成了由金华市婺城区美斯源家庭农场负责实施的2016年省现代农业生产发展专项资金项目（海鲜菇自动化出菇房示范项目），项目总投资300.98万元，申请省补助资金150万元。项目完成后可使食用菌产量大幅提高，年产食用菌1000吨，可增加利润100多万元。项目已全部完成，并已验收通过，150万元补助资金已下拨。完成了2018年省现代农业生产发展专项资金储备项目(暖田高新有机农业科技示范项目)前期现场实地查看、资料审核与专家组评审工作。完成1个市现代农业生产发展资金项目的实地现场查看与推荐；完成2016年省级现代农业科技示范基地项目1个，补助资金10万元；完成浙江省食用菌产业技术团队项目1个，补助资金10万元。

2017年婺城区新增蔬菜连栋大棚30688平方米、玻璃温室7731平方米、喷滴灌1800平方米。大大改善了蔬菜生产条件，提高了蔬菜生产能力。

配合质监科、执法大队等相关单位对区蔬菜生产企业、种植大户、家庭农场的农资采购、使用、生产记录、生产现场等情况进行检查，发现不规范的要求限期整改。对全区蔬菜生产基地生产的农副产品组织定期与不定期抽样检测，积极配合省、市农残检测抽样抽检工作。1—11月共抽检2835个批次，合格率100%。

【水果生产】2017年，全区水果栽培面积996公顷，比2016年1104.9公顷减108.9公顷，减幅9.85%；产量36832吨，比2016年38907吨减2075吨，减幅5.33%。柑橘面积328公顷，比2016年的434.7公顷减少106.7公顷，减幅24.55%；产量4327吨，比2016年的4732.5吨减405.5吨，减幅8.57%。

开展技术培训和宣传工作，推广标准化生产技术。开展技术培训和宣传工作，推广标准化生产技术。12月中旬，邀请了省农科院葡萄专家吴江教授给全区授课，对全区的葡萄种植大户及乡镇农技员就葡萄新品种、冬季修剪与省力化栽培方式和标准化生产技术，现场解答生产中遇到各种问题。培训30多人。

加大检查力度,保障食品安全。为了较全面地掌握上市果品的质量状况，确保上市水果质量安全,先后于7月6日、17日,组织人员对近期上市的水果进行两次突击抽样送检,共抽取12个样品,其中葡萄7个、蜜梨2个、槜李1个。经省农产品质量检测中心检验,送检的第一批7个样品安全指标全部合格。

实施品牌战略,推进产业化进程。依托政府平台,扶持农业创品牌,通过举办各类活动向社会各界宣传品牌,增加其知名度,提高农产品的市场竞争力和市场占有率。2017年,组织了金华市浩仁家庭农场有限责任公司参加2017年浙江精品果蔬展销会。集中展示了区生产的无花果等水果。通过实施品牌战略构建起优势产业群,推进产业升级。

加强水果项目申报和实施工。以项目实施为抓手,发展特色水果产业,推进水果产业的转型升级。婺城区是水果小县，为了解决水果经费少的难题，积极寻求项目支持。积极组织农业企业、种植大户申报市本级现代农业生产发展资金（水果产业)项目。2017年,完成1个水果的实地现场查看与推荐。2017年基本完成了2个水果省级现代农业科技示范基地的建设,基地主要用于开展试验示范和推广活动。

【棉花生产】 由于棉花收购价格回落、人工成本上涨等因素制约,2017年全区的棉花面积继续出现大幅下滑,全区棉花播种面积24公顷,比2016年减82公顷,减幅77.36%;产量41吨,比2016年减133吨,减幅76.44%。

【茶叶生产】 2017年全区茶园总面积1498公顷,比2016年1500.8公顷增加2.8公顷，总产干茶1241吨,比上年同期1430.5吨减189.5吨。2017年春季气温回升快,温度较高,除箬阳高山地区有少数几亩茶园受冻外,全区其他茶园情况良好。3月9日,婺城首批春茶在箬阳正式开采,由于采摘期间阴雨天气多,气温不稳定,茶叶长势稍有参差不齐,但总体情况良好。茶叶亩产量基本与往年持平。2017年价格比上年高,价格涨幅先扬后抑,随着春茶的上市,2017年上半年春季前期价格好,高档名优绿茶平均价格在600~1000元/千克，中档绿茶均价为280元/千克,高档红茶均价可达2400元/千克,大宗茶价格为12元/千克，较2016年有10~20%的提高,下半年价格有所回落,总体来说,茶叶销售价格较2016年上涨10%,是由生产成本刚性增长导致。所有茶类中,红茶销量最好,供不应求,但是其他茶类消量平平,总体销量不理想,春季绿茶仍有不少库存。

做好2018年现代农业发展专项资金储备项目申报工作和实施项目的管理工作。2017年省现代农业发展专项资金项目1个。金华市婺城区茶叶加工中心建设,项目资料齐全,经过审核,已经立项。实施主体为浙江玉阳春农产品有限公司,项目总投资300万元,主要内容是建立2000立方米农产品冷藏保鲜库、1000平方米茶鲜叶摊青车间,已经开工,预计2018年10月完工。婺城区茶叶加工中心的建成,可提高全区茶叶加工能力,进一步提升茶叶产值。

大力推进茶叶气象指数保险工作,全区茶园大部分分布在西南山区,相对海拔较高,在初春容易遭受冻害,对春茶产量有较大影响,大力开展茶叶气象指数保险工作,可最大程度减少农户损失。组织区财政局、区发改局、区财产保险公司、区气象局和茶叶大户开会商讨方案制定前准备工作。预计2018年春茶可开展气象指数保险。

积极组织并参加各类茶事活动,组织茶企以婺城区茶叶协会名义参加在武义召开的金华市第九届万人品茶大会以及在杭州举办的首届中国国际茶叶博览会。

(朱丽娜)

植物保护

【化肥减量增效】 实施测土配方施肥2万公顷,推广配方肥0.25吨，减少不合理化肥施用量200吨。实施商品有机肥推广应用,2017年全区共推广商品有机肥10000吨。

【耕地质量提升】 发放紫云英种子7000千克、油菜种子（浙油51)1500千克，实现农田绿色过冬586.67公顷。

完成全区4个耕地地力长期定位监测点和农业“两区”土壤污染防治10个综合监测点、15个常规监测点的年度监测任务，掌握全区耕地质量和农田土壤污染变化发展。

【植保测报】 做好农作物病虫害测报工作，定期到田间调查农作物病虫害的发生动态，根据病虫发生情况，制定相应的防治策略，2017 年共发布病虫情报 13 期 1700 份，指导科学用药，推广高效、低毒、低残留农药。

建立统防统治与绿色防控融合示范区 5 个，示范面积 533.33 公顷，推广农作物病虫害绿色防控技术，实施生物防治、生态控制、物理防治等绿色防控措施。推广病虫害统防统治 4800 公顷，推广农药减量技术应用面积 1.15 万公顷，农药减量 10 吨。

（李　宽）

【农业植物检疫】 开展疫情调查、监测和防控。扶桑绵粉蚧、水稻细菌性条斑病、稻水象甲、玉米致死性坏死病、瓜类果斑病、黄瓜绿斑驳花叶病毒病和葡萄根瘤蚜等在辖区未发生。

开展产地检疫。受理金华三才种业公司和浙江勿忘农种业股份有限公司金华分公司的种子产地检疫申报，繁育基地面积 96.73 公顷，检疫合格水稻种子 515.2 吨，签发全国农业植物产地检疫合格证 4 份。开展调运检疫，签发植物检疫证书 189 份，调运农作物种子 717.67 吨。开具《全国农业植物检疫要求书》29 份，同意调入农作物种子 50.78 吨、种苗 400 株。

印发《花卉苗木调运须知》2500 份。9 月，开展“全国农业植物检疫宣传月”活动，在种子市场、花卉苗木交易市场和区行政服务中心农林窗口等地发放宣传资料 1500 余份，在疫情发生的乡村宣传栏张贴宣传标语 30 余份，发送宣传短信共计 39292 人次。婺城区 2017 年度重大农业植物疫情防控工作综合考核中被评为优秀单位。

（黄净轩　刘国强）

畜牧生产

【概况】 全区奶牛养殖户 11 户，存栏奶牛 7705 头，占金华市奶牛存栏总数的 51.79%左右，占全省的 1/4，为浙江省最大的奶牛养殖区。奶站 3 家，全年牛奶产量 32670 吨。生猪养殖户 32 户，生猪年末存栏 11.03 万头，其中能繁母猪存栏 1.21 万头，年出栏生猪 29.88 万头，全年饲养量为 40.91 万头。家禽存栏 11.15 万羽，出栏 72.29 万羽，全年家禽饲养量 83.44 万羽。全区 2017 年肉类总产量 25443.65 吨，同比下降 22.75%，其中猪肉产量 23196.6 吨，同比下降 23.25%；牛肉产量 854.01 吨，同比下降 13.58%；羊肉产量 53.03 吨，同比下降 18.6%；禽肉产量 1334.28 吨，同比下降 18.96%；禽蛋产量 2438.05 吨，同比下降 71.22%。全区畜牧生产总体形势良好，畜牧总产值达 7.69 亿元，占农业总产值的 33.37%。

【畜禽养殖污染防治】 区委、区政府下发《婺城区整治畜牧业违法建筑、优化养殖场布局专项行动工作方案》，整个专项行动期间，共关停拆除养殖场 1266 家，拆除面积 115 万平方米，处置生猪 13 万多头、奶牛 3000 多头、家禽 46 万羽，发放转产补助约 1.47 亿元。

【美丽生态牧场创建】 制定美丽牧场创建方案，明确创建标准与时间，所有保留养殖场开展美丽生态牧场建设，44 家养殖场基本达到美丽牧场创建要求。成功将美保龙打造成为全省乃至全国的美丽生态牧场样板，继 2016 年被遴选为浙江省畜牧业转型升级表彰会现场参观点后，又被选为金华市第七次党代会代表、金华市七届一次政协委员代表及金华市七届人大代表参观点。全国人大常委沈跃跃一行在参观美保龙时给予了高度评价，《浙江日报》等新闻媒体将美保龙作为生态美丽牧场的典型进行广泛宣传。全国畜牧兽医总站、中央农广校联合到该场拍摄污水处理模式，该场污水处理模式成为全国四大模式之一。不仅带动本地养殖场开展美丽牧场创建，更是在全国范围内掀起美丽牧场创建高潮，参观人数达 16021 人次，其模式被欧洲、非洲等地多个国家引进。

【后备母牛调查】 开展奶牛调查工作，全区存栏 11 头以上（含 11 头）且成母牛 5 头（含 5 头）以上的奶牛养殖场（小区）11 家，存栏奶牛 6524 头，其中后备母牛 2428 头。

【生鲜乳专项整治】 全面完成生鲜乳收购许可证换证工作。全区原有奶站 5 家，3 家通过审查并核发了生鲜乳收购许可证。配合农业部、省农业厅及市农业局开展生鲜乳抽样检测722批次,检测合格率100%。加强奶站日常巡查,奶站巡查236人次,发放普法宣传资料1586份,确保生鲜乳质量安全。

(倪俭余)

【重大动物疫病防控】 2017年,免疫注射高致病性禽流感疫苗56.32万羽、牲畜口蹄疫疫苗51.75万头(其中猪49.67万头、牛羊2.08万头)、猪瘟60.58万头、猪蓝耳病疫苗12.80万头、羊小反刍兽疫疫苗0.01万只,做到应免尽免。全年高致病性禽流感抗体监测1030羽次,合格率为85.6%;牲畜口蹄疫抗体监测986头次,合格率为86.2%;猪瘟抗体监测236头次,合格率为84.7%;鸡新城疫抗体监测300羽次,合格率为76.0%。各项监测抽查结果均达到上级规定的要求。开展H7N9流感疫情排查、监测、采样,送检标本550份,均未检出阳性。开展奶牛"两病"监测,共普查奶牛7721头,对查出的"两病"阳性奶牛进行扑杀无害化处理。同时普查有螺乡镇、村耕牛血吸虫病118头,全部阴性。2017年实施产地检疫生猪29.26万头、家禽21.33万羽,牲畜交易市场检疫牛7.63万头,实施生猪屠宰检疫20.86万头,共检出病猪90头,并全部进行无害化处理。全年累计开展生猪"瘦肉精"监督抽检20233头次、牛"瘦肉精"监督抽检2278头次,未发现阳性牲畜。2017年,共组织760人次开展漂浮死猪巡查工作,未发生流域性漂浮死猪现象。病死猪无害化处理实现生猪保险全覆盖与无害化处理联动机制,实行政府购买服务,全年共统一收集、集中处理死亡生猪9.27万头(其中死胎1.01万头),计86.32万千克。在病死猪"统一收集、集中处理"的基础上,其他畜禽养殖场、生猪屠宰场、动物诊疗机构全部与无害化处理运营单位金华市莱逸园环保科技开发有限公司签订了《动物无害化委托处置合同》,实现了全区畜禽无害化处理全覆盖。动物疫病预防控制中心实验室建设项目于2017年3月开始筹建前期工作,委托设计单位对该项目进行初步设计。2017年5月11日,邀请省、市有关专家对实验室房屋改造及P2实验室设计方案、预算进行了认证,专家组一致认为该实验室建设方案符合当前农业部、省、市兽医实验室的建设要求,生物安全二级实验室的建设在全省县级兽医实验室中处于领先水平。

(王　鲁)

农机工作

【概况】 截至2017年年底,婺城区农机总动力为196532千瓦,拥有各类机具27925台套,2017年,购置补贴机具254台套,各级财政补贴89.894万元,惠及农户190户。完成设施项目9个,建设玻璃温室7731平方米、连栋大棚62850平方米,拨付项目补贴资金539.5418万。

2017年,琅琊镇被评定为省级农业"机器换人"示范镇,婺城区盛珂家庭农场为省级农业"机器换人"示范基地,创建蒋堂镇为省级"平安农机"示范乡镇。

【农业机械】 婺城区在册上道路拖拉机1118台,其中大中型拖拉机903台,小型方向盘拖拉66台,手扶拖拉机149台;在册驾驶员1931人。2017年度全区应检783拖拉机台,实检743台,参检率达94.6%。参检拖拉机交强险投保率100%。免费实地检验农田机具130台,其中有41台农田作业大中型拖拉机、29台烘干机、21台收割机和39台插秧机。2017年,全区报废高耗能农业机械99台,其中大中型拖拉机64台、小型方向盘拖拉机10台、手扶拖拉机23台、收割机2台。补贴金额总计29.45万元。

(应　红)

农林场

【长山良种场】 金华市婺城区第一良种场位于长山乡境内,土地面积102公顷,可耕种面积86.67公顷(农田60公顷、山地26.67公顷),其中农业试验6.67公顷、淡水养殖33.33公顷、蔬果20公顷、茶叶13.33公顷、竹园6.67公顷、苗木6.67公顷。现有干部职工180人,其中退休146人、在职34人。农场以培育水稻、小麦良种为主,属国家南方小麦区域试验,水稻省、市区域试验定点场。主要职能是稻麦棉油良种生产、农业试验和技术推广。2017年完成省种管站下达的72个品种农业试验任务，其中早稻区域试验24个，生产试验5个；晚稻区域试验14个，生产试验3个，筛选26个。（宗顺荣）

林　业

【概况】 2017年以来，婺城区林业工作聚焦浙中生态廊道建设，以森林婺城建设为中心，不断拓展绿色空间，加强森林资源管理，提升生态品质，加快现代林业项目建设，促进产业转型升级，林业各项工作取得了积极的进展和明显的成效。

（朱　红）

【平原绿化】 2017年全区完成造林更新344.9公顷，其中平原绿化造林82.9公顷，迹地更新完成262.0公顷，是省下达计划的105.79%。完成森林抚育1066.7公顷，已完成年度任务。(包括开发区平原绿化造林20公顷，迹地更新19.9公顷，森林抚育32公顷)

干部群众开展植树造林（区农林局供稿）

【生态廊道建设】 汤莘公路绿化。投资1368.5万元，绿化18.2千米，面积10.4万平方米，主要种植银杏、梧桐、红枫等树种7500株，已完成。宾虹西路绿化，投资3000万元。绿化提升。2000米，面积10.6万平方米，主要种植银杏、红枫等珍贵树种，已完成。金安公路绿化计划投资3000万元，绿化2000米，面积8.66万平方米，主要种植银杏、桂花等树种，已完成。二环西路荣光国际学校西侧绿化面积5.79万平方米，主要种植银杏、香樟、桂花等珍贵树种，已完成；二环西路信息产业园东侧绿化面积3.23万平方米，计划投资445万元，种植银杏、香樟等珍贵树种，已完成。

【珍贵树种造林】 2017年，婺城区珍贵彩色森林建设900公顷，珍贵树种造林21.78万株，已建设局长示范林2块、示范点3个，开展示范单位3家，完成赠送珍贵树苗6.5万株。

【生态公益林管理】 2017年，婺城区公益林建设工作主要有两项：(一)完成护林员聘用和考勤系统建设。全区有公益林专职护林员102人，并统一配备了护林考勤设施设备。2017年，婺城区3名护林员荣获“浙江省优秀护林员”称号。(二)完成公益林补助资金发放工作。2017年，全区有省重点公益林面积51358.2公顷。占全区林业用地面积的60.79%。全年实发公益林损失性补助资金2553.8万元，直补农户16220户。累计已完成重点公益林优质林分面积37292.2公顷，完成率100%。(数据包括开发区和金华山。市经济技术开发区公益林4200.1公顷，金华旅游经济区公益林3519.1公顷)

区公益林护林员巡查考核系统（区农林局供稿）

【森林城镇(村庄)创建】 2017年已创建市级以上森林村庄3个，分别为雅畈镇汪家村、白龙桥镇马海地村、乾西乡下天师村。完成创建省级森林村庄1个(蒋堂镇许里村)。

【森林公园创建】 2017年被命名市级森林公园1个(金华塔石梨树源森林公园)。

【花卉苗木】 全区有种植花卉8090公顷，销售额75695万元，其中绿化观赏苗木面积7726公顷，销售额65793万元。全区花卉产业生产总值106248万元，从业企业1600家，从业人员1.82万人，其中适度规模经营企业 381 家。

金华市永根杜鹃花培育有限公司杜鹃花种质资源库建设 （区农林局供稿）

【林业科技推广】杜鹃花种质资源库建设，实施主体金华市永根杜鹃花培育有限公司，计划投资 37.5 万元，项目已完成；桂花省级种质资源圃基地建设，实施主体金华市奔月桂花专业合作社，申报 3 个新品种已通过审定。“一亩山万元钱”林业技术推广，2017 年，新建油茶示范基地 18.67 公顷、毛竹笋覆盖示范面积 0.33 公顷，完成香榧、薄壳山核桃等高效（仿野生）栽培示范面积 33 公顷，辐射面积 22.67 公顷。

油茶示范基地(区农林局供稿)

【林产品安全建设】2017 年 3 月，根据省检查站要求，区抽检春笋 10 个批次，抽检土壤 1 个批次，抽检合格率 100%。积极配合局质检科开展农林产品质量安全排雷“百日攻坚”行动。11 月，全区未发生林产品质量安全事件。 （巍文涛）

【木材运输巡查执法】检查木材运输车辆 883 辆，检查木材 15068 立方米，查处违法运输车 7 辆，没收违法运输木材 86 立方米，在整个执法过程中做到依法、公正、文明、合理。

【木材加工厂管理】加强木材经营加工执法检查和法律法规的宣传，完善木材进出厂台账登记制度，检查木材加工厂 302 家，关停无证经营木材加工厂 38 家，因安地、九峰水库饮用水源涵养功能区建设及小城镇整治工作需要，关停木材加工厂 192 家，审查新办木材加工厂 31 家。 （庄期寅）

【林业有害生物】松材线虫病在蒋堂镇、白龙桥镇、东方红林场、琅琊镇、罗店镇发生，发生面积 322.27 公顷，枯死松树 1293 株，发生面积和枯死松木数量均呈上升之势；柳杉毛虫在箬阳乡、安地镇、塔石乡发生，发生面积 175.33 公顷，区财政安排了防治资金，实行了全面防治，没造成危害；竹卵圆蝽在安地镇、沙畈乡、塔石乡、莘畈乡发生，发生面积 220 公顷，由于毛竹竹材价格严重下滑，林农疏于管理，造成毛竹零星死亡。 （方建设）

【森林消防】2017 年，全区实施了浙江省金衢盆地森林重点火灾区综合治理二期工程项目。该项目为公益类扩建项目，实施范围为金衢盆地 2 个地级市(金华、衢州)及下属 8 个县(市、区)，婺城区是其中之一。建设内容分林火瞭望监测系统建设、防火宣教能力建设、扑火专业队能力建设、基础设施建设四项内容。婺城区域内项目投资 456 万元，其中中央投资 182 万元，地方投资 274 万元。主要是：建设森林消防储水池 91 个(136.3 万元)和卡通警察 39 个（15.6 万元），森林消防储备库 1 座（造价 39.4 万元），采购森林消防器材(90.5 万元)，采购 2 台消防车(50 万元)，采购无人机(48 万元)，采购宣教仪器(3 万元)等。金衢盆地重点火险区综合治理二期工程建设，全面提高区森林消防综合防控能力。2017 年，全区发生 1 起森林火灾，全年森林火灾受害率控制在 0.8‰以下，森林火灾发生率控制在 20 次/10 万公顷以下，无重特大森林火灾事故，无群死群伤事故，24 小时以内森林火灾扑灭率 100%。

【森林公安】按照国家、省、市森林公安统一部署，结合区实际，的 “利剑 1 号” “利剑 2 号”“利剑 3 号”“全面保护长江经济带林业资源专项行动”“夏季集中打击破坏野生动物资源违法犯罪专项行动”“禁种铲毒”等一系列专项行动，取得了较好的战果，2017年，共查处涉林案件31起。其中刑事案件3起、行政案件28起。2017年，箬阳乡、岭上乡等村民主动上交了捕猎野生动物的“电猫”等捕猎工具8套(件)，违规猎捕现象大幅度减少。确保了野生动物保护落到实处和林区安全。共接待群众来信来访10起，件件都有专人查处落实，调解了林农纠纷6起，对林区的稳定和安全做出了贡献。

(周济果)

【林木采伐管理】结合区饮用水源涵养生态功能区建设、“五水共治”和建设美丽婺城的总体布局，有效防止水土流失和地质灾害的发生，加强“两路两侧”林木采伐管理。采伐面积每次控制在0.33公顷以内(因自然灾害毁坏或者已枯死需要清理采伐的林木除外)，饮用水源涵养生态功能区范围内采伐林木从严控制；连片针叶林面积超过0.33公顷的采伐小班原则上分若干年申请采伐，做到“山顶戴帽，山腰扎带，山脚穿鞋”，且上次采伐迹地郁闭后方可再次申请采伐。

【野生动植物保护】修订后的《中华人民共和国野生动物保护法》于2017年1月1日起实施。该法律明确禁止违法经营利用及食用野生动物，加强了野生动物保护名录和栖息地保护管理，加强了人工繁育和野生动物保护资金管理。野生动物驯养繁殖许可证改为人工繁育许可证；野生动物经营利用核准不再发证，改为每次一许可，每次最长不超过一年，以经营利用许可决定书替代原来的经营利用核准证。

【古树名木保护】《浙江省古树名木保护办法》(浙江省人民政府令第356号)于2017年7月7日发布，2017年10月1日起施行，古树名木保护有法可依。

婺城区古树名木普查已按照《金华市婺城区古树名木普查工作方案》按时完成，全区古树名木2166株。经省、市、区三级联合质量检查，综合评分95分，评定为良好，通过省厅组织验收。

【深化林权股份制改革】为深入贯彻落实《国务院办公厅关于完善集体林权制的意见》(国办发〔2016〕83号)文件精神，积极引导农户以入股形式流转林地经营权。2017年金华市婺城区人民政府办公室出台了《金华市婺城区林业股份制改革试点工作的实施意见》(婺区政办〔2017〕65号)文件，加强了林地流转奖补政策扶持力度。组建林业股份制合作组织，组织成员在20个以上(含)及集中连片林地面积50.3公顷以上(含)的，给予合作组织一次性补助3万元；当年流转新增连片面积33.3公顷以上(含)、流转期限30年以上(含)、给予流出方一次性补助50元/亩；支持林权抵押贷款，对符合林权抵押贷款财政贴息的优先给予补助。

【自然保护小区创建】经婺城区人民政府批准，建立了龙葱猕猴自然保护小区，保护小区面积326.97公顷。保护动物有国家一级保护动物黑麂、豹，国家二级保护动物猕猴、鬣羚、白鹇、穿山甲、游隼、草鸮等，省重点保护动物毛冠鹿、五步蛇等，还有众多的一般兽类、鸟类、爬行类、昆虫类动物。保护植物有国家一级保护植物南方红豆杉，国家二级保护植物榧树、香樟，省级珍稀植物乳源木莲等。

【森林资源二类调查】完成了新一轮森林资源二类调查，经省、市、区三级联合质量检查，综合得分率为87.17%，基本达到《浙江省森林资源规划设计调查技术操作细则》规定要求，通过省、市组织验收。据统计，全区土地总面积13.91万公顷，林地面积8.51万公顷，森林面积8.07万公顷，森林蓄积量4000547立方米，每亩蓄积量3.1立方米，森林覆盖率58.02%，林木绿化率60.58%。

【湿地保护管理】经浙江省人民政府办公厅批准，婺城莘畈溪湿地列入浙江省第二批省重要湿地名录，保护面积为256.78公顷。2017年4月8号，由浙江省体育局竞赛中心、金华市体育局、婺城区人民政府举办，在省重要湿地婺城莘畈溪湿地开展了2000人参加的毅行活动。1400人参加从莘畈—大立元7千米行走，600人参加绕莘畈水库25千米行走。通过湿地生态旅游，使人们认识了湿地、享受了青山绿水，呼吸了新鲜空气。增强了人们珍爱自然、保护湿地的自觉性。有力地推动了湿地保护事业健康协调发展。

(董海均)

水 利

【概况】 婺城区有中小型水库83座。其中，中型水库有沙畈、金兰、安地、九峰、莘畈各1座，小(1)型水库15座，小(2)型水库63座，总库容3.9亿立方米。辖区内部分水库由市水利局和市经济开发区管理外，属婺城区管辖的水库59座，其中中型1座(莘畈水库)、小(1)型10座，小(2)型48座。山塘202座，引水堰坝634条，泵站403座，总装机容量5932.8千瓦；汤溪水厂1座。

境内河流属钱塘江水系，河道总长度425千米，其中主要河道衢江、金华江以及武义江在区境内长度为35.4千米；集雨面积50平方千米以上的小流域有7条，分别是梅溪、白沙溪、莘畈溪、厚大溪、盘溪、桐溪、横路溪，总长度190.6千米。

2017年，婺城区水务局在市水利渔业局的正确领导和精心指导下，全面贯彻中共十八大、十九大和省、市、区有关会议精神，以加快“美丽城防”、浙中生态廊道建设为重点，以完善水利建设有效投资为动力，以建设知情明政有思路、气顺心齐有干劲、担当作为有办法、风清气正有规矩的水务队伍为保障，以打造“安全的水、洁净的水、生态的水、美丽的水”为目标，统筹推进水利建设管理、渔业发展和防灾减灾工作，为婺城经济社会发展提供强有力的水利支撑。婺城的水利工作经验先后被《人民日报》、新华社、《民生周刊》争相报道，婺城区水政监察大队被评为2017年度全省水政监察队伍考核优秀单位。婺城防指办被评为全省2017年度基层防汛防台体系建设工作优秀单位。

【水利建设】 2017年，全区水利建设计划完成投资2.39亿元，其中政府投资项目11个，全年完成年度计划的100.3%。完成农田水利基本建设年度任务。开展成功塘、跃进两座水库除险加固，完成狗大塘、里坞塘、贞姑山山塘整治，高效节水222.67公顷。河道综合治理任务基本完成。开展金华江治理一期工程、雅干溪(下傅村段)治理工程、外畈溪埠头村段治理工程、金华江及莘畈溪等绿化、景观综合整治工程。超额完成河湖库塘清淤整治及惠民实事。全区完成清淤量362万立方米，占全年计划的299.2%。惠民实施项目农村饮用水安全提升改造，全年完成8个村，受益人口4607人，完成年度任务的271%。标准化创建工作完成并验收。对2016年已完成标准化管理创建的5个水利工项目的有关问题进行整改完善。2017年实施的17个水利工程标准化管理项目已全部完成验收。

【水政水资源管理】 婺城区多年平均水资源总量13.111亿立方米，2017年水资源总量14.5446亿立方米。人均用水量356.9立方米，是金华市水资源量较丰富的区域。全区总供水量为2.7998亿立方米，全区总耗水量1.7455亿立方米。婺城区水政监察大队承担全区水政水资源、河道、水土保持监督、渔业生产监察执法管理职能。2017年度完成水土保持方案审批11项，水土保持验收项目3个；低丘红壤治理开发完工26.67公顷。全年开展区境内水政、渔业执法巡查989人次，及时依法阻止、调解和查处水事违法活动和案件，立案并结案3起，收缴罚款5.6万元。

【水电建设和管理】 2017年发电量5083.6万千瓦时。加强水电行业安全生产监督管理，全年开展30多次安全生产常规检查、专项检查。举办水电站安全运行管理培训46人，开展消防讲座和演练78人次，开展水利生产经营单位主要负责人、安全管理人员安全知识培训35人次。

【水产生产】 2017年，全区年水产品总量9377吨。淡水养殖产量9222吨，同比增长17.33%。渔业总产值16659万元，同比增加14.14%。2014—2015年，8个省级现代渔业生产发展资金项目基本完成实施内容。完成区级水产品生产质量管理体系平台及5个水产品质量安全可追溯系统示范点建设。完成增殖放流462万尾。

【防汛抗旱】 2017年，降雨量1607.4毫米，略少于多年平均降雨量（1621毫米），比2016年同期(1861.8毫米)偏少13.66%。汛期平均降雨量1053.5毫米，比2016年同期(1287.4毫米)偏少18.21%。降雨主要集中在6月(526.7毫米)，汛前(4月14日)降雨量367.8毫米，主汛期(6月15日—9月15日)

降雨量 618.3 毫米。6 月 9 日入梅，6 月 30 日出梅，梅雨期 21 天，梅雨量 506.5 毫米，是常年梅雨量(253.5 毫米)的 2 倍。入梅以来，全区连续遭遇“6·11”和“6·21”两轮大范围强降雨。辖区内山塘、水库数次蓄满，金兰、沙畈、莘畈、安地、九峰 5 座中型水库开闸泄洪。金华江金华站 6 月 25 日 20 时出现洪峰，实测洪峰水位 36.40 米，超警戒 0.9 米，洪峰流量 4250 立方米/秒。婺城区防指共启动防汛Ⅲ级应急响应 1 次、Ⅳ级应急响应 4 次。出梅后，持续晴热高温少雨，35°以上连续高温天气达 28 天。

由于防汛抗旱工作准备充分、指挥正确、措施得力，未发生人员伤亡情况。　（王　静）

卫生 人口 计划生育

【概况】2017年,婺城区卫生和计划生育局以“健康婺城”为工作引领,以“抓机遇、求突破、创特色”为目标,切实推进卫生计生各项工作落实。

【基础设施建设】加快推进街道社区卫生服务中心提升改造工程。新狮街道社区卫生服务中心康复综合楼已建至5楼;城东街道社区卫生服务中心用房完成所有支付和过户手续;城西街道社区卫生服务中心选用巨龙区块安置房已开展招标前期工作;城北街道社区卫生服务中心用房购置位于青年路水电十二局的房屋,已完成房产评估;另外,城中街道社区卫生服务中心在购置将军路298号房产过程中遇到的问题在与金东区沟通协商后得到了妥善解决,并已进入相关程序,原属婺城区疾控中心和卫生监督所的房产资产也已评估完成。

【医改工作】金华市中心医院全面托管婺城区人民医院。金华市中心医院与婺城区人民医院达成合作,由金华市中心医院全面托管婺城区人民医院,市中心医院将会在院区迁建、内部管理、学科建设、人才培养、技术提升、经济运行等方面给予帮扶,向婺城区人民医院(金华市中心医院婺城院区)派出强大的专家团队,每天都有相关学科的知名专家坐诊,让新区百姓在家门口就能享受到更加优质的医疗服务,方便群众就近就医。

以医联体建设和家庭医生签约为抓手,全面完善分级诊疗制度建设。以构建分级诊疗格局为主体,配合市卫计委做好统一的预约转诊服务平台,逐步打造成基层首诊、双向转诊、急慢分治、上下联动的分级诊疗体系。全区18家乡镇卫生院(街道社区卫生服务中心)与市属二级以上医院建立医联体。完善签约服务内容。2017年,责任医生规范化签约12.97万人,签约率为35.85 %,重点人群68216人,特殊人群签约覆盖率65.72%。

以药品集中采购谈判和两票制为手段,完善药品供应保障制度。执行好市药品集中采购共同体的三批药品谈判价格;二是执行好药品采购“两票制”改革,重点做好索票验票工作,切实降低药品虚高空间;三是加强重点药品监控。建立公开公示和处方点评制度,严控“大处方”,坚决控制不合理用量。

【公共卫生】加强疾控机构建设,完善疾病防控体系,加强联防联控、群防群控机制,成功处置一起霍乱、两起登革热散发疫情,未引起暴发疫情。推进乙肝、肺结核、艾滋病等重大传染病社区防治工作,做好威胁群众健康疾病的监测预警工作,有效控制疫病的流行和传播。

加强慢性病管理,高血压管理30034人,管理率为37.47%,糖尿病管理8266人,管理率37.36%,0~3岁儿童中医药健康管理率62.16%,65岁以上中医药健康管理率40.58%;登记管理确诊重性精神病患者数1694人,检出率4.55‰,管理率为95.54%,规范管理率63.32%,治疗率60.66 %,稳定率94.91%。

【妇幼保健】自“全面二孩”政策实施后,高龄孕妇、疤痕子宫等导致高危孕产妇明显增多。为保障母婴安全,对所有高危孕产妇进行了管理、监测和追踪,重度高危孕妇实行区乡两级“人盯人”管理,24小时全天候追踪。根据半年报统计,全区轻度高危1075例、中度高危751例、重度高危41例,危重孕产妇12例。高危管理率达100%,所有重度高危及危重孕产妇都实现了“人盯人”的管理。孕产妇死亡率为0，婴儿死亡率1.82‰，5岁以下儿童死亡率2.05‰。保持全市最低水平。

全面开展“两癌”筛查和生殖健康检查工作。2017年，全区筛查和生殖健康检查23001人，确诊宫颈癌4例、乳腺癌3例。

【计生工作】 开展“生育关怀大讲堂”，开通“育儿问一问”平台，加强孕产妇系统管理、儿童系统管理，稳步推进青春健康教育行动、家庭医生签约重点人群、医养结合的养老模式探索，开启全人群全生命周期的健康呵护。

做好计划生育特殊困难家庭帮扶工作。建立完善计划生育家庭特别扶助制度，加强政策推动和政策衔接，不断加大对计划生育特殊困难家庭扶助关怀力度，在经济扶助、养老保障、医疗服务、改善居住条件、开展社会关怀等方面积极进展。已全面开展为失独家庭开设“绿色通道”，责任医生做好签约服务工作，“爱心一拨灵”援助呼叫服务，通过政府招标为其购买家政服务，及时妥善解决他们的生活照料、养老保障、大病治疗和精神慰藉等实际困难问题、为计划生育特殊家庭452人、独生子女17531人购买保险共计金额310910元。

做好流动人口计划生育工作，按照“统筹管理、服务均等、信息共享、区域协作”的要求，夯实服务管理基础，提升服务管理水平，提速优质服务，积极沟通、协调、配合有关部门做好流动人口计划生育管理服务工作，全力指导、协调和督促各乡镇、街道做好流动人口计划生育服务管理。

【党风廉政建设】 加强内部管理，做好党风廉政建设工作。开展正风肃纪专项行动，出台《婺城区卫生和计划生育局关于印发卫计系统正风肃纪专项行动实施方案》，加强行业自律，坚决纠四风、治陋习。开展内部审计工作，促进各卫生计生单位进一步健全完善内部控制机制，控制成本、改善经营、提高效益。做好系统党建工作，严格落实党委(组)书记抓党建第一责任人责任，按照管党建管业务相结合院长，进一步理顺乡镇卫生院党组织隶属关系，落实基层党建重点工作。深入推进“两学一做”学习教育常态化、制度化，认真开展“固定党日、主题党日”学习活动，确保党员队伍的先进性和纯洁性。

(余　莉)

审　计

【概况】婺城区审计局2017年共组织实施审计及审计调查项目25个（不含政府投资审计项目），查出违规金额142万元，管理不规范金额47101万元；完成领导交办的计划外审计事项6个。完成政府投资项目审计128个，送审金额60200万元，核减金额7851万元，平均核减率13.04%。提出审计建议55条，被采纳审计建议51条，印发《审计专报》和《审计要情》25件，审计信息获区委书记批示18件，获区长批示14件。2个审计项目分别被评为金华市2017年优秀项目和表彰项目。婺城区审计局在2017年度全省审计系统和全市审计系统年终考核中均获优秀等次。

【财政审计】财政同级审计项目按照审计监督全覆盖要求，对一般公共预算和政府性基金预算等全部政府性收支开展审计，突出财政专户清理、地方政府债券置换、行政事业性收费和政府性基金管理情况3个专题的审计调查。根据审计发现问题提出严格执行缴库规定、加强非税收入专户存款的管理、规范预算管理行为等建议，促进整改金额10294万元。报送的2期《审计专报》均获区委书记批示，促进出台了《进一步完善婺城区财政专项资金管理的意见》。

【经济责任审计】全年组织实施领导干部经济责任审计项目8个，涉及区管干部9人，查处违规金额184.36万元，管理不规范金额1750.97万元，已整改金额114.11万元。提交审计移送书4份，涉案金额184.36万元。建立健全领导干部全程监管机制，落实好任前告知、离任交接、年度报告等制度，对全区33个部门和18个乡镇街道（69名区管干部）上报的《领导干部履行经济责任年度报告书》进行核查、分析，对领导干部离任交接材料进行审核，促进提升了领导干部的权责对等意识和财经法规意识。

【投资审计】2017年完成政府投资审计项目128个，送审金额60200万元，核减金额7851万元，平均核减率13.04%。完善动态跟踪管理制度，对每个投资审计项目实行专人负责制，从资料核对、现场踏勘、协调沟通、报告出具采取全流程跟踪管理。建立完善了审计质量复核制度，对年度投资项目按比例进行抽查复核，进一步强化了项目质量控制。

【民生审计】按照省审计厅统一安排，开展基本公共文化服务资金专项审计调查，关注婺城区2014—2016年基本公共文化服务资金的投入、管理和使用情况，针对现金管理、项目招标等问题提出了审计建议。开展住房公积金专项审计，审查公积金政策执行、管理、使用和保值增值情况，并作出客观评价。开展绿化养护资金专项审计，审查绿化养护政策措施落实情况，绿化养护经费投入、管理和使用的效益效果，促进提高资金效益水平。为推进审计全覆盖，还组织实施了农转居多层公寓建设管理中心、市政园林管理处和8家学校的财务收支审计，有效促进了系统共性问题整改。

【政策执行审计】立足保障重大政策措施执行到位，根据全市统一部署，开展全区“最多跑一次”改革情况专项审计调查，在组织30个“最多跑一次”改革职能部门自查的基础上，重点抽查9个部门，延伸审计3个乡镇(街道)。审计发现各职能部门认真贯彻落实“最多跑一次”改革的决策部署和各项要求，采取了梳理办事事项、精简办事材料、推进便民服务等多项有效措施，改革工作亮点纷呈、成效明显。但在公布事项规范化、“一窗受理、集成服务”改革推进、信息系统对接和数据共享推进、投资项目审批提速改革、改革保障等方面还存在问题和不规范。

【审计方法创新】不断转变组织管理模式，创新工作方式方法。一是实行审计AB岗制度，以审计项目为中心，确定主审为A岗，其他人员为B岗，不同项目间AB岗因地、因时、因才轮换，打破了科室、职务界限，形成优势互补和新老搭配。二是开展审计项目评优争先，以审计质量“九项标准”衡量审计成效，通过鼓励先进、激励后进的方式倒逼审计人员查透问题、查明原因、提实建议，2个审计项目被评为金华市2017年优秀项目和表彰项目。三是开展审计项目公开竞标承诺，对11个重点审计项目通过公开竞标承诺确定了审计组成员，在全局范围内形成了能力、专业、年龄和特长的最优组合，推动全局审计项目实施过程中，审深审透审细方面大为提高，审计质量得到明显提升。四是建立审计约谈制度，根据实际需要，由局主要领导对审计对象和审计单位负责人进行约谈，促进小微问题边审边改，协调解决审计存在问题，促进项目顺利实施。

【干部队伍建设】加强学习教育，推进“两学一做”学习教育常态化制度化，通过专题会议学、集中测试学、网络自主学、知识竞赛学等多种形式，组织全体审计干部不断深化政治学习和业务学习。加强综合锻炼，抽派审计业务骨干10人次配合区委巡视工作要求，积极提供审计资料，分享审计资源，贡献审计智慧。加强志愿服务，组织全体干部到联系社区开展环境卫生整治行动5次，开展过马路文明劝导18次，开展文明城市创建迎检志愿服务13次，积极响应全面剿灭劣V类水号召，对接联系乡镇，全员分组分批参与治水活动。加强廉政建设，实施党组书记负总责、党组成员分工负责、科长具体负责、审计组长（或主审）现场负责的四级责任制，层层签订党风廉政建设责任书，压实责任、传导压力，形成同心协力、齐抓共管的良好局面。

（赵一帆）

食品　药品　市场监管

【概况】 2017年，婺城区市场监督管理局设有12个职能科室、4个直属机构、6个派出机构。全局共有在编干部129人、临聘人员55人。2017年，婺城区市场监督管理局注册分局被推荐为2017年度“金华市工人先锋号”，以党建品牌助力“最多跑一次”的做法得到区领导的批示肯定。开展“向人民报告·让社会监督”系列主题活动，获时任区委书记王健批示肯定。查获一批大要案，其中石某等人生产、销售有毒有害食品犯罪团伙案，被评为金华市市场监管系统2017年度执法办案“十大典型”案例。实现全年食品药品安全零事故，餐饮服务监管工作获省食品药品监督管理局表彰。

2017年，全区新设市场主体6722户，同比增幅达20.92%，其中，新设企业1941户，同比增幅达34.51%；新设个体工商户4745户，同比增幅达16.13%；新设农民专业合作社36户，同比增幅达20%。截至2017年年底，全区市场主体总量33755户，同比增长16.15%，其中，企业总量11099户，同比增长13.81%；个体工商户总量21836户，同比增长18.24%。

【民营经济】 完成小微企业三年成长计划，开展小微企业“双对接”服务活动月，助力小微企业成长壮大；围绕低小散行业开展“四破”整治，推进产业转型升级和绿色发展；组织开展全省“十大优秀项目”“十大优秀平台”和小微企业“成长之星”等推荐上报工作，其中浙江一火科技股份有限公司被评选为“全省小微企业成长之星”。2017年，婺城区共新增小微企业1611家，新增八大行业小微企业1035家，全区小微企业总数达到10505家；新认定科技型小微企业24家，完成“个转企”90家。

【商标品牌建设】 重点抓好驰、著名商标的申报认定，推进商标质押融资，创建示范品牌指导站，通过加大商标兴农、品牌强企，为经济转型发展增添动力。2017年，完成9家市著名商标延续审核工作，培育10家企业申报金华市著名商标，组织2家企业申报省级商标品牌示范企业。

【食品安全监管】 食品生产流通环节方面，2017年，全区共有食品生产企业117家、豆制品小作坊40家，其中2017年新增企业9家，续证12家。开展食品安全排雷“百日攻坚”行动、“两禁一超”专项行动。检查重点品种生产经营企业2654家，约谈违规企业数65家，排查重点风险隐患10个，查处违法行为120起，关停违法经营单位2家。2017年，开展定量抽检320批次，主要涉及蔬菜水果、畜禽肉制品、水产品、茶叶、面食等品种。开展“你点我检”活动，抽检冷冻饮品、保健品、酒类等120批次，地产食品抽检覆盖率达100%，地产食品监督抽检不合格处置率达100%，生产企业抽检覆盖率达100%，小作坊抽检覆盖率达100%，其中不合格报告4批，已处理完毕。开展流通领域食品监管任务及分类整理工作。落实索证索票制度及农贸市场双体系建设工作，农贸市场双体系建设及质量追溯体系和快速检测体系是平安建设的重点，是《餐桌安全治理行动三年计划》的重要内容，一环线内双体系建设完成率覆盖达100%。

餐饮服务环节方面，全区所有中小学食堂已全面建成“4D现场管理”厨房。顺利开展放心消费“示范餐饮双千双百提升工程”创建工作，2017年已有

27家社会餐饮单位、学校食堂主动申报“放心消费示范餐饮”单位。全区学校大宗食品统一配送或定点采购率、品牌超市占校园商店比例、饮用水城镇管网接入率均达到100%。做好重大活动食品安全驻点保障，全年零事故。先后开展“春安行动”、“百日攻坚”专项整治、护航“十九大”、校园及周边食品安全专项整治、传统节假日专项检查等，共出动执法人员4200人次，检查餐饮服务单位（含学校食堂）3826家，组织联合执法40次，约谈违规企业数65家，排查重点风险隐患10个。

【药品安全监管】婺城辖区有药品生产企业4家，其中1家（柏康药业）整年停产，医院制剂室2家；药品经营企业148家，其中批发企业7家、零售连锁企业5家、连锁门店90家、单体药店50家；药品使用单位（医疗机构）359家。完善监测、预警智慧化监管网络。2017年，全区59家药品经营企业被列入视频监管范围。结合实际情况及专项整治行动部署，对辖区药品生产、经营和使用单位开展药品质量安全隐患大排查，药品生产、经营企业检查覆盖率达100%，医疗机构检查覆盖率达80%，监督抽验药品45批次（中药饮片15批次），不合格1批次，处置率100%，对存在违法违规行为的12家药店和医疗机构进行立案查处，罚没款18.2万元。

医疗器械、化妆品生产流通方面，婺城有医疗器械生产企业5家（二类1家，一类3家）、三类许可经营企业96家、二类备案经营企业296家。以高风险产品和社会关注度高的环节为重点，加强监督检查，督促存在问题整改。检查医疗器械生产企业12家次，重点对医疗器械生产GMP进行检查指导，检查率100%。检查三类经营企业105家次，检查率100%。检查二类备案经营企业221家；检查率75%。检查使用单位230家次，检查率62%；责令改正5家。开展化妆品“百千万”美丽消费示范工程建设，确定创建商场2个、经营单位51家。

【食品药品安全宣传】2017年“3·15”，围绕“网络诚信　消费无忧”宣传主题，进街道社区、乡镇开展药品安全宣传咨询活动，发放用药安全知识宣传资料600余份，现场接受群众咨询300多人次，解答问题60条次。在人民广场举行食品安全宣传周启动仪式暨大学生志愿者暑期食品安全社会实践活动出征仪式，现场为群众宣传食品药品安全知识，提供食品安全检测服务。开展政企联动走基层系列宣传活动，共回收过期药品240个品种，共244批次、380余盒，发放药品安全小知识、药品不良反应知识100问等宣传资料900余册。开展食品药品安全科普“公众开放日”活动。邀请公众代表走进金华英特医药物流有限公司和金华市太和堂医药连锁有限公司，让消费者见证食品药品经营管理过程、了解保障食品药品安全的制度和举措。在浙江师范大学举行婺城区食品安全应急演练，为应急处置提供工作标准。开展“青春使命·共治食安”大学生志愿者暑期食品安全社会实践活动，发放调查问卷，进行食品安全宣传、调研和倡议活动。

【广告市场监管】以开展互联网金融违法广告整治工作为契机，牵头开展全区互联网金融违法广告整治工作。2017年，监测检查各类广告1775条次，查处各类广告案件16件，比上年同期增长13件，罚没款合计35.45万元人民币，罚没款比上年增长30.45万元。其中网络案件9件，罚没款31.9万元。

【专项整治】开展了“红盾网剑”“美团”“投资理财”“金剑秋风”“汽车消费领域”“四品一械”等专项整治行动，加强局所联动，集中执法力量，打击查处各专项领域违法行为。与公安部门联动，对火锅行业是否有回收口水油情况开展专项执法，检查7家火锅店，发现1起违法行为并移交公安部门，抓获4名涉嫌违法人员。与公安部门配合协同，深入开展“无传销区”创建活动。与金华市公安局婺城分局联合对家得宝商城（原穆雷商城）涉嫌网络传销案进行收网，共抓获4名嫌疑人，涉案金额2000余万元。2017年，查处案件131起，涉案金额147.12万元，罚没款365.41万余元。

【消费维权】2017年3月15日，婺城市场监督管理局、婺城区消保委联合主办以“网络诚信　消费无忧”为主题的“3·15”国际消费者权益日大型广场纪念活动。在全市率先建立“365”农村消费维权平台，在全区17个乡镇、街道“365”便民服务中心建立消费维权服务点，构建农村消费维权工作新格局。以“老周消费维权工作站”为切入点,以点带面,不断地放大其辐射效应和带动效应。2017年共处理消费者申诉举报2644起,其中投诉1639起,举报1005起,解决率99%,为消费者挽回经济损失300余万元,发放宣传资料12000份。通过政务信息平台,及时接收处置群众诉求。信访回复率达到100%,其中“8890”便民服务平台共接收办理416件,办结率100%,回访满意率100%。

【合同监管】 2017年,AA级守合同重信用企业3家,其中1家是小微企业。新公示A级守合同重信用企业8家,4家为小微企业,延续公示6家。

【农贸市场】 落实索证索票制度及农贸市场双体系建设工作,2017年,一环线内双体系建设完成率覆盖达100%。在首轮创建6家省放心农贸市场的基础上,对五一路、五一农贸市场开展第二轮创建。蒋堂综合市场列入省第二批农贸市场提升改造,约投资380万元,改造面积3800余平方米,已于2017年12月正式启用。

【无照经营整治】 围绕“五水共治”“三改一拆”“小城镇整治”等中心工作开展无证无照监管,加强高危行业、重点行业监管。组织开展了人员密集场所消防安全检查工作,牵头开展了网吧、经营性公共场所、“五水共治”、“六小行业”等检查。共检查人员密集场所345家,发现涉嫌违法行为31起,责令整改30家,约谈8家,查封1家;检查无照经营户5160户,补办营业执照4827户,立案查处5起,罚没款1.8万元。

(方瑞敏)

国土资源

【概况】国土婺城分局属金华市国土资源局派出机构，下设10个科室、18个乡镇（街道）国土所。2017年，全区土地总面积139123.92公顷，耕地面积29912.71公顷，占土地总面积21.5%；园地面积6784.67公顷，占土地总面积4.88%；林地面积74177.11公顷，占土地总面积53.32%；草地面积479.17公顷，占土地总面积0.34%；城镇村及工矿用地面积15215.63公顷，占土地总面积10.94%；交通运输用地面积3592.07公顷，占土地总面积2.58%；水域及水利设施用地面积7305.64公顷，占土地总面积5.25%；其他土地面积1656.92公顷，占土地总面积1.19%。

【各地类变化情况】2017年，全区耕地增加26.3公顷，园地减少59.12公顷，林地减少52.11公顷，草地减少12.59公顷，城镇村及工矿用地增加76.22公顷，交通运输用地增加47.05公顷，水域及水利设施用地减少9 8公顷，其他土地增加12.02公顷。

2017年，全区国家所有土地18120.05公顷，集体所有土地121003.87公顷，与年初面积相比，国家所有土地增加31.76公顷，集体所有土地减少31.76公顷。

2017年，全区耕地面积29912.71公顷，其中坡度小于2°的耕地面积为20473.43公顷，坡度在2°~6°的耕地面积为5938.09公顷，坡度在6°~15°的耕地面积为2055.95公顷，坡度在15°~25°的耕地面积为1320.44公顷，坡度大于25°的耕地面积为124.8公顷。与2017年年初面积相比，耕地面积增加26.3公顷，变化情况分别减少49.01公顷，减少1.55公顷，增加15.19公顷，增加24.45公顷，增加9.05公顷。

全区可调整地类面积1026.41公顷，其中可调整果园473.52公顷，可调整茶园371.76公顷，可调整其他园地79.51公顷，可调整有林地6.12公顷，可调整其他林地81.6公顷，可调整坑塘水面13.9公顷。与年初面积相比，可调整地类面积减少11.85公顷，其中可调整果园减少11.75公顷，可调整茶园减少0.04公顷，可调整其他园地0.03公顷，可调整其他林地0.03公顷。

全区设施农用地417公顷，与2017年年初面积相比，增加2.72公顷。农村道路1687.1公顷，与2017年年初面积相比，增加7.62公顷。

2017年，年内耕地面积增加101.42公顷，其中水田增加75.93公顷、旱地增加25.49公顷，同期耕地增加136.38公顷，增减相抵，耕地面积净减少34.96公顷。

【耕地保护】2017年累计完成立项31个计划新增耕地196.13公顷，全年完成垦造耕地95.46公顷；完成高标准农田质量提升工程1660.53公顷；验收“旱改水”质量提升工程项目3个、22.06公顷；完成农村宅基地（含废弃工矿用地）复垦项目14个，计划新增耕地面积23.66公顷，其中已验收项目6个、8.6公顷；完成耕作层剥离再利用工作项目面积8.26公顷，剥离土方量1.76万立方米；全年累计验收耕地提升承诺项目5个、24.33公顷；全年初步规划石道畈区块连片项目总面积446公顷，计划新增水田220公顷；完成耕地质量提升项目113.33公顷，“旱改水”49.6公顷。

全区划定永久基本农田25320公顷，划定永久基本农田示范区8673.33公顷；落实永久基本农田储备库461.43公顷。永久基本农田保护任务涉及14个乡镇，划定永久基本农田4699地块，共签订保护责任书386份；设立区级保护墙2块（一字一牌）、乡镇级保护碑20块、村级保护牌372块，保护界桩埋设3800个；完成村级永久基本农田分解落实表；建立婺城区永久基本农田省标和部标数据库。

【节约集约用地】 2017年继续抓好批而未供土地消化，存量建设用地盘活和低效用地再开发工作，全区全年消化批而未供土地面积56.66公顷，盘活存量建设用地面积43.33公顷；完成城镇低效用地再开发面积45.26公顷，完成年度任务的121%。

2017年，全区总供地119宗，面积63.53公顷，其中工业用地 10宗，面积9.8公顷；仓储用地1宗，面积3.8公顷；住宅用地6宗，面积19.86公顷；公共管理与公共服务用地5宗，面积3.33公顷；交通运输用地5宗，面积12.53公顷；村民建房用地90宗，面积14公顷；村公用设施公益事业用地2宗，面积0.2公顷。

做好年度土地利用总体规划局调工作。完成跨乡镇调剂规划空间指标13.2公顷，为13个乡镇的产业项目及农民建房等民生保障给予了重点支持。上报完成22个规划局部调整方案，涉及25个乡镇、93个村，调整规划面积226.4公顷，其中规划修改方案11个，涉及12个乡镇、53个村，调整规划面积182.46公顷；规划落实方案11个，涉及13个乡镇、40个村，调整规划面积43.93公顷。

开展“坡地村镇”项目试点。长山国际设计走廊坡地村镇项目通过9个厅局同意，成功立项。

【土地出让】 着重做好城北洪源村、城西西郊村、城中环城村、城东上浮桥村等城中村改造土地征收和安置用地报批工作，重点保障安地镇小城镇综合整治、BRT安地首末站、婺州街北延工程、婺城十七中学、农民建房等一批基础设施和民生项目用地。全年共完成上报农转用征收总面积198.57公顷，其中农用地79.45 公顷(耕地61.12公顷)，建设用地92.03公顷，未利用地8.96公顷，只征不转面积18.13公顷。

2017年完成办理工业用地转让19宗，完成企业用地不动产证“双证合并”11宗、超面积补办出让2宗。

完成2016年计划第十三批次安地镇安地村地块、金华监狱2个农村综合整治建新区项目和2016年计划第五批次、计划第十批次等四镇18个村的“二公告一批复”与供地工作。完成45省道、235国道、安地小城镇建设、城中村改造、生态廊道建设等项目的征地工作；协助完成酒坊巷国有土地征收、蒋堂镇界首地块金华市爱富森动力科技有限公司和乾西三环化工闲置工业用地收回工作。

【地籍管理】 完成城镇数字地籍调查验收工作。通过修改调查宗地数从27229宗增加到28068宗；土地登记挂接宗地从11928宗增加到17027宗，挂接率从44%增加到61%；通过金华市国土资源局的成果验收。

做好村庄数字地籍调查质量检查工作。村庄数字调查的外业调查已通过省级验收，内业成果已经模拟建库，共调查宗地 13.71万宗。

协助开展畜牧业整治工作，全区畜牧业养殖场从4000余家规范到44家，为美丽牧场建设提供政策保障。全年完成建设用地项目预审23个，涉及土地面积32.3357公顷。支持国家、省市重大项目，做好项目前期工作，完成土地初审项目5个，均为交通和水利项目，涉及土地面积89.9375公顷。

【矿产资源开发利用】 婺城区矿产资源种类有水泥用灰岩、建筑石料用凝灰岩、砖瓦用(泥)页岩、萤石等，开发利用的主要矿产仅有2种，建筑石料用凝灰岩、砖瓦用(泥)页岩。

2017年，全区有持证矿山15家，建筑石料用凝灰岩、砖瓦用(泥)页岩等是全区的优势矿产。能源矿产十分贫乏，金属矿产零星分布，查明资源储量非常有限。

建筑石料用凝灰岩分布广泛，资源丰富，主要分布在雅畈镇竹园、铜山小窑村一带。2017年，开采建筑石料矿山企业有7家，年开采石料总量130.62万立方米，产值7629.96万元。

砖瓦用(泥)页岩资源丰富，主要分布白龙桥镇上窑、周家村一带，2017年，砖瓦用(泥)页岩矿山企业有 8 家，年于采页岩总量 32.05 万吨，产值 5585 万元。

【矿产资源管理】2017 年，完成 7 家建筑用石料矿储量动态监测和储量年报审查工作。完成 15 家矿山检查、巡查工作，2017 年，征收采矿权拍卖所得 1043.3911 万元，其中工程性建筑用砂矿采矿权拍卖所得 115.5 万元。

【依法行政】开展“一严查两整治”“亮剑”行动。按照“查处整改、拆除复耕、依法移交、规范完善、移送追刑”等进行分类处理措施，全区排查上报设施农用地违法用地 1223 宗、面积 197.77 公顷，农村房屋违法用地 96 宗、面积 0.96 公顷。

全区违法用地图斑 19 个，用地面积 3.5 公顷，耕地面积 3.09 公顷。其中，拟拆除 9 个图斑，面积 2.98 公顷，耕地 2.67 公顷；国家、省重点工程 1 个图斑（竹马铁路货场），面积 0.12 公顷，耕地 0.12 公顷；农村公益性用地 1 个图斑，面积 0.02 公顷；已启动立案查处程序 8 个图斑，面积 0.38 公顷，耕地 0.3 公顷。

持续加大对非法采矿的打击力度。全年向公安机关移送犯罪嫌疑人 29 人，通过共同打击，有效震慑非法采挖行为。

2017 年共办理来信来访 128 件，其中来信 82 件，来访 46 批、67 人次；办结 128 件，办结率 100%；接听处理“12336”举报电话 63 个；程序终结信访积案 2 件。

开展了村级干部国土资源法律法规知识培训，共发放村级知识干部培训知识读本 2500 本。借助“4·25”地球日、“6·25”土地日等活动，运用广播、电视、微信和专栏等不同载体，持续开展国土资源法律法规宣传教育活动；在局网站上开辟“阳光执法”专栏，对 4 起典型案件进行了公开曝光；共处理行政复议诉讼案件 13 件，其中复议案件 2 件、行政诉讼案件 11 件。

【基础建设】2017 年共受理完成发放不动产权证书 543 宗。其中初始登记 23 宗，转移登记 367 宗，变更登记 129 宗，遗失补证登记 17 宗，更正登记 7 宗。办理不动产注销登记 984 宗，不动产抵押注销登记 4 宗，在建工程抵押注销登记 1 宗。

2017 年分两批共 36 个事项列入“最多跑一次”服务事项；已编制完成宅基地使用权及房屋所有权登记等 36 项常用事项的《标准化办事指南》手册，并在政府网站上公布，实行一次性告知，方便群众办事；审批事项 100%实行“最多跑一次”。

【地质灾害防治】按照省政府“除险安居”、市政府“三年清零”要求以及区政府“三年任务，搬迁一年完成、治理两年完成”的新目标，2017 年，全区 22 处地质灾害隐患搬迁点，有 365 户、824 人完成搬迁签约，占总人数 99.7%；有 364 户、822 人完成房屋腾空，占总人数 99.5%；有 356 户、804 人提前拆除旧房，占总人数 97%，16 个搬迁点的旧房拆除已全部完成。10 处治理点中，6 处已完成竣工验收；塔石乡坟岩村杨婆岭自然村泥石流治理工程已于 12 月完成施工待验收；规模最大的安地镇上干口滑坡和雅畈镇罗芳桥滑坡已各完成工作量的 80%。

（沈　丹）

城乡　规划

【概况】2017年，婺城区规划分局在区委、区政府和市规划局的正确领导下，以"走在前列、共建金华"为指导，以促进婺城经济社会发展和提升市区城乡规划管理水平为抓手，紧紧围绕市、区中心工作和重点工程项目，全力抓好规划编制，全方位做好规划服务，全面推动各项工作落实，完成了区委、区政府及市局部署的各项工作。

【规划编制】城乡规划体系进一步完善。完成了三联、洪源、鲍杨、西郊、田里、后地等城中村改造安置地块及五星地块控规编制；完成了婺城区生态廊道建设规划编制，同时配合区政府完成了仙源湖省级旅游度假区总体规划联席审查；配合仙源湖管委会完成了首期局部区块修建性详细规划(安置小区)的评审。指导并督促婺城区12个乡镇完成了小城镇环境综合整治规划编制工作，经区政府批复后报市整治办备案。2017年共报送市规划局4个乡镇控规及1个乡镇小控规，完成16个村庄规划的报批工作，共编制50个村庄规划，其中9个村庄规划已通过专家评审。

【规划管理】规划管理水平进一步提升。2017年，共完成建设项目审批84件，其中建设项目选址14件，用地面积89311.49平方米；建设用地14件，用地面积140212.49平方米；建设工程39件，建筑面积139892.47平方米；竣工验收17件，建筑面积164753.22平方米。完成农房审批176户，批准建设用地18350平方米，建筑面积50516平方米。

梳理完善权力事项。根据市、区两级要求，对原有13个事项进行再梳理，共计9个大项、1个公共服务事项，所有涉及的23个子事项均按照五星级事项标准设置，全部实现"最多跑一次"。按月开展主要负责人窗口服务工作，每月局长亲自到窗口服务一天，体验"最多跑一次"，真正把改革落实到位。同时，结合小城镇环境综合整治，试行乡镇农村居民建房带方案审批制度，进一步规范农房审批"四到场"制度(即定点踏勘到场、放样定桩到场、破土挖基到场、竣工验收到场)。根据美丽乡村建设要求，草拟《婺城区村庄建设风貌设计技术导则及相关管理控制办法》。

优化规划服务水平。结合市、区两级"三百竞赛"活动要求，开展由分局局长亲自带队的"主动上门解难题"系列活动，按季度梳理排摸婺城区范围内遇到规划难题的企业，对新城区范围内金华巨龙物流有限公司、金华航宇汽配制造有限公司、金华银灵科技有限公司等工业企业进行现场服务和指导，帮助企业解决了一系列规划难题。

做好招标服务工作。完成了金华市婺城区浙中生态廊道建设规划、婺城区规划编制中心关于2017—2019年度规划设计定点服务、金华市婺城区1:2000数字航测成图、金华市婺城区规划编制中心2017—2019年度测绘定点服务项目的招标工作。同时配合安地镇和仙源湖管委会完成了安地镇控制性详细规划及仙源湖首期局部地块修建性详细规划编制单位招标服务工作；配合二七指挥部完成了二七主题公园招标服务工作。

加强市区重点工程项目规划管理服务工作。配合区政府参与长湖湿地公园建设工程、芙峰街道路改造工程等7个项目的规划服务工作。配合区政府做好城中村改造工作，出具了洪源地块征迁范围图、西郊地块征迁范围红线图、鲍杨地块征迁范围图、环城村一期征迁范围图；配合多湖中央商务区出具了多湖中央商务区上浮桥地块红线，出具了鲍杨地块征迁公示安置用地红线图和洪源地块征迁公示安置用地红线图；国有房屋征迁出具了洪源区块改造、人民西路西延(洪源段)、婺州街北延国有土地上房屋征收图。配合市局、区政府及相关部门做好乌啦乌文化产业园建设、宾路西路区政府段为市区精品街道的建设项目等22个项目的规划服务工作。完成了婺城区2017年重点街区沿街立面整治工程1~3标段、婺城区2017年老旧小区改造1标段、杭金衢高速公路勤俭至沙溪段景观提升工程等项目的规划审批，对重点道路、重点街区沿街立面进行了整治，助推靓化金华建设。

深化阳光规划。在婺城区政府及市人民广场两地开展了宣传活动，通过在现场设立展板、安排工作人员发放宣传资料、热情解答政策咨询等形式，将城乡规划置于公众的阳光监督之下，使广大群众和社会各界关心城乡规划、支持城乡规划、参与城乡规划，从而增强社会各界的城乡规划法律意识。

【队伍建设】认真落实“三会一课”制度。每月定期召开规划员例会，会前组织党风廉政建设学习教育，集中学习新党章、《中国共产党廉洁自律准则》、《中国共产党纪律处分条例》、市纪委“六个必须”，省、市、区纪委有关反四风和违反中央八项规定的通报等及《关于新形势下党内政治生活的若干准则》和《中国共产党党内监督条例》，塑造规划队伍的良好形象。开展多种形式的学习教育活动。1月，由局长带队，开展为期一周的城乡规划知识现场宣教活动。6月，开展“践行红船精神，做三严三实干部”主题党日活动，增强党员干部的党性意识。10月，组织党员干部参加市局召集的“访艾青故里 习廉政文化 筑拒腐防线”警示教育基地参观学习活动，引导广大干部职工筑牢拒腐防变的思想防线。11月，组织全体干部职工赴兰溪兰湖旅游度假区参观学习。同时，组织党员干部参加市局主办的《城市新讲坛》等专业技术讲座和“规划精品 感知金华”系列活动，学习城乡规划方面的法律法规和有关技术标准。汲取新信息、学习新知识，增强服务科学发展的能力水平。此外，结合“两学一做”学习教育活动，组织全体干部认真贯彻学习中共十九大精神、省十四次党代会及市第七次党代会精神。(高　俊)

环境保护

【概况】 2017年,生态创建成效显著。区现辖18个乡镇(街道)、327个行政村,全区共创建国家级生态乡镇3个、省级生态乡镇12个、市级生态村277个。莘畈乡被评为省首届最美生态乡镇,安地、琅琊、莘畈被评为国家级生态乡镇。加快完成示范区创建规划编制,对照创建要求的七大任务、16个指标体系,分解指标任务,明确责任分工,加强补齐短板,确保2019年年底前完成省级示范区创建,力争2021年完成国家级示范区。发挥生态文明小组牵头协调作用,制定《生态文明体制改革专项小组2017年工作计划》和《深化生态文明体制改革工作要点》,加强相关深化改革工作力度。

【环境整治】 严格总量控制,推进污染减排。2017年落实上报减排项目38个,其中化学需氧量项目12个、氨氮项目12个、二氧化硫项目6个、氮氧化物项目8个。经上级核算认定,确认婺城区化学需氧量、氨氮、二氧化硫和氮氧化物比2016年同期分别下降5.5%、12%、8.82%、5%。2017年完成3家水泥、1家化工企业废气清洁排放改造,1家化工企业LARD技术改造工作,1家企业强制性清洁生产审核,2台燃煤锅炉废气提标改造,完成率100%

【环境监测】 2017年,环境空气质量改善明显。婺城区PM2.5浓度均值为39微克/立方米,比2016年同期(45微克/立方米)下降13.3%,同比基准年2013年同期(65微克/立方米)下降40%,超额完成市下达全区比2013年下降35%的工作要求。水环境质量稳步提升。婺城区列入省市交接断面考核的沈村出境断面水质指标为Ⅲ类,满足年度目标要求,交接断面考核结果为优秀;60个乡镇支流交接断面中,Ⅰ~Ⅲ类水质断面56个,占93.33%,达到年度目标(≥90%);Ⅳ类水质断面4个,占6.67%;无Ⅴ类、劣Ⅴ类水质断面。

【环保项目】 严格实行建设项目环境准入制度。2017年审批非辐射项目45个,其中报告书项目3个、报告表项目42个,登记表备案项目99个。坚决制止高能耗、高污染项目进入区境,从源头控制污染物排放。加强项目全过程监管,杜绝建设项目出现"未批先建""批小建大""批建不一"现象。加强项目竣工环保验收管理与试生产审核,全区"三同时"验收项目合格率100%。

【环保执法】 2017年,在全区范围内先后开展了"铁拳"系列、环境安全隐患大排查大整治、饮用水源专项执法检查等多项排查和专项执法检查,开展暗查、夜查8次,利用周末、节假日开展突击检查21次,出动执法人员2090人次,检查企业996余家。对检查发现的环境违法行为严厉查处,全区共立案查处环境违法案件43件,其中查封扣押1件;移送公安机关5件,行政拘留3人,刑事拘留6人;责令改正企业28家,下达环保建议书13家。

【环境宣传教育】 组织开展"6·5"世界环境日环保宣传工作。围绕2017年世界环境日主题"美丽中国,我是行动者"开展宣传活动。通过主流媒体新闻宣传、摆放宣传牌、宣传横幅、发放宣传扇、电子显示屏播放宣传标语等方式,营造环保宣传声势和良好的舆论氛围;到白龙桥镇社区广场开展环保宣传进乡村活动,向村民发放宣传材料,宣传世界环境日理念、环境污染危害与防治;对环境保护相关法律法规等内容进行宣传,共发放宣传资料3万余份。

【其他工作】2017 年，办理人大、政协议案、提案 1 件，代表和委员的满意率均为 100%。受理环境污染举报投诉 325 件，其中，水污染 50 件，气污染 220 件，声污染 33 件，其他 22 件，调查处理率 100%，满意率 98%以上，确保全区社会稳定。开展环境矛盾纠纷排查 4 次，解决各类矛盾纠纷 4 件，妥善处理群众反映较集中的热点、难点环保问题。

（吴 梦）

质量技术监督

【概况】 婺城区质量技术监督局(以下简称质监局)在区委、区政府的领导下,围绕中心,坚持稳中求进,坚定不移抓质量、保安全、促发展,为建设质量强区,推进区创新驱动发展作出新贡献。2017年,有区政府质量奖获奖企业3家,获省名牌企业2家,获市名牌企业4家。已上报“浙江制造”标准2个,为培养婺城有竞争力的品牌企业奠定了扎实基础。

【品牌建设】 围绕辖区内主导产业、支柱产业、优势产业,对拥有知识产权、核心技术、竞争力较强、名牌知名度较高、在市场上占一定份额的优势名牌产品,实施重点培育。推进“浙江制造”标准体系建设,鼓励辖区内产品标准水平国内一流、国际先进的企业申报“浙江制造”标准认证。开展区政府质量奖培育工作,通过质量梯队建设,引导和激励区发展潜力大、管理先进的企业不断创新,提升企业价值,增强区经济的综合竞争力。

【标准化战略】 2017年,实施标准化建设,争夺行业话语权。坚持深入推进标准化工作,不断强化标准意识,通过政策引导、鼓励工业企业采标、主持和参与国家行业标准制修订,发挥技术标准在推进产业升级、增强自主创新、保障质量安全、转变经济发展方式等支撑作用。通过国家级标准化项目企业1家;主导制定行业标准2个,参与制定国际标准5个,参与修订行标4个。

【特种设备安全监察】 “保安全”是质监工作的底线,面对依然严峻的特种设备安全形势,全局始终把保障特种设备安全放在工作的首位,把重要领域安全防范作为工作重点,采取扎实有效措施,为全区经济社会发展创造了良好的安全环境。2017年,全区共有注册登记特种设备4572台,在用特种设备3896台,其中锅炉123台、电梯2055台、压力容器713台、游乐设施24台、停用设备676台。共出动284人次,检查单位132家,发现隐患42处,整改隐患40处,发放特种设备安全监察指令书21份,有2处还在整改期限内,重大安全隐患实现全闭环。全年特种设备安全整体情况良好,未发生特种设备安全事故。按照行政审批层级一体化改革要求,强化行政审批项目再梳理、流程再优化、能力再提升。对照《省级质监系统群众和企业到政府办事事项主项、子项两级指导目录》里含C的11个主项、25个子项进行认真筛选比对,共办理特种设备作业人员新证1441本、补证9本、复审235本。特种设备使用登记发放270本,其中电梯86本、锅炉31本、起重机械70本、压力容器25本、游乐设施22本、平衡叉车30本,车牌照、气瓶使用证6本。

【工业产品区域监管】 在全区范围内“你点我查”开展配装眼镜专项计量检查。共检查配装眼镜店39家,其中2家合格,27家存在需强制检定的计量器具超期未检的情况,10家存在需强制检定的计量器具未经检定的情况。责令限期整改后,继续追踪眼镜装配行业整治,再次对37家涉及医疗卫生计量器具不合格眼镜店进行检查。检定结果为合格的有35家,不合格的有2家,总体合格率为94.3%。其中不合格眼镜店已让其通知设备生产厂家来检修。

【行政执法】 为保障广大人民群众身体健康和生命安全,以节日消费集中的展会、市场、商场中销售的金银饰品、贵重药材、高档农(水)产品及餐饮计量作为检查对象,严厉打击特种设备安全“三非”“两超”“一无一违”等违法违规行为,分别开展了“蓝剑1号”“蓝剑2号”等专项行动。2017年,累计出动执法人员668人次,检查企业(包括电商、商场等)134家次。共立案查处19起,已全部结案,罚没款合计人民币43.93万元,没收违法产品价值计16.08万元。成功调解产品质量纠纷32起,没有行政复议和行政诉讼案件。

【民生服务】2017年,根据中央督察组到金华督察环保工作的要求部署进行全区摸底,辖区共有检测机构1家、设备13台;排污单位8家、设备46台;属于强制检定计量器具数共8台,已经全部检定,一次检定合格率为100%。同时随机抽查排污单位3家进行现场检查。联合区卫计局开展了医疗机构计量器具专项检查。经过机构自查及监督抽查,辖区共26家医疗卫生机构,需要强制检定的计量器具512台,其中,未经强制检定的132台。学习“四建三查”模式,加强资质认定检验检测机构监管,完成全区15家检验机构年度统计工作及自查工作。开展机动车安检机构检查,农产品认证检查等多次专项检查,组织企业参加省局组织的能力比对,针对比对结果不满意的情况,责令婺城区建筑材料试验所暂停相应检测资质,并立案处理。

【“两学一做”学习教育】开展“两学一做”学习教育活动。全局党组把开展“两学一做”学习教育作为一项重大政治任务来抓,建立党员学习阵地、党风廉政阵地、法律法规宣传阵地,成立了“两学一做”学习教育协调小组,负责组织学习教育工作。要求机关支部切实履行主体责任,负责本单位的学习教育,从严从实抓好学习教育。明确学习任务抓好自学。明确学习进程抓好教育。明确学习内容抓好质量。加强机关效能和自身建设。狠抓干部队伍作风,严格落实党风廉政建设要求,不断规范内部管理,加强通过抓班子、带队伍、促和谐、强服务,干部作风明显转变,机关效能明显提升,全局上下形成了风正气顺的良好工作氛围和团结和谐的工作局面。学习金华市第七次党代会报告,学习婺城区委第七次代表大会报告,签订《2017年度党风廉政建设责任书》,深入学习贯彻落实省第四次党代会和党的十九大报告精神,弘扬“红船精神”,争做“三严三实”好干部,提高领导干部思想水平和党性修养,建设高素质干部队伍。

(张倩云)

安全生产监督

【概况】 安全生产监督管理局内设办公室、危险化学品安全监督管理科、综合安全监督管理科、行政许可科、职业卫生监督管理科5个职能科室,下辖区安全生产监察大队、区安全生产宣传教育中心2个事业单位。2017年,全区发生各类生产安全事故25起,同比下降30.56%;死亡14人,同比下降39.13%。2017年,婺城区安全生产监督管理局被评为婺城区平安创建先进集体、工业经济工作先进集体、信访工作先进集体。

【安全责任体系建设】 2017年年初,出台《婺城区安全生产委员会组织结构设置及工作规则》。在区安委会框架内设立发展交通与民宗、教文体新与卫计、市场与旅游、工业商贸与特种设备、建设与国土、农林水与民政6个专业安委会,制定27项主要职责、12点工作制度。区安委会全年召开会议7次,开展全安全生产检查10次,6个专业安委会共召开会议60次,开展专项检查62次。8月22日,市政府明确市、县(市、区)两级安全监管局为行政执法机构,进一步强化了安监执法职能。

【隐患排查体系建设】 贯彻落实"安全第一,预防为主,综合治理"的安全生产方针,建立安全生产事故隐患排查治理长效机制,加强安全生产主体责任,促进对各类安全生产事故隐患的排查和整治,彻底消除事故隐患,有效防止和减少各类事故发生,全力保障人民群众生命财产安全。

持续深入开展安全生产大检查。全国安全生产大检查期间,制定《区安全生产大检查实施方案》(金婺安委〔2017〕4号),将责任落实到乡镇(街道)和安委会成员单位。7月起,区安委会通过召开安全生产(消防安全)会议等方式,不断推动安全生产(消防安全)大检查工作深入实施;区安委会、区消安委组成6个检查督察组,多轮次对全区18个乡镇(街道)安全生产责任落实和企业消防安全管理情况进行督查检查,发出9期安全生产交办单,组织2批次7人进行约谈。全区共出动人员9970人次,对辖区内工矿企业、商场超市、宾馆饭店、洗浴足浴、网吧、民宿农家乐、危旧房、液化气灌装使用点等12200家单位深入开展安全生产(消防安全)隐患大排查。

推行"交办、督办、通报"三单制度。安全生产事项交办单在明确各乡镇(街道)属地监管职责和行业部门监管职责的基础上,重点对上级政府安全生产工作部署,各类安全生产专项整治任务,辖区、行业安全生产工作不足和短板,专业安委会检查发现、部门移送、群众举报、舆论曝光的安全生产问题进行交办,以清单形式明确时间节点和工作要求,督促相关单位及时整改。2017年,共发出9期《安全生产交办单》,对11个乡镇(街道)、部门257个问题进行了交办。

【预防控制体系建设】 解决当前安全生产领域存在的薄弱环节和突出问题,强化安全风险管控,从推进隐患排查双重预防机制建设、推进安全生产社会化服务、加强应急处置技能和救援队伍建设等几个方面全面提升安全生产预防控制能力。

推进隐患排查双重预防机制建设。指导行业主管部门、乡镇(街道)制定并落实遏制较大以上事故构建双重预防机制工作方案。建立安全生产分级监控体系,依托安全生产中介机构,对辖区内重点行业企业进行安全风险评估，划分风险等级和隐患等级，督促企业逐步建立事故双重预防机制；2017年完成蒋堂镇、新狮街道2家安全生产体检站建设，完成双重预防机制建设63家。

推进安全生产社会化服务。制定下发《2017年金华市婺城区深入推进安全生产社会化服务工作方案》，要求14个乡镇（街道）在2017年完成200家企业托管任务、20家安全生产标准化创建、146家标准化复审，推广使用智慧用电系统，推行安全生产责任保险等工作。全年完成小微企业安全生产托管212家、安全生产标准化复审151家、新创标准化20家、智慧用电安装138套、安全生产责任险26家。

加强应急处置技能和救援队伍建设。编制《金华市婺城区2017年危险化学品企业员工应急处置技能比武竞赛方案》，6月29日、30日组织近200人危化企业员工参与红十字应急救护培训和全区安全生产应急处置技能比武，全面提升了危化企业员工应急处置能力。依托危险化学品生产企业救援力量成立首支危化生产企业应急救援队，设3支分队，共计60人。修订全区安全生产应急预案，规范全区生产安全事故应急预案管理工作，确保重大生产安全事故处置迅速有效。

【安全监管执法机制】建立健全安全监管执法机制，加强安全生产执法工作，加大重点隐患单位挂牌督办力度，推进重点行业、重点企业安全生产监管，全面坚持实施“双随机”执法机制，严肃查处各类安全生产违法行为。

实施全员执法办案。9月，制定《全员执法办案工作实施方案（试行）》，旨在全面提升全局执法办案水平。实施方案设置了科室查办案件范围，查办案件权限和责任、案件数要求及办案人员职责，制定了案件办理联动、每月定期通报机制，统筹各科室下一周执法计划进行联合执法，避免时间段内多次到相同企业执法。自实施全员办案以来，月均立案数纵向比增长262%、结案数增长392%。

加大重点隐患单位挂牌督办力度。要求各乡镇（街道）和行业主管部门建立严格的事故隐患排查治理制度。将整改难度大，安全管理混乱、事故隐患排查治理不力的生产经营单位，列入乡镇（街道）、行业主管部门安全生产重点隐患单位，实行挂牌整治。2017年完成省级挂牌督办单位1个、市级挂牌督办单位2个。在《今日婺城》曝光台曝光了4家违法违规企业。

推进重点行业、重点企业安全生产监管，全面坚持实施“双随机”执法机制。2017年检查烟花爆竹企业130余家。烟花爆竹销售旺季，与公安等部门进行联合执法检查5轮，行政处罚12家，没收烟花爆竹200余件，治安拘留1人。根据《金华市人民政府关于市区禁限燃放烟花爆竹的通告》（金政告〔2016〕2号），全区自2017年6月始就对全区烟花爆竹批发公司及28家烟花爆竹零售点进行库存通报，至11月底，提前完成烟花爆竹零售点清零工作，并回收烟花爆竹零售经营许可证28份。全年进行危化专项检查18次，检查单位172家次，下达责令限期整改指令书53份、整改复查意见书53份，行政处罚15家。其中油漆店没收油漆5箱31组136听，取缔危化品储存经营单位1家，责令危化品生产企业暂停生产1家，责令暂停经营5家，治安拘留1人。全年开展专项检查5次，检查矿山企业60余家次，责令暂停生产1家，责令停止施工1家。面向全区企业完成职业病危害因素检测120家，现状评价3家；完成职业卫生专项整治40家、职业卫生基础建设示范点25家、尘毒危害治理示范点建设2家；开展用人单位职业健康体检130家、职业病危害项目申报268家；开展职业病防治监管执法138家，现场警告28家，依法立案1起。全年对辖区内46家企业“三场所两企业”进行隐患排查，共查出隐患100多个，针对7家涉氨企业开展安全隐患专项治理。

【宣传教育培训】开展形式多样的安全生产宣传教育活动，不断提升全民安全意识和企业职工安全生产事故防范能力。大力开展“职业病防治法宣传周”、“安全生产月”、“6·16”全生产现场咨询日活动、第一个新安全生产法宣传周公益宣传咨询活动。利用电视、广播、报纸、微信、横幅、户外电子屏进行安全生产法律法规宣贯、常识教育。2017年，出动宣传人员230人次，出动宣传车27辆次，开展研讨会、主题报告会、员工座谈会、知识讲座等活动56次，参与人数达到8000人次，印发宣传材料6000份,安全漫画微信推送20条。

6月16日,区开展安全生产月现场咨询活动
(区安监局供稿)

加大安监系统干部及企业从业人员教育培训工作力度。11月,组织全区乡镇(街道)安全生产分管领导、安监站站长、安监员以及区质监局、局机关干部共60多人到东阳市委党校，开展为期3天的全区安全生产监管业务培训暨学习贯彻党的十九大精神读书会活动，学习贯彻中共十九大精神,有效提升了安监干部业务能力。全年举办12期企业负责人和安管员安全生产(职业卫生)监管业务培训班，共605家企业605名负责人和611名安管员参加。

(华白璐)

城市管理

【概况】金华市婺城区综合行政执法局前身为金华市城市管理行政执法局婺城分局，自2017年1月完成更名挂牌。内设办公室、人事宣教科、法制科、信访督查科、指挥中心、机动中队等机构，有下属大队城建监察大队，下设城北、城东、城西、城中、新狮、乾西、白龙桥、蒋堂、竹马、安地、雅畈、琅琊、沙畈、塔石、莘畈、长山16个执法中队。

金华市婺城区综合行政执法局主动将“用制度管人，靠制度管事”的理念得到贯彻，相继出台《机关正规化建设与管理规定》《合同制聘用队员正规化管理考评办法》《目标责任制考评办法》《公章管理办法》等制度，考核作用发挥明显，正规化建设稳步推进。建立执法案卷退卷制度和法制员月度集中培训制度，被评为法治政府(依法行政)示范单位。网络办案系统走在全区前列，人行道违停抓拍系统与区公安分局实现资源共享，实现全天候、全时段、全方位管控。

【主要工作】重点区域提档升级。开展双龙大桥沿街立面整治，拆除龙虾摊外溢、清除违规广告牌；万佛塔周边环境整治，拆除原六中和兰翔服装厂蓝色彩钢瓦、军分区干休所太阳能热水器42台、有梦餐厅楼顶广告，清除原下沿拆迁区块40公顷菜地，跟进“三清宫”立面整改工程；汽车西站周边开展综合整治，破损广告、店招、雨棚“应拆尽拆”，对倍熙街立面灯箱全部拆除、落地灯箱全部取缔；开展核心商圈综合提档整治，修复中华广场地砖破损，解决第一百货后面通道污水横流问题，时春巷乱象整改彻底；开展东上小区环境整治，集中解决公共区域乱搭乱建、围栏种菜、乱堆乱放等问题；开展西市街小码头市场综合整治，对商家门前统一划线规范，陈旧破损雨棚及时更新。

【砂场治理】全身心备战中央环保督察工作，强势推进非法采沙场专项整治，雅畈镇小窑上和赵宅两处非法采砂场15天实现关停取缔，全区9家砂石场规范整治工作有序推进，成效明显。组织力量破除阻挠，坚决拆除京华石材市场违建；协助做好宏达花岗岩制品厂粉尘污染整改及场地搬迁工作。督促申华水泥厂按规范整改到位，切实做好防尘治理。协助竹马乡对方下店村轻质砖厂、石材加工厂、废品收购站等污染企业及养猪场、养狗场依法实施关停拆除。12月，全局作为主力成员之一，对婺城区二环西路婺协、红通两处大型停车场用315天予以强势关停，共拆除简易经营用房10间、车辆维修钢棚35个、集装箱50余只，搬除水泥罐11只，拆除广告牌102块，拆除面积达1500平方米。

【违建拆除】完成第一百货七楼违建、世贸大厦地下室违建、站前香江小区、城北北苑小区、城西二七违建等拆除。解决城西双马家具厂、老通园路汽修厂、春江花园别墅违建部分及通园小区别墅太阳能光伏架整改等问题。协助新狮街道、安地镇、琅琊镇、长山乡、城北街道田里村、雅畈镇车坞村做好违建拆除工作。协助“三改一拆”积极推进连片厂房拆除和洁美城镇整治工作。加快落实违建巡查外包服务，有效控制新增违建。

【保障征迁】作为征迁工作主力军之一，全局全力以赴坚决完成任务：双龙大桥北龙虾一条街征迁拆除工作，轻轨建设按期动工；洪源攻坚行动得到了副市长祝伦根“两个前所未有”的高度评价；酒坊巷攻坚行动用 16 天完成剩余 10 个钉子户的征迁工作;上浮桥征迁工作中,仅用 20 天关掉 75 家沿街商铺和 7 家经营企业,为征迁全面推进作出积极贡献显。

8 月 2 日, 在西市街开展创建省级文明城市誓师大会 (区行政执法局供稿)

【抢险及活动保障】 白龙桥三联旧货市场 9 小时内完成处置工作。防汛救灾期间,白龙桥倪家村出现管涌险情,60 名队员用 40 分钟集结到位,体现了执法铁军招之即来、来之能战、战之必胜的风貌。先后保障浙中生态廊道项目集中开工建设誓师大会、雅畈婺州古窑博物馆开幕、全市食品安全城市创建市民动员大会暨 2017 食品安全宣传周启动仪式、大学生暑期食品安全社会实践队伍出征仪式等,为活动任务站好岗、值好班,协助做好下沿区块清表、城西苗木清除等工作保障到位。

7 月 1 日,区综合行政执法局建党 96 周年系列活动(点燃河盘桥小学微心愿)

(区综合行政执法局供稿)

(崔梦琪)

供电　移动　电信

供　电

【概况】2017年，婺城供电局紧紧围绕婺城区政府、国网金华供电公司各项战略部署，全年完成电网投资2.08亿元；售电量34.38亿千瓦时，同比增长7.14%；全网最高负荷83.23万千瓦时（7月25日），同比增长12.34%；累计回收电费25.06亿元，回收率100%。线损率3.77%。城网供电可靠率99.98%，农网供电可靠率99.85%。

【安全生产】全面落实安全生产责任制，深化安全风险防控，保证电网安全稳定运行，实现连续安全生产1991天。开展春秋两季安全大检查，发现问题28项，整改27项；开展三轮安全隐患大排查，发现问题169项，整改127项；常态化启动反违章稽查，2017年稽查作业现场694次，查纠违章254起，记87分；严格执行到岗到位制度，领导干部和管理人员到岗到位132人次；加强低压"小散"作业安全管控，实行派工单制度，杜绝无票作业、私自作业；开展"安全生产365"系列活动，完成《岗位安全职责清单》编制，开展"一把手讲安全课"主题活动，以雅畈镇田畈村为试点，开展"三线"搭挂治理流程、标准的协商与探索。加强线路设备运维管理，完成通道清障树木修剪6472棵，开闭所大修改造31座，配电房改造135座，电缆井盖板更换900余块。强化基础台账管理，对线路设备基础资料进行全面排查和整改。对线路设备命名牌进行完善消缺，完成杆号牌、柱上设备命名牌、相色牌补挂13000余块。建立高低压缺陷库，进行动态管理，完成高压消缺6825处、低压消缺2541处，消缺率达85%。深化配网状态检测应用，首次应用架空线路超声波局放检测。完成架空线路红外测温全覆盖，共测温6000余点次，消除线路过热缺陷165处；完成桃源、冠山、北郊等变电所92条出线电缆绝缘电阻测量。充分做好配网自动化前期准备，完成图模整治，开展现场摸底和点位调整，完成改造施工方案、自动化全覆盖方案编制。

【电网建设】紧贴婺城经济发展战略布局，加快电网建设步伐，滚动修编《婺城区配电网十三五规划》，完成配电网三年建设改造目标编制；面对严峻市场竞争考验，贴近市场与客户的服务机制，加强与政府的双向互动，建立常态化沟通机制，对接大网前期与市政配套事项，推进南郊、项宅、九峰、蟠龙、五一等变电所选址和土地划拨，双龙八回线路迁改，乾西四回送出工程政策处理；主导编制新能源汽车产业园、金西低丘缓坡区块、金磐扶贫经济开发区、二七区块等园区配网专项规划；新投110千伏及以上变电所4座、10千伏线路33条、开闭所14座、户外环网站51座、配变327台，完成迎峰度夏项目16项，增容补点项目43个。配合市政工程完成双溪西路、宾虹路、环城南路等电力线路迁改，积极配合推进轻轨工程，完成BRT5号线通车。

【优质服务】积极应对严峻外部形势，大力增供扩销。深入推进电能替代，实现替代增售电量1.02亿千瓦时，完成龙达塑胶、星球机械、华丽工艺3家公司煤改电工程，完成金华首个高档小区电采暖工程，并与多家公司完成签署《关于推进居民家庭电采暖建设项目的战略合作协议》，探索电能替代新模式，实现经济与环境的双赢。转变思想,践行“先接入、后改造”,以数据分析为支撑,利用从接入到形成最终负荷的时间差,加快对负荷受限区的设备改造。全力实施业扩提速,优化办电流程,实施“最多跑一次”和邮政代跑等举措,实现“最多跑一次”业务16项。

【经营管理】丰富电费催收途径,优化催收方式,提前四天实现电费全回收,打造电费年度结零里程碑。重视加强线损治理,将线损治理作为堵塞漏洞、提升效益的有力抓手,建立台区线损管理机制,推进分线和分台区线损管理,推进10千伏线损和分台区线损指标治理。提升业扩快响率,严格执行“首问负责制”和“一次性告知制”,实行“同城受理”“一证受理”,优化服务流程,减少中间环节,提高办电效率。施行“班前班后会”制度,加强工作布置落实,对工作任务、作业方式、安全风险、安全措施、人员分工、危险点及防范措施进行强调说明,提升班所整体管理水平。

【三个建设】深入贯彻中共十九大会议精神,认真执行“三会一课”制度,组织开展“三强三做三结对”“支部共建以案说法”等主题活动。加强党风廉政建设,认真落实党风廉政建设主体责任和监督责任,逐级签订责任书。编制廉洁从业风险防控表,定期开展廉政约谈,共约谈37人次。加强廉政教育,编发《纪检监察明镜》月刊。加强企业文化建设,坚持“正向植入”,开展“身边的榜样 前行的力量”劳模访谈、先进员工巡展等活动,发挥先进榜样的示范和辐射作用。积极开展“十大工作亮点”和“最美金电人”学习。深化新闻宣传工作,报送各类宣传报道信息167篇,其中中央媒体1篇、省公司媒体2篇、行业媒体3篇、地市级媒体10余篇。编制《凝聚》刊物,展现基层班所开拓进取的精神风貌。加强员工队伍建设,组织开展月培月考、人人过关等各类专业培训258场,参培14035人次。 (周哲权)

移 动

【概况】2017年,婺城分公司在各级政府的关心支持下,在省、市公司的正确领导下,认真落实“一四五一”年度工作思路,攻坚克难,奋发有为,通信服务收入累计完成6.92亿元,流量年累计增133.23%。

【队伍建设】婺城分公司在贯彻浙江公司“善知善行 惟和惟新”工作文化中心思想的基础上,以“责任文化”为引领,践行工作文化于生产经营中。推进组织管理创新,打破传统思维,统筹推进组织优化,合理规划人力配置,优化激励机制,强化干部队伍建设,强化干部管理与监督,完善管理人员梯队建设,健全干部交流轮岗机制。加强队伍能力培养,激发员工队伍活力,外部要对标市场,内部要与岗位价值、团队和个人贡献挂钩,以能力定价值,以贡献论奖赏。

【思想建设】婺城分公司贯彻落实上级公司决策部署、统筹谋划并推进分公司党风廉政建设主体责任和监督责任。围绕思想建设、组织建设、阵地建设、精神文明建设、企业文化建设、EAP人文关怀和思想政治工作七方面,将党建工作与生产经营紧密结合,突出抓好政治建设这个根本性、统领性任务。深入学习贯彻中共十九大会议精神,制定学习宣传方案,思想政治建设进一步加强,落实党建学习体系,深入学习贯彻习近平总书记系列重要讲话精神。持续推进“两学一做”常态化制度化。全年共召开支部委员会会议20次、支部党员大会12次、专题党课5次、组织生活会1次,参与人数630人次。“一岗双责”到位,推进风险防控。把党风廉政建设作为支部建设的重要内容,将党建工作与经营发展有机结合,做到同部署、同检查、同推进。有效落实嵌入式廉洁风险防控体系建设工作。全年完成4个部门50个风险点刷新工作的逐级审定和工作总结;开展嵌入式廉洁风险防控穿行测试工作,完成涵盖4个专业部门14个测试样本的穿行测试,总体评价情况较好。

【网络建设】保持4G网络领先优势,加大深覆盖建设力度。重点解决城区和乡镇等居民区的MR弱覆盖和投诉热点问题,聚焦站点规划建成率,加强疑难站点的攻坚。打造优质有线网络,做宽网络承载能力,做精网络覆盖能力,效益优先精细化开展覆盖建设,做优家宽服务能力。聚焦家庭组网质量、网络质量短板、割接管理、内容运营和宽带电视质量，着力提升装维服务和投诉处理解决两项能力。提前储备传输网络能力，着重做好光交网络优化整治，简化结构、规范接入，打造“层次分明、归属清晰”的 ODU 光纤接入网，有效释放管道、光交等资源。（张　乐）

电　信

【概况】2017 年，在上级公司和市委、市政府、区委、区政府的正确领导下，婺城电信局坚持党建统领，认真践行集团转型 3.0 战略，贯彻省公司“聚焦三化　扬长补短　强化执行　奋力开创企业转型发展新局面”的整体工作思路，各项工作取得实效。到年末，固话、移动和宽带业务规模均超可比，全年宽带同业满意率仍保持同业第一。光网覆盖率在 99% 以上，具备超百兆宽带支撑能力；IP 城域网出口从 1200G 扩容至 2000G，启用 ChinaNet-D 节点，成为全省两大互联网出口之一。

1 月 18 日，省电信公司总经理韩臻聪携办公室、政企部、渠道部、信产公司、鸿程公司等负责人到婺城电信局调研慰问。

1 月 25 日，市公司党委中心组组织专题学习会，共同学习金华中共市委办公室下发的《关于建立容错免责机制激励干部干事创业的意见》《中共第十八届中央纪律检查委员会第七次全体会议公报》文件精神，要求各级管理者要做严肃党内政治生活的表率，党的各级组织要强化党内监督，不断增强全面从严治党的系统性、创造性、实效性。

2 月 4 日，副市长邵国强携市政府副秘书长潜高星、市府办商贸流通处处长邵应华等人到公司走访慰问，向金华分公司全体员工传达了市政府的新春祝福。

4 月 26 日，召开 2017 年党建工作会议，贯彻落实集团转型升级战略、改革发展进入攻坚阶段。会上，公司党委书记、总经理祝海云作《提高政治站位　强化责任担当　全面加强企业党建工作》报告。

5 月 17 日，根据省公司统一部署，全省同步举办“提速降费　智慧家庭”中国电信百万智慧家庭普及计划发布会及助力“企业上云”行动计划发布会。

6 月 15 日，省公司总经理韩臻聪携企业发展部、销售及渠道拓展事业部、政企客户事业部、办公室负责人到金华分公司调研指导，了解业务发展情况，并在永康副市长吕群勇的陪同下分别调研参观了中国星月集团和众泰控股集团有限公司。

8 月 16 日，中国电信金华分公司和中国联通金华分公司在万达联合举行“落实提速降费推广六模全网通终端行动发布会”，共同发布推广六模全网通终端和提速降费行动计划。金华市副市长邵国强、金华市政府副秘书长李天标、金华市市场监督管理局局长施欣辉、中国电信金华分公司总经理祝海云、中国联通金华分公司总经理吴红伟、中国电信浙江公司渠道部总经理宋波、中国联通浙江公司销售部副经理郑江林，终端厂家、终端销售商产业链代表及主流媒体新闻记者参加发布会。

9 月 15 日，公司与金华经济技术开发区管委会签订战略合作协议。金华分公司党委书记、总经理祝海云，副总经理虞望圣、俞剑，管委会党工委书记、主任张旭辉，常务副主任金春波，副主任程长生出席签约仪式。公司将全力支撑开发区建设智慧城市，提升城市管理能力。

10 月 18 日，公司集中组织全体党员干部认真收看中国共产党第十九次全国代表大会开幕盛况现场直播，聆听和学习习近平题为《决胜全面建成小康社会　夺取新时代中国特色社会主义伟大胜利》的报告。

12 月 14 日，省公司党委委员、纪委书记庄忠东携纪检监察部相关人员到金华分公司就企业党建、年度收官、巡察整改等方面进行调研指导。调研过程中，庄忠东结合个人对十九大报告精神的心得体会，对金华分公司提出了学习与工作要求，并与金华分公司党委书记、纪委书记进行日常廉洁谈话。

2017 年，婺城区电信局助推婺城区委、区政府信息化建设，实行全方位的合作。婺城区组织部实施村干部“走村不漏户，户户见干部”要求，电信为走村入户实现二维码项目签到进行系统支持，《浙江日报》、《金华日报》、浙江电视台新闻节目对该项目做了专题报道,市委陈龙书记要求全市推广。婺城区政法委平安通项目、司法局码上矫正项目、水务局各水库水位监控工程、区政府“最多跑一次”网络延伸至社区项目、经济技术开发区政务网及“E人E本”移动办公OA项目等进行了全面深入合作,进一步推进了婺城“智慧城市”“平安金华”“便民服务”建设。

(王　伟)

金融　保险

工商银行婺城支行

【概况】 2017年，工行婺城支行本外币各项存款余额（不含同业）38.64亿元，本外币各项贷款余额57.70亿元。信贷风险持续压降，年末贷款不良率0.99%。全年风险管控良好，内部管理基础得到夯实，实现零案件、无重大差错和责任事故。

【经营效益】 2017年，各项存款日均余额36.80亿元，日均增量1.50亿元，增幅4.25%；各项贷款日均余额54.25亿元，日均增量12.65亿元，增幅30.40%。其中二手房贷业务发展快速。支行持续发挥二手房贷优势业务，通过专业部门和个贷中心对成交量排名靠前的房产中介进行重点维护，持续跟踪，已与40多家中介开展业务合作，二手房贷呈现快速上扬态势，发放笔数及累放额均位居全市工行系统内第一。信用卡分期业务贡献突出。2017年信用卡个人客户净增1.73万多户，专项分期业务交易额同比增长32.3%；加强银企交流合作，为企业融资、经营转型和小微企业成长发展提供帮助。对信用良好的优质大客户，建立省、市、支行三级联动的服务模式，提高服务效率，通过产品的创新满足优质大户的融资需求。对于经营困难的企业，想方设法为其降低融资成本，坚持以时间换空间，帮助企业恢复“造血功能”。支行全年公司贷款余额及增量在同业四行中占比居第二名。

【队伍建设】 支行以党建为统领，2017年抓好员工队伍的建设工作。落实“三会一课”等标准动作，持续推进“两学一做”学习教育工作的常态化制度化。全年做好民主评议、民主生活会、支部书记选举工作。营造学习氛围，打造廉洁文化示范网点。设立“图书角”“企业文化墙”“合规文化墙”“党建文化墙”展示窗口。开展特色鲜明的主题教育活动，参观银坑村粟裕将军纪念馆，讲一堂“红色土地上的党课”。全面推进学习十九大精神。集中观看视频、征集个人学习心得40余篇、汇编十九大支行简讯，召开学习贯彻党的十九大重要精神动员会等。支行以工会为抓手，加强人本关怀。设立各类兴趣小组及员工活动室；组织员工观影、踏青主题活动；开展生日祝福、节日问候、退休党员及困难员工的走访慰问等一系列活动，引导员工队伍身心全面发展。

7月8日，工行婺城支行党支部赴到银坑村开展“不忘初心跟党走，红军薪火永传承”系列活动，党员在粟裕将军铜像前重温入党誓词

（工行婺城支行供稿）

【安全经营】 支行重视内控合规、安全保卫以

及信贷风险的精细管理,以安全合规的经营保障客户财产安全。2017 年,支行以合规管理为目标,强化过程控制。高度关注和积极应对经济环境变化对内控防案及资产质量带来的新情况和新压力,强化内部控制全过程管理,做好事前防范、事中控制、事后检查工作,做到合规风险实时发现、准确识别、及时报告、有效制止,完善自查自纠,消除安全隐患,堵塞管理漏洞,把控好实质性风险。强化案防监督管理,保持对各类风险事件的高压态势,夯实全员思想防线和制度防线,加强警示教育与员工行为动态管理,确保安全经营。

8 月 26 日,金华工商银行婺城支行顺利完成搬迁,新办公大楼正式开张营业(工行婺城支行供稿)

【社会活动】 支行响应政府工作,主动担当社会责任。开展反假币、反诈骗金融知识宣传普及活动;接力城区"一杯水"公益活动;开展雷锋月环保公益毅行;落实礼让斑马线文明劝导工作;结对蒋堂镇下尹村,落实扶贫攻坚工作要求。发挥工行社会影响力,利用海报、广告、跑马灯等媒介投放社会主义核心价值观、文明城市创建、法治社会与公民道德养成等社会标语,进一步担当社会责任,履行大行义务。

(翁燕鸿)

农业银行婺城支行

【概况】 2017 年,婺城支行认真贯彻上级行年初制定的各项方针政策,带领支行全体员工不断奋进,坚持以党建引领业务发展,努力实现党建和业务经营、队伍建设、员工管理、人文关怀同频共振。经过努力,全行上下形成了坚韧不拔、勇于开拓、上下同心、同舟共济的良好拼搏氛围,各项工作在党建引领下取得丰硕成果。2017 年年末,全行本外币各项存款余额 81.46 亿元,比年初增加 4.97 亿元;年末贷款余额 87.01 亿元,比年初新增 15.54 亿元。年末不良贷款余额 0.85 亿元,比年初下降 0.06 亿元;不良率为 0.98%,比年初下降 0.3 个百分点,实现不良资产余额和不良率 "双降"。中间业务收入 8869 万元,卡分期业务累计交易额 6.38 亿元。内控管理持续加强, 年度内无责任案件发生。婺城支行在 2017 年金华市分行党风廉政建设考核中位列第一名,同时获评 2017 年度省分行级"三化三达标"先进单位。

【党建引领】 婺城支行坚持党建引领,狠抓"两个责任"落实,做好"四风"整治工作,着力形成措施更加务实、形式更为多样、员工广泛参与的共创共建廉政文化新局面。一方面,支行党委和网点班子带头履行党建工作职责,带头践行"两学一做",以身作则推进党建工作扎根组织末梢。开好"三会一课"、组织生活会、民主评议党员等组织生活,提高党组织凝聚力。2017 年年末,支行辖属营业网点主要负责人兼任党支部书记 11 人,占比 100%。支行党委明确"围绕党建抓业务、凝心聚力促发展"的工作思路,建立党建联系点 11 个,党委班子成员坚持每季度不少于一次到联系点开展辅导工作,号召党员亮身份,树楷模。2017 年年末,全行建立党员责任区 15 个、党员示范岗 20 个。另一方面,婺城支行"四个结对"活动开展掷地有声,落到了实处。辖属支部在自身网点业务经营的基础上,从实际出发,在经营中探索党建,在党建中结合经营,广泛开展"党员+"外拓活动,发挥党员的先锋模范作用。2017 年,全行累计开展"党员+"外拓活动 50 余次。各支部把党建结对与普惠"三农"相结合,组织业务骨干通过参加结对村党日活动,向与会村干部和村民代表宣传介绍惠农 e 贷、惠农理财、惠农通、定利盈等适农产品,获得结对村两委高度肯定。2017 年,全行基层党支部通过与网点周边村镇结对,落实农户贷款发放

150 余户。

【服务经济】 婺城支行以十九大最新成果为导向，积极服务实体经济，满足企业和民众新时期金融需求，体现国有大行的责任与担当。一方面，立足城乡，服务“三农”。支行以农村金融自治为抓手，广泛开展普惠金融宣传活动，宣传频次逐年提高。2017 年，支行实现农户建档 6958 户，发放惠农网贷 8803.78 万元，辖属罗埠支行更被评为全省农村金融互联网平台推广优秀网点。另一方面，主动对接，扩大影响。2017 年 5 月，婺城支行积极响应政府部门提出的“最多跑一次”服务改革，辖属婺江东路支行联合金华市住房公积金管理中心，通过资源整合、流程优化，推出“联网+驻点”的创新型公积金业务受理模式，由公积金中心派驻员工，婺江东路支行开设公积金业务受理专柜，将公积金中心的业务延伸至农行网点，实现公积金还款明细查询、公积金提取、公积金贷款受理等一站式便捷服务，受到广大客户的好评。

【网点提速】 支行立足经营发展需要，合理配置各项资源，以创新改进为途径，不断提高资源利用率，为提升经营效益奠定基础。一方面，优化人力资源配置，为发展提供智力支持。通过实行弹性排班制度，优化劳动组合，把更多的人员充实到网点一线队伍中去。另一方面，优化渠道建设，提高效率。对于需量较大的地区及时增加自助机具，对于需求较小的区域及时进行合并。2017 年陆续投放、更新超级柜台、大额存取款机等先进自助设备，尽可能实现常规业务全部自助办理，实现机器换人，推进网点智能化升级。同时加快推进互联网平台的建设，开通新客掌银，更新睡客掌银，提升场外效益。

【风险管控】 加强源头管控，严把新客户准入关，坚持“四个从严”，绝不允许出现“三新”不良。开展常态化信用风险排查，摸清问题客户底数，前移风险防控关口。对问题客户实行名单制管理，组织信贷前后台部门进行会诊，逐户诊断，准确做出判断。前瞻性做好行业限额管理，不断优化信贷行业结构和客户结构。根据上级行政策，限额压降突出“内紧外松”，与客户分类紧密结合有保有压，区别对待，逐步减少重污染、高耗能等产业的信贷投放，实施稳妥有序的退出机制。同时把握新的发展机遇，紧跟制造强国、乡村振兴、绿色金融等战略，把有限的金融资源合理分配，提高“加减法”“组合拳”运用水平。2017 年年末，支行不良率 0.98%，资产质量位全市农行系统第二名。内控与基础管理水平不断提升，内控评价连续多年达到一类行标准。

【员工关怀】 在全行倡导“快乐工作、快乐生活”理念，发扬上下同心、事业为重的主人翁精神，通过职工之家建设，营造温馨家园，不断增强员工的凝聚力和归属感，稳住人心。2017 年，支行顺利通过市分行工会验收，新增“合格小家”5 个，另获评市分行“先进职工小家”3 个。此外，辖属白龙桥支行因“职工小家”建设成绩突出，被评为总行级模范职工小家。“职工之家”的持续建设，让员工真正从思想上“以行为家”。

(陈楠兰)

中国银行婺城支行

【概况】 2017 年，婺城支行按市分行年初工作总体要求，认真贯彻“党建引领、效益为重、客户第一、转创发展、合规经营”20 字工作思路，支行领导班子开拓创新、携手奋进，以党建为引领，以发展为主线，以“赚钱不出事”为目标，攻坚克难、砥砺前行，全面推动各项业务健康稳定发展。

【勇争第一】 支行强化“党建引领”的作用，班子成员开拓创新、携手奋进，带领党员干部走在前、冲在前，调动全行员工的积极性、主动性，创下近几年来的多个第一：第一次零售贷款取得爆发性增长，实现新增额超 13 亿元，名列全辖第一；第一次消化 3.77 亿元高成本定期存款，转化新增活期存款 10 亿元，使单位活期存款占比首次越过 50%大关；第一次实现个人营销 536 万元的贵金属大单和期交 1000 万元的保险大单，是支行历年单笔业务之最；全辖第一个成功拓展个人保证金业务，用于市场管理类收租模式，实现保证金存款 1.5 亿元；临近年末，全辖第一个推广来聚财业务，不到 1 个月时间开通商户 138 户、交易笔数 18555 笔，带动沉淀资金 267 万；营业部主任杨倩代表全辖员工参加总行

“最美员工”表彰大会,受到总行行长的接见。支行党支部被市分行评为 2017 年度“先锋党支部”,支行被评为 2017 年度绩效考核优胜单位。

【服务地方】为区域经济发展步伐,支行主动对接政府类项目,将有限的授信规模投入到基础设施建设、民生消费等发展前景好的行业,积极融入地方经济社会发展主流。紧跟市委、市政府大力发展公共交通、提倡绿色出行的步伐,为公交系统量身定制上亿元项目贷款;支持金华城中村改造规划,专项贷款用于婺城区安居工程,改善农村居民的生活居住环境;支持公积金业务迁移的同时投入公积金信贷资金,满足金华居民办理全部公积金贷款业务与部分提取业务,实现“一站化服务”等。同时,为了更好地帮助广大群众普及金融知识,了解风险防范措施,增强金融安全意识,支行利用休息时间多次组织员工到社区、街道等居民聚集地上门宣传如何甄别真假币、什么是个人征信、如何安全用卡等。9 月,联合金华市银行业协会,组织客户到金华银协消保区开展网络金融安全及预防电信诈骗宣传教育活动,宣讲反网络金融诈骗及防电信诈骗,提升客户金融安全的认知度。

【汇金回归】汇金支行是一家票据专业网点,是金华中行票据金融中心,2014 年 11 月由市分行直管,33 个月后回归,壮大了支行原有的队伍,为支行带了新的利润增长点。汇金支行在认真做好每日报价、比价工作的同时深入挖掘重点客户需求,积极营销跨区域客户机会,紧盯中行开立银行承兑汇票业务,跟踪票据流转,通过开票客户做好其上游收票客户的营销,提高自承自贴比例;并关注注册地在金华、办公地在外地的企业,积极寻找跨区域客户合作机会,充分发挥贴现价格较低时的有利时机,引导客户做短期限业务,提升了票据贴现流量。2017 年,网点累计实现票据直贴业务量 19 亿元,业务量系统内全省排名第四位,系统外同城排名第一位。

【风险管理】受整体经济影响,授信资金存在很大风险,一定程度上影响着支行经营利润。为了防止不良资产的不断冒升,支行加强风险管控,从源头上做起,认真做好贷前调查,做好信贷基础管理工作,严把新客户准入关;对现有授信企业进行摸底,密切关注风险企业现金流、资产状况,督促、协助风险企业处置资产,保证企业正常还本付息;对零贷、信用卡不良资产同样不放过,笔笔落实、笔笔抓,分管行长亲自督办。成立由行领导亲自带队的不良资产清收小组,制定“一户一策”“一户多策”清收策略,及时掌握不良资产的实际情况,灵活运用现金清收、批量转让、呆账核销等有效措施,开展全面不良资产清收化解工作,共清收不良资产 3962 万元。

【企业文化】支行注重对员工的人文关怀,开展系列健康有益的文体活动,实行员工家访制,绩效沟通制、生日祝福制、生病探望制等,把关爱员工、凝聚人心工作落到实处;并积极鼓励员工参加公益活动,如在“公益中国”APP 购买物品、协助交警交通劝导工作、义务献血、上街反假币反洗钱征信知识宣传等。狠抓文明优质服务工作,提升文优服务的标准化和规范化,树立卓越专注的服务品牌,窗口形象有了明显提升,涌现出一批创先争优的先进集体和个人,2017 年度累计荣获省、市级以上集体荣誉 8 个,个人荣誉 13 人次。 (吕爱姣)

建设银行婺城支行

【概况】中国建设银行股份有限公司金华婺城支行(以下简称支行)认真深入学习贯彻中共十九大精神,主动应对新机遇新挑战,紧扣业务发展、风险管控、转型创新,开拓进取、砥砺前行,较好地完成了年度目标任务。

【资金信贷】截至 12 月底,各项贷款余额为 166304 万元,比年初新增 10630 万元;一般性存款余额为 176641 万元,比年初新增 10588 万元;实现中间业务收入 1445.55 万元。全行不良贷款余额 2652 万元,比年初下降 3555 万元;完成资产质量控制各项指标,为全行资产质量的提高起到推动作用。

【安全运营】提高员工思想素质,增强员工依法合规经营的理念。强化合规意识,从严治行。支行要按活动要求做好相关工作,切实强化合规意识,从严治行，要严格执行监管部门的各项政策规定，坚持“三线”原则。努力提升管理精细化水平。结合上级行的活动和全面风险管理的要求做好风险管理的基础工作，提升支行的风险管理和风险控制能力。全面开展员工行为排查工作，及时掌握和了解员工的思想和行为动态，确保全年安全运营无事故。

【网点管理】制定符合网点实际的实施方案和考核方案，进一步强化目标管理。狠抓基础服务，促进存款增长，不断加强员工学习培训，提高业务技能和工作效率，尽量做到让客户满意；注重细节管理，充分抓好业务运行中的人员、设备管理等多方面完善服务，提高服务效率和服务质量，缩短客户等候时间。

【其他工作】党建活动开展有声有色，将十九大精神与自身实际、建行转型、党风廉政建设相结合。重视党员引领教育和员工的政治思想工作。从健全制度、强化教育等角度不断推动全体员工的先进性教育。注重加强对班子成员、客户经理和全行员工的教育和管理，既注意八小时以内的工作、言行，又注意其社交圈、朋友圈，每周要求员工进行“廉政教育周周见”学习，警钟长鸣，防患于未然。

深入社区、学校和机关单位开展金融服务。支行组织业务骨干深入明月、西市街社区，金师附小，婺城区政府开展金融服务，宣传理财、黄金、ETC 等建行产品。与社区活动有效结合，开展反电信诈骗、九九重阳宣传等活动。

以多种形式组织开展“客户接待日”活动。充分发挥“客户接待日”对维护和拓展客户关系的促进作用，深入了解客户尤其是中高端客户对支行产品、服务以及渠道方面的意见和建议，为更好地提升客户服务体验营造良好氛围。　(方翠荷)

金华银行婺城支行

【概况】2017 年，金华银行婺城支行各项存款余额达 562018 万元，各项贷款余额 277537 万元。婺城支行加大小微企业营销拓展力度，提高市场占有率，其中小微企业贷款余额 38676 万元，占贷款余额的 13.93%。截至 12 月底，支行本息逾期 90 天以上不良贷款余额为 4343 万元，完成总行年末控制额(3000 万元)的 69%；收回债权转让款 250.16 万元，完成总行年末任务的 31.27%。收回历年已核销贷款本息 930 万元，完成率 122.35%，超额完成目标。已诉讼贷款清收额 6169.33 万元，完成率 137.1%。总体上取得较好的业绩。

【负债业务】策划开展支行储蓄存款竞赛活动，大打全员营销牌。为了把“存款立行”的观念深入人心，树立全员营销意识，调动支行全体员工揽存的积极性、主动性和创造性，积极组织开展了全员营销活动。3—6 月，开展婺城支行“抓住机遇、奋勇争先”营销竞赛活动；7—8 月，开展储蓄存款专项竞赛活动；8—12 月，开展零售业务专项活动。使活动贯穿全年，既增强了支行的全员营销意识，又发挥了全行员工的资源优势，有力地推动了支行储蓄存款的增长。

【零售业务】2017 年 3 月，紧紧抓住城中村改造的契机，第一时间成立由行长任组长，分管行长任副组长，各科室、二级行负责人为营销小组成员的工作组。要求必须做到“守土有责、守土负责、守土尽职”。根据不同辖区，通过不同渠道争取获取第一手信息，全面推进拆迁改造对接工作，赢得工作主动权。4 月，支行争取到罗店镇前庄头村的拆迁款代发，共计代发 259 户，发放金额 18990 万元，留存金额 6450 万元；6 月，支行争取到酒坊巷的拆迁款代发，代发 670 户，发放金额 29180 万元，留存金额 5230 万元。3 月，城北街道洪源村的拆迁款代发指定为该项目贷款经办行农业银行，拓展难度大，支行通过营销留存拆迁款 432 万元。下半年，支行对城中村拆迁款代发项目进行了长达半年多的持续跟踪，11 月，支行陆续拿下了城东街道上浮桥村、城北街道后地村、城西街道西郊村、乾西鲍堂村 4 个项目的代发业务，工作将持续到2018 年。年末，共留存对公活期存款 9000 万元、储蓄存款 4000 多万元。

【内控管理】加强学习培训，提高营业经理及柜员素质。要求每位营业经理根据自身的业务特长，选取内控管理和运营方面的内容参与讲课，要求制用课件，并按照培训内容出题，培训后进行考试，营业经理参加锻炼学习的同时培训新入行员工，强化老员工对业务能力和规章制度的认知。2017年，进行运营条线培训21次，考试13次，培训人次1162次，取得较好的效果。提高营业经理的素质，开展检辅学习，提高自查自纠的能力。支行营业经理普遍年纪轻、工作时间短，缺乏管理经验，为了提高营业经理素质，加强支行内部之间的学联沟通，采取由支行检辅员进行分析讲解重要风险点以及后续自查的要点，列出相关的检查提纲，营业经理进行自查，并进行相互学习交流的形式，把营业经理业务素质的提高与营业网点的检辅相结合，取得一定的效果。

【文明服务】开展形式多样的主题宣传活动，将优质服务与柜台内外营销有机结合，如在春节来临前适时开展了新春送“福”活动，邀请农民艺术家现场为村民写春联、赠福字，展现支行贴心服务的同时增进了与客户的感情；开展送金融服务进社区活动，2017年，支行共开展金融服务进社区专项活动200余次，密切与街道、乡镇、社区关系，为支行稳存、增存工作打下伏笔；2017年为“心防工程”活动年，根据“心防工程”实施方案要求，支行成立“心防工程”领导小组，深入社区、乡镇、市场、学校、车站等开展宣传活动。积极投稿，加大宣传力度。2017年，各科室、二级支行结合自身部门、区域特色，开展各项宣传活动，并多次在媒体上进行宣传报道，做好信息与宣传报道工作。积极投稿，加大宣传力度，2017年，为鼓励支行各部门投稿积极性，督促各科室、二级支行结合自身部门、区域特色，开展各项宣传活动，并多次在媒体上进行宣传报道，截至12月，共向总行、市级刊物投稿23篇，被采用刊登142篇，其中市级报刊采用刊登6篇。 （许美丹）

金华成泰农村商业银行

【概况】2017年，全行上下围绕省联社和金华办事处各项工作部署，坚持深耕农村、拓展社区两大阵地，树立标杆、主业和底线三个意识，进一步坚定“向实、向小、向内”的发展方向，紧抓普惠金融建设、创新转型驱动、信贷风险化解、打造成泰铁军四项重点措施，实现存贷规模、转型升级、内控防范和经营效益等五个方面有效提升。各项资产总额179.51亿元，各项存款154.43亿元，各项贷款97.19亿元。

【普惠金融建设】坚持深耕本土，大力发展普惠金融，支农支小主力军地位进一步巩固。制定普惠金融五年提升工程方案，金东、婺城、开发区三个区政府全文转发各级乡镇、街道、部门，加强对社会发展薄弱环节的支持。开展整村授信，与乡镇(街道)、村两委等部门对接，上门批量办理普惠签约。深入开展部门合作，推出“八婺好家风”信用贷款、创业担保贷款“税银通”纯信用贷款等创新产品，开办电子票据、ETC合作等业务。进一步畅通服务渠道，加大自助服务终端、自动存取款机、自助发卡机等自助设备的投放力度，设立助农便民服务点916个，POS机具到村100%覆盖；以“丰收驿站”为纽带，为农村偏远地区提供集小额存取款、缴费充值、线上线下代购代售、信息咨询等于一体的金融服务，有效促进城乡金融服务均等化，丰收驿站累计服务客户21.6万人，完成金融业务量65.12万笔。

【创新转型】坚持苦练内功，深入推进精细化管理，质量与效益水平进一步提高。提升内部管理规范化水平。强化反洗钱风险管理，2017年人行结算账户管理考核工作全年无差错。推进精细化管理工具开发应用，自主研发六大信息系统，以科技创新提升业务发展；协助省联社开发市财政账户查询接口，完成社保非税缴款及签约系统优化改造，优化完善国库集中支付系统，实现自动入账。

【信贷风险化解】严控不良贷款反弹。严格执行“慎三禁五”压降计划，实施“一责任、三机制”的风险管控目标，推进大额不良贷款班子成员认领清收机制；开展“归仓风暴”不良外拓清收活动，全力做好不良百日攻坚战。保持案件防控高压态势，完善制度体系，确保业务发展与内控机制、风险管理之间的匹配性。通过做好资产负债期限管理、现金流缺口限额管理、存贷款规模合理增长、资金业务规范拓展、市场资金面趋势预判等管理措施加强对流动性状况、社会舆情动向、经营动态等情况的监测管理，严防流动性风险。深化“心防工程”长效建设，强化十九大前后安保及维稳工作，认真组织安保演练，开展防护舱智能化升级改造试点工作，安全防范能力得到进一步提升，2017 年全行被评为银行业金融机构安全评估工作市级先进集体。

【队伍建设】 坚持赶超发展，主动对标，推进“比学赶超”工作落到实处。通过明确对标单位，加强交流学习，以吸收借鉴外部好经验、好做法。对内结对比学赶超树典型，通过支行间开展交流结对、组织召开“比学赶超年”活动交流推进会、先进支行经验交流等方式，及时将好的做法进行分享。营业部《深耕城区市场，探索城区零售业务新路径》和低田支行《四法则助推丰收驿站高效运营》入选金华办事处“比学赶超年”优秀案例，在全市农信交流推荐。着力提升教育培训、考核竞争、干部交流、导师帮扶、网格管理、服务督察六项机制，构建人才发展全方位的保障体系，打造“富有激情、勇于担当、能征善战、保住底线”的队伍。

【品牌文化建设】 通过品牌、服务、形象“三个维度”开展创意宣传，主打“伙伴银行”品牌，获金华农信创意宣传比赛二等奖；承办市办舆情演练比赛，在现场采访、抢答、新闻发布三个环节的角逐中脱颖而出，荣获金华农信舆情比赛一等奖；代表省联社参加浙江金融系统首届职工文艺会演，参赛节目《大地之歌》获金奖；代表省联社参加由省委宣传部、省司法厅、省广电集团、省普法办主办的第四个国家宪法日法治文艺晚会，原创音乐小品剧《普法直播间》获好评。 （成 龙）

金华市婺城区万通小额贷款有限公司

【概况】 金华市婺城区万通小额贷款有限公司于 2009 年成立，是由上市公司万里扬集团联合其他 10 余家企业和自然人发起，注册资本人民币 3 亿元。是浙江省小额贷款公司行业协会理事单位，金华市小额贷款公司行业协会副会长单位，是市本级首家小额贷款公司。公司依托股东强大的实业背景，拥有一支专业化的金融管理团队，秉承“责任、尊重、沟通”的企业理念，合法合规经营，在促进自身持续健康发展的过程中，承担起服务区域经济发展和社会和谐进步的重责，和同业一起树立起金华小贷的良好品牌形象，共同繁荣行业的发展。截至 2017 年年底，全年累计发放贷款 9560 万元。年末贷款余额 33803 万元，营收 1503.7 万元，上缴税收 130.12 万元。公司屡次荣获浙江省“A+”级优秀小额贷款公司、浙江省创新服务中小微企业先进单位、小额贷款公司信用建设示范单位等荣誉称号。

【风险管控】 2017 年，小贷公司面临着经济下行压力增大、互联网金融平台的崛起、市场竞争的加剧、坏账的攀升、优质客户难寻等一系列发展瓶颈，经营环境较前几年更为严峻。在此背景之下，作为类金融企业，公司不折不扣地执行覆盖业务全过程及行之有效的风控技术和管理体系。在原有的完整有效的风险控制体系上，从优化流程、化繁为简、专注细节着手。精益求精，再加以完善和细化，构建起信贷精细化管理长效机制，强化信贷条线简单检查管理，从而构筑起一道道牢固的风险防火墙。另外，有效地重新梳理排查所有客户，对类似主业不清、投资过大、负债较高、用途不明的高风险客户，选择主动退出或核减授信额度。

【队伍建设】 构建学习型组织，打造一支业务水平过硬、综合素质较高的团队。公司每月开展业务培训，每季开展素质培训，既有内部培训，也有外送委培、交叉选送。参与省市小贷协会举办的各项活动，如知识竞赛、乒乓球比赛、环湖竞走等，以各项集体活动为载体，丰富员工业余文化生活，增强了员工凝聚力。 （单霄鹏）

金华市婺城区丰银小额贷款有限公司

【概况】 金华市婺城区丰银小额贷款有限公司（以下简称公司）是经浙江省人民政府金融工作办公室批准而设立的一家小额贷款公司，成立于 2012

年12月,以服务“三农、小微企业”为宗旨,面对复杂的内外经营经济形势,坚持“控风险、调结构、求效益、强队伍”为主线,稳中求进,盘活存量信贷资金,确保无新增不良贷款。优化信贷客户结构,逐步调整担保形式,从严控制互保,增加非关联的企业保证,加强与法院的沟通协调,加大清收力度,有效实现风险控制。

公司在促进自身可持续健康发展的经营过程中,把企业文化建设和承担区域经济发展、社会和谐进步的责任结合起来,以优惠的贷款利率,累计发放助学贷款50笔。以倡导诚信合作、实现互惠共赢的办事宗旨,针对市本级不同类型的中小企业及个人客户,围绕其实际需求,推出信用、担保、抵押等多样的贷款类型,通过小额、分散的贷款方式,发挥了方便、快捷、灵活的特点,以低于民间借贷的贷款利率,帮助解决小微企业的资金需求。

坚持以内控建设为保障,强化内部管理,加强员工对全面风险管理、合规经营理念的培养,与每位员工签订廉洁自律责任书,修订完善员工业务考核责任制。全面展开风险排查,严格执行贷款三查制度,即贷前双人调查,贷时根据贷款流程进行审查,贷后风控人员对贷款进行检查,客户经理对客户进行贷后管理。加强全员安全教育,组织消防知识等培训,增强安防意识。

日常工作中积极配合市、区两级金融办组织的检查考核,以及其他监管部门组织的常规性和临时性检查,全年无举报。

公司全面接入省小额贷款公司信息系统平台,业务开展严格执行省金融办、上市办等文件的有关规定,有效规范公司业务活动和财务活动行为。及时主动按要求向区财政局、区金融办等报送数据。

(周　蔷)

中国人民财产保险股份有限公司金华市婺城支公司

【概况】 中国人民财产保险股份有限公司金华市婺城支公司(以下简称公司)秉承“以人为本、诚信服务”的经营理念,坚持“供给升级,创新驱动,价值强司,勇立潮头”的总体要求,全力提升服务水平,改善客户体验,争做“人民满意的保险公司”,勇担社会责任,彰显企业担当,加强队伍建设,践行“分担与共享”企业文化,推动可持续健康发展。

【经营管理】 公司坚持“发展是第一要务,合规经营是底线”。对标市场,坚持效益发展,在创新上下功夫,适应经济发展新常态,确保业务稳中有升,全面引领市场发展。全年保费收入11743万元,同比增长14%,主要险种业务为车险、农险、责任险、意外险、财产险。

以合规经营为底线,以制度为抓手,从严从紧,夯实基础管理。加强对重点险种、重点领域风险排查,加大“三重一大”事项的合法性和合规性审核力度。完善反洗钱内控制度,履行反洗钱工作职责。全员签订规范从业承诺书、依法合规承诺书、防范非法集资责任书,把防范合规风险融入日常工作中。

【客户服务】 坚持“以客户为中心”,不断夯实基础服务、创新服务,提升客户满意度,争做“人民满意的保险公司”。提升出单服务,考核出单时效,逐步推进综合柜员制,实现出单、无人伤车险理赔单证收集一窗处理,省时省力,方便客户就近网点办理。优化理赔服务,精简各类单证,全面推行极速理赔、小额人伤快速处理,开通微信理赔,推出“直升机救援”服务,为客户提供更加全面、贴心的安全保障。依托一年一度人保“客户节”,以多样的活动主题加强与客户间的互动,让客户感受人保品牌,尊享优质服务,增强客户黏性:“文明出行赢大奖”互动活动,连续30天行车无违章记录的车险客户参加,都有机会赢得8吨汽油的奖励,宣传倡导文明出行;回馈感恩客户,邀请意向客户畅游锦林佛手文化园,感受金华地方传统文化,拉近双方距离;“十一”黄金周期间,公司服务人员在金华高速路出口搭建“心服务”站点,设置宣传服务咨询台,悬挂服务活动横幅,为过往车辆提供旅游提示、行车向导等便民服务。继续推进农村服务网点建设,加强村协保员队伍建设,服务“三农”,走村进镇开展政策性农业保险、农房保险、小额意外保险说明会,以“家门口面对面式”的保险服务便民惠民,打通保险服务"最后一千米"。

10 月 1 日，员工在金华高速路出口搭建"心服务"站点，设置宣传服务咨询台，悬挂服务活动横幅，为过往车辆提供旅游提示、行车向导等便民服务
（中国人民财产保险股份有限公司婺城支公司供稿）

5 月 25 日，保险行业协会防范和打击非法集资专题宣传月活动，为市民讲解非法集资的特征及危害
（中国人民财产保险股份有限公司婺城支公司供稿）

【基层党建】 围绕重点，深入学习宣传贯彻中共十九大和十八届六中全会精神，深入推进"两学一做"学习教育常态化制度化，通过举办各类党建培训、支部书记和普通党员上党课、观看教育纪录片、撰写学习心得等形式，将集中学习和个人学习相结合，突出"学'的质量，提升"做"的成效；抓党建工作职责，落实"一岗双责"，坚持党建工作与业务工作齐抓并管，落实和完善各项制度，营造风清气正、崇勤尚廉的良好氛围；完成党员活动室建设，为全体党员开展政治生活、教育活动与交流提供一个良好的组织生活环境，推进学习型党组织建设。

【公益活动】 公司积极投身社会公益活动，勇担社会责任，传递正能量。积极参加市团委组织的"平安公交"文明劝导，组建青年志愿者参与"文明过马路"执勤活动。6 月，组织党员及青年志愿者结对 20 余名脑瘫儿，一同制作蛋糕，帮助其参与集体活动，感受社会关爱；积极参加"7·8"保险扶贫公益跑活动，彰显企业担当。9 月，开展捐资助学活动，全体党员热心捐款，将筹得的 4000 元爱心款送到帮扶学生手中，并承诺帮助其完成学业。

【企业文化】 公司倡导"分担与共享"的企业文化，关爱员工，落实各项关爱举措，为公司持续健康发展提供强大的凝聚力和战斗力：提升职工之家建设水平，更新健身器材及文体活动设施，努力营造良好的工作环境；以员工的需求为导向，开展读书会、书画比赛、羽毛球赛、登山漂流、职工运动会等一系列文体娱乐活动；组织员工体检、组织爱心捐款帮扶困难职工、节日慰问退休职工等活动，持续提升员工幸福感和凝聚力。坚持"以人为本"，抓好队伍建设，注重员工专业技能：引进专业人才，加大优秀年轻干部的选拔任用力度，激发员工的潜力与干劲；优化基层管理人员队伍结构，提升"80 后"干部占比；抓学习型组织建设，依托教育培训持续提升队伍素质能力，以学习能力推动团队的创新力，增强整个公司综合能力。　（卢姗姗）

中国人寿保险股份有限公司金华分公司

【概况】 中国人寿金华分公司是《财富》"世界 500 强企业"中国人寿集团旗下的地市级分支机构，位于金华市婺城区丹溪路 633 号。公司主营业务为人寿、意外和健康保险产品，涵盖生存、养老、疾病、医疗、身故、残疾等多种保障范围，公司下设 6 个县、市支公司，全市共有 65 个营销服务部和营业部，机构遍布金华主要的乡镇，辐射广大农村地区。

截至2017年年底，全市系统共有干部员工435人、各类销售人员9600人。公司2017年实现总保费35.4亿元，是金华地区第一家保费突破35亿元的保险企业，市场份额32%，始终占据金华寿险业的主导地位。

公司发挥保险保障民生的职能，2017年各类给付支出超5亿元，全年处理各类赔案超5万件，短期险赔款1.34亿元。近年来公司荣获系统内外多项荣誉称号，被人社部和保监会评为全国保险系统先进集体，被中国人寿集团公司授予个险业务发展奖、建功立业"明星集体"称号、百舸争流优胜奖、城市分公司双领先奖，被评为"浙江市场消费者满意单位"，被金华市政府评为"市区税费超千万元大户"。1996年至今，连续被评为"金华市文明单位"。连续多年被评为"金华市诚信经营示范单位"。

【经营管理】公司秉持"依法合规、创新驱动"的经营理念，全面推进经营管理、产品结构、服务保障的转型升级，努力打造全面领先型地市级保险企业。

坚持"保险姓保"，回归本源。推进保险产品供给侧结构性改革，加快健康保障型产品发展，着力推广长期重大疾病保险、补充医疗保险等产品，规模同比增长40%，努力建强社会医疗保障体系中商业医疗保险这一支柱，对基本医保形成良好的补充。加快改革创新，推进转型升级。中国人寿全系统经过两年的努力，基本实现了新一代运营系统主要架构、主要平台、主要产品、主要功能落地，金华分公司是新一代运营系统推广试点单位，公司全面推广国寿e宝、e店、无纸化投保、微回执、智能理赔等新平台，科技建设走在前列。坚持合规发展，防范金融风险。认真落实保监会系列文件。严格按照监管要求，扎实开展自查自纠，排查风险隐患；建立销售风险常态化监督机制，主动防范和处置销售风险；高度重视非法集资风险防范，认真履行反洗钱工作义务，组织开展了全市系统反洗钱知识培训，邀请人民银行金华中心支行反洗钱科领导进行专题授课；做好财务税务工作，公司与市国税局、市地税局签订了税收遵从合作协议。

【客户服务】公司以"诚实守信、客户至上"为服务理念，以"造福社会大众，振兴民族寿险"为企业使命，积极践行"以客户为中心"的发展理念，各项服务工作更加到位，服务水平显著提升。做好理赔服务，积极简化流程。全面推广应用智能理赔服务系统，简化客户办理业务所需要的资料和流程，实现客户办理业务"最多跑一次"。对重大、特殊理赔事件启动特别响应机制，广泛开展困难客户慰问、上门送服务工作，确保出险客户得到及时、热情的理赔服务。强化服务队伍建设。深入开展柜面服务升级达标活动，加强柜面工作改革，通过美化服务环境，强化服务礼仪，组织对支公司和本级柜面明察暗访，全面提升柜面标准化服务品质，推行综合柜员服务模式，强化考核管理。开展客户权益保护。近年来，为了响应"信义金华"的建设，公司主动开展"寻找保单主人"行动(20世纪八九十年代推出的老业务，由于当时的保单没有具体的地址和联系方式，致使无法联系上客户)，通过多渠道主动联系老保单客户，做好千万元满期保险金的给付工作，切实保障客户权益。开展客户增值服务。组织了生日送祝福、户外采摘、旅游及客户联谊活动，开展了高端客户五云山体检活动，组织"6·16"国寿客户节系列活动，以客户需求为导向，广泛开展保险知识讲座、国寿小画家、健康运动等形式多样的客户服务活动，累计服务客户达到了2万多人次。加强行业宣传。开展了"7·8"保险公众宣传日宣传活动，通过行风热线、"保险下乡"等活动，积极提升社会民众的保险意识。

【政保合作】与政府相关部门在普惠保险、保险扶贫、医保补充等领域加强合作，通过搭建保险保障网络为社会经济发展保驾护航。积极参与各项政策性保险业务，充分发挥公司的实力、服务、品牌等优势，成功中标金华市区学生保险、公安局民警辅警职工保险、环卫工人保险，磐安、兰溪、武义残疾人保险、东阳老年人保险等政府招标项目，进一步加大公司参与社会保障体系建设的力度。广泛开展保险公益活动，2017年全市开展了"生育关怀—圆梦微心愿"活动，共为困难计生家庭圆梦770个；联合计生协召开全市计生保险业务推进会；各支公司分别联合当地乡镇(街道)、妇联、计生协召开农村小额、女性安康业务推进会；分别与各县扶贫办（农办）对接精准扶贫保险工作，在婺城区塔石乡开展了精准扶贫试点村活动。组织开展"慈善一日捐"活动，共募集善款 1.7 万元。积极响应市政府、献血办的号召，组织员工开展了无偿献血活动，献血人次超 80 人次，各单位积极参加文明卫生城市创建工作。认真做好大病保险等服务保障。依托自身的专业经验和网点优势，为参保群众提供服务，让群众受益、政府满意。2013 年开始大病服务覆盖全市 230 万人，承办本级市区所有居民的大病保险业务。积极做好学生保险服务工作，作为金华地区最大规模的学生意外伤害保险供应商，几十年的服务使得公司在经营学生保险上，无论从保险宣传、投保引导、收费承保、保险理赔、服务组织体系等方面，都积累了丰富的经验。此外还与各政府机构、行业协会合作，开展了计生系列保险、农村小额保险、行政事业单位公共意外险、援疆援藏干部意外保险、精神病人意外保险、"安心旅"保险等项目。

7 月 8 日，中国人寿保险公司扶贫公益跑

（中国人寿保险金华分公司供稿）

7 月 11 日，中国人寿保险公司精准扶贫

（中国人寿保险金华分公司供稿）

（张之彬）

乡镇　街道

城东街道

【概况】城东街道位于金华老城区东部,东邻金东区东孝、多湖街道,南毗宾虹路万达广场,西界胜利街,北至浙赣铁路,是婺城区的东大门。辖区面积约2.99平方千米,户籍人口9835户,23384人。流动人口0.7万人。下辖5个社区和2个经济合作社。2017年被评为区级先进集体,先进基层党工委,平安创建、工业经济工作、信访工作、网络宣传工作先进集体,工作目标责任制考核先进单位。

【工业经济】2017年,工业总产值4.04亿元,完成计划的138.11%,同比增加44.33%。规模以上工业企业总产值3.78亿元,完成计划的149.02%,同比增加57.45%。全年工业投入4018万元。外贸自营出口1230万元,完成年计划的111.89%,同比增长118.97%。限额以上住宿餐饮业4241万元,同比增长24.6%;批发零售2.16亿元,同比增长12.1%。服务业投资1585万元。固定资产投资3678万元。工业投资3518万元。引进内资5050万元,完成年计划的126.25%。

【重点工程】顺利完成酒坊巷房屋征收,3月启动,5个月时间完成红线范围内370户被征收户的签约、腾空工作,签约率达100%,总计建筑面积4.15万平方米。打造国有土地上房屋征收的样板。完成万佛塔周边环境整治工作,1个月内拆除违章搭建1680平方米、44个太阳能热水器。下沿区块20公顷土地一天内完成清表任务,比市政府的要求提前了45天。同时完成华东农产品市场扩建涉及东郊村股份经济合作社870余穴坟墓的搬迁工作,完成通园溪整治提升涉及1.33公顷土地的征用工作,确保复兴街拓宽改造工程有序推进等。上浮桥区块城中村改造工作,10月12日进驻,复兴街以西上浮桥村集体土地征收涉及262宗土地,涉及11个生产队456户。截至12月底,基本完成调查、测绘、评估工作,评估率达98%,统筹推进签约、腾空等工作,签约率86.3%。

【公共服务】全面完成"四个平台"建设,实现有效运转,街道社会管理和服务群众水平实现新变化、新发展、新突破。2017年,城东街道基层治理综合信息平台累计处理信息23781件,办结率达100%。有效整合辖区内的各类资源,推进"一窗受理、一表申请、一窗办理"机制。在"四个平台"建设中融入"最多跑一次"建设,明确"最多跑一次"办事事项25项予以公布,指导5个社区完成该项建设,推进"最多跑一次"改革向基层延伸。

【文化宣传】城东街道位于江北老城区,是婺城区的东大门,历史文化底蕴深厚。阵地建设方面,在恢复城东街道文化体育中心的基础上,结合党建工作将其打造成一个示范基地。文体活动方面,各文体队伍在各级各类比赛中都获得骄人的成绩;城东街道也在区委宣传部组织的全区乡镇(街道)"喜迎十九大"合唱比赛中荣获一等奖。对外宣传方面,成立街道信息工作领导小组,加大宣传力度,开展信息报送工作。在各级各类新闻媒体的报道数量有较大的提高,据统计,《金华日报》19篇、《金华晚报》78篇、《今日婺城》122篇,电视台报道11次,黑板报刊出189期。同时，开展省级示范文明城区创建工作，城东街道每季度的文明指数测评都能保持中上等次。

【社区管理】做好村级组织换届工作，着力营造风清气正的换届风气，选优配强新班子。街道党工委深入调研，积极谋划，开展社区干部“谈心谈话”及上浮桥社区蹲点调研工作。在把好政策关、选人关、程序关的前提下，下辖5个社区党委、37个党支部分批进行支部换届选举，通过“两推一选”顺利产生党组织班子36人；通过居民直选产生社区居委会成员27人，其中交叉任职11人。在换届工作的推动下，街道、社区全体干部思想高度统一，党建引领的作用得到发挥，塑造一支能打硬仗的党员干部队伍，为城中村改造等重点工作打下坚实基础。

【民生事业】坚持“以民为本，为民解困，为民服务”的宗旨，2017年度，街道低保户98户、115人，申报低保6户、8人，取消低保8户、10人，发放低保金76万余元；受理公共租赁住房申请103户，审核通过98户。发放慈善、医疗等各类救助慰问金15万余元；优抚线上各类补助金107.8万元。城镇新增就业岗位364个，失业人员实现再就业243人。城镇居民医保续保及新参保3668人，完成率99%；企退人员资格认证6054人，失业金登记认证142人；发放社保补贴152.18万元，发放企退特困、重病人员等慰问金23.63万元、322人次。截至12月底，街道出生177人，计生率为100%；出生男婴88人，女婴89人，性别比为99；二孩生育全过程管理率达100%。

【城市管理】推进星级卫生街道、精品社区创建，全面迎检省级示范文明城区创建，启动环境卫生综合整治，脏乱差现象明显改观。推进中港浅水湾、静听风雨、春江花园等省、市级垃圾分类示范点工作。按时有效完成智慧城管督办工作，处理督办案卷3621条，结案率达100%。2017年，街道社区开展环境卫生整治60余次，清理垃圾200多吨，清理楼道牛皮癣5万余处，新增及提档绿化面积1000多平方米。特别是东上小区环境卫生整治行动，铁路沿线垃圾清运、拆除违建、外立面破损维修，小区内部卫生整治、花坛整治、清理房前屋后堆积物等前后投入20余万元，使整个小区的面貌焕然一新。

【社会治安综合治理】以“开展平安创建 护航十九大”为首要任务，开展平安、综治、普法等专项活动，始终把筑牢维稳第一防线作为己任，确保辖区社会稳定。完善“综治平台”建设，优化“全科网格队伍”，形成街道、社区、网格三级排查调解组织网络。加大防控力度，基本实现“为民服务零距离、纠纷化解零搁置、信息采集零空挡”的局面。做好各级“两会”和十九大的安保维稳工作。组织1600余人次开展平安巡查等活动，加强平安监管，街道主要领导亲自抓重点信访案件。街道调处矛盾纠纷94起，调处率、成功率均为100%。切实落实平安创建目标管理责任制，签订责任书2000余份，做到横向到边、纵向到底、不留空白点。切实按照区长的指示，重点开展出租房消防整治工作。2017年，辖区没有发生重大安全事故和消防事故。

【“五水共治”】街道将“五水共治”和剿劣工作相结合，将通园溪（长约1180米，宽11米）纳入生态廊道建设，多举措、全方面开展专项行动。解决通园溪西侧清风巷42户污水排放问题，将27根排水管接入市政污水管网；投资12万元，完成市控宏济桥下游北岸排污口的整治；开展专项整治6次，整治经费投入20多万元，清理河道淤泥、垃圾及漂浮物6万立方米。特别是蓝藻整治工作，出动450人次，生石灰8吨，硫酸铜60包。全面落实“河长制”，“河长”巡河168次，召开专题会议 20余次。2017年，通园溪平均水质达Ⅳ类，数月水质达到Ⅲ类，水质明显改善。

【“三改一拆”】对各社区的违法建筑进行整治，拆除违建12万平方米，完成全街道5个社区的无违建村创建工作。对市“三改一拆”交办的公路沿线5处乱搭乱建乱堆现象进行整治，按照上级指示对整个辖区进行摸底排查存量违建。通过专项行动，极大地遏制各类违法用地行为的发生。在上浮桥区块征迁工作中，以违章搭建、不规范经营等整治行动为抓手，发放整改通知书72份，店招拆除91家、1128平方米。

【党建工作】党员干部教育管理，树立党员新形象。以“两学一做”学习教育常态化制度化为契机,学习十九大专题等内容。街道党工委组织全体党员在婺剧院召开专题党课,纪念建党 96 周年,展党员风采,为党旗添彩。下辖 5 个社区按照“一月一主题”的要求,开展主题党日活动 50 余次。吸收入党积极分子 14 人,发展预备党员 6 人,预备转正 10 人。城市党建整体提升,架设党群连心桥。创新理念,推行“网格支部+综合党委”的运作模式,打造青春路社区城市党建示范点。整合辖区 15 家驻区单位、5 家“两新”组织,共同组建社区大党委。探索实践以“青春驿家,组织一路覆盖;青春宜家,党群一路联动”等 5 个“一家一路”主题党建工作新模式。在市委、区委的支持下,创建青春路社区党群综合体,依托近 2000 平方米的活动场所,设置 24 小时悦读吧、志愿者服务站、烘焙体验馆、文体活动中心等服务场所,将青春路社区党群服务中心打造成党组织服务、凝聚、教育和引领群众的红色阵地,成为党群连心的“温馨港湾”。旌孝街社区充分发挥社区党员、楼道长的作用,推行“十小工作法”和“四有服务”,有力推进万佛塔周边环境整治和省级示范文明城区创建等工作。发挥“党建+”更大效益,打造服务主阵地。发挥党员先锋模范作用,开展党员志愿服务活动。以“文明城区创建,党员争做表率”“点亮微心愿共筑中国梦”“平安志愿行 护航十九大”等主题活动为主线,号召在职在册党员志愿者参与到社区治理,服务群众中来,将党建工作融入社区服务的各个领域。继续加强党群共建,不断丰富“党建+”的精神内涵。 (朱剑花)

城西街道

【概况】城西街道位于市区婺江以北的西部,东至八一北街与城中街道相连;南至婺江;西至乾西乡;北至解放西路南侧和长山路南侧,与城北街道接壤。街道办事处驻中山西路 203 号,面积 1.66 平方千米,下辖中山路、二七花园、双龙、河盘桥、西郊 5 个社区,户籍人口 5659 户、13838 人。辖区内有私营企业、个体工商户及新经济组织近千家。

2017 年,城西街道党工委、办事处在区委、区政府的正确领导下,以“打造都市核心,决胜全面小康”为工作方向,以开展“两学一做”常态化为有力抓手,紧紧围绕“二七区块改造主战场”“做优老城区主阵地”“新老城区融合发展主廊道” 等中心工作,上下同心、敢于担当、善于破局,全面推动城西街道经济社会各项事业积极向好发展。

【工业经济】2017 年,实现工业总产值 8.95 亿元,其中规上工业总产值 7.7 亿元;工业投资和技术改造投资 2500 万元; 自营进出口完成 3067.2 万美元;来料加工费发放 683 万元。出租营业房征税工作扎实开展,完成征收 1516 户,共计 344 万元。

【招商引资】浙婺商回归任务 5000 万元,浙江语云控股有限公司成功签约落地, 完成招商引资 1 亿元,完成比例 200%;引进内资任务 1 亿元,实际完成 3.96 亿元,完成比例 396%。招商引资任务完成情况居全区前列。

【重点项目】全力支持保障二七区块开发建设。主动做好工程建设施工保障,确保解放西路、金师附小集团小学、中天房产小区、五一变电站以及巨龙安置房等重点项目无障碍施工保障工作。做好二七区块司法强拆户信访工作,涉及司法强拆的 7 个重点信访户,都采取班子包干、责任到人,总体较为平稳,为二七区块的开发建设创造了和谐有序的投资环境。

【城中村改造】全力推进西郊城中村改造工作。2017 年计划完成河盘桥、闻家、孙司、潘里 4 个自然村,约 600 户、1500 人、10 万平方米的改造任务。街道成立了西郊城中村改造工程指挥部,并创新工作方法,调查测绘、评估同步推进,完成调查评估任务数的 95%,签约工作有序推进。解放西路西延工程年初已开工建设,已完成 100 余户政策处理工作。

【“三改一拆”】完成双龙大桥(北端)桥下空间使用权回购工作。拆除桥下铺位共计 110 个,拆除面积 6576 平方米。推进婺江西路河盘桥以西段城防工程房屋征收。街道联合多部门合力攻坚,提早一个月完成任务,提升了婺江两岸的风景,得到市政府主要领导点赞,2017 年计拆违 27 万平方米,超额完成区里下达任务数的 135%,位居全区前列。

【“五水共治”】深化“五水共治”,严格落实“河长制”。全面排查污染源，制定“一河一策”“一塘一策”整治方案，将剿灭劣Ⅴ类列入水社区干部“三项承诺”。小长塘完成清淤，明渠改暗管1处。长湖水面基本无飘浮垃圾，环境卫生明显改善。回溪按照市、区二级统一部署，认真做好“六小”行业整治以及解放西路、五一路、婺江西路等雨污合流管线改造工作。

【城市管理】环境卫生整治工作常态化。实行动态巡查机制，每月对各社区环境整治进行考核，实行谁管辖谁负责。组织环境综合整治工作50余次，清理卫生死角60处，清理垃圾209吨，保洁草坪绿化2500平方米，清理僵尸车7台，修理垃圾房12个。垃圾分类工作持续有序推进，市区考核名列前茅。推进数字城管工作。全年处置“数字城管”案卷2000余条，数字城管工作名列全市前茅。推进老旧小区改造。木材公司宿舍和潜水段小区改造处理工作已基本完工。完成全国文明城市指数测评和省级示范文明城区创建的考核工作。

【社会管理】一是深入推进“四个平台”和“最多跑一次”改革。对街道“最多跑一次”便民服务大厅进行布置，通过加强培训和考核，提升工作人员服务意识。“四个平台”主体框架搭建完成，全街道划分为21个网格，建立相应的网格员队伍，实现闭环管理机制。全年共收集各类事件信息4000余件，办结率100%。“8890”服务平台受理和处理投诉100余件。

【民生工作】不断健全社会保障。街道有效落实低保户、困难家庭、复退军人、残疾人、优抚对象等人群保障经费244.4万元。居民医保参保率99.2%。企退认证人员3728人，为302名“4050”失业人员发放社保补贴94.9万元。创建城西街道文体站。先后共投资近30万元，集图书阅览室、电子阅览室、健身活动室等于一体。在2017年省级示范文明城区考核中得到省考核组高度赞扬。计生服务更优质。抓好避孕药具管理、随访等工作，正确宣传“全面二孩”政策，2017年计生率、生育全过程管理率都是100%，“两癌”检查196人，生殖健康检查90人。

【平安综治】严格落实企业、经营单位安全生产主体责任，加强全员、全过程、全方位的安全管理，确保责任到人、措施到位。2017年共督促整改安全隐患问题30余个。开展安全生产、消防等培训8次，张贴安全生产标语牌100多处。

【党建工作】认真贯彻换届“九严禁”纪律要求，严格执行“十条红线”“十字禁令”，努力打造山清水秀的政治生态和风清气正的生态环境，完成了5个社区的换届选举工作。真正把会干事、能干事、干成事、不出事的干部选到工作岗位上。坚持“两学一做”常态化制度化。多次专题学习中共十九大报告，并开展了测验、到社区宣讲等活动。干部管理方法与时俱进。开展社区干部“8+X”管理法，加强实施党员“五星管理”、合格党员“回炉教育整转”等工作，发挥党员的先锋模范作用。推进干部约谈问责常态化。重点约谈问责违纪违法党员干部，坚决做到发现一起、问责一起、打击一起。2017年，诫勉谈话10余人次，有效打击了歪风邪气。

（丁小璐）

3月23日，城西街道组织换届动员工作部署会

（城西街道供稿）

城中街道

【概况】城中街道地处金华江北中心地段，面积6.21平方千米，下辖3个社区居委会，人口9111户、24516人，流动人口18000余人。辖区内有大小商户5000余家，是江北经济、文化中心。

【工业经济】城中街道有企业11家，规模以上企业2家。2017年，完成工业产值1.32亿元，规模以上工业产值1.06亿元。实现营业收入1.56亿元，引进内资5000万元，完成出租房税收征597户，税款209.68万元。来料加工经纪人8人，月加工人员223人，完成加工费收入166万元。

【重点工程】实施环环城村改造一期工程，完成通园路征迁的前期报批工作。拆除15253平方米，完成年度任务的152.53%，拆后利用100%。加强"五水共治"日常管理，完善长效机制。开展垃圾分类工作，设置普通宣传栏283块、宣传牌351块，发放垃圾分类手册36354册，绘制楼道宣传画2043幅，设置室外垃圾桶973只、室内垃圾桶21130只，发放垃圾袋4907892只，组织志愿者716人次。

【基层党建】推进"两学一做"，从严从实抓好党建"书记项目"和党建责任清单。完成远教站点示范标杆和示范社区创建，完善街道班子成员和联点干部联社区、两新支部联党建工作机制和党员联系户制度，落实党组织和党员"五星管理""五星评定"工作，开展每月党日活动"十项规定动作"，组织党员志愿者开展志愿服务活动12次。完成社区组织换届选举试点工作，严肃换届选举，规范推荐测评程序，进一步深化"两推一选"办法，保障党员的民主权利。依托西市街商圈管理和省级示范商圈、省级放心消费示范建设，打造西市街商圈党建示范点，实现与商户的"无缝"对接。

【宣传文化】认真做好全国文明城市和省级示范文明城区创建工作。新增、更新核心价值观、中国梦等公益广告500余处，严格按照文明指数测评内容准备，顺利完成迎检工作。在西市街商圈等人流密集区开展"剿灭劣V类、你我共参与""爱心献功臣、保护生命之源"等多场文艺活动，营造良好的舆论氛围，推动了中心工作的开展。

【民生事业】探索为民服务新理念，拓展服务方向和创新服务方式，筹建西市街社区金色年华居家养老服务中心。加大扶贫帮困走访慰问力度，注重对弱势群体、企退人员的关心帮助，慰问困难群众70户，发放各类慰问补助金324万余元。

【文明创建】加快推进老旧小区、城中村、背街小巷、危旧房等改造工作。启动杨思岭路、通园路、明月街、新华街、胜利街两侧外立面改造，提升、亮化、美化、打造特色街巷。以智慧城管和"8890"为依托，以迎接国家卫生城市复审工作为抓手，解决百姓身边的大事小事难事。明确干部联点分片任务，开展定期不定期环境督察，及时督促整改。加强西市街商业街管理；智慧城管考核全部满分，在一类街道排名中名列前茅。

【平安综治】做好"一带一路"峰会，省第十四次党代会，市、区第七次党代会，中共十九大、乌镇世界互联网大会和各级"两会"等重点时段街道维稳工作。实行社区主联领导和网格联点干部分包社区综治、维稳工作制度，建立综治工作月考核机制。探索创新社会治安管理，开展"四个平台"建设工作。加强和深化全科网格建设，调整32个网格，以大网格带动小网格，实现在平台交办处置闭环运行。进一步完善"365"便民服务中心"一窗受理、集成服务"工作，确保"四个平台"有效运转、发挥作用。

(章小娇)

城北街道

【概况】2017年，城北街道辖区面积4.4平方千米，下辖红湖路、祝丰亭、郑岗山、凤凰山、站前、军民6个纯社区，五星、洪源2个村改居社区，人口15599户、39379人。街道党工委下属6个社区党委，2个村改居党支部，74个基层党组织(其中13个非公企业党支部)，共有党员1710人。

【经济工作】2017年，完成工业经济总产值6220万元，辖区实现税收14603万元、个人出租房税收177.5万元。在辖区工业经济日渐式微的情况下，城北街道坚持把服务业作为产业培育的主方向，突出现代第三产业的战略位置。辖区内在册个体工商户2925家，私营企业1284家，其中第三产业占比为97.25%。

【重点工程】深入推进城中村改造和重点项目征迁。五星社区田里、后地区块城中村改造征迁工作稳步推进，涉及红线53.1亩、拆迁总建筑面积5

万余平方米、共计65户农户的后地征迁区块全部完成签约并腾空，涉及红线6.07公顷、拆迁总建筑面积42000余平方米、共计170户农户的田里征迁区块已基本完成签约并腾空，进入拆除阶段；基本完成人民西路西延(洪源段)和婺州街北延国有土地上的房屋征收后续收尾腾空、拆除工作；20天时间完成金华四中扩建国有房屋征迁的签约和腾空工作。

【“三改一拆”】继续深化“三改一拆”行动，深入开展“无违建示范社区”创建工作，军民、红湖路、郑岗山、凤凰山4个社区通过市级无违建示范社区验收。坚决清理存量违法建筑，杜绝新增违法建筑。2017年，拆除违法建筑91243平方米，完成全年任务数32.59%。

【城市管理】以创建全国文明城市工作为契机，扎实做好城市管理各项工作。安装公益广告5536块，加大环境卫生整治力度，发放分类垃圾桶1140个、分类垃圾袋5347730只，累计出动人员4600余人次，清理楼道单元700余个，清理卫生死角、堆积物700余处，清运垃圾200余吨，清理牛皮癣9500余处，清理闲置地块8处，修剪草坪树木4000余平方米。依托金华市智慧城管和“8890”服务平台有效解决各类问题，街道共办理智慧城管案件5019件，结案5019件；“8890” 服务平台受理投诉542件，结案542件。

【综治维稳】加快推进完善“四个平台”建设，截至目前，已办结事件38017条，上报事件2502条，流转交办事件517条。强化排摸和信息收集，共梳理矛盾纠纷并成功调解81起，全力做好党代会、“两会”的安保工作，确保大会期间辖区社会总体平稳。

【社会救助】2017年，城乡居民基本医疗保险缴费4926人，缴费率达98.74%。对24名失业困难人员进行春节慰问，计人民币2.4万元；对32名企退困难人员进行春节慰问，计人民币3.4万元；为100名死亡企退人员送上慰问金及花圈，共计10.7万元；对10名企退重病患者进行实物慰问，价值人民币2.79万元，对225人重病住院人员进行慰问计人民币11万元；对11人企退困难人员进行日常帮困，计人民币0.8万元。发放残疾人护理补贴625610元，发放残疾人困难生活补贴148975元，发放残疾人机构托养费用138720元。2017年1—10月民政低保享受人数111户、152人，取消24户，核减37人，新增11户、21人，共发放低保金941767元；临时救助43人，4.4万元。

【人口计生】2017年，街道人口出生229人，计划生育率为100%。开展“三优”促进工作，发放母子健康手册135本，确保计生和妇幼健康政策及科普知识宣传告知率在90%以上。

【基层党建】2017年，以红湖路社区城市党建综合体为载体，推出“情满红湖”党建品牌，开展系列惠民活动。谋划打造郑岗山社区“五星服务、从心开始”党建品牌，落实建设新的党建综合体，不断增强基层党组织凝聚力和战斗力。加强党员日常管理，严格落实党员“五星管理”工作，落实书记上党课制度，及时向基层党员传达上级指示精神。组织开展“不忘初心，牢记使命”当好新时代城北答卷人大调研，认真贯彻落实市委提出的打赢“九场硬战”的任务和要求，继续推进“两学一做”学习教育常态化制度化，强化党员在城中村改造、“五水共治”、“三改一拆”等重点中心工作中发挥先锋模范作用。

(张国军)

新狮街道

【概况】2017年，有19个村(居)，其中4个纯社区、9个村改居社区、6个行政村。辖区总面积约23.76平方米，户籍人口12.73户、32645人，外来常住人口4.1万人，浙江师范大学学生4万余人，其中还包括境外人员1500余人，总人口约12万人。

街道党工委始终坚持“全域全先进”的总体目标，结合街道历史和现状的实际，全力打造宜居、宜游、宜业的“大美新狮”。

【工业经济】面对产业发展转型升级的持续压力和经济增长缺乏中心支撑点的严峻形势，主动融入全区发展大局，深入推进特色经济发展。引进金华市好乐多食品公司、金华市世腾房地产开发有限公司两家企业，引进内资9579万元。积极为企业排忧解难，帮助企业做优做强，投入1738万元推进企业技改，完成工业投入3033万元，新增规上企业1家。2017年，完成工业总产值9.8亿元，其中完成规上工业企业产值5.24亿元，同比增长18.3%。电商产业和文化创意产业等新兴产业得到长足发展，“退二进三”进度进一步加快，光华印务部分厂房和汇盈工艺品、新狮建材、中豪工贸、嘉洋等企业厂房已经全部出租，电子商务、文化创意、餐饮服务等新兴产业势头良好，信息产业园、CRC文化创业园、浙师创业园已经有数百家企业入驻，发展势头迅猛。

【财政税收】 2017年，完成财政税收收入3.43亿元，比2016年增长26.7%。其中国税收入1.77亿元，增长44.69%；地税收入1.66亿元，下降10.63%。完成区级财政收入9236万元，比2016年增长11.15%。街道行政事业经费总收入628.3万元，其中财政拨款收入550.98万元，其他收入77.32万元。行政事业经费等支出629.55万元，基本实现收支平衡。

【党建和党风廉政建设】 强化党员教育管理。以党员量化积分考核细则为抓手，加强和改进全街道1020名党员的日常管理教育，结合“五星”党员的评选要求，制定了全街道的党员量化考核细则，逐月展开评比，将日常工作完成情况与每月党员考核钩挂，促进全街道党员创优争优、争先晋位，切实发挥党员的先锋模范作用，增强新狮党员的组织凝聚力和战斗力。以“两学一做”制度化和常态化建设落到实处为载体，以学促做，让党员参与到各项行动中，让老百姓真切体验到了党员的先锋模范作用，有力推动了街道各项重点工作的有序进行，稳固了基层党组织的战斗堡垒。

选优配强村级组织班子。在近两个月的选举工作中，根据区委、区政府统一部署，抓宣传、严选风、明纪律，按照“五不能”“六不宜”的原则遴选出16个村的干部，在村两委换届结束后，对监委会、经济合作社等配套组织进行了完善，同时要求每位当选干部签署”8+X”工作承诺书，每半年对村干部履职承诺实际工作进行考核。

加强基层作风建设。履行好党风廉政建设“两个责任”。年初，党工委就与33个基层党支部签订党风廉政目标责任书，明确责任，强化监督，严肃纪律规矩。一年来，共约谈提醒、批评教育、责令书面检查70余人次，查处7名违纪党员，其中开除党员4人，留党察看1人，还有2名党员正在立案审查中，同时对全面从严治党不力的2名干部进行了问责。

【“五水共治”】 成功剿灭劣V类水体。街道从3月开始开展劣V类水体排查，共排查出山塘水库、池塘沟渠等水体126处，认定劣V类水体38处。通过5个月的整治，累计完成河道、塘库、沟渠清淤110处，完成清淤11.71万立方米，累计投入清淤费用257.85万元，实现全部剿灭劣V类水工作目标。此外，街道2017全面完成村(居)的截污纳管、雨污分流改造工程，切断污水来源，并积极落实水岸同治、洁化水质，美化环境工作。

严格落实“河长制”。成立以党委(支部)一把手为组长的领导小组，签订了剿劣目标责任书，明确考核问责办法，明确“河长”及职责，建立巡查监管制度、巡查台账制度、“河长”考核机制。

大力开展“六小”行业治理。“六小”门店，在居民生活中扮演着重要角色，但同时也存在着散乱无序、卫生环境差、安全隐患大、服务规范不达标等管理难题。针对“六小”行业存在点多、面广的特点，街道联合卫生、行政执法、消防、市场监管等部门在全街道开展数次排查、造册登记、责令整改，做到不漏死角、不留空白。

严肃惩处偷排行为。严格执行排放标准，增加环保执法力度，组建环保巡查队伍，强化环境监管执法，严厉惩处偷排超排行为，全年共整改雨污不分企业8家，由区环保局处罚污水乱排企业3家；治水办会同城管办、执法中队定期和不定期地检查“六小”行业排污情况，处罚、整改雨污不分、未安装隔油池的“六小”企业19家。

【治危拆违】 坚决查处违章建筑。街道严格按照有违必拆的原则，对各村居存量违法建筑进行拆除，实行全程跟踪督办，做到发现一起、查处一起、拆除一起，集中力量拆除一批群众反响强烈、社会影响恶劣的违法建筑。并结合“逐村推进”的方针拆除各村居的房前屋后违建，坚持不懈打好治危拆违攻坚战。全年完成对高村、沙溪村、杨家相村、车头社区、十里牌楼社区、骆家塘社区、后垅社区、方井头社区的整村推进拆除房前屋后拆除任务，共拆除违法建筑575处，面积17.47万平方米，完成年度任务目标的116.47%。

深入开展房屋安全隐患排查整改。2017年完成经区建设局鉴定过的30处危房中8处D级危房的拆除和22处C级危房的腾空修缮。完成全街道危旧房排摸和拆除工作，全年报危旧房排查340处、危旧房拆除143处，面积33780平方米。剩余危旧房已全部统一制作发放了危房警示标牌，各村居结合自身情况成立危房巡查队伍，建立应急预案，设立避难场所。

【城市治理】街道以《创建全国文明城市工作考核细则》的具体要求为标杆，结合“四治两化”工作，全面做好创建全国文明城市和省级示范文明城区迎检工作。深入开展全面卫生整治，从新年伊始，便积极开始营造创卫氛围，使创卫工作深入人心，并坚持每半月对所有村居进行环境卫生检查和督办。全年组织开展环境综合整治80余次，清理卫生死角120多处，清运垃圾500多车，顺利完成迎接两次检查任务。全街道13个村开展“四治两化”工作以来，13个村全部合格，1个村达到良好，1个村达到优秀。其中沙溪村成为全区“四治两化”工作的典范。做好“数字城管”工作，抓好每件案件的整改，2017年共处理“数字城管”案卷1200余起，成绩名列全局前列。

【重点工程】村居基础设施建设进一步完善。2017年，相继完成方井头新区路面硬化工程，后垅新区二期道路建设，醒狮路雨污合流治理和道路拓宽改造工程；继续实施康村、车头等8个村居市政配套设施工程，进行了雨污分流改造；骆家塘、五一、道院塘、车头、十里牌楼、康村等7个社区道路改造及绿化提档工程全面开工。

高速景观提升工程基本完成。投资约3200万元的杭金衢高速公路新狮勤俭到沙溪段两侧景观提升精品工程已于2017年6月竣工并通过验收；芙峰街、沙溪口袋公园西边高速公路快速区绿化工程建设基本完工。完成十里牌楼至杨家相1.1千米绿道路面硬化和路两侧绿化，为周边居民休闲健身提供了良好的场所。

全力配合完成市、区重点工程。总投资约4500万元的芙峰街二环北路至市委党校段拓宽改造工程已正式启动，努力推进涉及方井头社区的拆迁安置工作。基本完成勤俭到金东仙桥高速公路大三改路段路基建设。通园溪改造一期工程涉及车头社区的拆迁安置工作顺利完成。

【平安建设】顺利完成十九大维稳任务。高度重视十九大期间的维稳工作，按照上级统一部署，做到早抓早落实，强化维稳工作的指导思想、工作目标、工作任务、工作措施和工作保障。在会议期间，严格执行十九大维稳安保工作方案，全街道全下思想统一、行动有力、措施得力，顺利完成十九大的安保维稳工作任务，并获得市级十九大维稳安保突出贡献集体荣誉。深入开展安全大排查大整治专项行动。街道组织街道干部对快递行业、危化企业、洗浴场所、食品药品安全隐患、出租房消防安全等问题开展检查，查找问题，即查即改，确保排查整治到位，行动横向到边、纵向到底、不留死角。各村居与房东、店主全面签订安全生产（消防）责任书。2017年共开展大排查活动8次，梳理问题50多项，排查出租房10000多间，下发整改通知书200多份，处罚房东20多家、违规企业6家，出租房配置消防“四小件”8000多套，烟感器安装7000余只，智能充电桩安装150台；建立了17个村居消防工作站，成立村居消防队，配备微型消防车，多次组织业务培训和技能比武，切实提升义务消防队员战斗力。街道专门聘请专业人员建立企业安全生产体检站，对辖区内所有工商企业进行全面排查，已经排查63处。

【四个平台】新狮街道认真贯彻落实构建完善平台体系的统一部署和要求，迅速推进“四个平台”建设和“最多跑一次”改革。强化队伍建设。一把手亲自抓，分管领导靠上抓，把街道精兵强将凝聚到平台建设中来，并招聘4名工作人员专门负责“四个平台”监控；重新划分网格、挑选网格工作人员，并对专职网格员实施星级管理，以岗定责，以绩定星，以星定酬，根据网格员的工作情况、上报问题数量于每月及年底进行奖励，实行末位淘汰。集中整合资源。主动与市“8890”便民服务中心和数字城管对接，实现“两网”融合。由书记带队上门进行学习，按市“8890”的要求配齐硬件设施，借鉴其先进的工作方法、便捷的办事流程、成熟的考核机制推动街道平台建设的完善，并成立新狮街道“8890”联络点。进一步完善一站式服务流程。将涉及群众业务较多的相关科室统一调整至“365”大厅，真正做到“让数据多跑路、让群众少跑腿”，实行一窗受理集成服务、前台受理后台服务的工作机制。9月，街道为全面提升基层社会治理和服务群众水平，把“最多跑一次”改革向村居延伸，建立村居服务站，设置村级代办员，统一代办制度。自“四个平台”运营以来，改变了原先条线各自为政的弊端，真正做到了协同作战，大大提高了治理水平。通过“平安通”上报事件4736个，通过“平安浙江”上报事件756个；闭环运行7815个事件，其中综合执法平台2015件，便民服务平台1982件，综治工作平台309件，市场监管平台446件。

【民生和社会保障】最低生活保障和低保边缘困难群众救灾救济工作有序开展。全年发放低保医疗救助金46.5万元，发放救灾救济款3.2万元，发放优抚金、抚恤金42.6万元。平稳完成村级组织换届选举。农村居家养老照料中心正常运行。2017年完成城镇居民医疗保险参保工作，共有7994人参保，“4050”社保补贴申报人数达563人，发放总金额达17.38万元，完成企退人员社会化管理服务认证4946人。食品安全治理水平持续提升，街道完成食安办规范化建设，创建“放心市场”若干家。

【文教卫体群团】全街道群众性文体活动蓬勃开展，4个纯社区、街道文化站组织多场文艺活动。年初，完成综合文化站建设工程，13个村和村改居社区完成农家书屋建设。加大对教育的投入，中小学办学条件大为改善。街道完成2017年适龄青年的兵役登记及应征青年入伍工作，工青妇、老龄、残疾人、红十字等各项工作协调发展，驻街部门各尽其责，各显其能，围绕街道中心工作发挥了重要的作用。

【人口计生】坚持人口和计划生育工作以“村居为主”的工作机制。认真宣传贯彻计生法律、法规，积极开展规范生育秩序治理。街道计生办通过各种途径加大对政策的宣传力度，在“5·29”计生会员活动日期间，在各村(居)开展了一系列丰富多彩的活动，免费开展“两癌”筛查和生殖健康检查，数次开展生育关怀大讲堂和青春健康教育。积极关心关怀失独家庭，做好农村部分计生困难家庭奖励扶助的申报和计划生育优生优育服务工作。(王文辉)

江南街道

【概况】江南街道地处金华城区婺江之南，东邻武义江，西接西关街道，南连三江街道，北靠婺江。辖区东西最大距离1.84千米，南北最大距离1.3千米，总面积3.03平方千米。下辖下官桥、高畈、南苑、兴学、金龙湾、中村、金钱寺7个社区(含6个城中村)。户数11137户，常住人口49776人，户籍人口29620人，流动人口20623人。

【工业经济】2017年规上工业总产值167.19亿元，同比增长8.06%；固定资产投资12.77亿元，其中工业投资额9.65亿元，服务业投资3.12亿元。

【平安综治】开展护航十九大维稳安保工作，做好突发事件及矛盾纠纷排查化解工作，排查各类矛盾纠纷648起，调处解决642起，调处成功率99.1%，化解上级交办案件7件。

【城市管理】坚持把城市管理工作由突击式向常态化方向转变，用制度机制建立起常态化管理框架。加大城市管理考核力度，一周一巡查，一月一通报，半年一小考，年终一大考。联合相关单位(部门)开展联合执法12次，整治中村、高畈夜市和五里牌楼、南市小区马路市场、明伦街酒吧，规范经营秩序，取缔非法经营户，监督整改存在问题。全年数字城管考核，江南街道位居市本级第一。

【文明创建】从重点环节、重点街区着手，认真开展“四项整治”“五大行动”。全面排查，及时清理楼道“牛皮癣”和堆积物4235处，清理垃圾1260车。设置文明引导宣传牌1975块，张贴宣传海报470张。全面展开生活垃圾分类，发放分类垃圾桶3400只，做好垃圾分类宣传。

【“五水共治”】落实“河长”工作责任制，做好河堤卫生保洁管理和污染治理，安排人员巡查河道，发动义务监督员督察河段，制止、举报乱倒乱丢等不文明行为。排查监督“六小”服务行业的管网情况、排污去向、治理设施及证照办理等，30处违规排放单位已全部完成整改。将治水工作与打造“浙中生态廊道”战略相结合，开展专题宣传2次。

【“三改一拆”】严格落实“无违建创建”长效机制，扎实做好防违、控违、拆违，严防新增违法建筑，各巡查站全年共巡查1926次。2017年拆除违章搭建2.01万平方米，新增违法建筑整治率100%，完成“无违建”街道创建，获得全市“无违建”先进街道称号。加大老旧小区改造力度，兴学社区第一、第二平安小区改造已完工。

【民生事业】做好优抚服务工作，2017年累计服务低保户209户、重度残疾人家庭26户，救灾救济困难户114户，残疾人助学52户，抚恤慰问101户。规范居家养老服务照料中心、居家养老服务站建设运行。对企退人员住院慰问127人，故亡慰问67人，日常帮困慰问114人。坚持党政领导一把手亲自抓、总负责的计划生育目标管理责任制，与各社区、属地单位签订计划生育目标管理责任书25份。开展计生宣传活动，制作张贴宣传标语1000条，发放宣传册、宣传折页4400份，免费发放避孕药具2100份。　（李　春）

三江街道

【概况】2017年，三江街道地域面积9.6平方千米。下辖新园、江滨、雅苑、万达、阳光、东莱、何宅、姜家、洪坞、项宅、三路口、王下滩、寺前皇、天龙南国、婺江新村15个社区，户籍人口26351户、70167人，暂住人口4.373万人，流动人口6.83万人。

2017年，三江街道在开发区党工委、管委会的坚强领导下，按照“当好标兵、走在前列”总体部署要求，大力弘扬“敢担当、敢突破、善攻坚”的开发区铁军精神，围绕各项目标任务，结合三江街道工作实际，突出抓好经济税收、社区组织换届、重点项目征迁、“三改一拆”、文明城区创建、“五水共治”等重点工作，取得了较好成绩。辖区内民生保障事业得到快速发展。街道先后获得金华市无违建街道、开发区维稳平安综治先进集体、“三改一拆”先进集体、卫生和计生先进集体等荣誉。阳光社区、寺前皇社区获开发区“和美社区”荣誉称号。

【重点项目】按照开发区赋予街道的重点征迁任务，在开发区管委会和有关部门的有力领导下，街道落实责任，加强领导，稳步推进重点征迁项目。完成原330国道以北、金华江以西6.67公顷地块的青苗处理工作，确保金华江治理和市政排污工程的顺利施工；完成原330国道以南、东阳街以西1.33公顷地块，和信公园最后0.33公顷地块，项宅3.33公顷地块的青苗处理工作，搬迁坟墓54坑；完成环城南路与东阳街交叉路西南奔驰4S店地块房屋拆除任务，拆除各类建筑50处，面积14580平方米，为后续征迁工作打下坚实基础。

【“三改一拆”】街道围绕“以拆促拆、以拆促改、以拆促管”总体思路，统一思想，迎难而上，持续打好“三改一拆”攻坚战。2017年1—12月共拆除违章搭建6.7458万平方米，涉及674户、997处，完成下辖15个社区的拆违任务，占年度任务的122.65%。查处突击加层事件21起，拆除违法加层面积1700多平方米，成功创建市“无违建街道”。

【“五水共治”】三江街道东临武义江，沿江有新园、万达、王下滩、洪坞和姜家5个社区，南有湖海塘江干渠经项宅、三路口和姜家社区向东流入武义江。为有序推进“五水共治”工作，2017年，开展“六小”行业查漏补缺。2月，街道联合执法和市场监管等部门，对辖区内餐饮、宾馆、洗浴足浴、洗衣、修理等1382家“六小”行业逐个进行排查，要求不符合排污标准的店面限期进行整治。截污纳管工程加快推进。实施老旧小区截污纳管工程14个，其中续建2个，新增12个。截至12月，首批续建的寺前皇小区、三路口一期和新建的何宅小区、商城南区、项宅社区城中村截污纳管改造全部完工。

【“精品城市”建设】集中开展卫生整治。2017年，结合“五水共治”、文明城区创建等活动，街道、社区先后20次集中组织发动共建单位、社区党员和志愿者参与卫生清理整治，共计出动5500余人次，清理杂草、杂物1600车，建筑垃圾1200车，处理卫生死角8600处、“牛皮癣”1万多处，确保文明城市指数测评检查顺利通过。强势推进文明城区创建。三江街道地处江南市中心，人口密集，区域内市场繁荣,流动摊贩和马路市场众多,占道经营和脏乱差的问题日益突出。为扎实做好文明城区创建工作,彻底整治辖区内马路市场存在的占道经营和脏乱差问题。在开发区文明办牵头下,街道联合综合行政执法、市场监管等部门,组织人力、物力对辖区内存在问题较多的何宅市场、寺前皇菜场进行整治。自6月2日起,每天早上5点多,街道全体干部对何宅、寺前皇菜市场及周边所有临时占道菜摊及所有店面的占道行为予以坚决取缔,对所有临时搭建的帐篷予以拆除,取缔马路市场摊贩1200余家,清理占道摊贩167家,清理整治道路6条,彻底改变了市场脏乱差的面貌,市容环境面貌也得到了有效提高。抓好城市社区垃圾分类工作。2017年,街道举办"垃圾分类从我做起,节约资源保护环境""世界上没有真正的垃圾,只有放错地方的资源"等主题宣传活动30余场,发放各类垃圾桶1.2万个、垃圾袋7.1万卷,发放各类宣传手册2万余份、宣传画200张。通过教育宣传,居民生活垃圾分类意识大幅提升。

【安全生产】街道结合居民出租房屋消防安全、居民商户燃气安全、"九小"行业消防、有限空间、特种设备等安全大检查大整治行动,共排查居民、商家45477家,落实治理出租房消防隐患1660户、燃气钢瓶安全隐患609项。对问题严重的采取停业整改措施。进行消防、食品药品安全教育培训和实地演练15场次。2017年8月起,针对辖区"三合一场所"多的实际,街道专门组建专职消防员巡查队伍,对"三合一场所"进行不间断的检查和督促,落实消防安全防范措施,确保辖区内无重大安全责任事故发生。街道高度重视食品安全工作,开展食品安全排雷"百日攻坚"和护航十九大食品安全集中整治行动,完成了辖区内15个社区食品安全工作站标准化建设。

【民生保障】自"最多跑一次"改革工作启动起来,街道贯彻落实开发区部署要求,认真梳理责任清单,综合各办业务事项,对30项服务项目进行归纳,明确了责任和办理时限;优化服务环境,设置12个便民服务窗口标识牌;规范办事流程,将办事流程图和工作制度牌上墙,并制作宣传手册,方便办事群众了解办事流程。

民政救济工作进一步健全。2017年,街道对162户困难家庭进行了实物慰问及物资经济救助,合计经费26万元;为55名特困残疾人发放了大米、油、被子等春节慰问品;拨入资金42万元,用于建设精品居家养老照料中心3家,建设居家养老照料中心示范点3家。做好劳动就业工作,办理失业金认领确认3617人,协助开发区劳动监察大队处理9起讨薪相关人员工作。做好企退人员服务管理工作。完成8358名企退人员身份认证,对48名异地居住退休人员领取养老金资格进行了确认;对967名住院、困难等退休人员进行了慰问,慰问金额42.07万元;组织企退人员开展活动99次,参加人员32000余人次。

社会事业协调发展。街道全面推行计生政务公开,落实惠民政策,深化"三优"促进工作,落实计划生育特殊家庭扶助关怀政策。加强人民武装工作,完成征兵任务。注重精神文明建设,积极推进社区文化建设,举办喜迎十九大等文艺会演,高标准完成街道综合文化站建设,成为金华首个利用政府购买服务模式进行管理运营的文化站,得到市、开发区各级领导高度评价,获得群众一致好评。

12月25日,三江街道喜迎十九大红歌会

(三江街道供稿)

(张学艺)

西关街道

【概况】2017年,西关街道辖区面积4.57平方千米,有7个社区和4个经济合作社,居民户数为9316户、户籍人口23462人,外来流动人口36071人。

【工业经济与财政税收】2017年，西关街道全年完成规上工业总产值3.87亿元，同比增长13.12%，完成全年任务的119%，辖区内所有规上工业企业实现正增长，且稳定增长迹象明显。固定资产投资额26.88亿元，其中服务业投资26.50亿元。街道全年坚持以经济建设为中心，进一步强化经济统计，加大企业服务力度，助力百亿级“乐乐小镇”建设。加强乡贤联系力度，助力招商引资工作。力推“六小”服务行业整治，引导服务行业规范化、标准化、优质化发展。全年完成税收收入7亿元，较上年增长4782万元，同比增长7.33%。

【人口与计划生育工作】2017年，西关街道出生320人，其中计划内 317人，计生率99.06%；男孩178人，女孩142 人，出生婴儿性别比为125。全年工作围绕强化责任制、落实奖惩、转变监督职能和优化服务等方面展开。街道计生办定期开展各类主题宣传活动。

【民生事业】西关街道积极探索居家养老新模式，推进社区“居家养老”照料中心健康、可持续发展。其中，寺后皇社区嵌入式居家养老服务走在全市前列，成为开发区养老中心样板。社区内老年人通过照料中心直接享受到安全放心、就近便利，以就餐、娱乐、健身为主要内容的生活照料服务。制定星级卫生社区考核机制，建立由街道城管办、保洁服务中心和社区保洁站组成的城市保洁体系，加强对各社区环境卫生的检查考核，利用奖惩制度，提高各社区保洁工作的积极性和主动性，使辖区内环境卫生面貌得到有效改善。

9月1日，西关街道寺后皇社区金色年华养老服务中心正式开业 （西关街道供稿）

【劳动和社会保障】2017年，辖区登记企业退休人员4257人，全面完成在册登记企业退休人员领取养老金资格核查认证工作。走访慰问企退人员，开展丰富多彩的企退文化活动。发放“4050”人员补贴金164.73万元。全年共发放低保保障金共计15.68万元，困难重度残疾人基本生活保障补助金4.7万元。截至2017年年底，街道共有最低生活保障户17户、21人。发放定期定补金及优抚金66.37万元。全年走访困难户发放慰问金165人、18万元；慰问贫困残疾52人、4万元，发放实物50份。

【文体活动】西关街道文化站以街道党工委、办事处工作为中心，结合实际，积极组织开展丰富多彩的节日文体活动和群众喜闻乐见的文化活动，进一步促进街道文体事业的发展。文化站联合街道7个社区组织文艺类活动21次、体育类活动1次、讲座类活动23次、巡展类活动5次。文化站2017年新增图书2000册，累计在册2200余册，社区新增2家电子阅览室，累计完成5家。提升2家社区文化室，新增体育器材2套，落实专人管理，全天候对外开放，满足广大居民阅读需求。

【“五水共治”】西关街道紧盯“提水质”目标，推进“五水共治”各项工作开展。5月，街道启动婺江引水工程，开展引水工程、日常清淤、落实“每日三查”制度、实行流域分段保洁责任制等工作。街道及社区积极协助相关部门对辖区内龙吟小区、康西花园、林业局宿舍等老旧小区进行现场走访和勘查，及时摸排并上报辖区内的其他“问题”小区。街道联合综合执法、市场监管等部门，逐一排查整治辖区

7月3日，国家环保部检查组一行到西关街道水电渎查看水质情况 （西关街道供稿）

内主干道和重点区域的“六小”行业和雨污管网，并协助开发区建设局做好水电渎集雨范围内71处管网错接的排查整治工作。12月，水电渎水质监测为Ⅱ类水，彻底完成“剿灭劣Ⅴ类水”工作。

【征迁工作】城中村改造拉开序幕，西关街道组织班子成员到城北街道洪源区块征迁指挥部、多湖商务区征迁指挥部学习经验，组织街道全体干部开展城中村改造政策专题培训，组织召开合作社干部和社员代表会议，统一思想、明确思路。截至2017年年底，已完成西关村初步调查及山嘴头村土地基本情况调查、安置地块初步选址、拆迁指挥部选址确定、入户调查工作。同时，街道全力解决征迁历史遗留问题，双溪西路西延工程征迁、尖峰药业地块扫尾、金华信息经济产业园涉村政策处理等工作如期完成，天元食品地块征迁等工作接近尾声。

【党建工作】西关街道党工委将“两学一做”学习教育常态化制度化，把“两学一做”学习教育与主题党日相结合，制定计划，确保学习有内容、讨论有专题、活动有安排。2017年，组织党员集中学习510余次；班子成员及社区书记讲党课40余场次；开展党员志愿服务活动200余次。围绕党建提升与街道中心工作相结合，推行“党建+”工作模式，将党建工作渗透到“五水共治”、“三改一拆”、城中村改造等中心工作中。2017年，街道100余名党员干部共同参与，顺利拆除街道4个城中村涉及340余户、共计7.33万平方米的违章搭建。针对辖区内商贸楼宇多等特点，2017年10月底，开始在楼宇最多的寺后皇社区，以辖区“创新、宝莲”为试点，依托社区城市党建综合体项目，开展“楼宇党建”工作试点。积极探索党建阵地建设的有效途径，积极创新党建阵地建设模式，因地制宜，合理利用昔日李渔路两旁400平方米的空白墙变成“党建文化墙”，开辟了一条“党建文化长廊”，营造出人人了解社区党建工作、支持社区党建工作的良好氛围。 （蒋　舒）

秋滨街道

【概况】2017年，秋滨街道辖区29.62平方千米，下辖17个社区、5个行政村，常住人口6416户、17122人，外来人口6万多人，是金华市四个重点工业乡镇(街道)之一。街道工业用地面积896.87公顷，其中规上工业占地面积609.86公顷，工业企业数800多家，其中亿元企业40家，规上工业企业142家。2017年是实施“十三五”规划的重要一年，是供给侧结构性改革的深化之年，秋滨街道紧紧围绕开发区工作部署及任务目标，贯彻创新、协调、绿色、开放、共享的发展理念，凝心聚力、狠抓落实，全面推进街道各项事业发展。

【工业经济】2017年，秋滨街道实现工业总产值255.1亿元，同比上升18.4%，占开发区产值比重50.5%；全社会固定资产投资额39.7亿元；规上工业主营业务收入228.6亿元，同比上升45.83%；限上批零住餐销售额61.3亿元，同比上升7.15%。街道税收收入17.74亿元，同比上升20.9%。

【开发建设】秋滨街道对标重点攻坚任务表逐项落实，工作中，明确分工，加强上下联动，形成重点工作整体合力，完成情况如下：

新能源汽车产业园征迁项目。完成零跑科技区块、现代大道西延工程、福特地块土地、天然气分布式能源站集中供能等项目涉及土地征收、政策处理、房屋拆迁、土方平整共70.07公顷；完成双溪西路优化改造工程、330国道南侧绿化带建设景观绿化带项目、110千伏黄蒋线、110千伏黄婺线改造工程涉及电力铁塔政策处理；完成金磐11.33公顷土地征收及政策处理、浙江衡远新能源科技有限公司35千伏专线政策处理、威陵制管东侧少面积部分红线范围内政策处理、秋滨小学附属幼儿园工程和华东环保收回地块项目。

马鞍山城中村改造。积极践行全员征迁模式，夜以继日，全力开展征迁工作，12月8—17日，评估率100%；12月16日动员会上，村干部签约率100%，10名党员和10名群众签约；12月20日，党员签约率100%；12月22日，村民代表签约率100%；12月31日，村民签约率99.7%。实现半个月99.7%签约，创造了开发区城中村改造新速度。

【“三改一拆”】秋滨街道坚决贯彻开发区部署要求，坚持把“无违建”创建作为重点工作，2017年完成姜山头、矢基头、陆村、邵姜、社路、冠山顶等社区拆违工作。开展蟠龙村旧村改造，共计拆除违建362处，面积达70107.9平方米。加大两路两侧违建整治力度，对沿线两侧企业违建进行助拆，共计拆除违建50处，面积达78390.8平方米。2017年度合计拆除违法建筑面积达148498.7平方米，14.5万平方米的年度任务，完成率达102%。

【"五水共治"】全力推进剿灭劣V类水工作。对姜山头、陆村、沈天田、黄元、吕塘下等五个村居进行水塘清淤，对吕塘下村中渠进行清淤和污水管网改造。完成石门溪招投标工作，全面展开改造工作。做好"清三河"整治工作。清理河道、婺江等江岸偷倒垃圾多次，清理垃圾超50吨，累计清理面积约5万平方米。开展六小行业整治。对585家六小行业进行排查，拆除屋外水龙头62个，督促办理证件238份；错接53处，已全部整改。并于2017年4月底完成了"六小"服务行业585家的整治工作。有序推进截污纳管工程，完成冠山顶、蒋马山背、姜山头社区截污纳管。

【平安综治】2017年，化解信访老户问题。化解重点信访人员9人，信访重点户4人，信访办共回复信访件60件，群众接访115余人次（包括集体访）。做好省两会、市党代会、全国两会、市两会、一带一路高峰期间、十九大等重点敏感时期的信访维稳工作，被市里评为全国两会信访维稳工作、十九大维稳工作先进单位。

【创新工作】秋滨街道率先推进"最多跑一次"改革，设立了一个综合服务窗口、八个事件受理窗口的格局，实现了"一窗受理、集成服务"，让群众到哪个窗口都可以接受受理，由窗口工作人员进行解答、办理或者内部分流。秋滨街道在全市创建民族团结进步示范单位"检评学"活动中荣获第一名，成为全市典范。秋滨是金华市区流动少数民族人口最为集中的街道，在市民宗局和开发区管委会的重视帮助下，成立"秋滨街道城市民族之家"，紧紧围绕"中华民族一家亲、同心共筑中国梦"的总目标，以"做好城市民族工作，促进民族团结和谐"为服务宗旨，推动城市少数民族流动人口服务管理体系建设。

（郑紫钰）

雅畈镇

【概况】2017年，雅畈镇全镇镇域面积74.33平方千米，耕地面积1466.67公顷，下辖集镇、雅畈、华南3个分中心，37个村民委员会，224个村民小组，112个自然村，户籍人口8711户、23115人。2017年雅畈镇被评为省小城镇环境综合整治优秀规划、先进基层党委、十九大维稳安保工作先进集体、区平安创建先进集体、武装工作先进单位、安全生产工作先进单位等荣誉。

【工业经济】2017年，全镇完成工业总产值12.2亿元，比2016年11亿增长9.1%；实现规上企业总产值3.75亿元，同比增长7.5%；工业新增投入5217万元，限额以上工业投资5200余万元；新增规上企业1家；完成低小散企业整治16家，并关停取缔废品收购加工作坊10余处。

【农业发展】完成武义江寿溪段堤防加固工程、后垄山塘坝体滑坡加固工程等项目；小型农田水利重点项目中寺下塘、祝塘除险加固工程正在建设中；新畈村渠道和南干灌区改造工程已完成。建设石楠塘村、汪家村（133.33公顷）等高标准基本农田（提升类）；完成二村仙洞坑造地改田项目13.33公顷。完成芳田、小下店、南干一事一议项目。

【安全生产】调整完善镇安全生产管理工职责，下发《2017年度雅畈镇人民政府横幅安全生产监管执法工作计划》《雅畈镇2017年重特大事故应急救援处理预案》等文件，完善各类安全生产管理制度。扎实开展矿山企业日常安全巡查和安全生产月系列活动，实现企业安全生产管理制度化、社会化、常态化。配合安全生产中介机构，对全镇所有工业企业开展了地毯式的逐一走访宣传，推动36家企业完成社会化安全生产托管服务，指导安全生产标准化复审验收通过7家，完成职业病防治调查50家。在多家企业进行了消防安全知识讲座和现场消防自救演练，提高了企业职工的安全生产意识和消防自救能力。

【重点工程】2017年，落实"五水共治"工作，做好农业面源头污染整治,于4月底全部关停并拆除全镇69家畜禽养殖场,共计5万余平方米。严格落实“河长制”,重新调整了梓溪等3条河流的“河长”及“河段长”,明确“河长”包干责任制。开展5次小微水体排查,共清理出小微水体183处,其中劣V类水体69处,已全部完成整改。下山头水库、后垄山塘、百合塘水库等清淤也已完成,共清淤25万立方米。梓溪集镇段及其支渠段清淤已基本完成,河道清淤长度共计5200米,1.1万立方米。稳步推进小城镇环境综合整治工作,13个重点整治项目均已开工建设,并完成环镇南路、东阳街雅畈段、下街西段等3条道路的主体工程。镇区强弱电逐步实现下地,自来水管网、路灯、红绿灯、监控设施同步跟进改造中。“洁美城镇”联合整治专项行动涉及的11个村共清理拆除乱搭乱建近4.5万平方米;清理乱摆摊、占道经营230多处,乱堆乱放476处,乱贴乱画317处。金武公路征迁工作有条不紊,征迁涉及苗木搬迁515户,已领取青苗搬迁补偿款510户,占总数99%;土地征收共529户,已领土地征收补偿款502户、占95%;需搬迁坟墓涉及10个村、260穴,5个村新建公墓已完成,全镇已基本完成9个村的坟墓搬迁任务。红线内房屋拆迁5个村、19个农户39幢房屋建筑面积5881平方米,已完成房屋的调查、评估和认定。“三改一拆”工作强势进行,拆除各类违法建筑146处,总面积41万余平方米。在农村危旧房整治中共拆除190户,面积近1.5万平方米。

【平安建设】2017年,组织各村完成《平安综治目标管理责任书》等各项责任书的签订工作,并建立健全村级平安建设组织。扎实推动“四个平台”建设,完善基层治理体系,通过平安通共报送信息1.7万条,通过“平安浙江APP”报送900余条。做好四轮矛盾纠纷排查、换届期间矛盾排查及各级两会、党代会、“一带一路”高峰论坛期间、十九大期间矛盾纠纷排查工作。全年共排查出信访问题29件,已办结25件,4件正在办理中;排查出矛盾纠纷15件,均已成功调处。安排开展护航十九大巡逻近1500人次。推进反邪教基层基础建设,成立37个村的反邪教支会,落实反邪教进教堂、寺庙。强化宣传模式创新,把汪家村远教广场作为平安远教广场,组织播放了禁毒、反邪教等题材的宣传片15场。扎实开展社会治安重点地区排查整治工作,并联合派出所、市场监管所8次对辖区内网吧、加油站、寄递行业、洗浴场所和菜市场等公共场所进行联合检查,落实整改措施。

【新农村建设】完成汉灶婺窑小镇瓷器陈列馆、秀美寿溪等三个婺城区山区经济发展项目。积极推进美丽乡村建设,雅桑园、寿六秀美村建设已完成,上六、雅叶秀美村已完成招投标。完成农村生活污水治理、桂花飘香等项目的验收、审计等工作。34个农村生活污水治理项目已移交运维。制定环境卫生垃圾分类考核办法,建立农村生活垃圾处理终端专人负责制,积极创建起一批垃圾分类优秀村。

【民生事业】举办多场大型活动,其中“雅畈镇第二届杜鹃花节暨婺州窑文化探寻活动”系列活动中,召开中国婺州窑传承与发展大会暨婺城区婺州窑陶瓷艺术馆开馆仪式,并邀请到了中央、省、市、区各级领导和大批文化界知名人士到场与会,形成良好对外宣传。重点规划形成了“两线一骑”旅游线路,积极申报浙江省旅游风情小镇。关心困难群体生活,并做好低保金、各类优抚金、困难群众医疗救助金的正常发放工作。开展2017年度低保及低保边缘户年审工作,认真核实各救助对象的情况,核销低保4户、4人,核销低保边缘55户、157人。全年新增低保25户、37人,低保边缘5户、13人,103个困难残疾人申请生活补贴。专门建立镇水库移民项目库,上报2017——2019年新畈、吴畈、端头、上六等4个移民村项目15项。低收入农户认定269户、共计527人,其中低保对象122户、210人;低保边缘对象106户、245人;其他低收入农户41户、72人。

(陈健)

安地镇

【概况】2017年,安地镇镇域面积136.47平方千米,下辖37个行政村,有农户6344户、16876人,是国家级生态乡镇、省级森林城镇、省级卫生乡镇,有“中国桂花之乡”的美誉。2002年，在境内设立了全省第12个省级旅游度假区——仙源湖旅游度假区。2017年，陆续启动了安地小城镇环境综合整治、金安大道两侧景观提升、梅溪生态廊道精品线建设、梅溪党建示范带建设等一系列重点工作，计划3年内将安地打造为旅游风情小镇，真正成为小城镇整治标杆镇。

【经济发展】2017年，累计完成财政收入434.2万元，同比增加177.78%。其中国税200.6万元，地税233.6万元。税收总收入完成1396万元，同比上升117.87%。其中国税收入804万元，地税收入592万元。旅游发展态势良好，房地产项目整体回暖。水上运动中心温泉项目正式对外营业，动物园增设夜景项目，雅干垅、项村垅新增农家乐10家。2017年，度假区累计接待游客92万人次，实现旅游经营收入2.5亿元。

【小城镇环境综合整治】2017年，安地小城镇环境综合整治项目共实施金安公路优化改造工程拆迁工作以及其他7个小城镇试点项目，完成总投资约1.7亿元。完成卫生院节点改造、牌楼主体翻修；基本完成消防站项目、垃圾中转站、驿站项目外观建设；完成金安公路两侧景观提升工程、梅溪西侧(老安置房1号楼)外立面改造试点项目；完成牌楼及周边景观节点改造项目中景观提升。

【治危拆违】2017年，完成D级危房整治162处，完成率为100%。拆除违章309处，共28.6115万平方米，完成年度工作任务的143.06%。基本完成和村、文明两处地质灾害点治理工程；完成马畈坑下山移民整村拆迁工作；完成上干口地质灾害点治理工程竣工验收。

【美丽乡村建设】结合洁美城镇整治的热潮，全面推进梅溪生态廊道沿线岩头、上傅、下傅等村的美丽乡村建设及雅干垅桂花飘香风景线的提档改造工作，集中开展“六乱”整治工作，完成乱搭乱建拆除205处、5.105万平方米，整治乱堆乱放101处，清理乱贴乱画70处。同时，为改善集镇环境，成功创建“省级卫生乡镇”。

【“五水共治”】基本完成王大坑村、小同村饮用水安全提升工程；基本完成杨垅山塘、仁坑山塘除险加固工程；有序推进雅干溪(下傅村段)河道治理工程、外畈溪(埠头村段)河道治理工程；完成河湖库塘清淤9.8万立方米，完成率100%；响应“剿灭劣V类”的工作号召，完成年初排查出的2个劣V类(莲塘、过塘)的剿劣工作；完善5条主要河流一河一策，完成“河长制”编制工作。

【综治平安】完成十九大期间安保维稳工作，未发生重大群体性上访事件；开展村级矛盾纠纷排查累计10次，排查不稳定因素12起，化解各类矛盾纠纷12起；建立“四个平台”协调工作指挥中心；落实安全生产源头管理，组织安全生产大检查10余次，下发隐患整改通知8份，组织消防、救生技能培训、演习2批次，并妥善处置各类突发事件，全镇范围内无重大安全事故发生。

【生态保护】环保督察期间配合相关部门关停安地水库沿线小同、延岭脚、外畈等村的16家农家乐、3处漂流经营场所，配强了功能区综合巡逻劝导队力量，专职巡查，禁止沿线烧烤、游泳、钓鱼等不文明行为，确保这口金华市“大水缸”不被污染。

【社会民生】严格落实优待补助政策，累计发放各类优抚补助资金35万元；有序开展计生服务工作；推进医保缴纳工作，医保参保率为98%；开展文化礼堂活动20余次，接待游客1000余人次；新建文化礼堂5座，其中，南郭文化礼堂已顺利通过验收，并与寺口文化礼堂一道被命名为婺城区中小学德育教育基地；成功举办“中国山水四项”——金华南山越野赛；仙源湖实验学校与金华五中教育集团达成战略合作关系。

【基层党建】抓住梅溪沿线建设金安大道景观工程、小城镇环境综合整治的契机，在景观提升、生态廊道精品线建设中有机融入党建元素，通过在路灯上增设国旗装饰200面、建设党建主体景观小品4处、添加党建墙绘300米并对这些景观进行亮化改造等举措，大力营造处处有党建、村村亮党徽的良好氛围，初步建设完成梅溪生态廊道党建带。结合“8+X”管理法，强化资格政审，完成组织换届工作，共选出支委104人，其中女支委12人；确定支部书记(负责人)37人，并培养后备干部74人。以日常检查党建工作为支撑点,督促农村、"两新"党支部将工作落到实处。将喻斯等6个村列为走村入户扫码制试点村,常态化运行走村入户"扫码制",做到有走访就有记录。加强"两新"组织工作指导,及时调整更新镇"两新"党委,进一步强化人财物保障,探索推进新领域新业态党建发展。 (郑戈弋)

白龙桥镇

【概况】2017年,白龙桥镇镇域面积92.91平方千米,耕地面积2146.67公顷,下辖46个行政村,6个撤村建居村,4个社区,共设立521个村(居)民小组、114个自然村,总户数24784户,户籍人口64675人,户籍人口中农村居民人口5.02万人,外来流动人口33108人。

2017年,白龙桥镇认真学习、贯彻习近平新时代中国特色社会主义思想和中共十八大、十九大精神,真抓实干、上下同心,紧盯建设"两富""两美"白龙桥的目标,聚焦发展质效、做大做强经济实力,聚焦民生福祉、提升群众幸福指数,聚焦绿水青山、统筹镇村环境协调发展,聚焦自身建设,转变政府职能,推动全镇经济社会和谐健康发展。

【工业经济】2017年,全镇共有工业企业471家,其中2000万元以上企业73家。2017年工业总产值171亿元,完成区下达计划(167.48亿元)的102.14%,2016年同期(154亿元)增长11%;其中2000万元以上工业企业工业产值74.16亿元,完成区下达计划(74.05亿元)的100.15%。占工业总产值的43.4%,比2016年同期(69.91亿元)增长6.1%;出口交货值29.1亿元,比2016年同期(26.89亿元)增长8.2%;引进内资5.19亿元,比2016年同期(6.015亿元)增长-13.7%。新增固定资产投入14.22亿元,完成区下达计划(16亿元)的88.9%;比2016年同期(13.62亿元)增长4.4%(不含浙江吉孚汽车传动系统有限公司项目),工业企业小升规7家,服务业和餐饮批发业企业"下升上"5家。

【农业经济】2017年,全镇完成粮食种植面积3801.8公顷,完成粮食订单1375.3吨,创建早稻高产百亩示范方7个、晚稻百亩示范方3个。关停养殖场482家,发放转型转产补助资金近5000万元;创建美丽牧场10家,全部通过区级验收,正式投产经营。实施"一事一议"项目10项;新增农民专业合作社2家、家庭农场20家,培育农业精品园1个,全镇共有农民专业合作社197家、家庭农场68家。2017年,村级集体总收入2662万元。9个省定经济薄弱村中,要求2017年消薄的3个村全部完成任务。

【财政税收】2017年,全镇税收总收入为10.68亿元,比上年同期增长57.32%。其中,镇本级财政收入为2.78亿元,比上年同期增长24.27%。国税收入8.03亿元,比上年同期增长82.02%。其中增值税5.62亿元,企业所得税2.41亿元。地税收入2.65亿元,比上年同期下降18.13%。其中营业税717万元,企业所得税6835万元,个人所得税6055万元,契税316万元,其他各税12611万元。

【重点工程】2017年,白龙桥镇共有30多个政策处理项目,年内完成白沙溪绿化景观工程、二环西路绿化提档工程、新城区污水处理厂临江下尹自然村拆迁、原云计算地块、宾虹西路拓宽改造工程、西溪路工程、虹路小学改扩建、广兴路延伸、桑田北街等14个政策处理项目。针对330国道平改立、临江东路两侧环境整治、龙蟠区块几处设施建设工程、雅苏城防及排涝站建设等重点、难点项目,明确项目责任领导及相关部门联系人,落实项目进度每日一报制度,推进重点工程政策处理工作。

【文化宣传】2017年,白龙桥镇高度重视精神文明建设,新建筱溪、临江、择住邻、马海地等4家精品文化礼堂,先后成立了天姆山、清塘下、黄碧塘、龙蟠、雅绕等村的婺剧坐唱班和让长、临江、大圩等村的舞蹈队、太极队,积极开展形式多样、内容多元的文体活动,并设立免费电影放送固定点,全年累计放映电影60场次。镇文化中心还开办了老年大学,开设书法、舞蹈、音乐等老年人喜爱的课程。

【社会保障】2017年,全镇城乡居民医保参保率达到98%,新增失地转保491人;新增企退人员

463人。全年办理临时救助75人次,医疗救助23人次,办理残疾证71人次,共落实社会救助金和优抚金约1046万元。全镇新建居家养老服务中心2家,累计开放41家,运行情况良好。全年共处理劳资纠纷35起,涉及金额89.16万元。

【文明创建】2017年,与职能部门联动,分工负责,多措并举开展省级卫生示范镇复审,创建文明城区。环卫、园林负责集镇主干道、河道每天"三巡三扫";市场监管专责监督、检查商场、超市、餐馆、农贸综合市场等场所的秩序整顿,卫生保洁;行政执法全权负责占道经营、店面环境、"牛皮癣",严格督促店家执行"门前三包"。联合建设等十余个部门对金龙路两侧范围内的45家汽修洗车店督促整改,关停无证经营12家,整改提升30家,搬迁3家。通过不懈努力整改督办内容,逐步规范管理,改善环境,各项指标不断完善。

【来料加工】2017年,白龙桥镇共发放来料加工费7952万元,同比增长8%,共有来料加工经纪人110人,加工人员3326人,其中有企业营业执照的18家。年内,共举办箱包、假发、饰品加工等短期培训班10期,超550人次参加培训,技能水平显著提升。

【新农村建设】黄碧塘村、郑阳村、芦头村完成了秀美村建设;古方一村、古方二村、新昌桥村、择住邻村正式启动精品村建设;古方一村、新昌桥等6个村新修建了生态洗衣房,东俞等3个村完成了散落历史建筑保护点修复。

【小城镇环境综合整治】白龙桥镇有41个建设项目列入小城镇环境综合整治,2017年,完工3个,开工2个,完成设计方案3个,另有24个项目正在设计过程中。白汤下公路两侧环境整治、文化路(巨龙山水段)综合整治、老镇区污水改造工程二期项目已经完工,府临街道路工程、白门线立面整治等项目按计划开始施工。

【维稳工作】2017年,白龙桥镇完成了党的十九大、互联网大会、各级两会等各项重大安保任务。

【信访】2017年,共接收上访信件69件,涉及75人,其中初信初访53件,全部办结,"8890"件共接收1004件,全部办结,办结率达到100%。

6月30日,白龙桥镇组织全体党员上党课

(白龙桥镇政府供稿)

【安全生产】充分落实干部联企制度,企业安全员培训、安全生产检查无死角。全年分3批次培训企业法人和安全员309人,签订安全生产责任书400余份,发放各类安全提醒11万余条;完成全域400余家企业的职业卫生摸底调查,整治和改造高污染锅炉20台次。出租房消防安全整治全线铺开,共检查出租房1813户,叶店村48户"三合一"小型作坊100%整改到位。走访1.5万户开展燃气安全入户检查,检查钢瓶2.1万只。完成安委会交办督办单4件,结案率达100%。

【镇村便民服务网络】实现基层治理现代化,提高社会治理水平,2016年,全镇积极响应区委、区政府的号召,深入开展"四个平台"建设和"最多跑一次"改革。全镇71人专职网格员密集分布在各村网格中,平台闭环管理实现常态化,月均信息量达到8000余条,累计信息量近5万条。"最多跑一次"完成"一窗受理、集成服务"改革,服务窗口完成村级延伸,打通了政务服务的"最后一千米"。"365"便民服务中心受理的40项事务中,34项做出"最多跑一次"承诺。

【"五水共治"】2017年,全镇投入近亿元资金完成52个村农村生活污水管网改造提升工程,农户覆盖率达到92%,总受益人口5.2万人。通过对沿线企业、小区实施截污纳管工程,彻底解决二六九大队基地东侧、宾虹桥下游西岸两处的市控排污口整治问题。投入2500万元,完成集镇污水二期工程建设,解决集镇污水直排问题。进一步完善“河长”、“库长”、“塘长”、“渠长”四长制,实现22名村级“河长”巡河软件全覆盖,通过有效利用河长工作日志、微信交流群、APP等手段,实现水库、山塘、沟渠的巡河轨迹追踪。31个劣V类水体全部完成剿灭,清淤量达12.8万立方米。

【“三改一拆”】2017年10月,“三改一拆”85万立方米数据指标提前超额完成。5月,全镇干部分组分片关停拆除违建养殖场482处、27万平方米;6月,联合国土、规划、行政执法等部门拆除择住邻违章厂房4.65万平方米;8月,结合“六乱”整治拆除古方一村等10个村的乱搭乱建近800处面积达4万多平方米;9月,排摸并鉴定危房954处,截至10月,全镇266处在册D级危房全部拆除整治到位,137处在册C级危房完成修缮整治,不在册C级危房229处拆除;阻止新增违建70余起,面积近万立方米。

【矛盾纠纷排查和社区矫正】2017年,白龙桥镇司法所共接受社区矫正服刑人员36人,累计期满解矫56人,社区矫正服刑人员66人。司法所全年累计走访矫正人员208人次,镇干部和村(社区)矫正工作站累计走访谈话893次。人民调解委员会年内成功调处民间纠纷284件,成功率达100%,共调处赔偿金额804.04万元,基本实现了“小事不出村、大事不出镇”的工作目标。 (陈 捷)

琅琊镇

【概况】2017年,琅琊镇镇域面积93.07平方千米,其中80%属于山林,是山区、平原的接合部。全镇有30个行政村,常住人口6823户、19437人。琅琊境内有金兰水库,6667公顷生态公益林,白沙溪水源供金华100万人口饮用,有“金华大水缸”美称。2017年评为全国文明村镇。

【工业经济】2017年,实现工业总产值6.58亿元,同比增长5.28%。其中,两家规上企业实现工业总产值1.5亿元,同比增长12.8%,新增规上企业2家。自营进出口实现6452万元,同比增长47.3%。多措并举抓招商,引进区外内资160万元。

【农林水各业】全面完成土地确权成果确认,发放补助资金315.28万元。完成粮食播种21400公顷,旱粮播种23.33公顷,建成水稻高产优质示范方47公顷。成功创建省级“机器换人”示范镇。成立 镇农民合作经济组织联合会,合作共赢推动发展高效农业。完成专业合作社、家庭农场等16家信息登记核查工作。完成农产品检测320批次，合格率达100%。推动完善林业工作。完成绿化造林36.67公顷，完成93株古树名木调查保护工作，11个古树群建成“一树一档”。完成548公顷绿化苗木调查和检疫工作，50公顷的松林毒蛾防治工作。狠抓森林消防,未发生森林火灾。推进水利工作,基本完成南山东塘除险加固、山洲溪水毁修复,完成永圣林场等4个高效节水工程和田甫村、山后金村饮用水安全提升工程。完成百福塘等5个山塘水库及3.5千米的河道沟渠清淤,共19.08万立方米,完成任务数的147%。

【新农村建设】持续推进“六乱”整治,共清运垃圾2600吨,完成5700平方米“赤膊房”粉刷,种植绿化乔木万株,清洁池塘百口,新增村口小景观33个。重点推进高田塍精品村建设,完成琅琊绿道、散落历史保护点修缮项目，推进新兰村农房改造工程。强势推进“三改一拆”。全年拆除违章建筑44万平方米,完成任务数的147%。完成105户D级、68户C级危房整治,18家锯板厂关停拆除工作。石道畈区块连片垦造开发项目政策处理推进顺利,泉口、水碓、南山村两委班子发扬“5+2”“白加黑”精神,土地流转签约率达99%,土地清表和南山、泉口公墓建设有效推进。

【小城镇综合整治】开展为期7天重点针对乱堆乱放、乱搭乱建、占道经营等违法行为的集镇环境综合整治行动,共拆除违章搭建37处,清理卫生死角169处,拆除店面招牌119处,清运垃圾85车,劝离摊位25个,并对集镇上2家“低小散”企业进行整治。2017年预算投资13233.63万元,实施整治4个大类26个项目，已完成13个项目的施工图设计和2个项目的预算,其中,白门线入镇口景观项目的招投标工作已完成。

【"三改一拆"】张贴有关"三改一拆""无违建村创建" 各类标语198条，悬挂横幅69条；上半年完成拆违任务110122.58万平方米，完成任务数的36.71%，拆后利用面积数105801.4万平方米，占拆除面积的97.2%。结合"治危拆违"工作，完成55户存在安全隐患、影响镇容镇貌的危旧房治理。

【文化宣传事业】新建高田塍村文化礼堂，完成了"七廊"资料的收集整理工作，广告公司的设计已完成，6月底全面完成建设工作。其他已建文化礼堂举办丰富多彩的活动，杨塘下文化礼堂与金华实验中学开展了"青春做伴，一路毅行"研学活动，浩仁村文化礼堂与琅琊镇中心小学，杨塘下村文化礼堂与方格外国语学校都开展了"校村结对，双堂双进"德育共建活动。完成省级文明乡镇、省级文明村琅琊徐村、棠沆源村、浩仁村的复评材料和水竹蓬村申报材料的上报工作。 （朱楚一）

蒋堂镇

【概况】蒋堂镇地处金华西郊，位于金西大道产业带主轴线中心，东连婺城新城区，西靠金华市经济技术开发区，南邻生态功能区，北与兰溪市接壤，距杭金衢高速公路金西互通口5千米，虹戴公路、白汤下公路、蒋罗公路穿境而过，系金衢盆地之中心腹地。2017年，镇域面积54.29平方千米，辖32个行政村，户籍人口 6998户、18996人。

【工农业经济】2017年，全镇累计实现工业总产值19.79亿元，同比增长6.1%；规上工业实现产值6.99亿元；规下工业产值12.8亿元，同比增长9.9%；工业新增固定资产投入2.2亿元，同比增长9.9%；完成浙婺商回归3984万元，引进内资5684万元。实现财政总收入1720.6万元。2017年，全镇新增工业建设项目10个，计划总投资2.18亿元，新增规上企业1家。建设区级粮食功能区1829亩，以嘉穗联合社为主建立富硒米生产基地233.33公顷。

【小城镇环境综合整治】2017年，开展街面整治行动。对伟业路、八一街沿街的广告牌，违章搭建的钢棚、小房子、水池等进行集中搬移、拆除、切割等，共整治店铺285家，清运垃圾杂物58车，拆除广告牌126处、钢棚74处、洗衣池65个，并对集镇范围的墙体广告进行了集中清理，顺利完成市级卫生乡镇的创建工作。

整治项目建设。2017年，全镇共建设12个项目，其中2个项目为跨年项目，累计完成投资5430万元；同时在9月以集镇主要街区为中心，集镇村、管理处中心村为主体，开展洁美城镇联合整治专项行动，2016年年底已拆除乱搭乱建4.84万平方米、清理乱堆乱放1185处，专人巡查整治道路秩序、规范经营行为，集镇面貌提升明显。

推进"两站两员"工作。蒋堂镇作为婺城区"两站两员"建设工作试点镇，成立了全区首个乡镇道路交通安全管理站，由交警、行政执法、公路管理、农机站等人员组成管理员队伍，同时在蒋堂村设点，成立村级道路交通安全劝导服务站，联合交通、交警部门，出动100多人次开展交通安全劝导工作，教育劝导300多人次，共治理"道乱占"185起、"车乱开"115起。

【"三改一拆"】 2017年，拆除各类违法建筑共计47.2万平方米，完成当年任务数32万平方米的147.6%；全面完成89户D级危房，1.13万平方米的拆除工作。全镇拆除其他各类危房369户，完成C级危房整治177户，整治面积达2.71万平方米。此外，为加快集镇建设，对集镇范围内所有锯板厂开展拆除整治工作，通过全镇干部近一个月的努力，集镇范围内218家锯板厂、250台锯板机全部拆除，为下步小城镇建设项目开工打下坚实的基础。

【垃圾分类】蒋堂镇35个村全面开展"四治两化"工作，截至2016年年底，所有村"四治两化"工作均已取得阶段性进展。同时，以制度建设促进垃圾分类工作常态化。先后出台了《农村环境卫生长效管理考核办法》和《蒋堂镇环境卫生及垃圾分类长效管理考核办法》，采取周查、月考、年评定的方法对各村的环境卫生、制度落实、垃圾分类、太阳能减量化处理房使用等进行检查、量化，并在镇公开栏进行公示。全区首家垃圾资源化处理中心也已建成投入使用，已接待外省市各类学习考察参观团30余个，共计300余人次。

【"五水共治"】深化落实"河长制",每月定期召开"河长"工作例会,对河道保洁和水质提升工作进行部署落实,区级河道皆已达到Ⅲ类水标准。全面开展畜禽养殖场专项整治行动,拆除存栏量1000头以下养殖场共计200家,拆除砖瓦结构面积11.05万平方米、简易结构3.09万平方米,处置生猪4万余头。完成全镇32个村的生活污水截污纳管工程及移交运维工作,集镇的截污纳管结合小城镇环境综合整治有序推进中。开展剿劣行动。按照省市区剿灭劣Ⅴ类水要求,对全镇所有水面进行全覆盖排查,共排查出劣Ⅴ类水体32处,累计完成池塘清淤26处,累计清淤量9.53万立方米,清塘溪沟渠350米,累计清淤方量350立方米,全面完成劣Ⅴ类水体的剿灭工作。

【文化事业】2017年新建许里村、西洪村、蒋堂村3个农村文化礼堂,其中许里村文化礼堂已通过区级验收,充实开化村、泽口村、黄碧垄村、蒋堂镇(民办)4个文化礼堂活动设施及内容,充分利用全镇7个农村文化礼堂资源,打造下尹"孝"文化、泽口"婺剧"文化、黄碧垄"农耕"文化、直里"武术"文化、开化"廉"文化等各类文化教育基地,开展形式多样的文化教育活动。努力形成"文化礼堂一日游",积极融入全区"文化礼堂经济圈"。全镇成功申报"浙江省民间文化艺术之乡",成为金华市首批获此称号的单位之一。

3月17日,蒋堂镇组织村级换届工作动员部署会

(蒋堂镇政府供稿)

【基层党建】蒋堂镇作为全区村级组织换届试点单位,举全镇之力顺利完成了35个村的村级组织换届工作,并组织203名新任村干部开展任前教育培训,提高干部的履职能力,为各项工作打下扎实的基础。首创"8+x"村干部管理法,并依此制定更科学、更切合当前工作实际的村干部考核办法和村干部值班、坐班制度。

【社会治理】以"G20"维稳安保战为鉴,在省第十四届党代会、中共十九大等重要时间节点,制订了维稳工作应急预案,确保了维稳工作有序开展。蒋堂镇以"最多跑一次"为抓手,有序推进"四个平台"建设,不断完善政务服务水平和社会治理能力。全镇共划分37个网格,配备37名网格长、35名专职网格员、35名网格指导员和93名兼职网格员,共计200人,"四个平台"工作力量得到进一步加强。

【民生实事】各类土地项目和移民相关工程推进有条不紊。全镇共有高标准农田提升项目7个、造地改田项目2个。高标准农田提升项目中,直里畈、泽口畈(莲塘片)、泽口畈(泽口片)、泽口畈(西叶片)4个项目在上半年已全面通过区级验收;开化等村开化畈,杨梅垄等村蟠桃园畈、石坑畈,尚文头等村泽口畈、石坑畈3个项目正在施工中。造地改田项目中,燕山背造地改田项目已通过区级验收。移民小区一期基础设施建设和二期土地政策处理完成,溪东—下方段自来水管网提升工程完成。

(张剑川)

汤溪镇

【概况】汤溪镇地处金华市区以西28千米,东邻蒋堂镇,南邻塔石乡,西邻衢州龙游县,北邻兰溪市,2007年被省委、省政府列入省级中心镇,2014年托管于金华经济技术开发区。镇域面积106.36平方千米。全镇共有75个行政村和1个居委会,户籍人口16223户、46237人。汤溪镇属春秋时期姑蔑国所在地,明成化七年(1471年)设立汤溪县,1958年撤销县制。镇内有中国历史文化保护名村——寺平村、省级风景名胜区——九峰山风景区、省级非物质文化遗产1项(抢头杵)、市级非物质文化遗产4

项。

【工业经济】2017年，始终坚持“工业强镇”战略，强化招商引资，优化企业服务，开展攻坚竞赛活动，创造良好经济发展环境。先后引进一批龙头骨干企业，全镇亿元以上企业达11家。2017年规上工业总产值36.98亿元；规上工业新产品产值12.63亿元，同比增加31.09%；主营业务收入36.83亿元，同比增加12%。

【农业经济】稳步推进生态高效农业园区和粮食生产功能区建设，积极落实农业扶持政策。申报《金华市国家农业综合开发现代园高标准农田建设模式创新试点项目》，提升建设厚大畈、寺平畈、山坊畈三大片区高标准农田，打造迷农、向月、嘉园三大经营主体的农业示范基地。深化粮食功能区建设，粮食播种面积保持在4000公顷以上，拥有3.33公顷以上的种粮大户54家、家庭农场130个，落实粮食功能区维护项目18个、测土配方施肥项目10个，发放种粮补贴400余万元，完成1900吨商品有机肥推广应用。完成日常检测任务100余批次。开展粮食高产攻关，“农业稳粮增效模式——茭白/鱼生态轮作模式”获批为浙江省农业技术推广基金会创新农作制度扶持项目。做优做强采云间有机茶产业园、九峰佳乐牧场等农业综合园区重点项目。加大农业改革，完成农村股份制改革相关工作，全面推进农村土地确权赋权深化改革。

【旅游业】充分整合旅游资源，将城隍庙、上境古村、九峰山、九峰温泉、寺平古村、鸽坞塔畲族风情等旅游资源“串珠成链”，不断完善“家+”模式。在上境村成功举办第六季“海外名校学子走进金华古村落”项目，接待德国、俄罗斯等10国。上境古村成功被评为省AAA级旅游村庄景区。2017年，全镇接待游客242万人次。

【开发建设】全力攻坚征迁，推进基础设施平台建设，确保项目早日落地。保障健康生物产业园开发建设。落实征迁重点工作，完成益康源污水处理厂建设，确保康恩贝、迪尔化工等新入园企业及纬三路等园区基础设施无障碍施工。完成加油站等9户的安置区块配套设施建设。里朱垄自然村整体搬迁安置区块配套设施建设有序实施中；完成金西至蒋堂自来水管网提升和工业园自来水管网埋设工程。保障电力配套设施无障碍施工。完成汤溪变配套电力线路政策处理，主要是220千伏双回路双龙—太真南竹线和110千伏汤罗、蒋潘、黄潘线涉及9个村的土地征用、租用工作。完成宁能热电5座电力铁塔放样选址工作。完成10千伏中戴825线分流工程政策处理工作。保障金西旅游综合体项目早日落地。金西旅游综合体项目涉及九峰山北侧地块27.93公顷、新汤九线3.33公顷、温泉地块55.8公顷等政策处理工作。其中，处于项目中心位置的宅口村需迁移坟墓180余穴，已全部完成。完成汤莘汤九新建公路路灯配套安装。

【新农村建设】新农村新风貌，破旧立新，基础建设取得初步成效。落实农村生活垃圾治理有效集中处理和分类减量化全覆盖，合格率100%，优秀率30%以上。处置各类违法建筑603宗、742户，拆除建筑面积19.43万平方米，完成年度任务（18万平方米）的107.43%。倾力推进白鹤殿口、寺平、上境等样板村建设，2017年度完成10个秀美村建设。截至2017年年底，白鹤殿口村美丽宜居示范村验收中，4个村正在实施精品村建设，上境等6个村正在规划设计省、市级传统村落项目。

【小城镇环境综合整治】2017年规划设计的施工项目已全部开工，完成投资1.52亿元。污水三期（城河路、仙舟大街段）、集镇公厕已全部完工并投入使用；镇南门主入口景观提升，城南路立面整治，两座停车场、集镇路灯安装、人行道安装等一系列工程已完工。集镇主次道路弱电管道下地已基本完工；城南路道路改造工程、菜市场北停车场、集镇东路口、南路口完成初步预算编制；集镇强电改迁下地、东湖湖滨公园2个项目已完成设计委托、预算编制。

【“五水共治”】深化落实“河长制”“塘长制”，实现71个河段、246口库塘全覆盖。分3个标段打造“最美河流”莘畈溪，完成清淤35万立方米，完成治理劣V类小微水体24处。完成2014—2016年度农村生活污水治理实施项目的竣工验收及问题整改工作，并已移交运维。推进生态配水与修复工程，已完成治理厚大溪蒋村段0.6千米、牛桥溪2千米，实施河道保洁和长效管护 38 千米。

【文化宣传】深化挖掘宣传汤溪文化,举办三月三鸽坞塔风情节、寺平村金花节、下伊保稻节等文体活动。推进文化基础建设,文化站、图书馆已进入试运行阶段,3 家电子阅览室、2 处电影放映点已完成,完成上境、白鹤殿口、高义、陈村 4 家文化礼堂建设。开展环境卫生大整治和志愿者文明劝导服务活动,严厉查处乱搭乱建、乱贴乱画、乱设摊点现象。集镇卫生保洁实行承包责任制,主要道路 12 小时保洁,次要道路 10 小时保洁,签订集镇商铺门前“三包”责任状,加强 2 个集贸市场整治。

【安全生产】开展企业安全生产标准创建,成立行业协会,组建 2 个机械、化工行业安全生产互助协作组,抓好安全生产隐患排查整治。组建农村集体聚餐厨师协会,加强餐饮行业自律。开展烟花爆竹销售安全检查,定期组织农村义务消防队进行消防安全大演练,全面开展安全生产(消防)“百日整治”,边排查边培训,1—12 月检查培训企业 65 家次。做好防汛抗台和森林防火各项工作。2017 年无安全生产事故发生,平安建设进入新时期。

(朱　正)

罗埠镇

【概况】2017 年,镇域面积 44.33 平方千米,集镇面积为 0.78 平方千米,耕地总面积为 2208 公顷,辖 62 个村和 1 个居委会,设罗埠、莲湖、湖田 3 个分中心, 户籍人口 12722 户、35155 人, 外来人口 4100 人。

【工业经济】2017 年主要经济指标完成情况良好。完成工业总产值 31.68 亿元,同比增长 5.4%,其中 16 家规上企业完成总产值 25.22 亿元, 同比增长 93.91%;全社会固定资产投资额为 1.42 亿元,同比下降 57.5%,其中工业投资 1.02 亿元,同比下降 51.6%。

【农业经济】2017 年,重视农业产业,种植规模加大。早稻种植面积 428.38 公顷。其中 12 个早稻种植大户种植面积达 201.2 公顷, 种植规模同比增长 27.8%。晚稻面积 1073.33 公顷,其中 12 个周粮大户种植面积 204.03 公顷,种植规模同比增长 32.1%。

【重点工程】征迁工作逐步推进。管委会交办的 9 个项目征(租)地政策处理,已完成 7 个;厚大溪(黄稍段) 洲头公园于 2017 年 11 月 30 日完成施工招标。政府性投资项目共 13 个, 总投资约 9000 万元,其中续建 4 个,新建 9 个,9 个已竣工验收,工程量完成 80%以上的 1 个, 工程量完成 50%以下的 3 个。2017 年罗埠镇顺利通过省级文明卫生乡镇初步验收。小城镇环境综合整治计划实施项目 34 个,总投资 3.692 亿元,其中列入 EPC 项目 7 个,投资 2.34 亿元。自主实施项目 27 个,投资概算 1.352 亿元,已完成投资 4507 万元,已开工项目 7 个,小南路停车场、小南路立面整治、体育休闲广场建设工程基本完成,其他项目处在前期准备工作中。

【新农村建设】依托项目,美丽乡村展现新颜。2017 年,列入“一事一议”项目 6 个,已全部开工。55 户困难户危旧房全面完成改造;美丽乡村有 9 个村申报验收,3 个村已通过验收,6 个村正在查漏补缺,迎接验收;2 家“文化礼堂”已建成并投入使用;建成居家养老照料服务中心 (站)47 家, 惠及 1220 名老人;55 个村自发组建了广场舞蹈队; 完成 760 户危旧房拆除整治,面积 9.5 万平方米;垃圾分类实现常态化。

【治水剿劣】落实镇、村两级“河长制”“塘长制”,全面完成 27 处小微水体整治,85 口池塘清淤,清淤 42 万立方米,完成年度任务的 140%。2017 年列入市考核的厚大溪孙家桥交接断面水质均达到

“治水剿劣”成果(罗埠镇政府供稿)

Ⅲ类水质以上，完成1处市控排污口整治，列入开发区考核的11条溪流断面水质除孟古塘溪1—5月为劣Ⅴ，其余均达到Ⅲ类水质以上。中央环保督察重点督办的后张村农村生活污水治理提升项目管网铺设基本完成，总工程量占比80%；上章大湖清淤项目已清淤27万立方米，总工程量占比75%。集镇截污纳管体系基本建成。

【文化宣传】 点面兼顾，重视农旅产业培育。征岩头村第三届征岩头村甘蔗文化节，村企合作研发甘蔗深加工，甘蔗酒、甘蔗馒头等衍生产品助推“征岩头”甘蔗品牌提升，助力蔗农增收致富；共接待游客约2万人（次），游客量同比增长50%；带来经济收入同比增长70%。金垅农业休闲观光园项目一期投资2000万元，已初步形成集花卉种植、水果采摘、观光旅游、民宿于一体的综合旅游休闲观光园区，计划于2018年建成投入运营。（徐雍骏）

洋埠镇

【概况】 洋埠镇镇域面积18.11平方千米，下辖24个行政村、1个居委会，全镇现有5684户，人口15471人，其中农业人口9439人、耕地面积750.6公顷，粮食生产功能区面积326.67公顷，省级146.67公顷。

【经济指标】 2017年，完成规上工业总产值12.78亿元，同比增长1.5%；固定资产投资7.45亿元，同比增长63.6%，其中工业投资6.58亿元，同比增长68.8%。财政收入7181万元，完成进度153.4%，同比增长65.7%。

【小城镇环境综合整治】 2017年，完成立面整治9200平方米，电线“上改下”整治103千米，路面改造1800米，更新交通标线5100米，拆除违章搭建197处、9200平方米，危旧房68幢，新建景观节点7处，粉刷“赤膊墙”5000平方米，新增停车场地5处、泊位100余个。发动人员2000余人次，清理垃圾1000余车，平整零星地块与镇政府接合部2万平方米，取缔占道经营的流动摊贩360余次，道路完成破损修补23处，新增配套星级公共厕所1座，水体清淤完成8000余立方米，完成米行街、菜市场、信用路、背街小巷四大区块截污纳管，启动菜市场改造、公交首末站改造、休闲广场建设，使集镇面貌有了较大改观。

【重点项目】 以“闯劲、韧劲、巧劲、干劲”加快推进重点项目建设，取得了较好成绩。钱塘江治理衢江婺城段堤防加固工程，第一、第三标段，全长共3350米，涉及洋埠、西上陈、让宅、青阳洪等4个村的政策处理工作已完成。洋埠输变电专线工程已完成施工。衢江航运枢纽输电线路工程，涉及5个村、9个塔基和1条电缆沟已完成。下窑—龙游天然气管道工程，涉及下潘、东十、西十3个村，1350米的管道铺设已完成。2015年的东后畈、洋埠畈高标准农田提升项目、洋埠中小学建设占用耕地耕作层剥离工程、章家邵家废弃工矿复垦项目、2016年湖前畈高标准农田提升项目施工均已通过开发区土地整治小组的验收。

【美丽乡村建设】 全镇24个行政村，19个村已开展了精品村、秀美村建设。完成让宅村精品村及五一、五二、五三、五四、三益里5个村秀美村项目的竣工验收，完成农业现场会沿线五三、五四村绿化提档升级改造项目，完成大坟头精品村及寺前杨秀美村等遗留项目验收。湖前、章家、五四的生态洗衣房已经建设完成并投入使用。12个村已通过金华市农村生活垃圾分类优秀村考核验收。

【剿灭劣Ⅴ类水体】 全镇设有“河长”16人，“塘长”135人，包干135个小微水体，2017年累计剿灭劣Ⅴ类水体57个，其中15个顺利通过省治水办验收，42个顺利通过市治水办验收。交办的12个珍珠塘的退养、搬迁任务在开发区面上率先完成。

【治危拆违】 2017年拆除违法建筑6.64万平方米，完成全年任务的120.73%。拆除C级、D级危旧房187户，拆除面积1.12万平方米。

【精准扶贫】 新建章家、洪勘头、后彰陈3处村级避灾安置点；新建一乐堂、西上陈、章家3个村级居家养老照料中心。走访慰问困难户、残疾户、困难党员，开展临时性救灾救济款发放工作，核查发放各项社会救助金近266万元。

【社会治理】 积极调处辖区内突发事件和不稳

定事件,确保社会和谐稳定。2017 年"四个平台"共接受案件 6 起,村级网格员上报 6 起,解决6 起,满意率达 100%。国家和省、市重要会议期间,全镇对重点人员均管控到位,成功护航十九大。

【社会事业】社会保障全面落实。2017 年全镇城乡居民养老保险参保 14 人、失地农民 131 人,医疗保险参保 8898 人,参保缴费率达 95.2%。教育事业蓬勃发展。洋埠小学深入挖掘"古埠精髓",开发了"古埠风情""古埠遗风"两个特色校本课程,先后获得全国青少年"五好小公民"主题教育活动示范学校、金华市教育科研先进集体、金华市阳光体育冬季长跑活动优秀组织单位、金华市第十三届小学生定向运动比赛体育道德风尚奖等多项奖项;洋埠初中 10 人被省一级重点中学录取, 学校被评为省标准化学校,市级四星基层党组织,区级 5A 平安校园、美丽校园。卫生健康工作不断深化。2017 年共出生 146 人。计划内出生 144 人,计划外出生 2 人,计生率 98.86%,管理率100%。洋埠卫生院积极投入研发超声引导下甲状腺结节射频消融术,开展彩超引导下乳腺肿块穿刺术、超声引导下乳腺肿块旋切术、彩超引导下甲状腺射频消融术、体外冲击波碎石等手术、技术。全年累计完成居民健康档案建档 15332 份,建档率99.1%。 (董 燕)

乾西乡

【概况】乾西乡位于金华市区西郊,环城西路西侧,距金华铁路新客站、汽车西站 2000 米,乡域面积 24.35 平方千米。1 个行政村, 4 个村改居,西苑、移民小康 2 个社区,户籍人口 8555 户、23189 人。

2017 年,乾西全乡实现了工业生产总值 44.3 亿元,税收收入 14479 万元,财政收入 3930.75 万元。

【工业经济】2017 年,乾西乡面对经济下行压力增大的严峻态势,继续开展"千名干部进企业、千方百计解难题"活动,着力盘活存量资源,全力做好平台搭建、服务保障等工作,工业化进程稳步推进。全乡完成工业总产值 44.3 亿元,同比增长 9%,其中规模以上企业 15 家,规上工业产值达到 33.1 亿元,同比增长 12.2%;规上工业销售产值 33 亿元,同比增长 13%;新增工业固定资产投资 1.13 亿元;浙商回归完成 1133 万元;全年累计到位内资 2812 万元;"小上规"年底新增 1 家企业;21 家"低小散"企业(作坊、店面)已得到全面整改提升。

【农业经济】全面开放标准化农产品质量检测室的对外检测工作,2017 年共对外检测 386 批次;完成 2014 年、2015 年地力补贴面积申报核实工作和 2016 年地力补贴面积申报工作; 通过金泉畈 42.67 公顷标准农田质量提升项目验收工作; 完成 35 户、3 万余平方米畜禽养殖场拆除复耕工作。完善农村集体"三资"管理,开展 17 个村居财务换届审计工作,规范村级资金审批制度。完成平原绿化 83 亩和第三次农业普查工作,土地确权工作基本完成。

【"五水共治"】"五水共治"多措并举,严格落实"河长制",加强河道日常保洁。剿灭劣 V 类小微水体,共排查水体 255 个,其中劣 V 类小微水体 24 个,全部完成剿劣工作。扎实推进流域全线清淤。池塘清淤 31 个、8.1 万立方米, 长湖清淤 9.8 万立方米。实施源头引水工程,完成了乾竹电灌、黄武畈电灌工程,为长湖进一步活水源提供保障。

6 月 25 日,乾西乡乡、村干部在杨石石柱头堤坝上防汛 (乾西乡政府供稿)

【"三改一拆"】对"三改一拆"重点开展四大行动,即存量违建"攻坚"行动,新增违建"歼灭"行动、改造利用"围剿"行动、长效机制"巩固"行动。全年共完成"三改"面积 59.8 万平方米,完成率 119.6%。

对重点违建区域每日巡查,成立督察微信群,及时制止违建农房共计30余次;拆除联合连片厂房、鲍杨煤场、上陈原染化厂等违建厂区,拆除面积约为20余万平方米。开展危旧房整治工作。在认真开展调查摸底基础上,D完成级危房治理227户,完成率100%。全力做好煤场钢棚、不老神鸡厂房、嘉和印务厂、湖头石材城等"实播实报"点的拆除整治工作。

【城市管理】 乾西乡二环以内11个村(居)已被列入城市化管理,为此,乡党委政府与时俱进,主动承担新的责任使命,不断精细城市管理。一方面推进城管工作数字化管理,乡共办理智慧城管案件3000余件,全部结案,"8890"服务平台受理投诉443件,结案443件。另一方面,做好全国文明城市创建工作,共清运房前屋后、公共场所的杂物4万余吨,拆除乱搭乱建6万余平方米,"赤膊房"整治面积3500平方米,种植绿化乔木18000棵,新增村口小景观30个,乡村面貌大幅提升。

【新农村建设】 投资2660余万元,2017年年底全面完成15个村(居)农村生活污水治理。完善机制,加强对环境卫生、垃圾分类等工作的长效管理。补助40余万元,各村更换破损垃圾桶10000余只。

【重点工程】 2017年,小城镇建设全面启动,结合文明城市创建,启动12个小城镇项目建设,大力整治长湖及周边基础设施配套建设。完成金华江北岸、黄湖路污水干管、金华江北岸污水干管东延、竹马污水干管、长湖截污干管系统工程一标、二标共计66.67公顷土地借用政策处理的善后扫尾工作。完成45省道二环内的征迁及青苗补偿等政策处理,二环外5个村,苗木补偿款99%已发放;征地款除栅川外,其他各村基本完成。启动鲍杨城中村改造项目,完成鲍杨社区383户的调查摸底、测绘工作,认定签约司步跟进。

【党建工作】 乾西乡党委坚持全面从严治党要求,狠抓党员干部的工作落实、作风转变。深化"两学一做"学习教育常态化制度化,大力宣传营造氛围,精心安排部署,开展纪念建党96周年系列活动。全面完成17个村和社区两委班子及监委会、董事会等配套组织换届选举工作。

2月11日,乾西乡湖头文化礼堂举办"剿劣水、建廊道"六大宣传行动启动仪式(乾西乡政府供稿)(王晶琳)

竹马乡

【概况】 竹马乡域面积19.58平方千米,辖16个行政村、38个自然村,人口4100户,11873人,耕地面积693公顷。全乡有花卉种植面积533.33公顷,其中茶花生产基地连片186.67公顷。1999年,获"中国茶花之乡"美誉,世界原始物种最丰富的国际山茶花物种园位于竹马乡下张家村,2012年被评为世界杰出公园。

【工业经济】 工业总产值22.42亿元,同比增长2%,其中规上工业产值13.21亿元,同比增长17.16%。新增规上企业2家,招商引资到位资金1100万元。工业固定资产投资3478万元,完成佳嘉制漆和永达金属结构供地的前期工作。关停淘汰落后产能企业12家,关停取缔"低小散差"生产经营单位27家,节能减排完成区控目标任务。

【农业经济】 完成婺城区首批市级特色农业(茶花)强镇建设规划。成功承办区浙中生态廊道花漫婺城第一季暨第八届茶花节活动。创立中国茶花文化产业园,引进锦鸿影视传媒、三分田电子商务等公司。

【小城镇环境综合整治】 开展小城镇环境综合整治行动,规划设计文化长廊、入城口景观、竹马馆驿站式标牌等23个项目,计划总投资8800万元,金竹路沿街风貌提档、竹马集镇主入城口景观、临时菜市场提档改造等16个项目已开工建设，完成投资额1330万元。

【交通路网】2017年,竹马馆货场3月30日正式交付使用。完成S313（45省道)竹马段征迁项目11公顷土地和杭金衢公路避险车道0.37公顷土地的征迁处理。实施金兰北线“美丽公路”建设项目,完成乡道、村道“白改黑”4000米。道路安全交通“两站两员”建设运行,增加28个探头、2处过车卡口和2处电子警察，加强超限运输源头管理和网监控能力。

【清查违章建筑】全乡拆违93190平方米,完成率达116.49%,拆后利用率达100%,其中拆除连片违建厂房29270平方米,危旧房治理338户、29771.4平方米。整治占道经营180余户、20146平方米违法建筑（除生产用房)；集中整治金兰北线、二环西路沿线违建停车场、汽修厂等20余家;整治蓝色屋顶16000平方米,粉刷“赤膊墙”18处2000平方米，拆除电线杆医药广告牌约100块。

【新农村建设】完成向家源精品村创建。以“一村一塘一景”为主题,对村中水塘及拆后的空间统筹谋划，设计提升水塘周边、街头小巷的道路、墙体、绿化等,共建造村庄景观点10余个,完成西宅环村西路绿化靓化提升以及汪山头村史文化长廊建设。

【社会保障】城乡居民医疗保险和农村养老保险参保率均在95%以上。发放社会救助、优抚资金等226.5万元;实施安居工程7个,建成里梅、白竹等2家居家养老服务中心。协助创办婺城区首家民办残疾人托管机构红石榴爱心家园和首个为残疾人专办的来料加工点,接收16~59周岁智力、精神残疾人员16人。

【文化宣传】完成下张家等6个村农村文化礼堂建设任务,其中姜衙文化礼堂获省级文化旅游新坐标殊荣。建立姜衙村家规家训、金店村民俗佳节、下张家村茶花文化等3个德育实践基地,开展研学旅行、“村校结对、双堂双进”、优秀学子祭祖等活动。

7月13日,乍得妇女、儿童保护和国家团结部的20名处级官员到下张家村参观考察

（竹马乡政府供稿）

【人口与计划生育工作】“二孩”政策全面落实,全乡共出生112人,计划生育率100%。

【平安创建】突出抓好社会治理和维稳工作,强化社会治安立体防控。建立健全“四个平台”工作机制,完成重大活动期间维稳安保任务,社会大局保持和谐稳定。强化安全生产监督管理,安全生产态势总体平稳。

【“五水共治”】完成83个水体22.38万立方米的清淤工作,全域剿灭劣V类水。投资500万元实施水系连通工程。在全区首创生态洗衣埠头,新建生态洗衣房5座。实现农村生活污水治理和第三方运维全覆盖。建立畜禽养殖污染网格化防控机制,开展定期巡查。建立乡村两级农村生活垃圾处理终端专人负责制,农村生活垃圾分类处理覆盖率100%。

4月6日,竹马乡剿灭劣V类水暨推进“环境革命”誓师大会

（竹马乡供稿）

【水利工程】完成上陈垅水库老涵管封堵项目，布包塘等3座山塘除险加固项目和白竹、姜衙灌溉水渠、姜衙环村路硬化等5个大中型水库后期扶持项目。完成九龙、王包地、里斗垅、横垅等4座水库标准化建设。

【基层治理】深化智慧竹马微信工作平台建设，探索推行联村干部"走村入户"扫码制，通过组织"码"上建、民情"码"上知、工作"码"上办，推动网格体系云端覆盖、网格治理实时传送、网格实绩数据说话，为全区积极探索"互联网+政务"在基层党建及社会治理方面的实践提供了"竹马模式"。

【村级组织换届】完成村级组织换届工作。16个村换届产生村两委119人，并逐一签订了"8+X"履职承诺书，确定官诺项目109个。

【"最多跑一次"改革】"最多跑一次"改革加快推进，梳理公布乡级"最多跑一次"事项70项、村级"最多跑一次"事项34项，创建改革示范型村12个、标准型村4个。（朱　雯）

长山乡

【概况】长山乡乡域面积60.35平方千米。下属20个行政村，146个村民小组，户籍人口4941户、13325人。森林面积6047.47公顷，山塘水库109座，其中小(2)型水库11座，列入管理的共53座。距离婺城区政府中心所在地9千米。2017年，获得落实党风廉政建设责任制先进集体、"五水共治"先进集体、招商引资工作先进集体三等奖、信访工作先进集体、"8890"最佳服务单位等荣誉。

【工业经济】2017年，全乡完成工业总产值3.56亿元，同比增长91.1%；规上企业实现产值2100万元；固定资产投资8523万元，其中工业新增投入8523万元，完成全年任务的170.46%。重大工业项目稳步推进，完成全年任务。金华龙正混凝土有限公司完成计划投资5515万元，已进入试运营。

【农业经济】大力发展生态农业产业化，全乡农业实现总产值1.5亿元，培育家庭农场5家，发放生态公益林补助款32.8万元。

【重点工程】2017年全乡共有7个土地整理项目，其中新开工造地改田项目5个，邵村稻秆坞、杨林牛角湾、一村张海山3个造地改田项目已完成清表和施工放样；下溪山草湾、二村古塘里2个造地改田项目已进场清表。桐溪罗盘型、三村周思塘2个造地改田项目已通过验收，新增耕地11.67公顷。积极推进石道畈连片垦造耕地项目，经过前期摸排，石道畈区块连片垦造耕地及配套设施项目共涉及6个村，均已完成土地测量等工作，进入连片垦造耕地配套工程公墓范围的土地政策处理阶段，为顺利推进石道畈连片垦造耕地项目打下基础。百亩旱改水项目已通过区级验收。卢家畈高标准农田已完成项目验收，石道畈等村西张畈高标准基本农田建设项目在确保质量前提下，已完成总工程量的80%以上，进入扫尾阶段。在区委、区政府的牵头下，引进长山国际设计走廊项目。项目用地面积106.67公顷，计划总投资5亿元，依托油塘水库、荷花芯水库以及乌石屏村，打造多元化国际设计走廊。已完成项目的环境备案、发改立项、林地占用报批等工作。以长山国际设计走廊项目建设为契机，建设"两美长山"新样板，吸引更多投资者与资本的入驻。

【"五水共治"】持续巩固"五水共治"成效。以提升水环境质量为重点，扎实开展剿灭劣V类水攻坚战。通过多轮的排查，各村统计出小微水体307个，共排摸认定劣V类水体25个。利用生态修复、水体清淤等方式，25个劣V类水体已全部完成销号

11月22日，省水利厅考核组一行在长山乡清塘水库检查清淤工作　（长山乡政府供稿）

保洁。积极落实“河长制”,全面深化小微水体的“池塘长”制度,落实好“河长”“池塘长”公示牌。9月,全乡范围内149块排水(污)口标识牌完成更换。为了进一步深化巩固提升水质,全乡已完成清淤9万立方米。长山乡水域内桐溪交接断面全年水质保持在Ⅱ类以上,漪溪交接断面全年水质保持在Ⅲ类以上。

【新农村建设】积极开展洁美城镇联合整治专项行动。乡村两级联动,层层部署,建立销号制度,整改一处销号一处。对集镇区乱搭乱建等“六乱”现象、“三个清理”制定出具体整治方案,细化措施,责任到人。发放倡议书3500余份,营造了浓厚的整治氛围。在专项整治行动中,以入镇口、主干道、主要街区、菜市场、河流沿线及村居环境为重点,整治乱搭乱建、乱堆乱放,巡查并清理河道沟渠,结合“四治两化”、垃圾分类工作,因村制宜落实长效管理机制基础上,组织乡干部不定期开展分中心的交叉检查,确保环境综合整治工作力度不减、标准不降,实现集镇的旧貌换新颜。坚持每周小城镇整治工作例会制度和项目领导进度周报制度,乡主要领导亲自抓项目建设,倒排时间,确保在年内完成15个项目开工、7个项目完工的目标。望耕亭(五棵树)园林景观工程、长山信用社围墙改造、长山小学入口改造、文化活动广场、公共服务中心建设等5个项目已开工;东干渠整治项目已进入技术交底;古长线文化长廊绿道、污水系统提升项目已完成审价;姜新线“白改黑”路面改造、集镇东主入口景观节点设计项目已完成预算编制;何氏节孝牌坊整治、公交设施提升已完成初步设计;环乡南路、北路建设项目即将进入招投标程序,确保年内开工。强弱电项目,强电公司已开始对长山乡集镇区强电进行整合,并就管道铺埋等问题与“白改黑”、沿街立面整治进行统筹协调。

【“三改一拆”】全力推进“治危拆违”。坚持有违必治,以“无违建乡”创建、“治危拆违”及养殖场违建整治为抓手,以耕地保护和资源有效利用为重心,建立拆违联席会议、约谈督办等工作机制,实行挂图式作战、“两网化”巡查、清单式销号,全力推进“三改一拆”工作,遏制新增违法行为发生。2017年共拆除违法建筑180处,拆除面积30.064万平方米,完成任务的100.21%,拆后利用达到93%。坚持以拆促改,同步推进危房治理工作。经第三方鉴定,全乡危房79户,其中C级危房25户,D级危房54户。6月20日,在石道畈村和卢家村召开全乡危旧房整治工作现场推进会,各村都按时完成了危房整治销号任务,打赢了村级班子换届后的第一场硬仗。结合村民建房需求实际,2017年把卢家、宋家、下溪、杨林、乌石屏等5个村的村庄规划纳入修编计划,5个村已全部完成村庄测量,其中宋家、乌石屏村2个村已进入村庄规划设计阶段,推进拆后土地利用工作取得成效。

【畜牧业转型】全面完成畜牧业污染整治工作。自2016年下半年以来,全乡全体党员干部积极发扬“5+2”“白加黑”的铁军精神,按时完成了240余家畜牧养殖场的关停、拆除及复垦工作。扎实开展“畜牧业回头看”行动,健全完善长效监管机制,切实防止畜禽养殖污染的新增与反弹。同时,指导6家符合保留标准的规模化养殖场进行整治提升并通过区验收,其中4家规模养殖场在省农业厅组织的第三方考评中获得高分,得到了考评组的肯定。

【民生事业】完善提升交通设施,破解“破、旧、窄、危”的道路现状,完成桐溪至黄岭脚、石道畈至思村、思村至扎坑3项农村公路等级提升工程。为方便群众出行,积极推进“村村通公交”工作,协调杨里线、上溪线两条公交线路的开通。

【社会保障】2017年,全乡城乡居民医疗保险参保率在98.34%以上,15家居家养老服务照料中心健康运行,服务对象数量逐年增长。完善社会救助、福利事业,完成全乡147户低保户年审工作,各类低保、优抚等款项发放率100%。积极推进集体经济薄弱村“三年清零”行动,多次组织7个集体经济薄弱村与结对部门、企业对接,共同谋划,综合施策,积极争取项目,确保2017年实现安脚、扎坑村的脱贫,集体经济薄弱村“三年清零”目标。

【文体活动】大力推进文明意识形态建设,积极培育和践行社会主义核心价值观,在做好7家已建文化礼堂长效管理的基础上,新建文化礼堂1家,成功创建“春泥计划”示范村2个。做实乡村文化,开展“灵秀长山进课堂”“人文长山进名家”“视觉长山进万家”等走读长山系列活动。6月,乡级文体活动中心实现公共文化服务免费开放,为丰富群众文化生活提供了良好的平台,得到了上级部门的肯定。

【人口和计划生育】深入实施农村部分计生家庭户奖励扶助和特别扶助制度,2017年全乡享受奖扶人员192人,特扶人员21人,计划生育率99.17%,生殖健康检查人数为577人,“两癌”检查人数为1294人,完成区十大惠民实事之一“生殖健康检查和两癌检查工作”。推进计划生育优质服务,宣传计划生育新政策,广泛传播健康科学知识的理念,关注青少年成长,关爱计生困难户和失独家庭。

【平安综治】为确保社会稳定,成立安保工作领导小组,对全乡重点人员逐一排查、摸清底数、登记造册、责任到人,完成市“两会”和省党代会、十九大期间安保任务。建立健全调解工作机制,加大纠纷排查力度,妥善化解各类矛盾纠纷32余起,累计调解金额40余万元。全面促进乡社会治安和谐发展。全力推进“四个平台”建设,建立综合信息指挥室,组建网格员21名,实现“多员合一,一员多用”。

【安全生产】不断加强消防安全日常监管,组织专业人员对全乡干部进行消防安全知识培训,认真开展安全生产常态化大检查。全乡开展安全检查50余次,下发整改通知书30份。加强液化气安全检查工作,共检查村民用户3194户,检查煤气瓶3945个,消除安全隐患。加强森林消防队伍建设,完善消防器材库,增设森林消防卡通警察8个,增加消防水泵1台,水管1000米,组织消防演练2次,做好森林防火宣传,加强重点时段巡查,全年没有发生森林火灾。筑牢防汛工作“安全堤”,继续落实防汛责任制,签订防汛责任书。认真制定防汛应急预案,投入资金8万元,维护补充抽水泵、雨衣雨鞋等防汛物资,以古塘险情为背景组织应急抢险演练,有效提升了乡村两级队伍应急抢险能力。组织进行水利工程安全大检查,共检查山塘水库64座、防洪堤8千米,整改杨梅垄、洋塘、螺丝塘等3座问题山塘。

【基层组织建设】积极做好村级换届宣传、摸排调研,高度重视信息掌控,每日开展选情研判,以“8+X”管理法为依托,强化实干导向,高标准、严要求选拔新一任村班子,顺利完成21个村换届选举。村级组织换届共选举产生131名的村两委成员,人口在300以下的4个村实现了书记、主任一肩挑。积极推进“两学一做”学习教育常态化制度化,落实好全乡各支部每月15日“主题党日”活动。抓好“联村联党建工作”,创新学习形式,深化乡干部周一夜学、周三夜访制度,组织乡干部开展主题读书会活动,通过党员课堂的形式,有效帮助基层党员增强党性、提高党员素质、提升能力,发挥党员先锋模范作用和基层党组织的战斗堡垒作用。通过每月不定时检查值班、坐班制度及红色阵地更新情况,及时通报检查结果,对落实不到位的村书记进行诫勉谈话。实施红色引领、红色堡垒等工程,推行“党建+”工作模式,推动党建引领经济社会发展各项工作。组织开展以“现场观摩+会议述职”等形式,对村“两委”干部、普通党员践行“8+X”履职承诺情况组织“大联考”活动,各村党支部围绕“党建+小城镇综合整治”“党建+美丽乡村建设”“党建+治危拆违”“党建+村集体经济发展”等主题,组织联村干部、村主职干部实地交流,晒进度,比实绩,进一步发挥党建示范引领作用。深入推进廉政建设,认真贯彻中央八项规定和省委“六个严禁”,专题学习《中国共产党廉洁自律准则》和《中国共产党纪律处分条例》,不断提高党员干部廉洁自律意识。严格落实党风廉政建设党委主体责任,不断加大纪律审查力度,办理违纪党员审查案件3件,办结2件,开除党籍2人。强化第一种形态运用,诫勉谈话6人,提醒谈话35人。对全乡“七一”党员大会和新任“两委”干部培训会议进行了督察,对无故旷会人员和迟到人员进行点名通报批评。

(郭文琴)

沙畈乡

【概况】沙畈乡域面积184.94平方千米,是金华市最大的纯山区乡,也是省级贫困乡。辖30个建制村、70个自然村,全乡人口4775户、13056人。耕地面积399.33公顷,山林面积14591.13公顷。2017年,全乡工农业总产值23105万元,同比增长6.2%。

完成财政税收 1875 万元,乡财政收入达 465 万元。

【工农业经济】 抓好工农业经济,传统产业提质增效。红豆杉、猕猴桃等经济作物的种植面积持续扩大。扩大猕猴桃种植面积 9.2 公顷,新建香榧基地13.33 公顷。培育典型示范带动。发挥好浙江石宫农业开发有限公司等创新型产业的龙头带动作用,拓展新兴绿色农林产业,建设示范种植基地,大坞头牌成功申报为市级竹笋著名商标。

来料加工脱贫致富。保持全乡参加来料加工人数稳定在 1000 人以上,有效解决农村剩余劳动力的就业,年发放来料加工费近 1600 万元。

探索"文化+旅游"农民创收。周村、高儒村、亭久村、赛畈村、石坞村、辽头村、东山村等文化礼堂建设,挖掘并打造了明代武馆、传统古村落、明清古建筑等多个文化景点,吸引了超万人参观。银坑村文化礼堂于 2014 年建成。对银坑村当地红色文化进行了充分挖掘,建起红军游步道、粟裕展陈馆等 10 个红色旅游景点,新办民宿 7 家。全乡文化礼堂已有 10 家,乡文化综合中心站已全部建成并投入使用。

【党风廉政建设】 加强领导,健全机制,落实党风廉政建设责任制,乡纪委以强组织、促公开、严管理、抓落实、转作风为工作机制,建立健全乡、村两级党风廉政建设小组。

开展"两学一做"专题教育。组织全乡党员学习《中国共产党章程》《中国共产党廉洁自律准则》《中国共产党纪律处分条例》等党章党规和《习近平总书记系列重要讲话读本》、十六届六中全会精神,并组织开展专题讨论。6 月 28 日,乡党委书记章利军在乌云村开展"两学一做"专题党课,全乡全体党员参与学习。

开展"联系不漏户、党群心贴心"活动,党员干部联系群众进户到人,全乡 210 名乡、村干部,650 名党员开展入户走访 4500 余户,召开各种座谈会议近 12 场次,收集意见、建议 60 余条,帮助群众解决实际困难 18 次,接受群众合理化建议 20 条。开展党员活动场所建设规范化,推进红色阵地提升。共投资 200 余万元,分两批对 29 个村支部的党员活动室进行规范化建设。推进红色阵地提升项目建设,29 个村已完成红色阵地提升项目。

【"五水共治"】 推进"五水共治"工作护水源。多手段切断污染源,抓农村生活污水治理提升。实施任务 4 个村,赛畈、周村、乌云 3 个村已完成,石宫村已进入收尾阶段,污水治理提升工程 2017 年达到全覆盖,石宫溪、梧桐溪被列入市级财政治理项目。

落实河道巡查制度,村级"河长"每周至少两次巡查,水务员每天巡查。严格水政渔政执法,利用周末与多部门进行联合执法,共制止盗挖砂石行为15次。

多方面治理水源。3 月,完成市沙金兰水源涵养功能区石坞等小流域水土流失综合治理项目验收。白沙溪沙畈段堰坝灌溉工程黄坛坑口堰、裴家堰工程同月开工建设,已完成裴家堰施工任务。改造供水设施,完成应急管网建设,周村等 7 个村供水得到有效保障。河道清淤有序开展,已完成 2 个村的清淤工作,清理淤泥 5100 立方米。开展基层防汛体系建设,在上年建设的基础上补充 12 个防汛重点村的防汛物资。白沙溪、赛畈堰坝已建成并投入使用,有效解决赛畈约 20 公顷农田灌溉问题。青草桥新建已完成,赛畈桥已开始计划修建。

【"三改一拆"】 开展"三改一拆"工作,创无违建乡。对店边村、高儒村、周村多处违章建筑进行强拆。截至 2017 年 10 月 30 日,全乡拆除违法建筑面积 5085 平方米,占地面积 4815 平方米,涉及周村、赛畈等 19 个行政村、49 户。2017 年区委、区政府下达拆违任务数 5000 平方米,全乡已超额完成任务数,完成率为 101.27%,

对拆除整治的土地及时利用,面积达 4815 平方米,拆后利用率达到 100%。开展"两路两侧"整治,拆除乱搭乱建 7 处,完成率 175%,拆除蓝色屋顶 4 处、650 平方米。完善建房审批管理制度。全乡共有12 个村提出了规划调整要求,规范农村建房并对部分村、乡规划范围内的粮食功能区、标准农田等专项规划进行调整置换。推行危旧房改造,对乡内 12 处困难户危旧房开展危房修缮工作。对全乡范围内的所有危旧房全面进行摸底排查,并登记在册。

【城乡环境整治】 推进城乡环境综合整治。持续开展垃圾分类工作,推进垃圾分类长效管理。在全乡范围内分发宣传倡议书3000份，各村书记、主任代表签订责任书。各村依托党员活动带头开展环境卫生整治，清理村内卫生死角。乡、村干部逐户走访宣传，其中东山、亭久、芝肚坑3个试点村已全面完成“四治两化”工作，其余村也已基本完成，准备接受区级验收。辽头隧道已成功开通使用。

【周村小城镇整治工作】2017年，全乡在市区小城镇整治工作领导下，共投入2000多万元整治资金，全乡党员干部团结协作，周村党员干部及全村村民积极投入工作，使周村面貌焕然一新，提升了村民获得感、幸福感。周村小城镇整治工作于2017年12月成功通过省级验收。

【社会事业】抓好计划生育工作。2017年新出生婴儿64人，其中男孩38人、女孩26人，“二孩”全过程管理100%，无违法生育情况发生。认真开展矛盾纠纷排查护航十九大，做好矛盾纠纷排查。制定十九大应对方案，保障和谐发展。1—10月受理矛盾纠纷41起，调处理成功率100%。

落实各项社会保障，低保、五保户共173户，困难残疾人127人，申请各类补助共172万余元。新建4个居家养老中心，有23个村有居家养老中心。按时完成城乡居民医疗保险征缴工作，基本医疗保险参保率达到99%，大额补充保险参保率也较往年有所提高。

【安全生产】抓好安全生产，成立安全生产领导小组。坚持“安全第一、预防为主、综合治理”的工作方针，召开例行会议2次，开展各项专项检查，出动人员80人次，重点检查饮食服务业、烟花爆竹销售点、施工场所、来料加工点及小电站等44家，发现隐患5处并及时整改。

【文化宣传】加强文化阵地建设。2017年度计划建设的5座文化礼堂全面完工，提升银坑村文化礼堂。银坑村被评为青少年学习文化教育基地。东山村被评为市A级旅游村。（戴增荣）

塔石乡

【概况】塔石乡域面积约146平方千米，下辖39个行政村(其中高田、鱼潭村于2016年年底完成地质灾害整村移民但未撤编)，人口4096户、10873人。山林总面积10533公顷，耕地面积370.73公顷。2017年实现工农业总产值15303.1万元，其中农业总产值8898.5万元，同比增长5.5%；实现税收总收入955万元。2017年，塔石乡被评为美丽乡村先进集体、十九大维稳安保工作先进集体、安全工作先进单位、婺城区平安创建先进集体、先进基层党委，获2017年金华市婺城区食品安全知识竞赛二等奖。

【工业经济】全年实现工业总产值6404.6万元。同比略有增长。

【重点工作】2017年5月，启动全乡12个地质灾害点70户、167人的异地搬迁，任务数占全区搬迁总数的一半。全乡以“钉钉子”精神扎实推进，全面完成签约、腾空、拆除的工作任务，后畈村地质灾害点是全市首个完成协议签订、房屋腾空和拆除的地质灾害点。12月，高田、鱼潭及相关下山移民村民顺利迁入乾西、蒋堂安置房。

全乡共有D级、C级危房369户，总面积4.11万平方米，其中D级危房336户，占全区D级危房的1/5。通过明确时间节点，压实小组责任，逐个目标突破，顺利完成所有C级危房的修缮和D级危房的拆除。2017年，“三改一拆”工作已拆除违法建筑物面积2.676万平方米，完成全年任务的121.63%，拆后利用率为100%。

巩固落实“河长制”，加强村级“河长”对责任水域的日常巡查，走好“河长制”APP巡河足迹，完善巡河日志的记录，将剿灭劣V类水体控制在源头。建立健全督察制，建立小微水体“监治巡”责任体系，聘请44名村监委会主任、区(乡)人大代表、政协委员担任“五水共治”义务监督员，42名河道保洁员，5名专职“五水共治”巡查员，建成网格化监管体制。通过齐抓监管，实现全乡水秀河清的既定目标。

实行网格化管理，将集镇划分为9个区块，由一个乡班子带领三四名组员责任包干，全面开展集镇环境综合整治工作。严格按照“一加强三整治”要求，以“融合发展、融入民生、融进生活”理念，投入资金1800多万元，实施项目25个，实现集镇环境卫生、设施配套、乡风文明的大提升。

【精准扶贫工作】紧扣“消薄”工作，努力拓宽发展思路，加大扶贫帮困力度，加强村集体造血功能。3个村实现光伏发电项目经营性收入，4个村实现整合集体资产出租、果蔬基地建设等增收，银岭村通过与菲达集团帮扶结对，着手建设农业综合开发基地。全乡19个省定经济薄弱村中，已有7个村完成“摘帽”。

结合塔石生态优势，突出“文体兴农”新思路，推行“文化礼堂+文体体验”模式，首届高山梯田文化节以“O2O”线上宣传结合线下组团的方式，集镇踩街、岭边农耕、廊桥民俗长桌宴等文化“菜单”，得到较好的市场反馈；乡文化礼堂发挥一堂多用的功能，举办全国首届休闲气排球比赛，4天的吃住游为村民带来了十多万元收入，经济效益明显；举办塘头棋王战、山水四项夏令营等活动，文体振兴展现广阔的市场前景；开展塔石农产品宣传推介，番薯干、麻糍等特色山货享誉婺城内外，成为抢手货。2017年接待游客人数18万人次，同比增长27%。

【民生工程】以不断改善民生为己任，一批惠民便民举措得到实施。“四个平台”建设实现了村民办事“最多跑一次”，“365”办事大厅设立党员先锋AB岗，23项服务流程得到简化，极大地方便办事群众。村级网格员推行党员星级优选制和24小时应答制，全面提升服务水平。延伸扩展“四项代理”服务内容，联村干部、代办员、志愿者等为村民代理代办事项1200余件，工作做法被多次报道，登上国家级刊物《中国组织人事报》。一批民生项目建设完成，各村完成创业承诺68件，小埠口—山坑公路拓宽优化全面完成；银岭、井上2个造地改田项目通过验收；农业普查全面完成，土地确权工作走在全区前列；乡卫生院维修改造工程全面完工；寺口桥公墓投入使用。

【“3+”工作】完成37个村村级组织换届选举工作，支部换届产生委员101人；村委换届产生委员113人，“两委”成员交叉任职26人，13个人口在300人以下的村全部实现书记、主任“一肩挑”，一批善于谋事创业的干部脱颖而出，村班子结构得到优化。在选举过程中，围绕“三项承诺”，推行了模拟干事。结合山区党建，深化“8+X”党员管理，对党员违法违纪、长期不参加党日活动、不服从组织管理等情况从严处理，2017年共开展党员谈话26人次，开除党籍3人次，留党察看1人，警告1人，教育整转12人。推行“双结对大走亲”、“千名党员共绘同心圆”、村推乡评“4+1”培养评价等创新做法，村级组织干事激情有效迸发，带领群众创业致富的路子不断拓宽。

打造文化礼堂经济圈，在已建成7个文化礼堂的基础上，2017年新建塔石乡、百善、井上、银岭4个文化礼堂，提升塘头文化礼堂。以节简办节的原则，探索O2O模式，以线上宣传到线下体验，来引领山区经济发展。2017年6月，塔石高山梯田文化节盛大开幕，上万名游客参加梯田农耕仪式、廊桥特色长桌宴等体验活动，前后带动农副产品销售增长120%。

把休闲体育运动和乡村旅游有机结合，以赛助游，带动山区经济发展。结合优良生态和民宿发展基础，完成旧电影院改建乡综合文化馆，塘头村完成特色棋道馆建设，初步具备了举办休闲体育运动赛事的能力。7月23—27日，举行全国老年休闲气排球交流赛，全国各地共32支代表队300多名老年人参加，是婺城区近年来举办规模最大、规格最高的休闲气排球比赛。

【政府自身建设】夯实党风廉政建设。实行“一把手总抓，分管领导各负其责，班子成员齐抓共管、纪委组织协调”的工作机制。2017年，对违反工作纪律、违纪苗头的干部和不配合“治违拆危”“三改一拆”“地质灾害清零”等中心工作的26名党员干部开展了谈心谈话，极大地推动了全乡工作的顺利开展。加强信访建设。建立健全法治、德治、自治“三位一体”的乡村治理机制，重视信访、调解工作，健全矛盾纠纷排查调处机制，将矛盾化解在基层。巩固扩大G20峰会安保维稳战成果，平安护航十九大，打造维稳安保的铜墙铁壁。通过正确研判全乡维稳工作形势，化解村级矛盾纠纷72起。加深队伍作风建设。加强山区铁军队伍建设，突出干事为先理念，修订村主职干部绩效考核办法，推行村主职干部数字考核模式，营造“不上就得下”的倒逼机制。继续深化年轻干部梯队培养，修订完善年轻干部信息考核机制。以干事论成败，修订完善机关干部考核机制，放大干部联村业绩在全年考核中的占比。

（严光远）

岭上乡

【概况】2017年，岭上乡人民政府位于汤溪镇东门。管辖九峰村（在汤溪镇区域）和桃源村（在白龙桥镇区域）2个行政村，乡域面积60.66平方千米，是水库移民乡。户籍人口3540户、8795人。2017年，岭上乡党委、政府全面贯彻落实中共十九大和历届全会精神，根据区委的决策部署，结合岭上实际，立足生态优化、新村美化、经济强化。团结和带领全乡干部群众团结拼搏，全乡经济社会事业平稳有序健康发展。以"洁美城镇"建设为抓手，大力推进"四治两化"、"三改一拆"、污水治理、垃圾分类等中心工作。

【经济指标】2017年，全乡完成工业产值2510万元、出口交货值1200万元、企业增加值630万元；完成税收200万元，财政税收完成率100%，财政收入75万元；发放来料加工费1050万元。积极落实中央惠民政策，鼓励规模经营，全乡粮食种植面积160公顷，完成粮食订单96万千克，耕地地力保护补贴面积234.67公顷。出租房、超市、旅馆等第三产业发展增速明显。

【民生事业】城乡居民医疗保险工作，全乡参保率达98.6%；抓好居家养老服务中心开办，全乡的居家养老工作得到市、区领导肯定，市人大、市民政及外县市领导多次到乡调研、观摩学习。两个居家养老照料中心共有老人123人，每年投入资金40余万元。两村省级扶贫项目来料加工基地顺利承租，实现了新村自我造血功能零的突破，光伏发电项目完成验收，即将并网发电。积极做好社会救助工作，发放民政临时救助6万元、社会救济3万元，发放残疾人2项补贴151人次，17.6万元。九峰村租用村集体用房创办幼儿园，解决了当地幼儿入园难问题。

5月，岭上乡桃源村的文化礼堂完成长廊建设

（岭上乡政府供稿）

【无违建乡镇创建】由于村庄规模大，受传统生活习惯影响，乱堆乱放、乱搭乱建问题比较突出。前期虽然经过集中整治，但反弹现象十分明显。为根治"四乱"，并形成长效管理机制，乡党委政府决定以精品村创建为抓手，全面推进"四治两化"环境革命。控违拆违工作向纵深推进。因岭上乡移民建房时间跨度长，违章监管难度大，导致超高违建存量较大，加层超高违建有日趋严重的趋势。为进一步打击新发生的违法超高加层行为，共拆除超高违建4幢，超高面积约330平方米，拆除落地柱子违建1处，对遏制面上加层行为起到了很好的警示作用。7月全面启动整治，发挥党支部作用，克服高温天气，8月底，基本完成整治任务，拆除搭建的钢棚、简易棚232个，面积3000多平方米，清理乱堆乱放785处，面积2万平方米，切割雨棚8500米，清理杂物600余车。

3月，岭上乡桃园村进行"四乱"整治工作

（岭上乡政府供稿）

【美丽乡村建设】为了抓好垃圾分类长效管理。每个村成立8人分拣员队伍,每周开展3次上门指导分类宣传,利用广播定期循环播放垃圾分类宣传,对垃圾收集员进行严格考核,发现错倒、乱到垃圾每次扣除200元。加强垃圾分类督察工作,利用周三夜访和下村时间,每位联村干部每次检查10个农户,详细记录分类结果,列入对村主职干部的季度考核。加强对垃圾房终端管理,落实一名村两委干部专门负责垃圾房终端,并张榜公示责任人名单和电话。村庄保洁清运工作正常化开展,经过多年的运作,村庄保洁工作进入正轨,常态化开展,效果明显,深受村民的支持。

【“五水共治”】农村生活污水提升工程已竣工验收并移交第三方运维公司管理。群众对污水处理认识提高,思想观念转变。污水接户率均达到100%,九峰村完成了截污纳管工程,污水进入金西管网,彻底改变了以前遇到下大雨污水溢出的问题。桃源村污水终端扩容300立方米,大大改善了污水处理能力。加强对辖区内河道渠道清淤和日常保洁。厚大溪岭上段1.5千米,水质保持在Ⅱ类水以上,全年有1名保洁员定期日常保洁。2017年对桃源村灌溉渠进行了护坡和“三面光”工程项目,总投入50万元。组织人员对渠道进行了全面清淤,共清淤200多立方米。定期对渠道进行日常保洁,清理漂浮物,投入50万元对九峰村渠道进行了景观改造提升。在番薯收获季节,部分村民将制作番薯淀粉的洗涤水倒入雨水管,导致发臭污染,乡立即组织专业清洗机构对主管网进行了冲洗清理,对农户上门宣传教育,防止类似事件再次发生。

【库区生态优化】植树节期间,联合九峰水库管理处在库区开展植树护绿护水行动,在闲置的荒坡地共种下冬青1000余棵,大大改善库区生态环境。加强库区生态保护工作。森林防火期间,每天安排8名专职护林员在九峰水库库区范围主要路口执勤,对进入林区的人员进行实名登记,宣传有关森林防火知识,及时劝阻前来烧烤、钓鱼等游客,确保库区森林安全和水质不受到人为污染。在中元节期间,利用宣传车和横幅标语宣传文明祭祖,保护生态,森林防火和库区禁燃放实现“零事件”。进一步加强库区殡葬改革,严禁库区范围内新建坟墓和安葬老坟,全部安葬到库区外的公墓区内。开展黄岩孔、石埠头等多个露天废弃矿山自然生态综合治理,共投入资金30万元。

【基层党建】乡党委高度重视党风廉政建设责任制工作,始终把党风廉政建设责任制摆上重要议事日程。认真研究制定党风廉政建设和惩防体系建设工作计划,落实“三书两报告”、“一岗双责”、纪实制度,切实抓好责任分解、责任考核、责任追究三个关键环节。全面从严治党的大政方针,乡党委坚持把查办案件作为党风廉政建设和反腐败工作的重中之重,全力支持乡纪委开展工作。2017年,完成涉纪信访件办理8件。党员违反党纪已立案4件,结案3件。提醒谈话16人,批评教育1人,通报批评1人,责其作出书面检讨3人,作出书面承诺1人。

(詹　平)

莘畈乡

【概况】莘畈乡乡域面积73.04平方千米,下辖11个建制村,全乡共2271户,共6210人。

【工业经济】2017年,通过招商引资和项目建设,实施民生工程,促进全乡经济和社会各项事业的协调发展。全年共完成工业总产值1.03亿元,旅游接待游客人数15万余人次,农家乐、民宿营业收入超过1000万元,增长超过50%。发放来料加工费700余万元。完成税收收入768万元。浙婺商回归项目——金华禹安旅游文化传播有限公司“山水间·宿在山间”项目投资700万元。

【农业经济】2017年,全乡农业总产值4500万元,按照“效益农业特色化、种养殖业规模化”的思路,把发展特色产业、骨干品种作为推进农业转型升级的重点。全乡效益农产品种植838.67公顷(包括茶叶13.33公顷,中药材10公顷,山茶6.67公顷,蜜梨805.33公顷,鲜切百合2.67公顷,无花果0.67公顷),娃娃鱼、石蛙等特色养殖业稳步推进。联合省医药科学研究院,举办莘畈乡首届中药材(黄精)种植培训班,为百姓送去种植技术和市场渠道,着力培养懂技能、懂市场、会服务的新型职业农民，帮助百姓增收。与浙江工业大学生命科学院和寿仙谷药业合作，筹备建设三叶青种植基地，并吸纳农户参与管理或加入种植。以中药材和蔬果、茶叶种植为重点，推进全乡特色农业向规模化、高端化的方向发展。充分利用省医药科学研究院、浙江工业大学生命科学院的资源，因地制宜，培养一批种植中药材（如黄精、三叶青）的农业特色产业示范点，并以点带面，形成“一村一品”的良好格局。根据莘畈的气候和土壤特性，合理规划布局，重点培养莘畈溪两侧的水果种植和采摘基地。继续优化莘畈本地茶叶的种植，鼓励从种植转向茶叶深加工，并重点帮助打造莘畈本土的茶叶品牌。同时，鼓励土蜂养殖专业户统一规范生产，确保蜂产品质量安全，提升蜂产品品质，做大做强土蜂养殖产业。

【美丽乡村建设】小城镇整治走在全区前列。小城镇综合整治工作启动以来，全乡坚决贯彻区委、区政府打造“莘畈特色”做标杆的部署要求，立足山区乡镇的特点，牢牢把握“量小、做精”的原则，坚持“少投入资金，多开动脑筋；少大拆大建，多环境整治；少临阵突击，多长效机制”的“三少三多”理念，锚定坐标，紧紧抓牢26个整治项目，不等不靠抓整治，取得了很好的效果。全区小城镇整治现场会在莘畈召开，省考核验收组对莘畈的整治成果高度肯定，授予莘畈省级小城镇整治样板乡镇的称号。

9月4日，莘畈乡参加省考核验收组对全乡小城镇环境综合工作进行的考核　（莘畈乡政府供稿）

污水剿灭拉高标杆。在巩固“五水共治”工作成果的基础上，全乡拉高标杆，提出“全域Ⅳ类水、提升Ⅲ类水、冲刺Ⅱ类水”的更高要求。2017年全流域共清淤2.91万立方米，超额完成全年1.88万立方米目标任务；农村生活污水处理工程全面完成，并已做好移交和长效运维；建立库、塘、沟、渠“四长制”，对房前屋后小微水体进行拉网式排查，打通河道“毛细血管”。定期开展“五水共治”宣讲、“河小二护水”等活动，多形式保持治水成果。积极推进河长信息化建设，全乡各级河长都使用“河长”APP开展巡河、检查等工作。莘畈溪、小源溪水质常年保持在Ⅱ类以上。

垃圾分类常抓不懈。2017年，全乡成立环境卫生和垃圾分类办公室，各村落实专人具体负责，把环境卫生和垃圾分类工作作为一项重要内容纳入对各村的年度目标责任制考核中，层层落实责任，提高垃圾分类工作实效。同时，专门创立党员示范街、巾帼示范街、“妇女街长制”，通过深化支部“主题党日”和党员“联邻帮户”，力促垃圾分类和环境卫生保洁常态化制度化。在农办对全区各乡镇环境卫生和垃圾分类的考核中，莘畈乡从之前的月月倒数，一跃成为月月前三，并顺利通过省级卫生乡镇的考核验收。

危旧房整治全力攻坚。2017年年初，全乡组织对11个行政村的C级、D级危房进行地毯式排查，一户一档登记造册，共排查出危房354栋，其中D级危房105栋、C级危房249栋。以“一户多宅”清理整治为抓手，充分组织发动党员群众，全力打赢危旧房拆除攻坚战，C级、D级危旧房全部完成修整或拆除，拆除面积2070平方米，拆后利用率100%，成为全区最先完成危旧房整治工作的乡镇之一。此外，全乡按照“控新拆旧，存量违章分批处置”的要求，坚决遏制新增违建产生，引导广大群众自觉参与到“无违建”乡镇创建工作中来，并顺利通过“基本无违建”乡镇创建验收。

【平安建设】紧抓安全生产不放松，牢固树立安全生产责任重于泰山的意识，每季度专门召开安全生产专题会议，与各村签订安全生产目标管理责任书，层层压实责任。对全乡的瓶装燃气进行拉网式排查，对农家乐和民宿的消防、食品安全和应急响应等进项检查，举行消防和防汛应急演练等，营造良好的安全生产氛围。紧抓综治维稳不放松，重视综治队伍建设，全乡配备6个专职网格员，11个行政村均设置村综治室，配备法律顾问，培养“村民小组法律明白人”，增强群众法律观念。在“一带一路”峰会、金砖国家领导人会议、中共十九大、全国“两会”等敏感时期，对全乡重点部位、重点人员进行责任到人，制定可行预案和稳控方案，保证全乡稳定。紧抓防汛防火工作不放松，汛期洪峰到来期间，全乡干部全部在岗在位，24小时值守，组织各村抓好山塘水库、水利设施的全面排查和防洪工作。全年开展“禁燃”和森林防火工作，特别在重要时间节点如春节、清明、冬至等重要时间节点，组织全乡干部、护林员全员上岗开展巡查。紧抓地质灾害点消除不放松，按照“地质灾害三年清零”行动要求，开展地质灾害点销号行动，全乡4个地质灾害隐患点已完成签约腾空。

【社会事业】推进居家养老服务中心建设，全乡建成居家养老服务中心8个，做到“让老人舒心、安心，让子女放心、省心”，推动家庭和谐、社会和谐。做好医疗服务工作，全乡基本医疗保险参保率达98.5%，村级医疗服务站为村民提供了良好的体检、医疗卫生咨询等服务。关注弱势群体，认真核实低保、低保边缘户人员，完成全乡247户、516人的录入系统工作。完成76户、286人的山区群众异地搬迁工作。加大残疾人就业和扶贫力度，2017年共发放慰问和救助款10.23万元。深入计生服务工作，2017年出生51人，计生率为100%，全面放开二孩后，对育龄群众的服务关爱得到加强，对失独、奖扶对象关怀政策落实到位。集体经济薄弱村消除工作有序开展，体育休闲综合馆已经开工建设，光伏联建项目正在设计，预计建成后可为每个村带来至少5万元的经营性收入。

【文化工作】2017年，完成学岭头新建文化礼堂1个，6个已建成文化礼堂积极开展活动，联合老干局、宣传部、文化馆等部门到乡开展各类活动，举办“送戏下乡”“草根艺术节”“我们的节日”等各类活动12次，开展校村结对、“双堂双进”活动4次。组织开展“春泥计划”相关活动，承办浙江省毅行系列活动、全国绝技武术大赛等体育活动赛事，得到省、市、区媒体的关注并报道。

4月8日，“浙中生态廊道·花漫婺城”2017省毅行系列活动首站——金华莘畈站活动在莘畈乡成功举行　　(莘畈乡政府供稿)

【生态旅游】立足自身优势，发展特色农业。按照“效益农业特色化、种养殖业规模化”的思路，把发展特色产业、骨干品种作为推进农业转型升级的重点。2017年，全乡效益农产品种植近40公顷，娃娃鱼、石蛙等特色养殖业稳步推进。联合省医药科学研究院，举办莘畈乡首届中药材(黄精)种植培训班，为百姓送去种植技术和市场渠道，着力培养懂技能、懂市场、会服务的新型职业农民，帮助百姓增收。与浙江工业大学生命科学院和寿仙谷药业合作，筹备建设三叶青种植基地，并吸纳农户参与管理或加入种植。同时，鼓励土蜂养殖专业户统一规范生产，确保蜂产品质量安全，提升蜂产品品质，做大做强土蜂养殖产业。

按照体旅定位，完善基础设施。以生态山水景观为主体，以体育活动特色，莘畈乡加强乡村旅游的基础设施建设，建设完成莘畈溪两侧游步道和骑行道、环仙舟湖25千米毅行道、露营基地、周末菜园、旅游接待中心等，体育休闲综合场馆、美丽乡村公路正在建设中。各精品村建设正在实施，美丽风景线逐步成型，进一步打造集体育、休闲、旅游于一体的“浙中慢游基地”。其中，大立元村顺利完成浙江省AAA级旅游景区村创建，并被列入金华市总工会职工休闲疗养基地名录中。

引入赛事活动，促进乡村旅游。2017年，全乡积极沟通争取，引入体育赛事，着力打造“农体旅融合”的新模式。4月8日，“浙中廊道·花漫婺城”2017浙江毅行系列活动浙江首站在莘畈成功举行，当日吸引游客6000人，网上点击率超10万人，农产品销售及旅游营业额近20万元。9月18日，举办全国首届武术绝技功力邀请赛，来自全国各地的数百名选手各展高招，如二指禅、头开钢条、飞针飞刀等，吸引游客近2000人。周末菜园的发展模式吸引了一大批组织亲子游、暑期夏令营及研学活动的学校、单位。市、区老年体育协会定期在全乡举办老年体育活动，将全乡列为老年体协培训基地，逐渐打开莘畈旅游知名度。莘畈乡共有农家乐12家，新增三星级农家乐2家，共接待游客近15万人次，民宿(农家乐)营业收入超过1000万元。

（潘晨晨）

箬阳乡

【概况】 箬阳乡区域面积60.38平方千米，耕地126.67公顷，辖14个建制村，其中横坑村整村下山移民并入乾西乡管辖。除横坑村外，有村民小组36个，户籍人口1639户、4216人。

【山区经济】 2017年，开展精准扶贫，帮扶指导沙坑、南坑、大应、茶园、周坞、箬阳、瀛头等7个村实现经济薄弱村“摘帽”。增强村集体造血式帮扶，4个村实施光伏发电项目，4个村整合集体资产发展物业经济。利用南坑口老茶厂旧址谋划壮大茶叶产业。邀请家政培训师到乡专门开展培训，帮助妇女53人取得家政从业资格。

【生态建设】 2017年，全乡12个村污水治理整治提升工程完成运维移交，全面落实“河长制”，两条溪交接断面水质稳定在Ⅱ类水以上。开展剿灭劣Ⅴ类水升级战，建立并落实“塘长制”，确保集镇4口塘稳定在Ⅲ类水。垃圾分类长效机制不断完善，村民分类自觉率和准确率不断提升。重视病虫害防治工作，防治面积373.33公顷，全乡柳杉毛虫得到有效治理。

【平安建设】 2017年，护航十九大、“两会”、省党代会、世界互联网大会，落实领导包案制度，重视积案化解和遗留问题处理，同时做好矛盾纠纷排查调处工作。积极应对防汛抗旱等恶劣天气工作，完善应急预案，落实九大领域安全生产监管责任，组织开展防汛应急演练、森林消防应急演练和地质灾害应急演练；全面实施烟花爆竹禁燃禁放；重视护林员队伍建设，落实巡查和监督长效管理机制。

【民生事业】 2017年，全面平稳有序完成13个村的村级组织换届工作，产生新一届村两委干部73人，书记、主任一肩挑5人。推进“四个平台”建设和“最多跑一次”改革，“365”便民服务中心实行“一窗受理、集成服务”，23项服务流程得到简化。推行社会保障和服务，全乡医保参保2848人，率先在全区实现100%全员参保。省级卫生乡镇成功创建。茶园片手机信号盲区问题有效解决。湖大线道路加宽全面实施。

【重点工作】 完成石井坑—周辽通村联网公路涉及石井坑村、箬阳村44户农户及11穴祖坟等相关政策处理工作，于2017年4月进场施工。

开展“治危拆违”攻坚战。出台《关于加快推进治危拆违工作的意见》，严格落实分类处置措施。全乡共排摸房屋1485户，经专业机构鉴定，危房129户，其中D级危房99户、C级危房30户，实际修缮68户，拆除71户，确保农民居所的自身安全和公共安全。

稳步推进地质灾害三年清零行动。全乡地质灾害点共涉及8个村、9处，完成地质灾害点工程治理2处，实施避让搬迁2处，其余5处已全部制定专门预案，并落实专人巡查。完成箬阳村、南坑村共13户、37人避让搬迁签约工作。

全民参与推进箬阳集镇小城镇环境综合整治工作，各村派出小分队支援箬阳集镇建设，完成祖坟迁移，开展乱堆乱放治理，推进旱厕整治等。投入资金1000多万元，实施项目10个，努力打造“观岚阳光小镇”。

4月15日,在箬阳乡石井坑村举行婺城莘畈至武义白姆公路建设工程(箬阳段)开工庆典

(箬阳乡政府供稿)

6月8日上午,祝伦根副市长一行到箬阳乡南坑村、岩溪沿村检查指导地质灾害“三年清零”和危旧房治理工作情况 (箬阳乡政府供稿)

12月,箬阳乡小城镇建设进入攻坚阶段,全民参与集镇整治 (箬阳乡政府供稿)

(沈 丹)

苏孟乡

【概况】 苏孟乡是金华市区的南大门,交通便利,自然环境优美。乡域面积37.98平方千米,耕地面积1213.4公顷(包括市石门农场耕地235.6公顷),山林800公顷。下辖行政村34个,村民小组158个、自然村54个。户籍人口8170户、21628人。流动人口1.2万人。

【经济指标】 2017年,实现规上工业总产值1.35亿元,同比增长12.58%,实现固定资产投资24.98亿元。服务业投资完成24.31亿元,限上批零住餐销售额9.52亿元,限上社会消费品零售总额0.56亿元。

【财政税收】 2017年,实现财政总收入3.27亿元,同比增长62.7%。

【新农村建设】 山下村精品村建设项目已通过市级验收,楼司村精品村建设项目已完成并通过初验,后尘村、和仁堂村、苏孟村等秀美村项目已基本完成,三瑞堂、新楼、双枧头等村加快施工。紧扣梅溪流域综合治理,溪口下村精品村项目启动实施,“苏孟水乡”横一路(含纵一路)道路改造工程已竣工。

【重点工程】 启动苏孟小城镇环境综合整治,2017计划投资额7640万元,完成6030万元,项目投资率78.93%,16项已全部开工,完工8项;完成二环南路污水干管建设及自来水管网项目工程。

9月26日,苏孟乡组织公安、行政执法、乡村两级干部,对新能源汽车产业园涉及三瑞堂村40公顷地块进行统一清表 (苏孟乡政府供稿)

【征迁工作】全面完成湖海塘公园建设区块政策处理；持续推进新能源汽车产业园涉及苏孟乡政策处理，完成了金星街以西零跑科技项目 2.67 公顷地块、纬五路以北 2.89 公顷地块政策处理；完成市区梅溪流域综合治理涉及的 9 个村交地任务；推进安置房地块政策处理，完成兰桂院安置房 A 区建设地块、紫桂院建设政策处理；完成湖海塘以东、农科院以西等 3 个拟出让地块政策处理；完成双龙南街优化改造工程（330 国道至二环南路）、32# 路双龙南街至八一南街段、30# 路（义乌街至东阳街）、31# 路（义乌街至东阳街）、湖海塘学校东侧 14 米规划路（30# 至 31# 路）等市政道路工程政策处理。

【"三改一拆"】2017 年，共拆除违建 225 处，拆除面积 12.09 万平方米，完成拆违任务数（9 万平方米）的 134.37%。全面完成年内 30 户困难家庭危旧房改造任务。摸排 C 级、D 级农村危旧房 638 户，2017 年，完成 108 户改造及拆除工作。

【"五水共治"】完成剿灭劣 V 类水工作。13 处劣 V 类小微水体已全部完成整治并通过验收；全年清淤8.5 万立方米，完成任务数（6 万立方米）的 141.67%；健全垃圾分类考核机制。建立健全全乡环境卫生、垃圾分类长效管理考核机制，实行"红黄榜"制度，按月考核，奖优罚劣。农村生活污水治理项目实现专业运维。全乡 2014—2016 年农村生活污水治理项目 21 个，全部实现由第三方专业运维单位开展日常运行维护。

【信访工作】开展信访老户专项走访工作，做好"一带一路"国际合作高峰论坛期间、十九大期间、第四届互联网大会等重要时段的信访工作。共接待群众来访或咨询 456 人次，无中央、省、市挂牌信访积案。

【社区管理】全力推进"最多跑一次"改革工作。在组建"四个平台"指挥中心的基础上，对"365"办事服务大厅进行改造升级，公布"最多跑一次"程序，让办事群众享受"一站式"服务，真正做到让群众满意。

【社会保障】截至 2017 年 12 月，城乡居民医疗保险新增 755 人，全乡参保并缴费人数共计 10167 人，参保缴费率在 95%以上；加大失地农民养老保险办理，完成即征即保参保 45 人，解决历史遗留问题参保 151 人。

【水利工程】完成新楼村、淳昌村灌溉渠道改造工程和汤店村灌溉渠道改造工程验收工作；完成下田村平阳塘整治工程和竹莲塘堤坝除险加固工程验收工作；双枧头村灌溉渠道改造工程及合山头村 1500 米灌溉渠道改造工程基本完成。

【土地整治】后尘村 17.87 公顷"旱地改水"耕地质量提升项目已通过验收；南塘村约 0.67 公顷建设用地复垦项目已经验收；溪口下村约 0.53 公顷建设用地复垦准备验收；2016 年度 10 个村 432.4 公顷高标准农田提升项目完成工程量在 80%以上；溪口下 2.67 公顷改田造地项目，后徐、茶堰 21.73 公顷建设用地复垦项目立项。

6 月 29 日，苏孟乡组织全乡党员开展"七一"党课教育，全乡 980 余名党员分上、下午两场，由乡党委书记葛光庆讲课 （苏孟乡政府供稿）

（傅文斌）

附 录

2017年金华市婺城区国民经济和社会发展统计公报

2017年是"十三五"发展规划的关键之年,全区上下全面贯彻落实党的十九大和历次全会精神,认真落实市委、市政府和区委、区政府的决策部署,以开展"经济发展、城乡建设、民生保障"三大提质赶超行动为载体,全面落实好"去产能、去库存、去杠杆、降成本、补短板"五大任务,聚精会神抓发展,全力以赴促转型,克服了各种困难,实现了经济平稳发展的态势,社会保持和谐稳定,人民生活不断改善。

一、综合

全区主要经济指标(含金华市经济技术开发区) 全区实现生产总值(GDP)564.89亿元,比上年增长6.3%。其中:第一产业增加值19.07亿元,增长0.6%;第二产业增加值185.77亿元,增长6.1%;第三产业增加值360.06亿元,增长6.7%。在第三产业中,交通运输、仓储和邮政业增长7.3%,批发零售业增长6.3%,住宿餐饮业增长6.2%,金融业增长8.3%,房地产业增长9.7%,其他营利性服务业增长11%,非营利性服务业增长3.2%。土地总面积1391.24平方千米,年末户籍总人口64.6万人,人均生产总值(户籍人口)86633元,比上年增长5.7%。第一、二、三产业增加值占地区生产总值的比重由上年的3.7:33.0:63.3调整为3.4:32.9:63.7。

区属主要经济指标(不含金华市经济技术开发区) 实现区属生产总值(GDP)269.99亿元,比上年增长6.4%。其中:第一产业增加值13亿元,增长0.9%;第二产业增加值59.09亿元,增长2%;第三产业增加值197亿元,增长8.4%。在第三产业中,交通运输、仓储和邮政业增长12.3%,批发零售业增长7.3%,住宿餐饮业增长6.6%,金融业增长8.4%,房地产业增长11.7%,其他营利性服务业增长16.3%,非营利性服务业增长3.4%。土地总面积1139.6平方千米,年末户籍总人口38.7万人,人均生产总值(户籍人口)69765元,比上年增长6.0%。第一、二、三产业增加值占地区生产总值的比重由上年的5.1:25.2:69.7调整为4.8:21.9:73.3。

二、农业

全年完成农林牧渔业总产值23亿元,同比下降0.8%,完成农林牧渔业增加值13.7亿元,同比增长0.3%。根据粮食监测统计,全年粮食作物播种面积4933.33公顷,同比下降24.2%;粮食总产量3万吨,同比下降22%。花卉苗木种植面积6800公顷,同比增长31%。全区油菜籽产量2946吨,同比下降1.5%;蔬菜产量7.2万吨,同比下降1.6%;水果产量3.7万吨,同比增长5.2%。全年生猪出栏31.6万头,同比下降4.6%,年末生猪存栏10.6万头,同比下降21.6%;家禽出栏76.7万只,同比下降16.1%;奶牛存栏数6692头,同比下降9.7%;牛奶产量22598吨,同比下降25.4%;水产品产量7048.5吨,同比下降5.7%。

全年完成造林面积215公顷,迹地更新面积251公顷,低产林改造面积77公顷,封山育林面积47578公顷。

三、工业和建筑业

全区完成工业增加值45.27亿元,同比增长

4.7%,工业增加值占 GDP 的比重 16.8%。其中规模以上工业企业完成总产值 153.8 亿元，同比增长 6.9%;完成销售产值 153.3 亿元,同比增长 10.9%,工业品产销率为 99.7%。规模以上工业企业完成出口交货值 24.9 亿元,同比增长 16.4%,占销售产值比重为 16.2%。全年规模以上工业企业实现主营业务收入 147.1 亿元，同比下降 6.8%；实现利税总额 12.4 亿元,同比增长 32.7%;其中利润总额 8 亿元,同比增长 63.9%。

全年完成建筑业总产值 118.2 亿元。全区 50 个三级及三级以上建筑施工企业全年房屋建筑施工面积 1198.1 万平方米,竣工房屋面积 277.3 万平方米。

四、固定资产投资

全年完成限额以上固定资产投资 99.5 亿元,同比增长 2.8%。其中投资项目投资 70.8 亿元,同比下降 4.6%；房地产开发投资 28.7 亿元，同比增长 27.5%。投资项目中工业投资 20.0 亿元，同比增长 6.2%。限额以上固定资产投资按产业分:第二产业完成投资 20.0 亿元,同比增长 6.2%;第三产业完成投资 79.5 亿元,同比增长 2%。

五、国内贸易和对外经济

全年完成社会消费品零售总额 342.7 亿元,同比增长 10.1%。其中:商品零售 326 亿元,同比增长 9.4%;餐饮收入 16.7 亿元,同比增长 24%。

全年实现外贸进出口总额 6.29 亿美元,同比增长 8.91%。其中外贸出口额 5.98 亿美元，同比增长 9.91%；合同利用外资-647 万美元，同比下降 133.7%;实际利用外资 0 万美元,同比下降 100%。

六、财政

全区财政总收入 42.4 亿元，同比下降 0.2%;区级收入 10.5 亿元,同比增长 0.2%;全区财政总支出 22.5 亿元,同比增长 10.9%。

七、科学技术

全年累计获省、市各类科技立项 61 项（省 36 项,市 25 项),其中省重点研发计划项目 1 项、省级新产品试制计划项目 28 项、省科技特派员项目 7 项;市科技项目 11 项(工业 8 项、农业 3 项)、市科技特派员项目 10 项、市农业科技成果转化项目 4 项;省科学技术奖 1 项。培育创新主体能力加强。全年累计认定高新技术企业 29 家（国家级 11 家、市级 18 家)、省级创新型领军企业 1 家、省科技型中小企业 61 家、市级创新型企业 1 家、市农业科技企业 3 家。平台建设创新高。新增国家级科技企业孵化器 1 家、国家级星创天地 1 家、省级星创天地 1 家、市级科技企业孵化器 1 家、市级众创空间 2 家、省级企业研究院 2 家、高新技术研发中心 17 家(省级 6 家、市级 11 家)、市农业科技研发中心 2 家。全区专利申请量 1717 件，其中发明专利申请量 555 件,列市本级第二。发明专利申请占比 32.32%,列全市第二;全区专利授权量 988 件,其中发明专利授权量 190 件，列市本级第一；发明专利授权占比 19.23%,列全市第一。

八、教育、文化和体育

通过了“全国义务教育均衡区”国家级评估,学校办学条件得到较大提升,实现教育资源的优化配置,使教育教学质量稳步持续发展。启动第二轮“学前教育三年行动计划”,努力发展小学“特色教育”,切实推广初中“高效课堂”,积极推进职业教育精品化,创新实施“警校家”联动护校。全区小学入学率、小学毕业升初中比例均为 100%。年末全区有职业高中 1 所,专任教师 217 人,在校学生 4206 人;普通初中 16 所,专任教师 1071 人,在校学生 13498 人;小学 32 所,专任教师 1797 人,在校学生 28112 人;幼儿园 129 所,专任教师 1193 人(其中包括幼儿园园长 147 人),入园儿童 16400 人。

文化体育事业持续繁荣。深入实施重点文化惠民工程,大力推进公共文化服务体系建设,顺利通过公共文化服务标准化两年提升计划省级验收;积极探索公共文化供需对接机制,超额完成惠民实事任务。全年送戏下乡 208 场,送电影下乡 3300 次,文化走亲 10 场。举办“迎接十九大,机关、乡镇(街道)干部大合唱”等大型文化活动 34 场,完成 6 个主题文化下乡演出 48 场;积极打造书香婺城。开展全民阅读系列活动 7 场,举办阅读推广活动 92 场;完成公益性讲座 19 场、展览 17 场、受益群众达 10 万人次。全年开展 56 项大型赛事活动,承办 5 个国字号赛事、2 个省级赛事、3 个市级赛事活动。截至 2017 年年底,区体育运动学校被评为浙江省高水平体育人才后备基地,金华农耕文化园被评为省级运动休闲旅游示范基地、莘畈乡和金华艾斯健身有限责任公司被评为市级体育产业(运动休闲)示范基地,塔石乡下塔石村被评为市级“体育+”特色村。

九、卫生事业

全区共有医疗卫生机构335家,其中政府举办医疗卫生计生单位22家，包括综合性公立医院1家(区人民医院),基层医疗机构18家(13家乡镇卫生院、5家街道社区卫生服务中心)，公共卫生计生机构3家(卫生监督所、疾病预防控制中心、妇幼保健计划生育服务中心);另有延伸(一体化管理)的社区卫生服务站28家。民营医疗机构33家,其中医院7家，门诊部26家。核定医疗床位608张,其中政府举办的348张,社会力量举办的260张。

十、人口、人民生活和社会保障

据公安人口年报统计,年末全区户籍管理人口为38.7万人，其中男性19.35万人，女性19.35万人;全年出生人口5168人,人口出生率为13.39‰,死亡人口2929人,死亡率为7.59‰,人口自然增长率为5.8‰。

据抽样调查,2017年城镇居民人均可支配收入48521元，同比增长9.0%；人均消费性支出29037元，同比增长4.2%，其中食品烟酒消费支出8171元,同比增长3.1%。农村居民人均可支配收入21127元,同比增长9.1%;人均生活消费支出14289元,同比增长4.7%;其中食品烟酒消费支出5140元,同比增长3.1%。

2017年12月，城乡低保标准调整到每人每月750元。截至2017年年底,全区共有2501户、3499名城乡低保对象、420名特困对象,944户、2360名低保边缘困难群众享受相应救助。累计发放低保、低保边缘、特困供养、医疗等各类救助款2645万余元；发放自然灾害生活补助375万元，主要用于2000余户因灾受困群众的生产自救。新增27家城乡社区居家养老服务照料中心，全区8000多名老人享受到居家养老政府购买服务政策,养老福利补助1363万元。开展“2017年慈善温暖行动”、慈善助学系列活动,发放慈善救助金90.7万元;做好慈善总会筹备前期基础工作,宣传发动并开展募捐,2017年共收到善款(物)120万元(其中定向捐款35.3万元)。按政策落实全区符合条件的孤儿(或困境儿童)基本生活费的发放,发放孤儿基本生活费93万元。

劳动部门积极做好就业服务工作。2017年,新增就业岗位5672个,失业人员实现再就业2451人,其中就业困难人员再就业208人,登记失业率2.13%。

注： 1)本公报所列各项数据为年度初步统计数据。
2)本公报中生产总值和各产业增加值绝对数按现价计算,增长速度按可比价计算。
3)本公报中除标注(含金华市经济技术开发区)段落外,其余内容均不含金华市经济技术开发区。

金华市婺城区统计局

2017年主要社会经济指标一览表

表11

指标名称	单位	全区	与2016同比(+%)	区属	与2016同比(+%)
人口、土地面积					
人口	万人	65.59	2.47	38.7	0.55
年平均人口	万人	64.30	0.82	38.60	0.41
人口自然增长率	‰	6.69	—	5.80	—
土地总面积	平方千米	1391.24	—	1139.59	—

续表 11

指标名称	单位	全区	与 2016 同比(+%)	区属	与 2016 同比(+%)
地区生产总值(当年价)	**亿元**	**564.89**	**6.3**	**569.99**	**6.4**
第一产业	亿元	19.07	0.6	13.00	1.6
第二产业	亿元	185.77	10.3	59.09	2.0
工业	亿元	160.56	10.3	45.27	4.7
建筑业	亿元	25.26	−16.9	13.84	−7.7
第三产业	亿元	360.06	6.7	197.90	8.4
人均国内生产总值(按常住人口计算)	元	71279	5.4	—	—
工农业总产值(当年价)		—	—	—	—
规上工业总产值	亿元	504.8	15.1	153.79	6.9
农业总产值	亿元	—	—	23.47	3.2
固定资产投资		—	—	—	—
固定资产投资额	亿元	240.4	−12.7	99.50	2.8
批零贸易和外贸业		—	—	—	—
社会消费品零售总额	亿元	471.56	10.0	342.69	10.07
自营出口总额	万美元	—	—	59178	9.0

2017 年国民经济产业结构一览表

表 12

项目	绝对值(亿元)		构成(%)	
	全区	区属	全区	区属
地区生产总值	564.89	269.99	100.00	100.00
第一产业	19.07	13.00	3.38	4.81
第二产业	185.77	59.09	32.89	21.89
第三产业	360.06	197.90	63.74	73.30

人口情况表(公安年报)

表 13

乡镇街道	年末数			
	总户数(户)	总人口(人)	其中:男(人)	其中:城镇人口(人)
全区合计	242642	645910	321666	324244
城东街道	9835	23384	11514	11870
城中街道	9111	24516	12050	126466
城西街道	5659	13838	7159	6679
城北街道	15599	39379	19402	19977
新狮街道	12073	32645	15952	16693
罗 店 镇	6769	18650	9240	9410
雅 畈 镇	8711	23115	11668	11447
安 地 镇	6344	16876	8621	8255
琅 琊 镇	6823	19437	9827	9610
蒋 堂 镇	6998	18996	9631	9365
竹 马 乡	4100	11873	6029	5844
长 山 乡	4941	13325	6657	6668
箬 阳 乡	1639	4216	2169	2047
沙 畈 乡	4775	13056	6695	6361
塔 石 乡	4096	10873	5736	5137
岭 上 乡	3540	8795	4393	4402
莘 畈 乡	2271	6210	3233	2977
婺城新城区小计	33339	87864	43529	44335
白龙桥镇	24784	64675	32100	32575
乾 西 乡	8555	23189	11429	11760
金华市开发区小计	96019	258862	128161	130701
江南街道	11137	29620	14609	15011
三江街道	26351	70167	34453	35714
西关街道	9316	23462	11714	11748
秋滨街道	6416	17122	8270	8852
汤 溪 镇	16223	46237	23348	22889
罗 埠 镇	12722	35155	17620	17535
洋 埠 镇	5684	15471	7788	7683
苏 孟 乡	8170	21628	10359	11269

全区农村基本情况表

表 14

指 标	计量单位	全区		区属	
		2017 年	2016 年	2017 年	2016 年
一、农村人口与从业人员					
1.农村户数	万户	12.95	13.12	8.9	9.07
2.农村人口数	万人	35.6	35.98	24.23	24.68
二、农村劳动力资源总数	万人	23.24	23.46	15.92	16.21
三、农村从业人员数	万人	20.36	20.65	14.04	14.23
其中:从事农业人员	万人	6.91	10.14	3.79	6.79
四、农村用电量	万千瓦小时	34280	33553	25148	24505
五、农用化肥施用量					
1.按实物量计算合计	吨	51960	53218	31818	31997
2.按折纯法计算合计	吨	11178	11581	6895	7096
六、农用塑料薄膜使用量	吨	1185	1138	971	932
七、农用柴油	吨	5787	5562	2980	2707
八、农药使用量	吨	810	852	624	634
九、农作物播种面积总计	公顷	29865	30062	18408	18580
(一)粮食作物合计	公顷	12412	13990	4926	6495
1.谷 物	公顷	11307	12622	4056	5304
(1)稻 谷	公顷	10270	11656	3157	4452
(2)小 麦	公顷	77	120	77	120
(3)玉 米	公顷	920	761	786	651
2.豆 类	公顷	722	762	525	613
大 豆	公顷	601	682	416	544
3.薯 类	公顷	383	606	345	578
番 薯	公顷	219	278	190	252
(二)油 料	公顷	3132	3348	1846	1950
#油 菜 籽	公顷	2821	3047	1690	1796
(三)棉花(皮棉)	公顷	119	280	24	55

续表 14

指　　标	计量单位	全区		区属	
		2017 年	2016 年	2017 年	2016 年
(四)甘　蔗	公顷	130	159	38	42
(五)药 材 类	公顷	28	12	20	12
(六)蔬菜(含菜用瓜)	公顷	3934	4026	3241	3356
(七)果 用 瓜	公顷	1306	1164	1135	1004
(八)花卉园艺					
＃花卉苗木	公顷	8413	6593	6806	5195
(九)其他作物	公顷	391	490	372	471
十、茶叶生产					
㈠茶园总面积	公顷	1743	1759	1498	1514
㈡茶叶总产量	吨	1666	1797	1241	1375
十一、水果生产					
㈠果园面积合计	公顷	1182	1215	996	1027
1.柑橘园	公顷	410	490	328	392
2.梨　园	公顷	53	60	49	50
3.桃　园	公顷	33	27	26	26
4.葡萄园	公顷	127	105	97	90
㈡水果总产量	吨	44930	42976	36832	35012
1.柑橘	吨	5616	5056	4327	3876
2.梨	吨	707	779	536	627
3.桃	吨	448	434	427	424
4.葡萄	吨	3291	2428	2751	2211
十二、生　猪					
1.生猪年末存栏头数(含未断奶小猪)	万头	19.24	23.36	10.64	13.57
＃能繁殖的母猪	万头	1.87	2.3	1.09	1.39
2.年内生猪出栏头数	万头	47.93	54.36	31.63	33.16
十三、牛					
1.牛年末存栏头数	头	10450	12340	8145	10439
其中:良种及改良种乳牛	头	8614	8955	6692	7414

续表 14

指　　标	计量单位	全区		区属	
		2017 年	2016 年	2017 年	2016 年
2.年内牛出栏头数	头	774	6149	582	5410
十四、羊					
1.羊年末存栏只数	万只	0.36	0.59	0.15	0.31
2.年内羊出栏只数	万只	0.51	0.77	0.23	0.46
十五、家　禽					
1.家禽年末存栏只数	万只	47.65	75.41	12.39	46.29
2.家禽年内出栏只数	万只	130.78	161.44	76.66	91.37
十六、兔					
兔年末存栏只数	万只	0.01	0.02	0	0.02
十七、养蜂年末箱数	箱	14578	13988	10930	10889
十八、畜禽产品产量					
1.肉类产量	吨	37043	36691	24644	25716
(1)猪　肉	吨	34581	33469	23133	23673
(2)牛　肉	吨	559	740	461	658
(3)羊　肉	吨	75	118	34	72
(4)禽　肉	吨	1816	2345	1004	1294
2.鸡鸭鹅蛋产量	吨	2693	5806	1758	5086
3.牛奶产量	吨	31102	38532	22598	30304
十九、淡水产品	吨	10110.5	10705.2	7048.5	7475.2
1.鱼　类	吨	7764	8385.2	4842	5287.2
# 淡水珍珠(千克)	公斤	5810	4305	3510	3520
二十、农林牧渔业总产值(当年价)	万元	339634	345550	230351	232099
1.农业产值	万元	164042	152585	114357	108008
2.林业产值	万元	12129	12148	9791	9763
3.牧业产值	万元	125681	144070	76860	85781
4.渔业产值	万元	20548	20701	15793	16017
5.农林牧渔服务业	万元	17234	16046	13550	12530

农林牧渔业总产值、增加值一览表

表 15

指标名称	合计	1.农业	2.林业	3.牧业	4.渔业	5.农林牧渔服务业
一、总产值	230351	114357	9791	76860	15793	13550
二、中间消耗	92962	34078	4717	41051	6281	6835
(一)物质消耗	70327	20721	4501	35234	5732	4139
1.用种量	984	901	83	—	—	—
2.饲料	22927	270	—	21187	1470	—
3.肥料	8707	6064	2643	—	—	—
4.燃料	3430	557	165	2400	308	—
5.农药	970	740	230	—	—	—
6.电	19189	6641	500	8575	3473	—
7.农用塑料薄膜	1194	1194	—	—	—	—
8.小农具	761	374	42	120	225	—
9.其他	8026	3980	838	2952	256	—
(二)劳务支出	22635	13357	216	5817	549	2696
三、增加值	137389	80279	5074	35809	9512	6715
(一)固定资产折旧	15557	8278	910	4085	1450	834
(二)劳动者报酬	130175	76964	6025	32685	8425	6076
(三)生产税	—	—	—	—	—	—
(四)生产补贴(一)	8343	4963	1861	961	363	195
四、按可比价格计算的增加值	139550	80841	5094	37353	9685	6577

农村基本情况表

表 16

单位名称	一、农村人口与从业人员												二、农村基础设施		
	农村户数(户)	农村人口(人)			农村劳动力资源数(人)			农村从业人员(人)					自来水受益村数(个)	通有线电视村数(个)	通宽带村数(个)
		合计	1.男	2.女	合计	1.男	2.女	合计	1.男	其中:从事农业人员	2.女	其中:从事农业人员			
婺城区	89000	242300	121700	120600	159200	83600	75564	140460	74597	37915	66313	32544	386	386	386
婺城区罗店镇	8179	22656	11332	11324	14993	7737	7256	12729	6537	4327	6192	3920	40	40	40
婺城区雅畈镇	8328	22852	11528	11324	15688	8143	7545	14079	7432	5107	6647	3946	37	37	37
婺城区安地镇	6147	16773	8499	8274	10234	5553	4681	9114	5014	3378	4100	2623	37	37	37
婺城区琅琊镇	6731	19571	10087	9484	13385	7185	6200	12025	6463	2990	5562	2556	30	30	30
婺城区蒋堂镇	5870	17447	8770	8677	11682	6023	5659	11077	5686	2883	5391	2942	35	35	35
婺城区竹马乡	4144	11785	6003	5782	7540	4007	3533	6556	3521	1845	3035	1559	16	16	16
婺城区新狮街道	1633	4463	2166	2297	2819	1460	1359	2542	1334	318	1208	216	5	5	5
婺城区长山乡	4792	13177	6648	6529	8322	4337	3985	7424	3920	2063	3504	1873	23	23	23
婺城区箬阳乡	1595	1464	766	698	990	573	417	884	507	458	377	346	14	14	14
婺城区沙畈乡	4790	13245	6796	6449	8991	4875	4116	8025	4340	1799	3685	1478	30	30	30
婺城区塔石乡	5526	14703	7700	7003	8758	4893	3865	5641	3720	1491	2371	933	39	39	39
婺城区岭上乡	2021	5050	2468	2582	3028	1746	1282	2993	1718	854	1275	425	2	2	2
婺城区莘畈乡	2229	6148	3193	2955	4029	2046	1983	3789	1925	584	1864	553	11	11	11
婺城新城区小计	27050	73004	35767	37237	48721	25038	23683	43582	22480	9818	21102	9174	67	67	67
婺城区白龙桥镇	19506	53095	25864	27231	36026	18552	17474	32639	16872	7081	15767	6543	52	52	52
婺城区乾西乡	7544	19909	9903	10006	12695	6486	6209	10943	5608	2737	5335	2631	15	15	15

工业、企业、能源购进、消费与库存表

表 17

能源名称	计量单位	年初库存量	本年购进量	购自省外	本年消费量					年末
					合计	1.工业生产消费	用于原材料	2.非工业生产消费用于原材料	合计中：运输工具消费	
原煤	吨	15303.95	316544.86	139594.96	310264.08	310238.08	—	26.00	—	21584.73
其中：1.无烟煤	吨	9.00	931.77	620.00	930.77	930.77	—	—	—	10.00
3.一般烟煤	吨	15294.95	315613.09	138974.96	309307.31	309307.31	—	26.00	—	21574.73
焦炭	吨	—	210.00	—	210.00	210.00	—	—	—	—
天然气(气态)	万立方米	—	3824.08	—	3824.08	3824.08	—	—	—	—
液化天然气(液态)	吨	—	395.68	—	395.68	395.68	—	—	—	—
汽油	万立方米	—	694.22	—	687.07	256.13	17.17	430.94	563.50	—
柴油	吨	37.55	3184.18	—	3143.75	1758.93	—	1384.82	1994.99	76.98
燃料油	吨	48.16	254.10	—	302.26	302.26	—	—	—	—
液化石油气	吨	—	268.95	—	268.95	268.95	—	—	—	—
润滑油	吨	—	30.00	—	30.00	30.00	—	—	—	—
石蜡	吨	0.14	0.90	—	0.84	0.84	—	—	—	0.20
其他石油制品	吨	—	69.27	—	69.27	69.27	—	—	—	—
热力	百万千焦	—	271082.71	—	271082.71	270282.73	—	799.98	—	—
电力	万千瓦时	—	50625.52	—	58800.18	1415.00	—	—	—	—
生物燃料	吨标准煤	—	825.00	—	1415.00	1415.00	—	—	—	—
余热余压	百万千焦	—	509545.55	—	509045.55	509045.55	—	—	—	—
其他燃料	吨标准煤	—	—	—	33114.00	33114.00	—	—	—	—
能源合计	吨标准煤	—	—	—	408884.16	405390.29	—	3494.37	—	—

固定资产投资项目完成情况表

表 18

单位：万元

指标名称	完成投资额
1.计划总投资	4433115
其中：本年新开工项目	1043199
2.自开始建设累计完成投资	2707621
3.自年初累计完成投资	995181
其中：国有投资	454070
其中：非国有投资	541111
其中：民间投资	532611
其中：房地产开发投资	286752
其中：投资项目	708429
其中：基础设施投资	432599
1. 水利、环境和公共设施管理	143898
2.电力、燃气及水的生产供应业	43931
3.交通运输、仓储和邮政业	201079
4.电信和其他信息传输服务业	1809
5.教育设施	15154
6.广播、电视、电影和音像业	—
7.文化艺术业	2543
8.体育设施	—
9.卫生设施	24185
其中：农村投资	—
其中：工业投资	200179
其中：工业技术改造投资	139227
按三次产业分：	—
第一产业	—
第二产业	200179
第三产业	795002
按登记注册类型分：	—

续表 18

指 标 名 称	完成投资额
内资企业	983163
国有企业	277675
集体企业	17457
股份合作企业	—
联营企业	—
国有联营企业	—
集体联营企业	—
国有与集体联营企业	—
其他联营企业	—
有限责任公司	200664
国有独资公司	118377
其他有限责任公司	82287
股份有限公司	57255
私营企业	427197
其他企业	2915
港、澳、台商投资企业	3749
外商投资企业	8269
个体经营	—
按建设性质分	—
(1)新建	333447
(2)扩建	16631
(3)改建	355561
(4)单纯建造生活设施	—
(5)迁建	2790
(6)恢复	—
(7)单纯购置	—
(8)内涵技术改造	—
3.按构成分	—
建筑工程	512496

续表 18

指 标 名 称	完成投资额
安装工程	65973
设备工器具购置	159206
其中:购置旧设备	1316
其中:用于更新的设备	0
其他费用	257506
其中:旧建筑物购置费	441
其中：土地购置费	184215
按国民经济行业分	—
(一)农、林、牧、渔业	—
农业	—
林业	—
畜牧业	—
渔业	—
农、林、牧、渔服务业	—
(二)采矿业	—
煤炭开采和洗选业	—
石油和天然气开采业	—
黑色金属矿采选业	—
有色金属矿采选业	—
非金属矿采选业	—
开采辅助活动	—
其他开采业	—
(三)制造业	156248
农副食品加工业	8385
食品制造业	1050
酒、饮料和精制茶制造业	—
烟草制品业	—
纺织业	981
纺织服装和服饰业	7083

续表 18

指 标 名 称	完成投资额
皮革、毛皮、羽毛(绒)及其制品业	—
木材加工及木、竹、藤、棕、草制品业	3062
家具制造业	1598
造纸及纸制品业	507
印刷业和记录媒介的复制业	3750
文教体育用品制造业	—
石油加工、炼焦及核燃料加工业	—
化学原料及化学制品制造业	5142
医药制造业	—
化学纤维制造业	—
橡胶和塑料制品业	1889
非金属矿制品业	9358
黑色金属冶炼和压延加工业	—
有色金属冶炼和压延加工业	1120
金属制品业	1240
通用设备制造业	31699
专用设备制造业	5618
汽车制造业	66244
铁路、船舶、航空航天等制造业	—
电气机械及器材制造业	3450
计算机、通信和其他电子设备制造业	—
仪器仪表制造业	2790
其他制造业	1282
废弃资源综合利用业	—
金属制品、机械和设备修理业	—
(四)电力、热力、燃气及水的生产和供应业	43931
电力、热力的生产和供应业	38359
燃气生产和供应业	3518
水的生产和供应业	2054

续表 18

指标名称	完成投资额
(五)建筑业	—
房屋建筑业	—
土木工程建筑业	—
建筑安装业	—
建筑装饰和其他建筑业	—
(六)批发和零售业	—
批发业	—
零售业	—
(七)交通运输、仓储和邮政业	201079
铁路运输业	34815
道路运输业	164514
水上运输业	—
航空运输业	—
管道运输业	1750
装卸搬运和运输代理业	—
仓储业	—
邮政业	—
(八)住宿和餐饮业	530
住宿业	530
餐饮业	—
(九)信息传输、软件和信息技术服务业	56351
电信、广播电视和卫星传输服务业	1809
互联网和相关服务业	—
软件和信息技术服务业	54542
(十)金融业	891
货币金融业	891
资本市场业	—
保险业	—
其他金融业	—

续表 18

指 标 名 称	完成投资额
(十一)房地产业	327875
房地产业	327875
(十二)租赁和商务服务业	7988
租赁业	—
商务服务业	7988
(十三)科学研究和技术服务业	—
研究与试验发展	—
专业技术服务业	—
科技交流和推广服务业	—
(十四)水利、环境和公共设施管理业	143898
水利管理业	5338
生态保护和环境治理业	38358
公共设施管理业	100202
(十五)居民服务和其他服务业	—
居民服务业	—
机动车、电子产品和日用产品修理业	—
其他服务业	—
(十六)教育	15154
教育	15154
(十七)卫生和社会工作	25888
卫生	24185
社会工作	1703
(十八)文化、体育和娱乐业	2543
新闻和出版业	—
广播、电视、电影和影视录音制作业	—
文化艺术业	2543
体育	—
娱乐业	—
(十九)公共管理和社会组织	12805

续表 18

指标名称	完成投资额
中国共产党机关	—
国家机构	8402
人民政协和民主党派	—
社会保障	—
群众团体、社会团体和其他成员组织	4403
基层群众自治组织	—
(二十)国际组织	—
国际组织	—
一、本年新增固定资产(万元)	416035
二、项目个数(个)	—
1.施工项目个数	203
其中:本年新开工	135
2.本年投产项目个数	92
三、房屋建筑面积(平方米)	—
1.房屋施工面积	3134142
其中:住宅	1893180
2.房屋竣工面积	376003
其中:住宅	122307
3.房屋竣工价值	113739
其中:住宅	61548
四、本年资金来源合计(万元)	—
1.上年末结余资金	230301
2.本年资金来源小计	1260408
(1)国家预算内资金	112841
其中:中央预算资金	9515
(2)国内贷款	151935
(3)债券	—
(4)利用外资	—
其中:外商直接投资	—

续表 18

指 标 名 称	完成投资额
(5)自筹资金	501109
其中:企、事业单位自有资金	—
其中:股东投入资金	—
其中:借入资金	—
(6)其他资金来源	494523
五、各项应付款合计(万元)	419991
其中:工程款	84635
六、投资项目土地征用和购置土地情况	—
1.投资项目规划用地面积(平方米)	—
2.投资项目本年实际征用和购置土地面积(平方米)	—
3.投资项目本年实际征用和购置土地成交价款(万元)	—

2016 年、2017 年社会消费品零售总额对比表

表 19　　单位:万元

指标名称	代码	2017 年	2016 年
社会消费品零售总额	00	3426936.1	3113325.3
1.城镇	01	3334706.7	3028745.5
其中:城区	02	1619136.3	1455041.9
2.乡村	03	92229.4	84579.8
餐饮收入	04	166842.1	134567.1
商品零售	05	3260094.0	2978758.2

限额以上批发零售法人企业商品购进、销售和库存表

表 20

单位:万元

指标名称	代码	2017 年消费量									
		法人企业数(个)	从业人员期末人数(人)	商品购进额	进口	商品销售额	其中:通过公共网络实现的销售额	批发额	出口	零售额	期末商品库存额
甲	乙	1	2	3	4	5	6	9	10	11	14
总计		85	4379	2390772.3	13397.3	4047843.3	990198.2	2544977.3	44933.0	1502866.0	140228.9
一、批发业	51	48	2262	1939691.2	4671.2	2310792.4	978780.3	2271226.0	44845.0	39566.4	104841.5
食品、饮料及烟草制品批发	512	8	708	724523.8	—	1044739.8	978780.3	1044618.8	—	121.0	71225.6
米、面制品及食用油批发	5121	2	109	10334.0	—	11250.8	—	11250.8	—	—	1129.1
盐及调味品批发	5125	1	25	10535.2	—	11073.3	—	11073.3	—	—	104.7
酒、饮料及茶叶批发	5127	2	117	10414.9	—	10250.2	—	10129.2	—	121.0	1448.5
烟草制品批发	5128	1	344	681933.7	—	1000029.5	978780.3	1000029.5	—	—	68058.1
其他食品批发	5129	2	113	11306.0	—	12136.0	—	12136.0	—	—	485.2
纺织、服装及家庭用品批发	513	5	62	36904.7	4500.0	35618.2	—	35618.2	29656.2	—	205.0
纺织品、针织品及原料批发	5131	1	3	6111.6	4500.0	5962.0	—	5962.0	—	—	205.0
服装批发	5132	2	41	12022.7	—	11325.9	—	11325.9	11325.9	—	—
厨房、卫生间用具及日用杂货批发	5135	1	10	3329.8	—	4161.6	—	4161.6	4161.6	—	—
家用电器批发	5137	1	8	15440.6	—	14168.7	—	14168.7	14168.7	—	—
文化、体育用品及器材批发	514	1	15	4971.4	—	4840.9	—	4800.0	—	40.9	452.7
文具用品批发	5141	1	15	4971.4	—	4840.9	—	4800.0	—	40.9	452.7
医药及医疗器材批发	515	6	1005	95067.4	—	118229.4	—	82230.5	—	35998.9	10421.5
西药批发	5151	3	915	82568.3	—	102325.5	—	66326.6	—	35998.9	9037.6

续表 20

单位:万元

指标名称	代码	2017 年消费量									
		法人企业数(个)	从业人员期末人数(人)	商品购进额	进口	商品销售额	其中:通过公共网络实现的销售额	批发额	出口	零售额	期末商品库存额
中药批发	5152	1	21	2281.6	—	2879.7	—	2879.7	—	—	120.1
医疗用品及器材批发	5153	2	69	10217.5	—	13024.2	—	13024.2	—	—	1263.8
矿产品、建材及化工产品批发	516	16	246	1009298.0	171.2	1030655.1	—	1030537.3	11381.1	117.8	14711.3
石油及制品批发	5162	3	32	765660.0	—	768495.4	—	768495.4	—	—	5120.7
金属及金属矿批发	5164	4	39	70893.7	—	77379.7	—	77379.7	—	—	3169.3
建材批发	5165	2	16	19303.9	—	28210.7	—	28210.7	—	—	645.7
化肥批发	5166	1	11	3068.6	—	2750.6	—	2750.6	—	—	553.7
农药批发	5167	1	45	3988.0	—	5022.7	—	4922.9	—	99.8	693.6
其他化工产品批发	5169	5	103	146383.8	171.2	148796.0	—	148778.0	11381.1	18.0	4528.3
机械设备、五金产品及电子产品批发	517	11	212	57210.1	—	64815.8	—	61528.0	3807.7	3287.8	6873.0
汽车零配件批发	5173	4	105	21666.4	—	21891.5	—	21888.5	3807.7	3.0	2601.2
五金产品批发	5175	1	13	4638.5	—	5171.1	—	5171.1	—	—	—
电气设备批发	5176	3	48	10617.6	—	11076.7	—	9844.5	—	1232.2	1009.6
其他机械设备及电子产品批发	5179	3	46	20287.6	—	26676.5	—	24623.9	—	2052.6	3262.2
其他批发业	519	1	14	11715.8	—	11893.2	—	11893.2	—	—	952.4
再生物资回收与批发	5191	1	14	11715.8	—	11893.2	—	11893.2	—	—	952.4
食品、饮料及烟草制品批发	512	8	708	724523.8	—	1044739.8	978780.3	1044618.8	—	121.0	71225.6
米、面制品及食用油批发	5121	2	109	10334.0	—	11250.8	—	11250.8	—	—	1129.1
盐及调味品批发	5125	1	25	10535.2	—	11073.3	—	11073.3	—	—	104.7

续表 20

单位：万元

指标名称	代码	2017 年消费量									
		法人企业数（个）	从业人员期末人数（人）	商品购进额	进口	商品销售额	其中：通过公共网络实现的销售额	批发额	出口	零售额	期末商品库存额
酒、饮料及茶叶批发	5127	2	117	10414.9	—	10250.2	—	10129.2	—	121.0	1448.5
烟草制品批发	5128	1	344	681933.7	—	1000029.5	978780.3	1000029.5	—	—	68058.1
其他食品批发	5129	2	113	11306.0	—	12136.0	—	12136.0	—	—	485.2
纺织、服装及家庭用品批发	513	5	62	36904.7	4500.0	35618.2	—	35618.2	29656.2	—	205.0
纺织品、针织品及原料批发	5131	1	3	6111.6	4500.0	5962.0	—	5962.0	—	—	205.0
服装批发	5132	2	41	12022.7	—	11325.9	—	11325.9	11325.9	—	—
厨具卫具及日用杂品批发	5135	1	10	3329.8	—	4161.6	—	4161.6	4161.6	—	—
日用家电批发	5138	1	8	15440.6	—	14168.7	—	14168.7	14168.7	—	—
文化、体育用品及器材批发	514	1	15	4971.4	—	4840.9	—	4800.0	—	40.9	452.7
文具用品批发	5141	1	15	4971.4	—	4840.9	—	4800.0	—	40.9	452.7
医药及医疗器材批发	515	6	1005	95067.4	—	118229.4	—	82230.5	—	35998.9	10421.5
西药批发	5151	2	822	67050.0	—	85954.0	—	49955.1	—	35998.9	6936.5
中药批发	5152	2	114	17799.9	—	19251.2	—	19251.2	—	—	2221.2
医疗用品及器材批发	5154	2	69	10217.5	—	13024.2	—	13024.2	—	—	1263.8
矿产品、建材及化工产品批发	516	16	246	1009298.0	171.2	1030655.1	—	1030537.3	11381.1	117.8	14711.3
石油及制品批发	5162	3	32	765660.0	—	768495.4	—	768495.4	—	—	5120.7
金属及金属矿批发	5164	4	39	70893.7	—	77379.7	—	77379.7	—	—	3169.3
建材批发	5165	2	16	19303.9	—	28210.7	—	28210.7	—	—	645.7
化肥批发	5166	1	11	3068.6	—	2750.6	—	2750.6	—	—	553.7

续表 20

单位:万元

指标名称	代码	2017 年消费量									
		法人企业数(个)	从业人员期末人数(人)	商品购进额	进口	商品销售额	其中:通过公共网络实现的销售额	批发额	出口	零售额	期末商品库存额
农药批发	5167	1	45	3988.0	—	5022.7	—	4922.9	—	99.8	693.6
其他化工产品批发	5169	5	103	146383.8	171.2	148796.0	—	148778.0	11381.1	18.0	4528.3
机械设备、五金产品及电子产品批发	517	11	212	57210.1	—	64815.8	—	61528.0	3807.7	3287.8	6873.0
汽车及零配件批发	5172	4	105	21666.4	—	21891.5	—	21888.5	3807.7	3.0	2601.2
五金产品批发	5174	1	13	4638.5	—	5171.1	—	5171.1	—	—	—
电气设备批发	5175	3	48	10617.6	—	11076.7	—	9844.5	—	1232.2	1009.6
其他机械设备及电子产品批发	5179	3	46	20287.6	—	26676.5	—	24623.9	—	2052.6	3262.2
其他批发业	519	1	14	11715.8	—	11893.2	—	11893.2	—	—	952.4
再生物资回收与批发	5191	1	14	11715.8	—	11893.2	—	11893.2	—	—	952.4
内资企业	100	48	2262	1939691.2	4671.2	2310792.4	978780.3	2271226.0	44845.0	39566.4	104841.5
国有企业	110	1	344	681933.7	—	1000029.5	978780.3	1000029.5	—	—	68058.1
有限责任公司	150	8	174	827582.7	—	831178.9	—	795080.2	—	36098.7	10782.9
其他有限责任公司	159	8	174	827582.7	—	831178.9	—	795080.2	—	36098.7	10782.9
私营企业	170	39	1744	430174.8	4671.2	479584.0	—	476116.3	44845.0	3467.7	26000.5
私营独资企业	171	1	13	3955.0	—	3947.6	—	3947.6	—	—	260.7
私营有限责任公司	173	38	1731	426219.8	4671.2	475636.4	—	472168.7	44845.0	3467.7	25739.8
国有控股	301	2	369	692468.9	—	1011102.8	978780.3	1011102.8	—	—	68162.8
集体控股	302	1	3	29416.9	—	29960.9	—	29960.9	—	—	—
私人控股	303	43	1821	1174477.3	4671.2	1227273.8	—	1223706.3	44845.0	3567.5	31814.8

续表 20

单位：万元

指标名称	代码	2017 年消费量									
		法人企业数（个）	从业人员期末人数（人）	商品购进额	进口	商品销售额	其中：通过公共网络实现的销售额	批发额	出口	零售额	期末商品库存额
其他	306	2	69	43328.1	—	42454.9	—	6456.0	—	35998.9	4863.9
独立门店	401	39	1945	1841584.5	4500.0	2209969.9	978780.3	2170645.3	41037.3	39324.6	97315.4
其他	405	9	317	98106.7	171.2	100822.5	—	100580.7	3807.7	241.8	7526.1
大型	501	1	344	681933.7	—	1000029.5	978780.3	1000029.5	—	—	68058.1
中型	502	16	1444	240146.8	171.2	268006.2	—	231007.3	8950.9	36998.9	24881.4
小型	503	27	461	975743.5	—	1000326.2	—	997758.7	33519.1	2567.5	11697.0
微型	504	4	13	41867.2	4500.0	42430.5	—	42430.5	2375.0	—	205.0
二、零售业	52	37	2117	451081.1	8726.1	1737050.9	11417.9	273751.3	88.0	1463299.6	35387.4
综合零售	521	3	320	48920.0	—	117368.5	—	—	—	117368.5	1358.5
百货零售	5211	3	320	48920.0	—	117368.5	—	—	—	117368.5	1358.5
食品、饮料及烟草制品专门零售	522	4	126	20505.1	—	19803.5	—	—	—	19803.5	2249.0
粮油零售	5221	1	65	2967.2	—	2960.2	—	—	—	2960.2	282.0
果品、蔬菜零售	5223	1	43	2887.1	—	2913.8	—	—	—	2913.8	6.0
肉、禽、蛋、奶及水产品零售	5224	1	4	605.9	—	705.6	—	—	—	705.6	280.9
烟草制品零售	5227	1	14	14044.9	—	13223.9	—	—	—	13223.9	1680.1
纺织、服装及日用品专门零售	523	3	294	10329.2	—	11357.3	—	—	—	11357.3	10140.3
服装零售	5232	2	251	7589.2	—	8296.3	—	—	—	8296.3	7669.3
钟表、眼镜零售	5235	1	43	2740.0	—	3061.0	—	—	—	3061.0	2471.0
文化、体育用品及器材专门零售	524	3	65	4921.0	—	4929.0	1662.8	—	—	4929.0	463.9

续表 20

单位:万元

指标名称	代码	2017年消费量									
		法人企业数(个)	从业人员期末人数(人)	商品购进额	进口	商品销售额	其中:通过公共网络实现的销售额	批发额	出口	零售额	期末商品库存额
体育用品及器材零售	5242	1	32	1597.0	—	1662.8	1662.8	—	—	1662.8	89.8
图书、报刊零售	5243	1	6	1548.2	—	1562.3	—	—	—	1562.3	99.6
珠宝首饰零售	5245	1	27	1775.8	—	1703.9	—	—	—	1703.9	274.5
医药及医疗器材专门零售	525	4	410	19027.3	—	23089.3	171.4	3251.1	—	19838.2	5784.5
药品零售	5251	4	410	19027.3	—	23089.3	171.4	3251.1	—	19838.2	5784.5
汽车、摩托车、燃料及零配件专门零售	526	13	687	331468.6	8726.1	1534624.1	—	261961.6	—	1272662.5	13072.1
汽车零售	5261	7	227	157115.9	8726.1	151296.8	—	9561.9	—	141734.9	11320.0
汽车零配件零售	5262	1	—	—	—	—	—	—	—	—	—
机动车燃料零售	5264	5	460	174352.7	—	1383327.3	—	252399.7	—	1130927.6	1752.1
五金、家具及室内装饰材料专门零售	528	1	2	641.9	—	655.0	—	—	—	655.0	210.2
五金零售	5281	1	2	641.9	—	655.0	—	—	—	655.0	210.2
货摊、无店铺及其他零售业	529	6	213	15268.0	—	25224.2	9583.7	8538.6	88.0	16685.6	2108.9
互联网零售	5294	4	92	9448.7	—	10036.7	9583.7	400.2	88.0	9636.5	1183.6
生活用燃料零售	5297	2	121	5819.3	—	15187.5	—	8138.4	—	7049.1	925.3
综合零售	521	3	320	48920.0	—	117368.5	—	—	—	117368.5	1358.5
百货零售	5211	3	320	48920.0	—	117368.5	—	—	—	117368.5	1358.5
食品、饮料及烟草制品专门零售	522	4	126	20505.1	—	19803.5	—	—	—	19803.5	2249.0
粮油零售	5221	1	65	2967.2	—	2960.2	—	—	—	2960.2	282.0
果品、蔬菜零售	5223	1	43	2887.1	—	2913.8	—	—	—	2913.8	6.0

续表 20

单位：万元

指标名称	代码	2017 年消费量									
		法人企业数（个）	从业人员期末人数（人）	商品购进额	进口	商品销售额	其中：通过公共网络实现的销售额	批发额	出口	零售额	期末商品库存额
肉、禽、蛋、奶及水产品零售	5224	1	4	605.9	—	705.6	—	—	—	705.6	280.9
烟草制品零售	5227	1	14	14044.9	—	13223.9	—	—	—	13223.9	1680.1
纺织、服装及日用品专门零售	523	3	294	10329.2	—	11357.3	—	—	—	11357.3	10140.3
服装零售	5232	2	251	7589.2	—	8296.3	—	—	—	8296.3	7669.3
钟表、眼镜零售	5236	1	43	2740.0	—	3061.0	—	—	—	3061.0	2471.0
文化、体育用品及器材专门零售	524	3	65	4921.0	—	4929.0	1662.8	—	—	4929.0	463.9
体育用品及器材零售	5242	1	32	1597.0	—	1662.8	1662.8	—	—	1662.8	89.8
图书、报刊零售	5243	1	6	1548.2	—	1562.3	—	—	—	1562.3	99.6
珠宝首饰零售	5245	1	27	1775.8	—	1703.9	—	—	—	1703.9	274.5
医药及医疗器材专门零售	525	4	410	19027.3	—	23089.3	171.4	3251.1	—	19838.2	5784.5
西药零售	5251	3	296	16156.3	—	19336.0	—	3251.1	—	16084.9	4932.6
中药零售	5252	1	114	2871.0	—	3753.3	171.4	—	—	3753.3	851.9
汽车、摩托车、零配件和燃料及其他动力销售	526	13	687	331468.6	8726.1	1534624.1	—	261961.6	—	1272662.5	13072.1
汽车新车零售	5261	6	217	156612.5	8726.1	150647.3	—	9181.9	—	141465.4	11186.1
汽车旧车零售	5262	1	10	503.4	—	649.5	—	380.0	—	269.5	133.9
汽车零配件零售	5263	1	—	—	—	—	—	—	—	—	—
机动车燃油零售	5265	5	460	174352.7	—	1383327.3	—	252399.7	—	1130927.6	1752.1
五金、家具及室内装饰材料专门零售	528	1	2	641.9	—	655.0	—	—	—	655.0	210.2
五金零售	5281	1	2	641.9	—	655.0	—	—	—	655.0	210.2

续表 20

单位:万元

指标名称	代码	2017 年消费量									
		法人企业数(个)	从业人员期末人数(人)	商品购进额	进口	商品销售额	其中:通过公共网络实现的销售额	批发额	出口	零售额	期末商品库存额
货摊、无店铺及其他零售业	529	6	213	15268.0	—	25224.2	9583.7	8538.6	88.0	16685.6	2108.9
互联网零售	5292	4	92	9448.7	—	10036.7	9583.7	400.2	88.0	9636.5	1183.6
生活用燃料零售	5296	2	121	5819.3	—	15187.5	—	8138.4	—	7049.1	925.3
内资企业	100	37	2117	451081.1	8726.1	1737050.9	11417.9	273751.3	88.0	1463299.6	35387.4
集体企业	120	1	14	2371.9	—	3453.7	—	—	—	3453.7	0.1
有限责任公司	150	16	893	244018.0	8726.1	257769.8	171.4	12433.0	—	245336.8	19389.7
其他有限责任公司	159	16	893	244018.0	8726.1	257769.8	171.4	12433.0	—	245336.8	19389.7
股份有限公司	160	3	431	164641.4	—	1372156.7	—	252399.7	—	1119757.0	1643.7
私营企业	170	17	779	40049.8	—	103670.7	11246.5	8918.6	88.0	94752.1	14353.9
私营有限责任公司	173	16	608	33380.7	—	44730.5	11246.5	8918.6	88.0	35811.9	13069.6
私营股份有限公司	174	1	171	6669.1	—	58940.2	—	—	—	58940.2	1284.3
国有控股	301	6	587	192689.3	—	1400935.5	—	252399.7	—	1148535.8	5315.9
集体控股	302	2	50	38698.0	—	39695.4	—	—	—	39695.4	3253.5
私人控股	303	29	1480	219693.8	8726.1	296420.0	11417.9	21351.6	88.0	275068.4	26818.0
独立门店	401	30	1572	426751.0	8726.1	1708435.2	10837.2	270400.0	—	1438035.2	28946.3
连锁总店	402	6	502	23770.3	—	27753.4	171.4	3251.1	—	24502.3	6341.0
其他	405	1	43	559.8	—	862.3	409.3	100.2	88.0	762.1	100.1
中型	502	11	1368	296102.4	8726.1	388279.6	171.4	103826.3	—	284453.3	20751.5
小型	503	17	479	141660.1	—	138161.2	7404.7	11168.1	88.0	126993.1	13676.0

续表 20

单位：万元

指标名称	代码	2017 年消费量									
		法人企业数（个）	从业人员期末人数（人）	商品购进额	进口	商品销售额	其中：通过公共网络实现的销售额	批发额	出口	零售额	期末商品库存额
微型	504	9	270	13318.6	—	1210610.1	3841.8	158756.9	—	1051853.2	959.9
有店铺零售	1000	31	1758	440028.8	8726.1	529222.9	171.4	114894.2	—	414328.7	34107.4
便利店	1020	1	14	2371.9	—	3453.7	—	—	—	3453.7	0.1
超市	1040	1	65	2967.2	—	2960.2	—	—	—	2960.2	282.0
百货店	1070	5	563	57412.2	—	126712.6	—	—	—	126712.6	8984.1
专业店	1080	15	867	204077.9	—	229637.1	171.4	104206.3	—	125430.8	11563.8
专卖店	1090	8	235	171263.3	8726.1	164576.8	—	9181.9	—	155394.9	13147.1
厂家直销中心	1120	1	14	1936.3	—	1882.5	—	1506.0	—	376.5	130.3
无店铺零售	2000	6	359	11052.3	—	1207828.0	11246.5	158857.1	88.0	1048970.9	1280.0
网上商店	2030	5	124	11045.7	—	11699.5	11246.5	400.2	88.0	11299.3	1273.4
其他	1010	1	235	6.6	—	1196128.5	—	158456.9	—	1037671.6	6.6
三、批发业按地区分组	1	48	2262	1939691.2	4671.2	2310792.4	978780.3	2271226.0	44845.0	39566.4	104841.5
城东街道	010000	2	57	6090.8	—	6394.8	—	6394.8	—	—	771.2
城中街道	020000	10	532	770921.2	171.2	1091601.7	978780.3	1091583.7	16543.7	18.0	71741.3
城西街道	030000	6	180	740289.3	—	742608.6	—	742508.8	20332.0	99.8	2518.5
城北街道	040000	10	341	102583.4	—	106003.2	—	67852.0	—	38151.2	12044.9
新狮街道	090000	8	174	28658.6	4500.0	35936.4	—	34642.0	4161.6	1294.4	2129.4
罗店镇	000000	1	24	31759.8	—	33132.2	—	33132.2	—	—	5120.7
白龙桥镇	030000	5	799	96449.3	—	123804.1	—	123804.1	—	—	5470.9

续表 20

单位:万元

指标名称	代码	2017 年消费量									
		法人企业数(个)	从业人员期末人数(人)	商品购进额	进口	商品销售额	其中:通过公共网络实现的销售额	批发额	出口	零售额	期末商品库存额
乾西乡	010000	4	62	150564.6	—	157950.9	—	157947.9	—	3.0	4826.4
四、零售业按地区分组	02	37	2117	451081.1	8726.1	1737050.9	11417.9	273751.3	88.0	1463299.6	35387.4
城东街道	010000	3	130	12081.5	—	22537.5	—	6632.4	—	15905.1	843.3
城中街道	020000	12	938	249785.0	—	330112.5	9174.4	94242.8	—	235869.7	16181.5
城西街道	030000	2	160	9952.2	—	11480.0	—	—	—	11480.0	2218.4
城北街道	040000	7	518	12105.3	—	1210802.3	171.4	161708.0	—	1049094.3	4338.3
新狮街道	090000	11	322	165084.5	8726.1	159318.2	1662.8	11067.9	—	148250.3	11645.7
白龙桥镇	030000	2	49	2072.6	—	2800.4	409.3	100.2	88.0	2700.2	160.2

十强企业

婺城区 2017 年度
工业综合实力 10 强企业

万里扬集团有限公司
浙江高峰控股集团有限公司
浙江金华南方尖峰水泥有限公司
莱恩(中国)动力有限公司
浙江时通电气制造有限公司
浙江浙能金华燃机发电有限责任公司
浙江虎鹰水泥有限公司
浙江八达电子仪表有限公司
金华中燃爱思开汇能城市燃气发展有限公司
优胜美特制药有限公司

婺城区 2017 年度
工业特色产业 10 强企业

汽摩配
浙江万里扬股份有限公司
浙江今飞亚达轮毂有限公司
五金工量具
浙江远大铝业有限公司
浙江开创电气有限公司
浙江赤诚工贸有限公司
医药化工
金华双宏化工有限公司
纺织服装
浙江八达运动服饰有限公司
建材
浙江金圆水泥有限公司
浙江虎鹰水泥有限公司
包装彩印
金华环亚包装有限公司

婺城区 2017 年度
区级工业财政贡献 10 强企业

浙江万里扬股份有限公司
金华市精工工具制造有限公司
浙江金磐机电实业有限公司
浙江润华机电有限公司
浙江时通电气制造有限公司
浙江虎鹰水泥有限公司
浙江金祥板业有限公司
浙江八达运动服饰有限公司
浙江金圆水泥有限公司
浙江八达电子仪表有限公司

婺城区 2017 年度
工业亩产税收 10 强企业

金华密斯旺服饰有限公司
浙江润华机电有限公司
金华市嘉和旅行用品有限公司
金华中兴旅行用品有限公司
浙江八达电子仪表有限公司
浙江维力塑胶有限公司
金华市龙达塑胶助剂有限公司
金华市鹰王工具有限公司
金华环亚包装有限公司
金华市希能折叠桌制造有限公司

婺城区 2017 年度
工业企业纳税大户

浙江万里扬股份有限公司
金华市精工工具制造有限公司
浙江金磐机电实业有限公司
浙江润华机电有限公司
浙江时通电气制造有限公司
浙江虎鹰水泥有限公司
浙江金祥板业有限公司

浙江八达运动服饰有限公司
浙江八达电子仪表有限公司
浙江金圆水泥有限公司
金华乐嘉厨具有限公司
浙江金华南方尖峰水泥有限公司
浙江浙能金华燃机发电有限责任公司
金华中燃爱思开汇能城市燃气发展有限公司
浙江开创电气有限公司
浙江米兰诺皮革有限公司
浙江赤诚工贸有限公司
浙江金华威达日化包装实业有限公司
浙江精深实业有限公司
浙江维力塑胶有限公司
金华市希能折叠桌制造有限公司
金华市星球机械铸钢有限公司
浙江厚鹏化工有限公司
金华双宏化工有限公司
金华市嘉和旅行用品有限公司
金华市海联铝业有限公司
浙江东兴实业有限责任公司
浙江今飞亚达轮毂有限公司
金华市城建混凝土有限公司
浙江远大铝业有限公司
浙江瑞星氟化工业有限公司

婺城区 2017 年度
建筑企业纳税大户

新世纪建设集团有限公司
金华市鑫隆路桥建设有限公司
浙江通园建设集团有限公司
晟元集团有限公司
浙江金华兴达建设有限公司
浩龙建设集团有限公司
浙江婺丰建设有限公司
浙江现代环境建设集团有限公司

“2017 年度婺城区政府质量奖”
获奖企业

浙江润华机电有限公司
浙江正方交通建设有限公司
浙江六环电线电缆有限公司

婺城区 2017 年度
强优、重点骨干工业企业

区强优工业企业(20 家)
浙江万里扬股份有限公司
金华中燃爱思开汇能城市燃气发展有限公司
浙江时通电气制造有限公司
浙江金圆水泥有限公司
浙江虎鹰水泥有限公司
浙江八达电子仪表有限公司
浙江远大铝业有限公司
浙江高峰控股集团有限公司
浙江开创电气有限公司
浙江今飞亚达轮毂有限公司
浙江东兴实业有限责任公司
浙江泰祥机械有限公司
金华欧仑催化科技有限公司
浙江赤诚工贸有限公司
浙江润华机电有限公司
金华市佳怡包装有限公司
金华双宏化工有限公司
金华市城建混凝土有限公司
金华市精工工具制造有限公司
金华市巨龙商品混凝土有限公司
区重点骨干工业企业(20 家)
浙江金华南方尖峰水泥有限公司
金华市星球机械铸钢有限公司
浙江采云间茶业有限公司
金华市金杰铝业有限公司
浙江东昊工贸有限公司
浙江八达运动服饰有限公司

浙江金华威达日化包装实业有限公司
浙江金祥板业有限公司
浙江丁丁包装彩印有限公司
金华市今飞轻合金材料有限公司
金华市捷特包装有限公司
金华市捷达商品混凝土有限公司
金华市宏兴织物整理有限公司
浙江新辰食品股份有限公司
浙江安盛机械制造有限公司
金华市希能折叠桌制造有限公司
浙江维力塑胶有限公司
金华乐嘉厨具有限公司
浙江金华达利食品有限公司
浙江铂大工贸有限公司

婺城区 2017 年度自营出口超千万美元企业

浙江开创电气有限公司
浙江嘉格进出口贸易有限公司
浙江八达运动服饰有限公司
浙江金祥板业有限公司
金华市捷顺贸易有限公司
金华市精工工具制造有限公司
浙江精深实业有限公司
金华市力扬五金制造有限公司
浙江孚泰科技有限公司
浙江润华机电有限公司
浙江厚鹏化工有限公司
金华乐嘉厨具有限公司
金华奥洋国际经贸有限公司
金华市永强车辆厂
金华市主主进出口有限公司
浙江铂大工贸有限公司
金华市双宏园林工具有限公司

婺城区 2017 年度纳税千万元以上企业

浙江省烟草公司金华市公司
浙江万里扬股份有限公司(含金华分公司)
金华市德瑞投资有限公司
新世纪建设集团有限公司
中国人民财产保险股份有限公司金华市分公司
中国工商银行股份有限公司金华分行
中国平安财产保险股份有限公司金华中心支公司
浙江茂新房地产开发有限公司
浙江师范大学
中国石化销售有限公司浙江金华石油分公司
中国建设银行股份有限公司金华分行
金华银行股份有限公司婺城支行
金华市美的房地产发展有限公司
中国铁路上海局集团有限公司金华车务段
金华市中心医院
金华市巨龙置业有限公司
金华雅筑房地产开发有限公司
金华泰龙置业有限公司
金华意谐房地产开发有限公司
金华银泰购物中心有限公司
浙江东兴实业有限责任公司
金华市精工工具制造有限公司
浙江金康医药有限公司
金华市环球房地产开发有限公司
金华市嘉恒房地产开发有限公司
浙江金磐机电实业有限公司
浙江正方置业有限公司
金华汇昌置业有限公司
浙江润华机电有限公司
金华市玄元置业发展有限公司
浙江巨龙控股集团有限公司
浙江时通电气制造有限公司
华融金融租赁股份有限公司金华分公司
中国农业银行股份有限公司金华分行
中国农业银行股份有限公司金华婺城支行

浙江虎鹰水泥有限公司
浙江省交通投资集团有限公司杭金衢分公司金华管理处
北京红牛饮料销售有限公司金华分公司
浙江泰祥机械有限公司
中信证券股份有限公司金华中山路证券营业部
浙江金祥板业有限公司
金华市婺城房地产有限公司
浙江冠达置业投资有限公司
浙江国贸集团金信资产经营有限公司
金华市华阳房地产开发有限公司
金华市第一百货集团股份有限公司
浙江八达运动服饰有限公司
浙江八达电子仪表有限公司
中国太平洋财产保险股份有限公司金华中心支公司
浙江金圆水泥有限公司
金华乐嘉厨具有限公司
金华永兴房地产开发有限公司
金华鸿基置业投资有限公司
金华天成税务师事务所有限责任公司
安盛天平财产保险股份有限公司金华中心支公司
浙江金华南方尖峰水泥有限公司
金华市鑫隆路桥建设有限公司
浙江浙能金华燃机发电有限责任公司
金华中燃爱思开汇能城市燃气发展有限公司
浙江通园建设集团有限公司
金华市五星房地产开发有限公司
晟元集团有限公司
浙江金华兴达建设有限公司
浩龙建设集团有限公司
阳光财产保险股份有限公司金华中心支公司

获著名商标公司

婺城区获国家级著名商标公司一览表

表 21

序号	名　称	序号	名　称
1	浙江万里扬集团有限公司	2	浙江高峰控股集团有限公司

婺城区获省级著名商标公司一览表

表 22

序号	名　称	序号	名　称
1	浙江尖峰集团股份有限公司	2	浙江采云间茶业有限公司
3	金华一枝秀米业有限公司	4	浙江高峰控股集团有限公司
5	金华市方可园林景观有限公司	6	金华市蜂御医养蜂专业合作社
7	金华市清风寨农业发展有限公司	8	金华市美然食品有限公司
9	浙江广宇商标事务所有限公司	10	浙江玉阳春农产品有限公司

续表 22

序号	名　称	序号	名　称
11	金华美和食品有限公司	12	浙江新辰食品股份有限公司
13	金华火腿实业有限公司	14	浙江山山家食品有限公司
15	金华明月楼食品有限公司	16	浙江晟丰包装有限公司
17	金华市仙源山铁皮石斛种植基地有限公司	18	浙江天丰生物科学有限公司
19	金华满篮春食品有限公司	20	金华大山茶蔬专业合作社
21	浙江海螺万家调味品有限公司	22	金华市婺城区华峰食品厂

婺城区获市级著名商标公司一览表

表 23

序号	名　称	序号	名　称
1	金华兴华皮件有限公司	2	金华光华印务制衣有限公司
3	浙江金华豪森制衣有限公司	4	金华市捷特包装有限公司
5	浙江金华高峰建材实业有限公司	6	浙江山山家食品有限公司
7	金华市大发产业有限公司	8	金华市元盛粮油有限公司
9	浙江金华三清国际旅游股份有限公司	10	浙江巨龙管业股份有限公司
11	金华市新华齿轮有限公司	12	金华市炭花香酥饼有限公司
13	金华昆仑润滑油有限公司	14	金华大山茶蔬专业合作社
15	浙江六环电线电缆有限公司	16	浙江海螺万家调味品有限公司
17	金华市金阳光工贸有限公司	18	浙江师大人家餐饮管理有限公司
19	金华市绿春苗木专业合作社	20	金华满篮春食品有限公司
21	金华市婺城区华峰食品厂	22	浙江鼋生农业发展有限公司
23	浙江金开电子科技有限公司	24	浙江金盾保安服务有限公司
25	浙江豪瓦特节能科技有限公司	26	浙江双溪印业有限公司
27	金华市然兰蔬菜专业合作社	28	金华市暖田农业有限公司
29	金华市精工工具制造有限公司	30	金华市白龙山茶场
31	金华市鼎鑫大鲵驯养繁殖场	32	金华市益迪医疗设备有限公司

续表 23

序号	名　称	序号	名　称
33	浙江海蜜机械有限公司	34	浙江美保龙种猪育种有限公司
35	浙江超浪新材料有限公司	36	浙江润华机电有限公司
37	浙江金祥板业有限公司	38	金华市汇鑫特色农业发展有限公司
39	浙江茂新房地产开发有限公司	40	金华市窝里宅网络科技有限公司
41	浙江金佛手农业开发有限公司	42	金华市深山老林竹笋专业合作社

名牌企业

2017 年婺城区获浙江省名牌企业、名牌产品一览表

表 24

序号	名牌企业	名牌产品
1	浙江润华机电有限公司	汽车绞盘
2	浙江美保龙种猪育种有限公司	种猪、商品猪

2017 年婺城区获金华市名牌企业、名牌产品一览表

表 25

序号	企业名称	产品名称
1	浙江精深实业有限公司	切割机、斜断锯
2	金华大山茶蔬专业合作社	点绛唇茶叶
3	金华市挺美科技有限公司	海鲜菇
4	天下普局金华文化股份有限公司	谱志服务

重要文件目录

区委文件目录

中共金华市婺城区委办公室关于印发区委财经工作领导小组工作规则的通知

中共金华市婺城区委办公室金华市婺城区人民政府办公室关于设立区委区政府督查考评工作机构的通知

中共金华市婺城区委办公室金华市婺城区人民政府办公室关于召开2017年全区干部大会的通知

中共金华市婺城区委办公室金华市婺城区人民政府办公室关于表彰2016年度信访工作先进集体和先进个人的决定

关于开展第5批婺城区拔尖人才和首批婺城区青年拔尖人才选拔以及现有批次人才考核调整工作的通知

中共金华市婺城区委办公室关于对市委经济工作会议有关任务进行专项检查的通知

中共金华市婺城区委办公室关于成立婺城区村和社区组织换届选举工作领导小组的通知

中共金华市婺城区委办公室金华市婺城区人民政府办公室关于成立婺城区洪源区块征迁工作指挥部的通知

关于表彰2016年度信息、调研工作先进单位和个人的通报

中共金华市婺城区委办公室金华市婺城区人民政府办公室关于区领导联系园区及乡镇（街道）安排的通知

中共金华市婺城区委办公室关于认真做好村和社区组织换届选举工作的意见

中共金华市婺城区委办公室关于成立婺城区村和社区组织换届选举工作指导组的通知

中共金华市婺城区委办公室关于成立婺城区村和社区组织换届选举工作督导组的通知

关于充实调整婺城区五改工作领导小组的通知

关于在全区党员中开展在线学习教育的通知

关于印发金华市婺城区低收入农户认定及动态管理工作实施意见的通知

关于建立重点单位法治宣传教育责任清单制度的意见

关于印发金华市婺城区综合行政执法局主要职责内设机构和人员编制规定的通知

中共金华市婺城区委办公室金华市婺城区人民政府办公室关于印发婺城区违法建筑防控长效管理机制实施办法的通知

关于印发婺城区百日攻坚、百日招商、百日服务竞赛活动实施方案的通知

关于2016年度人口和计划生育目标管理责任制考核结果的通报

关于印发婺城区委理论学习中心组2017年学习计划的通知

关于继续开展千名干部进企业，千方百计解难题活动的通知

关于切实做好2016、2017版《婺城年鉴》编纂工作的通知

关于成立金华市婺城区基层治理体系四个平台建设领导小组的通知

关于“一带一路”国际合作高峰论坛期间实行区级领导坐班接访的通知

关于印发婺城区2017年主要工作任务和重点惠民实事的通知

关于调整婺城区“河长制”办公室的通知

关于印发2017年婺城区重点工作综合督导方案的通知

关于印发婺城区政府市垂直管理部门派驻乡镇(街道)人员管理办法(试行)的通知

关于继续开展区领导“九个一”活动的通知

关于转发中共金华市婺城区委宣传部2017年宣传思想文化工作要点的通知

关于开展“百个部门百家企业结对帮扶集体经济薄弱村”行动的实施意见

关于转发区委组织部关于我区2016年以来“两学一做”学习教育的总结报告的通知

印发关于推进全区“两学一做”学习教育常态化制度化的实施方案的通知

关于转发政协金华市婺城区委员会关于推行一村一委员工作的实施意见的通知

关于调整婺城区委巡察工作领导小组成员的通知

关于印发婺城区关于加快推进农村危旧房屋治理改造工作的实施意见的通知

转发中共金华市委办公室关于认真学习贯彻省第十四次党代会精神的通知

关于印发婺城区2017—2021年巡察工作规划的通知

关于加强区党政领导区机关部门联系民主党派、工商联、党外知识分子联谊会工作的通知

转发市委办市府办关于修订完善今日聚焦正风问效曝光问题整改落实工作机制的通知

关于在省十二届人大六次会议期间实行区级领导坐班接访的通知

关于成立婺城区城中村改造工作指挥部的通知

关于印发民主党派和无党派人士向区委提出建议直通车制度的通知

关于印发区委全面深化改革领导小组2017年工作要点的通知

关于增设群团改革专项小组的通知

关于进一步规范化文报送和退文通报工作的通知

转发金华市党政领导干部生态环境损害责任追究实施细则(试行)的通知

关于召开区委七届二次全体(扩大)会议暨区政府九届一次全体会议的通知

关于印发关于开展化积案·破难题信访攻坚专项行动的方案的通知

关于印发王健同志在区委七届二次全体(扩大)会议暨区政府九届一次全体会议上的报告的通知

关于调整成立婺城区“三改一拆”工作领导小组的通知

关于乡镇(街道)、区机关部门(单位)党内规范性文件下备工作的通知

关于印发2017年党风廉政建设和反腐败工作组织领导与责任分工的通知

关于成立婺城区坡地村镇工作领导小组和民宿旅游发展协调小组的通知

关于调整婺城区迎接中央环境保护督察工作协调联络组的通知

关于印发婺城区一城一区环境综合整治实施方案的通知

关于印发婺城区平安护航十九大大会战实施方案的通知

竹马乡环保督察督办专题会议纪要

关于支持人民法院基本解决执行难工作的通知

关于区纪委派驻纪检组更名为区纪委、区监委派驻纪检监察组的通知

关于印发2017年金华市婺城区基层治理体系四个平台建设考核办法

关于做好婺城区招商引资在谈项目推进工作的通知

关于做好服务保障党的十九大网络安全工作的通知

关于印发金华市婺城区基层治理体系四个平台建设重点工作任务分解方案的通知

关于成立2017年金华发展大会婺城筹备工作领导小组的通知

关于印发婺城区2017年度区级机关部门单位工作目标责任制等2个考核办法的通知

转发中共金华市纪委关于6起扶贫领域违纪问题的通报

关于印发婺城区建设美丽乡村·做美大郊区三年行动计划的通知

关于充实调整婺城区五改工作指挥部的通知

关于成立上浮桥区块征迁工作指挥部的通知

关于在党的十九大会议期间实行区级领导坐班接访的通知

关于重新公布部分区级议事协调机构和临时机构的通知

关于印发婺城区平安建设和社会治安综合治

理领导责任制实施细则的通知

关于重新调整区委建设法治婺城工作领导小组的通知

关于印发 2017 年落实市对区经济工作责任督查考核指标任务分解方案的通知

关于开展贯彻执行中央八项规定加强作风建设督查调研的通知

关于组织开展全区党的十九大精神宣讲活动的通知

关于印发金华市婺城区机构编委员会办公室主要职责内设机构和人员编制规定的通知

关于印发金华市婺城区供销合作社联合社主要职责内设机构和人员编制规定的通知

关于推进民生实事项目人大代表票决制工作的实施意见

关于印发《婺城区群团改革总体方案》及《婺城区工会改革实施方案》《婺城区共青团改革实施方案》《婺城区妇联改革实施方案》《婺城区科协改革实施方案》《婺城区关于群团组织开展网上建设的实施意见》的通知

关于印发婺城区青年拔尖人才培养计划实施方案的通知

关于总结提炼应用 G20 杭州峰会维稳安保经验和工作机制实施意见

关于在第四届世界互联网大会期间实行区级领导坐班接访的通知

关于召开区委七届三次全体扩大会议暨区政府九届二次全体会议的通知

关于切实做好 2018 年度党报党刊征订发行工作的通知

关于印发金华市婺城区全面消除集体经济薄弱村三年行动计划的通知

关于印发被巡察党组织配合区委巡察工作的有关规定的通知

关于印发王健同志在区委七届三次全体扩大会议暨区政府九届二次全体会议上的报告的通知

关于做好乡镇街道和机关部门单位 2017 年工作目标责任制考核工作的通知

关于违反中央八项规定精神问题的通报

中共金华市婺城区委关于印发王健同志在中国共产党金华市婺城区第七次代表大会上的报告的通知

中共金华市婺城区委中国共产党金华市婺城区委员会工作规则

中共金华市婺城区委关于从严加强干部队伍建设全力打造婺城铁军的决定

中共金华市婺城区委 金华市婺城区人民政府关于重新调整公布婺城区公共资源交易管理委员会的通知

中共金华市婺城区委关于调整退出领导岗位干部分类管理和组团服务人员名单的通知

中共金华市婺城区委关于成立区委财经工作领导小组的通知

中共金华市婺城区委关于印发婺城区深化监察体制改革试点实施方案的通知

中共金华市婺城区委 金华市婺城区人民政府关于 2016 年度先进单位和先进个人的决定

关于同意成立中共金华市婺城区洪源区块征迁工作指挥部临时党委的批复

关于金华市婺城区妇联第五届执行委员会常务委员会选举结果的批复

关于同意设立 1009 专项工作专用账户的批复

关于成立婺城区综合交通廊道金义科创廊道浙中生态廊道建设等 3 个领导小组的通知

关于给予婺城区人民法院记集体三等功并对张永伟同志通报表扬的决定

关于调整区纪委派驻第一至第九纪检组授权监督单位的通知

关于金华市婺城区工商业联合会（总商会）第四届执委会主席(会长)常务副主席(副会长)副主席(副会长)副会长和秘书长人选安排的批复

关于金华市婺城区工商业联合会（总商会）第四届执行委员会选举结果的批复

关于调整区委全面深化改革领导小组和各专项小组正副组长的通知

关于表彰婺城区第五批拔尖人才首批青年拔尖人才和公布通过考核的现有批次区拔尖人才名单的决定

关于调整金华市婺城区党外知识分子联谊会会长人选的批复

关于表彰洪源、酒坊巷区块征迁工作先进个人的决定

关于成立建设美丽乡村做美大郊区工作领导小组的通知

转发中共浙江省委关于认真学习宣传贯彻党的十九大精神的通知

关于认真学习宣传贯彻党的十九大精神的通知

关于同意成立中共金华市婺城区上浮桥区块征迁工作指挥部临时党委的批复

印发关于常态化运用监督执纪第一种形态的实施办法试行的通知

关于同意召开婺城区归国华侨联合会第三次归侨侨眷代表大会暨婺城区留学人员与家属联谊会成立大会的批复

关于金华市婺城新城区开发建设管理委员会职责体制调整的通知

关于高举习近平新时代中国特色社会主义思想伟大旗帜高水平建设现代化都市核心区的决定

关于调整退出领导岗位干部分类管理和组团服务人员名单的通知

关于开展面向事业人员择优比选乡镇领导班子成员预备人选工作的通知

关于金华市婺城区归国华侨联合会第三届委员会主席副主席秘书长人选安排的批复

关于印发建立容错免责机制激励干部干事创业的实施办法试行的通知

区政府文件目录

关于成立婺城区"除隐患、保安全、促转型"治危折违攻坚战行动领导小组的通知

关于调整杭金衢高速公路婺城区段拓宽改造工程领导小组及征拆指挥部的通知

关于成立婺城区安地小城镇环境综合整治指挥部的通知

关于建立婺城区社会救助联席会议制度的通知

关于成立金华市第九届运动会婺城区代表团的通知

关于建立婺城区省级农产品质量安全放心县创建工作联席会议制度的通知

关于调整婺城区食品安全委员会及食安委办公室成员的通知

关于调整婺城区创建浙江省食品安全区工作领导小组及其办公室成员的通知

关于成立婺城区连片垦造耕地工作领导小组及相关指挥部的通知

关于成立婺城区市区饮用水源涵养生态功能区领导小组的通知

关于调整区防汛防台抗旱指挥成员的通知

关于成立婺城区企业破产处置府院联动工作领导小组的通知

关于成立婺城区招赠引资工作综合协调领导小组的通知

关于公布2017年婺城区第三批创新型企业名单的通知

关于启用金华市婺城区综合行政执法局部门印章的通知

关于要求协调解决浙江政务服务网考核相关问题的请示

关于成立二七新村区块改造工程指挥部下属十七个区块工作经费审计协调小组的通知

关于调整婺城区大中型水库移民后期扶持工作领导小组成员的通知

关于成立婺城区地名志编纂委员会的通知

关于调整婺城区金义东城际轨道交通建设工作领导小组及征迁指挥部的通知

关于建立婺城区深化国有企业负责人薪酬制度改革领导联席会议制度的通知

关于成立婺城区环城城中村改造一期征迁工作领导小组及相关指挥部的通知

关于成立婺城区洪源区块征迁资金财务收支审计协调小组的通知

关于成立九峰水库移民指挥部撤销工作领导小组的通知

关于成立金华市婺城区机关后勤保障服务管理监督委员会的通知

关于成立婺城区第二次污染源普查工作领导小组的通知

关于成立婺城区“长山国际设计走廊”项目服务小组的通知

关于成立金华市婺城区社会组织清理整顿和规范管理工作领导小组的通知

关于成立婺城区“省级软件和信息服务产业特色基地”发展工作领导小组的通知

关于成立婺城区国有企业职工家属区“三供一业”分离移交工作领导小组的通知

关于成立金华四中、金华九中扩建征收工作组的通知

关于成立婺城区水上搜救工作领导小组的通知

关于成立婺城区双龙变东区块220千伏线路迁改工程建设指挥部的通知

关于成立婺城区经济运行调研分析专业组的通知

关于成立城区污水治理大会战联合指挥部的通知

关于建立龙葱猕猴自然保护小区的通知

关于成立婺城区酒坊巷区块征收指挥部的通知

关于调整区国防动员委员会等机构组成人员的通知

关于公布婺城区第五批非物质文化遗产代表作名录的通知

关于表彰2016年度自营出口超千万美元企业的通报(浙江金祥板业有限公司、浙江嘉格进出口贸易有限公司、金华市捷顺贸易有限公司、浙江八达运动服饰有限公司)

关于表彰2016年度婺城区信息经济十佳企业等的通报(浙江云安阁科技有限公司、合丰信息科技(金华)有限公司、浙江电商信息科技有限公司、天下谱局金华文化股份有限公司、浙江嗨乐科技有限公司)

关于公布婺城区2017年度强优重点骨干工业企业的通知

关于表彰婺城区2016年度工业综合实力10强企业等的通报(浙江万里扬股份有限公司、浙江东兴实业有限责任公司、浙江时通电气制造有限公司)

关于印发《全面推进政务服务“最多跑一次”改革工作实施方案》的通知

关于印发《金华市婺城区人民政府工作规则》的通知

关于印发金华市婺城区行政事业单位账户管理和公款竞争性存放管理暂行办法的通知

关于印发金华市婺城区产业引导基金运作管理实施意见的通知

关于印发进一步完善婺城区财政专项资金管理的意见的通知

关于印发金华市婺城区土壤污染防治工作实施方案的通知

关于印发金华市婺城区全面推进传统制造业改造提升工作方案的通知

关于实行第五轮乡镇财政管理体制的实施意见

关于印发金华市婺城区安全生产委员会组织结构设置及工作规则的通知

关于印发《金华市婺城区剿灭劣V类水实施方案》的通知

关于印发《加快推进政务服务“一窗受理”、集成服务“改革工作实施方案》的通知

关于印发金华市婺城区政府非税收入接入统一公共支付平台线上线下一体化收缴改革实施方案的通知

关于印发《婺城区人民政府办公室全员办信息考核办法》等3项考核制度的通知

关于印发《金华市婺城区进一步推进企业上市挂牌工作的实施意见》的通知

关于印发婺城区地质灾害隐患综合治理“三年清零”行动实施方案的通知

关于国境落实《政府工作报告》建立“134”责任机制的通知

关于印发金华市婺城区危险化学品安全综合

治理实施方案的通知

关于印发婺城区剿灭劣V类水体项目资金以奖代补办法的通知

关于印发婺城区安地水库九峰水库创建合格规范饮用水源保护区工作实施方案的通知

关于印发金华市婺城区开展环境保护专项检查实施方案的通知

关于印发《金华市婺城区水库移民后期扶持项目以奖代补实施管理暂行办法》的通知

关于印发“放心消费在婺城”行动实施方案的通知

关于下达2017年乡镇(街道)财政收入计划的通知

关于印发《婺城区推进“最多跑一次”改革向乡镇(街道)、村(社区)便民服务平台延伸方案》的通知

关于印发婺城区创建省级卫生应急工作示范区活动实施方案的通知

关于印发金华市婺城区地名文化保护暨清理整治不规范地名工作实施方案的通知

关于印发经济运行调研分析工作方案的通知

关于印发婺城区制砂场规范化整治行动方案的通知

关于印发婺城区建筑石料矿山规范化整治行动方案的通知

关于印发婺城区临时机构资金和财务管理办法(试行)的通知

关于印发《婺城区网格员岗位补贴及相关经费发放管理办法》的通知

关于开展各类事业单位统一登记管理试点促进民办公助公益事业发展的实施意见

关于印发开展“婺城无欠薪”行动实施方案的通知

关于印发婺城区建制村“村村通客车”实施方案的通知

关于印发婺城区金龙路两侧汽修、洗车行业专项整治试点工作实施方案的通知

关于印发金华市婺城区电子废物、废轮胎、废塑料、废旧衣服、废家电拆解等再生利用行业清理整顿工作方案的通知

关于印发金华市婺城区林业股份制改革试点工作实施意见的通知

关于印发婺城区企业投资项目承诺制改革实施方案的通知

关于印发《金华市婺城区涉挥发性有机物排放“散乱污”企业排查工作方案》的通知

关于印发金华市婺城区饮用水源突发环境事件应急预案(试行)通知

关于印发区政府规范性文件和合同合法性审查工作规定的通知

关于印发《婺城区解决老保遗留问题工作方案》的通知

关于印发金华市婺城区地质灾害防治应急预案的通知

关于兑付2016年度婺城区工业企业节能降耗项目奖励、租用闲置厂房租金补助、技术改造补助、首超亿元企业奖励的通知

关于兑付2016年度市区两化融合财政补助资金的通知

关于兑付2016年度区工业企业税收超收奖励资金的通知

关于兑付2106年度婺城区扶持建筑业奖励资金的通知

关于明确回溪综合治理工作经费相关事项的通知

关于明确婺城区城北街道洪源区块征迁工作职责的通知

关于明确金华铁路货场周边配套道路管理权移交相关问题的通知

关于明确洪源区块改造、人民西路延伸(洪源段)和婺州街北延国有土地上房屋征收部门和实施单位的通知

关于明确通园路(新华街以东至警民巷)征收改造项目房屋征收部门和实施单位的通知

关于明确金义东域轨道交通项目国有土地房屋征收补偿有关事项的通知

关于明确金华四中、金华九中扩建征收项目房屋征收部门和实施单位的通知

关于金华市婺城区2016年度计划第十三批次建设用地征地补偿、安置方案的意见

关于蒋堂镇金华监狱七大队(生活区)、蒋堂镇金华监狱九大队第一期农村土地综合整治建新区项目用地征地补偿、安置方案的意见

关于婺城区2016年度计划第五批次建设用地征地补偿、安置方案的意见

关于婺城区2016年度计划第十批次建设用地征地补偿、安置方案的意见

关于做好春节元宵节期间突发事件应对工作的通知

关于印发《婺城区全民健身实施计划(2016—2020年)》的通知

关于实行区政府办公室班子成员AB岗制度的通知

关于印发2017年度金华市婺城区人民政府常务会议集体学法专题计划的通知

关于转发浙江金华成泰农商银行普惠金融提升工程五年行动计划(2016—2020年)的通知

关于印发婺城区小城镇环境综合整治行动2017—2019年度限额以下工程建设项目施工企业和中介服务单位等公开招标实施意见的通知

关于做好2017年无偿献血工作的通知

关于印发商住小区和机关、事业单位雨污分流改造排查方案的通知

关于下达2017年全区工业经济主要目标任务的通知

关于公布第二批区级重大火灾隐患单位的通知(金华市乐天网吧、婺城区永乐娱乐厅)

关于印发《婺城区2017年治气“每微必争”攻坚行动计划》的通知

关于开展美丽生态牧场创建工作的通知

关于组团参加第十九届中国浙江投资贸易洽谈会等活动的通知

关于做好2017年高中段学校招生考试组织工作的通知

关于进一步加强气象灾害防御工作的通知

关于印发婺城区连片土地综合开发项目相关政策处理指导意见的通知

关于对领导班子成员分工进行调整的通知

关于开展国庆、中秋节前安全生产大检查的通知

关于印发婺城区“三改一拆”行动2017—2020年度限额以下拆建项目施工企业公开招标实施意见的通知

关于做好2017年粮食生产功能区建设验收认定工作的通知

关于印发婺城区加强第一轮公共文化服务重点县后续管理工作方案的通知

关于印发婺城区工业企业、重点排水户排水许可管理整治行动方案的通知

关于印发金华市婺城区职业病防治规划(2017—2020年)的通知

关于印发婺城区2017年主要污染物总量减排计划的通知

关于开展婺城区第十六届“优秀企业科技人才”“人才开发先进企业”评选的通知

关于开展元旦、春节期间安全生产大检查的通知

关于对领导班子成员分工进行调整的通知

市委党校周边环境整治涉及芙峰街拓宽改造工程设计工作相关事项的通知

关于进行二七新村区块改造工程指挥部下属十七个区块工作经费财务审计的通知

关于明确禁限燃放烟花爆竹相关事项的通知

关于印发王健书记、郭慧强代区长在《袁家军同志在全省消防安全紧急视频会议上的讲话摘要》上批示的通知

关于对2014年至2016年全区绿化养护资金进行专项审计调查的抄告单

关于明确莘畈至武义白姆公路(白门线至湖大线)项目政策政策有关事项的通知

关于白沙溪春晓(二期)消防审批事项的通知

关于开展婺城区杭长客运专线乾西乡安置房建设情况专项审计调查的通知

关于落实雅畈镇、安地镇、岭上乡、琅琊镇人民政府组织实施废弃矿山矿井治理的通知

关于临江东路以北、中轴景观绿化带以西的

248亩土地的抄告单

关于开展婺城区人民医院资产负债损益审计的抄告单

关于被征地农民的社会保障有关报批程序问题的抄告单

关于同意将蒋堂移民新村第二期安置房建设投资主体调整为区财政局下属的金华市江城投资有限公司的抄告单

关于转发《浙江政务服务网电子文件管理暂行办法的通知》的通知

关于落实退役安置政策的自查报告

关于《政府减负清单》填报工作的通知

关于公开征集校地合作需求项目的通知

关于在全区范围内暂停活禽交易的通知

关于金华市区饮用水源涵养生态功能区(九峰和安地区域)保护建设规划的反馈意见

关于全面做好网站普查迎检工作的通知

关于对全区政府性投资项目开展民工欠薪问题大排查的通知

关于征求浙师大婺城科创园建设领导小组及校地合作项目实施方案意见的通知

关于学习"2017年政府工作报告解读"专题并参与答题的通知

关于开展部门信息系统摸底调查工作的通知

关于征集全区各单位荣誉证书、奖牌、锦旗、奖杯等实物的通知

关于开展在市区办公事业单位人员情况调查摸底的通知

关于转发《金华市人民政府办公室关于做好电子证照及信息资源共享应用工作的通知》的通知

关于要求报送"钉钉"政务移动办公系统管理员的通知

关于开展部门"一把手"体验"最多跑一次"改革活动的通知

关于严禁票友中村待拆迁户进行抢装修（饰）的通知

关于印发金华市婺城区"钉钉"政务移动办公系统建设工作实施方案的通知

关于填报乡镇(街道)和村(社区)基本情况的通知

关于开展婺城区种植业、水产养殖业生产管理用房摸底调查工作的通知

关于加强视频会议系统设备维护管理工作的通知

九峰水库移民指挥部撤销工作协调会议备忘录

关于在全区推广应用"浙江政务服务网APP"的通知

关于进一步完善应急联动有关信息及应急预案的通知

关于征求《金华市婺城区安地小城镇环境综合整治工程(一期)EPC总承包项目招标文件》意见的通知

关于对市区生态保护红线划定编制工作的反馈意见

关于《金华市治污水暨水污染防治行动2017年实施方案(征求意见稿)》的反馈意见

关于在区行政中心及各乡镇、街道食堂实行"一卡通"系统的通知

关于持续做好夏季灾害性天气防范应对工作的通知

关于明确婺城区应急联动分级模式和工作要求的通知

关于要求解封金华市永乐工艺品有限公司工业用地的函

关于要求上报闲置社会资源的通知

关于《全面消除集体经济薄弱村三年行动计划实施方案(征求意见稿)》的反馈意见

关于做好浙江政务服务网政府电子签章应用工作的通知

关于铁路置换土地评估有关问题协调会会议备忘录

关于区应急指挥平台建设会议备忘

关于推进政府网站上云工作的通知

关于同意城中村改造鲍杨区块项目使用规划新增建设用地预留指标的意见

关于开展村(社区)网络情况调查的通知

婺城区蒋堂综合市场改造提升设计方案评审

会会议备忘录

关于区人大对洪源城中村改造和酒坊巷区块征收工作视察意见落实情况的反馈

婺城区“无违建”创建暨“三改一拆”工作现场推进会

关于进一步落实行政审批制度两集中两到位的通知

关于开展政府网站“问题地图”专项清理工作的通知

关于转发《浙江省人民政府办公厅关于进一步加强政府网站管理的通知》的通知

回溪黑臭河整治工作及长岭水库引水相关事宜协调会议备忘录

关于组织开展美丽生态牧场验收工作的通知

关于上报中央环保督察重点关注问题整改进展情况的通知

关于城北综合区二环北路与玉屏街交叉口改造工程项目实施进展情况说明

关于征求《中央环保督查信访件整改落实责任清单》和《中央环保督察后续面上行业整治责任清单》意见的函

关于要求重新上报2017年人大代表建议政协委员提案办理情况的通知

关于进一步推进“互联网+政务服务”证照寄递服务的通知

关于开展婺城区整治畜牧业违法建筑现场核查工作的通知

关于反馈电子证照共享应用工作情况的通知

关于开展电子证照共享应用推进“最多跑一次”改革的通知

关于“四个平台”基层治理信息系统统一APP培训工作的通知

关于做好2018年政策性农村住房保险工作的通知

关于开展政务网络使用情况调查的通知

关于转发《浙江省机构编制委员会办公室浙江省发展和改革委员会关于印发“最多跑一次”改革过程性指标考评标准》的通知

关于开展安全生产大排查大整治工作的通知

关于做好高温天气防范应对工作的紧急通知

关于开展消防安全隐患集中排查整治行动的通知

关于印发《金华市婺城区迎接中央环境保护督察协调保障工作方案》的通知

关于切实做好重点湖库河流蓝藻水华防控工作的紧急通知

关于印发全区服务小微企业成长暨2017年企对接现代技术现代金融活动月实施方案的通知

关于进一步加强消防安全工作的通知

关于进一步加强今冬明春火灾防控工作的通知

关于开展统计自查自纠工作的通知

关于印发《中央环境保护督察金华市婺城区整改工作领导小组工作方案》的通知

名词解释

“三贴近” 指贴近实际、贴近生活、贴近群众

书记、主任“一肩挑” 村党组织书记和村委会主任两个职务同一人担任

“三端两微” 指“浙江新闻”“金华新闻”“婺城新闻”移动客户端,“婺城发布”“婺城组工”微信公众号

“四换三名” 浙江经济转型的一项政策。“四换”指腾笼换鸟、机器换人、空间换地、电商换市;“三名”指大力培育名企、名品、名家。

“两化融合” 信息化和工业化的高层次的深度结合,是指以信息化带动工业化、以工业化促进信息化,走新型工业化道路

“三爱” 指爱学习、爱劳动、爱祖国

“两史” 指党史、国史

“四种形态” 党内关系要正常化,批评和自我批评要经常开展,让咬耳扯袖、红脸出汗成为常态;党纪轻处分和组织处理要成为大多数;对严重违纪的重处分、作出重大职务调整应当是少数;而严重违纪涉嫌违法立案审查的只能是极极少数

“六项纪律” 政治纪律、组织纪律、廉洁纪律、群众纪律、工作纪律、生活纪律

“三大问题” 党的领导弱化、党的建设缺失、全面从严治党不力

“三老两户” 指老革命、老党员、老模范、贫困户、困难户

“增三性”“去四化” 增强三性:政治性、先进性、群众性。防止四化:机关化、行政化、贵族化、娱乐化

“三门”干部 指从家门到学校门再到机关门的缺乏实践经验的干部

“三去一降一补” 指去产能、去库存、去杠杆、降成本、补短板五大任务

“五改” 改厕、改水、改圈、改厨、改路

政协委员“六个一”要求 提一件提案、反映一条社情民意、参加一次视察调研、为民办一件实事、提供一条招商信息、化解一起矛盾纠纷

“八个明确” 明确坚持和发展中国特色社会主义,总任务是实现社会主义现代化和中华民族伟大复兴,在全面建成小康社会的基础上,分两步走在本世纪中叶建成富强民主文明和谐美丽的社会主义现代化强国;明确新时代我国社会主要矛盾是人民日益增长的美好生活需要和不平衡不充分的发展之间的矛盾,必须坚持以人民为中心的发展思想,不断促进人的全面发展、全体人民共同富裕;明确中国特色社会主义事业总体布局是“五位一体”、战略布局是“四个全面”,强调坚定道路自信、理论自信、制度自信、文化自信;明确全面深化改革总目标是完善和发展中国特色社会主义制度、推进国家治理体系和治理能力现代化;明确全面推进依法治国总目标是建设中国特色社会主义法治体系、建设社会主义法治国家;明确党在新时代的强军目标是建设一支听党指挥、能打胜仗、作风优良的人民军队,把人民军队建设成为世界一流军队;明确中国特色大国外交要推动构建新型国际关系,推动构建人类命运共同体;明确中国特色社会主义最本质的特征是中国共产党领导,中国特色社会主义制度的最大优势是中国共产党领导,党是最高政治领导力量,提出新时代党的建设总要求,突出政治建设在

党的建设中的重要地位

"五大"民革 同心民革、智慧民革、博爱民革、活力民革、网上民革

民主党派"五种能力" 指政治把握能力、参政议政能力、组织领导能力、合作共事能力、解决自身问题能力

"三定"方案 定职能、定机构、定编制

女职工"四期"保护 指女职工的经期、孕期、产期、哺乳期的保护。经期保护:冷水作业分级标准中规定的第二级、第三级、第四级冷水作业,低温作业分级标准中规定的第二级、第三级、第四级低温作业等;孕期保护:用人单位不得因女职工怀孕、生育、哺乳降低其工资、予以辞退、与其解除劳动或者聘用合同等

"一标三实" 一标三实就是标准地址,实有人口、实有房屋、实有单位。"一标"是指街、路、巷、乡镇村组,房屋门牌及楼栋户号的标准地址;"三实"是指标准地址下的"实有人口、实有房屋、实有单位"。其中,标准地址是基础,"三实"信息必须录入在标准地址上

"三无村"创建 无刑事案件、无信访积案、无亡人事故村创建

公安规范"四个秩序" 1、规范战备秩序;规范训练秩序.规范工作秩序;规范生活秩序

消防"四个一" 组织一次消防安全检查、开展一次消防安全讲座、进行一次消防安全演习、体验一次消防站开放日。

"五部"职能 一是应急应战的指挥部;二是地方党委的军事部;三是后备力量的建设部;四是同级政府的兵役部;五是军民融合的协调部

"三个转变" 变能人闭门写预案为多头研讨数案并举;变从教材上找答案为从实战出发定决心;变作业文稿满天飞为重点锻炼情况处置

"三时一体" 即平时服务、急时应急、战时应战

粮食收购工作"五要五不准" 要敞开收购,随到随收,不准折腾农民;要公平定等,准确计量,不准克扣农民;要依质论价,优质优价,不准坑害农民;要现款结算,不打白条,不准算计农民;要优质服务,排忧解难,不准怠慢农民

"四上墙、五公开" 收购守则、收购价格、质量标准、收粮人员名单上墙;服务时间、服务内容、收购仓点、计价办法、价格质量标准公开

"五好、一满意" 收购守则、收购价格、质量标准、收粮人员名单上墙;服务时间、服务内容、收购仓点、计价办法、价格质量标准公开

企业"两链" 企业资金链、担保链

农业"两区" 粮食生产功能区和现代农业园区建设

奶牛"两病" 指布病、结核病

"四破"整治 指破僵尸企业、破围墙圈地、破低效用地、破既得利益整治行动

环保"三同时" 指我国《环境保护法》第26条规定:建设项目中防治污染的措施,必须与主体工程同时设计、同时施工、同时投产使用

"三场所两企业" 有限空间作业场所、涉及可燃爆粉尘作业场所、喷涂作业场所、船舶修造企业、涉氨制冷企业

"三合一"场所 指住宿与生产、仓储、经营一种或一种以上使用功能违章混合设置在同一空间内的建筑

计生惠民"三优" 优生优育优教

"六乱"整治 乱扔倒、乱堆摆、乱拉挂、乱贴画、乱停放、乱搭建

EPC项目 指公司受业主委托,按照合同约定对工程建设项目的设计、采购、施工、试运行等实行全过程或若干阶段的承包

蓝色屋顶 指与周边自然环境或建筑群不协调、影响市容市貌的彩色屋面及外立面,多以蓝色为代表

消薄 消除集体经济薄弱村

索 引

一 画

二 画

三 画

四 画

五 画

六 画

七 画

八　画

九　画

十　画

十一画

十二画

十三画

十四画

十五画

撰稿人名单

(按编稿顺序排列)

朱艳萍	朱德勤	蒋　涛	项移娟	邱飞飞	鲁杭燕	戴建东	袁倩蕾	李　琛	林晨宇
胡　云	陈志强	申洪广	陶新兴	罗　强	叶小磊	王健涛	陈璐莹	陈小方	倪　谦
金　琛	吴耀峰	孔爱华	童健英	郑艳球	郑池爱	季美珍	郑宏晟	胡　钰	郎凌燕
翁利平	张建红	邵玉婷	李英昌	章国新	章晓华	叶爱莲	沅　华	池　清	郑慧卿
孟展麟	倪庚耀	程明芝	孔江宁	李英昌	金　婷	邱苗涵	裴吉圭	付晓生	汪　烨
胡群慧	周玉南	徐德亮	邓先辉	李行星	袁　也	张倩文	赵　晨	章杨倩	宋友余
王云天	邓　磊	黄慧华	林　可	王　欢	洪　丹	方　潇	胡崇禄	孙傲雪	盛华君
朱翠柳	朱明生	郎亚红	徐　斌	覃亚萍	范志俊	宋　佳	雷盛强	杨秀清	王佳杰
王圣昕	李冬娇	倪锦俊	范雯思	李竞然	贾玉珍	杨朝洋	吴天昊	李思锋	祁　雪
戴爱红	李玮峰	王　艳	宗顺荣	刘国强	黄净轩	傅定帅	朱丽娜	李　宽	倪俭余
王　鲁	应　红	朱　红	巍文涛	庄期寅	方建设	周济果	董海均	王　静	余　莉
赵一帆	沈　丹	高　俊	方瑞敏	张树云	吴　梦	张倩云	华白璐	周哲权	崔梦琪
张　乐	王　伟	翁燕鸿	陈楠兰	吕爱姣	方翠荷	许美丹	成　龙	单霄鹏	周　蔷
卢珊珊	张之彬	朱剑花	丁小璐	章小娇	张国军	王文辉	李　春	张学艺	蒋　舒
郑紫钰	陈　键	郑戈弋	陈　捷	朱楚一	张剑川	朱　正	徐雍骏	董　燕	王晶琳
朱　雯	郭文琴	戴增荣	严光远	詹　平	潘晨晨	沈　丹(箬　阳)		傅文斌	